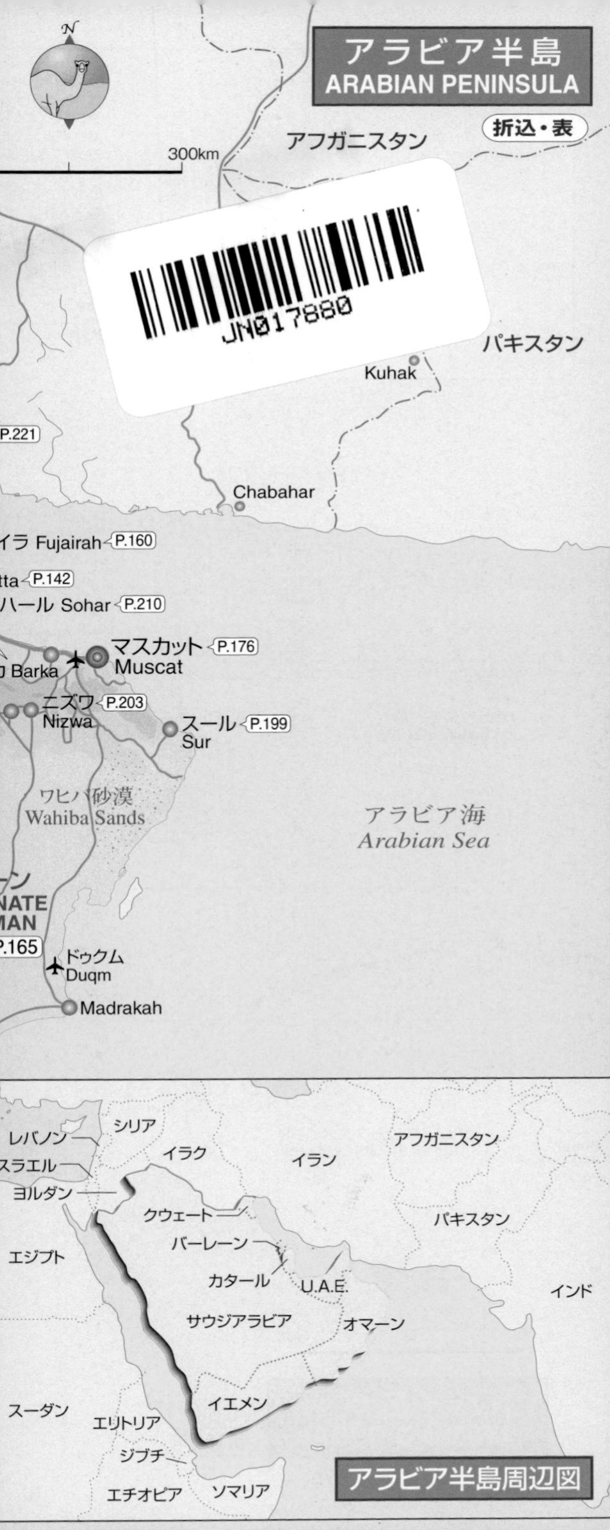

アラビア半島
ARABIAN PENINSULA
折込・表
N
300km
アフガニスタン
JN017880
パキスタン
Kuhak
P.221
Chabahar
イラ Fujairah P.160
atta P.142
ハール Sohar P.210
マスカット P.176
Muscat
カ Barka
ニズワ P.203
Nizwa
スール P.199
Sur
ワヒバ砂漠
Wahiba Sands
アラビア海
Arabian Sea
ーン
NATE
MAN
P.165
ドゥクム
Duqm
Madrakah
シリア
レバノン
イスラエル
ヨルダン
イラク
イラン
アフガニスタン
クウェート
パキスタン
バーレーン
エジプト
カタール
U.A.E.
インド
サウジアラビア
オマーン
イエメン
スーダン
エリトリア
ジブチ
エチオピア
ソマリア
アラビア半島周辺図

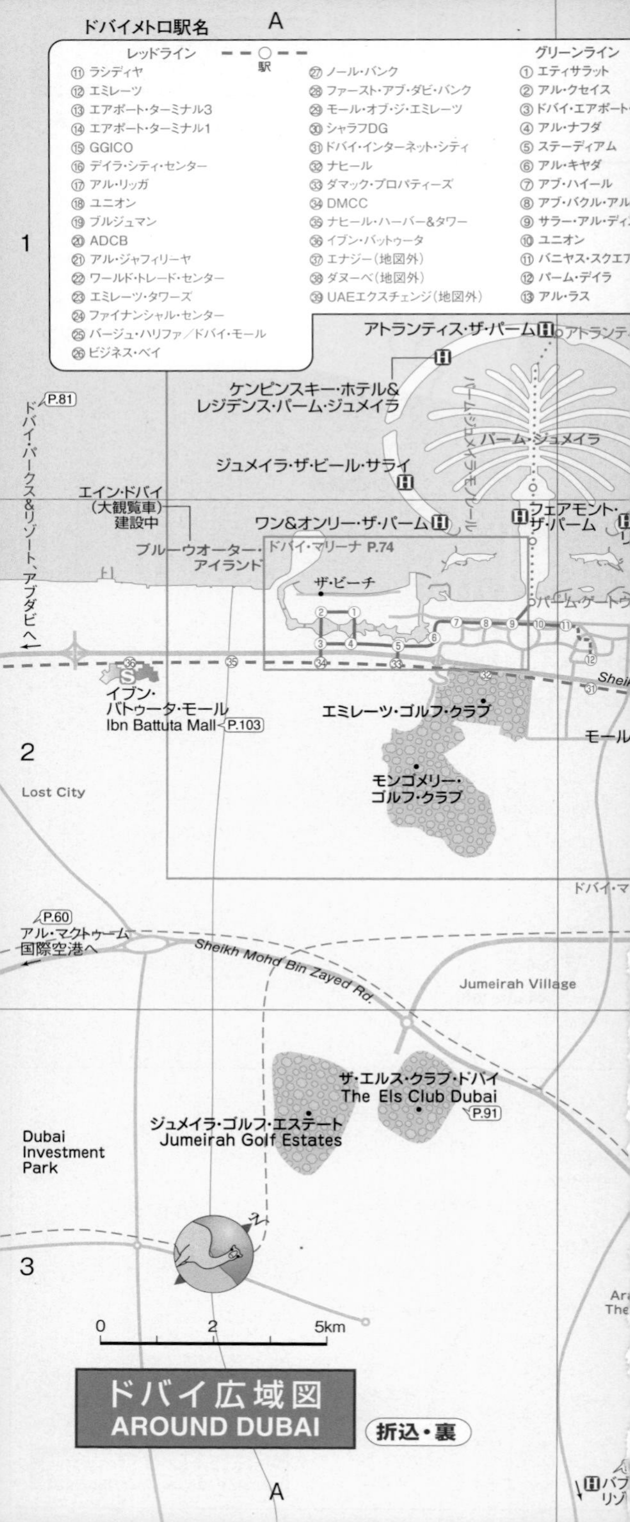

ドバイメトロ駅名
A
レッドライン
駅
⑪ ラシディヤ
⑫ エミレーツ
⑬ エアポート・ターミナル3
⑭ エアポート・ターミナル1
⑮ GGICO
⑯ デイラ・シティ・センター
⑰ アル・リッガ
⑱ ユニオン
⑲ ブルジュマン
⑳ ADCB
㉑ アル・ジャフィリーヤ
㉒ ワールド・トレード・センター
㉓ エミレーツ・タワーズ
㉔ ファイナンシャル・センター
㉕ バージュ・ハリファ／ドバイ・モール
㉖ ビジネス・ベイ
㉗ ノール・バンク
㉘ ファースト・アブ・ダビ・バンク
㉙ モール・オブ・ジ・エミレーツ
㉚ シャラフDG
㉛ ドバイ・インターネット・シティ
㉜ ナヒール
㉝ ダマック・プロパティーズ
㉞ DMCC
㉟ ナヒール・ハーバー&タワー
㊱ イブン・バットゥータ
㊲ エナジー（地図外）
㊳ ダヌーベ（地図外）
㊴ UAEエクスチェンジ（地図外）
グリーンライン
① エティサラット
② アル・クセイス
③ ドバイ・エアポート・
④ アル・ナフダ
⑤ ステーディアム
⑥ アル・キヤダ
⑦ アブ・ハイール
⑧ アブ・バクル・アル
⑨ サラー・アル・ディ
⑩ ユニオン
⑪ バニヤス・スクエア
⑫ パーム・デイラ
⑬ アル・ラス
1
アトランティス・ザ・パーム
アトランティ
ケンピンスキー・ホテル&
レジデンス・パーム・ジュメイラ
パーム・ジュメイラ・モノレール
パーム・ジュメイラ
ジュメイラ・ザ・ビール・サライ
P.81
ドバイ・パークス&リゾート、アブダビへ
エイン・ドバイ
（大観覧車）
建設中
ワン&オンリー・ザ・パーム
フェアモント・
ザ・パーム
ブルーウオーター・
アイランド
ドバイ・マリーナ P.74
ザ・ビーチ
パーム・ゲートウ
Sheik
イブン・
バトゥータ・モール
Ibn Battuta Mall
P.103
エミレーツ・ゴルフ・クラブ
モール
2
Lost City
モンゴメリー・
ゴルフ・クラブ
ドバイ・マ
P.60
アル・マクトゥーム
国際空港へ
Sheikh Mohd Bin Zayed Rd.
Jumeirah Village
ザ・エルス・クラブ・ドバイ
The Els Club Dubai
P.91
ジュメイラ・ゴルフ・エステート
Jumeirah Golf Estates
Dubai
Investment
Park
3
Ara
The
0
2
5km
ドバイ広域図
AROUND DUBAI
折込・裏
A
バブ
リゾ

地球の歩き方 E01 ● 2020 ～ 2021 年版

ドバイ

とアラビア半島の国々

アラブ首長国連邦　オマーン　カタール　バーレーン　サウジアラビア　クウェート

Arabian Peninsula

地球の歩き方 編集室

  CONTENTS

出発前に必ずお読みください！
トラブル事例&対策……226　旅の健康管理……365

基本情報

309 クウェート

335 アラビアを旅する技術

357 旅の準備

Column

本書で用いられる記号・略号

エリア名と地図上の位置

シャルジャ
Sharjah

シャルジャ

エリア概要

7つある首長国のなかで、3番目に大きな首長国がシャルジャだ。ドバイの北に位置するシャルジャの約2600km²の領地には、東海岸のカルバ、ホール・ファカン、ディバといった飛び地も含まれている。19世紀前半のシャルジャは、アラビア半島を代表する港として栄え、19世紀後半には、アブダビと地域の主導権争いをするほどの力をもっていた。第2次世界大戦が勃発すると、イギリスはシャルジャに基地を建設し、そのあと最初の国際空港がこの地に開港している。石油時代の到来した初期のシャルジャは貿易港として大発展したが、石油埋蔵量の少ないシャルジャは、現在、工業と観光産業に頼らざるをえないという現実に突き当たっている。そのため最近のシャルジャでは、より多くの観光客を受け入れるための整備に力を注いでいる。

エリアの市外局番

シャルジャの市外局番
06

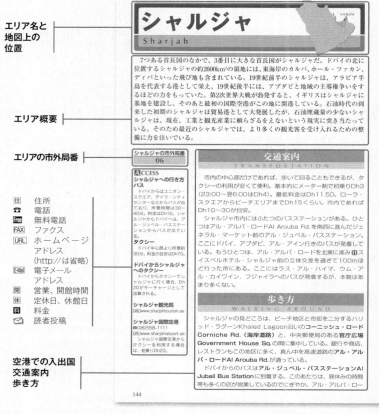

- 住 住所
- ☎ 電話
- Free 無料電話
- FAX ファクス
- URL ホームページアドレス（http://は省略）
- E-Mail 電子メールアドレス
- 開 営業、開館時間
- 休 定休日、休館日
- 料 料金
- ✉ 読者投稿

ACCESS
シャルジャへの行き方
バス
ドバイからはユニオン・スクエア、デイラ・シティセンターなどからバスが出ており、所要時間は30〜40分。料金はDh10。シャルジャからドバイへは、アル・ジュベル・バスステーションからバスが出ている。
タクシー
ドバイ中心部より所要約30分。料金の目安はDh70。

ドバイからシャルジャへのタクシー
ドバイからタクシーでシャルジャに行く場合、Dh20がサーチャージとして加算される。

シャルジャ観光局
URL www.sharjahtourism.ae

シャルジャ国際空港
☎(06)558-1111
URL www.sharjahairport.ae
シャルジャ国際空港からタクシーを利用する場合は、初乗りDh20。

空港での入出国
交通案内
歩き方

交通案内
TRANSPORTATION

市内の中心部だけであれば、歩いて回ることもできるが、タクシーの利用が安くて便利。基本的にメーター制で初乗りDh3（23:00〜翌6:00はDh4）。最低料金はDh11.50。ローラ・スクエアからビーチエリアまでDh15くらい。市内であればDh10〜30が目安。

シャルジャ市内にはふたつのバスステーションがある。ひとつはアル・アルバ・ロードAl Arouba Rd.を南西に進んだジェネラル・マーケット前のアル・ジュベル・バスステーション。ここにドバイ、アブダビ、アル・アイン行きのバスが発着している。もうひとつは、アル・アルバ・ロードを北東に進みHスイスベルホテル・シャルジャ前の立体交差を過ぎて100mほど行った所にある。ここにはラス・アル・ハイマ、ウム・アル・カイワイン、フジャイラへのバスが発着するが、本数はあまり多くない。

歩き方
WALKING AROUND

シャルジャの見どころは、ビーチ地区と市街を二分するハリッド・ラグーンKhaled Lagoon沿いの**コーニッシュ・ロードCorniche Rd.（海岸道路）**と、中央郵便局のある**官庁広場Government House Sq.**の間に集中している。銀行や商店、レストランもこの地区に多く、真ん中を高速道路の**アル・アルバ・ロードAl Arouba Rd.**が通っている。

ドバイからのバスは**アル・ジュベル・バスステーションAl Jubail Bus Station**に到着する。このあたりは、昼休みの時間帯も多くの店が営業しているのでにぎやか。アル・アルバ・ロー

144

ホテル

レストラン

ビーチサイドのリゾートホテル　CROWNE PLAZA RESORT SALALAH
H クラウン・プラザ・リゾート・サラーラ　MAP P.213-D2

住 211 Al Khandaq St., Salalah
☎ 2323-8000
URL www.ihg.com
料 スタンダードルーム RO60〜
全153室
CC ADJMV

アル・バリード遺跡の東側にあり、町の中心からは少し遠いが、レストランのほか、プライベートビーチやテニス、ゴルフの施設が整っている。ライスートへの通り道にあるアル・ムヒット・レストランのホテルと同経営。

さわやかな印象の客室

U.A.E.の家庭料理“エマラティ・キュイジーヌ”　AL FANAR RESTAURANT & CAFÉ
R アル・ファナール・レストラン&カフェ（U.A.E.料理）　MAP 折込・表-D2

住 Sドバイ・フェスティバル・センター
☎ (04)232-9966
URL www.alfanarrestaurant.com
開 8:30〜23:30
休 無休
CC DJMV
※日本語メニューあり

店名にある「ファナール」と呼ばれる石油ランプのほか、1960年代のU.A.E.で見られた身の回りの品をあしらった内装が印象的。U.A.E.唯一の「U.A.E.家庭料理」の店として知られ、ドバイ首長をはじめ、VIPも御用達なのだとか。

左手前はサメ肉料理の「ジェシード」

●ホテルの宿泊料金表示について

掲載しているホテルの料金は、特にことわりがないかぎりひと部屋当たりのものです。朝食、税金、サービス料は含まれていません。各首長国、国によって税金、サービス料、VAT などが異なります。詳細は、各ホテル紹介ページの最初のページでご確認ください。

地　図

- ⓘ観光局、観光案内所
- $銀行、両替所
- ✉郵便局
- 映画館　⊞病院
- モスク　教会
- バスターミナル
- バス乗り場
- タクシー乗り場
- ガソリンスタンド
- ✈空港
- アブラ乗り場
- Ⓗホテル　Ⓡレストラン
- Ⓢショップ　@インターネット
- 大使館

アラビア半島の治安情勢について

2020 年 1 月現在、本誌掲載国のなかには治安情勢の悪化が問題になっている国があります。治安情勢が不安定な国は、各国のジェネラルインフォメーション内で記述してありますのでご確認ください。また、渡航前には必ず外務省より最新の情報を入手してください。

●ホテル紹介記事中

- S　シングルルーム
- D　ダブル、ツインルーム
- T　トリプルルーム
- D　ドミトリー
- CC　使用可能なクレジットカード：クレジットカードの略号　A=アメリカン・エキスプレス　D=ダイナース　J=JCB カード　M= マスターカード　V=VISA カード

■本書の特徴

本書は、アラビア半島の国々を安全に旅する参考書として、各国の基本情報や滞在場所におけるおもな楽しみ方について紹介しています。情報の充実とともに、旅行者にとってできるだけ使いやすいものを意識して作りました。

■掲載情報のご利用に当たって

編集部では、できるだけ最新で正確な情報を掲載するように努めていますが、現地の規則や手続きなどがしばしば変更されたり、またその解釈に見解の相違が生じることもあります。このような理由に基づく場合、または弊社に重大な過失がない場合は、本書を利用して生じた損失や不都合などについて、弊社は責任を負いかねますのでご了承ください。また、本書をお使いいただく際は、掲載されている情報やアドバイスがご自身の状況や立場に適しているか、すべてご自身の責任でご判断のうえでご利用ください。

■現地取材および調査時期

この本は 2019 年 10 月～ 2019 年 12 月の取材に基づいて作られており、記載の住所、料金などのデータは基本的にこの時点のものです。ただし、時間の経過とともにデータに変更が生じることが予想されます。そのことをお含みおきのうえ、現地で最新情報を入手されることをおすすめします。

■投稿記事について

読者の方々の投稿文には、冒頭に✉マークを付け、末尾に（都道府県、名前、寄稿年）を明記してあります。編集する時点で寄稿年から 1 年ないし 2 年以上を経過した投稿文については、再調査を行ったうえで確認できたものについてのみ掲載し、その場合は（都道府県、名前、寄稿年）のあとに ['19] と、再調査年を添えています。

投稿募集の詳細は→ P.384

■発行後の情報の更新と訂正情報について

発行後に変更された掲載情報や訂正箇所は、『地球の歩き方』ホームページ「更新・訂正情報」で可能なかぎり案内しています（ホテル、レストラン料金の変更などは除く）。

URL www.arukikata.co.jp/travel-support/

アラビア半島の
旅行事情

開かれゆく
魅惑の国々へ

State of Kuwait

→P.309

まるで宇宙船のような
形をしたクウェート・タワー

United Arab Emirates

→P.33

124階、125階、148階に展望台がある
ドバイの代名詞、バージュ・ハリファ

Kingdom of Saudi Arabia

→P.273

イスラム圏では
ポピュラーな
水たばこ、シーシャ

the Arabian Peninsula

かつてアラビア半島の国々は
ほとんどその門戸を開いておらず、
ビザ（査証）の取得も容易ではなく、
閉ざされたイメージが強かった。
しかし、2020年にはドバイ万博、
2022年にはカタールでの
サッカーの国際大会の開催など、
ごく一部を除いて多くの国々が
外国人訪問者を歓迎し、
入国条件を緩める傾向にある。
むしろ観光産業は盛んになっており、
質の高いホテルのサービスや、
ユニークな大自然、
エキゾチシズムあふれる
文化や民俗が、
訪れる人々を魅了している。

※各国の入国条件についての詳細は
P.338～342を参照。

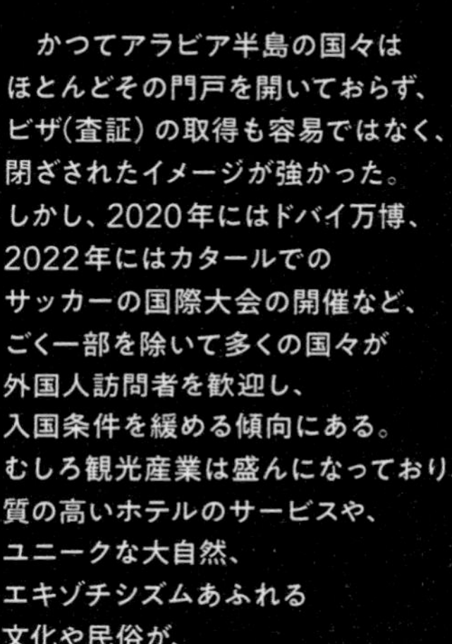

Kingdom of Bahrain →P.253

深い歴史をもつベイト・シェイク・
イーサ・ビン・アリ

Sultanate of Oman →P.165

オマーンのマトラにて。路上で「フワリス」
という石ころゲームに興じる男たち

State of Qatar →P.227

ドーハのランドマーク「イスラム芸術博物館」

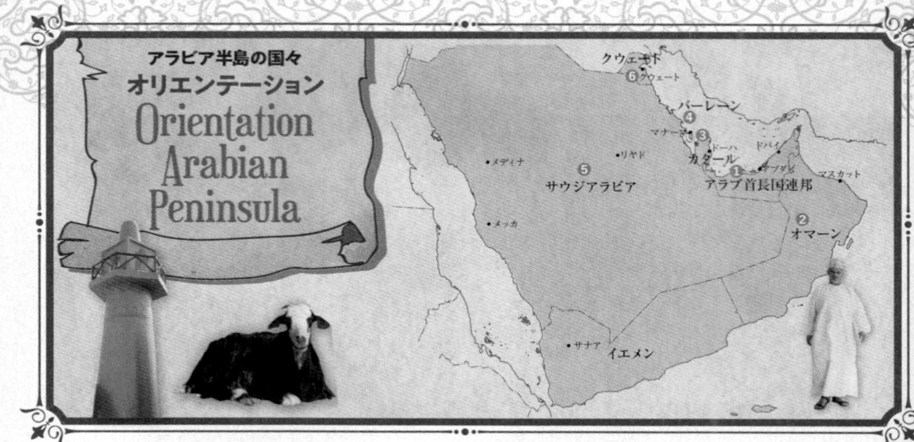

1 UNITED ARAB EMIRATES (U.A.E.) アラブ首長国連邦

ビザ情報

▶ビザ不要

7つの首長国による連邦国家。このうち、豪華なホテルが林立し、免税によるショッピング・パラダイスでもある都市部があり、さらにビーチや砂漠でのリゾートライフも楽しめる首長国ドバイが一番人気。世界の名だたるスターやセレブの別荘も多い。日本からの直行便もある。また、首都がおかれているアブダビや、古きよきアラビアのよさを残すシャルジャ、のんびりとした雰囲気が漂うさらに小さな首長国アジマンなど、それぞれが個性的でユニークな魅力をもっている。

3 STATE OF QATAR カタール

ビザ情報

▶ビザ免除

日本からの直行便があり、近年は観光に非常に力を入れている。日本の秋田県ほどしかない国土のほとんどが砂漠だが、首都ドーハには人口の8割が集中し、アラビア半島でも有数の都会となっている。美しいアラビア湾に面したドーハでは、都市にいながらにしてビーチライフも楽しめるのが特徴。大型ショッピングセンターも続々オープンしており、ポスト・ドバイの呼び声も聞かれるようになっている。

2 SULTANATE OF OMAN オマーン

ビザ情報

▶原則、事前にインターネットで取得する

海のシルクロードの拠点として繁栄し、『アラビアン・ナイト』に登場するシンドバッドが船出をしたと伝えられる歴史ある国。近年は石油資源の恵みを受けて急速に発展しており、都市部は清潔で現代的。その一方で4つの世界遺産を擁することからもわかるように、文化・歴史遺産の保存にも力を入れており、国内各地に見どころが点在している。乾いた岩山とオマーン湾に挟まれて白い家々が建ち並ぶ首都マスカットの美しさは、アラビア半島でも随一といわれる。

4 KINGDOM OF BAHRAIN バーレーン

ビザ情報

▶入国時に空港か事前にインターネットで取得可能

アラビア湾に浮かぶ33の島々で構成される。アラビア半島では最も小さな国。このエリアでは比較的穏やかな気候に恵まれ、治安がよく、イスラムの戒律も緩やかであることから、開放的な雰囲気をもっている。そのため周辺諸国からのバカンス地として最も人気がある。紀元前からの歴史をもち、その遺産を数多く残しているため見どころも多い。島国だけにビーチにも恵まれ、リゾートホテルも増えている。

5 KINGDOM OF SAUDI ARABIA サウジアラビア

▶入国時か事前にインターネットで取得可能

メッカとメディナというイスラムの二大聖地がある国。そのためイスラムの戒律は厳しく、服装や振る舞い、持ち込むものなどにおいて注意すべきことは多い。2019年9月に日本を含む49ヵ国に対して観光ビザが解禁され、日本からも観光での渡航ができるようになった。広大な国土には、2015年に世界遺産に登録されたハイエル地方の岩絵を代表とする歴史遺産や、多様な自然と文化があり、今後は世界各国から訪れた人が楽しむことができるようになるだろう。※サウジアラビアへの入国と滞在についての注意点→P.343

6 STATE OF KUWAIT クウェート

▶入国時に空港か事前にインターネットで取得可能

湾岸戦争の舞台となったが、復興は目覚ましく、その傷跡を見つけるのが難しいほど。アラビア半島ではサウジアラビアに次いで敬虔なイスラム国家であり、戒律は厳しい。観光地としての魅力は乏しいが、整然とした近代的な町並みは、産油国の底力を見せつけてくれる。数は多くないが、高級ホテルの設備は整っており、快適な滞在を楽しむことができる。

アラビア半島を旅するうえの注意点

最低限の基礎知識!

U.A.E.とカタールはビザ不要。サウジアラビア、バーレーン、クウェートは空港到着時にビザが取得できる。入国後も、特に旅行者に対する規制はない。サウジアラビア、バーレーン、クウェートは、事前にインターネットで申請・取得もできる。支払いはクレジットカードのみ。バーレーンは手数料が別途必要。オマーンは2019年10月現在アライバルビザも取得できるが、事前にインターネットで申請・取得しておくことが望ましい。

戒律の厳しいクウェートとサウジアラビア以外は、高級ホテルであればアルコールを置いていることが多い。なかでもドバイやアブダビ、バーレーンでは比較的簡単に手に入る。在住者や長期滞在者にはアルコールを買うことのできるリカーパーミットを発行してくれる国もある。どの国も生ビール1杯1000円前後が目安。

服装

肌の露出を極端に嫌うイスラム圏では、服装に気をつけたい。ドバイなどのリゾートではショートパンツにタンクトップなんていう服装でも許されるが、イスラム色の強い地域に行くのなら、体の線を強調する服や、女性のミニスカートなど、肌を露出するような服装は避けたい。神聖な場所であるモスクなどを訪問する際には、アバヤ(イスラム女性の伝統服)の着用を義務づけているところもある。

ラマダン

ラマダンとはイスラム暦の第9月のこと。ラマダンになると、イスラム教徒は、日中の間、飲食、喫煙などを禁止され、ツバさえ飲むことができない。私たちも異教徒とはいえ、ラマダン中は人前での飲食、喫煙は避けるべきだろう。ラマダン中でなくとも、イスラムに関係する祝日の日には、高級ホテルでもひとめの多いロビーのラウンジなどではアルコールを出さない場合がある。

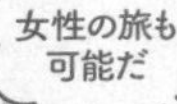

アラビア半島の国々では、最低限の注意さえ払えば、女性が旅をすることそのものに問題はない。もちろん、国によって多少事情が違う。アラブ首長国連邦(ドバイやアブダビなど)やバーレーンでは、ミニスカート姿の外国人旅行者が歩いていたりするほど開放的(肩とひざはカバーした服装が好ましい)。オマーンやカタールでは、昼間のひとり歩きならまったく問題ない。しかしどの国もイスラム圏ということを念頭において行動しよう。

サウジアラビアのハイエル地方の岩絵
アハサー・オアシス 進化する文化的景観
真珠採取、島経済の証明
アル・アインの文化遺跡群
⑩ アル・ヒジュルの考古遺跡（マダインサーレ）
マナーマ Manama
カラート・アル・バーレーン遺跡（バーレーン・フォート）
⑧ ⑦ ⑥
カタール QATAR
ドバイ Dubai
バハラァ・フォート
⑨ リヤド Riyadh
ディルムンの墳墓群
アブダビ Abu Dhabi ①
アラブ首長国連邦 UNITED ARAB EMIRATES(U.A.E.)
マスカット Muscat
バーレーン BAHRAIN
ディライーヤのツライフ地区
② ③④ ニズワ Nizwa
アル・ズバラ考古遺跡
ジェッダ Jeddah
サウジアラビア王国 KINGDOM OF SAUDI ARABIA
バット、アル・フトゥム、アル・アインの遺跡
メッカの玄関に当たる歴史都市ジェッダ
アフラージュ
オマーン SULTANATE OF OMAN
⑤ 乳香の道
サナア旧市街
シバームの旧城壁都市
サユーン Say'un
サラーラ Salalah
サナア Sana'a
古都ザビード遺跡群
イエメン共和国 REPUBLIC OF YEMEN
スコトラ群島
タイズ Taiz
アデン Aden

イエメンを含む諸国には歴史的に見ても希少価値の高い遺跡や町の跡が残されている。シルクロードの時代に砂漠のオアシスや市街地を行き交う商人たちや、当時の有力者たちの繁栄の証を垣間見ることができる。

※世界遺産名は本書の表記にならったもので、一部ユネスコの名称とは異なります。

1 CULTURAL SITES OF AL AIN アル・アインの文化遺跡群

P.150

アラブ首長国連邦

2011年にアラブ首長国連邦で初めて登録された世界遺産。砂漠地帯でありながら新石器時代より人間が定住していた痕跡として、高度な灌漑システムや墓、日干しれんがの家が残されている。過酷な環境である砂漠地帯に、人類がいかに適応したのかを証明する重要な遺産だ。

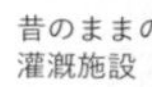
昔のままの灌漑施設

2 ARCHAEOLOGICAL SITES OF BAT, AL-KHUTM AND AL-AYN バット、アル・フトゥム、アル・アインの遺跡

オマーン

紀元前3000〜2500年のネクロポリスの遺跡が点在している。入口が上にしかない塔や、平べったい石を積み上げた墓などが発掘され、いまだに謎が多い遺跡として知られる。遺跡群はオマーンの北部、アフダル山地に点在している。

バットの遺跡

3 BAHLA FORT バハラァ・フォート

P.207

オマーン

12〜15世紀にこの地を支配していたバヌ・ネブハン族が建設したもので、町を取り囲む城塞は、高さ50m、全長12kmにも及ぶ。堅牢さが過信され放置されていたこの城塞も、1996年にようやく復旧の手が入った。

堂々としたたたずまい

4 AFLAJ IRRIGATION SYSTEMS アフラージュ（灌漑用水路）

P.203

オマーン

現在も使用されている灌漑用水路が3000以上ある。ニズワ周辺の5つが、2006年に世界遺産に登録された。

今では子供の遊び場に

5 LAND OF FRANKINCENSE 乳香の土地

P.217～218

オマーン

「失われた都市」ウバールは、コーランや『アラビアン・ナイト(千夜一夜物語)』にも登場する伝説の町だった。1990年代、衛星写真にかすかに写ったキャラバンの道を頼りに調査を進め、ルブ・アル・ハリ砂漠に紀元前1世紀頃の都市遺跡を発見、その存在が確認された。

乳香の木

6 AL ZUBARAH ARCHAEOLOGICAL SITE アル・ズバラ考古遺跡

P.243

カタール

アル・ズバラは18世紀後半～19世紀前半に真珠産業と交易で栄えた町。1938年に沿岸警備のために建設された城塞ズバラ・フォートが保存されている。周囲にはさらに古い時代の遺跡も点在している。

2013年、カタール初の世界遺産に登録されたアル・ズバラ考古遺跡

7 PEARLING, TESTIMONY OF ISLAND ECONOMY 真珠採取、島経済の証明

バーレーン

1960年代までバーレーン経済を支えた真珠。ムハラク地区にある、真珠にかかわる17の建物が登録されている。

ムハラク地区の建物

8 QAL'AT AL-BAHRAIN ARCHAEOLOGICAL SITE カラート・アル・バーレーン遺跡(バーレーン・フォート)

P.267

バーレーン

アラビア湾の要所であったこの場所には、4000年にも及ぶ人間の足跡が積み重なっている。最も古いもので紀元前2300年頃の人の住居跡が見つかっており、中継貿易で栄えたディルムンもここであったと考えられている。

バーレーン・フォート

9 AT-TURAIF DISTRICT IN AD-DIR'IYAH ディライーヤのツライフ地区

P.288

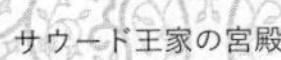

サウジアラビア

ディライーヤは第1次サウード王国の初めての首都としても知られるオアシスの町。そのなかでもツライフ地区は、サウード王家の宮殿や行政機関がおかれ、権力の中心として栄えていた。土構造の建造物の遺構は今なお当時の面影を残し、訪れる者に当時の繁栄をうかがわせる。サルワ宮殿跡は必見。

サウード王家の宮殿

10 ARCHAEOLOGICAL SITE OF AL- HIJR (MADAIN SALIH) アル・ヒジュルの考古遺跡(マダインサーレ)

P.298

サウジアラビア

2008年7月に登録された世界遺産。サウジアラビア北西部にある古代都市の遺跡で、紀元前1世紀から紀元後1世紀頃にナバタイ人によって築かれた墳墓として知られている。

ダイナミックなアル・ヒジュルの考古遺跡

Arabian スーク&モールでおみやげ探し

アザーン時計
アラブ好きにはたまらないモスク型の目覚まし時計。目覚まし音はアザーン（スークなどで販売）

ラクダの置物
背中の部分が開いて、小物が入れられるようになっている。大中小サイズあり（スークなどで販売）

アラビアン雑貨

ばらまきみやげにも最適。手頃な値段のものも多い。

砂漠の砂のサンドアート
職人さんの実演販売を見たら欲しくなる！アーティスティックなおみやげ（Ⓢドバイ・モール）→P.101

ラクダのぬいぐるみ
かわいいラクダのキャラクターが勢揃い（Ⓢスーク・アル・バハールのⓈキャメル・カンパニー）→P.101

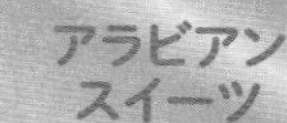

アルナスマ Al Nassmaのラクダチョコレート
ラクダのミルクを使った世界初のチョコレート（Ⓢドバイ・モール）→P.101

アラビアンスイーツ

日本では手に入らない珍しいチョコやスイーツが人気。

パッチPatchiのチョコレート
レバノン発祥の高級チョコレート店（大型ショッピングモールで販売）

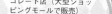

バティールBateelのデーツ
デーツ（ナツメヤシ）はアラブの定番みやげ（大型ショッピングモールで販売）

テキスタイル

ショールからクッションカバーまで幅広い品揃え。

ナッツ類
日本より断然安くてお買い得！ ドバイのデイラ地区には、ドバイでいちばんおいしいと評判の店がある。

チョック&ナッツ
Choc & Nuts
地図 P.71-B2
開 8:00～14:00、16:00～22:30（金曜 9:00～11:30、16:00～22:00）

ショール&バブーシュ
コットンやウール、シルクまで！値段もピンキリ。値段交渉は必至（各スークで販売）

乳香が人気!

アムアージュの香水

世界で最も高価な香水といわれているアムアージュAmouage。日本では手に入らない貴重な存在（オマーンの大型ショッピングモール、Ⓢドバイ・モールなど）

香水

アラブで買うならエキゾチックな香水を選んでみては。

アラブのお香

手軽にアラブのお香が楽しめるセット。自宅でもアラブの香りを堪能（各スークで販売）

ラクダミルク石鹸

ドバイ発のソープ。1個Dh30（ドバイ博物館）→ P.76

クレオパトラ石鹸

女子に人気のクレオパトラソープ。1個Dh5（Ⓢジェスコ）→ P.72欄外

香水瓶

凝ったデザインの香水瓶は、部屋のインテリアとしても飾っておくだけでもすてき

Souvenir

アラブの大都市には大きなショッピングモールがあり、高級ブランドからアラビアン雑貨、スイーツまで何でも揃う。そのほかスークと呼ばれる市場があり、スパイスやお香、伝統工芸品など、その土地ならではのみやげ物が並んでいる。ドバイの金専門のゴールド・スークが有名だ。

ゴールドジュエリー

オリジナルのアクセサリーも作ってくれる。いちばん有名なのはドバイのゴールド・スーク

ジュエリー

手が込んだアラビアンテイストのデザインが人気。

これも人気!

調味料

料理好きの人におすすめ。欲しい分だけ量り売りで!

中東のスパイス

サフランなどの高級スパイスも安く手に入る

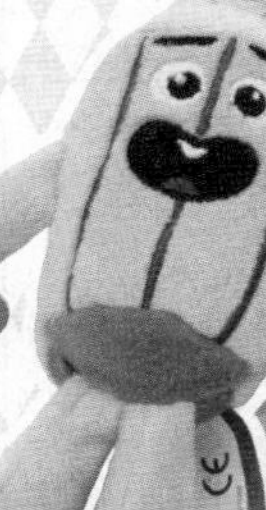

バージュ・ハリファのオリジナルグッズ

ドバイならバージュ・ハリファのオリジナルグッズも人気（バージュ・ハリファ）→ P.82

指さしオーダー
アラブ料理カタログ

アラブ諸国の定番料理

الطبق الشرقي

レバノン、モロッコ、チュニジア、イラン、エジプトなど近隣諸国の影響を受けているアラブ料理。素材や調理法はバラエティに富んでおり、食文化の豊かさを感じさせる。スパイスを多用するが、辛い料理はなく、どれも食べやすい味付けだ。

アラブ料理の主食はおもにパンで、ホブズと呼ばれている。

الطعام الرئيسي

خبز

焼きたてはフワフワで絶品！

ホブズ／*khubz*
丸くて平たいアラビアのパン。ペーストをつけたり、中に具を挟んだりして食べる。

ホンモスなどディップして食すものを中心に、多種多用なメゼが揃う。

مازة

حمص

ホンモス／*Hummus*
ヒヨコ豆のペーストに、塩、ニンニク、タヒーナ(白ゴマのペースト)、レモン汁を加えたもの。

متبل

ムタッバル／*Mutabal*
焼いたナスをペースト状にして、タヒーナ、レモン汁、ヨーグルトを混ぜ込んだもの。

لبن الماعز

レブネマエーズ／*Labneh Maez*
水切りしたヨーグルトに、塩、ニンニク、ミントの粉末を混ぜ、オリーブ油をかけた料理。

لبن

レブネ／*Labneh*
ヤギの乳のヨーグルトを水切りし、固めたチーズ。酸味がありクリームチーズのような味わい。

شنكليش

東地中海地方の定番料理！

シャンクリッシュ／*Shanklish*
赤味がかったチーズ。タマネギ、トマトなどのみじん切りと混ぜて食べる。

محمرة

ムハンマラ／*Muhammara*
焼いたピーマンを細かく刻み、松の実、トウガラシ、香辛料などにザクロソースをあえたもの。

كبة

クッベ／*Kubbeh*
ブルグル（ひき割り小麦）と羊肉のミンチ、タマネギを合わせて作るコロッケのようなもの。

كبة نية

クッベナイエ／*Kubbeh Nayeh*
新鮮な羊肉の赤身にニンニクなどの香辛料を練り込んだもの。なめらかな舌触りが特徴。

スープ&サラダ Soup & Salad

定番はタブーレ。スープでいえば、ショルバトゥアダス。
شوربة وسلطة

التبولة

タブーレ／*Tabbouleh*
パセリ、トマト、タマネギ、ミントの葉を細かく刻み、オリーブ油、レモン汁などであえたサラダ。

ليمون بالنعناع

アラブで定番のドリンク！

ミントレモネード／*Mint Lemonade*
レモン汁に砂糖、生のミントの葉をミキサーで混ぜたアラブの定番ジュース。

فتوش

レバノン発祥のサラダ

ファットゥーシュ／*Fattoush*
レタスやトマトなどの野菜とホブズのかけらをレモン汁やオリーブ油であえたもの。

شوربة العدس

ショルバトゥアダス／*Shorbat Adas*
東地中海地域特産のアダス（レンズ豆Lentil）のスープ。味は素朴だが、濃厚でなめらか。

عرق

アラク／*Arrack*
ナツメヤシやブドウといった糖度の高い果実を醗酵させ、蒸留した酒。アラブ伝統の蒸留酒。

メイン Main

おもに羊肉が使用され、スパイスとともに調理される。
الطبق الرئيسي

كباب

カバーブ／*Kabab*
羊のミンチにタマネギのみじん切り、ニンニク、香辛料を混ぜて串につけ、炭火で焼いた定番。

شيش طاووق

シシュタウーク／*Shish Taouk*
鶏肉を串に刺して炭火で焼いたもの。ミックスグリルとしてカバーブなどと一緒に出てくる。

شقف مشوي

ショカフマシュウィ／*Shokaf Meshui*
羊や牛の角切り肉を串に刺して炭火で焼いたもの。角切り肉をショカフという。

سمك مشوي

サマックマシュウィ／*Samak Mashwi*
魚のグリル。タヒーナ（白ゴマのペースト）をかけて提供されることもある。

الشاورما

中東のファストフード！

シャウルマ／*Shuwarma*
羊や鶏、牛の肉を串に刺しグリルしたものを、薄くそぎトマトなどと一緒にホブズで巻いたもの。

デザート Dessert

シロップや砂糖をふんだんに使用した甘いものが多い。
الحلوى

مهلبية

ムハラヒーヤ／*Mehalabiya*
ピスタチオがトッピングされた米粉と牛乳で作ったプリン。シロップをかけて食べることも。

عصمليه

シロップをたっぷりかけて！

オスマリーエ／*Osmaliyeh*
イシュタと呼ばれる甘いクリームに、小麦粉で作った細い麺を焼いたものをのせたスイーツ。

新しい潮流を感じよう

ドバイの回顧とアート探訪

いくつもの世界一を有し、なお進化し続けるドバイ。近年は、ただ新しいものを作るのではなく、古いものを生かした空間づくりが盛り上がっている。それらをアートにつなげる動きも盛んだ。今のドバイを象徴する、回顧とアートがキーワードになったスポットを訪ねてみよう。

タイムスリップしたかのようなアル・シーフの町並み

お酒を提供するレストランもある

01 扉のデザインも凝っている
02 香水店の入口で香りのおもてなし
03 ちょっとした表札も年月の経過を感じさせる作り

回顧 クリーク沿いに再現されたドバイの古い町並み

アル・シーフ
Al Seef

アル・ファヒディ歴史地区からつながるようにドバイ・クリーク沿いに並び立つスポット、アル・シーフ。ふたつのゾーンに分かれていて、ひとつは現代的なカフェやレストランが並ぶゾーン、もうひとつが古いドバイの町並みを再現して開発されたゾーンだ。古いドバイの町並みを模したゾーンは、建物だけでなく、柵、消火栓、ごみ箱にいたるまで雰囲気が統一されていて、どこを切り取っても画になる(→P.75)。

絨毯売りの話し声が聞こえてきそう

町のなかに溶け込むホテル

アル・シーフ・ヘリテージ・ホテル

Al Seef Heritage Hotel

町並み全体がホテルといっても過言ではないほど、このホテルはアル・シーフの町に溶け込んでいる。客室は敷地内の計22棟の建物に散在し、一歩外に出ればすぐにアラブの古い町並み。ノスタルジックなインテリアも人気だ。

一見しただけではホテルとはわからない

01 魚介類のラインアップは季節によって変わる
02 手前は鮫肉を細かくしてスパイスとともに炒めた料理、ジェシード

朝からやっている U.A.E.料理レストラン

アル・ファナール・シーフード・マーケット

Al Fanar Seafood Market

U.A.E料理で人気のアル・ファナールによるシーフードレストラン。新鮮な魚介をショーケースから自分で選び、調理してもらうことができる。朝食の時間帯から夜遅くまでオープンしており、使い勝手がいい。

☎(04)396-6669 URL www.alfanarrestaurant.com/alseef 開 8:30～23:00 休 無休

日が落ちてライトアップされた姿も魅力的

アル・シーフは、夜になると幻想的な明かりでライトアップされる。電飾もどこか昔を思わせる雰囲気で、明る過ぎず落ち着いたムードだ。クリークに浮かぶ船や対岸のビル群の夜景も楽しめる。

ムードある照明のアル・シーフの町

ライトアップされた船がクリークに浮かぶ

回顧 保護された歴史的建造物が建ち並ぶ

アル・ファヒディ歴史地区

Al Fahidi Historical District

一説には、ドバイの町はここから始まったともいわれており、歴史的な建造物が保護されている。カフェ、ホテル、小さな博物館、ギャラリーなどが点在するこのエリアはそれほど大きくないので、気の向くままに小さな路地裏に迷い込むのが楽しい(→P.75)。

01 路地の先に見えるのはアル・ファルーク・モスク 02 アラビアン・ティーハウス・カフェ(→P.100)で食べる朝食 03 ラクダにも会える 04 路地のそこかしこにアートがある

回顧 ドバイ・クリークの発展を見つめる

アル・シンダガ・ミュージアム
Al Shindagha Museum

ドバイ・クリーク館（バース・オブ・ア・シティ）

ドバイの歴史を、クリーク（入江）の発展という観点から学ぶことができるミュージアム。ドバイ・クリークをテーマにした建物と、U.A.E.の香りの文化をテーマにした建物に分かれる。ドバイ・クリーク館では、ドバイがクリークに沿って生まれ、クリークに沿って発展してきた様子が展示されている（→P.77）。

クリークを文字どおり多角的に解説。ディスプレイの横にあるバーを握ると映像が再生される

01 それぞれの柱では、クリークに生きる人々のストーリーが紹介されている
02 壁面には古きよきドバイの港町が描かれる
03 ミュージアムショップにはセンスのよい品が並ぶ
04 3方をスクリーンに囲まれたシアターは必見
05 メトロのアル・グバイバ駅から歩いてすぐ
06 オリジナルグッズのエコバッグはミュージアムショップで購入できる

パフューム・ハウス

ドバイ・クリーク館から建物をひとつ挟んで移動すると、U.A.E.の香りの文化を展示したパフューム・ハウスが現れる。香りの素材や産地の展示はもちろん、昔ながらのパウダー状のパフュームの作り方を解説する映像などがあり、見応えがある。

ボタンを押すとそれぞれの香りを嗅ぐことができる

01 香りの原料や香りにまつわる道具が展示される
02 ウード（沈香）、フランキンセンス（乳香）など中東の香りを中心に展示
03 廊下にも香りのサンプルが置いてある

ドバイ最古の建造物を擁する

ドバイ博物館

Dubai Museum

ぐるりと周りを囲むアル・ファヒディ・フォートは、ドバイで現存する建造物のなかでは最も古いといわれる。1787年に建設され、宮殿、要塞、監獄として使用されてきたが、現在はドバイを代表する博物館になっている。内部は考古学の発掘資料、伝統的なドバイの人々の生活、ドバイの発展を示すプレゼンテーションなどさまざまなものが展示されている（→P.76）。

01 一見しただけでは博物館だとわからないような外観
02 1本の木をくりぬいて作った船
03 細部まで作り込まれたリアルな展示
04 ミュージアムショップにはえりすぐりのおみやげがぎっしり

中東や世界の
現代アートを展示

ジャミール・アート・センター

Jameel Arts Centre

ドバイ・クリーク沿いのアル・ジャダフ地区に2018年11月オープンした、中東のアートシーンを牽引する美術館。中東だけでなく世界中からアートを集め、企画展を開催している。企画展は3〜6ヵ月ごとに変わるので、いつ行っても最新のアートが楽しめる。オープンアクセスの図書館も併設(→P.81)。

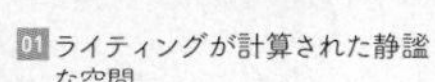

01 ライティングが計算された静謐な空間
02 高さを使ったダイナミックな展示
03 飛行機のレドーム(先端部分)を並べて
04 ギフトショップには世界中からグッドデザインなものが集まる
05 メトロのアル・ジャダフ駅からタクシーで5分ほど

アート

アートとカルチャーの
発信地

アルサーカル・アベニュー

Alserkal Avenue

建築家レム・コールハース氏の作品「CONCRETE」

アル・クオズ地区の倉庫街をリノベーションしたカルチャースポットがアルサーカル・アベニューだ。屋外でのアート展示、アートギャラリー、アーティストのスタジオ、カフェ、アパレルショップなどが並ぶこの区画では、ドバイ最先端のアートとカルチャーを感じることができる。ギャラリーもかしこまった雰囲気ではないので、気になるギャラリーがあれば気軽に入ってみよう(→P.80)。

01 ポリカーボネートを使用しているのでやわらかく光を取り込む
02 内部ではアート展示が行われている

001

ミルザム・チョコレート・メーカーズ
Mirzam Chocolate Makers

ビーントゥーバーのチョコレートメーカー。工房がガラス張りで、チョコレートを作る様子を見ることができる。カフェも併設している。

☎(04)333-5888
URL mirzam.com
開10:00～22:00　休無休

002

チカ
CHI-KA

アラビア半島の女性が着る「アバヤ」に、着物のエッセンスを取り入れた新しいデザインが特徴的。店内では日本文化にまつわる展示が行われていることも。

☎(04)345-0000
URL www.chikaspace.com　開10:00～19:00
休金曜

Map of Alserkal Avenue

アルサーカル・アベニューは真っすぐの道で構成されたシンプルな造り。大きな箱型の建築物「コンクリート CONCRETE」を目印にすると、位置関係がわかりやすい。

ENTRANCE FIRST AL KHAIL ST.
CONCRETE
THE YARD
002
001
PEDESTRIAN ENTRANCE
003
004
ENTRANCE ST.17

その月の展示内容を知らせるボードもおしゃれ

003

A4・スペース
A4 Space

吹き抜けの大空間が開放的なコワーキングスペース。カフェのみの利用もでき、アイスコーヒー、フレッシュジュースともにDh21。トイレもあり、休憩するのにぴったり。

☎(050)556-9797
URL alserkalavenue.ae/en/neighborhood/a4-space.php
開10:00～19:00　休金曜

004

レイラ・ヘラー・ギャラリー
Leila Heller Gallery

30年以上の歴史があるニューヨークのギャラリーがドバイにもオープン。西洋と中東のアーティストとの、創造的な対話や交流を促進することに重点をおいたキュレーションが特徴だ。

☎(04)321-6942
URL www.leilahellergallery.com
開10:00～19:00　休金曜

ヴェールに包まれていた王国

今こそ行きたい!

サウジアラビア

アラビア半島の大部分を占め、イスラム教の聖地、メッカを擁する中東屈指の大国、サウジアラビア王国。この国は、これまで長らくの間、一部のツアー客を除き、観光を目的とした海外からの旅行者を受け入れてこなかった。

そんな閉ざされていた神秘の王国が、ついにその門戸を国外からの個人旅行者に開放した。政府が推進する国家戦略プロジェクト「ビジョン2030」の一環として、2019年9月から日本を含む世界49ヵ国を対象に、観光ビザの発給を解禁したのだ。

もちろん、今のところ観光客の受け入れ体制は十分とはいえず、観光インフラの整備は今後の喫緊の課題であるに違いない。ただ、そんな今だからこそ、等身大のサウジアラビアの日常を垣間見ることができるはずだ。

悠久の歴史が織りなす風景。急速な勢いで現代化してゆく町並みと、今に息づくアラブの伝統。サウジアラビアの旅は、訪れる者に新鮮な驚きと多くの感動を与えてくれることだろう。

首都リヤドは、マスマク・フォートレスを中心に発展してきた

かつて女性の運転が世界で唯一ご法度だった国だが、2018 年に合法化された

ジェッダの特徴的な建築様式が美しいアル・タイバト博物館

イスラム世界の中心、
メッカのカアバ神殿。
メッカにはイスラム教徒
以外は立ち入れない

サウジアラビア随一の観光スポット、世界遺産
マダインサーレ（アル・ヒジュルの考古遺跡群）

リヤド最大のモスク、アル・ラジヒ・グランド・モス
クの図書室には、イスラム関連書籍がずらりと並ぶ

アラブのもてなし、アラ
ビックコーヒーを入れる
ための伝統的な器具

かつて都であったディライーヤは、オスマン帝国との戦いで廃墟と化した。今は世界遺産に登録されている

アル・ファイサリア・タワーの展望台からは、リヤドの町を一望できる

一流ブランド店や高級レストランが建ち並ぶタヒリア・ストリート。週末の夜は大勢の人でにぎわう

国立博物館内に展示されている、メッカのカアバ神殿に掛けられていた黒い幕「キスワ」

マスマク・フォートレスを包み込む幻想的なプロジェクションマッピング

進化し続ける大都市

Riyadh
リヤド

サウジアラビア王国の首都リヤドは、石油産業から得られる潤沢な資本を元手に目覚ましい発展を遂げてきた。その象徴として、町の中心にはまばゆいばかりの高層ビル群がそびえ立つ。

古きよき風情を残しつつも、変化をいとわず、日々洗練されてゆくこの町の息吹を、しっかりと感じ取りたい。

初代国王アブドゥル・アジズ王によって建てられたムラバ・パレス

アラブらしさあふれるディラ・スークには、宝飾品店のほかアンティークショップも多い

巡礼者たちが行き交った港町

Jeddah

ジェッダ

紅海に面したジェッダは、古くからメッカへと向かう巡礼者を迎える玄関口として栄えてきた。独特の飾り窓に彩られた旧市街バラドは、細い路地が入り組み、まるで迷路のようだ。

あてもなく町をさまよい、かつての巡礼者たちの姿に思いをはせるのもいいかもしれない。

コルニーシュは人々の憩いの場。近年、海岸沿いに高層ビルが次々と建設されている

世界一の高さを誇るキング・ファハドの噴水。噴水が噴き上がる夕方には大勢の人が訪れる

2014年に世界遺産に登録された旧市街バラド。域内には朽ちかけた建物も多数あり、保全が今後の課題だ

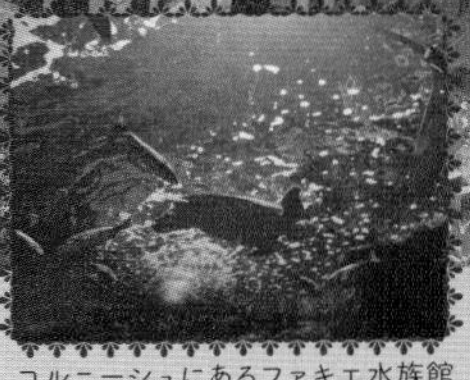

コルニーシュにあるファキエ水族館では、紅海に生息する魚たちが悠々と泳ぐ姿を観察できる

旧市街にある、かつては商家だったマツブリ博物館。中に入ると当時の暮らしぶりがうかがえる

フローティングモスクとも呼ばれるアル・ラフマ・モスク。紅海の青さと白のコントラストが美しい

各地との交易で栄えてきたジェッダ。旧市街にはスパイスやお香を扱う店が軒を連ねる

穏やかなアラビア湾の海辺へ

Damman & the Surrounding Areas

ダンマンとその周辺

東部州の州都ダンマンは、近隣のアル・コバール、ダーランとともに一大都市圏を形成し、サウジアラビア経済の重要な役割を担っている。ダーランに本社をおく世界最大の石油会社、サウジアラムコの存在はその象徴だ。一方、ダンマンの北に位置するカティフやタルット島は、趣を異にし、歴史情緒を感じさせてくれる。

印象的な外観のザ・キング・アブドゥルアジズ世界文化センター。博物館や図書館などが入るサウジアラムコが建てた複合施設だ

ダンマンにあるザ・ヘリテージ・ビレッジ。博物館があるほか、伝統的なスタイルで食事ができるレストランなどが入っている

散策道が整備されているアル・コバールのコルニーシュ。心地よい潮風が朗らかな気分にさせてくれる

タルット島の歴史を物語るタルット・フォート。この島にははるか古代から人々の暮らしがあった

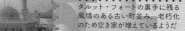

タルット・フォートの裏手に残る風情のある古い町並み。老朽化のため空き家が増えているようだ

タルット・フォート近くのフィッシュマーケット。漁業も盛んなタルット島では、新鮮な魚介が手に入る

マダインサーレとアル・ウラの旧市街

Madain Saleh & Al Ula

マダインサーレを観光する際の拠点となる町、アル・ウラの旧市街も見ものだ

紀元前1世紀～紀元1世紀頃にナバタイ人によって築かれたマダインサーレ。隣国ヨルダンにある同様の遺跡、ペトラに次ぐ規模を誇る

マダインサーレの近くにある奇岩、エレファント・ロック

まだまだある！

サウジアラビアの見どころ

さまざまな文明が交差し、交易をするうえで重要な位置にあったサウジアラビア。アラビア半島にまたがるその広大な国土には、歴史的に価値のある遺跡や厳しい自然環境が生み出した絶景が各地に点在する。ただ、アクセスがよくない所が多いので、ツアーに参加するか車をチャーターして訪れる方法が一般的だ。

エッジ・オブ・ザ・ワールド

The Edge of the World

リヤドから北西に約 90km 行った所にある絶景ポイント。切り立った崖からは、息をのむような壮大なパノラマ風景が広がっている

赤い砂漠

Red Sand Desert

リヤド近郊にある赤い砂漠は、地元の人にも人気のお出かけスポット。この砂漠地帯の一角には砂漠のなかに湖が広がるカララ湖国立公園がある

リジャル・アルマ村

Rijal Alma Heritage Village

アブハの西の山中にある、特徴的な石造りの家々が残る村。山々に囲まれたフォトジェニックな景観がすばらしい

バラの香りと絶景に抱かれる旅

オマーンの美しき山岳地帯を訪ねて

シンドバッドも船出をしたと伝えられるオマーンには海洋王国のイメージが強いが、一方で海岸からさほど離れていないところに高山地帯もある。3000mを超える山々を擁しているのだ。そしてこの山岳地には旅のロマンをたっぷりと味わえる知られざる魅力がたくさんある。

山岳地帯の絶景を目的にやってくる外国人旅行者も増えている

ジャバル・アフダル周辺の景色はとてもドラマチックで美しい

首都マスカットの南東部から、アラブ首長国連邦の北部まで700kmにわたって連なるアル・ハジャール山脈は、別名オマーン山脈。南西に向かって細い弓なりに歪み、幅は100kmほどしかないものの、最高峰のジャベル・シャムス山は3009mもの標高がある。これは地下のアラビア・プレートがユーラシア・プレートに沈み込む活発な地殻活動によって誕生したことを示すもの。現在でも年間2〜3cmも北へ移動しているという。地質学的にも世界的に貴重な場所としてたいへんに有名だ。

首都マスカットでは35℃を超える気温は珍しくはないが、アル・ハジャール山脈は冬に10℃を下回ることもあるくらい清涼な気候。砂漠や土漠がほとんどという乾いた国土のなかで、山々では泉が湧出する緑豊かなオアシスも多く、世界遺産に登録されている紀元前から造られてきた伝統的なファラジュ（灌漑システム）には、この湧き水を利用しているものも少なくない。

オマーン人にとっては暑さから逃れ、静かなひとときを過ごすバカンス地。山の中を走る道路も比較的整備され、山深い場所に設備の整ったホテルがあったりするのもそのためだ。ジャベル・シャムス山の山頂だけは軍事利用されているため入れないが、周囲にはトレッキングトレイルも整っていて、山岳地帯の美しい景色を楽しめる。その雄大さは一見の価値ありだ。また、やはり世界遺産となっている紀元前のネクロポリスの遺跡群が点在するのもアル・ハジャール山脈。見どころからアクティビティまで、豊富な楽しみがあることも人々をひきつけている。

オマーンの人々が愛する花といえばバラ。特に花から作るローズウオーターは、家庭料理の香り付けや薬として日常的に愛用され、宴席などではゲストの手にふりまくのがもてなしだ。その原料であるバラの産地もまたアル・ハジャール山脈の中にあるジャバル・アフダルという地域。冬の気候の冷たさがバラに適しているのだという。春、花は手摘みで集められ、粘土を固めた素朴な窯を使った伝統技法で蒸留されローズウオーターは作られる。3〜5月頃の季節には、ジャバル・アフダルにあるホテルで見学ツアーを行っている。

バラの花は一つひとつ地元の人々の手で摘み取られる。素朴な窯づくりにこだわるのも伝統を大切にする国オマーンだからこそ

雄大な山岳風景を背に、石を積み上げて造られた「ハチの巣型の墳墓」が尾根に並ぶ。世界遺産「バット、アル・フトゥム、アル・アインの遺跡」の構成遺産のひとつだが、詳しくはわかっていない謎多き遺跡だ

オマーンの
山岳地帯の行き方

アル・ハジャール山脈の麓の主要都市ニズワ(→P.203)、バハラァ(→P.207)、ルスタックとナハル(→P.208、209)などへは、マスカットからバスや乗合タクシーで行けるが、そこから先はタクシーをチャーターすることになる。現地の旅行会社、あるいは現地と提携がある日本の旅行会社を通じて手配するのも手(→P.340)。山脈内の移動をしない滞在型の場合は、ホテルを予約すると交通手段を確保(有料)してくれることが多い。

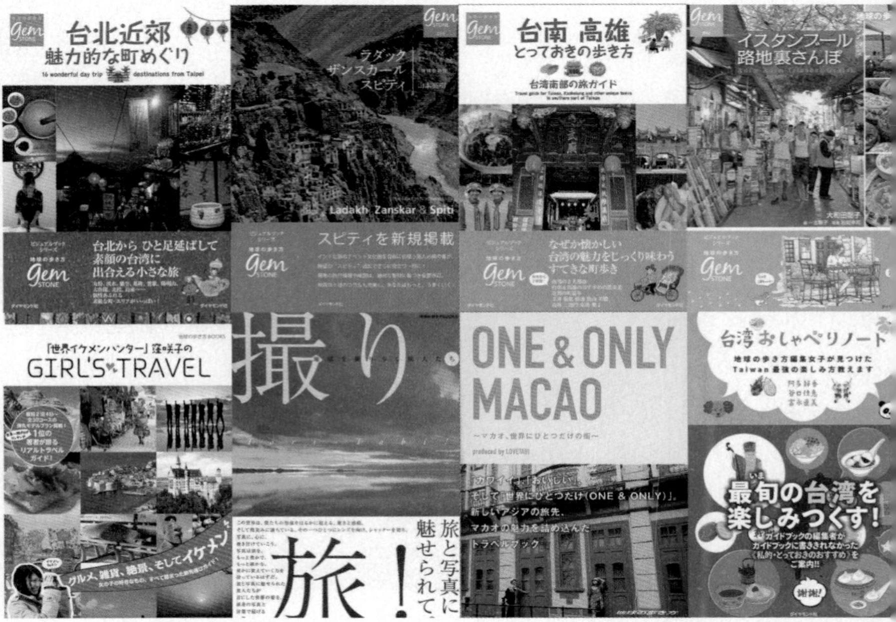

「地球の歩き方」の書籍

地球の歩き方 GEM STONE

「GEM STONE（ジェムストーン）」の意味は「原石」。地球を旅して見つけた宝石のような輝きをもつ「自然」や「文化」、「史跡」などといった「原石」を珠玉の旅として提案するビジュアルガイドブック。美しい写真と詳しい解説で新しいテーマ&スタイルの旅へと誘います。

- 006 風街道 シルクロードをゆく
- 022 北京 古い建てもの見て歩き
- 030 バリ島ウブド 楽園の散歩道
- 038 世界遺産 イースター島完全ガイド
- 040 マラッカ ペナン 世界遺産の街を歩く
- 041 パプアニューギニア
- 042 イスタンブール路地裏さんぽ
- 044 南アフリカ自然紀行 野生動物とサファリの魅力
- 045 世界遺産 ナスカの地上絵完全ガイド
- 050 美しきアルジェリア7つの世界遺産を巡る旅
- 051 アマルフィ&カプリ島 とっておきの散歩道
- 052 とっておきのポーランド 世界遺産と小さな村、古城ホテルを訪ねて
- 053 台北近郊 魅力的な町めぐり
- 054 グリム童話で旅するドイツ・メルヘン街道
- 056 ラダック ザンスカール スピティ 北インドのリトル・チベット [増補改訂版]
- 057 ザルツブルクとチロル・インスブルック アルプスの山と街を歩く
- 059 天空列車 青海チベット鉄道の旅
- 060 カリフォルニア・オーガニックトリップ サンフランシスコ&ワインカントリーのスローライフへ
- 061 台南 高雄 とっておきの歩き方 台湾南部の旅ガイド

地球の歩き方 BOOKS

「BOOKS」シリーズでは、国内、海外を問わず、自分い旅を求めている旅好きの方々に、旅に誘う情報か先で役に立つ実用情報まで、「旅エッセイ」や「写真「旅行術指南」など、さまざまな形で旅の情報を発ます。

- 日本の島旅シリーズ
- ニューヨークおしゃべりノート
- キレイを叶える週末バンコク♡
- 「世界イケメンハンター」窪咲子のGIRL' S TRAVEL
- ONE & ONLY MACAO produced by LOVETABI
- エスニックファッション シーズンブック
- 撮り・旅! 地球を撮り歩く旅人たち
- 台湾おしゃべりノート

エスニックファッショ
シーズンブ

العربية المتحدة الإمارات

アラブ首長国連邦

(U.A.E.)

United Arab Emirates

ドバイ・クリークをアブラで渡る

アラブ首長国連邦

United Arab Emirates

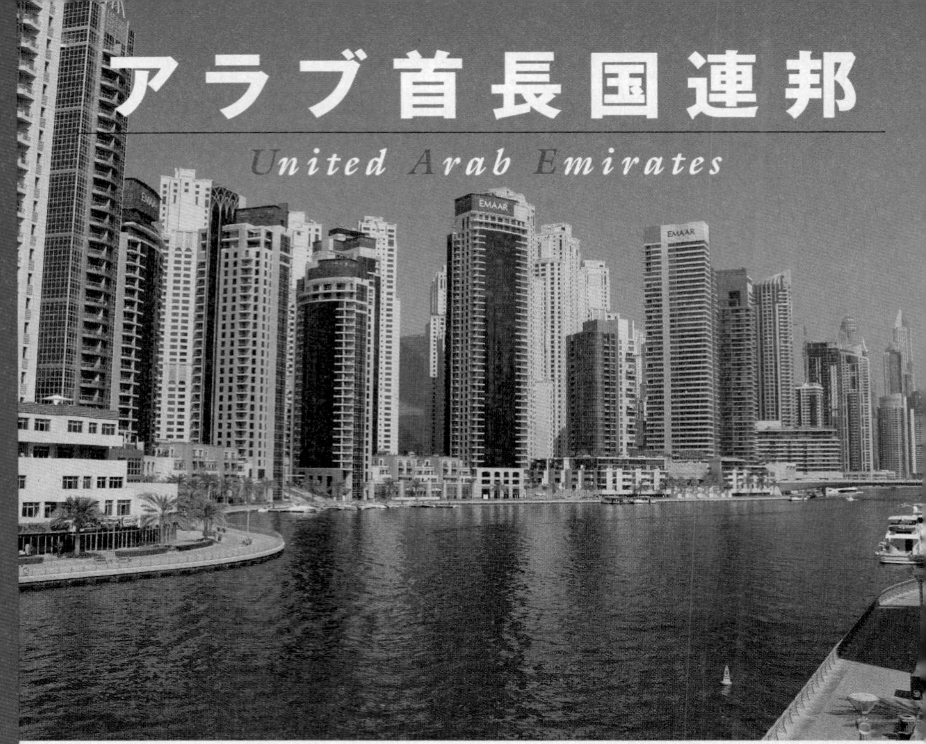

ドバイ・マリーナの高層ビル群

アラビア湾の入口に横たわるアラブ首長国連邦は、まぎれもなくアラビアで注目度ナンバーワン。早くから観光開発に着手したこの国は、最も安心して滞在できるアラブの国として知られている。とかくありがちなスローで高圧的なイメージはほとんど感じられないのだ。

1971年に独立したこの国は、国名からもわかるように、アブダビ、ドバイ、シャルジャ、アジマン、ウム・アル・カイワイン、フジャイラ、そしてラス・アル・ハイマという7つの首長国が集まってひとつの国を形成している。

連邦の首都はアブダビ。内陸部のオアシスタウン、アル・アインなど広範囲の土地を治め、高層ビルが建ち並ぶアブダビだが、ビルの狭間に埋もれたようにして立つモスクに、その激動の歴史を感じずにはいられない。首都として連邦をまとめるこの近代都市も、ほんの数十年前までは小さな村にすぎなかったのだ。そして、首都アブダビを超える開発を遂げたドバイ。アラブ諸国では珍しい芝のゴルフや、マリンスポーツを思う存分満喫できるこの町は、アラビアンリゾートという点ではアブダビを一歩も二歩もリード。世界でも有数なリゾート地となった。今なお、観光資源の開発に力を注いでいる。

この近代的な両首長国に対して、ドバイから北の首長国はいまだにのんびりとした雰囲気が残り、人々の表情も明るい。特に、内陸部に広がる広野を抜けたあとにそびえるハジャル山地と、その向こう側のオマーン湾に連なる美しい東海岸は、見逃せないスポットだ。フジャイラやホール・ファカンなどには、町自体は小さいけれど、すばらしいビーチがあるので、休日に訪れるアラブ人に混じって、海外からの旅行者も増えてきている。

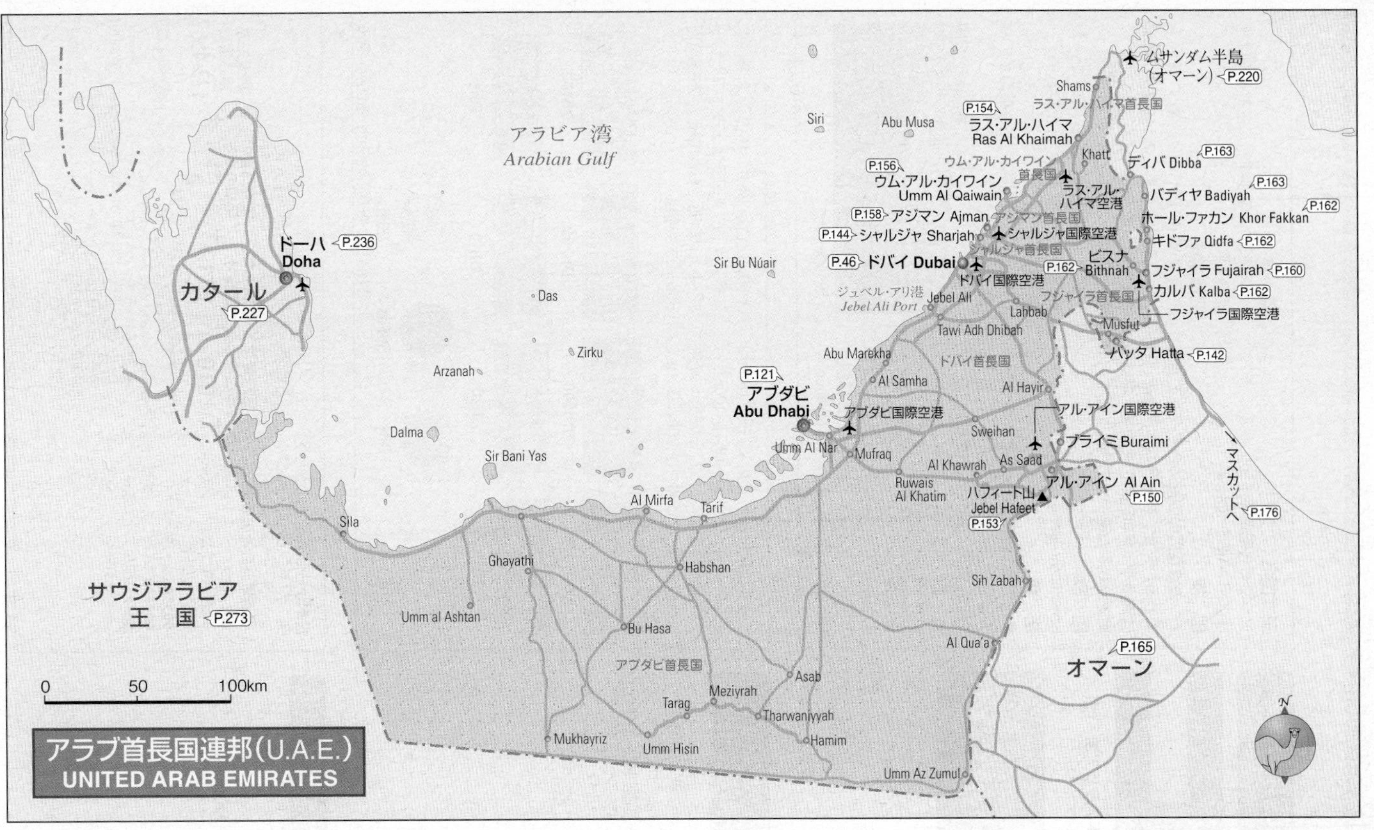
アラブ首長国連邦(U.A.E.)
UNITED ARAB EMIRATES
アラビア湾
Arabian Gulf
ムサンダム半島
(オマーン) P.220
Shams
ラス・アル・ハイマ首長国
P.154
ラス・アル・ハイマ
Ras Al Khaimah
Khatt
ディバ Dibba P.163
ウム・アル・カイワイン首長国
P.156
ウム・アル・カイワイン
Umm Al Qaiwain
ラス・アル・ハイマ空港
バディヤ Badiyah P.163
P.158 アジマン Ajman
アジマン首長国
ホール・ファカン Khor Fakkan P.162
P.144 シャルジャ Sharjah
シャルジャ国際空港
キドファ Qidfa P.162
シャルジャ首長国
P.46 ドバイ Dubai
ドバイ国際空港
P.162 ビスナ Bithnah
フジャイラ Fujairah P.160
カルバ Kalba P.162
フジャイラ首長国
フジャイラ国際空港
Siri
Abu Musa
Sir Bu Nuair
ジュベル・アリ港
Jebel Ali Port
Jebel Ali
Lahbab
Musfut
Tawi Adh Dhibah
ハッタ Hatta P.142
Abu Marekha
ドバイ首長国
Al Samha
Al Hayir
P.121
アブダビ
Abu Dhabi
アブダビ国際空港
アル・アイン国際空港
Sweihan
ブライミ Buraimi
Umm Al Nar
Mufraq
Al Khawrah
As Saad
Ruwais
Al Khatim
ハフィート山
Jebel Hafeet
P.153
アル・アイン Al Ain P.150
マスカットへ P.176
ドーハ P.236
Doha
カタール
P.227
Das
Zirku
Arzanah
Dalma
Sir Bani Yas
Al Mirfa
Tarif
Sila
Ghayathi
Habshan
Sih Zabah
サウジアラビア
王国 P.273
Umm al Ashtan
Bu Hasa
Al Qua'a
P.165
オマーン
アブダビ首長国
Asab
Meziyrah
Tarag
Tharwaniyyah
Mukhayriz
Umm Hisin
Hamim
Umm Az Zumul
0
50
100km

ジェネラルインフォメーション

アラブ首長国連邦の基本情報

▶アラビア語入門 → P.351

正式国名
アラブ首長国連邦
United Arab Emirates

国　旗
7つの首長国の国旗の色をすべて含んでいる。また、緑は豊かな国土を、白は清浄を、黒は過去の圧政を、赤は聖戦で流された尊い血の犠牲を表す。

国　歌
Ishy Bilady（Long Live My Nation）

面　積
約8万3600km^{2}で北海道とほぼ同じ

人　口
約963万人（2018年：世銀）

首　都
アブダビ　Abu Dhabi

元　首
シェイク・ハリーファ・ビン・ザイード・アル・ナヒヤーン大統領
Sheikh Khalifa Bin Zayed Al Nahyan

政　体
7首長国による連邦制。各首長国は絶対君主制。

民族構成
アラブ首長国人11%、南アジア人59%、その他13%、エジプト人10%、フィリピン人6%

宗　教
イスラム教96%（うちスンニー派80%、シーア派16%）、その他4%

言　語
公用語はアラビア語だが、英語が広く使われている。

アブラ（渡し船）

通貨と為替レート

Dh

▶基礎知識・両替とクレジットカード → P.41

通貨の単位はディルハムDh（Dirham）とフィルス（Fils）。Dh1＝100Fils＝29.95円（2020年1月17日現在）。紙幣はDh1000、Dh500、Dh200、Dh100、Dh50、Dh20、Dh10、Dh5の8種類。コインはDh1（アラビアン・コーヒーポット）、50Fils（石油施設）、25Fils（ガゼル）の3種類。

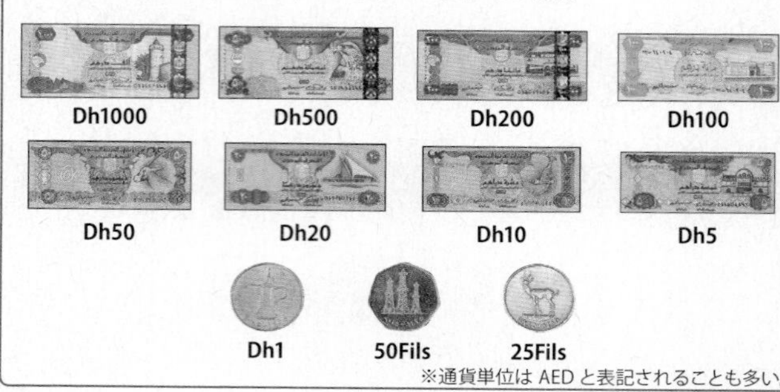

※通貨単位はAEDと表記されることも多い。

電話のかけ方

▶郵便と電話 → P.368

日本からU.A.E.へのかけ方
例：ドバイ（04）123-4567にかける場合

国際電話会社の番号		国際電話識別番号		U.A.E.の国番号		市外局番の最初の0を除いた番号		相手先の電話番号
001 KDDI※1 **0033** NTTコミュニケーションズ※1 **0061** ソフトバンク※1 **005345** au（携帯）※2 **009130** NTTドコモ（携帯）※3 **0046** ソフトバンク（携帯）※4	＋	**010**	＋	**971**	＋	**4**	＋	**123-4567**

※1「マイライン・マイラインプラス」の国際区分に登録している場合は不要。詳細は、URL www.myline.org
※2 auは005345をダイヤルしなくてもかけられる。
※3 NTTドコモは事前にWORLD WINGに登録が必要。009130をダイヤルしなくてもかけられる。
※4 ソフトバンクは0046をダイヤルしなくてもかけられる。
※携帯電話の3キャリアは「0」を長押しして「+」表示し、続けて国番号からダイヤルしてもかけられる。

日本からのフライト時間

エミレーツ航空が関空と成田、羽田からドバイへ、エティハド航空が成田、中部からアブダビへの直行便を運航している。日本からドバイへは所要 10 ～ 11 時間。ドバイ国際空港は広いので、移動には十分なゆとりをもって。

ドバイ国際空港

▶ アラビア半島への道→ P.336

出入国

ビザ
30 日以内の観光目的の滞在であれば不要（一般旅券）。

パスポート
有効残存期間は 6 ヵ月以上。見開き 2 ページ以上。

入国カード
なし。

出国税
陸路で出国する場合、Dh35。

▶ 各国のビザ（査証）→ P.338

気候

四季はあるが、春と秋が非常に短い。夏場は湿気もあるので、体感温度がかなり高くなる。町歩きは体力を相当使うので要注意。

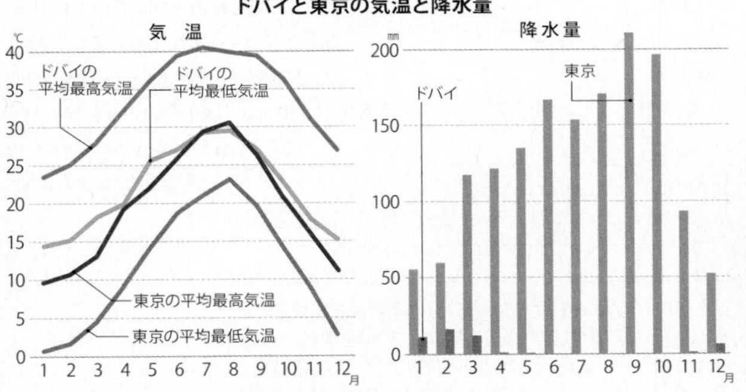

※東京の気温および降水量は、気象庁の平年値のデータ。ドバイの気温および降水量は、The Weather Channel Enterprises, Inc. のデータより。

▶ 基礎知識・地方別の気候→ P.40

U.A.E. から日本へのかけ方
例：東京 (03) 1234-5678 または 090-1234-5678 にかける場合

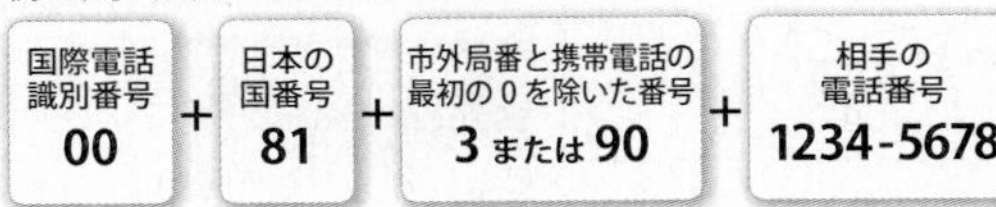

公衆電話はカード式。テレホンカードを公衆電話のカードスロットに差し込んで使用する。カードは Dh30。スーパーマーケット、コンビニエンスストアなどで購入できる。

日本での国際電話の問い合わせ先

KDDI	Free 0057（無料）
NTT コミュニケーションズ	Free 0120-506506（無料）
ソフトバンク	Free 0120-03-0061（無料）
au	Free 0077-7-111（無料）
NTT ドコモ	Free 0120-800-000（無料）
ソフトバンク	Free 157（ソフトバンクの携帯から無料）

時差とサマータイム

日本との時差はマイナス5時間。日本が正午のとき、U.A.E.は7:00。サマータイムは実施されていない。

ビジネスアワー

各首長国や、会社、商店、季節などにより多少異なる。大きなショッピングセンターは、昼休みなしで朝から22:00頃まで営業する店や24時間営業の店も少なくない。地方にある店や小さな店などは、イスラム教の祝日や金曜は14:00頃から開けるのが普通。ラマダン期間中は、ほとんどのレストランが昼の間休業している。ラマダン中であることを念頭に、公共の場での飲食は控えるなどを心がけておけば、ドバイなどの大きな都市では観光客が困るようなことはさほどないといえる。

官 庁
日～木曜　7:30 ～ 14:00

銀 行
日～木曜　8:00 ～ 15:00

商 店
日～木曜　9:00 ～ 13:00、16:00 ～ 22:00
金曜　14:00 ～ 22:00

オフィス
日～木曜　8:00 ～ 13:00、15:00 ～ 18:00
または 16:00 ～ 19:00

祝祭日

▶アラビアを理解するために→P.354

ヒジュラ暦によるので毎年変わるが、グレゴリオ暦も併用。2020年の祝祭日は以下のとおり。年によって異なる移動祝祭日（＊印）に注意。当日にならないと発表されない。イスラムの休日は金曜で、週末といえば金・土曜を指す。

1月1日	元日 New Year's Day
5月24～27日頃＊	ラマダン明け休暇 Eid al-Fitr（End of Ramadan）
7月30日＊	巡礼休暇 Arafat Day（Haj day）
7月31日～8月3日頃＊	犠牲祭 Eid al-Adha（Feast of Sacrifice）
8月20日＊	イスラム暦新年 Al-Hijra（Islamic New Year）
10月29日＊	預言者ムハンマドの誕生祭 Milad un Nabi（Prophet's Birthday）
11月30日＊	UAE記念日 Commemoration Day
12月2～3日	建国記念日 National Day

※2020年のラマダンは4月24日～5月23日の見込み。

税 金

TAX

ホテルでの宿泊や食事などには、特別地方税がかかる。ドバイとアブダビは1室1泊に対して別途課税（ツーリズム・ディルハム）される。税率については各首長国やカテゴリーによって変わってくる。2018年1月より5%のVAT（付加価値税）が導入された。

電圧とプラグ

電圧は220/240V。周波数50Hz。プラグタイプはBF。

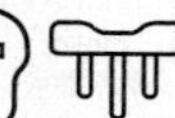

飲料水

水道水は海水を淡水化しており飲用が可能。環境グループはWHOのガイドラインにも沿っていると発表している。しかし一般的には大多数がミネラルウオーターを購入し、飲用している。旅行者はなるべくミネラルウオーターを購入したほうが無難。

ミネラルウオーターは500mℓでDh1程度

郵　便

日本まではがきはDh3、封書Dh7～。ただし、郵便局以外で切手を買うとその店に手数料Dh2ほどを払う必要がある。1～2週間で到着する。

デイラ地区の郵便局

▶郵便と電話→P.368

チップ

快いサービスを受けたときには心づけを。下記はあくまで目安。

タクシー
Fils以下の端数を切り上げる程度。

レストラン
店の格にもよるが、高級レストランでサービス料が含まれていない場合は10%程度。

ホテル
ランクによって異なるがDh5～10程度。ポーターやルームキーパーにコインで渡すのはあまりよくない。

ドライバー
サファリや観光ツアーのドライバーは半日Dh30程度が目安。

安全とトラブル

治　安
穏健な政治姿勢を維持しており、治安はとてもよい。ドバイやアブダビは、北部にあるシャルジャなどの首長国に比べ比較的開放的で、昼間なら女性ひとりで町なかを歩いていても問題はない。ただし、イスラム圏ということを忘れずに、服装などには注意しよう。

外務省 危険・スポット・広域情報
●中東地域における緊張の高まりに関する注意喚起
※2020年1月5日、8日付

■外務省 海外安全ホームページ
URL www.anzen.mofa.go.jp

【在アラブ首長国連邦日本大使館】
Embassy of Japan　地図 P.129-C3
住 P.O. Box 2430, Abu Dhabi
☎ (02) 443-5696　FAX (02) 443-4219

【在ドバイ日本総領事館】 地図 P.48-A2
Consulate General of Japan
住 P.O. Box 9336, 28th Floor, Dubai World Trade Centre, Dubai
☎ (04) 293-8888　FAX (04) 331-9292

警察署 **999**
消防署 **997**
救急車 **998**

▶アラビアを理解するために→P.354

▶基礎知識・習慣とタブー→P.41

年齢制限

アルコールとたばこは21歳から。たばこは購入時にIDを求められることはない。アルコールは許可証の提示を求められる（旅行者は購入できない）。

滞在アドバイス

生活用品
食料品は豊富。大手のスーパーには、味噌や冷凍食品などの日本食も数多くある。日用品や滞在中に必要なものはほとんどがスーパーなどで手に入る。電化製品も豊富な品揃え。生活用品に関しては日本とあまり変わらないと考えてよい。ただし、薬局はあるものの現地の薬は体に合わないことも多いので、最低限の薬は持参したほうが無難。

酒
イスラム教徒以外の居住者には、警察本部でリカーパーミット（酒購入許可証）を発行してくれる。許可証は1年間有効。リカーショップのA&EやMMIに申請用紙が置いてある。旅行者の場合は免税店で買った酒を持ち込むか、ホテルのレストランやバーなどで飲酒できる。ほかのアラブ諸国に比べて比較的寛容なのが特徴。

医療、衛生
風土病はないが、夏季は気温が高くなるので熱中症に要注意。薬は手に入るが、飲みつけの薬は持参したほうがよい。医療レベルの高い病院が多く、おもな病院は、シェイク・ハリーファ・メディカル・シティSheikh Khalifa Medical City（☎（02）610-2000アブダビ）、クリーブランド・クリニック・アブダビ（Cleveland Clinic Abu Dhabi（☎（800）8-2223アブダビ）、アメリカン・ホスピタルAmerican Hospital（☎（04）336-7777ドバイ）、サクラ・メディカル・アンド・デンタル・クリニックSakura Medical and Dental Clinic（☎（04）445-2875ドバイ/日本語対応可）。

▶基礎知識・物価と予算→P.42

▶旅の健康管理→P.365

基礎知識
Basic Knowledge

歴史

古代からヨーロッパの進出まで

この地域の歴史はそれほど解明されているわけではないが、アル・アインにほど近いハフィート山からは紀元前4000年頃のものと思われる遺跡が発見されている。また、メソポタミア南部に誕生したシュメール文明の楔形文字盤に「マーガンの国」としてアラビア半島東南部が記されている。ドバイはメソポタミア文明とインダス文明を結ぶ中継地的な役割をしていたのではないかという説もある。また、地下水に恵まれていたことと、入江があったことから、必然的にドバイは交易の場として栄えていった。

6世紀以降、インド洋、紅海、パレスチナを通って地中海へ結ぶ交易路として栄えたアラビア半島西海岸では、7世紀に入ってイスラム教が誕生する。その後イスラム帝国はわずか10年という早さで全アラビア半島を統一していった。

8〜10世紀には中国との交易も盛んになり海のシルクロードとして活躍していくが、中世に入ると、この国はヨーロッパの進出を受け始める。まずはポルトガル、続いて進出したイギリスは、1805年から数回にわたって侵攻し、1835年に休戦条約を締結。この条約はその後何度となく修正され、1853年に平和条約としてあらためて締結された。こうして現アラブ首長国連邦のアラビア湾岸は、しばらく休戦海岸と呼ばれることとなった。

石油時代の到来

現在では連邦の首都がおかれているアブダビだが、休戦海岸時代のアブダビは最も貧しい首長国だった。1939年、そのアブダビがついに賭けに転じた。財政難の打開策として、石油の試掘を開始したのだ。結局石油が発見されたのは20年後であったが、この発見にともなう収入のおかげで、最貧首長国アブダビは一躍休戦海岸一帯の首長国のトップに躍り出ることになった。

この頃貿易の中心地となっていたドバイは独自の油田を発見しているが、そのほかの首長国は石油資源が乏しく、アブダビに水をあけられた形になってしまった。

７つのカップが各首長国を表現する

連邦の結成

1971年はイギリスが定めたアラブ撤退の年だった。これに先んじてイギリスはバーレーン、カタール、休戦海岸を合わせた国家の建設案を発表したが失敗。結局バーレーン、カタールは相次いで独立し、最終的に現在のアラブ首長国連邦として独立することとなった。さすがにイギリスの采配によって結成された連邦であったため、当初は周囲からはまとまりのない国だとの批判も聞かれた。しかし、単独ではとうてい独立できない北部の首長国が、財政的に安定したアブダビやドバイとともに連邦に加わったのは間違いではなかったようだ。

経済

石油モノカルチャー経済からの脱却を図っており、多様化に努めている。湾岸戦争後は貿易活動を中心に活況を取り戻している。ひとり当たりのGDPはUS$4万711（2018年）。

地方別の気候

地域による大差はないが、主要な都市が集まるアラビア湾沿岸、内陸の砂漠地帯、そしてハジャル山地が控える東海岸に分けられる。

アラビア湾沿岸

主要都市　アブダビ、ドバイ、シャルジャ、アジマン、ウム・アル・カイワイン、ラス・アル・ハイマ

亜熱帯性乾燥気候の湾岸地方の夏は、ときたま南東からの風が吹くくらいでほとんど風がなく、最高気温も50℃以上になることがある。これだけ気温があると体感温度は70℃を超えているので、外を歩くのさえ気が重くなる。平均気温は30〜40℃だが、湿度は年間を通して100％近くに達するので、よけいに暑く感じることが多い。これに対して冬の平均

気温は20〜25℃と過ごしやすく、夜は10℃前後まで下がることもある。この季節は北風が強く、砂嵐がよく発生している。雨は少ない。

砂漠地帯

主要都市 アル・アイン

砂漠といっても、厳密には荒野といった感じだが、この地域は雨も少なく、年間を通して乾燥している。気温も夏は50℃を超えるが、海岸に近い地区と比べれば湿度が少ないのがまだ救いかもしれない。ただ、そのぶん肌が乾きやすいので、直射日光に当たり過ぎないようにしたい。また、夜になると急激に気温が低下してくるので、体調を崩しやすい。

東海岸

主要都市 フジャイラ、ホール・ファカン

基本的にはアラビア湾沿岸と同じような気候だが、海岸に沿ってハジャル山地が延びているため、西側の海岸と比べるとまだ快適かもしれない。ただし最高気温はやはり50℃ぐらいまで上がるので注意していないと体がまいってしまう。逆にビスナなど、山の中の町は夜気温が下がるので風邪をひきやすい。

服装

5月から11月頃までは暑い日が続き日差しが非常に強い一方、室内はどこも冷房が効き過ぎていて寒いので、ノースリーブや半袖のほかに長袖のものを用意したほうがいい。11月後半から4月にかけては長袖のシャツ1枚くらいがちょうどよいが、夕方から涼しくなるのでジャケットなどを持っていくとよい。砂漠などへ行く場合は夜の冷え込みに備え、羽織るものを持っていくこと。

習慣とタブー

アラブ諸国のなかでは比較的自由な雰囲気が強い。ホテル内にある多くのレストランではアルコールが飲めるので「本当にアラブ？」なんて思えてくるほど。しかし、意外にイスラムの戒律にはうるさい首長国もあるのだ。シャルジャでは酒は一滴も飲めないし、女性がひとりでホテルに泊まることもできない。

8割近くが外国人という国際都市ドバイでは、まったくというほどイスラムの戒律を感じることはないが、ラマダン（断食月）中は、日が出ている間は、人前での飲食や喫煙は控えるなど、イスラムの習慣を尊重したほうがいいだろう。

アラビアを理解するために→P.354

アラビア半島の旅行事情→P.8

アルコール

旅行者は町なかのスーパーなどでは一切買うことができないが、ホテル内のレストランやバーで飲むことができる（一部のホテルでは飲めない場合もある）。料金は生ビール1杯がDh30程度と少々高め。町なかにあるレストランやショッピングモール内のフードコート、カフェ、レストランでも基本的に酒の販売はない。たくさん飲む人は、空港の免税店で購入して持ち込むとよい（免税範囲はスピリッツ2ℓ、ワイン2ℓ）。シャルジャでは、持ち込みも飲むことも禁止されている。

たばこ

ホテルの客室、ショッピングモールなど公共施設での喫煙は禁止されている。たばこを吸うときはホテルやショッピングモール、空港の入口などにある喫煙所で。レストランでは、禁煙席と喫煙席がレストラン内で分かれている、もしくは喫煙席が外に設けられていることが多い。

女性

ホテル内ではワンピースやノースリーブでも問題ないが、観光に出かける、メトロ、バスを利用するなど、外に出るときは過度な肌の露出は控えたほうがよい。張りつくような視線を浴びて不快感をもつ女性は少なくない。また、ビーチで楽しみたい人は、人の目が気になるようであればホテルのプライベートビーチや有料のパブリックビーチを利用しよう。アブダビなどでは、レディスデイを設けているテーマパークもある。

両替とクレジットカード

現地通貨ディルハムDhは日本で両替可能だが、現地に着いてからの両替でも問題はない。日本円からの両替は現地の銀行や両替商などで可能だ。大型ホテルであればフロントで日本円を両替してくれる。大型ショッピングモールにも両替所が入っていて日本円からの両替が可能。地方の銀行や両替商では日本円を扱ってくれないところもある。両替レートは一般に両替商→銀行→ホテルの順で悪くなるので、事前にレートを確認しよう。ドバイのみの滞在であれば問題はないだろうが、念のため米ドルかユーロを多少持っていくと安心。

クレジットカードは中級ランク以上のホテ

ル、レストラン、ショッピングセンターならたいてい使用できるし、市内のいたるところにクレジット会社のマークの入ったＡＴＭがあるので、現金をキャッシングすることも可能だ。

物価と予算

1.5ℓのミネラルウオーターがDh2、たばこDh10～15、タクシーの初乗りはDh3。高いホテルに泊まらなければ、1日Dh400程度の出費に抑えられるだろう。

食事

ほかのアラブ諸国と同様、町なかで幅をきかせているのはインド、パキスタン料理のレストラン。郊外のハイウエイ脇や町のいたるところに見られるこうした大衆的なレストランでは、Dh10～20出せばおなかいっぱい食べることができる。どんなメニューを頼んでも基本的にサラダとパンが付いてくる。アブダビやドバイには、日本を含めた世界各国のレストランや、KFCなどのファストフード店が多い。予算はショッピングセンター内のフードコートやファストフード店でDh20～30。高級レストランのランチでDh75～150。ドバイ、アブダビには、高級ホテル内に各国の料理が楽しめるレストランがあるので、利用するといい。日本料理店も少なくないし、新鮮な魚を使った寿司もある。大型スーパーには日本食の食材もあるので、在住の日本人に喜ばれている。

ドリンク類はペプシなどの缶入りのソフトドリンクのほか、ミネラルウオーターがどこでも手に入る。また、町角にあるジューススタンドでは、その場で搾りたてのジュースを出してくれる。

アルコールは外国人向けのレストランやバーで飲めるが、ビールでも1杯Dh30以上はする。高級ホテルにはたいてい雰囲気のいいバーが入っているので、そういう場所に行くのもいいだろう。ただし、ドレスコードがあるところが多いので、服装には注意しよう。

またドバイ中心部にはナイトクラブもある。中級ホテルに入っている場合も多く、きらびやかなネオンサインと出演している女性の写真がところ狭しと張り出されているので、すぐにわかるだろう。

アラブ料理を楽しむ→P.348

ホテル

ドバイでは、1泊Dh180前後のバス、トイレ共同の安宿からDh4000以上する世界でもトップグレードのホテルまで、バラエティに富んだホテル選びが可能だ。ただし、値段のわりにクオリティが低いことも多い。ドバイのホテルは星の数でランク分けされているが、注意したいのは星の数だけではホテルのクオリティが判断しきれないという点だ。３つ星以下は推して知るべしだが、ポイントは４つ星と５つ星の差が大きく開いているという点。というのも、世界でもこれほど５つ星クラスのホテルが集まっているのはドバイとラスベガスくらいしかなく、なかにはバージュ・アル・アラブのように７つ星以上とも評されるホテルまである。特にツアーでは、ホテルのチョイスが大きな分かれ目となる。どういう旅がしたいのかにもよるが、ドバイで買い物やエステをマハラジャ気分で楽しむつもりなら、多少無理してでも５つ星ホテルを選ぶといいだろう。

アブダビはビジネスマンの多い町なのでドバイのような安宿はあまり見あたらないが、中級・高級以上のホテルは充実しており、ドバイと同じグレードでも幾分安く泊まることができる。

中級・高級ホテル

ドバイには、ホテル自体が旅行の目的となりうる高級ホテルも多い。どんなホテルに泊まりたいのか事前に念入りに考えたうえで選ぶといいだろう。ホテルのインターネットやホテルサイトから予約をすると割引される場合がある。

ドバイ、アブダビ以外の首長国の場合、ホテルの数は極端に少なく、ひとつの町に1軒しかないということもある。ビーチリゾートもあればビジネスホテルに毛が生えたようなホテルもあるが、一般に対応はよく、期待し過ぎなければガッカリすることもないだろう。ほとんどのホテルでクレジットカードが使用できる。

安宿

どんな安ホテルでも基本的にエアコンは付いていて、とりあえず寝られればいいというのなら、不快な思いをすることは少ない。ただし、安ホテルの場合エアコンの調節ができないこともあるので、チェックインする前に鍵のチェックと合わせて確認しておくこと。いくら暑い国でも、エアコンの調節ができないようでは、朝方寒さが極限に達してひどい目に遭う。ドバイではデイラ地区を中心に安宿が林立しており、海外からの出稼ぎ労働者たちも多く利用している。

アラビアでの宿泊→P.346

国内移動

国内を個人で移動するには、飛行機やバス、タクシーまたはレンタカーで移動することになる。ほとんどの町は2〜3時間で移動できる。

飛行機

国内の空港はドバイ、アブダビのほかラス・アル・ハイマ、フジャイラ、アル・アインなどにある。しばらくは国際線の発着しかなかったが、2012年6月からアブダビとドバイ、デルマ島、サーバニヤス島を結ぶロタナ・ジェットRotana JetがU.A.E.初の国内線として運航している。ただし現在はチャーター便のみ。

バス

首長国間を結ぶ長距離バスは、ごく限られた路線しかないのが現状だ。

ドバイからであれば、各首長国行きのバスが30分〜2時間おきくらいに出ている。バスステーションは行き先によって異なるので注意が必要だ。なお、路線によっては満員にならないと出発しない場合もあるし、往路と復路で料金が異なることもある。ドバイからアブダビに行く時はICカードでチケットを購入することになる。アブダビからドバイは現金での購入が可。基本バスは、おもに外国人旅行者や労働者の足として利用されている。

最近では、新型車両も続々と投入され、快適な移動が可能となっている長距離バスだが、ドバイ都市部の渋滞時には通常の倍以上の時間がかかるため、旅のスケジュールを決める際には余裕をもった設定を心がけたい。

レンタカー

レンタカーは旅行者にとっても有効な移動手段だ。国内の道路は整備されているので走りやすいが、おもな都市間は単調な道が続くので注意が必要だ。どこの国でもそうだが、夕暮れ時は注意しよう。また、ドライバーのマナーは日本と比べると格段に悪い。特に突然の割り込みや車線変更には、常に注意を払うようにしたい。さらに、近年の発展により、ドバイをはじめとした各首長国都市部では頻繁に大幅な道路工事が行われているため、事前にできるだけ最新の地図でルートの確認をするようにしたい。地図は書店で入手可能。レンタカーの料金は1日Dh120ぐらいから。バジェットやダラーレンタカーなど大手レンタカー会社なら空港や市内にいくつかのオフィスをもっている。国外運転免許証は必携。

国外運転免許証について→P.362

ショッピング

ドバイ・モール内のスーク

中東の香港といわれるだけあって、ドバイは買い物天国。ドバイ・モール、モール・オブ・ジ・エミレーツ、シティ・ウオークワフィ・モール、ブルジュマンなどの大型ショッピングモールがめじろ押しだ。いくつかのショッピングセンターはドバイメトロでアクセスが可能で、大きなホテルなら送迎バスも走っている。ドバイ以外でも、ゴールド・スークやテキスタイル・スーク、スパイス・スークがあるので、気の向くまま歩き回ってみるのもおもしろい。アクセサリーやアラブの工芸品がところ狭しと並んでいる。スークではもちろん、ショッピングセンターやホテル内のブティックでも値引きしてくれることがあるので、値段交渉をして損はない。豊富に出回っている品物や食料品のほとんどは輸入品。

写真撮影について

軍事施設、石油施設、政府関係の建物など、許可がないかぎり撮影は禁止。偶像崇拝を嫌うイスラム社会では、想像以上に写真を嫌う。男性でも嫌がる人が多く、いいと言われないかぎり、顔に向けてカメラを構えるのはやめておこう。特に男性が女性を撮影したときなどは、女性の夫とトラブルになる可能性もあるので注意。アラブ世界では、女性を撮影することはタブーだと認識しておいたほうがいいだろう。ただ、子供たちの場合は、向こうから「撮って！」と集まってくることもある。

イスラムの少年たち

United Arab Emirates
アラブ首長国連邦を 100倍 楽しむコツ

ドバイやアブダビなどは、旅行者も多くイスラム圏にいることを忘れてしまうくらいオープンな雰囲気だが、ビーチリゾートと同じ感覚でいるとアラブ人からは常識がない人と思われているかもしれない。最低限のマナーに注意して日本では決して味わえないアラビアンバカンスを堪能しよう。

U.A.E. ココに注意！

イスラム教を理解する

ドバイやアブダビにいるとイスラム圏ということを忘れてしまうくらい開放的だが、れっきとしたイスラム国。日本とは常識が異なることも、もちろんある。何気ない言葉や行動でも、相手に不快感を与えているかもしれない。イスラムについての最低限の予備知識をもって訪れるのがベター。

金曜は U.A.E.では休日

イスラムでの金曜は日本の日曜に当たるため、官庁や銀行、町の商店などは休みになる。ドバイではメトロも早朝は運休、駅にもよるが 10:00 頃からの運行となる。スークも夕方 16:00 頃から開ける店が多いので、金曜の予定を立てるときは特に注意しよう。金曜でも通常営業のショッピングモールや、オプショナルツアーに参加するといい。

アルコールは ホテルの中で

町なかのスーパーや食堂、レストランでは、アルコールを販売していない。酒類は、ホテルのレストランやバーを利用しよう。宿泊客以外も気軽に利用できる。料金は日本に比べ若干高く、生ビールなら Dh30 ～。高級ホテルのレストランやバーは要予約。

高級ホテルには趣向を凝らしたバーがある

服装には気をつけよう

U.A.E. では非イスラム教徒にはアバヤの着用が義務づけられていないが、在住外国人でも短パンやランニング姿で歩いている人はめったにいない。特に女性は、体の線が出ない、ゆったりとした服を選び、極力ロングスカートや長ズボン、露出の少ない T シャツなどを着用しよう。

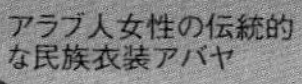

アラブ人女性の伝統的な民族衣装アバヤ

女性専用スペースは 子供と女性のみ

イスラム圏では、必要以上に男性と女性が一緒にいることをよしとしない風潮がある。こういったことから、メトロやバスなどには、女性専用席が設けられていることが多い。すいているからといって男性が座るのは NG。

メトロ、バスなどには必ず女性専用シートがある

U.A.E. ココは外せない！

世界一を この目で見る！

世界一高い所にあるレストラン、ホテル棟としては高さが世界一、世界一広いショッピングモール、なんてところがドバイにはゴロゴロ。アブダビにも世界一大きなペルシャ絨毯が敷き詰められたグランドモスクや、世界一速いジェットコースターなどがあり、U.A.E. はまさに世界一の宝庫。日本では味わえないスケールの大きさを体感しよう。

砂漠&ビーチで二粒おいしい！

欲張りな人にぴったりなのがU.A.E.。ビーチリゾートを堪能しながら砂漠も楽しめるのだ。日帰りサファリツアーに参加したり、時間があれば砂漠リゾートに宿泊も可能。とにかく両方楽しまないともったいない！

朝はビーチを散歩して夕方から砂漠へ

金曜だけのお楽しみ

フライデーブランチで 贅沢な時間を

サンデーブランチならぬフライデーブランチが楽しめる。ビュッフェスタイルが多く、料金は少し高めだが、アラブや和洋折衷のホテル自慢の料理が食べきれないほど並んでいる。どこも大盛況なので必ず予約を。

伝統的市場 スークを探険

観光名所のなかでも人気なのがスーク（市場）。ドバイなら地元の人も利用するスパイス・スーク、中東のセレブがわざわざ買いに訪れるというゴールド・スークなど、見ているだけでもアラブが感じられる。また、アブダビには昔のスークを模した屋内スークがあり観光客に人気だ。ただし、どこのスークも値段交渉が必要。人出が増える夕方以降に行くのがおすすめ。

中東の香港、ドバイで買い物三昧

ドバイ市内は 40 以上のモールがある買い物天国。世界有数の高級ブランドからジュエリー、アラビアン雑貨まで、あらゆるものが揃う。日本未上陸のブランドも多く、買い物フリークにはたまらない場所だ。日本で手に入らない菓子類もあり、バラマキみやげ選びにもおすすめ。ただし、どのモールも広いので、下調べをしてから行くとよい。

ドバイ

Dubai

世界最大の観覧車「エイン・ドバイ」をジュメイラ沖に建設中。2020年完成予定

世界有数の大都市のひとつに挙げられる、ドバイ。人口の約８割が外国人というインターナショナルな町だ。きれいな海に風紋の美しい砂漠、巨大ショッピングセンターやレジャー施設と何でも揃っているこの町は、何ともつかみどころのない不思議なところである。アラビックなムードはあまり漂っていないのだが、民族衣装をまとったアラブ人が携帯電話でおしゃべりしている姿を見かけると、「やはり、ここはアラブなのだな」と感じることができる。

７つの首長国のなかでも目に見えて飛び抜けた発展を遂げたドバイ首長国は、かつて海のシルクロードの重要な中継地であった。昼間に空路でドバイに向かうと、自然が造り出した美しいクリーク（入江）を空から一望できる。このクリークの存在が、交易地としてドバイが発展した大きな要素になっている。

最新ビーチスポット「ラ・メール」

現在のドバイの統治者であるシェイク・モハメッド・ビン・ラシード・アル・マクトゥーム Sheikh Mohammed Bin Rashid Al Maktoumの一族は、1833年にアブダビから移住してきた。この間、勢力を誇示するアブダビやドバイの隣接国であったシャルジャとの間で勢力争いがあったものの、無事新首長国を成立させた。当時のおもな産業と

アル・ファヒディ歴史地区（バスタキヤ）

ドバイから車で約45分の砂漠リゾート

2017年に完成したエティハド・ミュージアム

アラブのセレブも買いに来るゴールド・スーク

いえば、ダウ船の造船、アラビア湾での真珠取りであったが、1930年代には日本で真珠養殖技術が開発され、大打撃を受けた。また、1930年代といえば、1929年にアメリカから始まった世界恐慌が重なった時代である。ドバイの経済はみるみる低迷していったが、1950年にドバイの新首長となったシェイク・ラシッドが手腕を振るう。国の経済発展を第一に考えたシェイク・ラシッドは、石油採掘事業の産業基盤を整え、1966年に石油が発見されたあとも外国企業に対して優遇措置をとるなど、商業を奨励してきた。彼はいつ尽きるかわからない石油資源に頼らなくても済むような経済政策を採ってきたのだ。そして、「ドバイ建設の父」として今でも人々に敬われている。

現在ドバイには世界各国の企業が進出しており、日本企業も330社以上に及ぶ。あらゆるビジネスが行われ、経済成長を続けるドバイは、日々変化し続ける生き物のような都市だ。超高級ホテルが建ち並び、世界中の有名建築家が個性的なデザインのビルを設計・建設し、有名ブランド店が軒を連ねる巨大ショッピングセンターで買い物三昧……。さらに、美しい海でのマリンスポーツや砂漠サファリなどのアクティビティも充実。あらゆる面で“最上級”を味わうことができる——それがドバイの魅力なのだ。

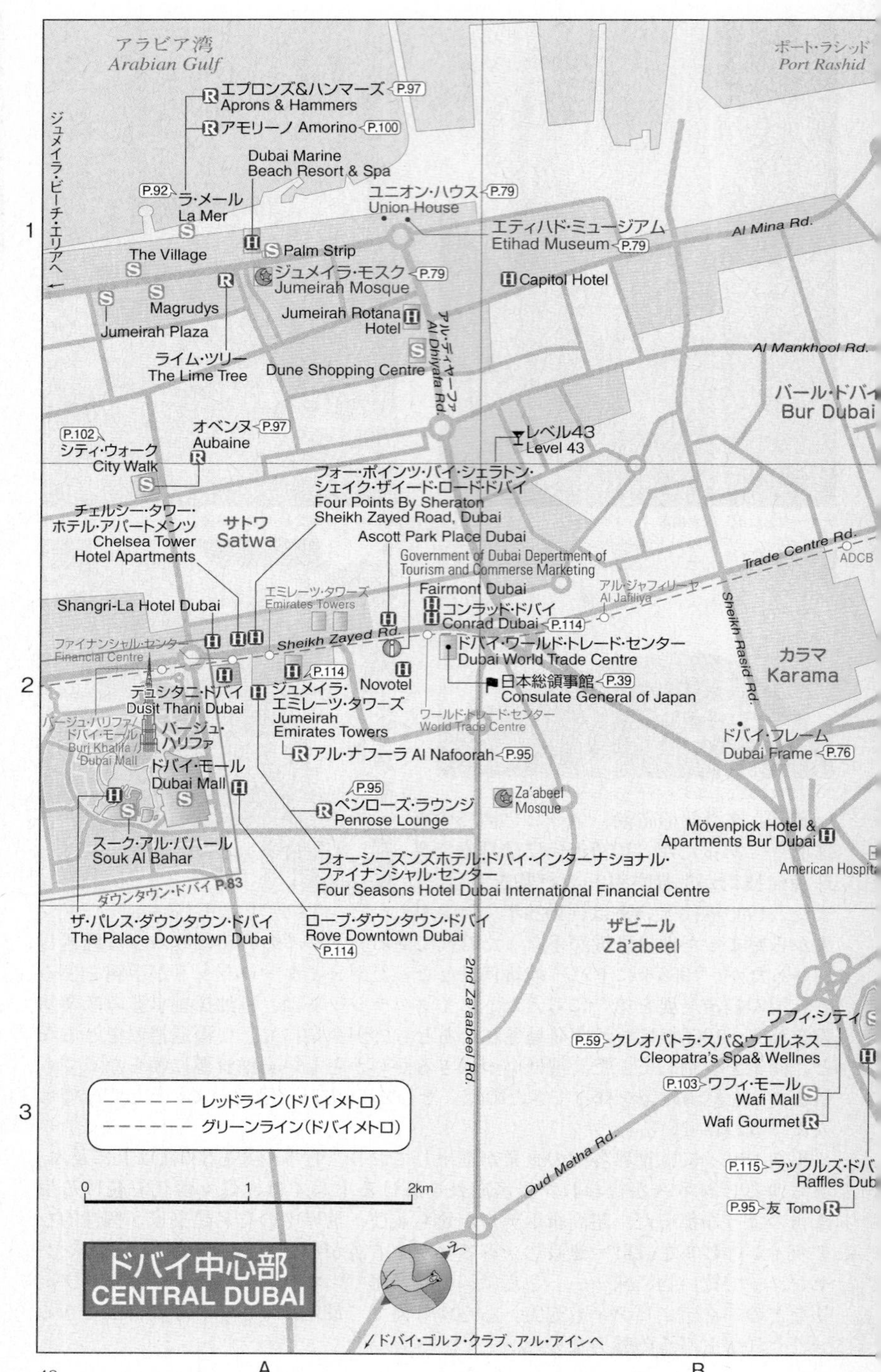

アラビア湾
Arabian Gulf
ポート・ラシッド
Port Rashid
エプロンズ&ハンマーズ P.97
Aprons & Hammers
アモリーノ Amorino P.100
Dubai Marine
Beach Resort & Spa
ジュメイラ・ビーチ・エリアへ
P.92 ラ・メール
La Mer
ユニオン・ハウス P.79
Union House
エティハド・ミュージアム
Etihad Museum P.79
Al Mina Rd.
The Village
Palm Strip
ジュメイラ・モスク P.79
Jumeirah Mosque
Capitol Hotel
Magrudys
Jumeirah Plaza
Jumeirah Rotana
Hotel
アル・ディヤーファ
Al Dhiyafa Rd.
Al Mankhool Rd.
ライム・ツリー
The Lime Tree
Dune Shopping Centre
バール・ドバイ
Bur Dubai
オベンヌ P.97
Aubaine
P.102
シティ・ウォーク
City Walk
レベル43
Level 43
フォー・ポインツ・バイ・シェラトン・
シェイク・ザイード・ロード・ドバイ
Four Points By Sheraton
Sheikh Zayed Road, Dubai
チェルシー・タワー・
ホテル・アパートメンツ
Chelsea Tower
Hotel Apartments
サトワ
Satwa
Ascott Park Place Dubai
Trade Centre Rd.
ADCB
Government of Dubai Department of
Tourism and Commerse Marketing
アル・ジャフィリーヤ
Al Jafiliya
エミレーツ・タワーズ
Emirates Towers
Fairmont Dubai
Shangri-La Hotel Dubai
コンラッド・ドバイ
Conrad Dubai P.114
ファイナンシャル・センター
Financial Centre
Sheikh Zayed Rd.
ドバイ・ワールド・トレード・センター
Dubai World Trade Centre
Sheikh Rasid Rd.
カラマ
Karama
P.114
Novotel
日本総領事館 P.39
Consulate General of Japan
デュシタニ・ドバイ
Dusit Thani Dubai
ジュメイラ・
エミレーツ・タワーズ
Jumeirah
Emirates Towers
ワールド・トレード・センター
World Trade Centre
バージュ・ハリファ/
ドバイ・モール
Burj Khalifa/
Dubai Mall
バージュ・
ハリファ
ドバイ・フレーム
Dubai Frame P.76
アル・ナフーラ Al Nafoorah P.95
ドバイ・モール
Dubai Mall
P.95
ペンローズ・ラウンジ
Penrose Lounge
Za'abeel
Mosque
Mövenpick Hotel &
Apartments Bur Dubai
スーク・アル・バハール
Souk Al Bahar
フォーシーズンズホテル・ドバイ・インターナショナル・
ファイナンシャル・センター
Four Seasons Hotel Dubai International Financial Centre
American Hospita
ダウンタウン・ドバイ P.83
ザ・パレス・ダウンタウン・ドバイ
The Palace Downtown Dubai
ローブ・ダウンタウン・ドバイ
Rove Downtown Dubai
P.114
ザビール
Za'abeel
2nd Za'aabeel Rd.
ワフィ・シティ
P.59 クレオパトラ・スパ&ウエルネス
Cleopatra's Spa& Wellnes
P.103 ワフィ・モール
Wafi Mall
Wafi Gourmet
レッドライン(ドバイメトロ)
グリーンライン(ドバイメトロ)
Oud Metha Rd.
P.115 ラッフルズ・ドバ
Raffles Dub
0
1
2km
P.95 友 Tomo
ドバイ中心部
CENTRAL DUBAI
N
ドバイ・ゴルフ・クラブ、アル・アインへ
1
2
3
A
B

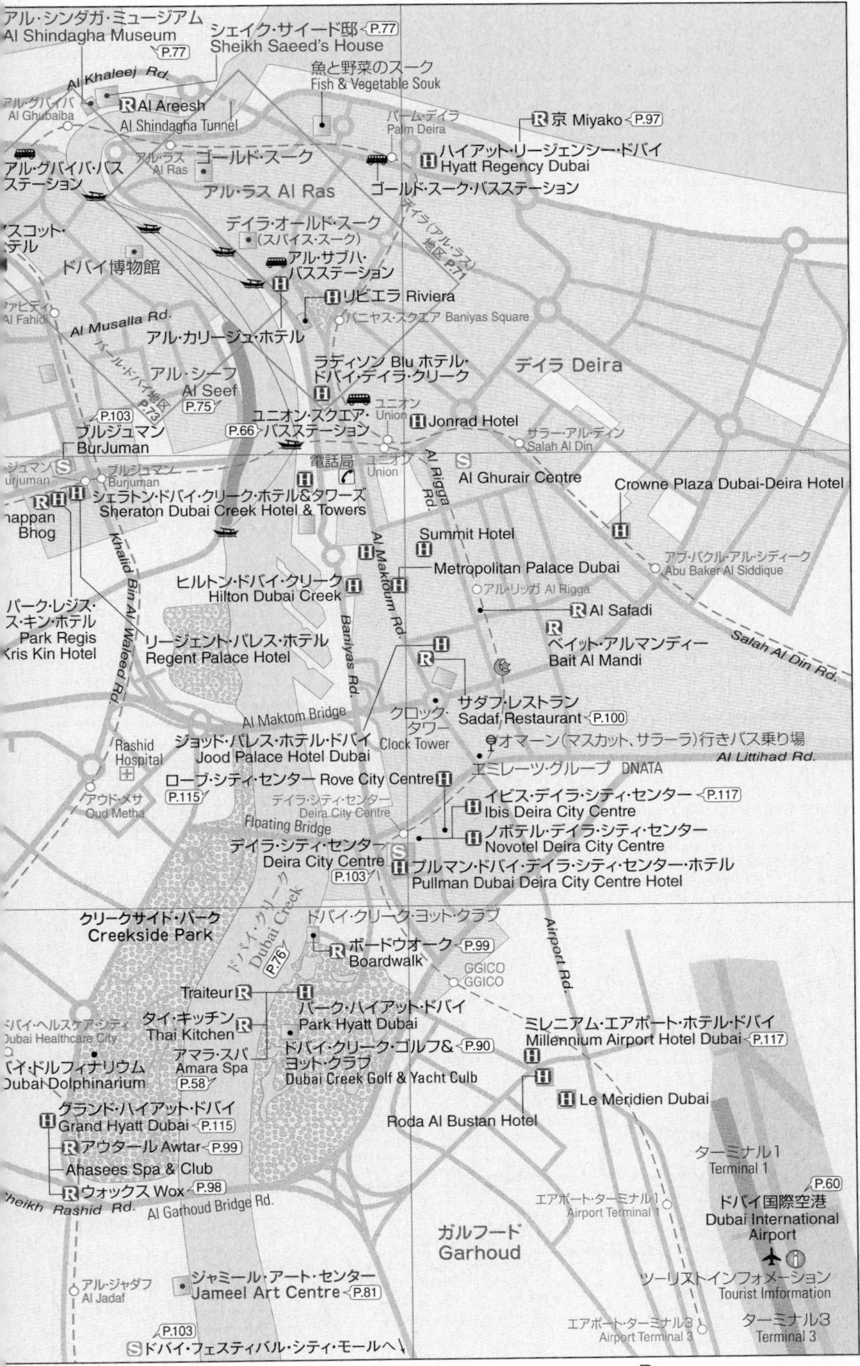
アル・シンダガ・ミュージアム
Al Shindagha Museum
P.77
シェイク・サイード邸 P.77
Sheikh Saeed's House
魚と野菜のスーク
Fish & Vegetable Souk
Al Khaleej Rd.
Al Areesh
Al Shindagha Tunnel
パーム・デイラ
Palm Deira
京 Miyako P.97
ハイアット・リージェンシー・ドバイ
Hyatt Regency Dubai
アル・グバイバ・バス
ステーション
アル・ラス
Al Ras
ゴールド・スーク
アル・ラス Al Ras
ゴールド・スーク・バスステーション
デイラ・オールド・スーク
(スパイス・スーク)
ドバイ博物館
アル・サブハ・
バスステーション
デイラ(アル・ラス)地区 P.71
リビエラ Riviera
バニヤス・スクエア Baniyas Square
Al Musalla Rd.
アル・カリージュ・ホテル
バール・ドバイ地区 P.73
ラディソン Blu ホテル・
ドバイ・デイラ・クリーク
デイラ Deira
アル・シーフ
Al Seef
P.75
P.103
ブルジュマン
BurJuman
ユニオン・スクエア・
P.66 バスステーション
ユニオン
Union
Jonrad Hotel
サラー・アル・ディン
Salah Al Din
電話局
Al Ghurair Centre
Crowne Plaza Dubai-Deira Hotel
Al Rigga Rd.
シェラトン・ドバイ・クリーク・ホテル&タワーズ
Sheraton Dubai Creek Hotel & Towers
Summit Hotel
Metropolitan Palace Dubai
アブ・バクル・アル・シディーク
Abu Baker Al Siddique
ヒルトン・ドバイ・クリーク
Hilton Dubai Creek
アル・リッガ Al Rigga
Al Safadi
Khalid Bin Al Waleed Rd.
Al Maktoum Rd.
Baniyas Rd.
パーク・レジス・
クリス・キン・ホテル
Park Regis
Kris Kin Hotel
リージェント・パレス・ホテル
Regent Palace Hotel
ベイット・アルマンディー
Bait Al Mandi
Salah Al Din Rd.
サダフ・レストラン
Sadaf Restaurant P.100
Al Maktom Bridge
クロック・タワー
Clock Tower
Rashid Hospital
ジョッド・パレス・ホテル・ドバイ
Jood Palace Hotel Dubai
オマーン(マスカット、サラーラ)行きバス乗り場
Al Littihad Rd.
エミレーツ・グループ DNATA
ローブ・シティ・センター Rove City Centre
P.115
アウド・メサ
Oud Metha
デイラ・シティ・センター
Deira City Centre
イビス・デイラ・シティ・センター P.117
Ibis Deira City Centre
Floating Bridge
ノボテル・デイラ・シティ・センター
Novotel Deira City Centre
デイラ・シティ・センター
Deira City Centre
P.103
プルマン・ドバイ・デイラ・シティ・センター・ホテル
Pullman Dubai Deira City Centre Hotel
クリークサイド・パーク
Creekside Park
ドバイ・クリーク
Dubai Creek
P.76
ドバイ・クリーク・ヨット・クラブ
ボードウオーク P.99
Boardwalk
Airport Rd.
GGICO
Traiteur
パーク・ハイアット・ドバイ
Park Hyatt Dubai
タイ・キッチン
Thai Kitchen
ドバイ・ヘルスケア・シティ
Dubai Healthcare City
アマラ・スパ
Amara Spa
P.58
ドバイ・クリーク・ゴルフ& P.90
ヨット・クラブ
Dubai Creek Golf & Yacht Culb
ミレニアム・エアポート・ホテル・ドバイ
Millennium Airport Hotel Dubai P.117
ドバイ・ドルフィナリウム
Dubai Dolphinarium
Le Meridien Dubai
グランド・ハイアット・ドバイ
Grand Hyatt Dubai P.115
Roda Al Bustan Hotel
アウタール Awtar P.99
Ahasees Spa & Club
ターミナル1
Terminal 1
ウォックス Wox P.98
Sheikh Rashid Rd.
Al Garhoud Bridge Rd.
エアポート・ターミナル1
Airport Terminal 1
P.60
ドバイ国際空港
Dubai International
Airport
ガルフード
Garhoud
ジャミール・アート・センター
Jameel Art Centre P.81
アル・ジャダフ
Al Jadaf
ツーリストインフォメーション
Tourist Imformation
P.103
ドバイ・フェスティバル・シティ・モールへ
エアポート・ターミナル3
Airport Terminal 3
ターミナル3
Terminal 3
C
D

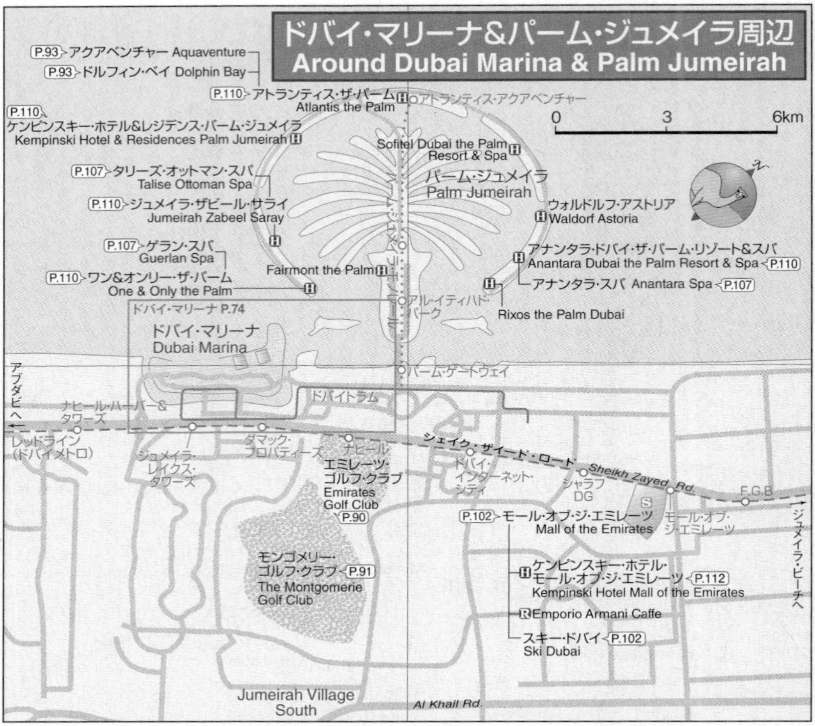

ドバイ・マリーナ&パーム・ジュメイラ周辺
Around Dubai Marina & Palm Jumeirah

P.93 アクアベンチャー Aquaventure
P.93 ドルフィン・ベイ Dolphin Bay
P.110 アトランティス・ザ・パーム Atlantis the Palm
アトランティス・アクアベンチャー
P.110 ケンピンスキー・ホテル&レジデンス・パーム・ジュメイラ Kempinski Hotel & Residences Palm Jumeirah
Sofitel Dubai the Palm Resort & Spa
0 3 6km
P.107 タリーズ・オットマン・スパ Talise Ottoman Spa
パーム・ジュメイラ Palm Jumeirah
P.110 ジュメイラ・ザビール・サライ Jumeirah Zabeel Saray
ウォルドルフ・アストリア Waldorf Astoria
P.107 ゲラン・スパ Guerlan Spa
アナンタラ・ドバイ・ザ・パーム・リゾート&スパ Anantara Dubai the Palm Resort & Spa P.110
Fairmont the Palm
P.110 ワン&オンリー・ザ・パーム One & Only the Palm
アナンタラ・スパ Anantara Spa P.107
アル・イティハド・パーク
Rixos the Palm Dubai
ドバイ・マリーナ P.74
ドバイ・マリーナ Dubai Marina
パーム・ゲートウェイ
アブダビへ
ナヒール・ハーバー&タワーズ
ドバイトラム
レッドライン(ドバイメトロ)
ジュメイラ・レイクス・タワーズ
ダマック・プロパティーズ
ナヒール
シェイク・ザイード・ロード Sheikh Zayed Rd.
ドバイ・インターネット・シティ
シャラフDG
F.G.B
エミレーツ・ゴルフ・クラブ Emirates Golf Club P.90
P.102 モール・オブ・ジ・エミレーツ Mall of the Emirates
モール・オブ・ジ・エミレーツ
ジュメイラ・ビーチへ
モンゴメリー・ゴルフ・クラブ P.91 The Montgomerie Golf Club
ケンピンスキー・ホテル・モール・オブ・ジ・エミレーツ P.112 Kempinski Hotel Mall of the Emirates
Emporio Armani Caffe
スキー・ドバイ P.102 Ski Dubai
Jumeirah Village South
Al Khail Rd.

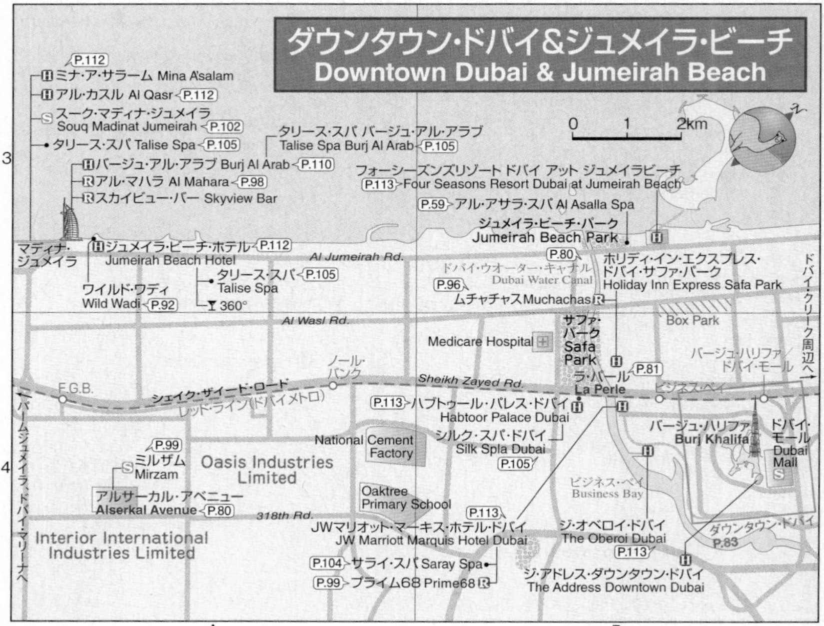

ダウンタウン・ドバイ&ジュメイラ・ビーチ
Downtown Dubai & Jumeirah Beach

P.112 ミナ・ア・サラーム Mina A'salam
アル・カスル Al Qasr P.112
スーク・マディナ・ジュメイラ Souq Madinat Jumeirah P.102
タリース・スパ Talise Spa P.105
タリース・スパ バージュ・アル・アラブ Talise Spa Burj Al Arab P.105
0 1 2km
バージュ・アル・アラブ Burj Al Arab P.110
アル・マハラ Al Mahara P.98
スカイビュー・バー Skyview Bar
フォーシーズンズリゾート ドバイ アット ジュメイラビーチ P.113 Four Seasons Resort Dubai at Jumeirah Beach
P.59 アル・アサラ・スパ Al Asalla Spa
ジュメイラ・ビーチ・パーク Jumeirah Beach Park
マディナ・ジュメイラ
ジュメイラ・ビーチ・ホテル P.112 Jumeirah Beach Hotel
Al Jumeirah Rd.
P.80
ホリディ・イン・エクスプレス・ドバイ・サファ・パーク Holiday Inn Express Safa Park
ドバイ・ウオーター・キャナル Dubai Water Canal
ドバイ・クリーク周辺へ
タリース・スパ P.105 Talise Spa
ワイルド・ワディ Wild Wadi P.92
360°
P.96 ムチャチャス Muchachas
Al Wasl Rd.
サファ・パーク Safa Park
Box Park
Medicare Hospital
バージュ・ハリファ/ドバイ・モール
ノール・バンク
ラ・パール La Perle P.81
F.G.B.
Sheikh Zayed Rd.
シェイク・ザイード・ロード
レッド・ライン(ドバイメトロ)
ビジネス・ベイ
パームジュメイラ、ドバイ・マリーナへ
P.113 ハブトゥール・パレス・ドバイ Habtoor Palace Dubai
National Cement Factory
シルク・スパ・ドバイ Silk Spla Dubai P.105
バージュ・ハリファ Burj Khalifa
ドバイ・モール Dubai Mall
P.99 ミルザム Mirzam
Oasis Industries Limited
ビジネス・ベイ Business Bay
Oaktree Primary School
アルサーカル・アベニュー Alserkal Avenue P.80
318th Rd.
P.113 JWマリオット・マーキス・ホテル・ドバイ JW Marriott Marquis Hotel Dubai
ジ・オベロイ・ドバイ The Oberoi Dubai P.113
ダウンタウン・ドバイ P.83
Interior International Industries Limited
P.104 サライ・スパ Saray Spa
P.99 プライム68 Prime68
ジ・アドレス・ダウンタウン・ドバイ The Address Downtown Dubai

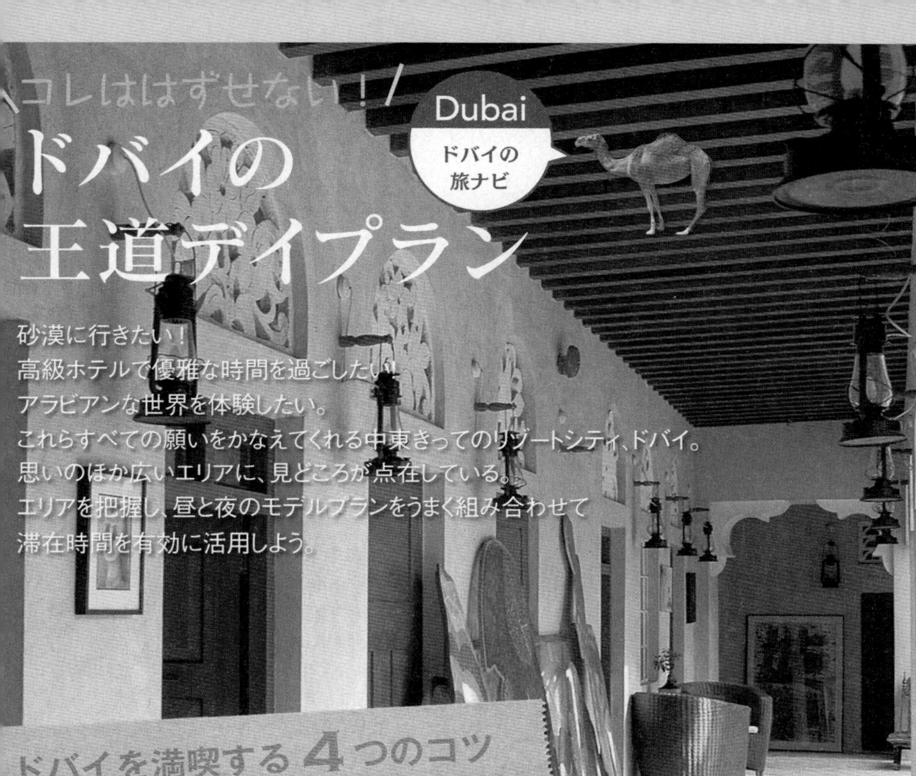

＼コレははずせない！／

ドバイの王道デイプラン

Dubai ドバイの旅ナビ

砂漠に行きたい！
高級ホテルで優雅な時間を過ごしたい！
アラビアンな世界を体験したい。
これらすべての願いをかなえてくれる中東きってのリゾートシティ、ドバイ。
思いのほか広いエリアに、見どころが点在している。
エリアを把握し、昼と夜のモデルプランをうまく組み合わせて
滞在時間を有効に活用しよう。

ドバイを満喫する4つのコツ

1. 無駄な移動をしない

ドバイの町は意外に広く、ひとつずつ見どころを回るとなると1日の半分を移動に費やしてしまった……なんてことも。ドバイメトロを利用して移動がしやすくはなったものの、日本と同じ感覚で移動を繰り返していると大幅に時間をロスすることになる。主要な見どころはわりと固まっているので、重点的に同じエリアを観光するのが効率的だ。

2. 気候を知る

冬季は平均気温が 20 ～ 25℃と比較的過ごしやすいが、夏季の最高気温は 50℃を超える日も多く、湿度は常に 100% 近い。よって、昼間の暑い時間帯はリゾートのプールやスパでのんびり過ごし、夕方から外出するという過ごし方がおすすめ。また、クーラーの効いた博物館やショッピングモールで暑い時間帯を過ごすのもいいだろう。

3. 思い切って奮発する

ドバイのホテルやレストランの物価は日本並みだが、日本と同じレベルのサービスを期待するとお国柄なのかがっかりすることが多い。また、ドバイでは暑さや移動の大変さからホテルで過ごす時間が長くなる。そういったことも考え、施設の充実したホテルを選びたい。ドバイでは下手にお金を出し惜しみせずに思い切るのがポイントとなる。

4. 時間に余裕をもつ

ドバイの名物でもある車の大渋滞は交通のインフラ整備により徐々に緩和されつつあるものの、デイラ地区などは相変わらず慢性的な渋滞が続いている。また、時間や曜日によってはタクシーがなかなかつかまらないこともある。遅れることを前提に常に時間に余裕をもって行動しよう。特に木曜の夕方は休日前になるので注意が必要。

PLAN 1

Dubai ドバイの旅ナビ

アラブの文化に触れる

オールドドバイで歴史巡り

所要時間 7時間

ドバイの歴史が色濃く残るオールドドバイを散策。ドバイの中心部、クリークの両岸に位置し、見どころが集まっているので徒歩で回ることができる。ぜひ訪れたいエリアのひとつ。

START!

11:00 見学時間：1時間 (→ P.76)

ドバイ博物館

Dubai Museum

バール・ドバイにある、ドバイで最も古いとされるかつての要塞アル・ファヒディ・フォートにある博物館。250年以上前の建物内には、昔の家屋や船が再現されたもの、ドバイの歴史をまとめた映像などが大型スクリーンで上映されている。時間をかけてゆっくり見学したい場所のひとつ。

ドバイで最も古い建造物とされるアル・ファヒディ・フォート

開 8:30～20:30(金曜 14:30～)
料 大人 Dh3 子供 Dh1

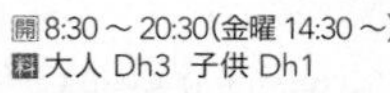
昔の家屋が再現されている

ココもチェック

博物館ではろう人形を使った昔のドバイがリアルに再現されている。

ろう人形と一緒に記念撮影

貴重な道具も多く展示

おみやげなら！

ドバイ博物館のミュージアムショップは小さいながら種類が豊富

ドバイ産で人気のアル・ナスマ Al Nassma のチョコレート

ラクダのミルクを使った石鹸も人気

徒歩で5分！

12:30 見学時間：1時間 (→ P.75)

アル・ファヒディ歴史地区（バスタキヤ）

Al Fahidi Historical District (Bastakiya)

昔のアラブの町に迷い込んだ気分になれる。それがここの地区。観光客には「バスタキヤ」として親しまれているエリアで、地区内には、モスクや古い建物を生かしたブティックホテルやカフェ、みやげ物屋が軒を連ねる。昔の知恵「ウインドタワー」は必見。

地区内にはカフェやモスク、ブティックホテルなどが点在

ココでランチ

ドバイでの珍しいキャメルミート（ラクダ肉）のハンバーガーが食べられる。話のネタにぜひどうぞ！

あっさりしていてヘルシー

■ローカル・ハウス・レストラン
開 10:45～21:45

おみやげなら！

地区内にはみやげ物店が集まった通りがある

ハンドメイドのサフラン入りクリーム

見学時間：1時間　(→ P.79)

15:00

ドバイ・オールド・スーク（テキスタイル・スーク）

Dubai Old Souq (Texstyle Souq)

夕方からにぎわいをみせる

バール・ドバイ側のアブラ乗り場のそばにある人気のスーク。カシミヤやウールなどのストールが手頃な値段で買えると観光客に人気。ただし、かなり強引な客引きがあるので注意しよう。また女性に人気のモロッコの伝統的な履物、バブーシュも色とりどり揃えられている。

開9:00 ～ 22:00 頃（金曜は夕方から開く店が多い）

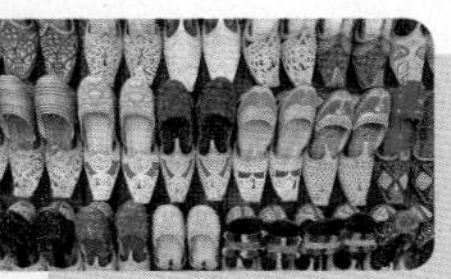

スークでは吹っかけられるので値段交渉は必須。カラフルな色使いのバブーシュも、気に入ったら購入を！

おみやげなら！

シルクやコットンなどさまざまなストールが揃う

アブラで5分！

見学時間：1時間　(→ P.78)

16:00

デイラ・オールド・スーク（スパイス・スーク）

Deira Old Souq (Spice Souq)

小さな店が軒を連ねている

スパイスやお香、日用雑貨を扱った小さな店がところ狭しと集まった市場。スパイスを扱う店が多く、スパイス・スークとも呼ばれている。日本ではあまり見かけないハーブなども多い。どこも量り売りなのでいろんな種類を買って試してみては。

開9:00 ～ 22:00 頃（金曜は夕方から開く店が多い）

おみやげなら！

スパイスなどはどれも量り売りOK。小分けにしておみやげに！

サフランはかなりお買い得

ちょっとブレイク

スークにあるジューススタンドでほっとひと息

GOAL!

徒歩で10分！

見学時間：1時間　(→ P.78)

17:00

ゴールド・スーク

Gold Souq

このスークだけを目当てに来るアラブのセレブもいるくらい、アラブで大人気のスーク。日本人には気後れしてしまいそうな雰囲気だが、ここはぜひ行ってみてほしい。アラブらしい凝ったデザインのジュエリーが多い。

開9:00 ～ 22:00 頃（金曜は夕方から開く店が多い）

夜はライトアップされ、まぶしいくらい

見るだけでも目の保養になる

PLAN 2

Dubai ドバイの旅ナビ

ドバイの中心部

ダウンタウン・ドバイで見どころ巡り

所要時間 9時間

発展を続けるドバイを象徴するエリア、ダウンタウン・ドバイ。ドバイのランドマークともいえるバージュ・ハリファや世界一の面積を誇るSドバイ・モールなど見どころが満載。

アット・ザ・トップ
バージュ・ハリファ
Goal!
ドバイ・オペラ・ドバイ・ファウンテン
Start!
Sドバイ・モ
ドバイ
Rワフ
Rカフ
Rソー
スーク・アル・バハールS
アブデル・ワハブR

START!

10:00 見学時間：1時間30分 (→ P.83)

ドバイ水族館
Dubai Aquarium

メトロ最寄り駅はバージュ・ハリファ／ドバイ・モール!

Sドバイ・モールの中にある水族館。メトロの場合、レベル2（3階）からGフロア（1階）に下りるとエントランスがある。ここでの隠れた人気は、世界最大の水槽で行うダイバーによる魚の餌やりだ。数千匹もの魚の群れがダイバーを囲む姿は圧巻！毎日1回19:30に行われる。

住 ドバイ・モールG階（チケット売り場）
開 10:00～24:00
料 Dh155

大迫力のトンネル水曜

徒歩で 0分!

11:30 見学時間：4時間 (→ P.101)

ドバイ・モール
Dubai Mall

モールの人工湖から徒歩で 1分!

メトロともつながっている

1300店舗以上が集まった世界最大のショッピング&アミューズメントモール。カフェやレストランだけでも150以上が店を構える。イスラムの建造物の特徴であるアーチを模した屋内スークもある。

開 10:00～24:00

ココでランチ

モール内には多数のレストランがあるが、アラブ料理にチャレンジしよう。Rワフィ・グルメは子供連れなどでも気軽に利用できる。

■ワフィ・グルメ
開 10:00～翌1:00

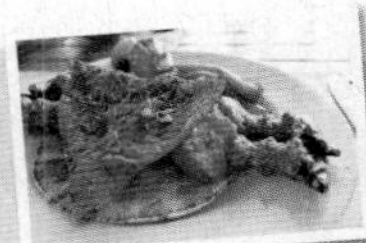
お肉はどれもジューシー

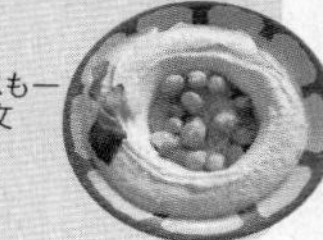
ホンモスも一緒に注文

日本未上陸のブランドをチェック!

- ペイレス Payless……………………北米で人気の靴ブランド
- マッシモ・ドゥッティ Massimo Dutti …ザラ ZARAのお姉さんブランド
- サンドロ Sandro ……………………フランスのファッションブランド
- ウエスト・エルム West Elm………ニューヨーク発のインテリア雑貨

and more!

おみやげなら!

人気のパッチPatchiはレバノン発祥のチョコレート

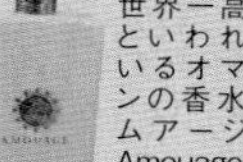
世界一高いといわれているオマーンの香水アムアージュAmouage

見学時間：1時間30分 (→ P.101)

15:30

スーク・アル・バハール

Souq Al Bahar

ドバイ・モールにUターン 徒歩で1分！

Ⓗジ・アドレス・ダウンタウン・ドバイとバージュ・ハリファの間に立つ、ショッピング&レストランモール。伝統的なアラブのスークを模した店内は、エキゾチックな雰囲気。人工湖に面したレストランのテラス席は、ドバイ・ファウンテンの特等席。

開 10:00 〜 22:00（金曜は 14:00 〜）

Ⓢドバイ・モールとは橋でつながっている

Ⓢドバイ・モールでちょっとブレイク

サウジアラビアに本店をもつデーツ専門店のカフェ「バティール Bateel」。テイクアウトのギフトショップが併設されている。

ドバイ・モールのLG階へ 徒歩で5分！

ココもチェック

ドバイ・モールのレストランではアルコールの販売は行われていないが、スーク・アル・バハールのレストランの一部ではアルコールが提供されている。

見学時間：1時間 (→ P.82)

17:30

バージュ・ハリファ

Burj Khalifa

地上828m、160階建ての世界一の超高層ビル。ビル内にはホテルやレストラン、観光客に人気の展望台が入っている。屋内と屋外に展望スペースがあり、124階、125階、さらに上の148階から町を見下ろすことができる。152〜154階には世界一高い場所にあるラウンジ「ザ・ラウンジ」がある。

開 10:00 〜 22:00
料 大人 Dh130〜
子供 Dh100〜

影も当然すごく大きい

アット・ザ・トップ（展望台）プチ情報

●人気の時間は夕暮れ時
日没前30分からの時間帯の景色は美しい。ただし人気が高く常に予約でいっぱい。2週間以上先の予約であれば取れる可能性◎。

●日本語のオーディオツアーガイド
日本語のオーディオツアーガイドを借りる場合（有料）IDが必要。パスポートを忘れずに。

このテレスコープなら異なる時間の景色を見ることができるよ！

徒歩で5分！

GOAL!

見学時間：好きな時間に (→ P.83)

19:00

ドバイ・ファウンテン

Dubai Fountain

アブラはひとり Dh65（要予約）

Ⓢドバイ・モール、Ⓢスーク・アル・バハール、バージュ・ハリファなどを囲むように人工湖があり、そこで音と光と水の噴水ショーが毎日開催されている。人工湖の周りにあるレストランのテラス席からゆっくり見るのがおすすめ。

開 ショータイム
土〜月曜 13:00、13:30、18:00 〜 23:00 の 30 分ごと
金曜 13:30、14:00、18:00 〜 23:00 の 30 分ごと

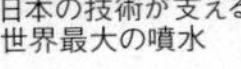

日本の技術が支える世界最大の噴水

ショーを見ながら

ディナータイム！

アブデル・ワハブ
Abdel Wahab
テラスでアラブ料理を食べながらショーを観賞（Ⓢスーク・アル・バハール）

ソーシャルハウス
Social House
各国料理のレストラン。明るく開放的な雰囲気（Ⓢドバイ・モール）

ティプタラ
Thiptara
ファウンテンを見ながら本格タイ料理を（Ⓗザ・パレス・ダウンタウン・ドバイ）

PLAN 3

Dubai ドバイの旅ナビ

4WDで砂漠を激走

デザート・サファリ・ツアー

所要時間 6時間

ドバイ超定番のエキサイティングツアー。大自然を肌で感じることができる砂漠を4WDで駆け巡り、砂漠のキャンプでアラブ料理とアラブのダンス、ベリーダンスを楽しむツアー。

ジェットコースターよりも激しくてエキサイティング

START!

15:30 ホテルピックアップ!

ホテルによるがピックアップは15:00～15:30頃。遅刻しないよう少し早めに待っていよう。

砂漠へ向かってひた走る

16:30 砂漠に到着!

ドバイから車で1時間ほど走ると砂漠に到着。到着したらいよいよスタート。轍の残る砂漠のなかを4WDで豪快に走る!

砂漠に入る前にタイヤの空気圧を下げる（上）／風紋が美しい（左）

17:30 キャンプ場に到着

アラビックコーヒー、シーシャ、ヘナタトゥー、サンドバギーなどを楽しみながら夕暮れを待とう。おみやげものの売店もある。

アラビックコーヒーでひと息つこう

18:30 『アラビアン・ナイト』の世界へ

日が暮れ始めたら、アラビアン・ナイトの始まり。アラブ料理やバーベキューを食べながらベリーダンスショーを堪能。

ビュッフェはバーベキューがメイン

魚やサラダ、ライスやパンなど種類は豊富

光のベリーダンスショー

20:00 キャンプ場を出発!

おなかもいっぱいになったらドバイに向けて出発。

GOAL!

21:30 ホテル到着

Dubai ドバイの夜のお楽しみ

ダウ船ディナークルーズ

19:30頃スタート!

所要時間 2時間

アラブ伝統の木造船「ダウ船」に乗って、ドバイの夜景とディナーを楽しむ人気のツアー。クリーク沿いのライトアップされた町並みとアラブ料理のビュッフェを存分に堪能できる。（→ P.86）

催 毎日　料 Dh285～

Dhow Dinner Cruise

クリーク沿いのダウ船。デーツとアラビックコーヒーで迎えてくれる

ライトアップされた町並みを見ながらディナータイム

PLAN 4

ちょっと足を延ばして アブダビ日帰りプラン

所要時間 12時間

近年 U.A.E. の首都アブダビへ観光に訪れる人が増えてきている。ドバイからは車で約 2 時間なので日帰りが可能。

START!

8:00 ドバイをバスで出発!

バスを利用すると片道 Dh25 でアブダビまで行ける。タクシーの場合は Dh200 〜。

ドバイから 2 時間!

タクシーで約 30 分!

10:00 アブダビのメインバスターミナルに到着!

メインバスターミナルにはタクシー乗り場もあるので便利。目の前にショッピングモールがある。

アブダビ市内にあるメインバスターミナル

10:30 見学時間：1 時間 (→P.130)

シェイク・ザイード・ビン・スルタン・アル・ナヒヤーン・モスク（グランド・モスク）

Sheikh Zayed Bin Sultan Al Nahyan Mosque (Grand Mosque)

世界でも有数の贅を極めたモスク

アバヤの無料貸し出しがあるよ！

U.A.E. の名所のなかでも常に上位にランクするほどの人気の観光スポット。ありとあらゆるものに贅を極めた究極のモスクで、観光客でもモスクの中に入ることができる（ドレスコードあり）。

開 9:00 〜 22:00
休 金曜の 9:00 〜 16:30
料 無料

タクシーで約 30 分!

12:00 見学時間：1 時間 (→P.138)

ワールド・トレード・センター・スーク&モール

WTC Souq & Mall

スークを模した冷房完備の館内には、スパイスやショール、香水など多くのみやげ物が並ぶ。レストランやカフェもある。

開 10:00 〜 22:00
（木・金曜は〜 23:00）

ひととおりのみやげ物が揃っている

ココでランチ

買い物が済んだらスークの真ん中にある開放的なレストラン Ⓡ タルブーシュでアラブ料理を。

■タルブーシュ
開 10:00〜22:00
（木・金曜〜24:00）

ミックスグリルはボリューム満点

タクシーで約 30 分!

15:00 見学時間：50 分 (→P.133)

オブザベーション・デッキ・アット 300

Observation Deck at 300

エティハド・タワーズ・コンプレックスの展望台。360 度の景色が楽しめる。

開 10:00 〜 19:00
料 Dh95

アブダビを360度の大パノラマで

タクシーで約 10 分!

16:00 見学時間：1 時間 30 分 (→ P.139)

エミレーツ・パレス・ホテル

Emirates Palace Hotel

宿泊客しか入れないエリアもあるが、カフェラウンジならお茶を楽しみながら優雅なひとときが過ごせる。

宮殿の名にふさわしいゴージャス感

ちょっとブレイク

Ⓡ ル・カフェで金粉入りのカプチーノでほっとひと息

タクシーで約 10 分!

17:45 メインバスターミナルへ

GOAL!

ドバイに到着

ドバイで体験
アラビアン・スパの世界へ

ホテルやレストランなど世界最高峰が集まるドバイには、世界に名だたるスパが一堂に会している。インドやヨーロッパ、アジア……。しかし、せっかくなら同じスパでもアラビアの雰囲気が漂うアラビアン・スパを体験してみたい。エキゾチックなサロンと洗練されたスタッフが愉楽のリラクセーションタイムへいざなってくれる。

Dubai
アラビアン・スパ

ホテル棟とは離れたプライベート空間
アマラ・スパ
Amara Spa

地図 P.41-C3

独立したスパビレッジは、ドバイの喧騒のなかにいるとはとても思えないほど静寂に包まれている。リゾート感あふれる雰囲気のなかで受けるマッサージは極上のひと言。白亜が美しい印象的なドーム型のエントランスは、ムーア人の宮殿を模したもの。滞在中に一度は訪れたい。

SPA MENU

アマラ・ハーバル・セレモニー
Dh1000（120分）

デトックス・パッケージ
Dh1485（180分）

レディスデイアウト
Dh625（60分）

住 H パーク・ハイアット・ドバイ
☎（04）602-1660
URL dubai.park.hyatt.com
開 9:00～22:00
休 無休

上／スパメニューのおすすめは、生姜やシナモンなどを使用したアマラ・リーバル・セレモニー　下／静かな長い回廊を抜けると8つのプライベートトリートメントルーム、プール、ジャクージを有するスパビレッジへ

ムーア人とは……

北アフリカに住むイスラム教徒。一般的にはベルベル人を指すことが多い。ドーム型の天井や壁の幾何学模様など独特の建築様式をもつ。現在では、スペイン、ポルトガル、モロッコなどでムーア建築を見ることができる。

古代エジプトの女王気分で
クレオパトラ・スパ＆ウエルネス
Cleopatra's Spa & Wellness

地図P.48-B3

オベリスクやスフィンクスに守られた、まるでエジプトの神殿のような建物。エジプトの女王の名を冠したこのスパは、設備のクオリティ、サービスとも一流で、オリジナルのトリートメントメニューも豊富。

クレオパトラバスとは……

エジプトの女王、クレオパトラが好んだといわれる風呂。バラの香油、死海の塩、ミルクなどを入れその美を保ったと伝えられている。バラにはホルモンバランスを整える働きがあり、保湿やしわ予防によいとされている。

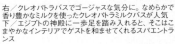

住 Pyramids at Wafi Oud Metha District
☎ (04)324-7700
URL www.wafi.com/cleopatras-spa/
開 女性9:00～21:00 男性10:00～21:00
休 無休

右／クレオパトラバスでゴージャスな気分に。なめらかで香り豊かなミルクを使ったクレオパトラミルクバスが人気
下／エジプトの神殿に一歩足を踏み入れると、そこはこまやかなインテリアでゲストを和ませてくれるスパエントランス

SPA MENU

エミレーツ・ホットストーンマッサージ Dh525（75分）
エミレーツ・ビオテックフェイシャル Dh585～（60分）
クレオパトラミルクラップ Dh425（60分）
クレオパトラミルクバス Dh210（30分）

ドバイのセレブ御用達のレディススパ
アル・アサラ・スパ
Al Asalla Spa

地図P.42-B3

ドバイのセレブが通うモロッコスタイルのアラビアン・スパ。随所に施されたアラベスク模様や、アラビックタイルなど、細部にまでこだわった美しいインテリアも必見。

住 Jumeirah Rd., Jumeirah 2
☎ (04)349-9922
URL dubailadiesclub.com
開 9:00～21:00（月曜10:00～）
休 無休

SPA MENU

トラディショナルアラビック・ラスール（45分）※要問い合わせ
トラディショナルハンマーム（45分）※要問い合わせ

アラビア独特のタイルと幾何学的文様を用いたアラベスク模様が美しいジャクージ

ゆっくり時間をかけて楽しみたい
ザ・オリエンタル・ハマム
The Oriental Hammam

地図P.66

予約が取りにくいと評判のアラビアン・スパ。人気メニューの、トラディショナルハンマーム・エクスペリエンスは、決して日本では体験できないアラビアンな世界が体験できる。

住 H ワン＆オンリー・ロイヤル・ミラージュ（→P.100）
☎ (04)315-2140
URL www.oneandonlyresorts.com
開 9:30～21:00（女性専用9:30～13:00、
休 無休

SPA MENU

トラディショナルハマム・エクスペリエンス（50分）※要問い合わせ
ロイヤルハンマーム（80分）※要問い合わせ

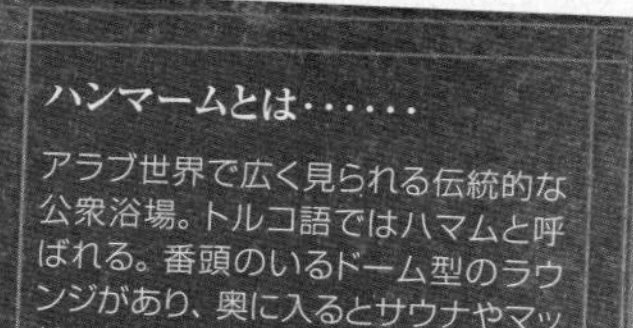

ハンマームとは……

アラブ世界で広く見られる伝統的な公衆浴場。トルコ語ではハマムと呼ばれる。番頭のいるドーム型のラウンジがあり、奥に入るとサウナやマッサージルームなどがある。場内は美しい装飾が施されていることが多い。

本場モロッコスタイルのハマムが身も心も癒やしてくれる

■ドバイ国際空港
地図P.49-D3
☎(04)224-5555
URL www.dubaiairports.ae

入出国カード
U.A.E.は入出国カードがないので、そのまま入国審査に進めばよい。

■ドバイ・インターナショナル・ホテル
Dubai International Hotel 地図折込・裏-D2
乗り換えなどで長時間空港で待たなければならないようだったら、トランジットホテルを利用するとよい。ターミナル3に4つある。ホテル内には、レストラン、スイミングプール、スポーツジム、ヘルススパなどがあり、マッサージのサービスも受けられる。シャワーのみの利用も可能。
☎(04)224-4000
URL www.dubaiintlhotels.com
料Ⓢ⒟Dh700～

■アル・マクトゥーム国際空港
Al Maktoum International Airport
地図折込・裏-A2外
ドバイ国際空港から車で所要約1時間10分のジュベル・アリ地区に位置する。ドバイ・ワールド・セントラルという巨大プロジェクトの中心となるもので、周囲には居住区やビジネス地区などが建設中。タクシーだとドバイ市内中心まで約Dh140～150。

ドバイ国際空港での入出国

IMMIGRATION

入国 **ターミナル1（シェイク・ラシッド・ターミナル Sheik Rashid Terminal）**：エミレーツ航空以外の便が発着するターミナル1は横に細長い。突き当たりのホールの先で入国審査を終えたら、預けた荷物を受け取って税関へ。

ターミナル3（エミレーツ航空専用ターミナル）：到着後、表示どおりに進み、入国審査＆バゲッジクレーム（荷物受け取り）のある1階（グランドフロア）へ行く。パスポートにスタンプを押してもらったあと、預けた手荷物を受け取り税関へ。

出国 近隣諸国へ帰国する労働者たちの荷物の量が多いので、チェックインに時間がかかることがある。余裕をもって空港に行こう。出国審査、セキュリティチェックが済めば、あとは搭乗を待つだけ。ドバイ国際空港は免税店が充実しているので、搭乗時刻まで買い物を楽しむのもいいだろう。

大規模な免税店をもつ巨大空港

ドバイ国際空港 *Dubai International Airport*

ドバイ国際空港は世界各国の都市から乗り入れがあるハブ空港というだけあって、とても大きい。ターミナルは3つあり、「ターミナル3」はエミレーツ航空専用となっている。ターミナル1とターミナル3の間はバスで移動可能。ターミナル2はチャーター便や、フライ・ドバイ、エア・インディア・エクスプレスなどのLCCほか、湾岸諸国へのフライトが発着する。また、2013年に旅客開業した、ジュベル・アリ地区のアル・マクトゥーム国際空港には、湾岸諸国などからの便が発着している。

高級車が当たるくじも販売

ドバイ国際空港ターミナル1（コンコースC）出発ロビー見取り図

Ⓘ インフォメーション　C1～C50 搭乗口
カフェ　男女トイレ
エスカレーター　Ⓢ 両替
郵便局　喫煙所

西フロア WEST　中央フロア CENTER　東フロア EAST
C3 C5 C7 C9 C11 C13 C15 C17 C19 C21 C23 C25 C27 C29,31 C33 C36～50
C1 C2 C4 C6 C8 C10 C12 C14 C16 C18 C20 C22 C26 C28 C30,32,34,35
Food Court　Skybar　PAUL
ドバイ・インターナショナル・ホテルP.60へ
免税店フロア
Starbucks Coffee　フリーインターネット　ビジネスサービス　フリーインターネット
女子トイレ　男子トイレ　ターミナル3へ

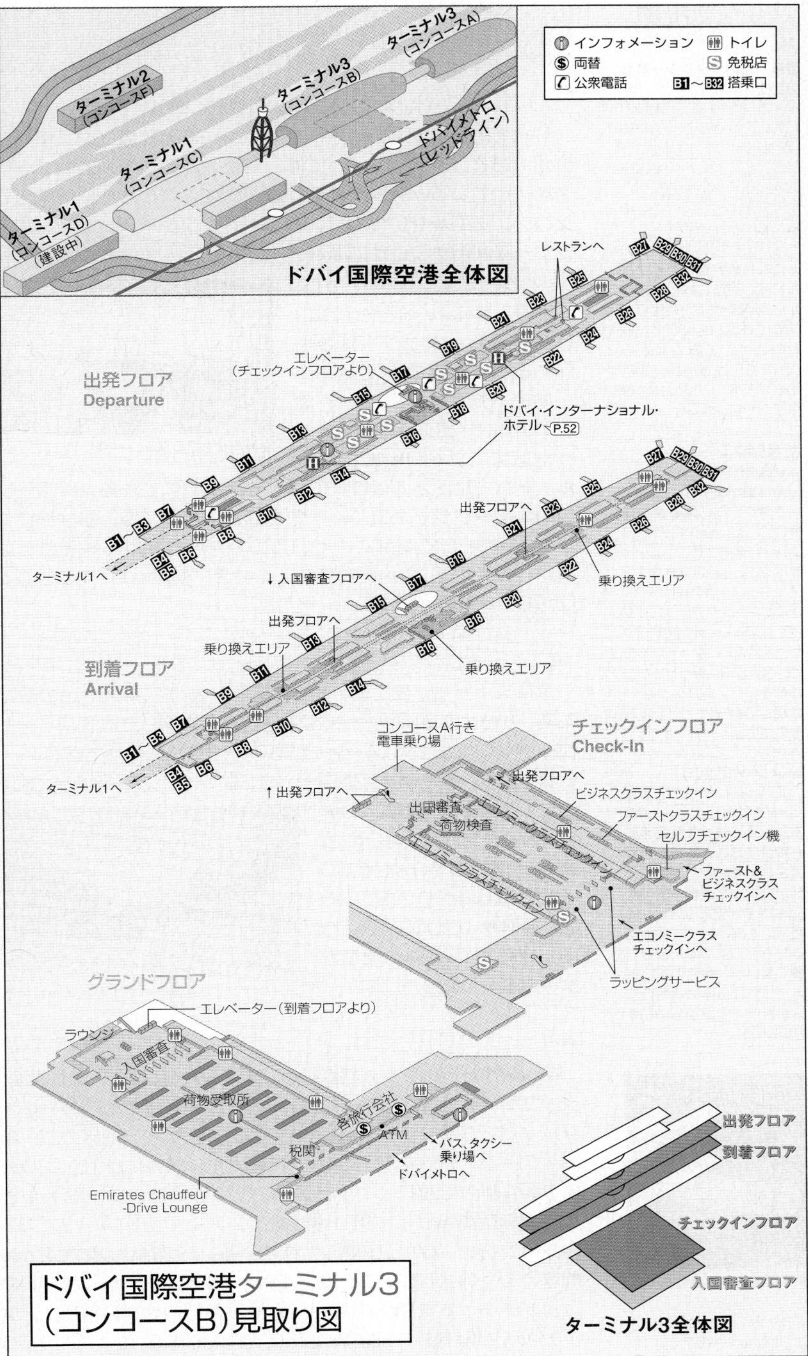
ドバイ国際空港全体図
ターミナル2
(コンコースF)
ターミナル1
(コンコースC)
ターミナル1
(コンコースD)
(建設中)
ターミナル3
(コンコースB)
ターミナル3
(コンコースA)
ドバイメトロ
(レッドライン)
インフォメーション
両替
公衆電話
トイレ
免税店
B1〜B32 搭乗口
出発フロア
Departure
エレベーター
(チェックインフロアより)
レストランへ
ドバイ・インターナショナル・ホテル P.52
ターミナル1へ
到着フロア
Arrival
出発フロアへ
入国審査フロアへ
乗り換えエリア
チェックインフロア
Check-In
コンコースA行き
電車乗り場
出国審査
荷物検査
エコノミークラスチェックイン
ビジネスクラスチェックイン
ファーストクラスチェックイン
セルフチェックイン機
ファースト&
ビジネスクラス
チェックインへ
エコノミークラス
チェックインへ
ラッピングサービス
グランドフロア
エレベーター(到着フロアより)
ラウンジ
入国審査
荷物受取所
各旅行会社
ATM
税関
バス、タクシー
乗り場へ
ドバイメトロへ
Emirates Chauffeur
-Drive Lounge
ターミナル3全体図
出発フロア
到着フロア
チェックインフロア
入国審査フロア

ドバイ国際空港ターミナル3
(コンコースB)見取り図

ドバイの市外局番

04

空港→市内　タクシー料金の目安

デイラ　Dh40

バール・ドバイ　Dh50

ダウンタウン・ドバイ　Dh65

バージュ・アル・アラブ　Dh90

パーム・ジュメイラ　Dh120

※これらの料金はあくまでも目安。逆にこれらの地域から空港までは、初乗りがDh5（夜間はDh5.50）となるので、上記金額からDh15を引けばいい（空港からは初乗りDh20。大型タクシーはDh25）。

空港タクシー

到着ロビーを出るとタクシー乗り場があるが、係員がいてタクシーに乗る客を誘導している。知らずにVIPタクシーに案内されている……なんてことも。手前からノーマルタクシー（クリーム色）、次にピンクタクシー（ピンク色）、いちばん奥がVIPタクシー（黒色）になっているので、係員に何に乗りたいか告げるといい。VIPタクシーの料金の目安はノーマル料金の約1.5倍。

ピンクタクシー

ドバイには女性がドライバーのピンクタクシーがある。女性に安全な交通手段を提供することを目的に導入されたもので、道路交通局から特別な訓練を受けた女性たちが運転に当たる。空港でも見かけることがあるだろう。まだ導入台数は多くないが、女性の旅行者にとっては心強い味方になるかも!?　空港からの初乗りはDh25。

乗車できるのは女性のみ

ノル・カードの購入の仕方については→P.65

交通案内

TRANSPORTATION

空港から市内へ

ドバイ国際空港は、市内へ車で10〜30分程度という便利な位置にある。ホテルによっては、空港〜ホテル間の送迎サービスを行っている。有料か無料かは予約を入れたときに確認するといい。送迎がない場合は、ドバイメトロかバス、あるいはタクシーを利用することになる。

タクシー

ターミナル1、3とも到着ロビーを出るとタクシー乗り場がある。料金はすべてメーター制で、初乗りDh20、その後1kmにつきDh1.82。デイラ地区までは約Dh40、バール・ドバイ地区まではDh50ほどでアクセスできる。グループ用の大型タクシーもあり、こちらは初乗りDh25。ちなみにタクシーはGPSで制御されているので、ふっかけられることはない。また、市内から空港へ行く場合、初乗りはDh5なのでDh20〜25程度となる。

ターミナル3のタクシー乗り場

ドバイメトロ

ターミナル1、ターミナル3にそれぞれドバイメトロの駅がある。いずれも税関のゲートを抜け、到着フロアにドバイメトロへつながるエスカレーターがあるのでそれに乗って駅へ。

料金はゾーンにより片道Dh4〜8.50（ノル・カードNol Cardのレッドチケットを購入の場合。カード発行料金はDh2)。運行時間は5:50〜24:00頃（木曜は5:30〜翌1:00頃。金曜は10:00〜翌1:00頃)。詳しいメトロの乗り方は→P.64〜65。

ターミナル3と連結されたドバイメトロの駅

バス

市バスが空港に乗り入れている。ターミナル1のバス乗り場は、ターミナルビルを出て右にある。バール・ドバイ地区のアル・グバイバ・バスステーション行き（33）とデイラ地区のゴールド・スーク・バスステーション行き（4、11A）が15〜30分に1本の割合で運行している。ターミナル3は、ターミナルビル正面の駐車場ビルに乗り場がある。アル・サトワ・バスステーション行き（C1）が運行されている。バスはいずれも24時間運行で、料金はゾーンによりDh4〜8.50（ノル・カードのレッドチケットを購入の場合。カード発行料金はDh2)。チケットはバス乗り場にある自動券売機で購入できる。

市内交通

ドバイ市内はとても広く、どこへ行くにも必ず車が必要になる。また、忘れてはならないのが日中の日差しの強さだ。冬場はそれほどでもないが、夏場の日差しは強烈で、とても歩いてはいられない。ドバイのおもな交通手段は、タクシー、ドバイメトロ、バスが挙げられる。最も便利なのはもちろんタクシー。料金も日本より安く乗れるので、観光客によく利用されている。ドバイメトロは、最新鋭の技術を駆使しており、とても経済的に利用できる。なかなか便利で、使いようによっては、ドバイ観光をよりリーズナブルにしてくれるため観光客におすすめだ。バスはシステム化され、ドバイ中を網羅しているので便利だが、回り道をするので時間がかかるし、ルートの把握も難しい。利用しているのはほとんどが外国人労働者。

ドバイメトロ

概要

地元の人の足でもあるドバイメトロ。グリーンラインとレッドラインのふたつの路線が運行している（2019年12月現在）。レッドラインは全長52.1km。ラシディヤRashidiyaからUAEエクスチェンジUAE Exchangeまでの総数29の駅をつないでいる。一方、全長22.5kmのグリーンラインは、クリークCreekからエティサラットEtisalatまで20の駅を結ぶ。料金はゾーン制を取り入れているのでたいへんわかりやすく、最長区間でもDh8.50（ゴールドクラスはDh15）と非常にリーズナブルだ（5歳以下は無料）。5:50～24:00頃の間に（木曜は～翌1:00頃。金曜は10:00～翌1:00頃）、長くても8分ごとに運行と待ち時間も少ない。ドバイメトロのみで主要な観光地を回るのは難しいが、タクシーと併用するなどすれば利用価値は高い。

ドバイメトロの３つのクラス

車両はスタンダードクラス、ゴールドクラス、女性と子供専用クラスの3つに分けられる。ほとんどの旅行者は一般車両のスタンダードクラスを利用しているが、先頭（もしくは最後尾）に位置するゴールドクラスは運賃は高いが、一般車両に比べゆったりとした造りで、すいていることが多い。料金が高いといっても日本より格段に安いので、ラッシュ時などは利用してもいいだろう。そのほかイスラムの国らしく子供と女性のみしか利用できない車両がある。この子供と女性専用車両は、常時設けられている。また、切符の購入についてはP.64～65で説明するが、駅改札にあるチケット売り場でも購入できる。メトロを利用するうえで忘れてならないのが、金曜の運行時間。金曜はドバイでは日曜（休日）に当たりメトロも10:00頃（駅によって若干異なる）まで運休となる。

ドバイの交通事情

ドバイの長年の問題であった交通渋滞は、ドバイメトロやバスのシステム化など、道路交通局（RTA）の整備により徐々に緩和されてきている。それでも、デイラ地区など場所によっては常に混雑しているし、雨が降れば、冠水で車が進まないといったこともしばしばだ。週末を控えた木曜の夕方以後は、全体的に渋滞が激しい。スケジュールはできるだけ余裕をもって立てるほうがいいだろう。

主要な道路にはメトロの看板があるので便利

メトロの駅はすべて同じデザイン

車内は飲食厳禁！

ドバイメトロ、トラムやタクシーの車内には飲食不可のステッカーが貼ってある。違反すればDh200の罰金が科せられる。ガムも罰金の対象となり、実際にお金を支払った人もいるようだ。またいたずらで非常停止ボタンを押した人や設備を破損してしまった人には最大でDh2000の罰金が科せられる。

中東初のドバイメトロ

レッドチケット(各駅用普通券)

レッドチケット(1日乗り放題券)

旅行者にはうれしい、1日乗り放題券

ドバイメトロやバス、トラムを利用する際のノル・カードには、1日乗り放題券もある。それが上記写真の下、レッドチケット(1日乗り放題券)だ。普通のレッドチケットと少し柄が異なるが、同じように赤く、少し濃い。初回購入時はDh22。次の日もチャージして使用でき、発券料金のDh2が引かれDh20になる。チャージは券売機でも窓口でも可。

ドバイメトロやバス、トラムを1日に何度も利用する人にはおすすめ。

改札脇にある窓口

ドバイメトロの乗り方

①チケットを買う

ドバイメトロやバスやトラムに乗るためには**ノル・カード Nol Card**と呼ばれるプリペイド乗車券を購入しなければならない。ノル・カードは大きく分けて2種類。観光客や出張、短期滞在者など利用頻度が少ない人向けのレッドチケット(紙)と、通勤や利用頻度が多い人向けのシルバー、ゴールド、ブルーカード(プラスチック)がある。ここでは旅行者向けのレッドチケットの券売機購入の仕方を説明しよう。※窓口でも購入可能

1. 画面にタッチすると、言語選択(アラビア語か英語)が出る。「English」のほうを選ぼう。

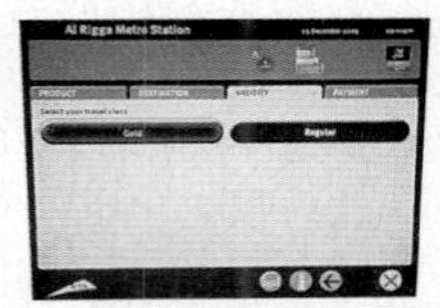

2. 乗車車両、レギュラーかゴールドの選択。ゴールドクラスに乗ってみるのもいいが、とりあえずここでは「Regular」を選択。

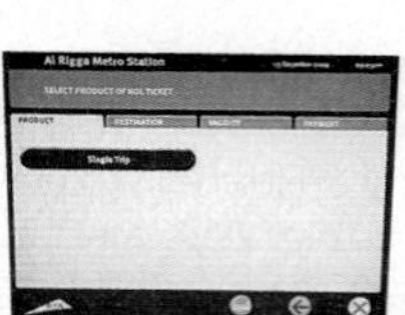

3. 「Single Trip(片道)」を選択。

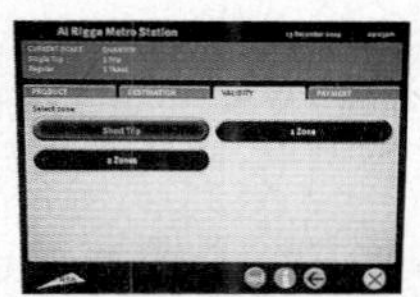

4. 画面の上にある料金表で目的地のゾーンを確認し、あてはまるボタンを選択。

5. 画面に料金が表示され、料金を支払う。ここで、チケットを2枚以上購入する、もしくは、同ゾーン内を2回以上移動する場合には、右下の「No. of Trips」、「No. of Tickets」をタッチ。

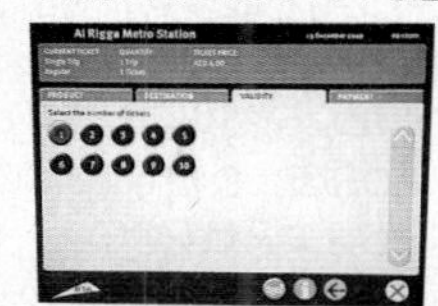

6. 左の画面で「No. of Trips」を選択したときの画面。乗車回数を選択する。左の画面で「No. of Tickets」を選択したときも同じように選択し、料金を入れてチケットをゲット。

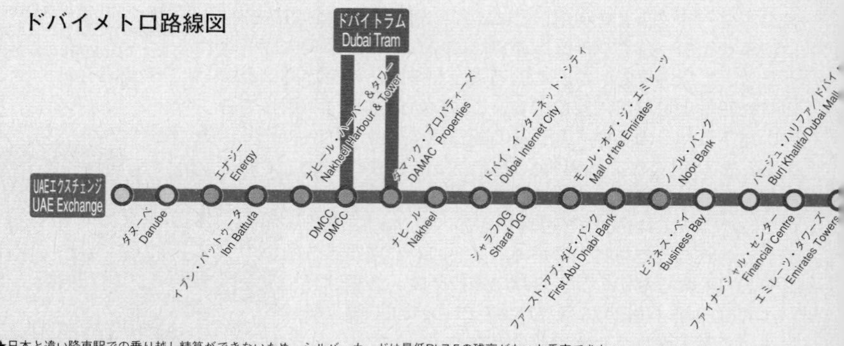

★日本と違い降車駅での乗り越し精算ができないため、シルバーカードは最低Dh7.5の残高がないと乗車できない。

②改札を通る

改札は無人自動改札で、ICチップの入ったノル・カードを改札機のパネル部分にタッチすればゲートが開く。

③メトロに乗り込む

メトロは最長でも8分間隔でやってくるので、コンコースで待っていればすぐだ。5車両のうち、端の1車両はゴールドクラスと女性専用車両となっているので注意（ホームに表示がある）。

④改札を出る

目的地に着いたら、入ったときと同じように、改札機のパネルにカードをタッチして改札を出る。

ゴールドクラス専用車両

女性と子供の専用車両

ノル・カードNol Cardについて

ノル・カード（Nolはアラビア語で交通料金の意）は、ドバイの交通機関（タクシー以外）を利用する際に必要な乗車券。4種類あり、通勤者向けのシルバー、ゴールド、ブルーカードと、短期滞在者向けのレッドチケットに分けられる。

シルバーカードは事前に入金し、機械にタッチするだけで、ドバイメトロ、バス、ウオーターバス、トラムが利用できるICカードだ。ドバイメトロ、バスなどの券売機で購入できる。発行料金はDh25で、そのうちDh19は初回入金額として利用可能。Dh500までチャージできる。運賃はドバイメトロ、バスともDh3〜7.5で、レッドチケットよりやや安く設定されている。**ゴールドカード**はドバイメトロで料金2倍のゴールドクラスに乗れるというだけで、シルバーカードとほとんど変わらない。ちなみにゴールドクラスは、料金を2倍払えばレッドチケットでも乗車可能。**ブルーカード**はシルバーカードに個人情報を入力したもの。

レッドチケット（→P.64写真）は上記3つのカードと違い、紙でできており、料金も10回分までしかチャージできない（ただし、次回チャージができるのは、はじめにチャージしたゾーン分のみ。ゾーン1のレッドカードで、ゾーン2は使用できないため、新たにレッドカードを購入することになる）。発券料金はDh2。1回の乗車料金はドバイメトロ、バスともDh4〜8.50（ドバイメトロのゴールドクラスはDh6〜15）。1日の乗り放題券はDh22。

シルバーカードとレッドチケット比較表

	発行料金（うち初回入金額）	入金限度額	有効期限	ドバイメトロ、バス乗車料金
レッドチケット	Dh2＋初回乗車料金	10回分	90日	Dh4〜8.50
シルバーカード	Dh25（Dh19）	Dh500	5年	Dh3〜7.50

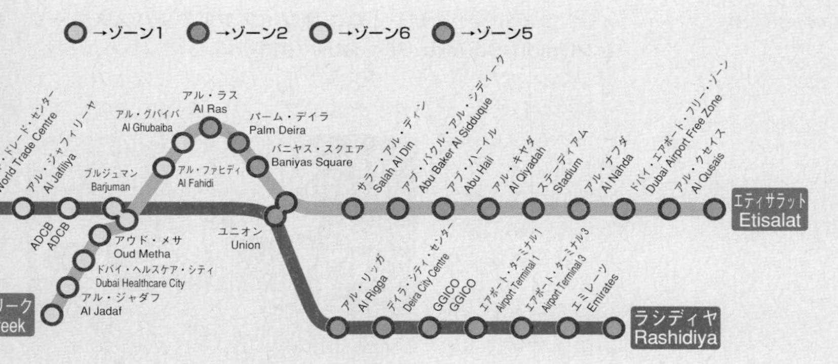

■道路交通局
Road & Transport Authority (RTA)
Free 800-9090
URL www.rta.ae

アル・グバイバ・バスステーションの券売機

バスの路線図
バスステーションでもらえる市内バスの路線図は旅行者にもわかりやすく、利用価値が高い。番号別、行き先別に路線がリストアップされており便利だ。

前部座席は女性専用
通常バスの前部2～4列は女性専用シートとなっている。たいがいはステッカーが貼られているので、男性は座らないように。うっかり座ると、ドライバーから後ろに座るように注意されることがある。またステッカーがない場合や乗合バスのようなものであっても、前部座席に女性を座らせるのが慣例。

●各首長国行きバス料金
（ドバイからの料金）
（アル・グバイバ・バスステーション発）

アブダビ	Dh25
アル・アイン	Dh25
シャルジャ	Dh10

（ユニオン・スクエア・バスステーション発）

シャルジャ	Dh10
アジマン	Dh12
ウム・アル・カイワイン	Dh10
ラス・アル・ハイマ	Dh20
フジャイラ	Dh25

※1 ラス・アル・ハイマ、ウム・アル・カイワイン行きのチケットは現金のみの購入。

バス

ドバイの市内バスは、前面に路線番号と行き先が書いてあり、内部は冷房が効いていてとても清潔。各停留所にもそこの名前とそこを通るバスの路線番号が書いてある。運行時間は路線により多少異なるが、だいたい7:00～24:00。運行間隔は路線により12分～2時間おきだが、だいたい30分おきの場合が多い。ただし、金曜の正午前後はお祈りタイムなので、一部の路線を除きバスは運休する。

時間はほぼ正確だし、ドバイ市内と郊外をカバーしているので、バスルートを把握すれば利用価値はある。時刻表と路線図はバスの発着所でもらえる。痴漢やスリが多いという人もいるが、日本同様の注意をしていれば大丈夫。女性専用の席もある。

市内バスのチケットとバスステーション

市内バスもドバイメトロと同様、ノル・カードNol Cardを購入しなければならない。料金はドバイメトロと同じくゾーン制で、Dh4～8.50（レッドチケット購入の場合。発券料金はDh2）。ノル・カードはバスステーションにある券売機で購入できる。チケットの買い方は→P.64。あとは乗り降りの際に、運転手のそばにある機械にタッチするだけでいい。ただ、機械の反応が悪いので、金額が表示されているか確認しよう。また、降車の4分以上前にカードをかざすと罰金となるので注意。

旅行者が利用するドバイ市内のおもなバスターミナルは3つ。デイラ地区では、パーム・デイラ駅近くの**ゴールド・スーク・バスステーションGold Souq Bus Stn.**デイラ・スーク近くの**アル・サブハ・バスステーション Al Sabkha Bus Stn.**（地図P.71-B1）、もうひとつは、クリークを挟んだバール・ドバイ地区の**アル・グバイバ・バスステーション Al Ghubaiba Bus Stn.**（地図P.73）だ。

各首長国行きのバスステーション

近隣の首長国行きのバスが発着するおもなバスステーションは、アル・グバイバ・バスステーション（アブダビ、アル・アイン、シャルジャ行き）と**ユニオン・スクエア・バスステーションUnion Square Bus Stn.**（地図P.49-C1）（シャルジャ、アジマン、フジャイラ、ラス・アル・ハイマ、ウム・アル・カイワイン行き）、アブダビへはイブン・バットゥータのバスターミナルからも発着している。チケットはバスに乗る前に売り場で買うが、各首長国へはノル・カードのシルバーカードでのみ購入できる（ドバイ発のみ）。※1

アル・グバイバ・バスステーション

モノレール

パーム・ジュメイラ・モノレール

ドバイの人工島のうちのひとつ、パーム・ジュメイラの中心を走る中東初のモノレール。始発駅は本土の**パーム・ゲートウエイPalm Gateway駅**、終着駅はⒽアトランティス・ザ・パーム(→P.110)がある**アトランティス・アクアベンチャー Atlantis Aquaventure駅**、そのふたつの間に**アル・イティハド・パーク駅Al Ittihad Park駅**があり、2019年12月現在3駅が利用できる。メトロとの接続はないがトラムのパーム・ジュメイラ駅と接続があるので、そこで乗り換え可能。その際、ビル内の駐車場を通り抜けていくのだが、看板や目印があるので、それに従って歩いていけばたどり着く。帰りの場合も同様。モノレールに乗車するときは、ノル・カードとは違うモノレール専用の切符が必要となるので注意。券売機でも窓口でも購入可能だが、券売機は英語のみで高額紙幣は受け付けていないので、窓口で購入することをおすすめする。往復か片道か言うのを忘れずに。もちろん、タクシーを利用して行き来することもできる。

一番前の席をゲット！

■**パーム・ジュメイラ・モノレール**
Palm Jumeirah Monorail
URL www.palm-monorail.com
料 片道　Dh20
往復　Dh30
料金はパーム・ゲートウエイ駅からアトランティス・アドベンチャー駅まで乗車した場合。およそ15分おきに9:00～22:00頃に運行。

駅の構内はクーラーが効いているので待ち時間も快適

観光スポットをダブルデッカーでホッピング

ドバイの観光スポットやショッピングモールを効率よく回りたいのであれば、ザ・ビック・バス・ツアーの2階建てのオープントップバスを利用するのもいい。

英語の解説付きでドバイの主要な観光ポイントを回り、乗り降り自由。デイツアーにはビーチエリア、シティエリ、マリーナ・エリアを巡る3つの路線があり、停車ポイントで乗り換えも可能。ナイトツアーはシェイク・ザイード・ロード沿いの高層ビル群の夜景やバージュ・ハリファのライトアップなど、存分に楽しめるコースが設定されている。

チケットは、1日券(24時間)や2日券(48時間)、デイ＆ナイト券、アブダビやシャルジャとのコンボ券があり、自分に合ったコースがチョイスできる。1日、もしくは2日かけてゆっくりドバイの町を巡りたい人にはおすすめだが、時間があまりない人は、タクシーのほうが便利で安い場合もあるので吟味してから予約をしよう。ビッグ・バスのホームページ、各ホテル、ビッグ・バスの停留所などでチケットの購入ができる。

ビッグ・バスのバスルートマップを忘れずに

■**ビッグ・バス・ドバイ**
☎(04)340-7790
URL www.bigbustours.com
料 デイツアー
1日券　大人　US$76.20
子供(5～15歳)　US$51.50
2日券　大人　US$88.50
子供(5～15歳)　US$59.60
ナイトツアー
大人　US$52.80　子供　US$34.30
ドバイ＆アブダビコンボ券
大人　US$131.50　子供　US$85.50
※料金や内容、ルートなどは変更される場合がある。

●アブダビのビッグ・バス　→P.125
●シャルジャのビッグバス　→P.145

近未来的なデザインのトラム

トラムに関するサイト
●ドバイRTAトラム(英語)
Dubui RTA Tram
☎(04)284-4444
URL www.rta.ae

トラムからモノレールへ乗り換え

タグ(カードのタッチ)を忘れずに!

トラム

2014年11月11日、ドバイの町にトラム(路面電車)が開通した。ドバイのビーチ・スポットであるジュメイラ・ビーチ・レジデンスからドバイ・マリーナを通り、海岸線に沿うようにしてパーム・ジュメイラの麓周辺まで運行している。2019年12月現在はアル・スフォウ駅が現時点での終着となっているものの、建設中である延長線路が完成すれば、メトロのモール・オブ・ジ・エミレーツ駅ともつながるようになり、そこがトラムの終点となる。

メトロからは、ジュメイラ・レイクス・タワーズ駅からトラムのジュメイラ・レイクス・タワーズ駅、ダマック・プロパティーズ駅からドバイ・マリーナ駅へ乗り換えが可能。

また、トラムのパーム・ジュメイラ駅では、駐車場を通るものの、パーム・ジュメイラ・モノレールのパーム・ゲートウエイ駅ともつながっており、乗り換えすることができる。チケットはモノレールと別なので、パーム・ゲートウエイ駅でモノレールのチケットを買わなければならない。

トラムのチケットはメトロやバス同様に、ノル・カードで、乗り降り、料金はトラム内であればDh4(レッドカードの場合)。気をつけなければいけないのは、乗り換えのときでも乗車前と降車後に必ずホームにある機械にノル・カードをタッチさせること。つまりこれが改札の役割を果たしている。忘れると罰金Dh7.5(最長移動の料金)。

運行時間は土曜から木曜が6:30〜翌1:30、金曜は9:00〜翌1:30。5〜10分ごとに運行しているので待ち時間もそれほど気にする必要はない。すべてのドバイの交通機関と同様、車両前方の席は女性専用となっている。

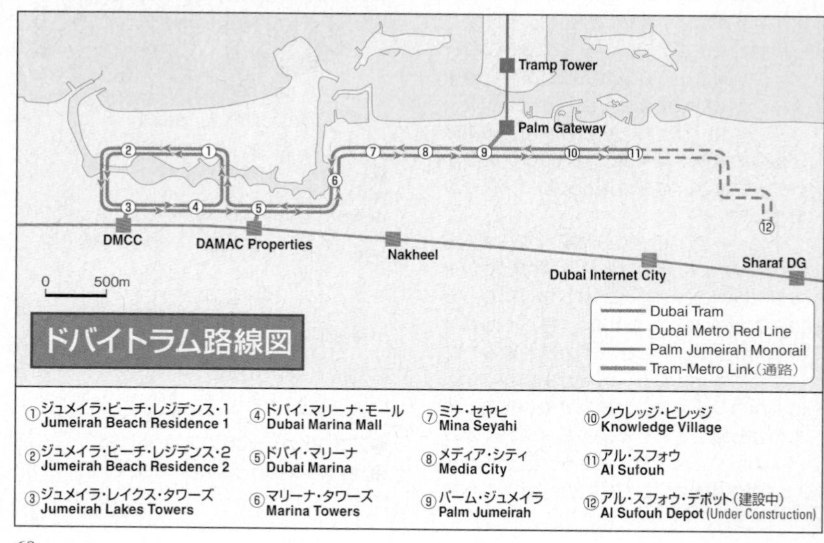

ドバイトラム路線図

①ジュメイラ・ビーチ・レジデンス・1 Jumeirah Beach Residence 1
②ジュメイラ・ビーチ・レジデンス・2 Jumeirah Beach Residence 2
③ジュメイラ・レイクス・タワーズ Jumeirah Lakes Towers
④ドバイ・マリーナ・モール Dubai Marina Mall
⑤ドバイ・マリーナ Dubai Marina
⑥マリーナ・タワーズ Marina Towers
⑦ミナ・セヤヒ Mina Seyahi
⑧メディア・シティ Media City
⑨パーム・ジュメイラ Palm Jumeirah
⑩ノウレッジ・ビレッジ Knowledge Village
⑪アル・スフォウ Al Sufouh
⑫アル・スフォウ・デポット(建設中) Al Sufouh Depot (Under Construction)

タクシー

ショッピングモールには必ずタクシー乗り場があるので安心

ドバイ市内を走るタクシーはメーター制。英語でTAXIと明記されているので、すぐにわかる。どの会社のタクシーも車体はベージュで、屋根の部分の色が異なる。

料金は初乗りDh5（22：00～翌6：00はDh5.50。）で、その後1kmにつきDh1.82ずつ加算される（最低料金はDh12）。渋滞で車が停まっているときも加算されていくのは日本と同様。必要ならば、領収書も出してくれるし、ドバイ・トランスポートの一部のタクシーはクレジットカードでの支払いも可能だ。ドライバーはインドやパキスタンなどから来た外国人がほとんどで、英語も通じる。ただし、道をあまり知らないドライバーもいるので、しっかりと行き先を説明しよう。地図などがあればなおいい。また、女性は後部座席に乗ったほうがいいだろう。

ホテルの入口で待機しているレクサスなどの高級車もタクシーで、ドバイではホテルタクシーと呼ばれている。こちらは通常のタクシーの料金の1.5倍ほどの料金がかかる。メーターが付いているものと付いていないものがあるので、乗車するときは注意しよう。なかなかタクシーが来ない場合や急いでいるときに利用している旅行者やビジネスマンも多い。

なお、タクシーでシャルジャに行く場合は、メーター料金に加えてDh20プラスされるので注意。

16：00～17：00は勤務交代時間で、なかなかつかまらないので注意。

アブラ（渡し船）

クリーク（入江）によって分断されたバール・ドバイ地区とデイラ地区を結んでいるのが、アブラAbraと呼ばれる渡し船で、市民の重要な足になっている。出発地点はデイラ側、バール・ドバイ側ともに2ヵ所ある。この入江を車で渡るにはクリーク北のアル・シンダグハ・トンネルか、南のアル・マクトゥーム橋などを使うのだが、遠回りになり時間がかかる。その点、アブラは数分でクリークを横断するし、クリーク沿いの景色を眺めながら渡れるのがいいところだ。20人ほどの乗客が集まらないと出発しないものの、すぐに集まるので待ち時間は5分もないくらいだ。

乗客が集まると出発する

ドバイのタクシー会社

●ドバイ・タクシー
Dubai Taxi
☎(04)208-0000
URL www.dubaitaxi.ae

アブラ（渡し船）Abra

料金はDh1。乗り場は、デイラ側がデイラ・オールド・スーク、アル・サブハで、バール・ドバイ側がオールド・スークの近くに2ヵ所とアル・シーフにある。早朝から深夜まで運航しており、夜は運河に面した建物がライトアップされてとてもきれい。

ドバイの新名所を巡るドバイ・フェリー

洋上から名所巡りができる観光フェリー。アル・グバイバと、マリーナ・モールから出航している。いくつかルートがあるが、新名所のドバイ・キャナル（ドバイ運河）のルートが人気。

●ドバイ・フェリー
Dubai Ferry
☎(800)9090
URL www.rta.ae
料 シルバー Dh50
　ゴールド Dh75

ドバイ・キャナルを通るドバイ・フェリー

■ドバイ観光局
URL www.visitdubai.com

■ツーリストポリス
Tourist Security Dept.
Free 800-4438
URL www.dubaipolice.gov.ae

ドバイ・モールにあるドバイ水族館

アラブの文化を感じたければドバイ中心部へ

今なお発展し続けるドバイ

歩き方
WALKING AROUND

クリーク（入江）（→P.76）を挟んで、伝統文化と現代技術が交差する海岸線の町、ドバイ。国際空港は市内に近いので、空路でドバイを訪れた際は、窓から町を見下ろしてみてほしい。

簡単にいうとこの町はドバイ・クリークよりも空港側が古きよきアラビア文化の旧市街であり、ドバイ・クリークよりもバージュ・ハリファ側が現代技術を駆使し発展し続けている新しいドバイの町だ。前者のほうはドバイ中心部と呼ばれることが多く、ゴールド・スーク（→P.78）やヘリテージ・ハウス（→P.77）もあるので、アラビアの文化や歴史を見聞きし、感じることもできるだろう。

後者のほうはダウンタウン・ドバイと呼ばれることが多く、いわゆるⓈドバイ・モール(→P.101)やⒽバージュ・アル・アラブ(→P.110）などがあり、古きよき伝統のという感じではない。さらに南へと進むと、人工島パーム・ジュメイラや建設中のパーム・ジュベル・アリもあり、時代が移り変わっていることを町自体が象徴するように、比較的、町の南側に新しいホテルや建物などが建設され続けている。

そのふたつのエリアをつなぎ、なおかつ、車以外で今現在人々のおもな足となっているのがドバイメトロ(→P.63)だ。駅数や路線がとても多いというわけでもないし、乗り換えもそこまで難しくないので、車を使わずにドバイを散策するときは重宝することになるだろう。

ダウンタウンはとても広く、いまだに建設中のところがとても多い。風が吹けば、当然、砂ぼこりが口や目の中に入ってくるし、道路自体もとても大きいので、こっち側からあっち側へ道路を横断しよう、なんてことはなかなかできない。横断歩道も少なく、歩道橋もあまりないのだ。

散歩するならばドバイ中心部のクリーク周辺、デイラ地区(→P.71)とバール・ドバイ地区(→P.73)が最適。超高級ホテルが多いダウンタウンと比べて、まだここには安宿も多い。ナイフ・ロードNaif Rd.やアル・サブハ・ロードAl Sabkha Rd.、デイラ・ストリートDeira St. の周辺に集中しているので、散歩ついでに探してみるといいだろう。ヨーロッパと比べて治安もそれほど悪くない。

デイラからクリークを望む

情報誌を手に入れよう

ドバイ国際空港内のツーリストインフォメーションセンターでは、ホテルやショッピング、レストラン、見どころ案内など、交通から町の情報まで何でも親切に対応してくれる。各種パンフレットや無料の地図などが用意されているので活用しよう。また、ドバイの最新情報が詰まった情報誌Time Outは、ショッピングモールなどにある書店で購入できる。

バニヤス・スクエアBaniyas Sq.周辺

デイラ地区の中心に位置する**バニヤス・スクエア Baniyas Sq.**から歩き始めてみよう。芝生が敷かれた広場の一角には、メトロのグリーンラインのバニヤス・スクエア駅入口がある。広場を取り囲むようにホテルやレストラン、グリルした肉をそいでパンに挟んだ手軽なスナックのシャウルマを売る店などが軒を連ねており、いつもにぎやかだ。なかでも目立っているのが、ビルの上層部分が円形になっている**デイラ・タワー Deira Tower**で、オフィスや絨毯販売などの商店が入っている。デイラ・タワーの並びには24時間営業のスーパーマーケットがあり、このあたりに滞在している人には便利だ。両替所も多く、出稼ぎの労働者や旅行者でにぎわっている。両替所によってレートが異なるので、何軒か回ってから両替するとよい。また、タクシーも頻繁に通っているので、どこへ行くにも便利なエリア。

スーク地区へ

アル・サブハ・バスステーションのすぐ西が**デイラ・スーク Deira Souq**で、部分的に屋根に覆われた狭いごちゃごちゃした通りに小さな店が並んでいる。どちらかというと地元の人が訪れる市場みたいなもので、旅行者はあまり行かない場所である。

生活感いっぱいのマーケットをのぞいてみよう！

ゴールド・スークからアラビア湾に向かって進むと、デイラとバール・ドバイを海底トンネルで結ぶアル・カリージュ・ロードAl Khaleej Rd.に出る。この道路を渡ると魚、肉、フルーツ、野菜のスークがある。特にフィッシュスークは、アラビア海で取れた魚がいろいろあっておもしろい。

また、アル・カリージュ・ロードを東のほうへ行くと、海岸沿いに大きな市場が見えてくる。ここにはフルーツ、野菜のマーケットのほか、早朝から深夜まで開いているスーパーマーケットがあり、大量に買い物するのにピッタリ。ただし、車がないと大変。

デイラ地区の町並み

夜でも人通りが絶えないアル・サブハ・ロード周辺

深夜営業のスーパー

デイラのアブラ乗り場近くのⓈジェスコJesco（地図P.71-B2）は24時間営業。バール・ドバイ地区のⓈカルフールは23:30まで営業している。

世界一大きなゴールドリング

スークを歩く

スーク地区にはスナックやフレッシュジュースを売る店（地図P.71-A2）などもあるので、のんびり歩き回るのがおすすめ。夏はとにかく水分を多く取り、日陰を歩くようにしたい。

アイスなども売っているみやげ物屋

夕刻のアブラ

夕刻から夜にかけてクリーク沿いのホテルやモスクに明かりがともり始める。ディナークルーズのダウ船がクリークを行き交い、昼間とは違ったクリーク沿いの町の景色が体験できる。

心地よい風が体を包む夕刻のアブラ

デイラ・スークの北側を走るナイフ・ロードをさらに河口（西方面）に向かおう。間もなく茶色の屋根に覆われた**ゴールド・スーク Gold Souq**（→P.78）に突き当たる。入口の店のショーウインドーにはギネスに認定された世界一大きなゴールドリングが飾られていて、人気の撮影スポットだ。ゴールド・スークの名のとおり18金のアクセサリーや時計、地金を扱う店が多く、スーク内にはなんと金の自動販売機もある。女性に人気があるのは、自分の名前をアラビア語のカリグラフィにして彫ってもらうオリジナルのペンダントだ。仕上がりまでに2～3日かかるが、ホテルまで配送してくれる店もある。

ゴールド・スークから南西へ向かうと**デイラ・オールド・スーク Deira Old Souq**（→P.78）があり、貿易商人と買い付けの交渉風景をそこかしこで見ることができる。ここにはスパイスを売る店が多く、スパイス・スーク Spice Souqとも呼ばれている。スパイスのほかにもアラブのお香の乳香なども売られている。量り売りなので旅行者に人気だ。

渡し船のアブラAbra

バール・ドバイ地区へは、**アブラ Abra**と呼ばれる渡し船を使うといい。デイラ側の船着場へは、アル・サブハ・ロードをクリークに向かって行けばいいが、そこからクリークに沿って500mほど西へ進んだ所にも船着場があり、ゴールド・スーク、デイラ・オールド・スークからは、そちらの船着場のほうが近い。客が多く集まっている船に乗り込むと、間もなく出発だ。飛沫を上げながら、何十もの船が行き来している。水は市内にもかかわらず意外にきれいで青い。クリーク沿いにはイスラムの伝統的な木造船のダウ船が停泊している。振り返ると、ゴルフボールを頭にのせたようなエティサラット・タワーⅡの建物やホテル、銀行などの高層ビル群がデイラ側に見える。バール・ドバイ側に目をやると、ウインドタワーをもつ伝統的な家々や、白いルーラーズ・コートRuler's Court（首長の執務室）、モスクが見えてきて、ほどなく船着場に到着する。

イラン産のドライレモンも格安で手に入る

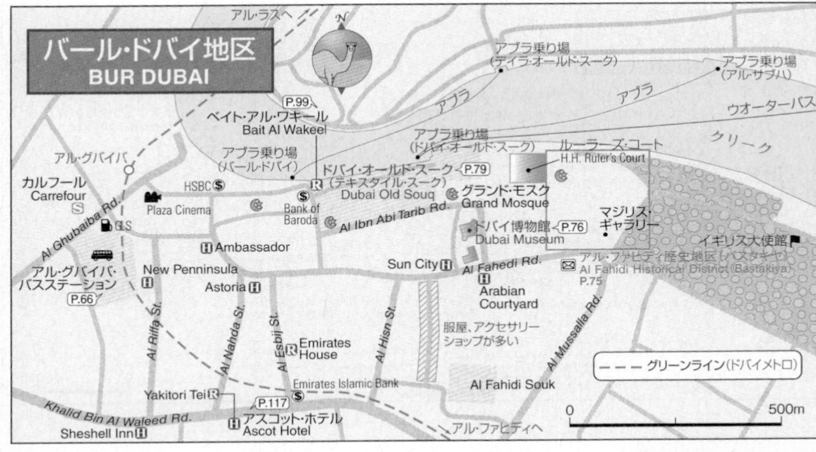

もうひとつの中心バール・ドバイ

　バール・ドバイの船着場に着くと、目の前はもう**ドバイ・オールド・スーク Dubai Old Souq**（→P.79）だ。裏通りにまでびっしり店が並んでいる。狭い路地を東へ進むと、**グランド・モスク Grand Mosque**、白い**ルーラーズ・コート Ruler's Court**が見えてくる。通りを挟んでグランド・モスクの向かいにある城塞が**ドバイ博物館 Dubai Museum**（→P.76）だ。さらにルーラーズ・コートの前の道を進むと、伝統的な建物が建ち並ぶ**アル・ファヒディ歴史地区Al Fahidi Historical District（バスタキヤBastakiya）**（→P.75）に出る。クリーク沿いをさらに進むと、昔の町並みを再現したエリア、**アル・シーフAl Seef**（→P.75）に出る。レストランやカフェ、ショップなどをのぞきながら、のんびりと散策してみよう。

船着場からクリークに沿って北のほうへ

　クリークの入口に当たる地区はシンダグハShindaghaと呼ばれ、ドバイはここから発展してきた。周辺には、**シェイク・サイード邸 Sheikh Saeed's House**（→P.77）、がある。

高級リゾート、ジュメイラ・ビーチ&パーム・ジュメイラ

　一方、海沿いに高級ホテルが建ち並んでいるのが**ジュメイラ・ビーチJumeirah Beach**と、人工島の**パーム・ジュメイラPalm Jumeirah**だ。ジュメイラ・ビーチには7つ星とも称される🄷**バージュ・アル・アラブBurj Al Alab**（→P.110）がある。デイラ地区からは車で20～30分ほどかかるが、世界に名だたるレストランやバー、スパなどに行ってみるといい。またアラビア湾のきれいなビーチを散策したり、大きな国旗がはためいているユニオン・ハウス（→P.79）、2017年にオープンしたエティハド・ミュージアム（→P.79）にも足を運びたい。

アル・ファヒディ通り沿いにあるドバイ博物館

ドバイ博物館は昔の家屋の再現や、ドバイのこれまでの発展を映した映像など見どころが満載です。時間に余裕をもって行くといいでしょう。館内にあるミュージアムショップは、おみやげの種類が豊富で、かわいい小物も多く揃っています。
（東京都　まーちゃん　'14）['19]

ドバイ博物館のミュージアムショップ

マリーナの周囲には高層マンションが林立する

ビーチでキャメルライド体験！

ドバイといえば、ひと昔前はビルも建てられない土漠とラクダの場所というイメージであったはずだが、今ではパーム・アイランド群と呼ばれる3つの人工島をはじめ、世界一高いビル（バージュ・ハリファ→P.82）に世界最大のモール（Ⓢドバイ・モール→P.101）、さらには人工スキー場（Ⓢモール・オブ・ジ・エミレーツ内→P.102）まであり、昨今ではドバイ＝土漠というイメージからドバイ＝リゾート地のイメージへとすっかり移行した。

特にドバイ・モール周辺の開発が顕著で、新名所が続々誕生している。また話題なのが、JBR（ジュメイラ・ビーチ・レジデンス）にあるザ・ビーチThe Beachと呼ばれるエリア。ビーチはきれいに整備され、誰でも利用できる公共ビーチに。観光客向けのラクダがのんびり歩いてなんともドバイらしい。チェアやパラソルなども借りられる（有料）のでリゾートアイランドにいるような気分も味わえる。ビーチのまわりには、おしゃれなカフェやレストランが集まっていてフォトジェニックタウンといった感じだ。ビーチの対岸に沖合島のブルーウオーターズがあり、建設中の世界一大きな観覧車「エイン・ドバイ」を見ることができる。

ビーチには有料と無料の場所がある

しゃれたカフェやレストランが並ぶ

交通の利便性

2014年にトラムが開通するまで、ここはほぼ、車を運転する人かタクシーでしか行けない地域であったが、トラムが開通した今、誰もが気軽にこの島へ、ビーチへ、ドバイ・マリーナへ遊びに行けるようになった。

逆にドバイ・マリーナ側から考えれば、パーム・ジュメイラにも近く、トラムに乗って、メトロに乗れば30分ほどでダウンタウン・ドバイにも行けるということだ。

いまだ建設中のところも多い

おもな見どころ
SIGHTSEEING

アラブの歴史が最も感じられる地区　地図P.75

アル・ファヒディ歴史地区（バスタキヤ）　*Al Fahidi Historical District (Bastakiya)*

　バール・ドバイ地区にある、歴史的建造物を保護している遺産地区。昔ながらの家並みには、風通しをよくするために造られたウインドタワーや、趣のある木製の大きな扉が見て取れる。地区内には細く入り組んだ道が多くあるが、狭いので多少迷ってもまず問題ない。入口には地区マップの看板があるのでチェックしてから入ってもいいだろう。細い道沿いには、昔の家をリノベーションしたレストランやカフェ、アートギャラリー、ゲストハウス、みやげ物屋などが15軒ほどあり、涼しいカフェなどで休憩しながら散策が楽しめる。そのほか、イスラム文化について理解を促進するための組織「シェイク・モハメッド文化センター（SMCCU）」の施設があり、アル・ファヒディ歴史地区の散策ツアーや伝統料理を食べながら文化や習慣、宗教を学ぶクラス、ジュメイラ・モスク見学ツアーなどさまざまなカルチャー体験が用意されていて旅行者に人気だ。

■アル・ファヒディ歴史地区（バスタキヤ）
開営業時間は店舗により異なる。金曜は休みのところもある。

ACCESS
　メトロの場合、アル・ファヒディ駅下車、徒歩約15分。ドバイ・オールド・スークそばのアブラ乗り場からは、徒歩約15分。

アル・シーフ
地図P.49-C1～2
　古いドバイの町並みを再現して開発されたスポット。夜はクリークの夜景が美しい。お酒を出すレストランもあるので、ディナーにもおすすめ。アル・ファヒディ歴史地区からクリーク沿いを東に進むと見えてくる。メトロの場合、ブルジュマン駅から徒歩10分。

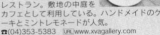

カフェ
XVAギャラリー
XVA Gallery

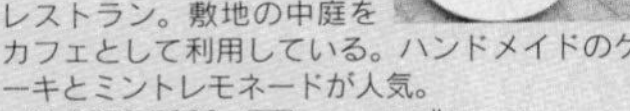

　ブティックホテルとギャラリーが併設されたカフェレストラン。敷地の中庭をカフェとして利用している。ハンドメイドのケーキとミントレモネードが人気。
☎(04)353-5383　URL www.xvagallery.com
開10:00～18:00

ギャラリー
マジリス・ギャラリー
Majilis Gallery
　マジリスとはアラブの家には必ずある「応接間」のことで、応接間風のギャラリー内にアクリル、油絵、リトグラフなどのモダンアートを中心に展示している。
☎(04)353-6233　URL www.themajlisgallery.com
開10:00～18:00（ローシーズン）　休金曜

ホテル
オリエント・ゲスト・ハウス
Orient Guest House

　エキゾチックな雰囲気のブティックホテル。客室もアラビアンテイストで統一されている。歴史地区内にあるので、静かに過ごしたい人におすすめ。客室は2タイプから選べる。2019年12月現在改装中。

文化体験

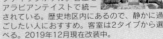

シェイク・モハメッド文化センター　SMCCU
　旅行者向けにさまざまなアラブやイスラムが体験できるツアーを開催している。アラブ伝統料理の朝食や昼食、夕食を食べながら文化や習慣が楽しく学べるツアーが人気。
☎(04)353-6666　URL www.cultures.ae
開8:00～16:00（土曜 9:00～13:00）
休金曜　※ツアーは要予約

小さな区域なので1時間もあれば散策できるが、カフェで休憩しながらゆっくり回ろう

🄷リビエラ・ホテルのクリーク側の客室はバージュ・ハリファまで見える最高のロケーション

貿易都市ドバイを生んだ大いなる入江 地図P.49-C1～3

ドバイ・クリーク *Dubai Creek*

ドバイの中心を悠々と流れるクリークは、出口で大きく曲がりアラビア湾に流れ出す。はるか昔からイランや東アフリカ、インドを往来してきたダウ船（アラブ伝統の船）は、今もクリークを行き来している。クリークを知るにはまず、地元の人と一緒にアブラAbra（渡し船）に乗ってみよう。船の上からクリーク沿いに広がる町の様子が見て取れる。アブラの船着場の近くには、ドバイ・オールド・スーク（→P.79）やデイラ・オールド・スーク（→P.78）があり、観光をするにも便利。クリーク沿いには遊歩道がある所もある。ダウ船でディナー（→P.86）を楽しみながらクリーク沿いの夜景が楽しめるツアーも人気。

歴史の遺産を今に伝える 地図P.73

ドバイ博物館 *Dubai Museum*

ドバイで現存する建造物のなかで最も古いとされる1787年に建てられた、かつての要塞アル・ファヒディ・フォートAl Fahidi Fortがある博物館。長い間、増改築を行いながら首長の住居として使われてきたが、ドバイの歴史や文化、さまざまな資料を保存するため、現在は博物館として利用している。

屋外にはアラブ伝統のダウ船や、昔の家屋を再現した建物が展示されている。屋内の展示スペースには、ろう人形を使って昔の生活風景やスーク、子供たちの様子などがリアルに再現されている。また、ドバイの歴史をまとめた映像を大型スクリーンで見ることもできる。

昔の家の中にも入って見学できる

■ドバイ博物館
☎(04)353-1862
開土～木曜 8:30～20:30
　金曜　14:30～20:30
休無休
料大人 Dh3
　子供 Dh1

ACCESS
メトロの場合、アル・ファヒディ駅下車、徒歩約15分。ドバイ・オールド・スークそばのアブラ乗り場からは、徒歩約10分。

ドバイの新ランドマーク「ドバイ・フレーム」

市内中心にあるザビール・パーク内に建設された巨大な額縁「ドバイ・フレーム Dubai Frame」。2018年1月、ようやく完成しオープンした。高さ 150mのふたつの塔を93mの橋で接続してフレームの形にしている。橋にはスカイデッキが設けられ、展望台として利用。ここの大きな特徴は、ドバイの昔の風景が残るオールド・ドバイ地区と、現在のドバイを象徴するバージュ・ハリファやジュメイラ・エミレーツ・タワーズなどのニュードバイ地区の両方が一望できることだ。地上階には、ドバイの町の移り変わりがわかる展示室が設けられた。

奇抜で圧倒的な存在感を醸し出すデザインは、オランダのフェルナンド・ドニスの設計。場所はメトロのアル・ジャフィリーヤ駅から車で約5分。

■ドバイ・フレーム
地図P.48-B2
URL www.thedubaiframe.com
料大人 Dh50
　子供 Dh20

メトロの車内からも見える

入江の入口にたたずむ首長家の館　地図P.49-C1

シェイク・サイード邸　*Sheikh Saeed's House*

19世紀後半に建てられた、アラブの伝統的な建築様式を残すサイード邸は、マクトゥーム家の住居として使われていた。かつてドバイの首長であり、現在の首長の祖父に当たるシェイク・サイードは、1958年に亡くなるまでここに住んでいたという。その後、建物は改築され、現在は博物館として一般公開されている。古いドバイを写した希少な写真も残っており、おもしろい。

■シェイク・サイード邸
☎(04)393-7139
開土〜木曜 8:00〜20:30
金曜　15:00〜21:30
休無休
料大人　Dh5
子供　Dh1
※2019年12月現在改装中

ACCESS
メトロの場合、アル・グバイバ駅下車、徒歩約10分。

ドバイで最も古い学校　地図P.71-A2

アル・アハマディア・スクール　*Al Ahmadiya School*

1912年に設立されたドバイで最も古い学校で、当時の様子をそのままに再現し、博物館として公開している。中庭を囲むように教室や水飲み場、台所などの各部屋が配置されており、教室ではろう人形によって授業の様子が再現されている。当時、学校で使われていた筆記用具やノートなども展示されている。

■アル・アハマディア・スクール
☎(04)226-0286
開土〜木曜 8:00〜19:30
金曜　14:30〜19:30
休無休
料無料
※2019年12月現在改装中

ACCESS
メトロの場合、アル・ラス駅下車、徒歩約5分。

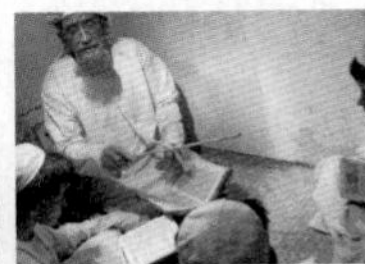
授業風景を再現

広い中庭を囲む伝統的スタイルの家　地図P.71-A2

ヘリテージ・ハウス　*Heritage House*

ドバイの伝統様式の住宅を再現した博物館。アラブ人の家ではよく見られる入口付近にある男性専用の客間マジリスMajilisや、奥のほうにある女性専用のマジリス、寝室にバスルームなど、当時の家の様子が骨董家具とともに展示されている。現在復元されているものは1940年から1960年代の様式のものが中心だが、いちばん古いものでは1890年頃の品も残されている。

女性用のマジリス

■ヘリテージ・ハウス
☎(04)226-0286
開土〜木曜 8:00〜19:30
金曜　14:30〜19:30
休無休
料無料
※2019年12月現在改装中

ACCESS
メトロの場合、アル・ラス駅下車、徒歩約5分。

ドバイ・クリークから歴史を見る　地図P.49-C1

アル・シンダガ・ミュージアム　*Al Shindagha Museum*

2019年にオープンしたばかりの新しいミュージアム。ドバイ・クリークを切り口に、ドバイの町全体の発展の歴史を展示している。動画がふんだんに取り入れられているほか、バーを握ったりボタンを押すと作動する展示が多く、インタラクティブでおもしろい。ギフトショップやカフェも併設されている。建物をひとつ挟んだ香りのミュージアムにも同じチケットで入館できる。

最新の技術を用いた展示が楽しい

■アル・シンダガ・ミュージアム
☎(04)515-5336
URL alshindagha.dubaiculture.gov.ae
開10:00〜18:00
金曜 14:30〜21:00
休火曜
料Dh15

ACCESS
メトロの場合、アル・グバイバ駅から徒歩5分。

掘り出し物を見つけよう

スーク *Souq*

見ているだけでも楽しめるゴールド・スーク

●ゴールド・スーク Gold Souq

地図P.71-A1

ドバイの観光名所のなかでも特に人気があるのがゴールド・スーク。連日、夕方近くになるとにぎわいを見せる。特に日が暮れる頃からはどの店もライトアップされて、まぶしいくらい黄金色に輝いている。ゴールドのアクセサリーはアラブ風のデザインのものが多く、値段は重量で決まる。どこの店でもグラム当たりの値段は同じだが、品揃えは店によってだいぶ違うので、よく吟味するといい。ここでのおすすめは、やはりアラビア語で名前を入れてもらうオリジナルジュエリー。人気のペンダントトップは、チューブ型やドロップ型、ムーン型など多彩なデザインが揃う。リングやキーホルダー、カフスなどもオーダーできる。

●デイラ・オールド・スーク（スパイク・スーク）Deira Old Souq

地図P.71-A2

ゴールド・スークの近くに、日用雑貨やスパイスを売る店が集まっているスークがある。このスークはスパイスを専門に商売している店が多いことから、スパイス・スークとも呼ばれている。サフランやセージ、ローズマリー、ドライレモンなどが安く手に入るので、おみやげに買っていくのもいいだろう。オマーン産の乳香フランキンセンスやU.A.E.産のバフールBukhoorなども売られている。

スパイスが並ぶデイラ・オールド・スーク

スークの営業時間

どのスークもだいたい9:00～22:00くらい。金曜は夕方まで休みの店が多い。

ACCESS

●ゴールド・スーク&デイラ・オールド・スーク

メトロの場合、アル・ラス駅から徒歩約5分。デイラ・オールド・スークのアブラ乗り場から徒歩約10分。

●ドバイ・オールド・スーク

メトロの場合、アル・グバイバ駅から徒歩約15分。ドバイ・オールド・スークのアブラ乗り場からならすぐ。

ゴールド・スークでオリジナルジュエリーを作る

美しいアラビア文字で作るオーダーメイドのゴールドジュエリーが人気だ。自分の名前やお気に入りの言葉をペンダントトップやリング、キーホルダーなどに入れてくれる。値段は金の重量と文字数や加工の難易度によって変わってくる。お店にもよるが、2～3日で仕上げてくれる店が多い。まずは、お店に行き、デザインの相談をする。そのときに仕上がりサイズをきちんと伝えること。ミリ単位まで伝えるとあとで後悔しない。

チューブ型やドロップ型が人気

ジュエリーデザイナーのモハメッドさん

■ザラ・プライム・ジュエリー
Zara Prime Jewellery

日本人の細かい注文や相談にも、じっくりとジュエリーデザイナーのモハさんが対応してくれる。事前にLINEでの相談も可（英語）。

地図P.71-A1　住Gold Souq　電055-383-1308
URL peraichi.com/landing_pages/view/zaraprimejewellery/
開10:00～21:00(金曜16:00～)　休無休
CC DJMV　LINE ID:Mohammed_arabicart

値段交渉をして買い物をしよう

●ドバイ・オールド・スーク（テキスタイル・スーク）

Dubai Old Souq　地図P.73

バール・ドバイ地区のアブラ乗り場からすぐ。アーケードになっており、布地やドレスを扱う店が多い。世界中から取り寄せられた色とりどりの布は、眺めるだけでも楽しい。夕方になると大勢の人でごった返し、店員のかけ声で活気づく。スナックやみやげ物を売る店もある。

デイラ・オールド・スークでの注意点

最近スパイス・スークでのトラブルが多く、日本人観光者も被害に遭うケースが多い。例を挙げるとスパイスやチョコレートなどを購入した際、いつの間にかグラムで計算されていたり、カードで支払ったらゼロがひとつ増えていたなど。スークでの買い物は、テキスタイル・スークも含めカードでの支払いは控え、できるだけ現金での購入がベスト。カードで支払うときは、必ず、金額をチェックする。もし、被害に遭ったときは、購入した日であれば、返品（キャンセル）が可能なので、納得できない場合は返品しよう。返品に応じない場合は警察を呼ぶといい。

ドバイのシンボル的モスク　地図P.48-A1

ジュメイラ・モスク　*Jumeirah Mosque*

ジュメイラ・ロードAl Jumeirah Rd.に面して立つ、ドバイで最も美しいといわれるモスク。真っ白いドームと2本のミナレットをもつその姿は静謐で、凛としたたたずまい。ファーティマ朝時代の伝統を生かしながらも、モダンなイメージも抱かせる。夜にライトアップされた姿もまた美しい。一般にモスクには異教徒は立ち入れないが、ここはツアー形式で内部を見学させてもらえる（金曜を除く毎日）。その際は服装に注意。男女とも長袖・長ズボン着用のこと。女性はスカーフなどで髪を隠さなければならない（スカーフの貸し出しあり）。ツアーは約1時間で、礼拝の方法やイスラム教について説明してくれる。

青空に映える美しいモスク

ジュメイラ・モスク・ツアー

☎(04)353-6666
URL www.cultures.ae
料 大人　Dh25

9:45受付開始、10:00と14:00にスタート。30分前より受付開始。金曜を除く毎日開催。

ACCESS

メトロの場合ワールド・トレード・センター駅から車で約10分。

ユニオン・ハウス
Union House
地図P.48-A1

Al Jumeirah Rd.とAl Dhiyafa Rd.の交わる所にあるのがユニオン・ハウス。ここは、1971年12月2日、アラブ首長国連邦が成立した場所。40m×20mの大きな国旗が掲げられている。

U.A.E 建国の歴史を知る　地図P.48-A1

エティハド・ミュージアム　*Etihad Museum*

U.A.E.成立時に各首長が署名を行ったユニオン・ハウスのすぐ横にU.A.E.建国の歴史がわかる博物館が2017年にオープン。ユニークな外観は署名を行った宣誓書を模した流線型で、7つの柱は7つの首長国を表している。館内は3フロアで構成されており、連邦結成時の様子などが写真やパネルで紹介されている。また、連邦結成時の首長の紹介や当時の首長のコレクションなども展示されている。

大きな国旗が目印

■エティハド・ミュージアム

☎(04)515-5771
URL etihadmuseum.dubaiculture.gov.ae
開 10:00～20:00
休 無休
料 大人　DH25

ACCESS

メトロの場合、ワールド・トレード・センター駅から車で約10分。

■ドバイ・オペラ
☎(04)440-8888
URL www.dubaiopera.com
開料演目によって異なる

ACCESS
メトロの場合、バージュ・ハリファ/ドバイ・モール駅から徒歩約15分。

ドバイ・オペラからバージュ・ハリファを望む

■IMGワールズ・オブ・アドベンチャー
☎(04)403-8888
URL www.imgworlds.com
開11:00～21:00
休無休
※日によって異なる
料大人　Dh299
　子供　Dh299

ACCESS
メトロなど公共交通機関で行くことができない。ダウンタウン・ドバイからタクシーで約30分。

エキサイティングなアトラクションが多数ある

■アルサーカル・アベニュー
URL alserkalavenue.ae

ACCESS
メトロの場合、ノール・バンク駅から車で10分。

ドバイ・ウォーター・キャナル
地図P.50-B3～4
ドバイ・クリークの南橋からアラビア湾までをつなぐ人口運河。運河沿いには遊歩道が整備されており、夜はライトアップされてロマンティックな雰囲気。メトロのビジネス・ベイ駅を下車して道路沿いにドバイ・マリーナ方面に歩いて行くと、専用のエレベーターがある。

ドバイ初の芸術劇場
地図P.83

ドバイ・オペラ　*Dubai Opera*

オペラやミュージカル、バレエ、クラシックなどの公演専門の劇場が2016年、ドバイに誕生した。U.A.E.らしく象徴的なダウ船をイメージしたデザインはオランダ人建築家ジャンヌ・ロストックJanus Rostockが手がけた。伝統的な木造のダウ船をイメージしているが、近未来的でスタイリッシュな雰囲気だ。2000人収容可能なこの劇場は、バージュ・ハリファに隣接していて、Sドバイ・モールから簡単に行くことができる。

ダウ船を模した外観

世界最大の屋内テーマパーク
地図 折込・裏-B3

IMG ワールズ・オブ・アドベンチャー *IMG Worlds of Adventure*

2016年8月、サッカー場28面に相当する（約14万㎡）巨大な敷地面積を誇る屋内テーマパークがオープン。園内は、米コミックの「マーベルMarvel」、恐竜アドベンチャーの「ロスト・バレーLost Valley」、アメリカを本拠地とする専門番組「カートゥーン・ネット・ワークCARTOON NET WORK」、お化け屋敷の「IMGブール・バールIMG BOULE VARD」の4つのゾーンに分かれている。そのほかシネマや50軒以上のレストランとショップが並んでいる。人気のアトラクションは、マーベルゾーンにあるスパイダーマンのジェットコースター。360度回転してスリル満点だ。ロスト・バレーゾーンにもジェットコースターがありこちらも人気。

最先端カルチャーの発信地
地図P.50-A4

アルサーカル・アベニュー　*Alserkal Avenue*

現代アートのギャラリー、アーティストのスタジオ、カフェ、食品やアパレルのショップが集まるおしゃれな区画。倉庫街をリノベーションして開発された。チョコレートショップミルザム（→P.99）の直営店もある。

疲れたらカフェでひと休み

整然と倉庫が並ぶ

3つのテーマパークが一堂に　地図 折込・裏-A2外

ドバイ・パークス＆リゾート *Dubai Parks & Resorts*

中東最大級のテーマパークがジュベル・アリ地区にオープン。モーションゲート・ドバイ、ボリウッドパークス・ドバイ、リバーランド・ドバイのレゴランド・ドバイ＆レゴランド・ウオーターパークという3つのテーマパークとひとつのウオーターパークで構成され、アトラクションやレストラン、ショップなどの施設でほかでは味わえないようなワクワク感が楽しめる。パーク内には、ポリネシアをテーマにしたラピタ・ホテル、イタリア・トスカーナの歴史地区をイメージした50ブランド以上が揃うアウトレット・ビレッジが隣接。リバーランド・ドバイはチケットなしで入場できる。

モーションゲート・ドバイ

■ドバイ・パークス＆リゾート
☎(04)820-0000
URL www.dubaiparksandresorts.com

●モーションゲート・ドバイ
開11:00〜22:00
料Dh175

●ボリウッドパークス・ドバイ
開16:00〜24:00
料Dh235

●レゴランド・ドバイ＆レゴランド・ウオーターパーク
開10:00〜18:00（レゴランド：木・金曜〜20:00）
上記は冬季の営業時間
料各Dh235

ACCESS
メトロのUAEエクスチェンジ駅から車で約15分。

水とアクロバットの融合　地図P.50-B4

ラ・パール *La Perle*

ドバイ初のレジデンスシアターショー。世界有数のパフォーマーがドバイに集結し、空中スタントや、アクロバットを270万ℓの水で埋め尽くされるアクアステージで披露してくれる。シルク・ドゥ・ソレイユなどの演出を手がけたフランコ・ドラゴーヌによるステージは、パール（真珠）がキーワードになっていて全編セリフなし。昔から現在、未来のドバイをパールを絡めながら表現している。言葉の壁がないので、十二分にショーを楽しむことができる。1300人収容の最先端シアターは、アル・ハブトゥール・シティにあり、年間450公演が行われる予定。

パフォーマーによる迫力のステージ

■ラ・パール
☎(04)437-0001
URL laperle.com
開火〜金曜19:00〜20:30、21:30〜23:00
土曜　16:00〜17:30
19:00〜21:30
休日・月曜
料Dh420（ブロンズ）
Dh630（シルバー）
Dh840（ゴールド）
Dh1680（VIP）

ACCESS
メトロの場合、ビジネス・ベイ駅から車で約10分。

中東のアートシーンを牽引　地図P.49-C3

ジャミール・アート・センター *Jameel Art Centre*

ドバイ・クリークに面したアル・ジャダフ地区に、2018年11月にオープン。現代美術を扱う非営利組織「アート・ジャミール」によるもので、展示室に加えてライブラリー、スタジオ、カフェなども併設している。展示は中東だけでなく世界中から集められ、3〜6ヵ月ごとにすべて入れ替わるので、何度訪れても新しいアートが楽しめる。

独創的な作品揃いで見応えがある

■ジャミール・アート・センター
☎4873-9800
URL jameelartscentre.org
開10:00〜20:00
金曜12:00〜22:00
休火曜
料無料

ACCESS
メトロの場合、アル・ジャダフ駅から車で約5分。

1 近くによって見上げるとその高さに圧倒される 2 夜のショーは旅行者に大人気 3 暑いドバイで涼しさを感じられる水中トンネル

見どころ満載!

ダウンタウン・ドバイで1日遊ぶ

世界一高い超高層ビル、バージュ・ハリファの周りには、
ドバイで外せない見どころが満載！
朝から夜まで1日中楽しめるスポットをまとめて紹介！
事前に予約をしてぎゅっと詰まった1日にしよう。

世界一の高さからドバイを一望

バージュ・ハリファ&アット・ザ・トップ

Burj Khalīfah & At The Top 地図P.83

ダウンタウン・ドバイの中心部に立つ超高層ビル。地上828m、160階建てのビルには、世界初のⒽアルマーニ・ホテル・ドバイ（→P.113）や、世界一高い所にある122階のⓇアトモスフィア（→P.94）、地上442m、124、125階には屋外展望台の「アット・ザ・トップ」があり、そのさらに上の148階にも「アット・ザ・トップ・スカイ」という展望台がある。常に多くの観光客が訪れるドバイ随一の名所だ。

124階からドバイの町を一望

●アット・ザ・トップ＋スカイ
住 Ⓢドバイ・モールLG階（チケット売り場）
☎(04)888-8124
URL www.burjkhalifa.ae
開 10:00～22:00
休 無休
料 トップのみ　大人Dh130～　子供(4～12歳)Dh100～
　スカイ付き　大人Dh370～　子供(4～12歳)Dh370～
Access メトロの場合、バージュ・ハリファ／ドバイ・モール駅下車、ドバイ・モールへの直通通路でドバイ・モールへ。LG階のバージュ・ハリファチケット売り場まで徒歩20～25分。

右／入口はドバイ・モールLG階　左／124階の屋外デッキ

展望台での注意点
- ●オーディオツアーガイド（日本語）を借りる場合、IDが必要。パスポートを忘れずに。
- ●展望台へは、すべての飲食の持ち込みが不可。おみやげなどを持っている場合は、入口横にあるクロークに預けよう。
- ●入場する際に、セキュリティチェックがある。危険物やアルコールは持ち込み不可なので注意。

思い出を記念に!

エレベーターは日本製

LG階にあるショップは誰でも利用できる

アット・ザ・トップ・スカイ(148階)

少人数のグループに分かれ、バージュ・ハリファの建設過程やその歴史をガイドに説明されながら、まず148階へ上がる。そこはホテルのロビーのようになっており、その後125階や124階へ下りることができる。

音楽と水が織りなす幻想的なショー

ドバイ・ファウンテン

Dubai Fountain

地図P.83

食事をしながら見られるカフェやレストランが人気

バージュ・ハリファ、Ⓢドバイ・モール、Ⓢスーク・アル・バハールに隣接した人工湖で行われるダイナミックな噴水ショー。約6000個のライトで照らされた水は最高で高さ150mまで達し、噴水の長さは275mにも及ぶ。クラシックやアラビア音楽などに合わせて巨大な水柱が踊るさまは圧巻。1回のショーは約3分で、夕方以降は30分おきに開催される。人工湖の周りには、ショーが見られるレストランやカフェがある。

住 Ⓢドバイ・モールとⓈスーク・アル・バハールの周りの噴水
開 13:00、13:30、18:00～23:00の30分ごと（金曜の午後は13:30、14:00）
休 無休　料 無料　※レイクライドは、1人Dh65～(要予約)。

ドバイ・モールの中にある世界最大級の水族館

ドバイ水族館

Dubai Aquarium

地図P.83

幅30m以上もある水槽がドバイ・モールの中に

Ⓢドバイ・モールで特に人気なのが、ドバイ水族館。ギネスにも登録された世界最大の水槽と、海底を散歩しているような感覚が味わえる水中トンネルが見どころだ。巨大水槽は、モールの通りから誰でも見られるようになっているが、水中トンネル以外にも、水槽の上から魚を観察できるグラスボート体験など、いろいろな楽しみ方ができるので、ぜひ入場して楽しもう。

住 Ⓢドバイ・モールG階（チケット売り場）
☎ (04)448-5200
URL www.thedubaiaquarium.com
開 10:00～翌0:00　休 無休
料 ドバイアクアリウム＆アクアナーサリー Dh155～
エクスプローラーパッケージ Dh175～
レイ・エンカウンター　Dh255～
VIPラインバスターパッケージ(グラスボトムボート付き) Dh315～
※すべてのチケットに水中トンネル、水中動物園の入場料込み

ここもチェック！

Ⓢドバイ・モール

歩き疲れたらモールのカフェやフードコートでひと休み

Ⓢスーク・アル・バハール

人工湖に架かる小さな橋を渡った所にあるモール

Ⓗドバイ・オペラ

2016年に誕生したドバイ初の芸術劇場

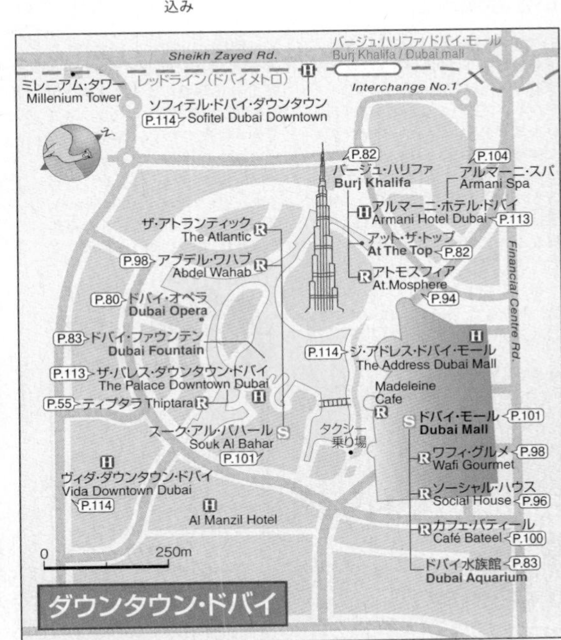

デザート・サファリでアラビアン・ナイトを体験

ドバイで一番人気のアクティビティといえばデザート・サファリ。
砂丘を豪快に4WDで疾走するエキサイティングなツアーで、
夜はベリーダンスショーやBBQを楽しめる。

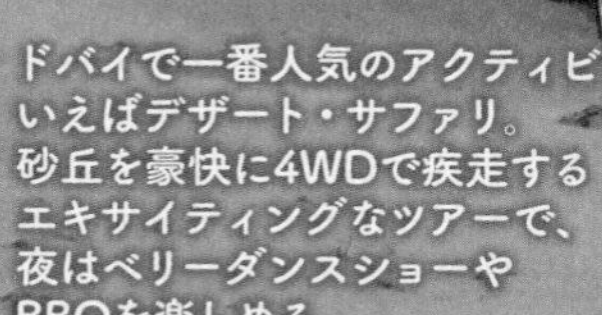

大きな4WD車で砂漠へ

いざ砂漠へ！

デザート・サファリは4WDで砂漠を駆け巡り、砂漠のキャンプでBBQのディナーを楽しむツアー。ドバイのツアーのなかでもとりわけ人気があり、エキサイティングな体験ができる。午後からの半日コースと、砂漠で1泊するコースがあるので好きなほうを選ぼう。料金はシーズン及び旅行会社により異なるので、予約時に確認すること。

一例としてオリエント・ツアーズのツアーを紹介しよう。まず13時45分〜15時頃にサファリ走行用の4WDで、滞在しているホテルまで迎えに来てくれる。時間どおりに来るので、早めにホテルのロビーで待っているようにしよう。ドバイからメインルートを東に向かい、40分ほどすると舗装された道路から外れ、徐々に周りが砂漠になっていく。

現地ツアーの問い合わせ先

オリエント・ツアーズ
Orient Tours LLC
住 PO Box 61790, Dubai, UAE
☎ (04)282-8238
URL www.orient-tours-uae.com
E-Mail japan@orienttours.ae(日本語可)
日本人スタッフが常勤している。ドバイ発、アブダビ発のオプショナルツアーの手配他、要望に沿った手配・日本語ガイドの手配可。

アラビアン・アドベンチャー
Arabian Adventures
住 Emirates Holidays Building, Sheikh Zayed Rd.
☎ (04)303-4888
URL www.arabian-adventures.com
デザート・サファリや市内観光ツアーを催行。

(株)トレンズ・インターナショナル
Trends International, Inc.
東京 ☎ (03)3475-4453
URL www.trends-international.co.jp
E-Mail trends@viola.ocn.ne.jp（日本語可）
日本で現地ツアーの問い合わせ、申し込みを受け付けている。

サラサラとして、赤みがかった砂の砂漠

タイヤの空気圧を調整して、砂漠を走る準備をする

デザート・サファリに行くときは

ホテルからキャンプサイトまでの2〜3時間はトイレに寄れないので、ホテルでトイレを済ませておこう。日差しが強いので、帽子、サングラス、日焼け止めは必須。また、砂漠を走行する際はかなり揺れるので、酔いやすい人は酔い止めを飲んだほうがよい。日が落ちると気温が下がるので、上着も忘れずに持って行こう。

多い日は100台以上が砂漠を爆走する。その状況を見るだけでもエキサイティング

豪快に砂漠を突っ走る4WDの興奮

タイヤの空気圧を調整し、砂地を走る準備ができたら、いよいよデザート・ワンダーだ。傾斜角30度はありそうな、壁のような砂丘を上ったり下ったりするドライブはまさにジェットコースター気分。ドバイの砂漠はアフリカなどの砂漠と違ってセミデザート（岩山がある砂漠）だが、それでも途中、荒涼たるフルデザート（砂だけの砂漠）へ立ち寄る。風紋が延々と続くなかに自分の足跡が残る光景は感動的で、しばし時間の過ぎるのを忘れてしまうほど。途中、ラクダファームや鷹狩りのデモンストレーションにも立ち寄る。

鷹狩りの文化についても教えてくれる

途中で立ち寄るラクダファームのラクダは人なつっこい

砂漠の頂上から一気に4WDで滑り降りる。予想以上にハラハラドキドキ

キャンプサイトで アラビアンナイト体験

砂漠のドライブを楽しんだあとは、キャンプサイトへ。サンセットまでの時間を、ヘンナや水たばこ、ラクダの背に乗るキャメルライド、バギー、サンドサーフィンなどをして過ごす。ヘンナは2週間ほどは消えないので注意。日も沈みかけ、涼しくなったアウトドアで食べるBBQは格別だ。闇に包まれ、頭上に月が輝く頃、キャンプの中央に特設された舞台では妖艶なベリーダンスが披露される。ドバイの喧騒からかけ離れ、エキゾチックな夜を体験できるツアーだ。

キャメルライドについて

2019年12月現在、日本の外務省の海外安全情報によると、中東エリアにてMERS中東呼吸器症候群（コロナウイルス）の感染者の発生が報告されている。現段階では、ウイルスの保有宿主（感染源動物）とされるラクダとの接触や、ラクダの未加熱肉や未殺菌乳の摂取は避けるほうがいいだろう。詳しくは外務省、厚生労働省のウェブサイトで確認を。

外務省 URL www.anzen.mofa.go.jp
厚生労働省 URL www.mhlw.go.jp

01 砂漠の真ん中に現れるキャンプサイト
02 ヘンナタトゥーは乾くまでしばらく袖をまくったままでいよう
03 ビュッフェ形式のBBQ
04 くるくる回り続けるタヌラダンス
05 妖艶なベリーダンスに酔いしれる

■ダウ船ディナークルーズ
出発　ほぼ毎日（2名より催行）
料Dh285～
所要時間　約2時間
※アルコールなどドリンク代は別料金。
※ツアー会社によって内容は異なる。

ロマンティックなディナークルーズ

ドバイの夜景を満喫

■バトゥー・ドバイディナークルーズ
出発　リクエストにより2名より催行
料Dh520～625
所要時間　約2時間

■ドバイ市内観光ツアー
出発　午前のツアー週3回、午後のツアー毎日
料Dh140～
所要時間　約4時間
※ツアー内容や料金はツアー会社によって異なるので、予約時に確認を。

■東海岸ドライブ周遊
出発　週1回（2名より催行）
料Dh250（ランチ込）
所要時間　約8時間

ツアー参加時の昼食
旅行会社によって、昼食が代金に含まれている場合とそうでない場合がある。事前に確認しよう。

フジャイラのモスク

夜景を楽しみながら

ダウ船ディナークルーズ　Dhow Dinner Cruise

アラブの伝統的な木造船「ダウ船」に乗って、ドバイの夜景とディナーを楽しむツアー。所要約2時間。スタートは、20時頃。バール・ドバイ地区のダウ船乗り場を出発し、クリークを奥へと向かって進む。ライトアップされたクリーク沿いのバール・ドバイの町並みは、このツアーのハイライトだ。食事はビュッフェスタイルなので、いろいろなアラブ料理を味わえる。ホテルまでの往復送迎付き。

ワンランク上のディナークルーズ

バトゥー・ドバイ ディナークルーズ　Bateaux Dubai Dinner Cruise

クリークを行き交う船のなかでも、とびきりモダンな姿が目を引くのが、パリのバトゥー船をイメージして特別にあつらえたガラス張りのデラックスな船バトゥー・ドバイだ。360度楽しめるきらびやかなドバイの夜景、穏やかなピアノの生演奏……そんなエレガントな雰囲気のなかで楽しむのは、新鮮な食材を使ったとびきりのコース料理。ドレスアップをして出かけたい、ゴージャスなディナークルーズだ。

主要な見どころを一気に制覇

ドバイ市内観光ツアー　Dubai Sightseeing Tour

ここだけは外せない見どころを集めた半日ツアー。スタートは新しいホテルが次々建設中の人工島パーム・ジュメイラ地区へ行き、Hアトランティス・ザ・パーム前の海岸沿いで撮影タイム。その後、Hバージュ・アル・アラブが一望できるジュメイラ・ビーチへ。トイレ休憩を挟み、ドバイ博物館へ行き1時間ほど見学。アブラに乗ってデイラ地区へ移動し、一番人気のデイラ・オールド・スーク、ゴールド・スークを見学する、4時間でおもな見どころを制覇する人気のツアー。

ドバイ最高峰のホテルの前で記念撮影

U.A.E.の魅力を堪能

東海岸ドライブ周遊　East Coast Excursion

アラビア湾に面した西海岸ドバイから離れ、オマーン湾に面した東海岸を周遊する終日ツアー。ドバイからシャルジャを抜け、小さなオアシスの町、アル・ダイード、マサフィを通ってディバへ向かう。ハジャル山脈の岩肌がむき出しになった光景はどこまでも荒々しく、太古の地球を思わせる。美しい海岸線が続く東海岸のビーチリゾートで昼食休憩を取る。食事が終わったら、1時間30分ほどフリータイムがあるので、のんびりとくつろごう。ホール・ファカンから次に向かうのはバディヤ。海岸沿いの小さな集落だが、ここにU.A.E.で最も古いといわれるモスクがある。次にフジャイラでフジャイラ・フォートを見

学し、その後マサフィのフライデー・マーケット（毎日開催）に立ち寄る。ここで休憩を取ったら、ドバイへ帰る。所要時間は約8時間。

世界遺産を擁するオアシスの町

アル・アイン観光 Al Ain Sightseeing Tour

U.A.E.の内陸部、アル・アインに行くツアー。ガーデンシティと別名があるように、アル・アインの中心部には巨大なオアシスがある。

アル・アインに到着したら、城壁に囲まれたアル・アイン博物館や、前大統領シェイク・ザイードが利用していた宮殿を改築したアル・アイン・パレス・ミュージアムを見学する。次に、アル・アイン地区最大のラクダ市と、紀元前3000年頃に造られたという古墳があるヒリ・ガーデンズを訪れる。またアル・アインからドバイに戻る途中にある砂漠にも注目。U.A.E.で最も広いといわれるフルデザートで、赤褐色の砂が大きな特徴だ。

アル・アイン・オアシス（→P.152）の入口

■アル・アイン観光
出発　週1回（2名より催行）
料Dh350～（ランチ付き）
所要時間　約7時間

ドバイから楽々アクセス

シャルジャ市内観光 Sharjah Sightseeing Tour

ドバイに隣接するシャルジャへ行くツアー。約4時間のコースでいろいろなスークに立ち寄るので、買い物を目的にする人には最適のツアーだろう。シャルジャは現在ドバイのベッドタウンになっているほか、経済面でも活発な動きを見せており、途中に建ち並ぶビル群にも注目したい。まさに近代的な町へ変貌を遂げつつある光景といえる。シャルジャでは、アル・ブヘイラ・コルニーシュ・モスク、キング・ファイサル・モスク、スーク・アル・アルサ、シャルジャ・フォート、ヘリテージ・エリアなどを見学したあと、セントラル・マーケットへ行く。カーペットや貴金属製品、伝統工芸品などが並び、おみやげ選びにもいい。

■シャルジャ市内観光
出発　週1回
料Dh150～
所要時間　約4時間

シャルジャはのんびりとした雰囲気が漂う

アブダビの起源を訪ねて

リワ・サファリ Liwa Safari

中東最大級といわれるアブダビ南西部の砂漠。ルブ・アル・ハリ砂漠の一角にあるリワ砂漠を訪ねる期間限定のツアー。U.A.E.の首都であるアブダビの車博物館からスタートし、見渡すかぎり純粋な赤砂の砂丘を体験できるリワ・オアシスへ一気にドライブする。この周辺は、18世紀頃まで現在のアブダビを形成したといわれるアラブ人一族が住んでいたとされている。リワ砂漠はアブダビの南西に位置し、片道およそ3時間半。

果てしない砂漠が広がるリワ砂漠

■リワ・サファリ
出発　リクエストにより催行（11～4月頃に催行）
料参加の際、事前に確認のこと。
所要時間　終日

魅力的なスポットがめじろ押し

アブダビ観光 Abu Dhabi Sightseeing Tour

アブダビの夜景

U.A.E.の首都アブダビへ行くツアー。美しい海岸線と近代的な高層ビル群が建ち並ぶ町並みは、ここが中東とは思えないほどの景観。むしろアメリカ東海岸のマイアミといった雰囲気さえある。アル・ダラー・ラウンドアバウトにあるアラビック・コーヒー・ポットなどの巨大なモニュメントは、そんな近代化した町におけるアブダビのアラブらしさを強調する象徴となっている。見学のポイントは、シェイク・ザイード・グランド・モスク、ヘリテージ・ビレッジなど。対岸にあるブレイク・ウオーター・パークからは、アブダビのスカイラインが一望できる。Ⓗエミレーツ・パレスでのランチが付いたツアーもある。

■アブダビ観光
出発　金曜日を除く毎日
料Dh300～（ランチなし）
Dh550～（ランチ付き）
所要時間　約7時間

のどかな海岸線を行く

西海岸ドライブ周遊 West Coast Excursion

ラス・アル・ハイマやウム・アル・カイワインなど北部の首長国を巡るツアー。ウム・アル・カイワイン観光のあと、ラクダ・レース・トラックへ行き、ラス・アル・ハイマにある伝統的な建物の村が残るゴーストタウンであるジャジラット・アル・ハムラ Jairat Al Hamraを見学する。ほかのツアーに比べるとやや魅力に欠けるが、のんびりとした時間を過ごしたい人におすすめのツアーだ。

ラス・アル・ハイマの砂漠

■西海岸ドライブ周遊
出発　リクエストにより催行
料料金は参加の際、事前に確認のこと。
所要時間　終日

美しい渓谷と美しい海

ムサンダム・マウンテン・サファリ Musandam Mountain Safari

オマーンの飛び地、ムサンダム半島へ行くツアー。4WD車で、アル・ダイードやマサフィを抜けてディバへ。ここから山あいのオフロードへ入っていく。ムサンダム半島の美しい渓谷や断崖絶壁の落差は1200mにも達し、砂漠とはまったく異なる景観を楽しむことができる。途中でピクニックランチを取ったあと、ワディを通ってラス・アル・ハイマへと抜け、西海岸沿いを通ってドバイへ戻る。

■ムサンダム・マウンテン・サファリ
出発　リクエストにより催行
料料金は参加の際、事前に確認のこと。
所要時間　約8時間

険しい渓谷を行く

アラビアの個人旅行をサポートしてくれる旅行会社

ドバイで人気No.1のツアー「デザート・サファリ」

最近アラビア半島の魅力が日本でも知られるようになり、大手旅行会社のブランドパッケージツアーにもコースが登場するようになった。例えば「ドバイ6日間」などというのがその典型。日程やホテルのランクなど自分の希望が、コースの内容とほぼ一致するようであれば、このようなパッケージツアーを利用したほうが手配はラク。内容で多少の妥協をしたとしても安上がりでもある。しかし、まだまだ取り扱われている数は多くないため、どうしても自分の希望に近いツアーがないということも出てくる。そんなときは個人旅行の手配を行うしかない。

本書の「アラビアを旅する技術」(→P.335)のコーナーでも説明してあるように、アラビア半島の旅には、ビザの取得など、少々面倒な手続きが必要になる。実際にやってみると、それほど難しいものではないのだが、手配に必要となる英語が苦手、あるいは手配をしている時間がないという人もいるだろう。旅行会社に任せてしまうのも手だが、まだまだアラビア半島の旅の手配に精通した会社は少ないのが実情で、簡単には受け付けてはもらえない。

現地に法人があるランドオペレーター(旅行会社の依頼を受け、宿泊や送迎などの現地での手配を行う会社)のアクティブツアーズは、ドバイを中心としたU.A.E.とオマーンにかぎられるが、航空券にホテル、日帰りツアーなどを組み合わせ、オーダーメイドのツアーが手配できる。現地には日本人スタッフも駐在しているので、到着後も安心だ。

また、トレンズ・インターナショナルでも手配が可能。同社はU.A.E.のほか、オマーン、カタール、バーレーンも取り扱っている。現地の旅行会社と提携しているため、本書紹介の現地ツアーも予約することができる。航空券からホテル、ツアーまで一人ひとりに合ったアレンジをしてくれる、日本人にとって心強い旅行会社だ。

これらの会社は、現地事情に精通しているので、さまざまな相談に乗ってもらえるのが心強い。また、高級クラスのホテルなどは、自分で直接予約するよりも、これらの会社を通したほうが安い料金となるケースが多いことも知っておくといいだろう。詳しい料金などは各社に直接問い合わせを。

〈問い合わせ先〉

■アクティブツアーズ
東京☎(0422)38-8026
URL www.activetours.co.jp

■(株)トレンズ・インターナショナル
東京☎(03)3475-4453
URL www.trends-international.co.jp

スポーツ&アクティビティ

SPORTS & ACTIVITY

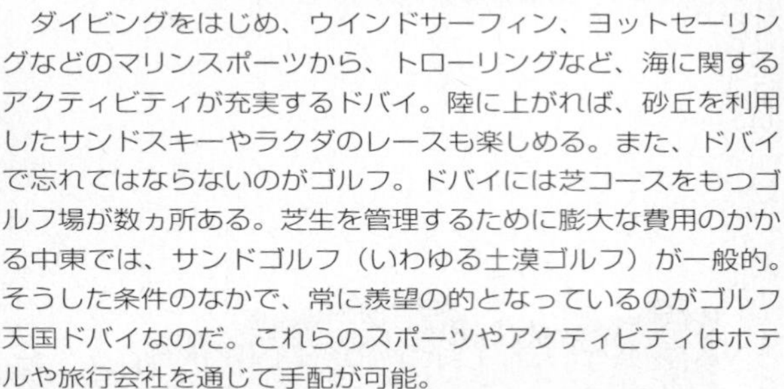

　ダイビングをはじめ、ウインドサーフィン、ヨットセーリングなどのマリンスポーツから、トローリングなど、海に関するアクティビティが充実するドバイ。陸に上がれば、砂丘を利用したサンドスキーやラクダのレースも楽しめる。また、ドバイで忘れてはならないのがゴルフ。ドバイには芝コースをもつゴルフ場が数ヵ所ある。芝生を管理するために膨大な費用のかかる中東では、サンドゴルフ（いわゆる土漠ゴルフ）が一般的。そうした条件のなかで、常に羨望の的となっているのがゴルフ天国ドバイなのだ。これらのスポーツやアクティビティはホテルや旅行会社を通じて手配が可能。

ゴルフもドバイの人気スポーツ

ゴルフ　Golf

地図P.50-A2

エミレーツ・ゴルフ・クラブ　*Emirates Golf Club*

　ヨーロピアンPGAデザート・クラシックの開催地としても知られるチャンピオンシップコース。ドバイからはアブダビやジュベル・アリへ向かうハイウエイを約20km南下する。車なら約30分の距離だ。クラブ内ではドレスコードが厳しい。訪れる際はラフな格好は避けたほうがいい。ファルド・コースとマジリス・コースの全36ホール。

■エミレーツ・ゴルフ・クラブ
☎(04)417-9999
URL www.dubaigolf.com
開6:00〜22:00
料18ホール　Dh1135〜
　9ホール　Dh685〜
※ウインターシーズンの料金

地図P.49-C3

ドバイ・クリーク・ゴルフ&ヨット・クラブ　*Dubai Creek Golf & Yacht Club*

　デイラ地区からクリークをほんの少し南に下るとあり、市内からも非常に近い。通称「クリーク」で知られており、その名のとおりクリーク沿いに広がる贅沢な18ホールのゴルフ場だ。ゲートをくぐるとまず現れるのは115隻の係留が可能なヨットクラブのクラブハウス。ゴルフのクラブハウスはさらに奥にある。エミレーツ・ゴルフ・クラブに劣らず、ヨットの帆をイメージさせる美しいクラブハウスだ。このクラブにはゴルフ・アカデミーも併設されていて、ステップアップを目指すゴルフフリークにはピッタリ。どちらのクラブハウスにもレストランやバーがあるが、おすすめはヨットクラブにあるアクアリウムというレストラン。水槽の中で泳ぐ魚たちを眺めながら食事ができ、楽しい気分になる。

■ドバイ・クリーク・ゴルフ&ヨット・クラブ
☎(04)295-6000
URL www.dubaigolf.com
開7:00〜15:30
料18ホール　Dh760〜
※ウインターシーズンの料金

ドバイ・クリーク・ゴルフ&ヨット・クラブ

そのほかのゴルフクラブ

エミレーツ・ゴルフ・クラブの南に位置する**モンゴメリー・ゴルフ・クラブThe Montgomerie Golf Club**（地図P.50-A2）は、世界最大級のグリーンをもつことで知られる。また、ドバイから少し離れるが、**ジュベル・アリ・ゴルフ・リゾート&スパJebel Ali Golf Resort & Spa**も人気がある。ほかにドバイ・スポーツ・シティそばに**ザ・エルス・クラブ・ドバイThe Els Club Dubai**（地図折込・裏-A3）がある。

ジュベル・アリ・ゴルフ・リゾート&スパ

スクーバダイビング Scuba Diving

ヨットやトローリング、ウインドサーフィンといったアクティビティでは物足りない人にはダイビングがおすすめ。ダイビングにかかる費用も安く、5～10月にかけてのドバイは水温が高くなるのでウエットスーツは不要。11～4月も3mmのスーツで十分という暖かさだ。ドバイのダイビングといえばアラビア湾だが、このほか、東側のオマーン湾では珊瑚礁やサメを見ることができる。ドバイにあるダイビングセンターでは、普通どちらのツアーも行っているので相談してみよう。ちなみにオマーン湾のダイビング基地になるのはホール・ファカンやサンディー・ビーチ。詳しくはP.160からの「東海岸」を参照。

フィッシング Fishing

アラビア湾は魚の宝庫。アラブでは代表的なハムールをはじめ、バラクーダやサメなどがヒットする可能性大。ドバイやジュベル・アリからは、半日または1日のフィッシングツアーが出ているので相談してみよう。

フィッシングツアーを手配できる会社は数社あるが、それぞれボートの規模やチャーターの時間によって若干料金に開きがある。料金の確認と合わせて、ボートや器材の有無についてチェックしておくといいだろう。ジュメイラ・ビーチ沿いの高級ホテルのなかにはフィッシングツアーをアレンジしてくれるスポーツクラブが入っている。

遊覧飛行 Sightseeing Flight

近未来都市ドバイをヘリコプターで空から観光できる。ヤシの木の形をした人工島のパーム・アイランド群、7つ星ともいわれるバージュ・アル・アラブ、ドバイの象徴バージュ・ハリファ、歴史的建造物が並ぶ歴史地区など、リクエストに沿って絶景が楽しめる。

ドバイ超高層ビル群

■モンゴメリー・ゴルフ・クラブ
☎(04)390-5600
URL www.themontgomerie.com
開6:00～21:00（季節により異なる）
料18ホール　Dh875～
トワイライトゴルフDh480
※ウインターシーズンの料金

■ジュベル・アリ・ゴルフ・リゾート&スパ
☎ (04)883-6000
URL www.jaresortshotels.com
開7:00～
料※要問い合わせ

■ザ・エルス・クラブ・ドバイ
☎ (04)425-1000
URL www.elsclubdubai.com
開7:00～
料18ホール　Dh995～
※ウインターシーズンの料金

ダイビングセンター

●ザ・パビリオン・ダイブ・センター
☎(04)406-8828
URL www.jumeirah.com
Hジュメイラ・ビーチ・ホテル（→P.112）の中にある。

●アル・ブーム・ダイビング
☎(04)342-2993
URL www.alboomdiving.com
住Villa 254, 33rd St, Al Wasl Rd, Jumeirah 1

フィッシングクラブ

●ゴー・フィッシング・ツアーズ
☎(04)342-4255
URL www.gofishingdubai.com

■遊覧飛行の問い合わせ先

●オリエント・ツアーズ Orient Tours LLC
☎(04)282-8238
FAX☎(04)282-8154
URL www.orient-tours-uae.com
E-Mail japan@orienttours.ae（日本語可）

そのほかのウオータースポーツ　Other Water Sports

ドバイでウオータースポーツのメッカといえば、ドバイの南西方向に延びるジュメイラ・ビーチJumeirah Beachが挙げられる。高級住宅地としても知られるジュメイラには、よく整備されたジュメイラ・ビーチ・パークもあり、週末や夕方は海水浴を楽しむ人々でにぎわっている。この地区からさらに海岸線を南下するとⒽジュメイラ・ビーチ・ホテルやⒽシェラトン・ジュメイラなど10以上のビーチリゾートがある。ジュメイラは市街からそれほど離れていないうえ、一本道なのでアクセスもいい。さらにジュベル・アリに向かって南下すると、海岸線にⒽJAジュベル・アリ・ビーチ・ホテルがある。ここにはヨットやクルーザーも係留されていて、いかにもビーチリゾートらしい雰囲気がいっぱい。

Ⓗヒルトン・ジュメイラのプライベートビーチ

地図P.50-A3

ワイルド・ワディ　Wild Wadi

■ワイルド・ワディ
☎(04)348-4444
URL www.wildwadi.com
開 11～2月　10:00～17:30
3～10月　10:00～19:00
料 入場
大人　Dh336～（身長110cm以上）
子供　Dh284～（身長110cm以下）

スリル満点のウオータースライダー

Ⓗジュメイラ・ビーチ・ホテル（→P.112）にあるウオーターパーク。アラビアの伝説をコンセプトにしたこのテーマパークは、家族みんなで楽しむにはもってこいのスポットだ。パーク内のセットも凝ったもので、決まった時間になるとパーク内の一部がスコールに見舞われるというユニークなアトラクションもある。最高時速80キロ以上というスリル満点のウオータースライダーや、サーフィン用プールなどは、観光客にたいへんな人気となっている。パーク内にはトレーニングを受けたライフセーバーが数多くおり、小さい子供専用の浅いプールも用意されているので、安心して遊ぶことができる。ワイルド・ワディはジュメイラ・ビーチ・ホテルの宿泊客でなくても利用可能。同ホテル内には、ショッピングセンターや多種類の料理が揃うレストランなども入っているので、1日中思う存分楽しめる。

ドバイにビーチスポットが続々誕生

ドバイといえば高層ビル群のイメージが強いが、現在ビーチエリアが整備され、続々とビーチスポットがオープンしている。特に人気なのが、JBR（ジュメイラ・ビーチ・レジデンス）にある「ザ・ビーチ」。ビーチ沿いには、パブリックビーチ、カフェやレストランが並び、屋外のおしゃれな複合施設になっている。ビーチに面したオープンエアのシネマもあり週末ともなると家族連れで賑わっている。また2017年にオープンした、最新のビーチスポット「ラ・メール」も人気。ビーチエリア、エンターテインメントエリアなど4つのゾーンで構成されていて130もの店舗が集う。

ザ・ビーチ　地図P.74

ラ・メール　地図P.48-A1

地図P.50-A1

アクアベンチャー *Aquaventure*

人工島のパームジュメイラの🄷アトランティス・ザ・パーム（→P.110）にあるウオーターアミューズメントパーク。宿泊客はもちろん無料で利用でき、有料で一般にも開放している。ホテルに入り、アクアベンチャー、ドルフィン・ベイなどの表示がある廊下を進めばチケットカウンターがあるので、そこで入場料を支払う。おもなアトラクションは「ジグラットZiggurat」と呼ばれるウオータースライダーや、流れるプールなど。ウオータースライダーは27.5mの水のトンネルを滑り落ちるスリル満点のアトラクションだ。ゆっくり太陽の光を浴びたい大人にはビーチもあるし、小さい子供用にキッズアトラクションもある。ライフガードもいるので安心して遊ぼう。なお、同チケットで🄷アトランティスのプライベートビーチも利用できる。

子供も大人も大はしゃぎ！

■アクアベンチャー
☎(04)426-1169
URL www.atlantisthepalm.com
開10:00～日没
休無休
料入場料（宿泊客は無料）
大人（身長120cm以上）Dh275
子供（身長120cm未満）Dh225
2歳以下　無料
ロストチェンバース（体験型水族館）とのコンボ料金 Dh355

アクアベンチャー側から🄷アトランティスを望む

地図P.50-A1

ドルフィン・ベイ *Dolphin Bay*

アクアベンチャーと同じく、🄷アトランティス・ザ・パーム（→P.110）にある、イルカとたわむれることのできる施設。こちらは宿泊者も有料。着替えを済ませると、まず参加者全員が集まり、30分ほどインストラクターの説明を受ける。その後、クリスタルに輝く海水のラグーンに移動し、10人ほどの国際色豊かなグループに分かれ、イルカとハグしたり、キスをしたりしてイルカとの時間を楽しむ。着替え終わったあとには、プロのカメラマンが撮ってくれた写真を購入可能。ダイビングのCカード保持者なら水深3mのところで30分間イルカと一緒にダイビングができるコース（12歳以上から）もある。

イルカと遊んで癒やされよう!!

■ドルフィン・ベイ
☎(04)426-1030
URL www.atlantisthepalm.com
開10:00～日没
休無休
料ドルフィン・エンカウンター Dh895～
アトランティス・ドルフィン・アドベンチャー Dh1080
ザ・ロイヤル・スイム Dh1220
※上記の料金には入場料が含まれている。

競馬 Horse Racing

ドバイといえば競馬の祭典「ドバイ・ワールド・カップ」を思い浮かべる人もいるはず。競馬が行われるのは、冬季（11～3月頃）のみ。週末の木・土曜の19:00頃から**メイダン競馬場Meydan Racecourse**で行われる。ちなみにここはアラブの国なので、日本のようなギャンブルにはなっていないが、優勝馬を当てると賞品や賞金がもらえる投票がある。シーズン中は旅行会社が催行するツアーに参加するとよいだろう。

中東で人気のドバイ・ワールド・カップ

■メイダン競馬場
地図折込・裏-C3
☎(04)327-0077
URL dubairacingclub.com
●競馬観戦ツアー
開開催時のみ

厩舎見学ツアーを開催（要予約）

ドバイのレストラン

RESTAURANTS IN DUBAI

高級ホテルでは、中近東はもちろん、欧米、アジア諸国、南太平洋など、世界各国の料理が楽しめる。町なかで見かけるのはインド、パキスタン、イラン、アラブ料理が多く、1食Dh30～60くらい。アラブ料理店ではメインにたいていホブズ（パン）とサラダがセットで付いており、ほかにホンモス（ひよこ豆のペースト）やスープが付くところもある。

世界一の眺望と最高級の味を楽しめる　AT.MOSPHERE

R アトモスフィア（アフタヌーンティー）

MAP P.83

住 バージュ・ハリファ
☎ (04)888-3828
URL www.atmosphereburjkhalifa.com
開 12:30～16:00（ランチ）
18:00～24:00（ディナー）
12:00～翌2:00（ラウンジ）
休 無休　CC ADJMV　※要予約

バージュ・ハリファ（→P.82）内にある、超高級レストラン。地上442m、バージュ・ハリファの122階に位置し、世界一高い場所にあるレストランとして、世界の話題をさらった高級店だ。もちろん価格も高い。一人ひとりに最低料金が決められており、ランチはDh500、ディナーはDh600、ラウンジでのアフタヌーンティーはDh403以上を頼まなければならない。厳格なドレスコードがあるほか、17:00以降の21歳以下はラウンジ入店不可なので注意。料理人、食材、スタッフなど、すべて一流で揃えられたレストランだ。
※最低料金は2019年12月現在

趣向を凝らした内装

ドバイの景色をひとり占め

オリジナルの4段スタンドで優雅な時間を　PENROSE LOUNGE

R ペンローズ・ラウンジ（アフタヌーンティー）

MAP P.48-A2

住 Ⓗフォーシーズンズホテル・ドバイ・インターナショナル・ファイナンシャル・センター
☎(04)506-0000
URL www.fourseasons.com
開 7:00～翌1:00（ダイニング）14:00～23:00（アフタヌーンティー）
休 無休　CC ADJMV

ホテル上層階のロビーフロアにあり、窓側の席はバージュ・ハリファビュー。自家製のチョコレートを使ったスイーツは濃厚で贅沢な味わい。紅茶に入れるハチミツは数種類用意されていて好きな味を選ぶことも。紅茶はジン・ティーJing Tea。

ユニークな4段スタンドで提供

レバニーズワインも楽しめる　AL NAFOORAH

R アル・ナフーラ（レバノン料理）

MAP P.48-A2

住 Ⓗジュメイラ・エミレーツ・タワーズ
☎(04)432-3232
開 12:00～15:45、18:00～23:15
休 無休
CC ADJMV

本格的なレバノン料理が楽しめるレストラン。特におすすめは、新鮮なチキンレバーを使った料理や、シャウルマDh70、エビやラム、チキンなど5串がセットになったミックスグリルDh295。量が多いのでシェアするといい。

お得なビジネスランチはDh120

駐在員も足しげく通う、ドバイ和食界きっての名店　TOMO

R 友（日本料理）

MAP P.48-B3

住 Ⓗラッフルズ・ドバイ
☎(04)357-7888
URL www.tomo.ae
開 ランチ 12:30～14:45(L.O.)
ディナー18:30～22:45(L.O.)
木曜～23:00 (L.O.)
休 無休 CC ADJMV
※ディナーは要予約

※L.O.はラストオーダー

駐在員からも人気の日本料理店。新鮮な地魚や世界各地の極上ネタの寿司が絶品で、定食、居酒屋メニューなど、その品数は300を超える。中東で30年以上腕を鳴らしてきた高橋料理長は、ドバイでも名の知れた凄腕の料理人だ。

屋外には畳が敷かれたテラスがある

マラケシュにある民家をイメージした店内でモロッコ料理を　TAGINE

R タジーン（モロッコ料理）

MAP P.74

住 Ⓗワン&オンリー・ロイヤル・ミラージュ
☎(04)399-9999
開 19:00～翌1:00
休 月曜
CC ADJMV

本場のモロッコ音楽のライブ演奏があるモロッコ料理店。店の雰囲気はエキゾチックでおもしろい。6時間もかけてランプ肉を煮込む伝統料理Tangia Marrakchiaがおすすめ。前菜なども品揃えが多い。予算はふたりでDh300～。

ゴージャスな内装

U.A.E.の家庭料理"エマラティ・キュイジーヌ" AL FANAR RESTAURANT & CAFÉ

アル・ファナール・レストラン&カフェ（U.A.E.料理）

MAP 折込・裏-D2

住 Ⓢドバイ・フェスティバル・センター
☎ (04)232-9966
URL www.alfanarrestaurant.com
開 8:30～23:30
休 無休
CC DJMV
※日本語メニューあり

店名にある「ファナール」と呼ばれる石油ランプのほか、1960年代のU.A.E.で見られた身の回りの品をあしらった内装が印象的。U.A.E.唯一の「U.A.E.家庭料理」の店として知られ、ドバイ首長をはじめ、VIPも御用達なのだとか。

左手前はサメ肉料理の「ジェシード」

カジュアルな雰囲気で本格メキシコ料理 MUCHACHAS

ムチャチャス（メキシコ料理）

MAP P.50-B4

住 Ⓗホリディ・イン・エクスプレス・ドバイ・サファ・パーク
☎ (04)327-5878
URL muchachasdubai.com
開 12:00～24:00
休 無休
CC ADMV

エメラルドグルーンの内装がフォトジェニックなメキシコ料理店。かわいくておいしいと人気。タコスやナチョス、サラダやグリルチキンなど定番メニューが並ぶ。17:00～20:00はハッピーアワー。ビールなどがDh27～。

店内は、かわいいカフェ風

ムード満点のインディアンレストラン NINA

ニーナ（インド料理）

MAP P.74

住 Ⓗワン&オンリー・ロイヤル・ミラージュ
☎ (04)399-9999
開 19:00～23:30
休 日曜
CC ADJMV

本格的なインド料理が味わえるレストラン。シャンデリアやろうそくの明かりがゆらめく薄暗い店内は、ムードたっぷり。人気のメニューはラムやチキンティッカ、エビやフィッシュがセットになったタンドリーセレクションDh140。

センスのよいインテリア

ドバイ・モールのカジュアルレストラン SOCIAL HOUSE

ソーシャル・ハウス（インターナショナル）

MAP P.83

住 Ⓢドバイ・モール
☎ (04)339-8640
開 10:00～翌1:00
休 無休
CC MV

ドバイ・ファウンテンに面したオープンキッチンがあるレストラン。和洋中東南アジアなど様々な国の料理が揃っている。アイスクリームが乗った自家製アイスティーDh28もおすすめ。

マレーラクサ Dh70

本格フレンチをカジュアルに　AUBAINE

オベンヌ（フランス料理）　MAP P.48-A2

住 Ⓢシティ・ウオーク
☎ (04)510-8391
開 10:00～24:00
休 無休
CC ADMV

ロンドンで人気のフレンチレストラン。ヘルシーなサラダが女性に人気で、そのなかでもスーパーフードサラダDh55がおすすめ。新鮮な10種類の野菜をさっぱりとしたフレンチドレッシングで食べる。パンもおいしいと評判。

スーパーフードサラダ

日本食やインドネシア料理が味わえる　HANA

ハナ（アジア料理）　MAP P.71-B2

住 Ⓗリビエラ・ホテル
☎ (04)222-2131
開 12:00～15:00、19:00～23:00
休 無休
CC AMV
※日本語メニューあり

日本食があるデイラのレストラン。定食、丼物、うどんなどのメニューも人気だが、インドネシア人シェフによる本格派のインドネシア料理も試してほしい。ナシゴレンDh50、ミーゴレン（エビ）Dh50、カツ丼Dh55、1品Dh30～。

味もいいが、値段もリーズナブル

シーフード料理をビーチサイドで　APRONS & HAMMERS

エプロンズ&ハンマーズ（シーフード料理）　MAP P.48-A1

住 La Mer Central Area C05 Jumeirah 1
☎ (04)388-8670
開 10:00～翌1:00
休 無休
CC ADMV

ドバイに3店舗を構える。マッドクラブやロブスター、ムール貝、生ガキなどどれも新鮮。一皿の量が多いので、シェアするのがおすすめ。ラ・メール店は、オン・ザ・ビーチなので、サンセットを見ながら食事が楽しめる。

シーフードプラッター Dh130

シックな日本料理レストラン　MIYAKO

京（ミヤコ）（日本料理）　MAP P.49-D1

住 Ⓗハイアット・リージェンシー・ドバイ
☎ (04)317-2222
開 12:30～23:30
休 無休
CC ADJMV

日本人シェフが腕を振るう本格日本料理の店。ご飯や味噌汁、小鉢が付いた定食や、うどん、そばなどのほかに多彩な一品メニューが用意されている。そのほか寿司や鉄板焼きも人気。畳敷きの和室でゆったりいただきたい。

鉄板焼きもおすすめ

大水槽の前でディナーを　AL MAHARA

アル・マハラ（シーフード料理）

MAP P.50-A3

住 Ⓗバージュ・アル・アラブ
☎ (04) 301-7600
開 12:00～14:30
土～水曜　18:30～22:30
木～金曜　18:30～23:00
休 無休
CC AJDMV
※ドレスコードはスマートエレガント

※L.O.はラストオーダー

アラビア語でオイスターという名がついた、店内に大きな水槽がある超高級アクアレストラン。どの料理も新鮮シーフードを斬新にアレンジしたモダンテイスト。料金はランチがDh500、ディナーはDh800が目安。

ランチもディナーも要予約

レバノンが拠点の本格アラブレストラン　ABDEL WAHAB

アブデル・ワハブ（アラブ料理）

MAP P.83

住 Ⓢスーク・アル・バハール
☎ (04) 423-0988
URL www.soukalbahar.ae
開 12:30～24:30
休 無休
CC AMV

伝統的なレバノン料理をはじめ、中東料理全般が楽しめる。ドバイ・ファウンテンが行われる夕方からは満席のことが多いので、ディナー時は予約をするのがベター。予算の目安はふたりでDh300。アルコールも豊富な品揃え。

ラムの生肉「クッベナイエ」は絶品

気軽に利用できるホテルのチャイニーズレストラン　WOX

ウォックス（中国料理）

MAP P.49-C3

住 Ⓗグランド・ハイアット・ドバイ
☎ (04) 317-2221
開 土～水曜 12:00～23:30
木・金曜 12:00～24:00
休 無休
CC ADJMV

東南アジアの屋台スタンドを思わせる小さなカジュアルレストラン。カジュアルな雰囲気ながら味は絶品。中国やベトナム、シンガポールなどの本場の味が楽しめる。ベトナムのフォーやマレーシアのニョニャ料理もおすすめ。

日本人の口に合うワンタン麺

高級食材のワフィ・グルメに併設　WAFI GOURMET

ワフィ・グルメ（アラブ料理）

MAP P.83

住 Ⓢドバイ・モール
☎ (04) 330-8297
URL www.wafigourmet.com
開 10:00～24:00
休 無休
CC JMV

Ⓢワフィ・モール、Ⓢドバイ・フェスティバル・シティ・モールにもある人気のアラブ料理店。ショーウインドーに並んだメニューを見ながら注文できるので、旅行者にも人気だ。週末ともなると地元の家族連れでにぎわっている。

ケバブはDh50前後が目安

RESTAURANTS

最高の夜景を最高の肉と

プライム68（ステーキ）

PRIME 68　MAP P.50-B4

住 H JW マリオット・マーキス・ホテル・ドバイ
☎(04)414-3000　FAX(04)414-0001
開18:00〜24:00　休無休　CC AMV

68階にある360度ガラス張りの一流ステーキ店。ビジネスに使う人も多く、スタッフも皆、超一流。好みの重さや柄のステーキナイフを選び、夜景も楽しもう。

ベリーダンスショーもあるレバノン料理店

アウタール（アラブ料理）

AWTAR　MAP P.49-C3

住 Hグランド・ハイアット・ドバイ
☎(04)317-2221
開19:30〜翌3:00
休無休　CC ADJMV

アラブの伝統的なテントスタイルの天井が印象的な、高級レバノン料理店。数あるアラブ料理店のなかでも上品な味で評判だ。ここではぜひセットを頼んでみたい。

テラス席がおすすめ

ボードウオーク（シーフード料理）

BORDWALK　MAP P.49-C3

住 ドバイ・クリーク・ゴルフ＆ヨット・クラブ
☎(04)295-6000
開土〜木曜12:00〜24:00　金曜13:00〜24:00
休無休　CC AMV

ドバイ・クリークやドバイ市内を一望できる絶景カフェレストラン。メニューは多岐にわたり自家製パスタやシーフード、軽食やスイーツまでドリンクメニューも豊富。

クリークの風に吹かれながら

ベイト・アル・ワキール（アラブ料理）

BAIT AL WAKEEL　MAP P.73

住Bur Dubai
☎(04)353-0530　URL www.wakeel.ae
開11:00〜24:00
休無休　CC AJMV

ドバイ・オールド・スークのクリーク沿いにあるアラブ料理レストラン。料理の味はもちろんどれもおいしい。大きなテラスで、行き交う船を眺めながらくつろごう。

アルサーカル・アベニューの極上チョコレート

工業地帯だった一角をおしゃれな新スポットにリノベーションしたアルサーカル・アベニュー。アートギャラリーが集うアート地区として生まれ変わった。その地区内に知る人ぞ知る、地元で評判のチョコレート専門店「ミルザム」がある。カカオ豆の選定から焙煎、販売まで一貫して行っているチョコレート工房だ。人気のチョコレートは、マンゴーやシーソルト、デーツ＆フェンネルなど。カフェスペースでは、チョコレートテイスティングができる。

■ミルザム
Mirzam
地図P.50-A4
住Alserkal Avenue　☎(04)333-5888
開10:00〜22:00
休無休　CC AJMV

ホットチョコレートも人気

かわいいパッケージ

RESTAURANTS

デーツのスイーツが楽しめる

R カフェ・バティール

CAFÉ BATEEL　MAP P.83

住 Sドバイ・モール
☎ (04)339-9716
開 10:00 ～翌 1:00
休 無休　CC MV

デーツの有名店、バティールのカフェ。デーツの入ったプディングにヨーグルトアイスをのせたものDh40など、デーツのスイーツやアラビックコーヒーでひと休みできる。

バラのジェラートがフォトジェニック

R アモリーノ

AMORINO　MAP P.48-A1

住 La Mar Jumeirah 1
☎ (04)343-7096
開 10:00 ～ 22:00（金・土～ 24:00）
休 無休　CC MV

フランス発のバラの形をしたイタリアンジェラートで有名。ジェラートは、人工香料や着色料などを使わないナチュラル製法。Sドバイ・モールにも店舗がある。

アートも楽しめる和みカフェ

R アラビアン・ティー・ハウス・カフェ（カフェ）

ARABIAN TEA HOUSE CAFE　MAP P.75

住 AL Fahidi St., Bur Dubai
☎ (04)255-5234
開 7:30 ～ 22:00
休 無休　CC MV

アル・ファヒディ歴史地区（バスタキヤ）にあるギャラリー＆カフェ。おすすめドリンクはミントがたっぷり入ったホームメイドのフレッシュレモネードDh24だ。

アラブ料理に飽きたら

R 小尾羊

XIAO WEI YANG　MAP P.71-B2

住 21 Baniyas Rd
☎ (04)221-5111
開 11:00 ～翌 1:00
休 無休　CC MV

4店舗を構える火鍋店。カジュアルなので、ファミリーでの利用も多い。火鍋はハーフ＆ハーフDh32が人気。羊肉とビーフの組み合わせはDh52。

ラクダバーガーといえばココ！

R ローカル・ハウス・レストラン（カフェ）

LOCAL HOUSE RESTAURANT　MAP P.75

住 Bastakiya Bur Dubai
☎ (04)354-0705
開 10:00 ～ 22:00（金曜 13:00 ～）
休 無休

ドバイで初めてラクダバーガーDh45 ～を提供した店として有名。脂質のないヘルシーなラクダ肉のパテは、軟らかくてクセもなく、牛肉にも似た味わい。

味と量、サービスで市内一番の人気店

R サダフ・レストラン（インターナショナル）

SADAF RESTAURANT　MAP P.49-D2

住 Al Maktoum St.
☎ (04)222-1622
開 12:00 ～翌 1:00（金曜 13:00 ～）
休 無休　CC AJV

アル･マクトゥーム通りの歩道橋のたもとにある。イランとアラブの料理を中心に、インドや中華料理も織り交ぜたバイキングがDh79。食事と持ち帰りの人でいっぱいだ。

ショッピング
SHOPPING

1300店舗を誇る世界最大級のショッピングモール 地図P.83

ドバイ・モール *Dubai Mall*

ダウンタウン・ドバイ（バージュ・ハリファを取り囲むように開発が進んでいるエリア）にある世界最大級のショッピングモール。1300もの店舗のほかに、キッザニア、スケートリンク、セガの屋内テーマパーク、映画館、スーク、ドバイ水族館（→P.83）など、ありとあらゆるエンターテインメント施設が揃っている。銀行や両替所、スーパーマーケット、ドラッグストア、日本でおなじみのダイソーなどもあるので、生活雑貨や滞在中に必要なものも一式揃う。ただ、桁外れに広いので、前もって行きたい店をチェックしておこう。日本未上陸の英国ブランドのジャック・ウイルスJack Willsやフランスブランドのサンドロ Sandroなど、チェックしたい店は数えきれず。買い物以外にもレストランやカフェ、フードコートが充実していて、モール内には120以上もの飲食店がある。ドバイ・ファウンテン（→P.83）が見える窓際の席は人気が高いので、早めに行って席を確保したほうがいいだろう。LG階にバージュ・ハリファの展望台アット・ザ・トップ+スカイ（→P.82）への入口がある。

モールに着いたらまずはガイドマップを手に入れよう

■ドバイ・モール
☎(04)362-7500
URL www.thedubaimall.com
開10:00〜24:00
休無休

ACCESS
メトロの場合、バージュ・ハリファ／ドバイ・モール駅下車、徒歩約15分。

世界最大級のモール

メトロの駅からドバイ・モールへ
ドバイ・モールへは、メトロのバージュ・ハリファ／ドバイ・モール駅から延びる専用のアーケード通路を通って徒歩で行くことができる。駅からモールまでの所要時間は徒歩約15分。この通路には、動く歩道や空調が整備され、とても快適。

ドバイ・モールからドバイメトロへの専用通路

アラビアスタイルのスーク風モール 地図P.83

スーク・アル・バハール *Souk Al Bahar*

Ⓢドバイ・モールの向かい、人工池に架かる橋を渡った所にあるモール。高級ブランド店はないが、伝統的なアラブのデザインの建物の中に、アラブらしいみやげ物や、ジュエリー、香水などが並んでいる。また、日本、アラブ、タイ、イタリアンなどレストランも多岐にわたっている。オープンテラスをもつ店もあり、そこからドバイ・ファウンテンを見ることができるため、夕方からはどの店も満席という日も少なくない。Ⓢドバイ・モールを訪れた際は、ぜひ立ち寄ってほしい見どころのひとつ。

高いアーチ状の天井が印象的

■スーク・アル・バハール
☎(04)362-7011
URL www.soukalbahar.ae
開土〜木曜　10:00〜22:00
　金曜　　　14:00〜22:00
休無休

ACCESS
メトロの場合、バージュ・ハリファ／ドバイ・モール駅下車、徒歩約15分。

ドバイ・モールと小さな橋でつながっている

スキー場まである地元で人気のショッピングモール

地図P.50-B2

モール・オブ・ジ・エミレーツ
Mall of The Emirates

メトロのモール・オブ・ジ・エミレーツ駅に直結、駅から徒歩約5分という便利な所にある。550店以上のショップには高級ブランド店やカジュアルファッションブランドの店が多く女性からの人気が高い。イギリスの高級デパートのハーヴィ・ニコルズやマークス＆スペンサー、スーパーのカルフールなどもある。そのほか、最大の特徴のひとつ、人工スキー場のスキー・ドバイが館内にあり、ガラス越しに中の様子がのぞけるようになっている。

ハイブランドが集まったショッピングストリート

古いスークを探検している気分

地図P.50-A3

スーク・マディナ・ジュメイラ
Souq Madinat Jumeirah

マディナ・ジュメイラの中にあるショッピングアーケード。カーペットやアンティーク風の小物などおみやげを扱うショップから、化粧品や貴金属のブティック、カジュアルなレストランまで、75もの店舗が入っている。ジュメイラ・グッズを扱う店やラクダ関連グッズを集めた店などもある。古いアラブのスーク（マーケット）をイメージした造りになっており、散策するだけでも楽しい。ショッピングモール内には25のカフェ、レストラン、バーがある。

中東の伝統的なウインドタワー（自然のエアコン）を模した建物

人気の屋外商業施設

地図P.48-A2

シティ・ウオーク
City Walk

屋外施設の拡張工事が終わり、人気のデザイナーズショップやヨーロッパの人気レストラン、カフェなどが新たに加わった。世界初のチョコレート・ブティックや屋内熱帯雨林施設などユニークな施設も完成。広大な敷地の施設全体が大きな町のようなコンセプトデザインになっていて、ヨーロッパの町並みに迷い込んだような感覚になる。

ヨーロッパの町並みをイメージ

■モール・オブ・ジ・エミレーツ
☎(04)409-9000
URL www.mallofthemirates.com
開 日～水曜 10:00～22:00
木～土曜 10:00～24:00
休 無休
※カルフールは、9:00～24:00。

ACCESS
メトロの場合、モール・オブ・ジ・エミレーツ駅下車、徒歩約5分。

ドバイ・ショッピング・フェスティバル
ドバイ市内のショッピング施設で一大セールが行われるだけでなく、市内各所で夜遅くまで花火やイベントなどが催されてお祭りムード。1月初旬～2月初旬の間で約1ヵ月開催されるが、年によって異なるので、事前に観光局などに問い合わせよう。

■スキー・ドバイ
Ski Dubai
地図P.50-B2
住 Ⓢモール・オブ・ジ・エミレーツ内
☎(04)409-4090
URL www.skidxb.com
開 日～水曜 10:00～23:00
木曜 10:00～24:00
金曜 9:00～24:00
土曜 9:00～21:00
休 無休
料 スキースロープ（2時間） Dh210
スキースロープ（1日） Dh310
※ウエア、ブーツ、スキーのレンタル料込み。ただし、帽子と手袋は持参すること。

■スーク・マディナ・ジュメイラ
☎(04)366-8888
URL www.jumeirah.com
開 10:00～23:00
休 無休
※店舗により異なる

■シティ・ウオーク
☎(04)511-4670
URL www.citywalk.ae
開 10:00～24:00
休 無休
メトロの場合、バージュ・ハリファ／ドバイ・モール下車、車で約10分。

そのほかのショッピングモール

●ドバイ・フェスティバル・シティ・モール　*Dubai Festival City Mall*

ドバイ国際空港から車で約5分のクリーク沿いに、商業施設、娯楽施設、ホテル、ゴルフ場、住居などが集まった複合施設。ハード・ロック・カフェ・ドバイやⓇアル・ファナール（→P.96）もある。また、世界最大規模のプロジェクションマッピングが常設され、光と水、音を使った迫力ある演出が楽しめる。穴場のエンターテインメイントスポットだが、夕方のモール周辺の道路は渋滞するので注意しよう。

水路でアブラに乗ることができる

迫力ある演出

■ドバイ・フェスティバル・シティ・モール
地図 折込・裏-D2
☎(04)232-5444
URL www.dubaifestivalcity.com
開 日～水曜　10:00～22:00
木～土曜　10:00～24:00
プロジェクションマッピング
土～水　19:00、20:00、21:00、22:00
（木、金は23:00を含め5回）
休 無休
メトロの場合、エミレーツ駅下車、車で約5分。

●デイラ・シティ・センター

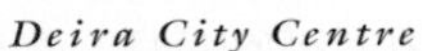

ドバイ・クリーク・ゴルフ&ヨット・クラブ（→P.90）の向かいにある。340軒もの店舗、レストラン、スーパーマーケット、映画館、屋内遊園地やホテルが集まった大型ショッピングモール。

メトロ直結で便利

■デイラ・シティ・センター
地図 P.49-C2
☎(04)209-3105
URL www.deiracitycentre.com
開 日～水曜 10:00～22:00
木～土曜 10:00～24:00
休 無休
メトロの場合、デイラ・シティ・センター駅下車、駅と直結。

●ブルジュマン　*BurJuman*

300店舗以上のファッション、ジュエリー、コスメなどの高級ブランドショップがあるので、ブランド品を探すにはおすすめのモール。メトロのブルジュマン駅に直結。

高級感漂う南館のブランドフロア

■ブルジュマン
地図 P.49-C2
☎(04)352-0222
URL www.burjuman.com
開 土～水曜　10:00～22:00
木・金曜　10:00～23:00
休 無休
メトロの場合、ブルジュマン駅下車、駅と直結。

●ワフィ・モール　*Wafi Mall*

館内のステンドグラスが印象的な、エジプトをモチーフにしたモール。敷地内には、スーク風のマーケットのスーク・カーン・ムルジャンSouk Khan Murjanもある。

天井のステンドグラスが印象的

■ワフィ・モール
地図 P.48-B3
☎(04)324-4555
URL www.wafi.com
開 土～水曜　10:00～22:00
木・金曜　10:00～24:00
休 無休
メトロの場合、ドバイ・ヘルスケア・シティ駅下車、徒歩約7分。

●イブン・バトゥータ・モール　*Ibn Battuta Mall*

アンダルシア、チュニジア、ペルシア、エジプト、インド、中国の6つのエリアに分かれている。日用雑貨店やカジュアルなブランドが多く、地元の人が普段よく利用しているモールのひとつ。

世界一美しいといわれる
スターバックス（ペルシア館内）

■イブン・バトゥータ・モール
地図 折込・裏-A2
☎(04)390-9999
URL www.ibnbattutamall.com
開 日～水曜　10:00～22:00
木～土曜　10:00～24:00
休 なし
メトロの場合、イブン・バットゥータ駅下車、徒歩約5分。

スパ&エステ

SPA&ESTHETIC SALON

ドバイでのお楽しみに、スパやエステでのトリートメントは外せない。各ホテルには必ずといっていいほど趣向を凝らしたスパやエステが入っており、アラビアンスタイルのトリートメントやインドのアーユルヴェーダなど、世界中の癒やしテクニックを体験することができる。スパ天国ドバイで、ぜひ至福のひとときを味わおう。もちろん要予約。

ハマムメニューが豊富なアラビック・スパ

地図P.50-B4

サライ・スパ *Saray Spa*

ビジネス・ベイにある Ⓗ JWマリオット・マーキス・ホテル・ドバイのスパ。15のトリートメントルームを有する。オリーブオイルやサンダルウッド、ミントなど自然の要素を取り入れ、最大限のリラクセーション効果をもたらしてくれる。アラブの伝統的な癒やしのスパメニューや、ハマムメニューが豊富。ここでしか体験できないユニークなものも揃っている。シグニチャートリートメントの「ザ・サライ・ゴールデン・ハマム」(Dh1270/120分)は、金粉入りのゴールドオイルを使用した贅沢なボディラップと伝統的なハマムのコースがセットになったもので特に人気が高い。

幻想的なデザインのハマム

■サライ・スパ
住 Ⓗ JWマリオット・マーキス・ホテル・ドバイ(→P.113)
☎(04)414-6754
URL jwmarriottmarquisdubailife.com
開 9:00〜23:00
休 無休

スパメニュー例
●スパパッケージ Dh1050〜(135分)
●各種ハマム Dh640〜(60分)
●各種マッサージ Dh490〜(60分)
●各種バス Dh330〜(30分)

その日の体調に合わせてメニューをカスタマイズ

地図P.83

アルマーニ・スパ *Armani Spa*

ジョルジオ・アルマーニが自らプロデュースしたことでも有名なアルマーニ・スパ。黒を基調とした都会的な趣のスパエリアにはアルマーニコレクションがさりげなく置かれている。スパメニューは一人ひとりに合ったメニューを熟練のセラピストが提案してくれるオーダーメイド式。時間制が基本になっているので、施術をしてほしい時間を伝えると、メニューを決めてくれる。プロダクトはもちろんすべてアルマーニ製品を使用している。施術後はリラクセーションルームでゆっくりくつろげ、ドリンクやフルーツなども用意されている。すべてのメニューは事前予約が必要。

スタイリッシュなスパエントランス

■アルマーニ・スパ
住 Ⓗ アルマーニ・ホテル・ドバイ(→P.113)
☎(04)888-3282
URL armanihoteldubai.com
開 9:00〜21:00
休 無休

スパメニュー例
●アルマーニ・スパ・コレクション
※料金要問い合わせ

スパ特集→P.58〜59

優雅で上品なスパで極上体験　地図P.50-B4

シルク・スパ・ドバイ
Silk Spa Dubai

白を基調に大理石と組み合わせた上品なスパ施設には、都会の喧騒とは無縁の落ち着いた時間が流れている。施設内は、男女別々のエリアになっていて、6室のトリートメントルームとふたつのハマム、スチームサウナなどを完備。

マッサージはホットストーン、スウェーディッシュなど5メニュー、ブラックソープを使ったハマム・リチュアルなどユニークなボディトリートメントは4種類。

極上の時間が流れている

■シルク・スパ・ドバイ
住Hハブトゥール・パレス・ドバイ（P.113）
☎(04)435-5500
URL www.iridiumspadubai.com
開9:00～21:00
休無休

スパメニュー例
●各種マッサージ　Dh500（60分）
●ハマム・リチュアル（ボディトリートメント）　Dh550（60分）
●デトックス・マリン・エッセンス（ボディトリートメント）　Dh550（60分）

7つ星ホテルともいわれている最高級ホテルのスパ　地図P.50-A3

タリース・スパ バージュ・アル・アラブ *Talise Spa Burj Al Arab*

超豪華ホテルHバージュ・アル・アラブの18階、地上約150mの所にある天空スパ。アラビアの栄華を現在によみがえらせたきらびやかな内装。一歩立ち入るだけでアラビアの王様気分が味わえるだろう。特筆すべきは大きなインフィニティプールのジャクージ。総ガラス張りで眼下には美しい砂浜が続くジュメイラ・ビーチが見える。もちろんエステも世界最高の施術が受けられ、ホスピタリティもすばらしい。ラウンジやバーなどもあり贅沢な時間を心ゆくまで堪能できる。人気のスパなので予約は早めに。

ドバイでも有数の絶景スパ

■タリース・スパ
住Hバージュ・アル・アラブ（→P.110）
☎(04)301-7365
URL www.jumeirah.com
開9:15～21:00（スパトリートメント）
休無休

スパメニュー例
●スパパッケージ　Dh950～（55分）
●各種ボディトリートメント　Dh1050～（85分）
●各種フェイシャル　Dh995～（60分）

水路や木々に囲まれたオアシス　地図P.50-A3

タリース・スパ *Talise Spa*

ドバイでは珍しいカップルルームがあり、26室ものトリートメントルームを有するスパ施設。サウナやスチームルームはもちろん、ビーチにはマッサージ専用のカバナや、プライベートプール、ヨガスタジオ、カップル専用のリラクセーションエリアなどドバイ最大級の規模を誇る。フェイシャルやボディトリートメント、各種マッサージ以外に、90分のマッサージ、プライベートビーチ、スパ施設のフル利用などがセットになった「スパ・アメージング・デイ・リトリート」（Dh599）などスペシャルパッケージも用意されている。

心地よい風が吹き抜ける

■タリース・スパ
住マディナ・ジュメイラ Hジュメイラ・ビーチ・ホテル（→P.112）
☎(04)366-6818
URL www.jumeirah.com
開10:00～21:00
休無休

スパメニュー例
●各種マッサージ　Dh585～（60分）
●各種ボディトリートメント　Dh585～（60分）
●各種フェイシャル　Dh625～（60分）
●スパパッケージ　Dh680（120分）
●カップルマッサージ　Dh1950（120分）

■ザ・リッツ・カールトン・スパ
住Ⓗザ・リッツ・カールトン・ドバイ（→P.111）
☎(04)318-6520
URL www.ritzcarlton.com
開9:00～21:00
休無休

スパメニュー例
●ディープマッスルマッサージ　Dh580～（60分）
●リラクセーションマッサージ　Dh580～（60分）
●C＋Cビタミンスクラブ　Dh520～（45分）
●カスタムフェイシャル　Dh580～（60分）
●メンズマッサージ　Dh780～（90分）

豊富なトリートメントメニュー　地図P.74

ザ・リッツ・カールトン・スパ　*The Ritz-Carlton Spa*

ジュメイラ・ビーチ沿いに立つⒽザ・リッツ・カールトンにあるスパ。スパエリアは、ドアを開けるとすぐにリラックスできる静かで洗練された空間になっている。9室あるトリートメントルームのほかに、ハマム専用エリアや、屋内と屋外にはプール、独立したリラクセーションラウンジなどがある。そのほか、最新設備のフィットネスセンターも併設している。また男性のためのフェイシャルなどのスキンケアメニューがあり、男性客も多く訪れている。

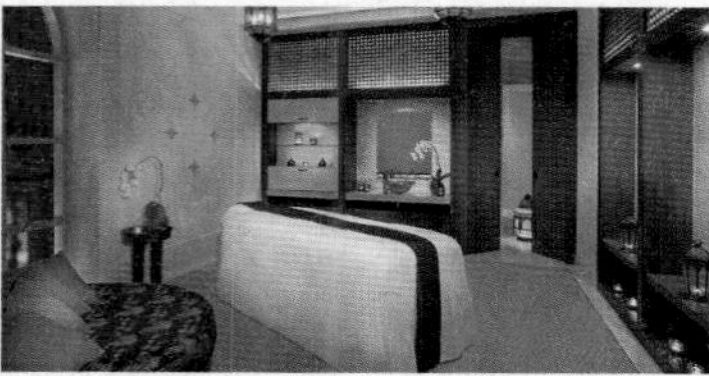
落ち着いた雰囲気のトリートメントルーム

■ザ・スパ
住Ⓗパラッツォ・ヴェルサーチ・ドバイ
☎(04)556-8750
URL www.palazzoversace.ae
開9:00～23:00
休無休

スパメニュー例
●スリープ（マッサージ）　Dh550（60分）
●トラディショナルハマム　Dh600（60分）
●クレオパトラチャーム（ボディトリートメント）　Dh750（75分）

豪華で贅沢なスパ体験　地図折込・裏-D2

ザ・スパ　*The Spa*

7つのトリートメントルームと、ひとつのスパスイートルーム、ネイルスタジオそして、ふたつのモロッコハマムが備わった豪華で優雅なスパ。リラクセーションエリアには、プランジプールとスチームルーム、サウナを完備。スキンケアからマッサージ、伝統的なハマムでのアラビアンリチュアル、ボディトリートメントなど豊富なメニューが用意されている。キャンドルオイルを体に塗りながら行うマッサージ「スリープ」全身のアカスリを行う「トラディショナルハマム」などが人気。

幻想的なプランジプール

■リトリート・ヘルスクラブ・スパ
住Ⓗグロブナー・ハウス（→P.111）
☎(04)317-6761
URL retreatspa-dubai.com
開8:00～22:00
休無休

スパメニュー例
●フルボディトリートメント　Dh480～（60分）
●スパプレステージマッサージ　Dh735（90分）
●マリンボディラップ　Dh725（75分）
●エッセンシャルスカルプケア　Dh475（45分）

タワー1の4階にはメンズスパサロン「1847」　地図P.74

リトリート・スパ　*Retreat Spa*

ドバイ・マリーナに立つⒽグロブナー・ハウスの4階に、Nバー（ネイルサロン）とジェット・セット（女性専用ヘアサロン）、そしてドバイでは珍しいメンズ専用スパサロンの1847がある。サウナやスチームルーム、ジャクージなども完備、ファシリティも充実している。スパメニューも豊富で、各種マッサージ、ボデイラップ、スクラブ、フェイシャルなどが受けられる。

また、同ホテルのタワー2には、ライフスタイルスパのBアティテュードがあり、女性と男性の別々の施設を設けたスパでこちらも人気だ。

男性専用なので気軽に利用できる

スパ特集→P.58～59

宿泊者はジャクージやサウナが無料　地図P.50-A1

タリーズ・オットマン・スパ　*Talise Ottoman Spa*

数々の賞を受賞している、U.A.Eでも有数のスパ施設。トリートメントルームは42室とドバイで最大規模を誇り、ハイドロテラピールームやタラソテラピールーム、スノールーム、サウナなどさまざまな施設が揃う。ハマムルームにいたっては、モザイクや壁画で飾られ、大理石で造られた超贅沢なスペース。ハマムメニューは40～60分のメニューが5つあり、どのメニューも人気が高い。そのほか、カップル用、男性用などのメニューも揃う。

場所は人工島のパーム・ジュメイラ。オスマン帝国がテーマのHジュメイラ・ザビール・サライ内にある。

独特の世界が広がるタラソテラピープール

■タリーズ・オットマン・スパ
住Hジュメイラ・ザビール・サライ（→P.110）
☎(04)453-0456
URL www.jumeirah.com
開9:00～21:00
休無休

スパメニュー例
●各種ハマムメニュー　Dh520～（40分）
●各種マッサージ　Dh540～（60分）
●各種フェイシャル　Dh565～（60分）
●各種ボディトリートメント　Dh555～（60分）
●スパパッケージ　Dh1220～（120分）

タイで人気のスパがドバイに初上陸　地図P.50-B1

アナンタラ・スパ　*Anantara Spa*

優雅さと静けさのオアシスの中で、心と体のバランスを優しくリセットしてくれる、それがアナンタラ。アナンタラ・スパでは、アジア古代の癒やしの儀式に加え、中東の豊かな文化的伝統を用い、アナンタラでも有数のスパビレッジになった。五感のすべてを満たしてくれるトリートメントメニューは、非日常へと誘ってくれる。

スパファシリティは、タイマッサージルームやアーユルヴェーダルームを加え17室のトリートメントルーム、スパスイートにはハマムとカップル専用スイートなどがある。

ゴールドをあしらったトリートメントルーム

■アナンタラ・スパ
住Hアナンタラ・ドバイ・ザ・パーム・リゾート&スパ（→P.110）
☎(04)567-8140
URL anantara.com
開10:00～22:00
休無休

スパメニュー例
●各種マッサージ　Dh550～（60分）
●トラディショナル・ハマム　Dh495（45分）
●各種ボディトリートメント　Dh420（60分）
●カップルメニュー　Dh1885～（120分）

自然に囲まれたゆとりの空間で癒やしのひとときを　地図P.50-A1

ゲラン・スパ　*Guerlain Spa*

パーム・ジュメイラのHワン&オンリー・ザ・パームにあるゲランがプロデュースするスパ。ゲランの化粧品を使ったスパトリートメントが受けられる。個々のゲストのニーズを満たすようパーソナルなトリートメントをカスタムメイドで提供してくれる。ドバイ・ハーモニー、デザート・オリエンタルなど、ワン&オンリー・ザ・パーム限定の特別メニューも用意されている。ゲランプロダクトはスパブティックで購入できる。

ゲラン・スパのメインロビー

■ワン&オンリー・プライベート・スパ
住Hワン&オンリー・ザ・パーム（→P.110）
☎(04)440-1040
URL www.oneandonlyresorts.com
開10:00～21:00
休無休

スパメニュー例
●ドバイ・ハーモニー　（90分）
●デザート・オリエンタル　（150分）
●各種マッサージ　（90分）
●各種フェイシャル　（60分～）
※料金要問い合わせ

失敗しない
ドバイのホテル選び

今さら聞けない
&ホテルマナー

HOTEL ORIENTATION

現在もまだまだ新しいホテルが建設されており、広範囲に高級ホテルが誕生している。世界でも有数の5つ星ホテルが集まる都市ドバイだが、設備の充実度によって1つ星や2つ星などのホテルも多くある。エリアによっても料金が大きく異なるので、場所や料金、設備など自分の希望に合ったホテルを選ぶことが重要だ。

Q シティ派？ ビーチ派？ それとも砂漠派？

ドバイの高級ホテルは大きく分けて2種類。高層ビルが建ち並ぶ町なかに立つ高層シティホテルタイプか、郊外のジュメイラ地区や人工島のパーム・ジュメイラのビーチ沿いに立つビーチ・リゾートホテルタイプだ。滞在中、「何をしたいか」「どこに行きたいか」など過ごし方によってどちらを選択するか決めることが大切。また、せっかくなのでどちらも楽しみたい場合はシティホテルに3泊、ビーチエリアに2泊などちょっと贅沢なチョイスも人気。

シティ派なら……

特に、ダウンタウン・ドバイ周辺に多く、ほとんどが5つ星の高級ホテル。ホテルの多くは、客室やプール、レストランからアラビア湾やドバイの摩天楼が楽しめるよう工夫されている。設備はビーチリゾートホテルと遜色なし。ただプライベートビーチがないだけだ。メトロの駅に直結しているホテルもあり、観光などの利便性も抜群。

ビーチ派なら……

ジュメイラ・ビーチやパーム・ジュメイラに高級リゾートが立っている。Hバージュ・アル・アラブは専用の橋で陸とつながっているが、宿泊客かレストランやスパなどの予約客しか入ることができない。どのホテルも超がつくほど高級なホテルが多く、料金もある程度の覚悟が必要。しかし、最高のおもてなしとアラビア湾の海が堪能できる。

砂漠も！

ドバイを訪れるなら砂漠のリゾートも一考する価値がある。ドバイ周辺にはふたつの砂漠リゾートがあり、人気のHアル・マハ・ア・ラグジュアリー・コレクション・デザート・リゾート＆スパは、ドバイ市内から車で約45分。砂漠と調和したリゾートはまさにアラビアンナイトの世界が広がっている。ほかにHバブ・アル・シャムスがある。

Q 予算はどれくらい？

ドバイは世界でも類を見ないほど高級ホテルが集まっている都市といわれている。日本並みの施設や、ホスピタリティを望むなら、中級クラス以上のホテルに宿泊するのがいい。料金の目安は1泊Dh1000～。客室からの眺望などによっても料金が変わる。ローシーズンであれば、半額くらいで泊まることもできる。パーム・ジュメイラのホテルはどこも高めの料金設定。

安く泊まるなら…

安宿が集まっているのは、おもなバスステーション付近で、デイラ地区のアル・サブハ・バスステーション付近もそのひとつ。シャワーやトイレは共同というところが多い。ドバイには170軒以上の1～2つ星ホテルがあるが、料金の目安は最低でも、ハイシーズンの場合Dh250～。ドバイはほかの国に比べ、宿泊料金は高めと思ったほうがいい。

Q ホテルでの服装に決まりはあるの？

どのホテルも特に決まりはないが、ホテルのランクによって服装も変わってくる。常にドレスアップをする必要はないが、5つ星ホテルのような高級ホテルでは、ホテルの雰囲気に合わせた服装がベター。TPOに応じた服装を心がけよう。

5つ星ホテルでアフタヌーンティー

「スマートカジュアル」と指定されていたら、ちょっとおしゃれな外出着をイメージしよう。女性はワンピースやスカート＆ブラウス、男性は、チノパンなどの長パンツに襟付きシャツと革靴であれば基本的に問題ない。

Q お酒は飲めるの？

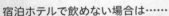

ドバイはイスラム圏だが、非イスラム人は飲むことができる。ただし、町なかでの購入はもちろん、食堂などでもアルコールの販売はない。飲めるのはホテル内のレストランやバーのみ。料金は日本と比べ割高感がある。

宿泊ホテルで飲めない場合は……

ホテルのオーナーが敬虔なイスラム教徒の場合、ホテル内でのアルコールが禁止されているところがある。その場合は、近隣ホテルのレストランやバーへ。宿泊客以外でも問題なく利用できる。

Q 早朝に着いた。早めのチェックインは可能？

日本からドバイへは航空機の関係で、早朝に着くことがほとんど。ホテルのチェックインは14:00からのところが多い。すぐに部屋を使いたい場合は、追加料金を払って「アーリーチェックイン」を利用しよう。到着時でも客室が空いていればOKだが、時期によっては断られることもある。事前にホテルにリクエストしておけば安心だ。

Q チップはどれくらい渡せばいい？

ホテルでは、ポーターやハウスキーパーには1回Dh5、レストランではサービスチャージが含まれていない場合は、合計金額の10%程度。あくまで目安の金額だが、Ⓗバージュ・アル・アラブなどの超高級ホテルでは、サービスに見合ったチップを渡すのがスマート。また、チップをコインで渡すのはおすすめしない。

Q インターネットは使用できる？

インターネット環境が整ったホテルが多く、無線LANに対応しているところもある。無料で利用できるところと有料のところがある。宿泊客しか利用できないようパスワードなどが設定されている。チェックイン時にパスワードを聞いておこう。

ホテルのビジネスセンター

中級～高級ホテルでは、コンピューターやコピー機などがあるビジネスをサポートする部屋がある。ビジネス以外でも利用することができるので、入場券を事前予約したい、レストランを調べたいなど、いろいろと活用できる（有料の場合もある）。

HOTELS

ジュメイラ・ビーチ、パーム・ジュメイラのホテル

世界が認める最上級リゾートホテル

H バージュ・アル・アラブ

BURJ AL ARAB　MAP P.50-A3

住 P.O.Box 74147
☎ (04) 301-7777　URL www.burjalarab.com
料 Su Dh1 万 3000 ～
全 202 室　CC ADJMV

建物とインテリアは近未来的なデザインで統一。部屋のすべてがスイートで、いずれもメゾネットタイプになっている。

大人の隠れ家リゾート

H ワン&オンリー・ザ・パーム

ONE & ONLY THE PALM　MAP P.50-A1

住 West Crescent, Palm Jumeirah
☎ (04) 440-1010　URL oneandonlythepalm.com
料 パームマナー・プレミアルーム Dh2340 ～
全 94 室　CC ADJMV

アンダルシア建築様式にコンテンポラリーでシックなインテリアを融合させた大人のリゾート。アラビア湾が一望できる。

客室数 1539 の巨大リゾート

H アトランティス・ザ・パーム

ATLANTIS THE PALM　MAP P.50-A1

住 Crescent Rd., The Palm Jumeirah
☎ (04) 426-2000　URL www.atlantisthepalm.com
料 オーシャンデラックスルーム Dh2700 ～
全 1539 室　CC AJMV

海に沈んだ幻の古代文明アトランティスがテーマ。モノレールの先に見えてくる、パーム・ジュメイラのランドマーク的存在。

タイ伝統建築のアジアンスタイル

H アナンタラ・ドバイ・ザ・パーム・リゾート&スパ

ANANTARA DUBAI THE PALM RESORT & SPA　MAP P.50-B1

住 East Crescent, Palm Jumeirah
☎ (04) 567-8888　URL dubai-palm.anantara.jp
料 プレミアラグーン Dh2440 ～
全 293 室　CC ADJMV

タイの伝統建築様式を採用した高級リゾート。静けさと豪華さが融合した、大人向けの雰囲気でリラックスできる。

古典的なヨーロピアン建築の宮殿スタイル

H ケンピンスキー・ホテル&レジデンス・パーム・ジュメイラ

KEMPINSKI HOTEL & RESIDENCES PALM JUMEIRAH　MAP P.50-A1

住 Crescent West, Palm Jumeirah　☎ (04) 444-2000
FAX (04) 444-2777　URL www.kempinski.com
料 スーペリア 1 ベッドルーム Dh2980 ～
全 224 室　CC ADMV

パーム・ジュメイラにある宮殿スタイルの高級リゾートホテル。アラビア湾の先にドバイの町並みが見え、眺めがよい。

オスマン帝国の宮殿をインスパイア

H ジュメイラ・ザビール・サライ

JUMEIRAH ZABEEL SARAY　MAP P.50-A1

住 Crescent West Rd., The Palm Jumeirah
☎ (04) 453-0000　URL www.jumeirah.com
料 デラックス Dh2380 ～
全 443 室　CC ADJMV

宮殿をイメージしたリゾート内は、ゴージャスで贅沢な趣。ファミリー向けにキッズクラブが充実している。

HOTELS

ドバイ・マリーナ周辺のホテル

エレガントな雰囲気が漂う

ザ・リッツ・カールトン・ドバイ

THE RITZ-CARLTON DUBAI　MAP P.74

住 Jumeirah Beach Residences St.
☎ (04)399-4000　URL www.ritzcarlton.com
料 デラックスルーム Dh2250～
全294室　CC ADJMV

地中海スタイルのビーチフロントリゾート。客室はすべて海に面したバルコニーやパティオ付き。アフタヌーンティーも人気。

ダイニングが充実のモダンなホテル

グロブナー・ハウス

GROSVENOR HOUSE　MAP P.74

住 P.O.Box 118500　☎ (04)399-8888
URL www.grosvenorhouse-dubai.com
料 デラックス Dh1790～
全749室　CC ADJMV

ドバイで最もモダンでスマートなホテルのひとつ。客室のアメニティはすべてブルガリ製で、バトラーサービスが終日可能。

ビジネスパーソンにもファミリーにも適した

ヒルトン・ドバイ・ジュメイラ・リゾート

HILTON DUBAI JUMEIRAH RESORT　MAP P.74

住 Jumeirah Beach Rd.
☎ (04)399-1111　URL www.hilton.com
料 デラックス Dh1700～
全390室　CC ADJMV

ホテルのそばにはレストランやカフェ、ショップが集まった大型屋外モールがあり、たいへん便利なロケーション。

シンプルで機能的な高級ホテル

モーベンピック・ホテル・ジュメイラ・ビーチ

MÖVENPICK HOTEL JUMEIRAH BEACH　MAP P.74

住 Jumeirah Beach Residence
☎ (04)449-8888　URL www.movenpick-hotels.com
料 スーペリア Dh1400～
全294室　CC ADJMV

「ザ・ウォーク」やビーチも徒歩圏内にある便利なホテル。客室は落ち着いた色で統一された、機能的でシンプルな設計。

南欧風のリゾート

ル・ロイヤル・メリディアン・ビーチ・リゾート&スパ

LE ROYAL MERIDIEN BEACH RESORT & SPA　MAP P.74

住 P.O.Box 24970　☎ (04)399-5555
URL www.leroyalmeridien-dubai.com
料 デラックス Dh2100～
全504室　CC ADJMV

世界で20のホテルにしか与えられないエコ・ホテル・アワードを中東で受賞したホテル。3つの棟に分かれている。

南国で北欧気分が味わえる

シェラトン・ジュメイラ・ビーチ・リゾート

SHERATON JUMEIRAH BEACH RESORT　MAP P.74

住 Al Mamsha Rd.　☎ (04)399-5533
URL www.sheratonjumeirahbeach.com
料 スタンダード Dh700～
全256室　CC ADJMV

ジュメイラ・ビーチの西端にあり、市中心部から車で約25分。プライベートビーチにはヤシの木陰があり、過ごしやすい。

HOTELS

パーム・ジュメイラ周辺、マディナ・ジュメイラのホテル

落ち着いた雰囲気が漂うリゾート

ウェスティン・ドバイ・ミナ・セヤヒ・ビーチ・リゾート&マリーナ

THE WESTIN DUBAI MINA SEYAHI BEACH RESORT & MARINA　MAP P.74

住 Al Sufouh Rd.　☎ (04) 399-4141
URL www.westinminaseyahi.com
料 デラックス Dh2120 ～
全 294 室　CC ADJMV

客室はシンプルながら、スタイリッシュなインテリアで高級感が漂う。全長1200mのプライベートビーチが魅力的。

モロッコスタイルの高級ホテル

ワン&オンリー・ロイヤル・ミラージュ

ONE & ONLY ROYAL MIRAGE　MAP P.74

住 P.O.Box 37252　☎ (04) 399-9999
URL www.oneandonlyresorts.com
料 ザ・パレス Dh2680～
全 451 室　CC ADJMV

アラビアンナイトの世界を再現した「ザ・パレス」など、3つの棟に分かれた高級リゾートホテル。どの客室もゴージャスな装い。

ゴージャスなシティホテル

ケンピンスキー・ホテル・モール・オブ・ジ・エミレーツ

KEMPINSKI HOTEL MALL OF THE EMIRATES　MAP P.50-B2

住 Sheikh Zayed Rd.　☎ (04) 341-0000
URL www.kempinski.com
料 スーペリア Dh2350 ～
全 393 室　CC ADJMV

シェイク・ザイード・ロード沿いのスタイリッシュなホテル。モール隣接なので、アクティブ派やショッピング派におすすめ。

マディナ・ジュメイラの中心に立つ

アル・カスル

AL QASR　MAP P.50-A3

住 Madinath Jumeirah Resort
☎ (04) 366-8888　URL www.jumeirah.com
料 オーシャンデラックス Dh5000 ～
全 292 室　CC ADJMV

かつてのアラブの王族が夏の間暮らした、伝統的なサマーパレスをイメージ。客室の調度品も、王族を彷彿する豪華なものだ。

マディナ・ジュメイラのゲートウエイ

ミナ・ア・サラーム

MINA A'SALAM　MAP P.50-A3

住 Madinath Jumeirah Resort
☎ (04) 366-8888　URL www.jumeirah.com
料 アラビアン・デベロップメント・スイート Dh3400 ～　全 292 室　CC ADJMV

「平和の湊」を意味するホテル名。クリークの東側、マディナ・ジュメイラの入口にある。客室はエキゾチックな雰囲気だ。

ドバイのランドマーク

ジュメイラ・ビーチ・ホテル

JUMEIRAH BEACH HOTEL　MAP P.50-A3

住 P.O.Box 11416
☎ (04) 348-0000　URL www.jumeirah.com
料 オーシャンデラックス Dh3400 ～
全 618 室　CC ADJMV

ジュメイラ・ビーチでひときわ目立つ、波をイメージした外観。ホテル内は木製の家具や美しいラグで気分が盛り上がる。

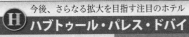

HOTELS

ダウンタウン・ドバイ周辺のホテル

眺めのいいビーチフロントホテル

フォーシーズンズ・リゾート・ドバイ・アット・ジュメイラ・ビーチ

FOUR SEASONS RESORT DUBAI AT JUMEIRAH BEACH　MAP P.50-B3

住 Jumeirah Beach Rd., Jumeirah 2, PO Box 128777
☎ (04)270-7777　URL www.fourseasons.com
料 デラックス　Dh3000～
全237室　CC AMV

世界有数のラグジュアリーホテル。マーキュリーラウンジはオープンエアのバーで、ドバイの市街がきれいに一望できる。

今後、さらなる拡大を目指す注目のホテル

ハブトゥール・パレス・ドバイ

HABTOOR PALACE DUBAI　MAP P.50-B4

住 Al Habtoor City, Sheikh Zayed Rd.
☎ (04)435-5555　URL www.starwoodhotels.com
料 スタンダード Dh 2000～
全234室　CC ADJMV

宮殿を思わせる、ヨーロッパ調の豪華で洗練された外観が印象的。客室は上品でエレガントな趣で、贅沢な時間を過ごせる。

超高層ツインタワー

JWマリオット・マーキス・ホテル・ドバイ

JW MARRIOTT MARQUIS HOTEL DUBAI　MAP P.50-B4

住 Sheikh Zayed Rd., Business Bay
☎ (04)414-0000　URL www.marriott.com
料 ⓈⒹ Dh1900～
全1600室　CC ADJMV

地上高355m、72階建ての超高層タワーホテル。客室は46インチの大型液晶テレビなど、最新技術が備わっている。

インド系の高級ホテルチェーン

ジ・オベロイ・ドバイ

THE OBEROI DUBAI　MAP P.50-B4

住 Business Bay　☎ (04)444-1444
URL www.oberoihotels.com
料 デラックスルーム Dh3200～
全252室　CC ADJMV

バージュ・ハリファが見えるコンテンポラリーホテル。Ⓢドバイ・モールまで車で約5分という立地のよさも人気のひとつ。

あのアルマーニがホテルをオープン！

アルマーニ・ホテル・ドバイ

ARMANI HOTEL DUBAI　MAP P.83

住 Burj Khalifa
☎ (04)888-3888　URL www.armanihotels.com
料 デラックスルーム Dh3600～
全160室　CC ADJMV

バージュ・ハリファ内にあるホテル。アメニティや備品はすべてジョルジオ・アルマーニで、こだわりの空間になっている。

いにしえの城をイメージしたホテル

ザ・パレス・ダウンタウン・ドバイ

THE PALACE DOWNTOWN DUBAI　MAP P.83

住 Mohammed Bin Rashid Blvd. Downtown Dubai
☎ (04)428-7888　URL www.theaddress.com
料 パレスルームレイクビュー Dh2600～
全242室　CC ADJMV

いにしえのアラブの城を現代風に再現。客室は随所に伝統的なアラブのデザインが取り入れられ、上質な雰囲気だ。

HOTELS

スタイリッシュなアラビアンスタイル

ヴィダ・ダウンタウン・ドバイ

VIDA DOWNTOWN DUBAI　MAP P.83

住 Mohammed Bin Rashid Boulevard, The Old Town, Downtown Dubai　☎ (04)428-6888
URL www.vida-hotels.com　料 デラックスルーム Dh2000～　全156室　CC ADJMV

バージュ・ハリファ付近では比較的リーズナブルに泊まれる4つ星ホテル。デザイナーズ家具の贅沢な内装が美しい。

バージュ・ハリファを見下ろす立地

ジ・アドレス・ドバイ・モール

THE ADDRESS DUBAI MALL　MAP P.83

住 Dubai Mall　☎ (04)438-8888
URL www.theaddress.com
料 デラックスルーム Dh2600～
全244室　CC ADJMV

ダウンタウン・ドバイの中心に立つ、エレガントでシックな高層ホテル。Ⓢドバイ・モールに隣接しており立地がよい。

ビジネスにもおすすめ

ソフィテル・ドバイ・ダウンタウン

SOFITEL DUBAI DOWNTOWN　MAP P.83

住 Sheikh Zayed Rd., Downtown Dubai
☎ (04)503-6666　URL www.sofitel.com
料 クラシックルーム Dh2100～
全350室　CC ADJMV

ダウンタウン・ドバイの超高層ビル群のなかに立つ。ビジネス向けサービスが充実しているので、ビジネス利用の客も多い。

洗練されたデザインのツインタワー

ジュメイラ・エミレーツ・タワーズ

JUMEIRAH EMIRATES TOWERS　MAP P.48-A2

住 P.O.Box 72127　☎ (04)330-0000
URL www.jumeirah.com
料 デラックスルーム Dh1800～
全400室　CC ADJMV

対になっているタワーは片方がホテル、片方がオフィスビル。ビーチへのアクセスがよく、幅広い層の観光客に利用されている。

リーズナブルなデザイナーズホテル

ローブ・ダウンタウン・ドバイ

ROVE DOWNTOWN DUBAI　MAP P.48-A2

住 312 Happiness Street, Zabeel 2.
☎ (04)561-9000　URL www.rovehotels.com
料 ローバールーム Dh475～
室420室　CC AJMV

Ⓢドバイ・モールが徒歩圏にありながら、リーズナブルさが魅力の3つ星ホテル。24時間営業のコンビニがある。

最上級のおもてなしが受けられる

コンラッド・ドバイ

CONRAD DUBAI　MAP P.48-A2

住 Sheikh Zayed Rd.　☎ (04)444-7444
URL conraddubai.com
料 スカイラインビュー Dh1600～
全555室　CC ADJMV

ヒルトングループの最高級ブランド。どの客室も大きな窓があり、ドバイの眺望を楽しむことができる。ビジネス利用も多い。

ドバイ・クリーク周辺のホテル

セレブが宿泊するホテルとしても有名

パラッツォ・ヴェルサーチ・ドバイ

PALAZZO VERSACE DUBAI　折込・裏-D2

住 Culture Village, Al Jadaf
☎ (04)556-8304　URL www.palazzoversace.ae
料 グランドスイート Dh3080 ～
全 215 室　CC ADJMV

16世紀のイタリアの宮殿を彷彿するラグジュアリーホテル。客室のインテリアやファブリックは、このホテル専用の特別仕様だ。

壮大な空間とこまやかなサービス

ラッフルズ・ドバイ

RAFFLES DUBAI　MAP P.48-B3

住 Sheikh Zayed Rd., Wafi
☎ (04)324-8888　URL www.raffles.com
料 シグニチャールーム Dh2600～
全 252 室　CC ADJMV

隣接したＳワフィ・モール同様に、エジプトがコンセプト。その美しい建築デザインから、ランドマークのひとつになっている。

ドバイ・クリークのほとりにたたずむ

グランド・ハイアット・ドバイ

GRAND HYATT DUBAI　MAP P.49-C3

住 P.O.Box 7978　☎ (04)317-1234
URL dubai.grand.hyatt.com
料 ⓈⒹ Dh2100 ～
全 674 室　CC ADJMV

有名なゴルフ場のドバイ・クリーク・ゴルフ＆ヨット・クラブ（→P.90）へ車で5分。施設が充実し、各国のセレブも利用する。

美しい夜景が見られる

クラウン・プラザ・ドバイ・フェスティバル・シティ

CROWNE PLAZA DUBAI FESTIVAL CITY　MAP 折込・裏-D2

住 Dubai Festival City
☎ (04)701-2222　URL www.ihg.com
料 スーペリア Dh1540 ～
全 316 室　CC ADJMV

Ｓドバイ・フェスティバル・シティ・モールに直結。市内を一望できる眺めがすばらしく、特に夜景は見とれてしまうほど。

日本人常駐の快適なホテル

リビエラ・ホテル

RIVIERA HOTEL　MAP P.71-B2

住 P.O.Box 1388　☎ (04)222-2131　URL www.rivierahotel-dubai.com（日本語 HP あり）料 プレミアムルーム ⓈⒹ Dh750 ～　スタンダードルーム ⓈⒹ Dh550 ～　全 109 室　CC ADJMV

クリークを望む好立地でメトロの駅も近い。ドバイで唯一の日本人専用デスクがあり、カラーのオリジナル日本語マップもある。

ドバイ初、コインランドリー付きホテル

ローブ・シティ・センター

ROVE CITY CENTRE　MAP P.49-D2

住 24th/19th B Street, Deira.
☎ (04)561-9100　URL www.rovehotels.com
料 ローバールーム Dh315 ～
室 270 室　CC AJMV

客室はシンプルだが、スタイリッシュなデザインで居心地がいい。コインランドリーがあるので長期滞在者にも便利だ。

現地スタッフおすすめドバイの過ごし方

<アラブの雰囲気満点！オシャレな新スポットでカフェ>

今話題のアル・シーフ（地図P.49-C1）はアラブの町並みを再現し、オシャレなカフェやレストランが眺めのよいクリークに沿ってずらっと並びます。オールド・スークやアル・ファヒディ歴史地区からも近いのでスークを散策後に、ほっとひと息アラブの雰囲気を味わいながら素敵なカフェタイムはいかが？

リビエラ・ホテルから徒歩圏内にあり、夕方になると地元の人たちでにぎわう新スポットです。

ドバイの古い港町を再現している

<おみやげに迷ったらコレ！>

チョック＆ナッツ（地図P.71-B2）のドバイでいちばんおいしいといわれるピスタチオです。塩味とレモン味があり、一度食べるとやみつきに！ リビエラ・ホテルのすぐ裏手にあるナッツ屋さんで、地元でも昔から有名なお店です。

また「見つかればラッキー」とまで言われるようになったクレオパトラ石鹸はバラマキ用に幅広い年齢層の女性に大変人気のおみやげです。リビエラ・ホテル裏手のスーパーJESCO（地図P.71-B2）は手に入る確率がいつも高いので、要チェックです。

<日本よりも安全!?　ドバイの治安>

日本人の方が初めてドバイに来て口を揃えて言うのが、ドバイの治安のよさです。旅行中は最低限の注意を払う必要はありますが、女性が夜遅くでも気軽にタクシーやメトロを利用してホテルに帰れることからも安心して旅を楽しめる治安のよさがうかがえます。地元のドバイ人を含め中東には親日家が多く、初めてのドバイで思いがけない人の温かさを感じることでしょう。

<子連れ旅行を楽しもう>

空港やメトロ、ショッピングモールなどいたるところにエレベーターやスロープが設置されています。周囲の人々からの赤ちゃんや子供への温かい眼差しは心地よく、外出が楽しく感じられることでしょう。

メトロでは席を譲ってくれる人が多く、町全体が子供連れの旅行を歓迎している気持ちが伝わり、その結果パパやママ自身の旅行の満足度が上がるはずです。

<アブダビへ日帰りで出かけよう>

U.A.E.の首都アブダビにも魅力的な観光地が増えています。なかでもオススメは2019年3月から一般公開が始まったカスル・アル・ワタンQasr Al Watan（地図P.128-A3）。その絢爛豪華な建物は想像以上！

リビエラ・ホテルからメトロ1本で向かえるアル・グバイバ駅の前にあるバスステーション（地図P.49-C1）からアブダビ行き直行バスを利用するか、またはホテル出発のアブダビ観光地を巡るお得な貸切タクシーの手配が当日でも可能です。

思わず声を上げてしまう豪華さ

過去と未来が交差するつかみどころのない町ドバイで今までにない新しい体験を世代を超えて楽しんでください！
（リビエラ・ホテル日本マーケットマネージャー/高杉　裕子）

■リビエラ・ホテル Riviera Hotel（→ P.115）

ロビーにある日本人専用デスクは何かと心強い / ドバイ在住 10 年の高杉さん

そのほかのエリアのホテル、市内の安宿

ヨーロピアンスタイルのホテル

H アスコット・ホテル

ASCOT HOTEL　MAP P.73

住 Khalid Bin Waleed Rd., Bur Dubai
☎ (04)352-0900　URL www.ascothoteldubai.com
料 デラックス Dh950～
全 80 室　CC ADJMV

バール・ドバイ地区にあり、ヨーロッパ風のクラシックな雰囲気が漂う。ホテル内はシックで落ち着いた雰囲気。日本料理店あり。

空港近くのデラックスホテル

H ミレニアム・エアポート・ホテル・ドバイ

MILLENNIUM AIRPORT HOTEL DUBAI　MAP P.49-D3

住 Airport Rd., Casablanca St., Al Garhoud
☎ (04)702-8888　URL www.millenniumhotels.ae
料 デラックス Dh900～
全 341 室　CC ADJMV

手頃な料金と空港至近という立地も魅力だが、一面ガラス張りの広くて明るい客室もいい。客室のファシリティは5つ星並みだ。

階下にアフリカ料理店もある

H フェニシア・ホテル

PHOENICIA HOTEL　MAP P.71-B2

住 Baniyas Sq.　☎ (04)222-7191
URL phoeniciahoteldubai.net
料 スタンダード Dh310 ～
全94室　CC AJMV

デイラ地区のバニヤス・スクエアに面していて、ショッピングやビジネスに便利。近くには遅くまで営業している食堂もある。

低料金ホテルを展開するイビスブランド

H イビス・デイラ・シティ・センター

IBIS DEIRA CITY CENTRE　MAP P.49-D2

住 8th St., Portsaeed Rd.　☎ (04)292-5000
URL www.ibis.com
料 Ⓢ Ⓓ Dh490 ～
全365室　CC ADJMV

カードキー、朝食ビュッフェ、インターネットアクセスなど近代的なサービスを低料金で提供している。予約がおすすめ。

デイラ地区にある古きよきゲストハウス

H アフメディア・ヘリテージ・ゲストハウス

AHMEDIA HERITAGE GUESTHOUSE　MAP P.71-A2

住 Adjacent to Al Ahmadiya School Deira
☎ (04)225-0085　URL www.ahmediaguesthouse.com　料 スタンダード Dh200 ～
全 15 室　CC MV

デイラ地区のアル・アハマディア・スクール（→P.77）の裏にあり、旧市街で常に古きよきドバイの文化を感じながら宿泊できる。バックパッカーなどに人気のゲストハウスで、なおかつ15室しかないので早めに予約をしたほうが無難。

ユース会員でなくても泊まれる

H ドバイ・ユースホステル

DUBAI YOUTH HOSTEL　MAP 折込・裏-D2

住 P.O.Box 94141　☎ (04)298-8151
URL www.uaeyha.com
料 Ⓓ Dh120～　Ⓢ Dh230～　Ⓓ Dh270～
全70室　CC J

空港に近く、市街から少し離れているが、目の前にバス停がある。タクシーでデイラ地区までDh15～20で出られる。

自然保護区内にあるザ・リッツカールトン ラス アル ハイマ アル ワディ デザート

砂漠のオアシスで極上ステイ「デザート・ホテル」

ドバイ中心部より車で1時間ほど走ると砂漠のオアシスに立つリゾートホテルにたどり着く。いくつかホテルがあるが、どのホテルも設備の整ったラグジュアリーホテルでドバイの町なかのリゾートホテルより、アラビアンな世界を体験できる。アラブ風の客室はもちろん、昼間はホテル専用のジープで砂漠ドライブ、砂漠地帯特有のアラビアン・オックスやガゼルなどとの遭遇があるかも……。また、ホテルのアトラクションとして鷹匠デモンストレーションや、ホースライディングなど、ここでしか体験できないものが用意されている。アラブ人のようにゆったりとシーシャをくゆらせてリラックスしたり、砂漠で満天の星空の下、幻想的なディナーを楽しむのもいい。

デザート・ホテルはアブダビにもある。朝・昼・夜で表情を変える美しき砂漠のオアシスで、ロマンチックなステイを満喫しよう。

最高のロケーションでアラビア料理に舌鼓（Ⓗバブ・アル・シャムス）

アラビアンナイトの世界が再現されたような客室。ノスタルジックな気分にさせてくれる。（Ⓗバブ・アル・シャムスのテラスルーム）

砂漠の中の高級リゾート

砂漠に沈む美しい夕日をひとり占め

■カスール・アル・サラブ・デザート・リゾート・バイ・アナンタラ
Qasr Al Sarab Desert Resort by Anantara
住Qasr Al Sarab Rd. Abu Dhabi 地図外
☎(02)886-2088
URL www.qasralsarab.anantara.com
料デラックスガーデン　Dh2100～
全206室　CC ADJMV

"空白の大地に突如現れる迷宮"、カスール・アル・サラブ・デザート・リゾート・バイ・アナンタラ Qasr Al Sarab Desert Resort by Anantara

アブダビ市内から車で約2時間30分の場所にある5つ星リゾート。不毛の大地として知られる「リワ砂漠」にあるとは思えないほどの豪華さを誇り、サービスと設備がともに充実した、まさにセレブのためのラグジュアリーリゾートだ。

茶色を基調とした客室は、全室バルコニーかテラスが付く。天井からぶら下がった銀と銅のシャンデリアや中東のこまやかな美しさが光る織物は、テラスから望む砂漠の景色に華やかな色を添える。さらに本館から約1km離れた場所にはロイヤル・パビリオンがある。アラビア王室をイメージした豪著な造りで、人数の多いグループで宿泊が可能。

ウオーキングツアーやキャメルトレッキングはもちろん、プールでのんびりと過ごすのもおすすめ。砂漠の生き物を観察しながら過ごせると評判だ。一方で、世界中で人気のアナンタラ・スパを受けるのもいい。砂漠で美しく生まれ変わる体験は一生の思い出になるはず。そのほか、テニスコートやフィットネスセンターもあるので、選択肢はまさに無限大。時期によってはフェスティバルも行っている。

"プライバシー重視の隠れ家的リゾート"、ザ・リッツカールトン・ラス・アル・ハイマ・ワディ・デザート The Ritz-Carlton Ras Al Khaimah, Al Wadi Desert

ドバイ国際空港から約85km。静寂のオアシスを敷地内にもった、約500ヘクタールの隠れ家的リゾートがラス・アル・ハイマにある。客室はすべてプール・ヴィラになっており、プライバシーを重視するためにそれぞれに一定の距離が保たれている。スパはもちろん、専用の自然保護区に囲まれており、滞在だけでなく、大自然や砂漠を思う存分味わうこともできる。自分に合った過ごし方を選ぼう。見渡す限りの砂丘に囲まれ、人の目を気にすることなくゆったりとした休日を過ごせる。魅惑のアラビアンリゾートとして、人気急上昇中のホテルだ。休暇を豪華に彩りたい人向け。

客室のインフィニティプールから砂漠を眺める

■ザ・リッツカールトン・ラス・アル・ハイマ・ワディ・デザート
The Ritz-Carlton Ras Al Khaimah, Al Wadi Desert
住Al Mazraa Ras Al Khaimah 地図P.154
☎(07)206-7777
URL www.ritzcarlton.com
料ヴィラ Dh2780～　全101室　CC ADMV

“砂漠の宝石”、
バブ・アル・シャムスBab Al Shams

ドバイ国際空港から車で約45分。なだらかな砂丘を走ると砂漠の中に突然現れる美しいリゾートホテル。その光景は、まるで蜃気楼のよう。ゲートを抜け、エントランスをくぐると、アラブ情緒たっぷりに演出された空間が細部にまで広がり、これから始まる優雅な砂漠のリゾートライフを期待させ、思わず胸が高鳴る。

室内はアラブの砦の一室を思わせる落ち着いたアラビアンスタイルでコーディネート。各種アメニティやランプ、織物などのインテリアにもこだわりが感じられ、上品な雰囲気が漂っている。ほとんどの部屋にテラスかバルコニーがあり、窓から砂漠の景観を楽しめる。

リゾート内には、砂漠を一望できる屋外バーがあったり、砂漠でキャメルトレッキングを体験したりと、ビーチエリアとはひと味違う楽しみ方ができる。夕景の砂漠を眺めていると、その神秘的で壮大な美しさに包まれ、アラビアンナイトのワンシーンに溶け込んだようなひとときを過ごすことができる。アラビアの雰囲気を味わうには最適のホテルだ。

■バブ・アル・シャムス・デザート・リゾート&スパ
Bab Al Shams Desert Resort & Spa
住P.O.Box 8168 地図外
☎(04) 809-6100
URL www.meydanhotels.com
料スーペリア　Dh1400～
全113室
CC ADJMV

バブ・アル・シャムズ・デザート・リゾート&スパ

“アラビアのロマンス”、
アル・マハAl Maha

ドバイから主要幹線路を外れて砂漠の中を走ること約45分、全容を目視できないほどの巨大な敷地を囲んだフェンスのゲートが現れる。アル・マハ・ア・ラグジュアリー・コレクション・デザート・リゾート&スパだ。このゲートから先は宿泊客のみがアクセス可能で、ここでホテル専用車に乗り換える。さらに10分ほど砂漠を走ると、いよいよリゾート施設へ到着する。

砂漠の民ベドウィン族のテントをイメージしたコテージは、このリゾートのコンセプト同様に、砂漠の景観に溶け込むよう、外観内装ともデザインされている。色使いにもこだわりを感じさせ、優雅で上質な雰囲気が広がる客室は、全室プライベートプールが付いたアラブ調のスイート。室内の厳選された家具や織物、装飾品などのインテリアの数々からも、ドバイの伝統が肌で感じられ、館内の豪華なアンティークとともに、アラビアンスタイルの滞在をよりいっそう華やいだものにしてくれる。

砂漠の動植物と共生するサンクチュアリー（聖域）と称されるリゾート。夜は、満天の星空の下、思いおもいのアラビアンナイトを楽しみたい。

■アル・マハ・ア・ラグジュアリー・コレクション・デザート・リゾート&スパ
Al Maha, a Luxury Collection Desert Resort & Spa
住Dubai Desert Conservation Reserve 地図外
☎(04) 832-9900
URL www.al-maha.com
料ベドウィンスイート　Dh4300～
全42室
CC ADJMV

アル・マハ・ア・ラグジュアリー・コレクション・デザート・リゾート&スパ

アブダビ

Abu Dhabi

アラビア半島から突き出した細長い島に開かれたアブダビの町は、上空から見るとサソリのような形をしている。裕福な財政に支えられたアブダビ首長国の首都であるとともに、アラブ首長国連邦の首都でもある。サソリの頭の部分に当たるのが市街の中心部で、はさみに当たる部分が港とビーチエリア。尾の部分にあるアブダビ国際空港から市街中心部までは車で30～40分ほどの距離だ。

ほんの数十年前までは、ほこりにまみれた小さな村だったのがうそのように、今では高層ビルが林立するアブダビ。アブダビとは「ガゼール（小レイヨウ）の父、故郷」を意味するアラビア語だ。昔から語り継がれる民話によると、1761年、海岸線をガゼールの足跡をたどってやってきたバニヤス族の猟師たちが、泉を発見したのが移住のきっかけとされている。

1962年から始まった石油時代とともに、急速な発展を遂げたアブダビは、世界でも類を見ない石油で潤う大都市へと発展した。無気質な冷たいイメージを抱く人も多いが、そこかしこにアラブの伝統が息づいている。高層ビルに囲まれた小さなモスクから聞こえてくるアザーン。ビルの谷間で静かに話し込むアラブの男たち。大都会の隙間で昔ながらの生活を守り続ける人々の姿がある。

たたずまいが美しいシェイク・ザイード・ビン・スルタン・アル・ナヒヤーン・モスク

アブダビ国際空港での入出国

IMMIGRATION

入国　アブダビ国際空港は大きい空港ではないので、ターミナル1、ターミナル3（おもにエティハド航空専用）のどちらに到着しても迷う人は少ない。案内板の指示に従って入国審査、荷物受取所を経て税関へ向かうのみ。ターミナル2は、ほかのターミナルとは少し離れた場所にある。

エティハド航空の無料バス

出国　どの航空会社を使うかによってターミナルが変わるので注意。特にターミナル3はエティハド航空とそのグループ会社の専用となっているほか、チケットのランクによっても、入口、チケットカウンターが違う。搭乗まで時間に余裕がある人はアブダビ市内にあるエアポート・シティ・ターミナル（ターミナル4と呼ばれる）でチェックインもできる。

50以上の航空会社が乗り入れている中東のハブ空港

アブダビ国際空港　*Abu Dhabi International Airport*

アブダビ国際空港は3つのターミナルで成り立つ。ターミナル1にはエールフランスやエジプト航空などが乗り入れており、ターミナル2はエア・インディア・エクスプレスなど、そしてターミナル3はアブダビの顔ともいえるエティハド航空専用となっている。そのため、エティハド航空の乗り継ぎ地として利用する人も多い。また、空港内にはドバイ国際空港ほどではないが、免税店など各種施設が充実している。ターミナル1・2には、食事やシャワー、無線LANなどが完備された有料ラウンジがある。シャワーのみの利用も可能（有料）。ターミナル3にはエティハド航空専用ラウンジがある。

ユニークな形のアブダビ国際空港ターミナル1

■アブダビ国際空港
☎(02)505-5555
URL www.abudhabiairport.ae

入出国カード
U.A.E.は入出国カードが必要ないので、そのまま入国審査に進めばよい。

エティハド航空のコーチサービス
エティハド航空の利用者は、アブダビ国際空港からドバイ、アル・アイン行きのバスを無料で利用することができる。乗り場はターミナル3の到着ロビー（地図 P.123）外にある。ドバイへは、マザヤ・センター行きで所要時間は約1時間15分。近くにメトロのノール・バンク（Noor Bank）駅があり便利だ。スケジュールは、1:30〜翌0:01の間に11便が運行。満席でなければ乗せてくれることもあるが、基本的には24時間前までに要予約。乗車する際は、航空券の半券と予約確認書を忘れずに。予約は下記ホームページで。
●エティハド航空
☎(02)511-0000
URL www.etihad.com/ja-jp
※エティハド航空利用でない場合はDh80で利用可。

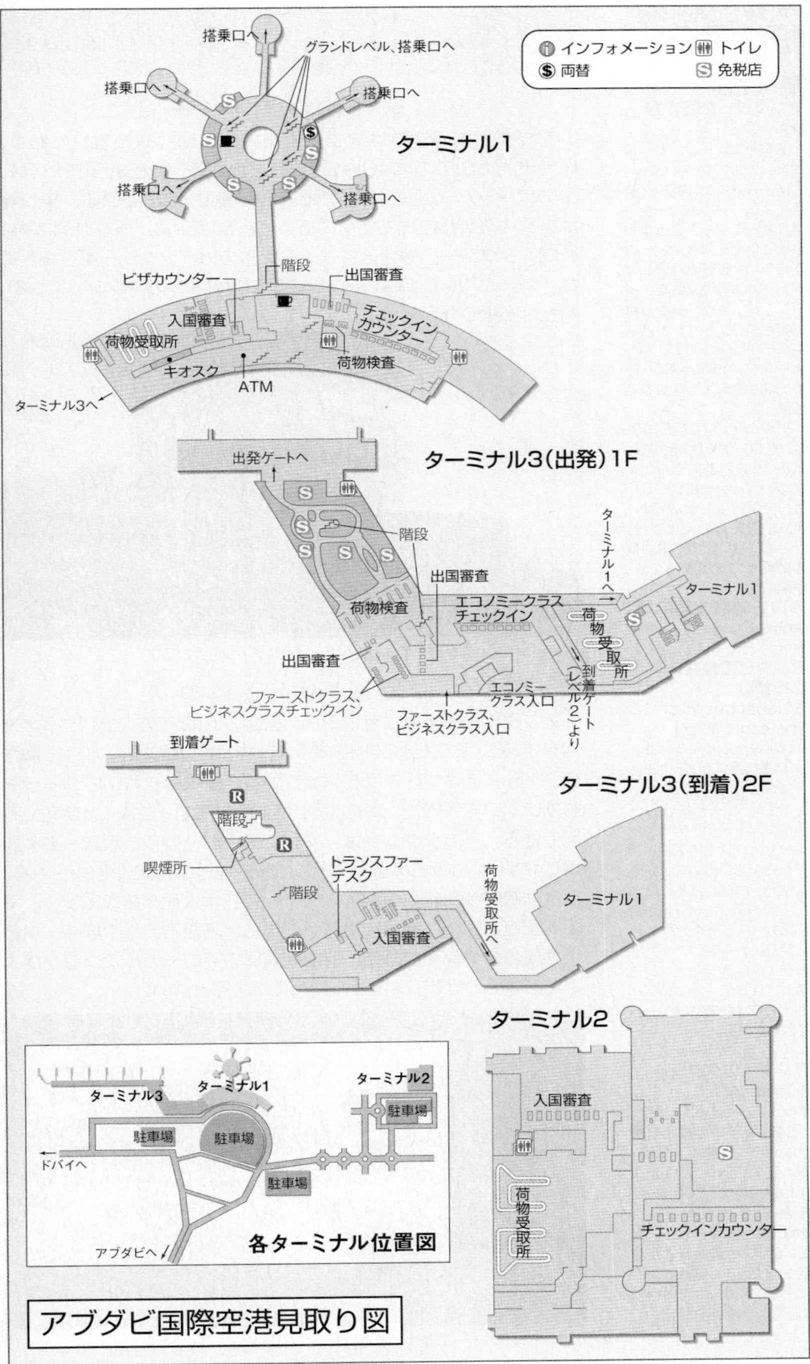
インフォメーション
トイレ
両替
免税店
ターミナル1
搭乗口へ
グランドレベル、搭乗口へ
階段
ビザカウンター
出国審査
入国審査
チェックイン カウンター
荷物受取所
キオスク
ATM
荷物検査
ターミナル3へ
ターミナル3(出発)1F
出発ゲートへ
階段
出国審査
荷物検査
エコノミークラス チェックイン
ターミナル1へ
ターミナル1
荷物受取所
到着ゲート(レベル2)より
出国審査
ファーストクラス、ビジネスクラスチェックイン
エコノミークラス入口
ファーストクラス、ビジネスクラス入口
到着ゲート
ターミナル3(到着)2F
階段
喫煙所
トランスファーデスク
荷物受取所へ
ターミナル1
入国審査
ターミナル2
ターミナル3
ターミナル1
ターミナル2
駐車場
ドバイへ
アブダビへ
各ターミナル位置図
入国審査
荷物受取所
チェックインカウンター

アブダビ国際空港見取り図

アブダビの市外局番
02

ACCESS
アブダビへの行き方
バス
　ドバイのバール・ドバイ地区、アル・グバイバ・バスステーション（地図P.73）とイブン・バットゥータ・バスターミナルの2ヵ所から出ている。料金はともにDh25、所要時間はアル・グバイバから約2時間、イブン・バットゥータから約1時間30分。チケットはバスステーションで。ノル・カード（→P.65）のシルバーカードでの購入となるので注意。
　アル・グバイバ発（E100）は、5:00〜24:00頃の間に10〜15分おきに運行。イブン・バットゥータ発（E101）は、5:00〜21:00の間に30分〜1時間おきに運行。ともに曜日によって最終便の時間などが異なるので、事前に確認を。
●ドバイ道路交通局（RTA）
URL www.rta.ae

アブダビの公共バス（交通局）
●Department of Transport (DoT)
URL www.dot.abudhabi.ae
　94番のバスがルーヴル・アブダビ（→P.132）からシェイク・ザイード・ビン・スルタン・アル・ナヒヤーン・モスク（→P.130）までを結んでいるので、観光に便利。バスに乗るにはハフィラットカードHafilat Cardというバスカードが必要だ。カードはアル・ワヘダ・バスステーションで購入できる。ドバイのノル・カードでは乗車できないので注意しよう。

アブダビのタクシー
●Trans AD
☎600-53-53-53（予約）
　24時間予約可能。初乗りはDh5（夜間はDh5.5）、1kmごとにDh1.82が加算される。また、50kmを超えた場合は1kmごとにDh1.69が加算される。また、Dh12の最低料金が設定されている。電話でタクシーを呼ぶ場合は、Dh4（夜間Dh5）が別途必要。

交通案内
TRANSPORTATION

空港から市内へ

　アブダビ国際空港はアブダビ市内から約23km離れており、車で市内に出るのに40〜50分ほどかかる。空港から市内へは、エアポートバスが約40分ごと（24時間）に出ている。乗り場は各ターミナルを出てすぐにある。料金はDh4。所要時間は約1時間。タクシーの場合は各ターミナルの外にタクシー乗り場があり、ターミナル1・3は、ベンツのワゴンタイプのタクシーになる。料金は初乗りがDh20。

ドバイからのバスが着くアル・ワヘダ・バスステーション

市内交通

　アブダビの市街地は南北2km、東西7kmほどでコンパクト。市内を走る公共バスは24時間運行で料金は一律Dh2。バスの前から3列目までは女性専用となっている。車内はきれいでクーラーも効いていて快適だ。町の地図や目印を把握しておくと便利に利用できる。一方タクシーは、すべてメーター制で、台数も多く利用しやすい。ホテルやショッピングモール、路上でも停められる。料金は初乗りDh5（夜間はDh5.5）で日本に比べ格段に安い。乗車するときは後部座席に乗ろう。また、高級ホテルの場合、ホテル専属のタクシーがある。料金は高いのでローカルタクシーがよい場合はその旨をコンシェルジュに伝えるとよい。

タクシーはシルバーの車体に黄色の表示灯が目印

歩き方
WALKING AROUND

水分補給をしながら町歩き

アブダビ中心部の通りは、比較的碁盤の目のように造られているので把握しやすい。しかしローシーズンなどは気温が40℃を超す灼熱の都市なので、タクシーやバスなどを併用して町歩きを楽しむといいだろう。また、アブダビの道路には道路名と番号がついている。例えば、アブダビ・ドバイ・ロードとシェイク・ザイード・ブリッジでつながっているのが**シェイク・ザイード・ビン・スルタン・ストリートSheikh Zayed bin Sultan St.**で番号は8、市街のいちばん北側を東西に走るハイウエイになる。

町の中心部を歩く

町の中心はSワールド・トレード・センター（→P.138）と接している**アル・ナスール・ストリート5 Al Nasr St.**沿い。手軽に利用できる食堂や、両替所、ショッピングモール、中級ホテルなどが点在している。バス停があるので地元の人もよく利用するエリアだ。また、道路沿いを南西に向かうと、Hインターコンチネンタル・アブダビに突き当たり、北東に行くとHル・ロイヤル・メリディアン・アブダビに突き当たる。そのそばにはSアブダビ・モールがあり、食事や買い物をするのに便利だ。

アラビア湾の景観が美しいコルニーシュ・ストリート

アラビア湾に面し、海岸に沿って走っているのが**コーニッシュ・ストリート1 Corniche St.**。ビーチ沿いには整備された遊歩道があり、無料で利用できるパブリックビーチと、パラソルやチェアなどが用意された有料ビーチが続く。 アラビア湾のインディゴブルーの海が続く道路沿いには、緑豊かな公園や5つ星の高級ホテル、高層ビル群を見ることができる。北東に行けばシェイク・カリファ・ブリッジSheikh Khalifa Bridgeでつながっているサディヤット島、南西へ行けば宮殿の名をもつHエミレーツ・パレス・ホテル（→P.139）、展望台からの眺めが美しいHジュメイラ・アット・エティハド・タワーズ（→P.139）にいたる。Hエミレーツ・パレスを北へ行くと、Sマリーナ・モール（→P.138）や昔の暮らしぶりが再現されているヘリテージ・ビレッジ（→P.133）がある。

Hジュメイラ・アット・エティハド・タワーズにある展望ラウンジ（→P.139）

■**アブダビ・ビジター・インフォメーション・センター Abu Dhabi Visitor Information Centres**
URL visitabudhabi.ae
●**アブダビ国際空港**
地図P.127-D2
開7:00～翌1:00　休無休
●**ザ・スーク・セントラル・マーケット（WTCスーク）**
地図P.129-C2
開10:00～20:00　休無休
●**フェラーリ・ワールド・アブダビ**　地図P.127-D1
開11:00～20:00　休月曜
アブダビにはツーリストインフォメーションセンターが3ヵ所あり、無料の地図やガイドブックなどが用意されている。

アブダビでの両替
アブダビ国際空港や銀行、町なかやショッピングモールの両替所、ホテルなどで両替が可能。町なかとショッピングモールにある両替所のレートが比較的よいといわれているが、店によってレートが異なるので、事前にレートの確認を。町なかの両替所は、金曜は夕方からオープンするので注意しよう。

アブダビのビッグ・バス
観光名所を巡る便利なビッグ・バス（→P.67）がアブダビにもある。停車場所は、フェラーリ・ワールド・アブダビ、シェイク・ザイード・グランド・モスク、パブリックビーチ、アブダビ・モール、ヤス島など、計18ヵ所。ドバイのビッグ・バスも乗車したいという人は、コンボ券を購入しよう。24時間以内ならどちらの町でもビッグ・バスに乗れるお得なチケットだ。現地には無料のパンフレットがいたるところに置かれているので、ルート、運行時間についてはこちらでチェックしよう。
URL www.bigbustours.com
料デイツアー（24時間）
大人　US$76.20
子供(5～15歳)　US$51.50
※料金、サービスの内容、ルートなどは変更する場合がある。

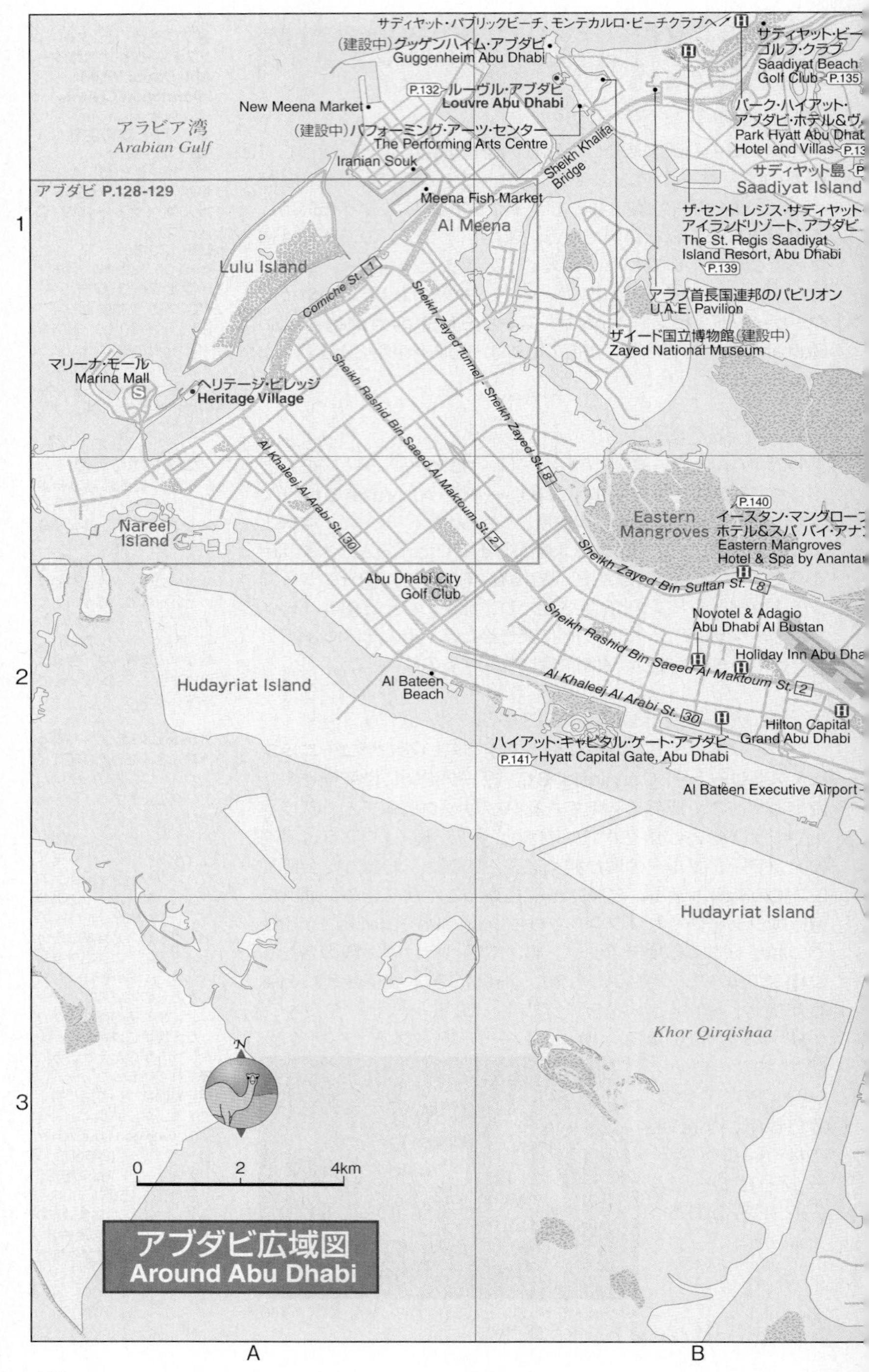

サディヤット・パブリックビーチ、モンテカルロ・ビーチクラブへ
サディヤット・ビー
ゴルフ・クラブ
Saadiyat Beach
Golf Club P.135
(建設中)グッゲンハイム・アブダビ
Guggenheim Abu Dhabi
P.132 ルーヴル・アブダビ
Louvre Abu Dhabi
New Meena Market
アラビア湾
Arabian Gulf
(建設中)パフォーミング・アーツ・センター
The Performing Arts Centre
パーク・ハイアット・
アブダビ・ホテル&ヴ
Park Hyatt Abu Dhab
Hotel and Villas P.13
サディヤット島
Saadiyat Island
Iranian Souk
Sheikh Khalifa Bridge
アブダビ P.128-129
Meena Fish Market
Al Meena
ザ・セント レジス・サディヤット・
アイランドリゾート、アブダビ
The St. Regis Saadiyat
Island Resort, Abu Dhabi
P.139
1
Lulu Island
Corniche St. 1
Sheikh Zayed Tunnel - Sheikh Zayed St. 8
アラブ首長国連邦のパビリオン
U.A.E. Pavilion
ザイード国立博物館(建設中)
Zayed National Museum
マリーナ・モール
Marina Mall
ヘリテージ・ビレッジ
Heritage Village
Sheikh Rashid Bin Saeed Al Maktoum St. 2
Al Khaleej Al Arabi St. 30
P.140
イースタン・マングローブ
ホテル&スパ バイ・アナン
Eastern Mangroves
Hotel & Spa by Anantar
Eastern Mangroves
Nareel Island
Sheikh Zayed Bin Sultan St. 8
Abu Dhabi City
Golf Club
Novotel & Adagio
Abu Dhabi Al Bustan
Holiday Inn Abu Dha
Sheikh Rashid Bin Saeed Al Maktoum St. 2
2
Hudayriat Island
Al Bateen
Beach
Al Khaleej Al Arabi St. 30
Hilton Capital
Grand Abu Dhabi
ハイアット・キャピタル・ゲート・アブダビ
P.141 Hyatt Capital Gate, Abu Dhabi
Al Bateen Executive Airport
Hudayriat Island
Khor Qirqishaa
N
3
0
2
4km
A
B

アブダビ広域図
Around Abu Dhabi

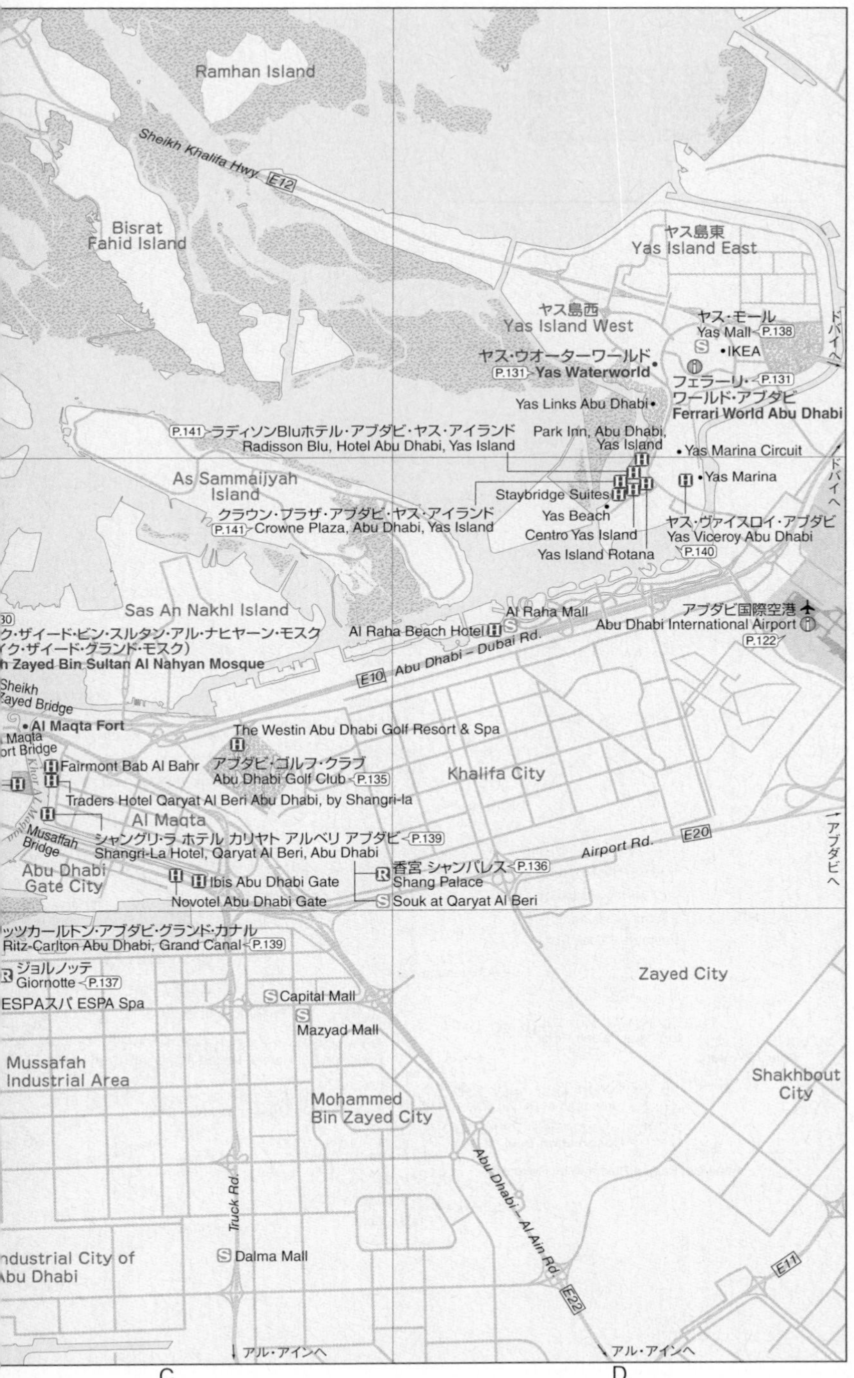
Ramhan Island
Sheikh Khalifa Hwy. E12
Bisrat Fahid Island
ヤス島東
Yas Island East
ヤス島西
Yas Island West
ヤス・モール
Yas Mall P.138
IKEA
ドバイへ
ヤス・ウオーターワールド
P.131 Yas Waterworld
フェラーリ・ワールド・アブダビ P.131
Ferrari World Abu Dhabi
Yas Links Abu Dhabi
P.141 ラディソンBluホテル・アブダビ・ヤス・アイランド
Radisson Blu, Hotel Abu Dhabi, Yas Island
Park Inn, Abu Dhabi, Yas Island
Yas Marina Circuit
As Sammaijyah Island
Yas Marina
Staybridge Suites
クラウン・プラザ・アブダビ・ヤス・アイランド
P.141 Crowne Plaza, Abu Dhabi, Yas Island
Yas Beach
Centro Yas Island
Yas Island Rotana
ヤス・ヴァイスロイ・アブダビ
Yas Viceroy Abu Dhabi
P.140
Sas An Nakhl Island
Al Raha Mall
アブダビ国際空港
Abu Dhabi International Airport
P.122
Al Raha Beach Hotel
ク・ザイード・ビン・スルタン・アル・ナヒヤーン・モスク
イク・ザイード・グランド・モスク)
n Zayed Bin Sultan Al Nahyan Mosque
E10 Abu Dhabi – Dubai Rd.
Sheikh Zayed Bridge
Al Maqta Fort
Maqta ort Bridge
The Westin Abu Dhabi Golf Resort & Spa
Fairmont Bab Al Bahr
アブダビ・ゴルフ・クラブ
Abu Dhabi Golf Club P.135
Khalifa City
Traders Hotel Qaryat Al Beri Abu Dhabi, by Shangri-la
Al Maqta
シャングリ・ラ ホテル カリヤト アルベリ アブダビ P.139
Shangri-La Hotel, Qaryat Al Beri, Abu Dhabi
Musaffah Bridge
Airport Rd. E20
アブダビへ
Abu Dhabi Gate City
香宮 シャンパレス P.136
Shang Palace
Ibis Abu Dhabi Gate
Novotel Abu Dhabi Gate
Souk at Qaryat Al Beri
ッツカールトン・アブダビ・グランド・カナル
Ritz-Carlton Abu Dhabi, Grand Canal P.139
ジョルノッテ
Giornotte P.137
ESPAスパ ESPA Spa
Zayed City
Capital Mall
Mazyad Mall
Mussafah Industrial Area
Shakhbout City
Mohammed Bin Zayed City
Truck Rd.
Abu Dhabi – Al Ain Rd.
E22
E11
Dalma Mall
ndustrial City of bu Dhabi
アル・アインへ
アル・アインへ
C
D

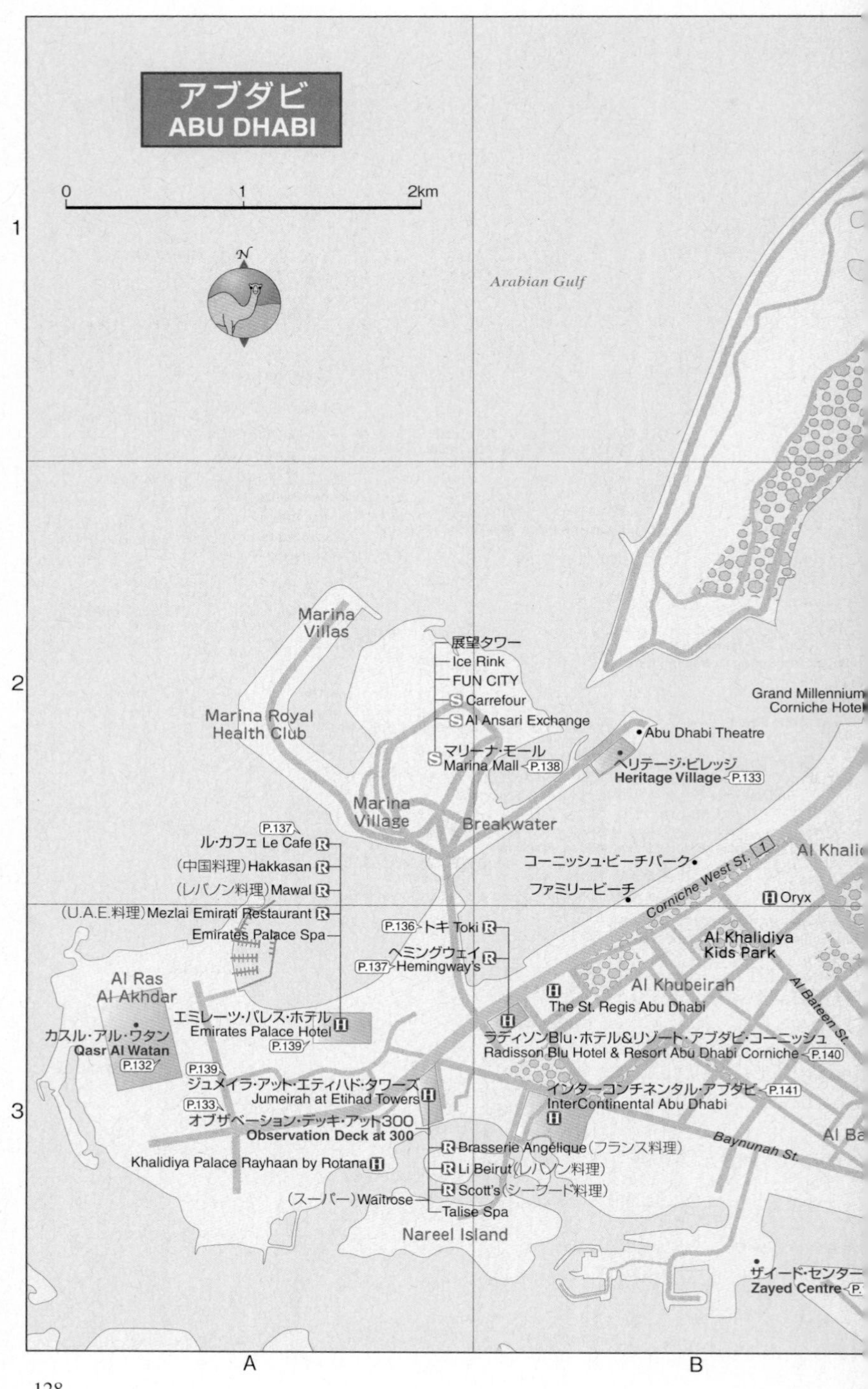
アブダビ
ABU DHABI
0
1
2km
Arabian Gulf
Marina Villas
展望タワー
Ice Rink
FUN CITY
Carrefour
Al Ansari Exchange
マリーナ・モール
Marina Mall P.138
Marina Royal Health Club
Grand Millennium Corniche Hotel
Abu Dhabi Theatre
ヘリテージ・ビレッジ
Heritage Village P.133
Marina Village
Breakwater
P.137
ル・カフェ Le Cafe
(中国料理)Hakkasan
(レバノン料理)Mawal
(U.A.E.料理)Mezlai Emirati Restaurant
Emirates Palace Spa
コーニッシュ・ビーチパーク
ファミリービーチ
Corniche West St.
1
Oryx
P.136 トキ Toki
ヘミングウェイ
P.137 Hemingway's
Al Khalidiya Kids Park
Al Khubeirah
Al Bateen St.
Al Ras Al Akhdar
エミレーツ・パレス・ホテル
Emirates Palace Hotel
P.139
カスル・アル・ワタン
Qasr Al Watan
P.132
The St. Regis Abu Dhabi
ラディソンBlu・ホテル&リゾート・アブダビ・コーニッシュ
Radisson Blu Hotel & Resort Abu Dhabi Corniche P.140
P.139
ジュメイラ・アット・エティハド・タワーズ
Jumeirah at Etihad Towers
インターコンチネンタル・アブダビ P.141
InterContinental Abu Dhabi
P.133
オブザベーション・デッキ・アット300
Observation Deck at 300
Brasserie Angélique(フランス料理)
Khalidiya Palace Rayhaan by Rotana
Li Beirut(レバノン料理)
Scott's(シーフード料理)
(スーパー)Waitrose
Talise Spa
Baynunah St.
Nareel Island
ザイード・センター
Zayed Centre
A
B
1
2
3

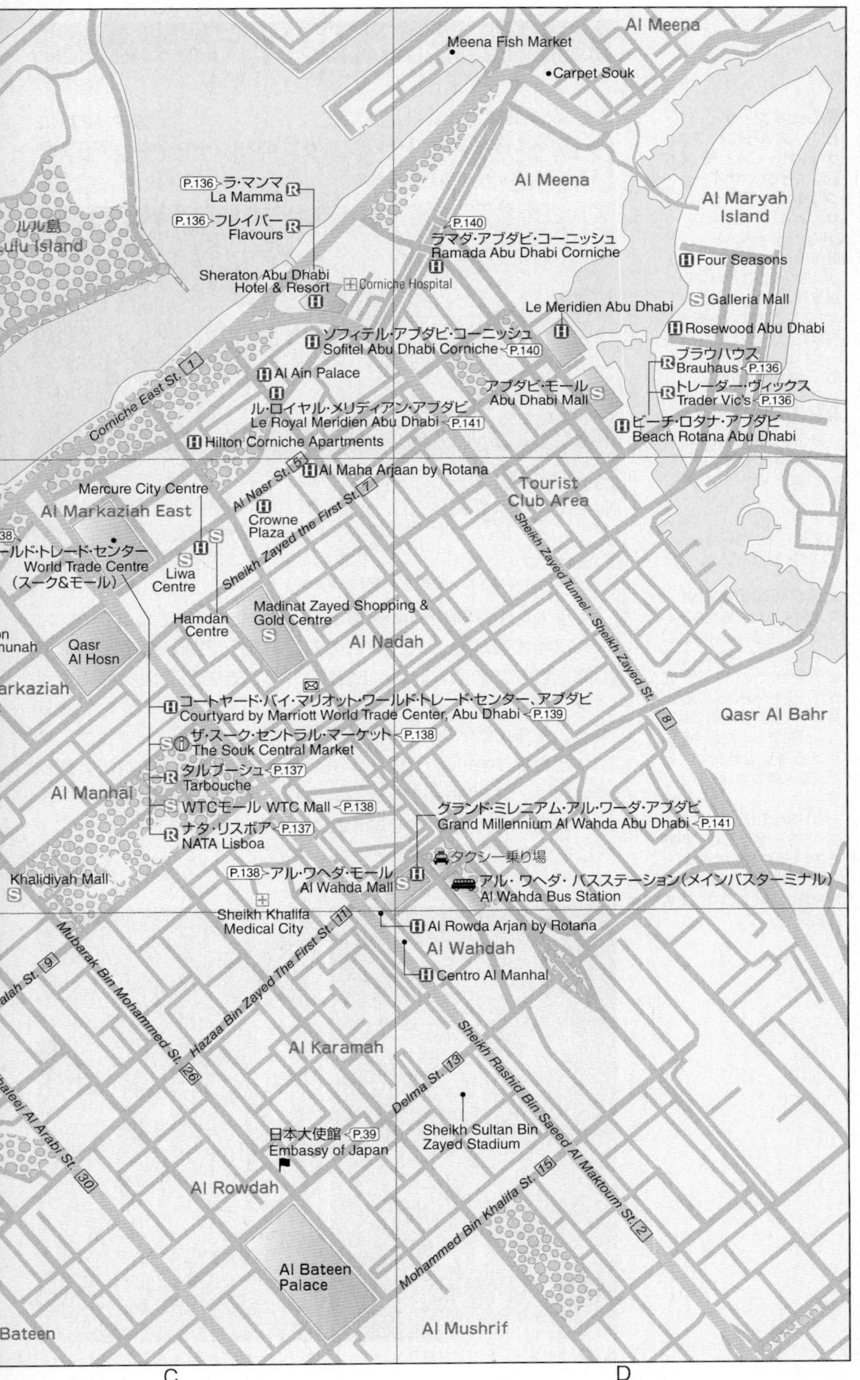
Al Meena
Meena Fish Market
Carpet Souk
Al Meena
Al Maryah Island
P.136 ラ・マンマ La Mamma
P.136 フレイバー Flavours
ルル島 Lulu Island
Sheraton Abu Dhabi Hotel & Resort
Corniche Hospital
P.140 ラマダ・アブダビ・コーニッシュ Ramada Abu Dhabi Corniche
Four Seasons
Galleria Mall
Le Meridien Abu Dhabi
Rosewood Abu Dhabi
ソフィテル・アブダビ・コーニッシュ Sofitel Abu Dhabi Corniche P.140
ブラウハウス Brauhaus P.136
Al Ain Palace
アブダビ・モール Abu Dhabi Mall
トレーダー・ヴィックス Trader Vic's P.136
ル・ロイヤル・メリディアン・アブダビ Le Royal Meridien Abu Dhabi P.141
ビーチ・ロタナ・アブダビ Beach Rotana Abu Dhabi
Corniche East St. 1
Hilton Corniche Apartments
Al Nasr St. 5
Al Maha Arjaan by Rotana
Mercure City Centre
Sheikh Zayed the First St. 7
Tourist Club Area
Al Markaziah East
Crowne Plaza
ワールド・トレード・センター World Trade Centre（スーク&モール）
Liwa Centre
Sheikh Zayed Tunnel - Sheikh Zayed St.
Hamdan Centre
Madinat Zayed Shopping & Gold Centre
Qasr Al Hosn
Al Nadah
Al Markaziah
コートヤード・バイ・マリオット・ワールド・トレード・センター、アブダビ Courtyard by Marriott World Trade Center, Abu Dhabi P.139
8
Qasr Al Bahr
ザ・スーク・セントラル・マーケット The Souk Central Market P.138
タルブーシュ Tarbouche P.137
Al Manhal
WTCモール WTC Mall P.138
ナタ・リスボア NATA Lisboa P.137
グランド・ミレニアム・アル・ワーダ・アブダビ Grand Millennium Al Wahda Abu Dhabi P.141
タクシー乗り場
P.138 アル・ワヘダ・モール Al Wahda Mall
アル・ワヘダ・バスステーション（メインバスターミナル） Al Wahda Bus Station
Khalidiyah Mall
Sheikh Khalifa Medical City
Al Rowda Arjan by Rotana
Al Wahdah
Centro Al Manhal
Mubarak Bin Mohammed St.
9
Hazaa Bin Zayed The First St. 11
26
Al Karamah
Delma St. 13
Sheikh Rashid Bin Saeed Al Maktoum St. 2
Sheikh Sultan Bin Zayed Stadium
日本大使館 Embassy of Japan P.39
Khaleej Al Arabi St. 30
Al Rowdah
Mohammed Bin Khalifa St. 15
Al Bateen Palace
Al Mushrif
Bateen
C
D

おもな見どころ
SIGHTSEEING

贅を極めた装飾品にも注目

地図P.127-C2

シェイク・ザイード・ビン・スルタン・アル・ナヒヤーン・モスク
Sheikh Zayed Bin Sultan Al Nahyan Mosque

夜はライトアップされ、幻想的な情景が浮かび上がる

4万人の礼拝者を収容することができる巨大なモスク。2007年の完成後、アブダビの新しい観光名所として毎日大勢の観光客が訪れる。「U.A.E.建国の父」である前大統領のシェイク・ザイード・ビン・スルタン・アル・ナヒヤーンの名を冠する。工事の際には、イタリア、ドイツ、トルコ、イラン、中国など世界中から、デザイナーや建築材料が集められた。注目すべきは、礼拝堂内に敷き詰められた世界一大きい手織りペルシャ絨毯。その大きさも驚きだが、柄もたいへん美しい。アブダビを訪れるなら絶対に外せない名所だ。

世界最大のシャンデリアは直径10m

柱の一本一本にも美しい細工が施されている

■シェイク・ザイード・ビン・スルタン・アル・ナヒヤーン・モスク（シェイク・ザイード・グランド・モスク）

☎(02)419-1919
URL szgmc.gov.ae
開9:00～22:00
休金曜の9:00～16:30
料無料
※1日に3回ほど、観光客向けにモスク内ツアーを行っている（曜日により異なる）。参加費は無料。

ACCESS

アブダビ市内中心部からタクシーで所要約20分。料金はDh30～35。バスの場合、アル・ワヘダ・バスステーションから94番のバスがモスク内へ乗り入れている。料金はDh2。

モスク訪問の注意点

入場する際、厳格なドレスコードがある。男性は、ノースリーブ、短パンは禁止。女性は、首、手首、足首から先を除き、肌の露出、体のラインが出る服装は不可。長袖でも、白色や肌の透ける薄手の素材は不可だ。髪を隠すストールも必要。

2019年12月現在、個人客・ツアー客ともに、無料でアバヤの貸し出しあり（身分証明書が必要）。内容が頻繁に変わるので、事前に確認を。

F1界で話題を独占するフェラーリのテーマパーク　地図P.127-D1

フェラーリ・ワールド・アブダビ *Ferrari World Abu Dhabi*

ヤス島にある世界初のフェラーリ関連の屋内テーマパーク。アブダビに来る観光客のほとんどが訪れるという超人気スポットだ。フェラーリの象徴でもある巨大な赤色の屋根の下には、F1マシーンやスポーツカーをイメージしたアトラクションやオフィシャルショップ、レストランなどがある。

テーマパークいちばんの目玉は最高時速240キロに達する世界最速のジェットコースター「フォーミュラ・ロッサ」だ。スタートして2秒で時速100キロに到達し、最大で1.7Gの重力がかかる。背中がシートに押しつけられるような感覚は、日本のジェットコースターに慣れている人でも驚くはず。またフェラーリのドライバーが実際にトレーニングで使用しているシミュレーションマシン「スクーデリア・チャレンジ」もぜひ試してみたい。ほかにも新旧のフェラーリが展示されたギャラリーや、創業者エンツォ・フェラーリの人生を学べるショート映画など、アトラクションの数は20種類以上もある。ただし乗り物のアトラクションは身長などの制限がある。

■フェラーリ・ワールド・アブダビ
☎(02)496-8000
URL www.ferrariworldabudhabi.com
開 11:00〜20:00
休 無休
料 シングルデイチケット Dh355

ACCESS

ヤス島まではアブダビ市内からタクシーの利用がいちばん早くて便利。料金はアブダビ市内中心部からDh70〜80、所要約30分が目安。バスを利用したい人は、アル・ワヘダ・バスステーションから190番のバスに乗り、フェラーリ・ワールドで下車。料金はDh4。所要約45分。島内の移動は、ヤス島内を巡回している無料のシャトルバス「ヤス・エクスプレス」を利用しよう。帰りはタクシーが並んで待っている。

ドバイからヤス島までのフリーシャトルバスのサービスもある。詳細はフェラーリ・ワールド・アブダビのウェブサイトを確認しよう。

数々のフェラーリが並ぶギャラリー

レーシングカーも展示されている

迫力のピットインやコメディショー

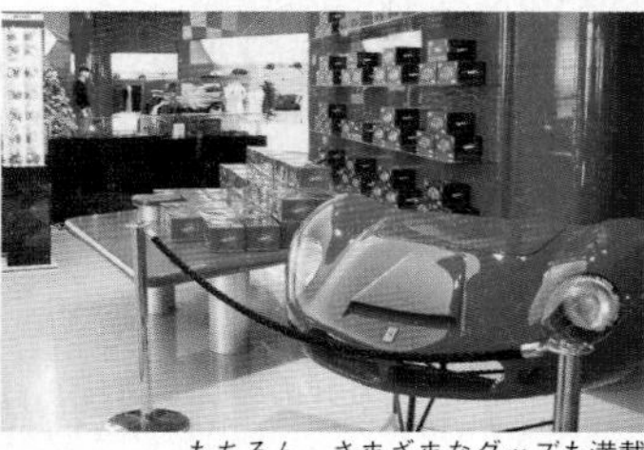
もちろん、さまざまなグッズも満載

子供から大人まで楽しめる水のテーマパーク　地図P.127-D1

ヤス・ウオーターワールド *Yas Waterworld*

サッカー場15個分の広さを誇る巨大な施設内に、世界最速のウオータースライダーをはじめ、43種類ものアトラクションが楽しめるアドベンチャー・ウオーターパーク。子供向けのアトラクションも多く、ファミリーにおすすめだ。

家族連れに人気

■ヤス・ウオーターワールド
☎(02)496-8000
URL yaswaterworld.com
開 10:00〜17:00（冬季）
休 無休
料 シングルデイチケット Dh300

ACCESS

アブダビ市内中心部からタクシーで所要約30分。料金はDh70〜80。バスの場合は、アル・ワヘダ・バスステーションから190番のバスに乗り、フェラーリ・ワールドで下車、そこから無料のシャトルバス「ヤス・エクスプレス」に乗り換える。

ドバイからヤス島までのフリーシャトルバスのサービスもある。詳細はヤス・ウオーターワールドのウェブサイトを確認しよう。

■ルーヴル・アブダビ
住Saadiyat Cultural District
☎(600)565-565
URL www.louvreabudhabi.ae
開土・日・火・水曜 10:00～20:00
木・金曜 10:00～22:00
休月曜
料大人 DH60
学生(13～22歳) Dh30

ACCESS
アブダビ市内中心部からタクシーで所要約20分。バスの場合、シェイク・ザイード・ビン・スルタン・アル・ナヒヤーン・モスクからアル・ワヘダ・バスステーションを通り、ルーヴル・アブダビまでを94番のバスがつないでいる。料金はDh2。

アブダビの新ランドマークに

地図P.126-B1

ルーヴル・アブダビ *Louvre Abu Dhabi*

ベンチがありゆったりと鑑賞できる

メタリックなドーム型の屋根が印象的

同じ時代の、違う地域のものを並べて展示している。写真は手前の器がトルコ、奥の箱が日本

2017年11月、フランスのルーヴル美術館の別館としてルーヴル・アブダビがサディヤット島にオープン。この美術館はU.A.E.とフランス両国が協働した国家プロジェクトで、館内には23のギャラリーを設け、600点以上の所蔵作品が展示されている。年4回の企画展を予定し、フランスにある13の美術館の貴重な絵画などがここで見られることもルーヴル・アブダビならではの特典。子供向けの博物館、カフェ、レストラン、オリジナルグッズなどが購入できるミュージアムショップを併設。

■カスル・アル・ワタン
住Al Ras Al Akhdar
☎600-544-442
URL www.qasralwatan.ae
開10:00～20:00
休無休
料大人 Dh60
子供 Dh30
ガイドツアー Dh30
※不定期で休館になることがあるので、事前にウェブサイトで開館情報を確認してから行ったほうがよい。

ACCESS
アブダビのアル・ワヘダ・バスステーションからタクシーで15分ほど。

絢爛豪華な宮殿兼大統領官邸

地図P.128-A3

カスル・アル・ワタン *Qasr Al Watan*

2019年から新たに公開されたカスル・アル・ワタンは、「祖国の宮殿」の意。大統領と副大統領、皇太子の執務室があり、大きなドームのある大ホール、庭園、豪華なシャンデリア、ステンドグラスなど贅を尽くした内部を見学することができる。また、何世紀にもわたるアラブの知識と文化を保存した図書館も見学可能。その蔵書は5万冊に及ぶ。夜に上演される光のショーも見応えがある。

エントランスにも大きなドームがある

アラビア湾と高層ビル群を大パノラマで 地図P.128-A3

オブザベーション・デッキ・アット300 *Observation Deck at 300*

5つの棟からなるエティハド・タワーズ・コンプレックスのタワー2の72階にある展望台。アブダビ市内の高層ビル群はもちろん、アラビア湾に浮かぶ島々の景色が360度楽しめ、目の前に立つⒽエミレーツ・パレスの全景も見渡せる。また、展望台はカフェラウンジになっているので、軽食とドリンク、ハイティー（要予約）が楽しめる。Ⓗジュメイラ・アット・エティハド・タワーズの宿泊者は入場無料。宿泊者以外はDh95の入場料が必要だが、展望台での飲食代Dh55が含まれている。

アラビア湾を眺めながら優雅なひとときを

「U.A.E.建国の父」シェイク・ザイードの遺品が見られる 地図P.128-B3

ザイード・センター *Zayed Centre*

近代的なビルが林立するアル・バーテン地区にある。この博物館は、「建国の父」として今も人々に敬われているシェイク・ザイードにまつわる遺品や写真などを展示している。

食事もできるカルチャー・ビレッジ 地図P.128-B2

ヘリテージ・ビレッジ *Heritage Village*

ブレイクウオーター・パークにあり、土壁のタワーが目印。ヤシの葉で囲まれた中はベドウィンのテントなどが配され、往時の生活ぶりがわかるようになっている。またワークショップでは、壺を作ったり織物をしていたりする職人の姿を目にすることができる。博物館には昔の武器やコーヒーポットなどが展示されている。併設されたレストランでは、潮風に吹かれながらアラブ料理も食べられる。

アブダビの沖合500mに浮かぶ芸術と文化の島 地図P.126-B1

サディヤット島 *Saadiyat Island*

アブダビのなかでも美しいビーチをもつ人工島のサディヤット島は、世界有数のレジャーアイランドを目指し、莫大な予算を投じて開発が行われている。現在、ふたつのリゾートホテル、アラビア湾を見下ろす絶景が楽しめるゴルフコース、そのほかプライベートビーチやビーチラウンジ、バー、スパなどを完備したモンテカルロ・ビーチクラブがある。島には地元でも美しいと評判のパブリックビーチがあり誰でも利用できる。400mに及ぶビーチには、有料だがサンデッキやパラソル、シャワー、カフェなどがあり、ライフガードが常勤、水着さえあれば楽しめる。アブダビ市内から車で15〜20分。

■オブザベーション・デッキ・アット300
☎(02)811-5666
開10:00〜19:00
休無休
料Dh95

ACCESS
アブダビ市内中心部からタクシーで所要約10分。料金はDh15〜20。

■ザイード・センター
☎(02)665-9555
URL www.torath.ae
開日〜木曜 8:30〜15:30
休金・土曜
料無料
※都合により15:30より早く閉館する場合もある。

■ヘリテージ・ビレッジ
☎(02)681-4455
開土〜木曜 9:00〜17:00
金曜 9:00〜15:30
休無休
料無料

昔の生活が再現されている

■サディヤット島パブリックビーチ
開8:00〜夕方 休無休
料入場料
大人 Dh25
子供 Dh15
※施設利用の場合は、入場料込みで平日Dh50、週末Dh75。

ACCESS
アブダビ市内中心部からタクシーで所要約20分。料金はDh30〜40。バスの場合は、アル・ワヘダ・バスステーションから192番のバスで、終点のサディヤット・アイランド・パブリックビーチ下車。料金はDh4。

施設が充実しているパブリックビーチ

ツアー案内
TOUR

アブダビの主要な見どころを巡るハイライトツアー

アブダビ市内観光ツアー *Abu Dhabi City Tour*

アブダビの最大の見どころであるシェイク・ザイード・ビン・スルタン・アル・ナヒヤーン・モスク（→P.130）をはじめ、アブダビの歴史や文化を知ることができるヘリテージ・ビレッジ（→P.133）見学、宮殿の名をもつ🄷エミレーツ・パレス（→P.139）を車窓から見学するなど、人気のスポットを巡るツアー。

モスク内の装飾は一見の価値あり

鷹匠のデモンストレーションを見ることができる

アブダビ・スペシャル・ツアー *Abu Dhabi Special Tour*

鷹匠はアラブが起源ともいわれるほど、この地とタカの関係は深い。アブダビにはタカ専門の病院があり、そこを訪れる特別なツアーが催行されている。ツアーは、初めにアブダビ観光の名所であるシェイク・ザイード・グランド・モスクへ行く。そして、次に湾岸諸国で初めてのタカ専門の病院「アブダビ・ファルコン・ホスピタル」を訪れる。展示室でタカの種類やタカ狩りの道具を見学したあと、医師や看護師からタカのケアの仕方についてのレクチャーを受ける。その後、迫力ある鷹匠の実演。ドバイ発、アブダビ発の両方で参加ができる。

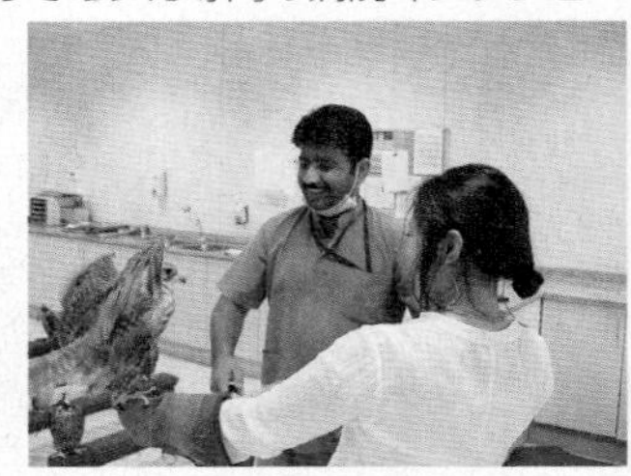
日程によっては鷹匠体験が可能

そのほかのツアー
Another Tour

U.A.E.のツアーは参加者の宿泊地の関係上、ドバイ発が多い。例えばアブダビ市内を観光する1日ツアー（→P.88）はドバイ発のツアー。また、アブダビ首長国で2番目に大きな町「アル・アイン」でラクダ市を見学できるアル・アイン観光(→P.87)もドバイ発のツアーだ。アブダビ発は上記のツアー以外に、アブダビの夜景を楽しむダウ船ディナークルーズや、砂丘でディナーを楽しむ砂丘サファリ＆ディナーなどがある。ツアー会社によって催行日、内容、料金などが異なるので確認しよう。そのほか希望の場所があればツアー会社に相談してみよう。

■アブダビ市内観光ツアー（アブダビ発着）
出発　金曜を除く毎日（2名より催行）
料Dh300～
所要時間　終日（約7～8時間）
※ツアー会社によって内容、料金が異なるので予約時に確認を。

アブダビのおもな旅行会社
●オリエント・ツアーズ
Orient Tours LLC
住PO Box 61790, Dubai, UAE
☎(04)282-8238
URL www.orient-tours-uae.com
E-Mail japan@orienttours.ae（日本語可）
日本人スタッフが常勤している。ドバイ発、アブダビ発のオプショナルツアーの手配他、要望に沿った手配・日本語ガイドの手配可。
日本での問い合わせ先：
●(株)トレンズ・インターナショナル
Trends International, Inc.
東京☎(03)3475-4453
URL www.trends-international.co.jp

■アブダビ・スペシャル・ツアー
出発　週2回
料Dh430～
所要時間　約5時間

アブダビ発のツアー
●ダウ船ディナークルーズ
出発　毎日（2名より催行）
料Dh330～
所要時間　約2時間

●砂丘サファリ＆ディナー
出発　要相談
料参加の際、事前に確認のこと。
所要時間　要相談

スポーツ&アクティビティ
SPORTS & ACTIVITY

ゴルフ　Golf

地図P.127-C2

アブダビ・ゴルフ・クラブ　*Abu Dhabi Golf Club*

アブダビ市内から車で20分ほどの所にあるゴルフコース。27ホールのチャンピオンシップコースは、砂漠を切り開いて造られた中東らしいコースが特徴的だ。

ゴルフボールの上に大きな翼を広げたタカが止まっている印象的なクラブハウスの中には、ゴルフショップやレストラン、ラウンジなどがある。9ホールのガーデンコースで楽しむナイトゴルフも人気。

印象的な地形のアブダビ・ゴルフ・クラブ

アブダビ・ゴルフ・クラブ
住Sas Al Nakhl
☎(02)885-3555
URL www.adgolfclub.com
開6:00～22:00
（季節により異なる）
料日～水曜　Dh795
木～土曜　Dh995
ナイトゴルフ　Dh370～

地図P.126-B1

サディヤット・ビーチ・ゴルフ・クラブ　*Saadiyat Beach Golf Club*

アラビア湾のビーチフロントにゴルフコースがある、サディヤット島のゴルフ場。ゴルフ界を代表するゲーリー・プレイヤーがゴルフコースを設計、自然の地形を生かしたコースには、3つの池と67のバンカーが造られ起伏に富んだ造りになっている。

島内にあるふたつのリゾートホテルでは、宿泊とゴルフフィーがセットになったお得なゴルフパッケージが用意されている。

ビーチ沿いのコースでは、運がよければアラビア湾を泳ぐイルカの姿が見られるかも

サディヤット・ビーチ・ゴルフ・クラブ
住Saadiyat Island
☎(02)499-8100
URL www.sbgolfclub.ae
料18ホール　Dh845～
9ホール　Dh442～
※ローシーズンの料金

アブダビのパブリックビーチ

アブダビにはプライベートビーチを有するビーチリゾートホテルがあるが、市内には整備された美しいパブリックビーチがある。場所はコーニッシュ・ロード沿いで8kmにもわたってビーチが続いている。

ここのビーチは3つのエリアに分かれていて、無料で利用できるビーチには、パラソルやチェアはない。Hエミレーツ・パレス寄りのビーチはファミリービーチとなっていて、パラソルとチェアが付いてひとりDh25～。日中は暑いので夕方から続々と人が集まり、アバヤ（黒のアラブ衣装）を着た女性がそのまま海に入るアラブ独特の情景を見ることも。市内中心部からビーチまではタクシーで5分ほど。バスで行くことも可能。また、市内のビーチ以外に、サディヤット島やヤス島にも白砂が美しいパブリックビーチがある（有料）。

有料ビーチのエントランス

RESTAURANTS

味も雰囲気も◎

R ラ・マンマ（イタリア料理）

LA MAMMA　MAP P.129-C1

☎(02) 677-3333
開12:00 ～ 15:30、18:00 ～ 23:00
休 無休
CC ADJMV

Hシェラトン・アブダビにある人気のイタリア料理店。ピザやパスタのほか、ロブスターのリゾットが人気。アンティパストのビュッフェも好評だ。

現地在住の日本人も通う日本料理屋

R トキ（日本料理）

TOKI　MAP P.128-B3

☎(02) 681-4151
開12:00 ～ 15:00、18:30 ～ 23:00
休 無休
CC ADJMV

Hラディソン Blu(→ P.140)にある人気の日本食レストラン。畳の席があるほか、カウンターで寿司を食べることもできる。もちろん板前も日本人。

本場ドイツの味が楽しめる

R ブラウハウス（ドイツ料理）

BRAUHAUS　MAP P.129-D1

☎(02) 697-9011
開12:00 ～翌 2:00
休 無休
CC ADMV

Hビーチ・ロタナの中にある、アブダビ唯一のドイツ料理のレストラン。ドイツビールの品揃えがよく、イスラム圏でありながらポークソーセージも味わえる。

カクテル類が豊富

R トレーダー・ヴィックス（フレンチポリネシア料理）

TRADER VIC'S　MAP P.129-D1

☎(02) 697-9011
開18:00 ～ 24:00（バー 17:00 ～翌 2:00、木・金曜～翌 3:00）
休 無休　CC ADMV

世界各地にあるフレンチポリネシア料理のチェーン店が、Hビーチ・ロタナにも入っている。店内のインテリアは、南国の港をイメージしたそうだ。

飲茶ランチの食べ放題が人気

R 香宮 シャンパレス（中国料理）

SHANG PALACE　MAP P.127-C2

☎(02) 509-8555
開12:00 ～ 15:00、19:00 ～ 23:30
休 無休
CC ADJMV

Hシャングリ・ラのシグニチャーレストラン。伝統的な広東料理や飲茶が楽しめる。日～木曜の飲茶ランチは中国茶付きでひとりDh95。

インターナショナルなビュッフェ

R フレイバー（インターナショナル）

FLAVOURS　MAP P.129-C1

☎(02) 677-3333
開6:00～10:30、12:30～15:30、18:30～22:30
休 無休
CC ADJMV

Hシェラトン・アブダビのメインダイニング。朝食、ランチ、ディナーともにビュッフェ形式で、世界各国の料理が楽しめる。フライデーブランチも人気。

RESTAURANTS

アメリカ風ビストロ
ヘミングウェイ（南アメリカ料理）
HEMINGWAY'S
MAP P.128-B3

☎(02) 692-4247
開 12:00～翌 2:00
休 無休
CC ADJMV

Ⓗラディソン Blu（→P.140）に入っているビストロ。シックで落ち着いた店内には、大型テレビがあり、サッカーやラグビーなどがライブで見られる。

WTCスークにあるカジュアルダイニング
タルブーシュ（アラブ料理）
TARBOOSH
MAP P.129-C2

☎(02) 628-2220
開 10:00～22:00（木・金曜 ～24:00）
休 無休
CC ADMV

ⓈWTCスークのGフロアの真ん中にあるアラブ料理の店。屋内テラス席のレストランは天井が高く開放的。ケバブはDh38～、ふたりでDh80～90でおなかいっぱいになる。

エッグタルトの有名店
ナタ・リスボア
NATA LISBOA
MAP P.129-C2

☎(02) 666-5275
開 10:00～22:00（木・金曜 ～24:00）
休 無休
CC AMV

ポルトガルの有名なエッグタルトの店で、中東での出店はアブダビのこの店舗のみ。コクのあるカスタードが美味。

宮殿のカフェでゴージャスな時間を
ル・カフェ
LE CAFE
MAP P.128-A3

☎(02) 690-7999
開 6:30～翌 1:00（ハイティーは 14:00～18:00）
休 無休
CC ADMV

Ⓗエミレーツ・パレス内にあるカフェ。金粉がのったカプチーノやカクテル、ラクダのミルクを使用した「Camelcino」など、アラブらしいドリンクが楽しめる。

金曜だけのお楽しみ！ ビュッフェで楽しむフライデーブランチ

毎週金曜に行われる「フライデーブランチ」。金・土曜が週末となるU.A.E.では、ほとんどのホテルのレストランで豪華なビュッフェが開催されている。料理の品数、豪華な食材など、通常よりもお得な内容なのでどこも大盛況だ。特にⒽザ・リッツ・カールトン・アブダビ・グランド・カナルのフライデーブランチは、予約必至の人気ブランチ。新鮮なシーフードや肉、アラブ料理や日本料理、麺料理、サラダ、スイーツまで、目移りするほどの品揃えだ。13時から16時までの間、時間制限はなく、みんなゆっくりと和気あいあい食事を楽しんでいる。フライデーブランチを楽しむなら必ず予約を。

■ジョルノッテ Giornotte（Ⓗザ・リッツ・カールトン・アブダビ・グランド・カナル）
地図 P.127-C2
☎(02)818-8282
開 金曜13:00～16:00
料 Dh300～600

一流シェフが目の前で好みの味に調理してくれる

ショッピング
SHOPPING

■ワールド・トレード・センター（スーク&モール）
☎(02)508-2400
URL www.wtcad.ae
開土～水曜 10:00～22:00
　木・金曜 10:00～23:00
休無休
※店舗により異なる

屋内スークで涼しく買い物　地図P.129-C2

ワールド・トレード・センター（スーク&モール） *WTC Souk & WTC Mall*

観光客に人気なのが、昔のスークを模したザ・スーク・セントラル・マーケット（WTCスーク）。近代的な建物内にはアラブ伝統のみやげ物やスパイスなど、ほとんどのものがここで揃う。一方WTCモールは、カジュアルブランド、レストランなどがある。

クラシカルなアラビア建築でモダンテイスト

■ヤス・モール
☎(02)414-6401
URL www.yasmall.ae
開土～水曜 10:00～22:00
　木・金曜 10:00～24:00
休無休
※店舗により異なる

地元で人気の大型ショッピングモール　地図P.127-D1

ヤス・モール *Yas Mall*

フェラーリ・ワールド・アブダビの隣にある。300店舗を超えるモール内には、各種ブランドショップに加え、スーパーマーケットやフードコート、両替所などもある。モール入口にはタクシースタンドがあるので気軽に利用できる。

フェラーリ・ワールド・アブダビと連結

■アル・ワヘダ・モール
☎(02)443-7000
URL www.alwahda-mall.com
開土～水曜 10:00～22:00
　木・金曜 10:00～23:00
※レストランは～24:00、スーパーマーケットは9:00～24:00
休無休
※店舗により異なる

バス利用者には便利なモール　地図P.129-D2

アル・ワヘダ・モール *Al Wahda Mall*

ドバイやアル・アイン行きのバスターミナル「アル・ワヘダ・バスステーション」のすぐ前にあるので、バスを待つ間に買い物や食事ができて便利。アブダビ各方面へのバスの発着所でもあるので、このモールを利用する観光客も多い。

フードコートやレストランが充実

■マリーナ・モール
☎(02)681-2310
URL www.marinamall.ae
開土～水曜 10:00～22:00
　木・金曜 10:00～12:00
※スーパーマーケットは9:00～24:00
休無休
※店舗により異なる

アブダビ市内が一望できる展望タワーがある　地図P.128-A2

マリーナ・モール *Marina Mall*

モール内に展望タワーやスケートリンクなどを兼ね備えた複合施設。アブダビ市内の西部にあるので、Ⓗエミレーツ・パレス、Ⓗヒルトン・アブダビなどからは近くて便利。モールはマリンテイストを意識した造りになっていて夏らしい装いだ。

カルフールが入っている

HOTELS

首都アブダビのランドマーク

エミレーツ・パレス・ホテル

EMIRATES PALACE HOTEL　MAP P.128-A3

住 West Corniche Rd.
☎ (02) 690-9000　URL www.mandarinoriental.com　料 コーラルルーム Dh2000～
全394室　CC ADMV

アブダビの象徴で、見どころでもあるこのホテルの総敷地面積は100ヘクタールにも及ぶ。7つ星ホテルといわれるのもうなずける豪華絢爛なリゾートホテル。

運河沿いに建つラグジュアリーホテル

ザ・リッツカールトン・アブダビ・グランド・カナル

THE RITZ-CARLTON ABU DHABI, GRAND CANAL　MAP P.127-C2

住 Al Maqta Area　☎ (02) 818-8888
URL www.ritzcarlton.com
料 ⓈⒹ Dh650～（ローシーズン）、Dh950～（ハイシーズン）　全532室　CC ADMV

ルネッサンス建築とベネチアの町並みにインスパイアされたビーチフロントホテル。モスクへの無料シャトルバスも運行（宿泊客のみ）している。

アラビア湾に浮かぶ極上リゾート

ザ・セントレジス・サディヤット・アイランドリゾート、アブダビ

THE ST. REGIS SAADIYAT ISLAND RESORT, ABU DHABI　MAP P.126-B1

住 Saadiyat Island　☎ (02) 498-8888
URL www.starwoodhotels.com
料 スーペリア Dh1650～
全377室　CC ADMV

サディヤット・ビーチ・ゴルフ・クラブ（→P.135）に囲まれたビーチリゾートホテルで、静かな時間が流れる大人の隠れ家といったたたずまい。

アブダビでも有数の眺望を誇る

ジュメイラ・アット・エティハド・タワーズ

JUMEIRAH AT ETIHAD TOWERS　MAP P.128-A3

住 West Corniche　☎ (02) 811-5555
URL www.jumeirah.com
料 デラックス Dh1000～
全382室　CC ADMV

5棟のタワーコンプレックスのなかの1棟がホテルになっていて、280mの高さを誇る超高層ホテル。ホテル内にはスーパーがあるので、滞在中は何かと便利だ。

スーク風のショッピングモールが隣接

シャングリ・ラ ホテル カリヤト アルベリ アブダビ

SHANGRI-LA HOTEL, QARYAT AL BERI, ABU DHABI　MAP P.127-C2

住 Khor Al Maqta　☎ (02) 509-8888
URL www.shangri-la.com/jp
料 デラックス Dh1400～
全213室　CC ADJMV

対岸にシェイク・ザイード・ビン・スルタン・アル・ナヒヤーン・モスクが見える絶好のロケーションに立つ、プライベートビーチが特徴の5つ星ホテル。

Ⓢワールド・トレード・センター直結

コートヤード・バイ・マリオット・ワールド・トレード・センター、アブダビ

COURTYARD BY MARRIOTT WORLD TRADE CENTER, ABU DHABI　MAP P.129-C2

住 Hamdan Bin Mohammed St.
☎ (02) 698-2222　URL www.marriott.com
料 スタンダード Dh444～
全195室　CC ADMV

Ⓢワールド・トレードセンター・モールとスークに直結し、海岸通りにもほど近い好立地が魅力。市内の主要観光地へのアクセスもよく、滞在拠点に最適。

HOTELS

サーキット場に建てられたVIPなホテル

ヤス・ヴァイスロイ・アブダビ

YAS VICEROY ABU DHABI　MAP P.127-D2

住 Yas Island
☎ (02) 656-0000
URL www.viceroyhotelsandresorts.com
料 S D Dh700～　全499室　CC ADJMV

ヤス島にあるラグジュアリーホテル。このホテルはサーキット内に建てられており、走行するF1マシンをホテル内から見られる設計がウリ。

アブダビ・モールへは徒歩圏内

ラマダ・アブダビ・コーニッシュ

RAMADA ABU DHABI CORNICHE　MAP P.129-D1

住 Mina Rd. Tourist Club Area
☎ (02) 401-9000　URL www.ramadaabudhabi.com
料 デラックス Dh265～　全238室
CC ADMV

アブダビの静かな場所に立つ4つ星ホテル。比較的広い客室は、落ち着いた雰囲気でゆっくりくつろぐことができる。アルコールの提供はない。

ビジネス地区にある高級ホテル

ソフィテル・アブダビ・コーニッシュ

SOFITEL ABU DHABI CORNICHE　MAP P.129-C1

住 Corniche Rd., East Capital Plaza Complex
☎ (02) 813-7777
URL www.sofitel.com
料 S D Dh1200～　全280室　CC ADJMV

アブダビ市内の美しい海岸道路沿いにある。ビーチまで歩いて行ける、44階建てのシービューホテル。ビジネス利用も多い。できれば高層階に宿泊したい。

デイスパ「アターシア・スパ」が人気

パーク・ハイアット・アブダビ・ホテル&ヴィラ

PARK HYATT ABU DHABI HOTEL AND VILLAS　MAP P.126-B1

住 Saadiyat Island
☎ (02) 407-1234
URL www.hyatt.com
料 S D Dh1500～　全306室　CC ADJMV

3タイプある客室の広さは50m²以上のワイド設計。スパトリートメントルームは屋外テラス（3室）が付いた贅沢な造り。静かに過ごしたい人にオススメ。

アラビアンナイトの世界を体験

イースタン・マングローブ・ホテル&スパ バイ・アナンタラ

EASTERN MANGROVES HOTEL & SPA BY ANANTARA　MAP P.126-B2

住 Sheikh Zayed St., Dhafeer Rd.
☎ (02) 656-1000
URL abu-dhabi.anantara.com　料 S D Dh800～
全222室　CC ADJMV

マングローブ林が広がる自然のなかに立つリゾートホテル。回廊にはアラブ特有のアーチ、客室にはアラブを感じさせるインテリアが随所に用いられている。

華やかなビーチタイムを約束

ラディソンBlu・ホテル&リゾート・アブダビ・コーニッシュ

RADISSON BLU HOTEL&RESORTS ABU DHABI CORNICHE　MAP P.128-B3

住 P.O.Box 877
☎ (02) 681-1900
URL www.radissonhotels.com
料 S D Dh900～　全326室　CC ADJMV

コルニーシュ・ロードの西端にある高級ホテル。道路を渡った反対側にはプライベートビーチがあり、マリンスポーツが楽しめる。Sマリーナ・モールへも歩いて行ける。

Hotels

サービス充実の高級ホテル
ル・ロイヤル・メリディアン・アブダビ

LE ROYAL MERIDIEN ABU DHABI　MAP P.129-C1

住 Sheikh Khalifa St.
☎ (02) 674-2020
URL www.marriott.com
料 SD Dh850～　全276室　CC ADJMV

立地のよさからビジネスにも観光にも人気の高いホテル。9軒あるレストランはイタリア、アイリッシュパブなどバラエティ豊か。施設も充実している。

美しい景色を堪能できる
ラディソンBluホテル・アブダビ・ヤス・アイランド

RADISSON BLU, HOTEL ABU DHABI, YAS ISLAND　MAP P.127-D2

住 Golf Plaza, Yas Island
☎ (02) 656-2000
URL www.radissonhotels.com
料 SD Dh800～　全397室　CC ADJMV

ヤス・マリーナ・サーキットの近くに立っている高級ホテルのひとつ。豪華な雰囲気の部屋からは、美しいラグーンが見渡せる。アブダビ市内から車で約20分。

ビーチまで徒歩約4分
インターコンチネンタル・アブダビ

INTERCONTINENTAL ABU DHABI　MAP P.128-B3

住 Al Saud St.　☎ (02) 666-6888
URL www.ihg.com
料 SD Dh910～
全441室　CC ADJMV

VIPも利用するアブダビ指折りの高級ホテル。ビジネスセンターや会議室のほか、眺めのいいプール、ビーチ、専用マリーナなどもある。

ロビーの装飾が特徴的
クラウン・プラザ・アブダビ・ヤス・アイランド

CROWNE PLAZA, ABU DHABI, YAS ISLAND　MAP P.127-D2

住 Yas Island Golf Plaza
☎ (02) 656-3000
URL www.ihg.com
料 SD Dh780～　全428室　CC ADJMV

ヤス島のマリーナ・サーキット近くにある4つ星ホテル。5つのレストラン＆バーがあるが特にラグーンに面したレバノン料理のレストランがおすすめ。

18度の傾きがある外観が印象的
ハイアット・キャピタル・ゲート・アブダビ

HYATT CAPITAL GATE, ABU DHABI　MAP P.126-B2

住 P.O.Box 95165
☎ (02) 596-1234
URL www.hyatt.com
料 SD Dh890～　全189室　CC ADJMV

アブダビ国際展示場に隣接するホテル。18度斜めに傾いている外観がおもしろい。19階にはスパやオープンテラスのバーがあり眺めがすばらしい。

洗練された5つ星シティリゾート
グランド・ミレニアム・アル・ワーダ・アブダビ

GRAND MILLENNIUM AL WAHDA ABU DHABI　MAP P.129-D2

住 Hazaa Bin Zayed The First St., Al Wahda Complex　☎ (02) 443-9999
URL www.millenniumhotels.ae
料 SD Dh600～　全844室　CC ADJMV

タクシー乗り場とバスターミナル、Sアル・ワヘダ・モールに隣接する便利な立地。レストラン、バー、屋上プール、スパなどがあるほか、ビジネス客向けの設備も充実。

ハッタ
Hatta

ハッタの静かな山並み

ドバイから内陸へ車を走らせて約2時間。オマーンとの国境に山々に囲まれた小さなオアシスがある。それがハッタの村だ。入り組んだ国境線の狭間に、ひっそりとたたずむようにある。ハッタはU.A.E.でもドバイの領地に含まれている。しかし、あのとても現代的なドバイとは対照的に、ここでは実に静かな田舎の暮らしが営まれている。

そんな小さなハッタの村を有名にしているのは、村を見下ろす丘に残るフォート（砦）と、しゃれたマウンテン・リゾート・ホテル、それに豊かな水源に恵まれたワディ（涸れ川）や滝だ。ドバイに暮らす外国人に、ハッタのワディ・バッシング（涸れ川でのドライブ）の人気は高く、週末ともなると4WDを駆って人々が集まってくる。砂漠の現代都市では味わえない、清涼な気候と自然を求めてやってくるのだ。アブダビ領のアル・アインに共通するものがあるが、ハッタにはさらに素朴で静かな山々が連なっている。

インター・シティ・バスがドバイとの間を結んでおり、気軽に訪れることができる。ドバイの喧騒をしばし離れたくなったら、ハッタを目指すといいだろう。

ハッタの市外局番
04

ACCESS
ハッタへの行き方
バス
ドバイのデイラ地区のアル・サブハ・バスステーション（地図P.71-B1）からバス（E16）が出ている。所要約2時間、Dh10。終点で降りると、ハッタ・ヘリテージ・ビレッジ。
タクシー
タクシーを利用すると約1時間30分。料金は約Dh250。

歩き方
WALKING AROUND

ロータリーに面してハッタ唯一のホテル、**JAハッタ・フォート・ホテルJA Hatta Fort Hotel**（→P.143）がある。旅行者の場合、ハッタに行くということは、このマウンテン・リゾートに泊まるということであることが多い。このほか、ロータリーの周りには、銀行、小さな雑貨店、車の整備工場などがある。

ロータリーから村へ向かおう。建物はまばらで、低い草が生えているワディが、道路右側に沿っている。正面左側には**見張り塔**が丘の上に立っているのが見えている。3kmばかり行けば、やがて商店が連なる場所に出る。そこからがハッタの村の始まりだ。道路に沿っただけの小さな町だが、警察署、モスク、食堂など、ひととおり揃っている。

ハッタのシンボルである見張り塔はふたつあり、かつては外敵の侵入を防ぐための大切な要塞だった。見張り塔の立つ丘に上ってみれば、静かなハッタの町並みとその後ろに広がる山の稜線がきれいに見える。見張り塔が立つふたつの丘の間に**ハッタ・ヘリテージ・ビレッジHatta Heritage Village**がある。

町を見下ろす見張り塔

おもな見どころ
SIGHTSEEING

アラブの生活様式を知る

ハッタ・ヘリテージ・ビレッジ *Hatta Heritage Village*

伝統的なアラブの文化を今に伝える観光村。敷地内には、モスク、城塞、家屋など 30 もの建築物が昔のままの様式で造られている。中では人形などによって伝統的な生活ぶりが再現されていて、興味深い。

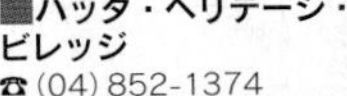

■ハッタ・ヘリテージ・ビレッジ
☎ (04) 852-1374
URL www.dubaiculture.gov.ae
開 土～木曜 7:30～20:30
金曜　14:30～20:30
料 無料

ハッタ・サファリ・ツアー
ドバイからハッタ・ヘリテージ・ビレッジや、キャメル・ロック、フォッシル・ロックなどを訪れる人気の1日ツアー（ランチ付き）。山あいにあるオアシス、ハッタまでの道のりで見られる壮大な風景も見もの。旅行会社（→ P.89）に問い合わせてみよう。

ハッタの砂漠に突如現れる奇岩

デザート・ロック *Desert Rock*

ラクダが座っているかのように見える**キャメル・ロック Camel Rock** と呼ばれる岩や、海生生物の化石が散見され、かつてアラビア半島が海の底であったことを物語る岩山、**フォッシル・ロック Fossil Rock** もこのあたりでは有名な見どころ。アル・マダム Al Madam から 40km ほど行った所にあり、各旅行会社が 4WD ツアーを組んでいる。

化石好きの人にはたまらないフォッシル・ロック　まるで愛らしいラクダが座っているかのよう

HOTELS

静かなマウンテンリゾート　JA HATTA FORT HOTEL

H JA ハッタ・フォート・ホテル

地図外

住 Hatta Mountains
☎ (04) 814-5400
URL www.jaresortshotels.com
料 デラックス Dh1200 ～
全 52 室
CC ADJMV

ハッタ唯一のホテルであり、ドバイ唯一のマウンテンリゾートでもある。客室はドバイ市内の同ランクのホテルに比べるとグンと広く、山小屋風の内装が施されている。全室にハッタの山々が眺められるテラス付き。

美しい山岳地帯に立っている

シャルジャ

Sharjah

シャルジャ

7つある首長国のなかで、3番目に大きな首長国がシャルジャだ。ドバイの北に位置するシャルジャの約2600km²の領地には、東海岸のカルバ、ホール・ファカン、ディバといった飛び地も含まれている。19世紀前半のシャルジャは、アラビア半島を代表する港として栄え、19世紀後半には、アブダビと地域の主導権争いをするほどの力をもっていた。第2次世界大戦が勃発すると、イギリスはシャルジャに基地を建設し、そのあと最初の国際空港がこの地に開港している。石油時代の到来した初期のシャルジャは貿易港として大発展したが、石油埋蔵量の少ないシャルジャは、現在、工業と観光産業に頼らざるをえないという現実に突き当たっている。そのため最近のシャルジャでは、より多くの観光客を受け入れるための整備に力を注いでいる。

シャルジャの市外局番

06

ACCESS

シャルジャへの行き方

バス

ドバイからはユニオン・スクエア、デイラ・シティセンターなどからバスが出ており、所要時間は30〜40分。料金はDh10。シャルジャからドバイへは、アル・ジュベル・バスステーションからバスが出ている。

タクシー

ドバイ中心部より所要約30分。料金の目安はDh70。

ドバイからシャルジャへのタクシー

ドバイからタクシーでシャルジャに行く場合、Dh20がサーチャージとして加算される。

シャルジャ観光局

URL www.sharjahtourism.ae

シャルジャ国際空港

☎(06)558-1111

URL www.sharjahairport.ae

シャルジャ国際空港からタクシーを利用する場合は、初乗りDh20。

交通案内
TRANSPORTATION

市内の中心部だけであれば、歩いて回ることもできるが、タクシーの利用が安くて便利。基本的にメーター制で初乗りDh3（23:00〜翌6:00はDh4）。最低料金はDh11.50。ローラ・スクエアからビーチエリアまでDh15くらい。市内であればDh10〜30が目安。

シャルジャ市内にはふたつのバスステーションがある。ひとつはアル・アルバ・ロードAl Arouba Rd.を南西に進んだジェネラル・マーケット前のアル・ジュベル・バスステーション。ここにドバイ、アブダビ、アル・アイン行きのバスが発着している。もうひとつは、アル・アルバ・ロードを北東に進みⒽスイスベルホテル・シャルジャ前の立体交差を過ぎて100mほど行った所にある。ここにはラス・アル・ハイマ、ウム・アル・カイワイン、フジャイラへのバスが発着するが、本数はあまり多くない。

歩き方
WALKING AROUND

シャルジャの見どころは、ビーチ地区と市街を二分するハリッド・ラグーンKhaled Lagoon沿いの**コーニッシュ・ロードCorniche Rd.（海岸道路）**と、中央郵便局のある**官庁広場Government House Sq.**の間に集中している。銀行や商店、レストランもこの地区に多く、真ん中を高速道路の**アル・アルバ・ロードAl Arouba Rd.**が通っている。

ドバイからのバスは**アル・ジュベル・バスステーションAl Jubail Bus Station**に到着する。このあたりは、昼休みの時間帯も多くの店が営業しているのでにぎやか。アル・アルバ・ロー

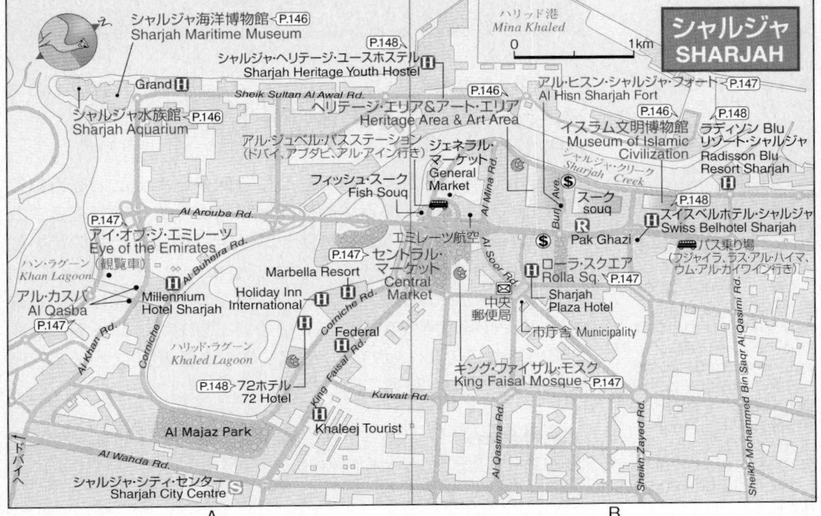

ドは歩行者の横断を禁止しているので注意しよう。地元の人はスルリスルリと横断していくが、とても危険だ。通りを少し北東に歩いた所に地下道があるので、面倒でもこれを使うようにしよう。地下道を横断したら、アル・ハリジ・アル・アラビ・ストリートAl Khaliji Al Arabi St.を越えて、アル・ハムラ・シネマAl Hamra Cinemaの手前にある小さな路地を右に曲がっていくと、古い町並みが広がっている。海を目指して歩くとすぐに、金色のドームが見事な**イスラム文明博物館Museum of Islamic Civilization**が見えてくる。

湾岸道路に沿ってハリッド港に向かって歩くと、スーク地区に戻ってくる。バージュ・アベニューBurj Ave.の反対側には**ヘリテージ・エリア Heritage Area**がある。地区内のスークには銀細工やコーヒーポットなどを売るアンティークショップが何軒か並ぶ。

再びコーニッシュ・ロードに戻り、南のほうへ進もう。青タイルの美しいモスクを通り越し、左のほうへカーブしていくと道が少し上り坂になる。左側に野菜やフルーツを扱う**ジェネラル・マーケット General Market**とバスステーション、右側に朝夕は人でにぎわう**フィッシュ・スーク Fish Souq**が見えてくる。さらに立体交差の下の地下道を抜けていくと、**セントラル・マーケット Central Market**だ。セントラル・スークCentral Souqとも呼ばれている。スークの隣のアル・イッティハード・スクエアAl Ittihad Sq.には、**キング・ファイサル・モスク King Faisal Mosque**がある。

ブルーのタイル装飾が美しいセントラル・マーケット

シャルジャの公共バス

安く移動するなら公共バスがいい。空港や、アル・ジュベル・バスステーションなど9路線で市内をカバー。料金は一律Dh8（セイヤーカード（ICカード）ならDh6)。バスルートや運行時間はMOWASALATのホームページで確認を。

●MOWASALAT
URL www.mowasalat.ae

シャルジャ観光なら「Hop On-Hop Off」

シャルジャの町を効率よく楽しみたいならホップオン・ホップオフバスがおすすめ。真っ赤な2階建てのダブルデッカーで22のスポットを回り、ルートは3つ。英語などの音声ガイド付きで無料のWi-Fi完備。48時間チケットには、各種博物館などの入場料も含まれている。ドバイとセットになったお得なチケットも人気。

●シティ・サイトシーイング・シャルジャ City Sightseeing Sharjah
☎(06)525-5200
URL city-sightseeing.com
料24時間
大人Dh100　子供Dh50
48時間
大人Dh170　子供Dh90
シャルジャ＆ドバイ
大人Dh400　子供Dh300

おもな見どころ
SIGHTSEEING

昔の面影を残す地区 地図P.145-B

ヘリテージ・エリア＆アート・エリア
Heritage Area & Art Aria

シャルジャ政府が文化的遺産として保存しようと力を入れているエリア。ここにある建造物は実際に使われていたアラブ式の建物を、昔ながらの資材を使って忠実に復元したものだ。政府はこのエリアを「ハート・オブ・シャルジャ Heart of Sharjah」と名づけてさらなるプロジェクトを展開している最中で2025年の完成を目指している。エリアは、ローラ・スクエア付近からアル・ザハラ・モスクまでの広範囲にわたる。時間をかけてゆっくり見て回りたい。

<おもな博物館>
●シャルジャ・ヘリテージ・ミュージアム Sharjah Heritage Museum
●ベイト・アルナブーダ Bait Al Naboodah

<おもなアートミュージアム>
●シャルジャ・カリグラフィ・ミュージアム Sharjah Calligraphy Museum
●シャルジャ・アート・ミュージアム Sharjah Art Museum
●シャルジャ・アート・ファウンデーション・ニュー・アート・スペース Sharjah Art Foundation New Art Spaces

<おもなスーク>
●スーク・アル・アルサ Souq Al Arsah

イスラムのすべてが学べる 地図P.145-B

イスラム文明博物館
Sharjah Museum of Islamic Civilization

イスラム文化に関連した5000以上もの遺物が収蔵された博物館。U.A.Eをはじめ、世界各国のイスラム圏から集められた貴重な文物が並ぶ。イスラムの信仰や科学、文化、文明、美術などあらゆる側面から学ぶことができる。館内はテーマに沿って7つのギャラリーと展示エリアに分かれている。

U.A.E.の海を体験 地図P.145-A

シャルジャ水族館 *Sharjah Aquarium*

規模は小さいが、U.A.E.の西海岸と東海岸、珊瑚礁、ラグーン、マングローブが再現された水槽が並んでいる。そこには150種以上のカラフルな熱帯魚やサメ、大型魚などが泳いでいる。小さいがドーム型の水槽があり、海の中を下から眺めることができる。

エミレーツの豊かな海洋遺産を探索 地図P.145-A

シャルジャ海洋博物館 *Sharjah Maritime Museum*

はるか昔のシャルジャと海との関係が学べる海洋博物館。アラブの伝統的な「ダウ船」を見学することができ、また実際に使用されていた道具や世界最古といわれる真珠も展示されている。シャルジャ水族館に隣接しているので、ふたつ一緒に見学するといいだろう。

■ヘリテージ・エリア＆アート・エリア
URL www.heartofsharjah.ae

●シャルジャ・ヘリテージ・ミュージアム
開 土～木曜 8:00～20:00
　金曜 16:00～20:00
料 大人Dh10　子供Dh5

●ベイト・アルナブーダ
開 土～木曜 8:00～20:00
　金曜 16:00～20:00
料 大人Dh10　子供Dh5

●シャルジャ・カリグラフィ・ミュージアム
開 土～木曜 8:00～20:00
　金曜 16:00～20:00
料 大人Dh10　子供Dh5

●シャルジャ・アート・ミュージアム
開 土～木曜 8:00～20:00
　金曜 16:00～20:00
料 無料

●シャルジャ・アート・ファウンデーション・ニュー・アート・スペース
インフォメーションセンター
開 土～木曜 9:00～21:00
　金曜 16:00～21:00

●スーク・アル・アルサ
開 土～木曜 9:00～21:00
　金曜 16:00～21:00

■イスラム文明博物館
☎(06)565-5455
URL sharjahmuseums.ae
開 土～木曜 8:00～20:00
　金曜 16:00～20:00
休 無休
料 大人Dh10　子供Dh5

■シャルジャ水族館
住 Al Meena St.
☎(06)528-5288
URL www.sharjahmuseums.ae
開 月～木・土曜 8:00～20:00
　金曜 16:00～22:00
休 日曜
料 大人Dh25　子供Dh15
（海洋博物館の入場料含む）

■シャルジャ海洋博物館
住 Al Meena St.
☎(06)522-2002
URL www.sharjahmuseums.ae
開 土～木曜 8:00～20:00
　金曜 16:00～22:00
休 無休
料 大人Dh10　子供DH5

広場にそびえる荘厳なモスク　地図P.145-B

キング・ファイサル・モスク　*King Faisal Mosque*

サウジアラビアの資金援助によって造られ、アラブ首長国連邦では一番の大きさを誇るモスク。一度に3000人以上が礼拝できるというモスクの中には、イスラム教徒以外は入れないが、入口から中を眺めることはできる。

実は、このモスクのすぐそばには、以前エキスポ・センター・シャルジャExpo Center Sharjahがあった。しかし、神聖なモスクの近くに商業施設があってはいかん、というサウジアラビアの意見により、郊外に移されてしまったという。

巨大なモスク

のんびり歩き回ってみたい　地図P.145-B

セントラル・マーケット（セントラル・スーク）*Central Market*

アラブ伝統のウインドタワーをもち、大きな吹き抜けの天井にはシャンデリアがぶら下がっている。カフェや両替所のほか、2階には宝石や金、みやげ物を扱う店が並ぶ。値段も意外に高くなく、カシミヤのスカーフなど、ドバイで売られているのと同じ品が半額以下の値段で売られていたりする、穴場のショッピングセンターでもある。特にペルシャ絨毯なら、ここのスークがU.A.E.で一番という評判。

ラグやカーペットが豊富に揃う

人々の憩いの場といえばココ　地図P.145-B

ローラ・スクエア　*Rolla Square*

シャルジャの中心にあるローラ・スクエアは、時計塔が目印の長方形の広場。意外に小さな広場だが、催しがあるときはパレードも見られる。普段の広場は人々の憩いの場で、芝生の木陰は日差しを避けるように眠りをむさぼる外国人労働者でいっぱいだ。金曜の夜ともなると、広場の周辺は身動きできないほどにごった返す。

週末は家族連れでいっぱい　地図P.145-A

アル・カスバ　*Al Qasba*

ハン・ラグーンとハリッド・ラグーンを結ぶカスバ運河の両岸に整備された散策路で、目玉のアトラクション、アイ・オブ・ジ・エミレーツ（→P.147欄外）のほか、オープンテラスのカフェやレストラン、ショップなどが並ぶ。週末は特ににぎやか。シャルジャ国際空港より車で約20分。

人気の撮影スポット
●アル・ヒスン・シャルジャ・フォート
ローラ・スクエアの北側にある要塞「アル・ヒスン・シャルジャ・フォート」の前が広場になっていて観光客の撮影スポットになっている。

アル・ヒスン・シャルジャ・フォート

■セントラル・マーケット
開土～木曜 10:00～13:00、16:00～23:00
金曜 16:30～23:00
休無休

青の装飾が美しい

■アル・カスバ
☎(06)525-2444
URL www.alqasba.ae
開店舗により異なる

アイ・オブ・ジ・エミレーツ（観覧車）Eye of the Emirates
地図P.145-A
シャルジャ市街の外れにある、高さ60mを誇る大きな観覧車。イギリスにある大観覧車ロンドン・アイに似ていることから、通称シャルジャ・アイと呼ばれている。運転は夜のみ。シャルジャ市街の夜景を楽しむことができる。
開冬季
土～水曜 10:00～24:00
木曜 10:00～翌1:00
金曜 15:00～翌1:00
夏季
土～水曜 16:00～24:00
木・金曜 15:00～翌1:00
休無休
料大人 Dh30
子供 Dh15

HOTELS

ビーチビューで眺めがいい

シェラトン・シャルジャ・ビーチ・リゾート&スパ

SHERATON SHARJAH BEACH RESORT & SPA　地図外

住 Al Muntazah St.　☎ (06) 563-0000
URL www.marriott.com
料 デラックス Dh600 ～
全 349 室　CC ADJMV

プライベートビーチを備えたシャルジャでも有数の高級リゾートホテル。無料の市内行きのシャトルバスがある。また、ドバイまでは車で約30分。

町なかの高級ホテル

スイスベルホテル・シャルジャ

SWISS BELHOTEL SHARJAH　MAP P.145-B

住 Al Arouba Rd.　☎ (06) 563-7777
URL www.swiss-belhotel.com
料 クラシック Dh276 ～
全 193 室　CC JMV

193の客室をもつ大型ホテル。ホテル内にジムやプールがあり、ビーチへの無料シャトルバスも出ていて、ビジネス客にも旅行客にもフィットした満足が得られる。

海岸線を見渡す場所に立つ

ラディソンBluリゾート・シャルジャ

RADISSON BLU RESORT SHARJAH　MAP P.145-B

住 Corniche Rd.　☎ (06) 565-7777
URL www.radissonhotels.com
料 スタンダード Dh500 ～
全 306 室　CC ADJMV

シャルジャを代表する高級ホテル。アラビア湾の眺めがすばらしく、高級中国料理レストランや人気のO2スパ、プール、男性用理容室などを完備。

モダンなブティックホテル

72ホテル

72 HOTEL　MAP P.145-A

住 Corniche 110 Rd. Al Noor Is.
☎ (06) 507-9797
URL www.hotel72.com
料 デラックス Dh345 ～　全 72 室　CC AMV

ロケーションがよく、観光にもビジネスにも利用できる。ドバイ国際空港から車で約10分なので、ドバイ観光にも最適。セントラル・マーケットは徒歩圏内。

シャルジャ国際空港そばにある

セントロ・シャルジャ

CENTRO SHARJAH　地図外

住 Sharjah Airport　☎ (06) 508-8000
URL www.rotana.com
料 セントロルーム Dh275 ～
全 306 室　CC ADJMV

シャルジャ国際空港に隣接したシティホテル。3つ星ながら、プールとジム、レストランなど施設が充実している。市内中心部へは車で約15分。

ヘリテージ・エリアにあるユースホステル

シャルジャ・ヘリテージ・ユースホステル

SHARJAH HERITAGE YOUTH HOSTEL　MAP P.145-B

住 Heritage Area　☎ (06) 569-7707
URL www.uaeyha.com
料 D Dh75
全 10 室　CC MV

会員以外でも宿泊可能。客室はエアコンと小さな冷蔵庫完備のドミトリーのみで、1室に5～6ベッドが置かれている。共用キッチン、セーフティボックスあり。

ドバイ・マリーナからすぐの新スポット

ブルーウオーター・アイランド
Bluewaters Island

夜はオブジェがライトアップされる

完成すれば世界一の大きさとなる観覧車「エイン・ドバイ」は建設中

ドバイ·マリーナのザ·ビーチの向かいに、2019年にオープンした新スポットがブルーウオーター・アイランド（地図折込裏）。ホテル、レストラン、ショップ、住居などが入る人工島だ。通りには、ファッション、ホビー、おみやげなどさまざまなジャンルのショップが並んでいる。中心となるのはHシーザーズパレス·ブルーウオーターズ·ドバイ。プライベートビーチを擁する高級ホテルで、スパやジム、キッズクラブなど施設が充実している。

島へのアクセスは徒歩か車。ザ・ビーチにつながっている橋を渡って徒歩で行くか、メトロのDMCC駅からタクシーに乗って行く。車の場合、所要時間は10分ほど。島からメトロにつながるモノレールの建設が予定されているが、時期は未定。まだ開店準備中のテナントも目立つが、今後のドバイを代表するリゾートスポットのひとつになることが期待される。

橋はザ・ビーチの西端とつながっている

ふらっとランチを食べに行くのもいい

ディス・イズ・ホットドッグ
This Is Hot Dog

住 Bluewaters Island
☎800-844
開 10:00～翌3:00
休 無休　CC MV

アニメやコミックグッズの店

ザ・リトル・シングス
The Little Things

住 Bluewaters Island
☎(04)399-9039
開 10:00～24:00
休 無休　CC MV

アル・アイン

Al Ain

アル・アインの町並み

アル・アインの市外局番
03

ACCESS

バス

アブダビ市内のアル・ワヘダ・バスステーション（地図P.129-D2）から所要約2時間20分、料金はDh25。

ドバイから所要約1時間45分、料金はDh25。8:00〜18:00、約40分ごとに出発。バール・ドバイ地区のアル・グバイバ・バスステーション（地図P.73）に発着。

シャルジャからDh30。

タクシー

タクシーの場合はアブダビからDh280が目安。

アブダビ首長国のなかで、アブダビに次いで2番目に大きな町が、オマーンとの国境に位置するアル・アインだ。その歴史は非常に長く、紀元前3000年の青銅器時代の遺跡が発掘された**ヒリ・ガーデンズ**のほか、**ハフィート山**の近くでは紀元前4000年の遺跡も発見されている。

アラビア語で「泉」を意味するアル・アインは、古くからオアシスとして親しまれ、商人たちの重要な中継地として栄えてきた町。今世紀初頭、アブダビを治めるアル・ナヤム家は、オマーンとともにこのオアシス一帯を支配していたが、今のサウジ家（サウジアラビア王国）の祖先が、18世紀にこの地を治めていたことから話がこじれてしまう。石油の採掘を狙うサウジが1952年にアル・アインに隣接するブライミの一部を占領するなど、何年にもわたる混乱を経て、1966年に現在の国境線が決定した。現在ブライミはオマーン領で、入り組んだ国境線で分けられている。

■ヒリ・ガーデンズ
地図P.151-B外

アル・アインから約8km北にあるヒリ・ガーデンズには、1962年にデンマークの考古学者グループが発見した紀元前3000年頃の古墳がある。
開16:00〜23:00
休無休
料無料

U.A.E.初の世界遺産

ハフィート山（→P.153）の近くにある遺跡はアラブ首長国連邦で初めてユネスコの世界遺産として登録（→P.12）されたもの。アル・アインまで来たら、人類の軌跡を知るための貴重な資料として、この地をぜひ訪れておきたい。

歩き方
WALKING AROUND

シェイカ・サラマ・モスク Sheikha Salama Mosqueが中心になる。モスクのすぐ裏側にはタクシー乗り場があり、**ハフィート山 Jebel Hafeet**や**ヒリ・ガーデンズ Hili Gardens**など、郊外の見どころを訪れるのに便利。

モスクの前を走る**シェイク・ザイード・ストリート（メイン・ロード）Sheikh Zayed St.（Main Rd.）**を東に進むとすぐに立体交差が見える。左側にはスークがある。この通りを道なりに進むと**シャクブート・ビン・スルタン・ロードShakboot Bin Sultan Rd.**に出る。このラウンドアバウトの反対側には旧刑務所Old Prisonや**ラクダ市Camel Market**があり、ラウンドアバウトの直前を右に折れると、**アル・アイン国立博物館 Al Ain National Museum**や**家畜市場 Livestock Market**がある。逆に、モスクからメインストリートを西に進むと、最初のラウンドアバウトがクロック・タワー・ラウンドアバウト。メイン・ロードをさらに西に進むと**アル・アイン・パレス・ミュージアムAl Ain Palace Museum**がある。

よく手入れされているヒリ・ガーデンズ

おもな見どころ
SIGHTSEEING

アル・アインやアブダビなどの歴史を垣間見る　地図P.151-B

アル・アイン国立博物館 *Al Ain National Museum*

城壁に囲まれた敷地に入ると正面に砦がある。シェイク・スルタン・ビン・ザイード・アル・ナヒヤーンShaikh Sultan Bin Zayed Al Nahyanによって1910年に築かれた砦は、息子である現アブダビ首長のシェイク・ザイードが生まれた場所としても知られている。ただし、残念ながら砦の中は公開されていない。博物館は入口から右側の奥にある。ベドウィンの風俗や、石油時代以前の町の生活についての展示のほか、1960年代の写真展示コーナーは、アル・アインだけでなくアブダビの写真も多数あり、町とも呼べない小さな集落だった頃のアブダビの写真には驚かされる。最後の展示室では、ヒリ・ガーデンズの古墳からの発掘品などが展示されている。

アル・アインに来たらぜひ訪れたい

アル・アインのレストラン

クロック・タワー、ハリーファ・ビン・ザイード・ストリート、シェイク・ザイード・ストリート周辺に、小さいレストランが点在している。また、高級ホテルに行けば各国の料理を楽しむことができる。

■アル・アイン博物館
☎(03)711-8331
開土・日・火～木曜 8:00～19:00
金曜 15:00～19:00
休月曜
料大人 Dh3
子供 Dh1

砂岩でできた砦　地図P.151-A

アル・ジャヒリ・フォート *Al Jahili Fort*

保存状態がよく美しい砦

1891年に建てられたアラブ首長国連邦において最も歴史ある建造物のひとつ。当時貴重だったヤシの木を守るために造られたといわれている。1階は展示室になっていて、屋上にも上がることができる。

■アル・ジャヒリ・フォート
住Sultan Bin Zayed Al Awwal St.
☎(03)711-8311
開土・日・火～木曜 9:00～17:00
金曜 15:00～17:00
休月曜
料無料

ザイード前大統領が住んでいた
地図P.151-A

アル・アイン・パレス・ミュージアム *Al Ain Palace Museum*

ザイード前大統領がかつて住んでいた宮殿を博物館として開館。宮殿のなかの最も古い部分は、1937年に建てられたものだという。建物は3つのセクションに分かれており、スタッフが説明しながら各部屋を案内してくれる。ザイード前大統領の祖父、父親、息子たちの写真が展示されている部屋もある。

■アル・アイン・パレス・ミュージアム
☎(03)711-8388
開火～木、土・日曜 8:30～19:30
金曜 15:00～19:30
休月曜
料無料

アル・アイン・オアシスの端にある

旅の途中にホッとひと息
地図P.151-A・B

アル・アイン・オアシス *Al Ain Oasis*

広大な緑が生い茂る公園に3000年前から使用されていたファラジと呼ばれる一連の水路がある。園内にはモスクがふたつあり、特にこれという見どころがあるわけではないが、家族で散歩などをするにはちょうどいい。長い白壁に沿って歩いていくと、ふたつのモスクがある分かれ道に出る。敷地内は迷路のようになっているので迷わないように注意したい。

■アル・アイン・オアシス
開毎日 8:00～17:00
料無料
※アル・アイン・オアシスはドバイ方面のバスターミナル（→P.151-B）の裏にあり、アル・アイン・パレス・ミュージアムとアル・アイン博物館の間にある広大な公園と認識すればいい。バスターミナルからは徒歩5分で、出入口はいくつかある。

ハエが多いので虫除けスプレーを持参するとよい

砂漠の真ん中でサーフィン三昧
地図P.151-A外

ワディ・アドベンチャー *Wadi Adventure*

カヤック、ラフティング、ウェイクボード、サーフィンなどさまざまなウオータースポーツが楽しめるアミューズメントパーク。3.3mの人工波が人気のサーフプール、1.7kmの運河で楽しむカヤックが特に人気。また、エアパークには、大人が楽しめるジップラインやクライミング施設がある。

世界最大の人工波

■ワディ・アドベンチャー
住Jebel Hafeet
☎(03)781-8422
URL www.wadiadventure.ae
開土～木曜 11:00～20:00
金曜 10:00～20:00
料大人 Dh60
子供 Dh40

触れ合い広場「エレズバ」は子供たちに人気
地図P.151-A外

アル・アイン動物園 *Al Ain Zoo*

4000頭以上もの動物、哺乳類、鳥類や絶滅危惧種などを飼育している大型動物園。キリンやラクダ、リャマなどに餌をやることができる触れ合い動物園や、無料シャトルに乗って園内を回ることもできる。また、広い園内は、緑も豊富でピクニックに訪れる地元の家族連れも多い。動物好きや子供連れにおすすめの見どころのひとつ。

キリンの餌やりは大人にも人気

■アル・アイン動物園
☎(03)799-2000
URL www.alainzoo.ae
開9:00～20:00
祝日 9:00～21:00
休無休
料大人 Dh30
子供（3～12歳） Dh10

荒野にそびえる岩山 地図P.35

ハフィート山 *Jebel Hafeet*

アル・アインの町の中心から頂上まで約35km。荒野にドカンとそびえる岩山の群れは、まるで巨大な恐竜の背骨のようにも見える。太陽の光の加減で色を変える岩山は、遠くから眺めるだけでも十分きれいだが、時間が許せばぜひとも上ってみたい。道路はきれいに舗装されていて、4WD車でなくても簡単に上れる。硬い岩盤を切り開いた登山道路のところどころに駐車スペースがある。頂上は、風が強く、日差しも強烈。しかし、周りに広がる岩山と荒野、オアシスの眺めはすばらしい。

標高1200mほどのハフィート山

ハフィート山への行き方
クロック・タワー・ラウンドアバウトからAl Ain St.を南下すると、道が右のほうへカーブしていく。動物園を通り過ぎたら、次の大きなラウンドアバウトを左折してHaza Bin Sultan Rd.に入ろう。

HOTELS

サファリツアーもおまかせ

H ラディソン・ブルー・ホテル&リゾート・アル・アイン

RADISSON BLU HOTEL & RESORT AL AIN MAP P.151-B

住 Al Sarooj District ☎ (03)768-6666
URL www.radissonhotels.com
料 スタンダード Dh625～
全202室 CC ADJMV

ロビーは広い吹き抜けになっており、開放感があって気持ちがいい。中国や、珍しいイラン料理のレストランが揃っている。また、ツアーデスクもここにある。

落ち着いた雰囲気のリゾート

H ダナット・アル・アイン・リゾート

DANAT AL AIN RESORT MAP P.151-B

住 Al Ain ☎ (03)704-6000
URL www.danathotels.com
料 スタンダード Dh400～
全216室 CC ADMV

アル・アイン市街の東の外れにあるインターコンチネンタル系列の高級リゾートホテル。広々したプールのほか、ジム、サウナ、スチームバスなどが揃っている。ジムの利用は、宿泊客と会員のみ。イタリアン、中国料理、ビュッフェタイプのアラビア料理のレストランがある。

町の中心部にある高級ホテル

H アル・アイン・ロタナ・ホテル

AL AIN ROTANA HOTEL MAP P.151-A

住 Al Ain ☎ (03)754-5111
URL www.rotana.com
料 クラシックルーム Dh600～
全198室 CC ADJMV

シェイク・ザイード・ストリート沿いにある好立地なホテル。500人収容のコンファレンスルーム、プール、ジムがある。客室は落ち着いた色調で統一されており、サテライトテレビ、ドライヤー、ミニバー、セーフティボックスなど、設備が整っている。

山あいのオアシスリゾート

H メルキュール・グランド・ジュベル・ハフィート・ホテル

MERCURE GRAND JEBEL HAFEET HOTEL MAP P.151-A外

住 Jebel Hafeet ☎ (03)783-8888
URL www.accorhotels.com
料 デラックス Dh340～
全115室 CC ADJMV

ハフィート山の標高915m付近にあるリゾートホテル。プール、フィットネスセンター、テニスコート、ゴルフ練習場など、スポーツ施設が充実している。「ローレンス・バー」からの眺めはすばらしい。静かな環境でゆっくりと過ごしたい人におすすめ。

西海岸

West Coast

主要な都市が集中する西海岸だが、シャルジャより北の首長国は石油の埋蔵量が少ないこともあって経済基盤が弱く、ドバイやアブダビと比べると地方都市というイメージを拭えない。しかし、大都会の雑踏を離れて訪れる町々はどこかしらホッとさせてくれるところばかり。人通りの少ない日中の表通りは、ガランとしているというよりも田舎町の静けさを感じさせる。すれ違う人々も、あの都会のギラギラした雰囲気がうそだったかのように、ここでは穏やかだ。町の近くでも平気でハイウエイを横断していくラクダたち。ハザードランプを点滅させて車を停め、ラクダがゆっくり歩くのをのんびりと待っているドライバーたち。北へ向かうにつれ、時間の流れが緩やかになっていくような錯覚がとても心地よい。

ラス・アル・ハイマ博物館

ラス・アル・ハイマの市外局番
07

ACCESS
ラス・アル・ハイマへの行き方
タクシー
ドバイ国際空港よりタクシーで所要約1時間30分。料金の目安はDh170～200。
バス
ドバイのアル・グバイバ・バスステーションから所要約1時間15分。料金はDh20。

「テントの先端」という意味のラス・アル・ハイマ（ラッセルハイマ）は、連邦のなかでは最も北に位置する首長国だ。アラビア湾に面しながら、内陸部にはハジャル山地が控える、美しい場所のひとつだ。この町の北に位置する**ジャルファール Julfar**は、７世紀頃まで中国やインドと交易する重要な港として栄えたとされている。バスコ・ダ・ガマのインド航海の案内役として知られる、15世紀の大航海士アフメッド・ビン・マジッド Ahmed bin Majid はこの町の出身だ。18世紀以降、ラス・アル・ハイマはアル・カシム Al Qasimi 家によって統治され、19世紀初頭には大艦隊を組織していたという。

現在、週末になるとドバイなどからたくさんの人々が訪れるラス・アル・ハイマ。石油資源は乏しい代わりに、肥沃な土地を利用してナツメヤシ、たばこ、野菜、果物を生産しており、連邦の食糧庫ともいわれている。地方ののんびりとした雰囲気が残されたラス・アル・ハイマは、純粋なU.A.E.国籍の人々と接するチャンスも多い。近郊の遺跡や温泉、山を訪れたり、ビーチでのんびりしたり、都会とは違ったU.A.E.の顔を見たい人にはおすすめの場所だ。

歩き方
WALKING AROUND

アラビア湾に面した旧市街の**ラス・アル・ハイマ地区 Ras Al Khaimah**と、運河を挟んだ反対側の商業地区**アル・ナヒール地区 Al Nakheel**に分かれるラス・アル・ハイマ。ドバイからのバスは市街から10kmほど離れた所にある、パブリック・タクシーステーションPublic Taxi Stationに到着する。

見どころはラス・アル・ハイマ地区の博物館と旧市街のスークぐらい。ホテルやレストランの多くはアル・ナヒール地区にあり、中心となるのはガルフ・シネマのある**オマーン・ロード Oman Rd.**周辺。

まずはラス・アル・ハイマ地区のアル・ホセン・ロードAl Hosen Rd.とキング・ファイサル・ロードKing Faisal Rd.の交差点、真珠のラウンドアバウトから歩き始めてみよう。西へ海に向かって歩くと、右側にある警察署の奥に**ラス・アル・ハイマ博物館 Ras Al Khaimah Museum**。通りの左側は**スーク Souq**地区だ。昼にスークへ行くと、小さな食料品屋以外はすべて閉まっていてゴーストタウンのよう。ドバイやシャルジャのスークと違って、落ち着いた雰囲気だ。

先ほどのラウンドアバウトに戻って、北のほうへ向かおう。モスク正面の角を曲がると、小さな青果スークや運送会社、カフェがある船着場がある。

ラス・アル・ハイマ地区から橋を渡ってアル・ナヒール地区までは、タクシーでDh4〜5。途中左側に🄷ヒルトン・ラス・アル・ハイマ・リゾート＆スパ(→P.159)、右側に大きなショッピングセンターの🅂マナル・モールがある。

市内のタクシー料金
市内のタクシーは基本的にメーター制。初乗りはDh3。市内ならDh5〜7程度。市街からドバイ行きのバスが発着するパブリック・タクシーステーションまではDh20、オマーン国境まではDh30〜35程度。

抵抗の砦跡
16世紀以降、ポルトガル、オランダ、イギリスの侵略を受けたラス・アル・ハイマは、19世紀初頭、再びイギリスの侵略を受けている。ラス・アル・ハイマ、ラムスRams、ダヤDhayahが包囲された当時、住民が退却した砦は、ダヤの丘の上に現在も残されている。

ラス・アル・ハイマに4つのユニークな形をした人口島がある。マリーナやレジデンス、多目的モール、リゾートホテルなどを建設中だ。Hダブルツリー・バイ・ヒルトン・リゾート＆スパ、Hマルジャン・アイランド・リゾート＆スパなどオープンしているホテルもある。ドバイ空港から車で約1時間15分。
■アル・マルジャン・アイランド
Al Marjan Island
地図P.154

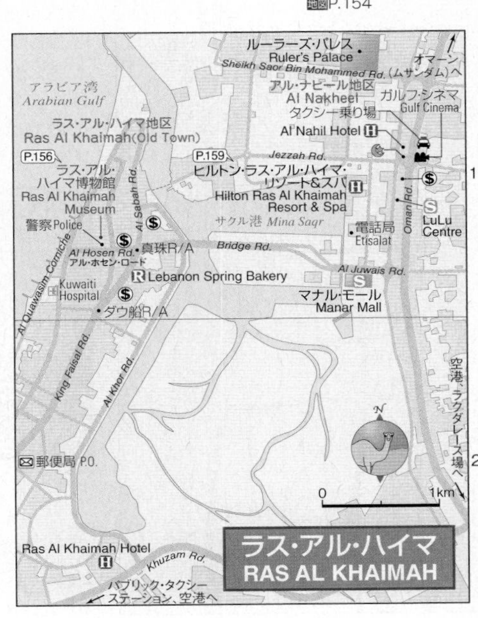

おもな見どころ
SIGHTSEEING

見応えのある充実したコレクション 地図P.155-1

ラス・アル・ハイマ博物館 *Ras Al Khaimah Museum*

中庭がある2階建てのフォートの中にある博物館。このフォートは18世紀半ばに町を攻撃から守るために造られたが、1960年代までラス・アル・ハイマの統治者カシム首長の住居として使われ、後に警察署と刑務所として使われた。フォートは石でできており、石膏で覆われている。

博物館は自然史と考古学、民俗学、カシム家の部門に分かれている。1階には、この地で取れる貝や植物のコレクション、近郊の遺跡の説明やそこで発掘された石器や壺、アクセサリーなどの銀製品、刀剣、はた織機などを展示している。

リアルで不気味なマネキンたちが入口にいる

■ラス・アル・ハイマ博物館
☎(07)233-3411
開土〜木曜10:00〜17:00
　金曜　15:00〜18:00
休無休
料Dh5

ACCESS
ウム・アル・カイワインへの行き方
タクシー
ドバイ国際空港より所要約50分。料金の目安はDh120。
バス
ドバイのアル・グバイバ・バスステーションから所要約1時間。料金はDh10。

ウム・アル・カイワイン
Umm Al Qaiwain

とりたてて特徴のない町だが、どこかしらホッとさせてくれるウム・アル・カイワイン。大きなビルもなく、ビーチはほとんど手つかず。時間がゆっくりと流れる感覚が、自然に伝わってくる小さな町だ。ほかの町では味わえないテンポが、心地よく旅人を迎えてくれる。

静かなビーチ

歩き方
WALKING AROUND

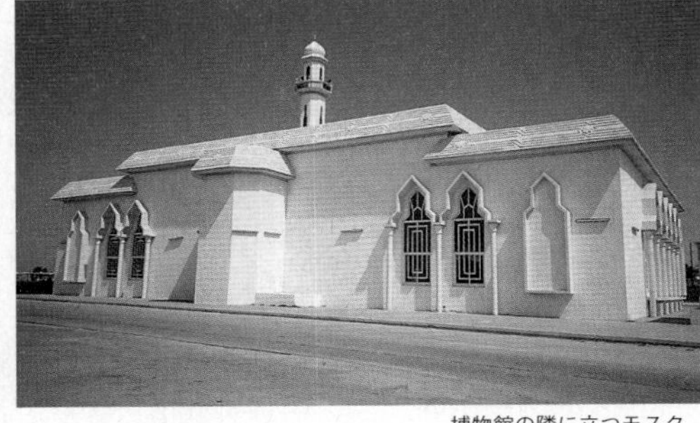
博物館の隣に立つモスク

ドバイからのメインロードから外れて、長く突き出した半島部分にあるウム・アル・カイワインの町は、延々と延びる広い車道の両側に小さなビルが点在するだけ。そして、**ホール・ウム・アル・カイワイン Khor U.A.Q.** を道なりに右へ曲がると、いくらか町らしくなる。**アル・ハソン・ロード Al Hason Rd.** を図書館のあるラウンドアバウトを曲がらずに直進すると、右側に**ウム・アル・カイワイン博物館 Umm Al Qaiwain Museum**があり、その奥に1869年頃に建てられたというモスクが見える。アル・ハソン・ロードに戻り**キング・ファイサル・ロード King Faisal Rd.** を南へ行くと、小さいながらも商店街がある。

ウム・アル・カイワインの市外局番
06

おもな見どころ
SIGHTSEEING

18世紀に建てられた古いフォートを見学 地図P.156-1

ウム・アル・カイワイン博物館 *Umm Al Qaiwain Museum*

1768年に造られたフォートを博物館として開放している。ウム・アル・カイワインで最も古いとされる歴史的建造物で、かつては住居や役所として使われていた。首長の所蔵品、書類、武器などの展示に加え、首長の寝室や応接室が保存・公開されており、見応えたっぷりだ。ぜひ足を運んで、ウム・アル・カイワインの歴史をひもといてみよう。

外には大砲が置かれている

■ウム・アル・カイワイン博物館
☎(06)765-0888
開土～木曜 8:00～14:00、17:00～20:00
金曜 17:00～20:00
休無休
料Dh4

町を守ってきた重要な歴史遺産 地図P.156-1

ウム・アル・カイワイン・ウォール *Umm Al Qaiwain Wall*

1820年に防衛のために造られた壁で、高さ2.95mの壁がアラビア湾に沿って約290m続いている。見張りをするための塔が3つあり、その門は分厚い木材でできている。ウム・アル・カイワインの人々が誇りに思っている、重要な歴史遺産だ。

見張り塔のうちのひとつ

■ウム・アル・カイワイン・ウォール
☎(06)765-0888
開土～木曜 8:00～13:00、17:00～20:00
金曜 17:00～20:00
休無休

町なかにあるダウ船のモニュメント

アジマン

Ajman

7つの首長国のなかでも、いちばん小さいアジマン。シャルジャから10kmも離れていないせいか、単なるシャルジャ郊外の町と勘違いする人も多い。

アジマンの市外局番
06

ACCESS
アジマンへの行き方
タクシー
ドバイ国際空港より所要30～45分。料金の目安はDh100前後。
バス
ドバイのユニオン・スクエア・バスステーション（地図P.49-C1）から所要約45分。料金はDh12。

市内のタクシー料金
初乗りDh3で、市内ならDh5程度。メーター制でないタクシーも多いので、その場合は事前に料金を確認すること。

■アジマン博物館
開8:00～20:00
休金曜
料大人　Dh5
　子供　Dh1

スークに行くならこの時間
スークが最も活気にあふれているのは朝。漁船が戻ってきたあとの7時頃はとてもにぎやかだ。

歩き方
WALKING AROUND

アジマンの町は小さく、見どころとなる場所も少ないため、訪れる人は少ない。シャルジャから海岸線を行くと、あっという間に町に入ってしまうので、まずは**アジマン博物館 Ajman Museum**を目指そう。その近くのラウンドアバウトから**ハマド・ビン・アブドゥル・アジズ・ストリート Hamed Bin Abdul Aziz St.**を北に進んですぐのラウンドアバウトを右折すると、**アジマン港**だ。港に沿って横道に入ると、奥のほうに青果や肉、魚を扱うスークもある。また、船の修理風景を見ることができる。

おもな見どころ
SIGHTSEEING

昔の暮らしを知る
アジマン博物館　*Ajman Museum*

博物館として使われている建物は、もともと18世紀の後期に首長の宮殿として建てられた砦だ。1970年から9年余りの期間、警察署として使用されたあとで整備され、1981年に博物館としてオープンした。現在展示されているのは、武器や写本をはじめとするコレクションや、ウム・アル・ナー文明のものとされる古墳など。また、伝統的なスークの通りなどを再現した展示もあって興味深い。おもしろいものでは、最近まで発行されていたというアジマンのパスポートがある。展示されているのは、その第1号として交付されたシェイク・ラシッド（現首長の父）のもの。

アジマン博物館の入口

HOTELS

アクセス抜群の高級ホテル

H ヒルトン・ラス・アル・ハイマ・リゾート&スパ

HILTON RAS AL KHAIMAH RESORT & SPA MAP P.155-1

住 Al Maareedh St. ☎(07)228-8844
URL www3.hilton.com
料 ⓈⒹ Dh999 ～
全 377 室 CC ADJMV

ラス・アル・ハイマ市街のアル・ナヒール地区に、港と町を見下ろすように立つ。明るいイメージのプールは、町の真ん中にいるのを忘れてしまうほど。

ドバイに続きアジマンにオープン

H ザ・オベロイ・ビーチ・リゾート・アル・ゾラ

THE OBEROI BEACH RESORT AL ZORAH 地図外

住 Al Zorah, Al Ittihad Rd ☎(06)504-4888
URL www.oberoihotels.com
料 プレミア Dh681 ～
全 89 室 CC AMV

2017年オープンの5つ星ホテル。マングローブの森に囲まれたナチュラルリゾートでゴルフコースに隣接している。ドバイ国際空港からも近く、車で約20分。

ミニゴルフ場もある手頃なホテル

H ビン・マジッド・ビーチ・ホテル

BIN MAJID BEACH HOTEL 地図外

住 Ras Al Khaiwah ☎(07)235-2233
URL www.binmajid.com
料 スタンダード Dh540 ～
全 136 室 CC AMV

プライベートビーチはもちろん、プール、ディスコもある。スタッフも親切で居心地がよい。ラス・アル・ハイマの中心部まで車で約2分の便利な立地にある。

アラビア湾をひとり占め

H アジマン・ホテル

AJMAN HOTEL 地図外

住 Sheikh Humaid Bin Rashid Al Nuaimi St.
☎(06)714-5555 URL www.hotelajman.com
料 スーペリア Dh700 ～
全 182 室 CC ADMV

500mの長さを誇るプライベートビーチがあるリゾートホテル。全室オーシャンビューで、バルコニー付き。8つのレストラン、スパ、アーユルヴェーダセンターがある。

プライベートビーチでのんびり

H アジマン・サライ、ア・ラグジュアリー・コレクション・リゾート

AJMAN SARAY, A LUXURY COLLECTION RESORT 地図外

住 Sheikh Humaid Bin Rashid Al Nuaimi St.
☎(06)714-2222 URL www.ajmansaray.com
料 デラックス Dh690 ～
全 205 室 CC AMV

アジマン海岸線沿いにあるビーチリゾートホテル。ゴールドカラーを配した客室は豪華ながら上品な雰囲気。5つのレストランでは最上級の味が楽しめる。

ビーチに面した5つ星ホテル

H ホテル・フェアモント・アジマン

HOTEL FAIRMONT AJMAN 地図外

住 Sheikh Humaid Bin Rashid Al Nuaimi St.
☎(06)701-5757
URL www.fairmont.com
料 ⓈⒹ Dh530 ～ 全 252 室 CC AJMV

ビーチ、インフィニティプール、スイムアップバーなど設備が充実。キッズプールやキッズクラブなどファミリー向けの施設もある。

東海岸

East Coast

フジャイラ、シャルジャの2首長国のほかオマーン領までもが入り組む東海岸は、美しい砂浜に恵まれたリゾートエリア。ダイビングをするなら、ここまで来ないと損をしたようなものだ。西海岸からも気軽にドライブできるので、週末を過ごしにドバイなどからやってくる人も多い。主要都市のフジャイラをはじめ、ビーチの整備されたホール・ファカン、U.A.E.で最も古いモスクのあるバディヤなどが海岸線に並び、それぞれの町は名もない美しいビーチで結ばれている。

フジャイラの市外局番
09

フジャイラ
Fujairah

美しい海岸線が続くアラブ首長国連邦の東海岸。ドバイなどからのダイビングツアーの聖地でもある。その代表的な町がフジャイラだ。7つの首長国のひとつでもあるフジャイラは、1952年まではシャルジャの一部であったが、独立して今にいたっている。

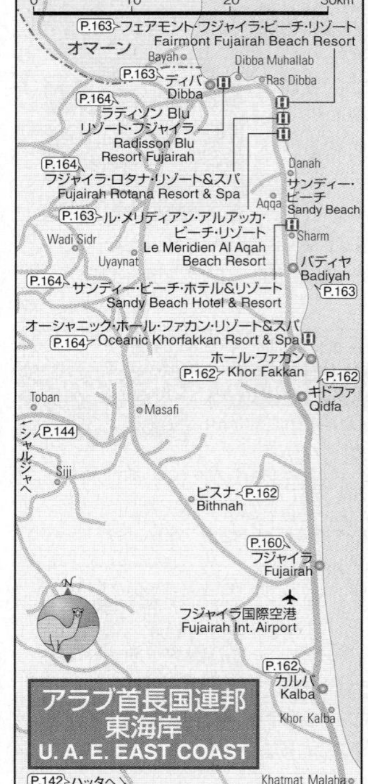

歩き方
WALKING AROUND

車でフジャイラの町にやってくると、まずその近代的な都市ぶりに驚かされる。よく整備されたフジャイラのメインストリートは**ハマド・ビン・アブドゥラ・ロード Hamad Bin Abdulah Rd.**で、貿易センタービルや官庁が集中している。

市街の中心は、ハマド・ビン・アブドゥラ・ロードと**アル・シャルキ・ロードAl Sharqi Rd.**の交差

フジャイラ・フォート

点。近くに中央郵便局G.P.O.もあるこのラウンドアバウトを北に進むと、右側の小高い丘の上に**フジャイラ・フォート Fujairah Fort**が見えてくる。この一帯は緑が多いのですぐにわかるはず。この砦の近くには、崩れかけた昔の家々がある。また、東海岸地区の史跡や古墳に関する展示が見られる**フジャイラ博物館 Fujairah Museum**もあるので、近郊の町へ足を延ばす前に立ち寄っておくといい。

フジャイラ市の西側には岩山（ハジャル山地）が連なる

博物館の前のラウンドアバウトを海岸に向かい、海岸線を走る**ニュー・コースト・ロードNew Coast Rd.**に入ろう。堤防があるので、車からだと海は見えないが、ちょっと車を停めてオマーン湾Gulf of Omanをのぞいてみよう。

フジャイラ博物館

ACCESS
フジャイラへの行き方

タクシー
ドバイ国際空港より所要約2時間。料金の目安はDh200～250。

バス
ドバイのユニオン・スクエア・バスステーション（地図P.49-C1）から所要約2時間。料金はDh25。

タクシーの料金
フジャイラの市内を走るならDh5～10程度。初乗りはDh3。チャーターするなら、交渉しだいだが1時間Dh25程度。

フジャイラ近郊の町

カルバ　Kalba

カルバは、フジャイラの南にあるシャルジャ首長国領の町。観光客のほとんどはフジャイラから北に向かうので、意外に穴場。美しい海岸線が続くカルバをドライブするのはとても気持ちがいい。

ビスナのフォート
フォートへ行くのに、ワディを渡らなくてはならないが、車で渡るのは避けたほうがいい。砂利のように見えるが、いったん停まったら最後、動けなくなってしまうのだ。

ビスナ　Bithnah

フジャイラから約12km内陸にあるビスナは、紀元前3000〜1350年頃のものとされる**T型古墳 T-Shaped Site**が発見された町だ。ドバイやシャルジャからやってくると、**マサフィ Masafi**を過ぎたあとにある。町自体はハイウエイから奥まっている。町への枝道を進み、右側に鉄塔が見えてきたらその手前を左に曲がって町に入ろう。そのまま右のほうへ回り込むと、簡単な屋根とフェンスに囲まれた古墳がある。この町のもうひとつの見どころは、古びたフォートFort。町の中を若干左方向に進むとワディ（涸れ川）に出るので、これを右のほうへ戻るように渡ると向こう岸にポツンとたたずんでいるのがすぐに見つかる。

キドファ　Qidfa

フジャイラからやってくると、この町の近くで「オマーンへようこそ」という看板を見かけるだろう。距離にしてフジャイラから約18km北上した内陸側。何の間違いでもなく、ここにはオマーンの小さな飛び地があるのだ。

ホール・ファカンには酒がない
この町はフジャイラではなく、シャルジャ首長国に属しているためアルコールの類はない。

ホール・ファカン　Khor Fakkan

東海岸で、フジャイラに次いで大きな町がホール・ファカンだ。商店街が延々と続くメインストリートを道なりに進むと、海岸線を4kmにわたって走るコルニーシュ（海岸道路）に出る。このコルニーシュ沿いには公園も整備され、気の利いたレストランやカフェもある。夜になるとライトのチカチカするスークはご愛敬。フジャイラと比べると断然リゾートらしい。

ホール・ファカンのビーチ

バディヤ Badiyah

ホール・ファカンから約8km北にあるバディヤは、紀元前3000年頃から人が住んでいたとされる古い町。この小さな町を有名にしているのは、町外れにある小さなモスク。アラブ首長国連邦のモスクのなかで最も古いとされるこのモスクは、ホール・ファカン方面からやってくると、バディヤの町を通り過ぎてすぐ左側にある。正確な時期は明らかになっていないものの、少なくとも数百年の歴史があるのは確か。

U.A.E. 最古のモスク

ディバ Dibba

U.A.E. 領の北の終着点がこの町。イスラム勢力がアラビア半島を征服した戦いの舞台としても知られるこの町は、今では静かな漁村にすぎない。町へ入ってみると、実はディバは3つの首長に支配される町だと気づく。シャルジャ、フジャイラ、オマーンの3つだ。オマーン領でもほとんど自由に国境を越えることができるが、警察に止められたら引き返すほうが無難だ。

HOTELS

質の高いサービスでゲストをもてなす FAIRMONT FUJAIRAH BEACH RESORT

H フェアモント・フジャイラ・ビーチ・リゾート MAP P.160

住 Mina Al Fajer, Dibba, Fujairah
☎ (09) 204-1111
URL www.fairmont.com
料 フェアモントルーム Dh800～
全180室
CC ADJMV

ディバの沿岸に位置し、ハジャル山地に囲まれた静かな谷間にたたずむ。客室はすべて、マリーナか海に面しており、眺望が楽しめる。インテリアはモダンボヘミアンとアールデコを取り入れた独特のスタイル。

大人のための高級リゾートホテル

隠れ家ビーチでバカンスを満喫 LE MERIDIEN AL AQAH BEACH RESORT

H ル・メリディアン・アルアッカ・ビーチ・リゾート MAP P.160

住 Dibba Rd.
☎ (09) 244-9000
URL www.marriott.com
料 クラシック Dh850～
全218室
CC ADMV

フジャイラから北上すること約50km、豊かな自然に囲まれたビーチリゾート。目の前に広がるオマーン湾では、各種ウオータースポーツが堪能できる。スパでは本格的なアーユルヴェーダトリートメントが受けられる。

眺望重視の人におすすめ

自然と調和した開放的なホテル　FUJAIRAH ROTANA RESORT & SPA

H フジャイラ・ロタナ・リゾート&スパ

MAP P.160

住 Al Aqah Beach
☎ (09) 244-9888
URL www.rotana.com
料 クラシックルーム Dh700～
全 250 室
CC ADMV

アル・アッカのプライベートビーチ沿いに位置するリゾートホテル。自然と調和した造りになっており、プールやビーチに続くアプローチは植物でいっぱいだ。客室はヴィラタイプで、全室オマーン湾を望むテラスかバルコニー付き。

プールサイドにもバーがある

丸い窓から眺める美しい海　OCEANIC KHOR FAKKAN RESORT & SPA

H オーシャニック・ホール・ファカン・リゾート&スパ

MAP P.160

住 Khor Fakkan, Sharjah
☎ (09) 238-5111
料 デラックス Dh637～
全 177 室
CC AMV

ホール・ファカンの北の外れのビーチ沿いに立つ高級リゾート。ダイビングなどマリンスポーツが充実しているほか、アーユルヴェーダスパなどもある。ヨーロッパからのツアー客が多い。丸い形の窓がユニーク。

広々としたホテルのロビー

センスのよい客室が自慢　RADISSON BLU RESORT FUJAIRAH

H ラディソン Blu リゾート・フジャイラ

MAP P.160

住 Fujairah
☎ (09) 244-9700
URL www.radissonhotels.com
料 スタンダード Dh399～
全 257 室
CC ADMV

フジャイラだけでなく、アラブ首長国連邦全体でも評価の高いホテル。全室バルコニー付きオーシャンフロントビューで、眼下にはオマーン湾の青い海を望み、540mの静かで穏やかなプライベートビーチが広がっている。

落ち着いた客室

フジャイラからほど近いビーチ　SANDY BEACH HOTEL & RESORT

H サンディー・ビーチ・ホテル&リゾート

MAP P.160

住 Al Aqqa
☎ (09) 244-5555
URL www.sandybeachhotel.ae
料 スタンダード Dh600～
全 98 室
CC AMV

フジャイラから車で約30分、ホール・ファカンの14km北のサンディー・ビーチにある。バンガローやシャレーもあるので、ファミリーに人気。各種マリンスポーツやツアーのアレンジもしてもらえる。ダイビングセンターもある。

この看板が目印

عمان

オマーン

Oman

夕暮れのマトラの街とマトラ・フォート

オマーン

Oman

首都マスカットにあるスルタン・カブース・グランド・モスク

アラビア半島の東部に位置するオマーン。アラブ首長国連邦と国境を接する北部は、険しいハジャル山地が海岸線と並行して連なり、その間のバティナ平野では、ペルシアの支配時代に築かれたファラジュ（灌漑用水路）や地下水を利用した農業が盛んに行われている。7世紀以降、ソハールの港はアラビア半島随一の規模を誇り、ここを拠点としてアフリカから中国の広東にかけて広範囲の交易が行われた。『アラビアン・ナイト（千夜一夜物語）』に語られた船乗りシンドバッドはソハールの港から出港したとされ、海のシルクロードをまたにかけた船乗りたちの伝説は当時のオマーンの隆盛ぶりを今に伝えている。また、南部のサラーラを中心とするドファール地方は、亜熱帯性気候で、モンスーンが吹くため、北部とはまったく違った気候が見られる。特にモンスーンが去ったあとのドファール地方は一面が緑に覆われ、花が咲き乱れる美しさはたとえようもない。

1970年にカブース前国王が政権を奪取するまで、保守的な鎖国政策をとってきたオマーンだが、前国王の即位と同時に積極的な開国政策を展開している。政治、経済、外交など、さまざまな改革を推進したことにより、オマーンはアラブ諸国の仲裁役としての地位を確立。イエメンの内戦時には積極的に調停に乗り出すなど、中立の立場からアラブの平和維持に努めている。また、改革の一方で、オマーンは伝統的な文化遺産の保存にも力を入れている。官庁に勤める職員は民族衣装の着用が義務となっているほか、砦や古い住居の遺跡などの保存修復を進めている。

クウェートやドバイからやってきて、アラビア随一といわれる、マスカットにあるマトラのスークを歩いて感じるのは「ああ、やっとアラブに来たのだなぁ」ということ。郊外には手つかずの大自然も残されている。近代国家としての道を歩みながらも、よきアラブの姿を守り続けるオマーンに「魅力」を感じずにはいられない。

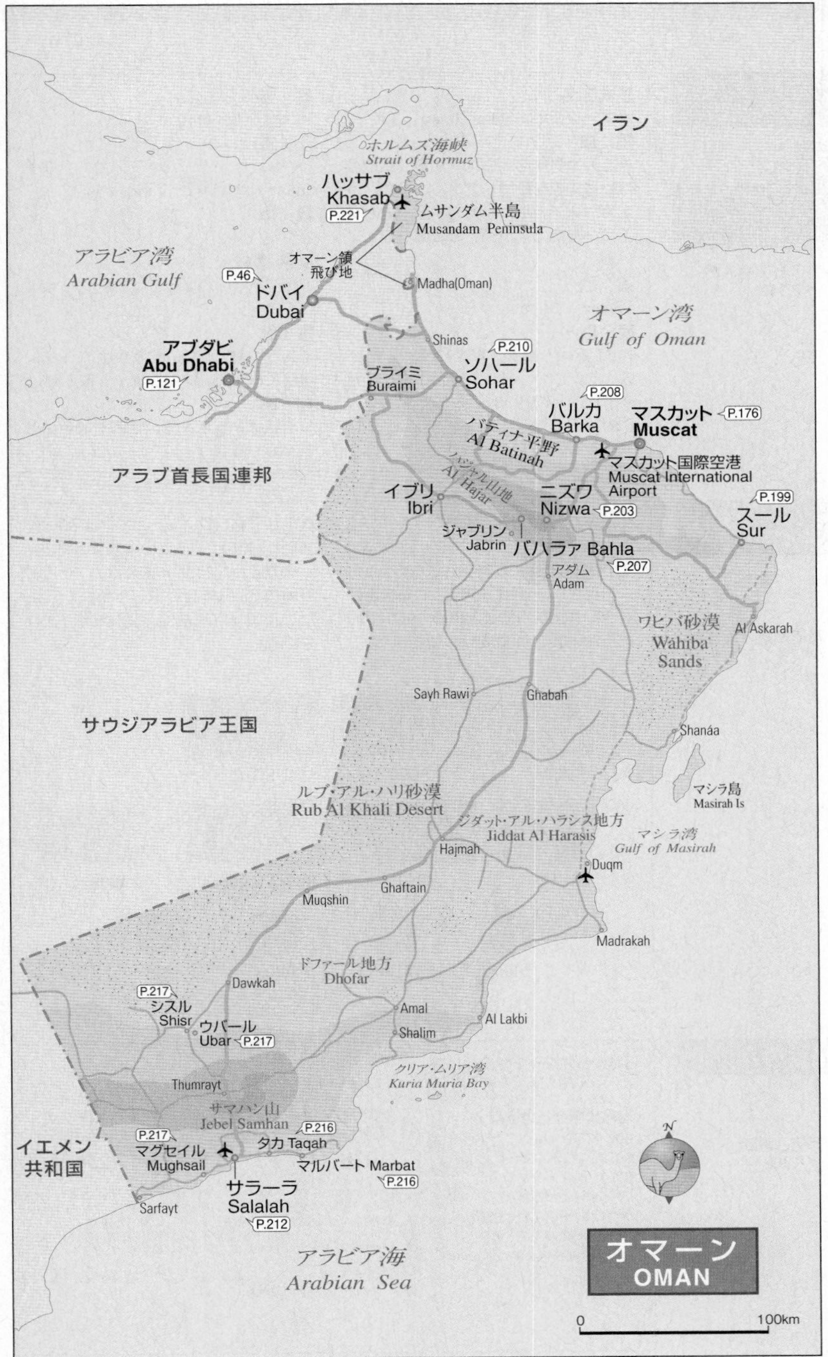
イラン
ホルムズ海峡
Strait of Hormuz
ハッサブ
Khasab
P.221
ムサンダム半島
Musandam Peninsula
アラビア湾
Arabian Gulf
オマーン領
飛び地
Madha(Oman)
P.46
ドバイ
Dubai
オマーン湾
Gulf of Oman
Shinas
P.210
アブダビ
Abu Dhabi
P.121
ブライミ
Buraimi
ソハール
Sohar
P.208
バルカ
Barka
マスカット
Muscat
P.176
バティナ平野
Al Batinah
マスカット国際空港
Muscat International
Airport
アラブ首長国連邦
ハジャル山地
Al Hajar
イブリ
Ibri
ニズワ
Nizwa
P.203
P.199
スール
Sur
ジャブリン
Jabrin
バハラァ Bahla
P.207
アダム
Adam
ワヒバ砂漠
Wahiba
Sands
Al Askarah
Sayh Rawi
Ghabah
サウジアラビア王国
Shanáa
マシラ島
Masirah Is
ルブ・アル・ハリ砂漠
Rub Al Khali Desert
ジダット・アル・ハラシス地方
Jiddat Al Harasis
マシラ湾
Gulf of Masirah
Hajmah
Duqm
Ghaftain
Muqshin
Madrakah
ドファール地方
Dhofar
Dawkah
P.217
シスル
Shisr
ウバール
Ubar
P.217
Amal
Shalim
Al Lakbi
クリア・ムリア湾
Kuria Muria Bay
Thumrayt
サマハン山
Jebel Samhan
P.216
P.217
イエメン
共和国
マグセイル
Mughsail
タカ Taqah
マルバート Marbat
P.216
サラーラ
Salalah
P.212
Sarfayt
N
アラビア海
Arabian Sea
オマーン
OMAN
0
100km

ジェネラルインフォメーション

オマーンの基本情報

▶アラビア語入門
→ P.351

正式国名
オマーン Sultanate of Oman

国　旗
赤は国の防衛を、白は平和を、緑は農作物と繁栄を象徴している。また、左上のハンジャル（半月刀）と太刀が交差した国章はスルタンの威厳を表している。

国　歌
Salaam Al Sultani

面　積
約 31 万km²（日本の 85%）

人　口
465 万人（2019 年）。うちオマーン人が約 55%

首　都
マスカット　Muscat

元　首
ハイサム・ビン・ターリク・アル・サイード国王
Sultan Haitham bin Tariq al-Said

政　体
君主制

民族構成
アラブ人、インド人、パキスタン人、エジプト人、アフリカ人など

宗　教
イスラム教（イバード派が主流）86%、キリスト教 6.5%、ヒンドゥー教 5.5%

言　語
公用語はアラビア語。首都では英語もよく通じる。

通貨と為替レート

RO

▶基礎知識・両替とクレジットカード
→ P.173

通貨の単位はリヤル・オマーン RO（Riyal Oman）とバイザ Bzs（Baizas）。RO1=1000Bzs=286.06 円（2020 年 1 月 17 日現在）。一般に流通している紙幣は RO50、RO20、RO10、RO5、RO1、RO 1/2（500Bzs）、100Bzs の 7 種類。新旧紙幣が混在している。コインは 50Bzs、25Bzs、10Bzs、5Bzs の 4 種類がある。

そのほか、2005 年末にはカブース国王即位 35 周年を記念した新札が、また、2010 年にも記念紙幣が発行されている。

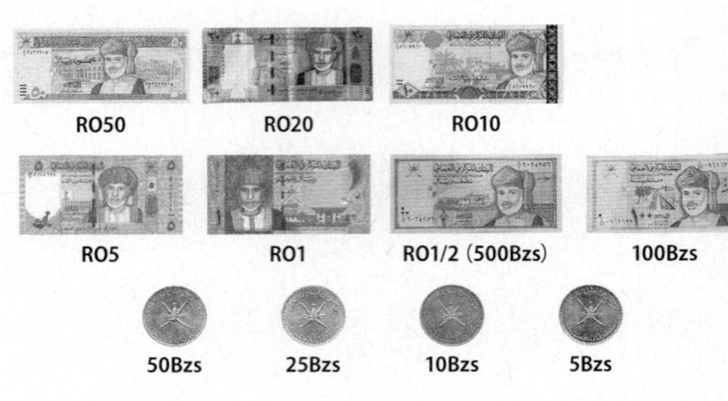

電話のかけ方

▶郵便と電話
→ P.368

日本からオマーンへのかけ方
例：マスカット 1234-5678 にかける場合

国際電話会社の番号		国際電話識別番号		オマーンの国番号		相手先の電話番号
001 KDDI※1 **0033** NTTコミュニケーションズ※1 **0061** ソフトバンク※1 **005345** au（携帯）※2 **009130** NTTドコモ（携帯）※3 **0046** ソフトバンク（携帯）※4	＋	**010**	＋	**968**	＋	**1234-5678**

※1「マイライン・マイラインプラス」の国際区分に登録している場合は不要。詳細は、URL www.myline.org　※2 au は 005345 をダイヤルしなくてもかけられる。※3 NTT ドコモは事前に WORLD WING に登録が必要。009130 をダイヤルしなくてもかけられる。※4 ソフトバンクは 0046 をダイヤルしなくてもかけられる。
※携帯電話の 3 キャリアは「0」を長押しして「+」表示し、続けて国番号からダイヤルしてもかけられる。

出入国

ビザ

2018年3月21日以降、オマーンを訪れる日本人は原則、e-Visa（オンラインビザ）を事前に取得する必要がある。従来のアライバルビザの取得は当面可能とされているが、入国手続きに相当な時間を要する可能性もあるためe-Visaの取得が無難。10日間有効のビザはRO5、30日間有効のビザはRO20。在日オマーン大使館では、観光・商用ビザの発給はしていない。出国する航空券が必要。

パスポート

残存有効期間　シングル　6ヵ月以上
　　　　　　　マルチプル　1年以上
査証欄余白　見開き2ページ以上

入国カード

なし

▶各国のビザ（査証）→P.338

日本からのフライト時間

マスカット空港のオマーン航空の機体

成田からドバイ経由で約12時間。日本からオマーンまでの直行便はない。

▶アラビア半島への道→P.336

気候

4～10月が夏季。高温多湿なので体感温度はかなり高い。この時期は40℃を超える日もしばしばある。11～3月が冬季で最も過ごしやすいシーズン。雨も少量だが降る。南部のドファール地方（サラーラなど）はモンスーン気候で、7～9月は雨季に入る。

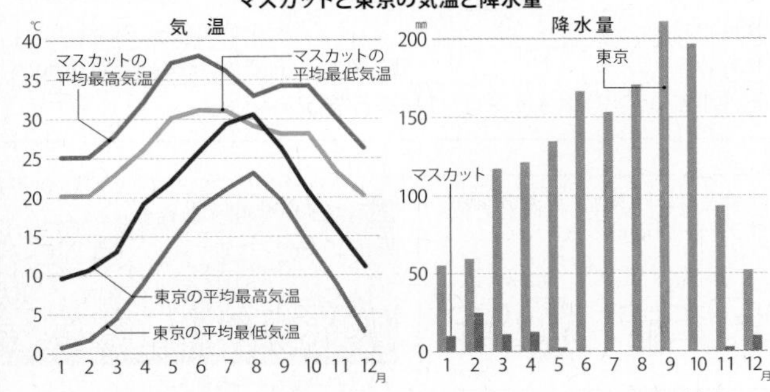

※東京の気温および降水量は、気象庁の平年値のデータ。マスカットの気温および降水量は、JMC「海外旅行データブック」より。

▶基礎知識・地方別の気候→P.172

オマーンから日本へのかけ方

例：東京（03）1234-5678または090-1234-5678にかける場合

国際電話識別番号		日本の国番号		市外局番と携帯電話の最初の0を除いた番号		相手の電話番号
00	+	81	+	3または90	+	1234-5678

▶電話のかけ方

よく整備されており、ホテルの電話などから国際電話をかけることができる。携帯電話の普及によりテレホンカードは販売されておらず、公衆電話は使用できない。

SIMフリーの携帯電話をもっている場合、空港や商店でSIMカード（OR2程度）を購入し、電話を掛けることができる。なお、オマーンには市外局番はない。

日本での国際電話の問い合わせ先

KDDI	Free 0057（無料）
NTTコミュニケーションズ	Free 0120-506506（無料）
ソフトバンク	Free 0120-03-0061（無料）
au	Free 0077-7-111（無料）
NTTドコモ	Free 0120-800-000（無料）
ソフトバンク	Free 157（ソフトバンクの携帯から無料）

時差とサマータイム

日本との時差はマイナス5時間。日本が正午のとき、オマーンは7:00。サマータイムは実施されていない。

日本 12:00P.M.　オマーン 7:00A.M.

ビジネスアワー

官庁	土〜水曜	8:00 〜 14:00
銀行	土〜水曜	8:00 〜 12:30
	木曜	8:00 〜 11:30
商店	土〜水曜	8:00 〜 13:00、16:30 〜 21:00
	金曜	16:00 〜 21:00

大きなショッピングセンターは、日本と同様、昼休みなしで朝から22:00頃まで営業する。地方にある店や小さな店などは、イスラム教の祝日や金曜は、16:00頃から開けるのが普通。ラマダン期間中はほとんどのレストランが昼の間休業している。

祝祭日

▶アラビアを理解するために→P.354

ヒジュラ暦によるので毎年変わるが、グレゴリオ暦も併用。2020年の祝祭日は以下のとおり。年によって異なる移動祝祭日（*印）に注意。当日にならないと発表されない。日本の日曜に当たるのは金曜。週末といえば木・金曜を指す。

1月1日	元日　New Year's Day
3月22日*	預言者昇天祭　Lailat al Miraj (Night of Ascension)
5月24〜27日頃*	ラマダン明けの祭り　Eid al-Fitr (End of Ramadan)
7月23日	ルネッサンスデー　Renaissance day
7月31日〜8月3日頃*	犠牲祭　Eid al-Adha (Feast of Sacrifice)
8月20日*	イスラム暦新年　Al-Hijra (Islamic New Year)
10月29日*	預言者ムハンマドの誕生祭　Milad un Nabi (Prophet's Birthday)
11月18日	ナショナルデー　National Day
11月19日	国王誕生日　Birthday of HM Sultan Qaboos

※2020年のラマダンは4月24日〜5月23日の見込み。

電圧とプラグ

電圧は200-240V。周波数50Hz。プラグタイプはBF、B3。

BFタイプ

B3タイプ

アラブの雰囲気を味わえる国

チップ

特に習慣化されていないが、快いサービスを受けたときには心づけを。下記はあくまで目安。

タクシー

料金の端数を切り上げて払う程度。

レストラン

店の格にもよるが、高級レストランでサービス料が含まれていない場合は10%程度。

ホテル

300Bzs程度。ベルボーイやルームメイドにコインで渡すのはあまりよくない。

ゆっくりと過ごせる高級ホテルもある

飲料水

一般的にはミネラルウオーターを飲用。水道水は飲めないことはないが、塩分の含まれた地下水と海水を淡水化している。

500mℓのものが100 Bzs程度

税 金

2021年以降にVAT（付加価値税）を導入予定。

郵 便

日本まではがきは500 Bzs、封書は800Bzs ～。1週間から10日で到着する。

町なかにあるポスト

▶郵便と電話 → P.368

安全とトラブル

治 安

一般的に治安は非常によく、オマーン人の外国人に対する応対もいい。

グループなどで旅行するには問題はないが、個人で旅行する場合は最低限の注意は必要。女性がひとりでいると、しつこく誘われたりして嫌な思いをすることが少なくない。できれば男性と一緒に行動するのが望ましい。ラマダン中、公共の場での飲食、喫煙が警察に発見された場合は拘留もありうる。

外務省 危険・スポット・広域情報

●中東地域における緊張の高まりに関する注意喚起

※ 2020年1月5日、8日付

警察 2470-1099
（マスカット・ルイ）

消防・救急車・警察 9999

【在オマーン日本大使館】

Embassy of Japan　地図P.178上-A1

住Villa No.760, Way No.3011, Jamiat Al-Duwal Al-Arabiya St., Shati Al-Qurum, (P.O. Box 3511, Ruwi, PC 112)

☎2460-1028

FAX2469-8720

▶アラビアを理解するために→ P.354

▶基礎知識・習慣とタブー→ P.173

年齢制限

アルコールとたばこは18歳からだが、それらの購入時にIDを求められることはない。

滞在アドバイス

生活用品

野菜、フルーツ、肉、魚、牛乳などをはじめとした食料品はたいてい手に入る。多少値段は張るものの、外国人が住む地域のスーパーでは、アジア食品に交じって米、醤油、冷凍食品などの日本食も入手可能。日用品は、品揃えが豊富なので日本で用意していなくとも問題ない。

酒

普通に酒屋があるわけではないが、長期滞在者（レジデンスビザ保有者）は警察本部に申請して、リカーパーミット（酒購入許可証）を発行してもらうことができる。ただし、酒類の限度購入金額は給与額の約10%という制限がある。手数料は限度額の30%となっている。旅行者はホテルかレストラン（ライセンスをもっている）でのみ飲酒可能。ライセンスをもっている店はあまり多いとはいえない。

医療、衛生

砂塵による目の病気は見られるが、この国特有の風土病は存在しない。薬に関してはひととおり手に入るが常用する薬などがある場合は持参すること。おもな病院としては、国立ロイヤル病院（☎2459-9525 マスカット）、マスカット・プライベート病院（☎2458-3791 マスカット）がある。

住 居

外国人向けの住宅は増えてきており、単身者向けのアパートから家族向けの一戸建てまで揃う。インド人やフィリピン人などの家政婦を雇うことが多い。

▶旅の健康管理 → P.365

動物には触らないように！

基礎知識

Basic knowledge

歴史

オマーンの草創期

オマーンに初めて人類が住み始めたのは、氷河期末の紀元前1万2000年頃と考えられている。また、紀元前2000年頃までには銅の採掘、精錬が主要な産業となっていたことが、マスカット北西部の町、ソハール一帯に残る遺跡からもうかがい知ることができる。この時期にはイエメンやアラビア半島北部からの移住も増加しており、サラーラを中心としたドファール地方は、古代エジプトやヨーロッパで儀式用香料として盛んに使用された乳香の産地として知られていた。当時の乳香は金と同等の価値があったという。

イスラムの時代

現在のオマーン人の祖先に当たる、最初のアラブ人がオマーンにやってきたのは今から約2000年前のことで、その頃は険しい岩山の山あいに農業や牧畜を営む部族集落が自給自足の生活をしていた。この時期のオマーンはペルシアの強い影響下にあり、現存するファラジュ（灌漑用水路）もこの時期に造られたものだ。現在の王家の祖先、アズド族がオマーンにやってきて、ペルシャからオマーンの支配権を取り戻したのが630年のイスラム改宗。これを機にオマーンはアラブ主導国家としての歴史を歩み始めた。7世紀から15世紀まで、オマーンはソハールを中心としてペルシャ、インド、東南アジア、中国とアラブ世界を結ぶ海洋貿易によって栄えたが、1507年以降ポルトガルの統治を受けることになる。その後、1650年にはスルタン・ビン・セイフ・アル・ヤッラブがマスカットをポルトガルの支配から取り戻し、東アフリカ（ザンジバル、ザンビア）にも植民地をもつ国家を建設。当時のオマーンはイギリスと並ぶ海洋国家と位置づけられている。

近代オマーン

サイード・ビン・スルタン（1807〜1856年）の統治下、オマーンは諸外国との関係を発展させ、1840年には米国にアラブからの最初の特使を派遣、オマーンは米国と外交関係を樹立した最初のアラブ国家となった。しかし、王位継承争いや19世紀からのイギリスの介入により国内が乱れたオマーンは、1950年以降、内戦、反乱が多発し、当時のサイード国王は鎖国政策を操る一方、なす術もなくサラーラの王宮に閉じこもった。1970年、皇太子のカブースが決起し国王に即位すると、積極的な開国政策を進め、国内の宥和政策によって国家を安定させるのに成功。1976年からは石油資源をもとにした経済再建に着手。2020年にハイサム殿下が新国王に即位した。

経済

石油関連産業、農漁業、銅鉱業。ひとり当たりのGDPはUS＄1万8970（2018年）。

地方別の気候

国土の約80％が砂漠だが、海岸線の総延長は1700kmにも及び、北東部と南部は山地が形成されているため、気候は地域によって異なる。旅行シーズンは10〜4月がベスト。

オマーン湾岸

主要都市 マスカット、ソハール、スール

一般に、ハジャル山地によって砂漠地方から切り離されたバティナ地方は高温多湿。この地域は、海から来る湿気がハジャル山地に止められるため若干の雨もある。ただ、夏季（4〜10月）には平均気温が40℃、ときには50℃に達するため、潤うほどのものではない。湿度も日中で40％、夜間には100％近くにまで達する。湿度が高いと体感温度は上昇するので、かなりの暑さを感じることになる。これに対して、冬季（11〜3月）の平均気温は25℃前後としのぎやすい。

山岳地方

主要都市 ニズワ、ルスタック

標高が2000m以上にも達する山岳地では、冬に雪が降ることもある。古くから、天水、地下水とともにファラジュ（灌漑用水路）の整備されたこの地方では、農業も盛んに行われ、ローズウオーターに使われるバラなどが生産されている。夏季（4〜10月）の平均気温は40℃、ときには50℃に達する。湿度も日中で40％、夜間には100％近くにまで達する。これに対して、冬季（11〜3月）の平均気温は25℃前後と比較的しのぎやすい。

ニズワ・フォート

砂漠地方

主要都市 特になし

一般に高温乾燥型。ワヒバ砂漠やサウジとの国境にまたがる空白地帯など、大きな町はほとんどない。夏季（4〜10月）の暑さは相当なもので、日差しも強烈。降水量は非常に少なく日中の気温は50℃に達することもあるが、湿気が少ないぶん、水分の補給を忘れなければ過ごしやすいかもしれない。ただし、太陽が沈むと気温が急激に下がる。

アラビア海沿岸

主要都市 サラーラ

サラーラを中心とする南部のドファール地方は亜熱帯性気候で、モンスーンの季節（7〜9月）には大雨に見舞われる。この時期には山肌の緑もいっせいに色づき、北部とはまったく違った風景が楽しめる。サラーラの日中の平均気温は夏季30℃、冬季はやや下がって28℃程度。湿度は年間を通して日中40％、夜間は80〜100％に達する。

服装

5月から11月頃までは暑い日が続き日差しが非常に強い一方、室内はどこも冷房が効き過ぎていて寒いので、ノースリーブや半袖のほかに長袖のものを用意したほうがいい。

11月後半から4月にかけては長袖のシャツ1枚くらいがちょうどよいが、夕方から涼しくなるのでジャケットなどを用意するとよい。砂漠などへ行く場合は夜の冷え込みに注意。

習慣とタブー

ほかの湾岸諸国と同様、イスラム教に基づく習慣、伝統が守られている。男女にかかわらず、海水浴場やホテルのプール以外では手足をあまり露出させないほうがよい。ごみの投げ捨ても禁じられており、一部をのぞきモスクに異教徒が入ることはできない。

家に入るときには靴を脱ぐが、足の裏を見せるのはタブー。飲食は右手を使う（イスラムでは左手は不浄の手）。外国人に強いることはないが、地方は特にイスラム色が強いので失礼にならないよう気をつけよう。オマニ（アラビック）コーヒーをすすめられたら受けるのが礼儀とされている。小さなカップで何度も注ぎなおしてくれるが、もういらないときはカップを軽く横に振る。

特殊なものでは不敬罪というものもある。オマーンでは国王の写真がいたるところに飾られ、国王の写真に対する侮辱的な行為、非難などが発覚した場合は厳罰が待っているので注意。また、国王のプライベートなことに関する質問は避けたほうがよい。

アラビアを理解するために→P.354
アラビア半島の旅行事情→P.8

アルコール

旅行者はスーパーなどで購入することはできないが、ホテル内のレストランや個人宅で飲むことができる。入国前に免税店で購入して持ち込むことが可能（2ℓまで可）。

たばこ

ホテルの客室やレストラン、モールなどの公共の場での喫煙は禁じられている。たばこを吸うときは、灰皿がある決められた喫煙所で。

女性の旅

服装については、なるべく体の線が出るような服や過度の露出のあるものは避け、ロングスカートや長ズボンが望ましい。日が暮れてからはひとりで町を歩くのも控えたほうがいいだろう。

両替とクレジットカード

現地通貨であるリヤル・オマーンROは現地に着いてからの両替で問題ない。空路で入る場合で、アライバル・ビザを申請する場合は代金を支払うと同時にROへの両替が可能。町なかの両替所や銀行で日本円から両替できる。ただし、地方での円からの両替は難しいことも多く、レートも悪いので、マスカットで済ませたほうが無難。レートは銀行→両替商→ホテルの順で悪くなる。

クレジットカードは広く使える。町なかならATMでのキャッシングも可能。

物価と予算

ミネラルウオーターなどの生活必需品は500mℓのペットボトルが100〜125Bzs（40円程度）と安いが、ホテルや移動代などの旅行で使うお金は非常に高い。RO 1と聞くと安く感じ、浪費しがちになるので気をつけよう。

安くておいしいシャウルマ

食事

安レストランは、インド料理かパキスタン料理（ビリヤニなど）、中華（風）料理を出すレストランが多い。マスカットのルイならKFCなどのファストフードもあるが、インド、パキスタン料理と比べると少し高め。祝祭日のお祈りの時間中は店を閉めているファストフード店がある。このほかフィリピン、タイ、イタリアンのレストランもある。

地元料理は色のついたご飯にカレーをかけたカブーリや、魚か肉とナッツ、野菜などの炊き込みご飯マクブース、白飯もよく食べられる。白身魚のハムールやロブスターなどのシーフードも豊富だ。町のレストランならRO1～2でおなかがいっぱいになる。そのほか、クルムやスレーダと呼ばれる薄い紙のようなパリパリしたパンと、カレーや焼肉を一緒に食べるのも伝統的な食べ方。このパンは一部のレストランや家庭でしか食べられない。またオマーン人は辛いものが苦手なので、オマーン風カレーはマイルド。現地人はマラックとかマハーリと呼ぶ。英語ではMeat CurryやChicken Curryと呼ばれ、インド人などはアラビアンカレーと呼び、自分の国のカレーと区別していておもしろい。

イタリアン、中華、フレンチなどの高級なレストランはホテル内、マスカットでは大きめのショッピングモール内に入っている。

紅茶は100Bzs～、スナック菓子類は50～250Bzs前後、コーラなどのソフトドリンクは200Bzs～、フレッシュジュースは500Bzs～。ミネラルウオーターはスーパーで500mℓボトルが100～125Bzsほど。アルコールは、一部のレストランやホテルで飲めるが、値段はとても高く、祝祭日には人前では飲めないことになっている。ただ、高級ホテルならばそういった日であってもルームサービスでアルコールを注文できる。ただしラマダン中は飲酒できない。

アラブ料理を楽しむ→P.348

一般的な家庭料理

ホテル

ホテルは年々増えてきており、都市部では、外資系の高級ホテルから中級・安宿まで選択肢も多い。ただし、地方都市になるとホテルは限られてくる。

ルイやマトラの場合、1泊シングルRO20、ダブルならRO30が最低ライン。高級ホテルになるとRO80は下らない。そのほかの都市では最低でもシングルRO10、ダブルRO20程度。どのホテルも清潔で冷房があり、たいていテレビや冷蔵庫、バスルーム付き。平日やシーズンオフ、長期滞在の場合は割引交渉の余地がある。マスカット以外の都市ではホテルが少ないので、10～4月のシーズン中は前もって予約しておいたほうが無難。ホテルの予約は旅行会社を通すと、大幅にディスカウントされる。ホテルによってはインターネットでの予約に特別価格を用意している。

アラビアでの宿泊→P.346

国内移動

オマーンに鉄道はなく、移動の手段はバス、タクシー、レンタカーか飛行機になる。また、海上のルートはクルーズ船や、マスカット～ムサンダム地方間の船などふたつの航路がある。

マスカット国際空港

飛行機

オマーン航空Oman Airがマスカットとサラーラ、ドゥクム、ムサンダム地方への便を運航している。サラーラへは毎日6～8便飛んでいるが、そのほかの路線は運航本数が少ない。運航のスケジュールがしばしば変更されるので、そのつどオマーン航空や旅行会社で確認する必要がある。

バス

国営のMwasalatが、マスカット地域および国内の主要都市間で長・短距離バスを運行しており、国際便もマスカット、ソハールなどからドバイ行きを運行している。マスカット～サラーラ間はプライベートのバスも運行している。

バスターミナルはマスカットのルイにあり、ここでチケットも買える。予約も可能なので時間に余裕のある人は、1～2日前までに予約を入れたほうがいい。また、週末（木～金曜）や祝祭日の前日は混んでいるので、出発の30分くらい前には乗り場へ行ったほうがいいだろう。なお、バスはほぼ定刻どおりに出発する。

マスカット～サラーラ間のバスは、テレビ、エアコン完備の豪華バスで、ふたりの運転手が交替で運転するが、約10時間かかるうえ、マスカットとサラーラ周辺以外の風景は荒野ばかり。また、暑いなかを長時間100キロ以上の時速で走るので、まれにだが故障することもある。また、道路の状態が悪い所もある。途中、朝・昼食で2回各30分ほど停まるが、事前にミネラルウオーターやスナックなどを用意しておいたほうが無難。

マスカット圏以外の都市では市内バスはほとんど運行されていない。

ルートタクシー／タクシー

現地では乗合タクシーをルートタクシーと呼ぶ。ほとんどがワゴンタイプ。観光客には路線がいまいちわかりにくく不便だが、ドライバーに尋ねればほぼ間違いない。また、普通のタクシーが乗合タクシーとなる場合もある。タクシーも多く走っていて、旅行者を見ると「タクシー！」とよく声をかけてくる。ほとんどの都市は、メーター制でなく、交渉制になる。たいてい相場の2、3倍の料金を吹っかけられるので（特にホテル周辺）、地元の人に相場を聞いておくことが大事。サラーラなどの都市では市内一律料金がある。車体はオレンジと白のツートンカラー。

マスカット市内を走るタクシー

レンタカー

大手のレンタカー会社のオフィスがルイや大きなホテル、空港にある。料金は車種によって違うが、1日RO15～50くらい。主要道路はよく整備され、行き先も英語、アラビア語表示。運転マナーも比較的いいようだ。ただ、オマーンの交通規則の取り締まりは他国より厳しい。シートベルトの着用は徹底されており、着用していないのが見つかった場合にはその場でRO10の罰金を払わねばならない。給油は日本と同じで従業員がしてくれるところが多いが、セルフサービスのところもある。ガソリン代は非常に安い。山奥や砂漠、海岸などは道が悪く、標識も少ないうえ、言葉も通じにくい。自然の雄大さを味わいたいなら、少し高くなるが運転手付きの4WDを借りたほうがいい。

※レンタカーに関しては事前に各国大使館に確認のこと。

国外運転免許証について→P.362

ショッピング

オマーンらしいみやげは、国旗にも使われているハンジャルと呼ばれる半月刀のほか、男性のターバンや刺繍入り帽子だ。香炉、乳香や銀製品もおもしろい。世界一高いといわれる香水「アムアージュ」（→P.188）はオマーンのもの。銀製品は指輪、ブレスレット、アンクレット、ペンダント、ピアスなどいろいろあるが、変わっているのはコホルKhorと呼ばれる化粧墨（目を守るために男女ともアイライナーとして使う）を入れる容器や小さな長方形のコーランケース、何も入れなくてもペンダントとして、あるいはベルトに付けてもいいかも。また、デーツ（ナツメヤシの実）はオマーン北部の特産物で箱詰めを空港やホテルでも売っているほか、スーパーで安く買うことができる。アラブらしいものが多く見受けられるが、オマーンの伝統工芸品さえも、最近はインドやイラン、中国、フィリピン製が多くなっている。オマーン製にこだわるなら買う前に確かめよう。

写真撮影について

軍事施設、王宮、空港、港湾施設のほか、多くの博物館で禁止。男性の写真を撮る場合でもひと言断ったほうがいい。女性は絶対に避けるべき。子供たちやベドウィンの人々の場合は、向こうから写真を撮ってと言ってくることがあるので、問題は少ない。

ベドウィンの住居内

マスカット

Muscat

埠頭から見たマトラの風景

オマーンの国土を大きく7つの計画地域に分けられたうちのひとつが、オマーンの首都でもあるマスカットだ。「谷間にふわっと浮かび上がった、美しいもの」という意味との一説をもつマスカットは、その名のとおり北部から続く標高2500m級のハジャル山地とオマーン湾に挟まれており、ゴツゴツした岩山が海のすぐ手前まで迫った港町。アラビア海からアラビア湾にいたるアラビア半島の玄関口として古くより栄えたマスカットは、初期イスラム時代には、アジアとアラビアを結ぶ最も重要な港として繁栄した。マスカットの周辺では、その古い歴史を裏づけるかのようにいくつかの遺跡が発掘された。ワタィヤWattayaでは紀元前1万年以上前の住居跡が、また、バウシャルBaushalでは2000年前の古墳が見つかっている。

1507年から1650年までポルトガルの支配下にあったマスカットは、その後ポルトガルを追放し、東アフリカにも植民地を広げ最盛期を迎える。1744年、現在も続いているアル・サイード朝の創始者アハマド・ビン・サイードAhmed Bin Saidがイマーム（イスラム社会の宗教的主導者）に選ばれると、彼によってオマーン全土が統合され、首都がルスタックRustaq（→P.209）からマスカットへ移された。1970年、カブース前国王が即位してさまざまな近代的改革を行ってから、マスカット地域は劇的に変貌した。岩山の間には近代的なビルが建ち並び、立派な高速道路がその間をうねっている。その一方で公園や緑も整備され、透明な海は魚がそばで泳いでいるのが見えるほど。本当に大都市マスカットなのかと疑ってしまうほどだ。

大きな町にありがちながさつな空気感がなく、おっとりとした雰囲気の漂うマスカット。博物館や城塞を訪れたり、スークや近代的なショッピングセンターをぶらぶらしたり、マリンスポーツに興じたりと、楽しみ方はいろいろある。昼下がりのルイやマトラで、民族衣装を着たオマーンの人々が木陰でくつろいでいるのを見かけたら、気軽にあいさつしてみよう。きっと笑顔が返ってくるはずだ。古きよきアラブ世界と現代社会が両立した都市、それがマスカットだ。

交通案内
TRANSPORTATION

バス

オマーン各地やドバイへの長距離バスを運行するMwasalatが市内バスも運行している。ターミナルはルイ（地図P.180-B2）にある。旅行者に便利なのは4番（ルイ～マトラ）と1番（ルイ～アル・マベラ：空港方面）。マトラのバス停はP.178を参照。運行は6:00～24:00の間に約15～20ごと。料金はゾーンにより200～500Bzs。

ルイのMwasalatのバス

ルートタクシー

ワゴンタイプの乗合タクシーであるルートタクシーがマスカット内を網羅している。オマーンのルートタクシーは乗客がいっぱいにならなくとも出発するのが、ほかの国の乗合タクシーとは違うところ。運賃も安く、夜遅くまで運行しているので便利なのだが、行き先表示がないので非常にわかりにくい。出発する乗り場から利用する場合は特に支障はないだろうが、問題は路上で乗り込む場合。進行方向に立っていると、タクシーがおのずと停まってくれる。運転手に行き先を告げ、確認してから乗り込めばたいてい大丈夫。市内の運賃は100～300Bzs程度。市内から空港へは、シーブ行きのルートタクシーに乗る。また、普通の小型タクシーが乗合タクシーとなる場合もある。

ワゴンタイプのルートタクシー

タクシーとレンタカー

タクシーを使う場合、メーターはないので事前に交渉が必要。地元の人に相場を聞いておくといいだろう。タクシーは、オレンジと白のツートンカラーの車体にTAXIと書いてあるので一目瞭然。マスカットの見どころは散らばっていて、市内バスではなかなか行きにくい。どうしてもタクシーが必要となるのだが、時間もかかるし、移動だけで1回RO5～10かかってしまう。レンタカーなら1日借りるとRO15～50。効率よく回りたいならレンタカーがいい。空港にカウンターがあるので、ここで借りてしまうといいだろう。走行距離を限定している場合が多いので、事前に料金体系を確認しておいたほうがいい。

マスカットの市外局番
なし

ACCESS
空港から市内へ

マスカット国際空港はマスカット市内から約30km離れており、タクシーを利用するのが一般的だ。エアポートタクシーの乗り場は到着ロビーを出てすぐ。初乗りRO6でその後1kmにつき200Bzs。マトラまでRO13程度。到着ロビーを出て道路を渡ると通常のタクシーも客待ちしている。マトラまでRO6～。

Mwasalatの市バスも乗り入れており、ルイまでBzs500。

空港前を走るスルタン・カブース・ストリートに歩道橋を渡って出れば、ルートタクシーをひろうこともできる。ルイのラウンドアバウトまで500Bzsほど。

新国際空港ターミナルが完成

2018年3月、マスカット国際空港に新ターミナルがオープン。ホテルやフードコート、スパなどを備えている。

■ルイ発のMwasalat長距離バス
☎2412-1500

サラーラ	1日3本/RO7.5
ドバイ	1日3本/RO5.5
スール	1日2本/RO4.0
シャルジャ	1日1本/RO5.5
ブライミ	1日2本/RO4.5

※運行スケジュールが変更されていることもあるので注意。チケットの予約が可能なので時間に余裕のある人は、1～2日前に予約を入れたほうがいい。

ルイのメインターミナル

タクシーの「エンゲージ」

「エンゲージ」とは「貸切」のこと。タクシーなのだから当たり前のようだが、これを確約しておかないと、途中でほかの客をひろう。

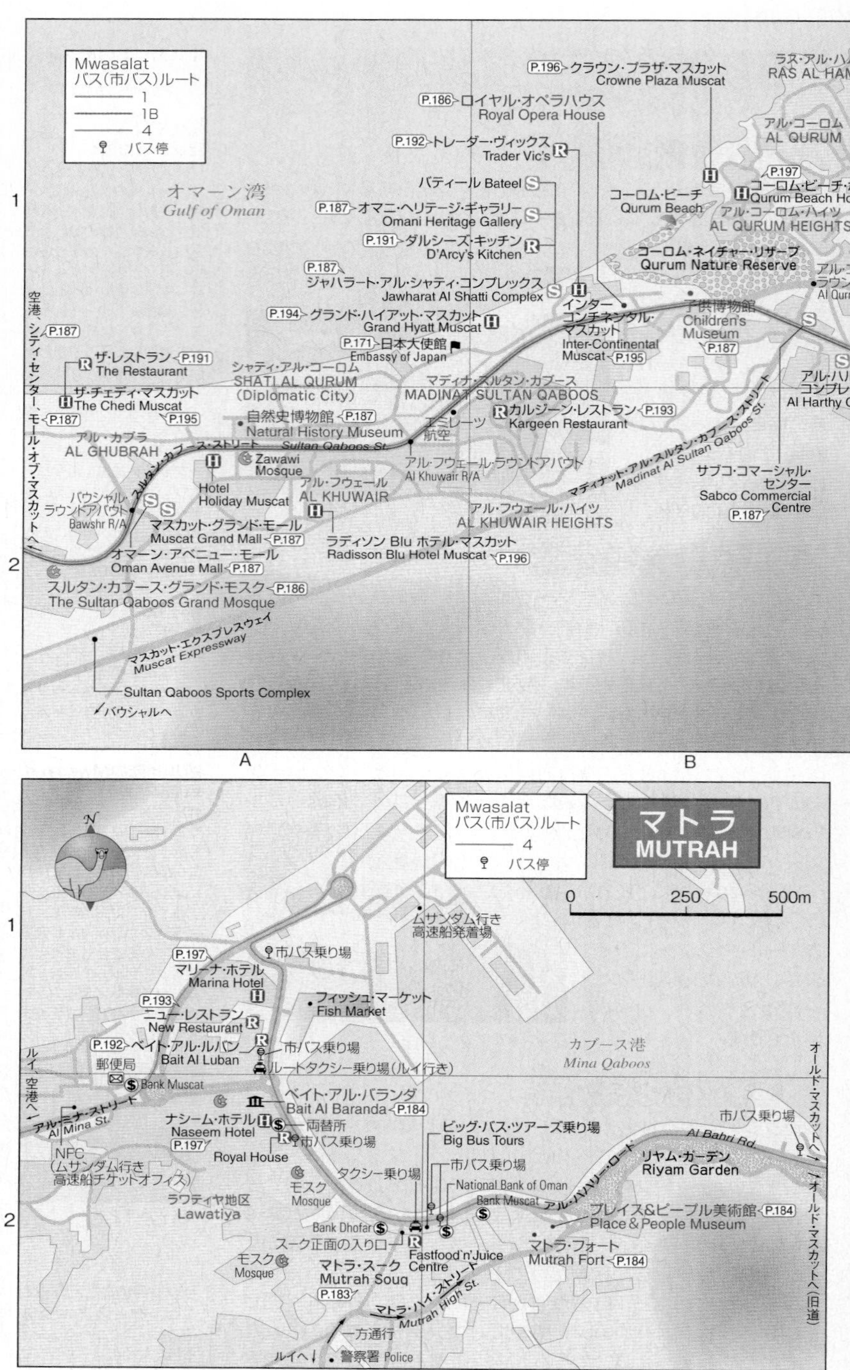
Mwasalat
バス(市バス)ルート
1
1B
4
バス停
オマーン湾
Gulf of Oman
P.196 クラウン・プラザ・マスカット
Crowne Plaza Muscat
P.186 ロイヤル・オペラハウス
Royal Opera House
P.192 トレーダー・ヴィックス
Trader Vic's
バティール Bateel
P.187 オマニ・ヘリテージ・ギャラリー
Omani Heritage Gallery
P.191 ダルシーズ・キッチン
D'Arcy's Kitchen
P.187 ジャハラート・アル・シャティ・コンプレックス
Jawharat Al Shatti Complex
P.194 グランド・ハイアット・マスカット
Grand Hyatt Muscat
P.171 日本大使館
Embassy of Japan
ラス・アル・ハムラ
RAS AL HAMRA
アル・コーロム
AL QURUM
コーロム・ビーチ
Qurum Beach
P.197 コーロム・ビーチ・ホテル
Qurum Beach Hotel
アル・コーロム・ハイツ
AL QURUM HEIGHTS
コーロム・ネイチャー・リザーブ
Qurum Nature Reserve
インターコンチネンタル・マスカット
Inter-Continental Muscat P.195
子供博物館
Children's Museum P.187
アル・ハルシ・コンプレックス
Al Harthy Complex
空港、シティ・センター、モール・オブ・マスカットへ
P.187
ザ・レストラン P.191
The Restaurant
ザ・チェディ・マスカット
The Chedi Muscat P.195
P.187
シャティ・アル・コーロム
SHATI AL QURUM
(Diplomatic City)
マディナット・スルタン・カブース
MADINAT SULTAN QABOOS
カルジーン・レストラン P.193
Kargeen Restaurant
自然史博物館 P.187
Natural History Museum
エミレーツ航空
アル・カブラ
AL GHUBRAH
スルタン・カブース・ストリート
Sultan Qaboos St.
Zawawi Mosque
アル・フウェール・ラウンドアバウト
Al Khuwair R/A
マディナット・アル・スルタン・カブース・ストリート
Madinat Al Sultan Qaboos St.
サブコ・コマーシャル・センター
Sabco Commercial Centre P.187
Hotel Holiday Muscat
アル・フウェール
AL KHUWAIR
バウシャル・ラウンドアバウト
Bawshr R/A
マスカット・グランド・モール
Muscat Grand Mall P.187
アル・フウェール・ハイツ
AL KHUWAIR HEIGHTS
ラディソン Blu ホテル・マスカット
Radisson Blu Hotel Muscat P.196
オマーン・アベニュー・モール
Oman Avenue Mall P.187
スルタン・カブース・グランド・モスク P.186
The Sultan Qaboos Grand Mosque
マスカット・エクスプレスウェイ
Muscat Expressway
Sultan Qaboos Sports Complex
バウシャルへ
1
2
A
B
マトラ
MUTRAH
Mwasalat
バス(市バス)ルート
4
バス停
0
250
500m
ムサンダム行き高速船発着場
市バス乗り場
P.197 マリーナ・ホテル
Marina Hotel
P.193 ニュー・レストラン
New Restaurant
フィッシュ・マーケット
Fish Market
P.192 ベイト・アル・ルバン
Bait Al Luban
市バス乗り場
ルートタクシー乗り場(ルイ行き)
カブース港
Mina Qaboos
ルイ、空港へ
郵便局
Bank Muscat
アル・ミナ・ストリート
Al Mina St.
ベイト・アル・バランダ
Bait Al Baranda P.184
ナシーム・ホテル
Naseem Hotel P.197
両替所
市バス乗り場
Royal House
NFC
(ムサンダム行き高速船チケットオフィス)
ビッグ・バス・ツアーズ乗り場
Big Bus Tours
市バス乗り場
タクシー乗り場
National Bank of Oman
Bank Muscat
モスク
Mosque
ラワティヤ地区
Lawatiya
市バス乗り場
Al Bahri Rd.
アル・バハリー・ロード
リヤム・ガーデン
Riyam Garden
プレイス&ピープル美術館 P.184
Place & People Museum
オールド・マスカットへ
オールド・マスカットへ(旧道)
Bank Dhofar
スーク正面の入り口
Fastfood 'n' Juice Centre
マトラ・フォート
Mutrah Fort P.184
モスク
Mosque
マトラ・スーク
Mutrah Souq
P.183
マトラ・ハイ・ストリート
Mutrah High St.
一方通行
ルイへ
警察署 Police

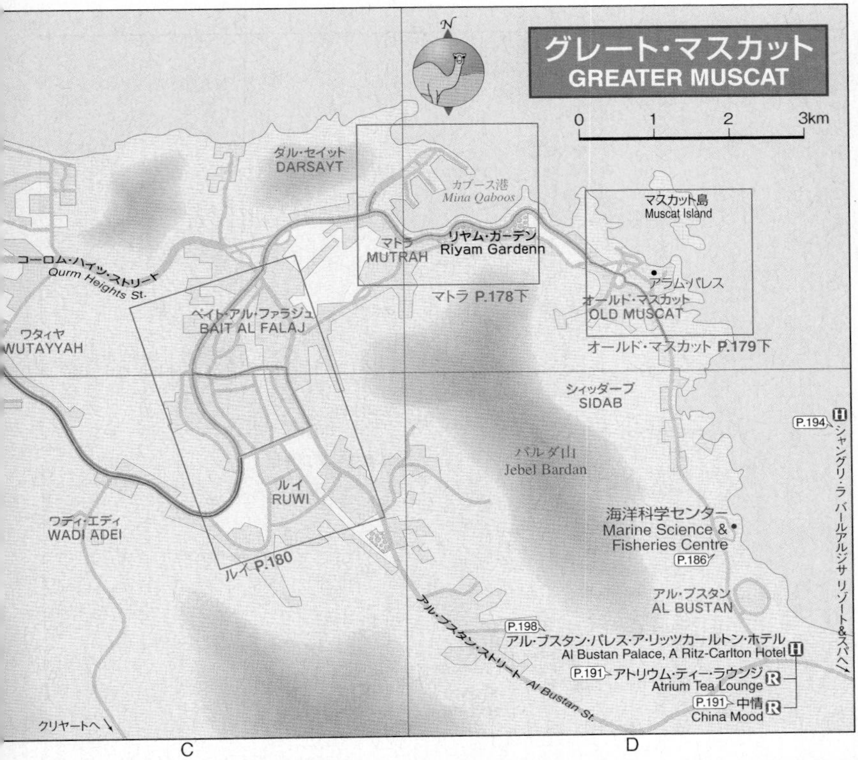

グレート・マスカット
GREATER MUSCAT

0 1 2 3km

ダル・セイット
DARSAYT

カブース港
Mina Qaboos

マスカット島
Muscat Island

マトラ
MUTRAH

リヤム・ガーデン
Riyam Gardenn

コーロム・ハイツ・ストリート
Qurm Heights St.

マトラ P.178下

アラム・パレス

オールド・マスカット
OLD MUSCAT

ベイト・アル・ファラジュ
BAIT AL FALAJ

ワタイヤ
WUTAYYAH

オールド・マスカット P.179下

シィッダーブ
SIDAB

P.194 シャングリ・ラ バールアルジサ リゾート&スパへ

バルダ山
Jebel Bardan

ルイ
RUWI

ワディ・エディ
WADI ADEI

海洋科学センター
Marine Science & Fisheries Centre
P.186

ルイ P.180

アル・ブスタン
AL BUSTAN

アル・ブスタン・ストリート
Al Bustan St.

P.198 アル・ブスタン・パレス・ア・リッツカールトン・ホテル
Al Bustan Palace, A Ritz-Carlton Hotel

P.191 アトリウム・ティー・ラウンジ
Atrium Tea Lounge

P.191 中情
China Mood

クリヤートへ

C D

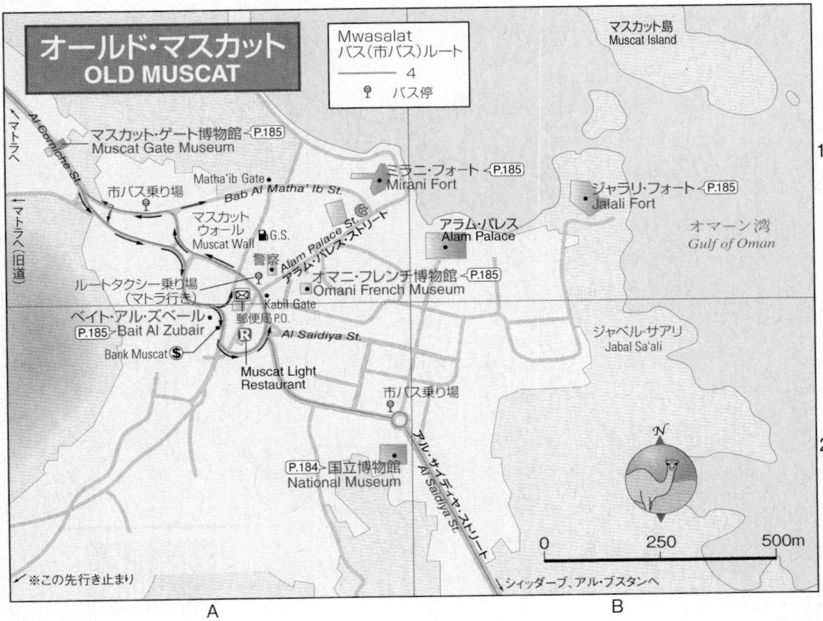

オールド・マスカット
OLD MUSCAT

Mwasalat
バス（市バス）ルート
4
バス停

マスカット島
Muscat Island

マトラへ

マスカット・ゲート博物館 P.185
Muscat Gate Museum

Al Corniche St.

1

ミラニ・フォート P.185
Mirani Fort

ジャラリ・フォート P.185
Jalali Fort

Matha'ib Gate

市バス乗り場

Bab Al Matha' Ib St.

マトラへ（旧道）

マスカット
ウォール
Muscat Wall

G.S.

アラム・パレス
Alam Palace

オマーン湾
Gulf of Oman

Alam Palace St.
アラム・パレス・ストリート

警察

オマニ・フレンチ博物館 P.185
Omani French Museum

ルートタクシー乗り場
（マトラ行き）

Kabil Gate

ベイト・アル・ズベール
P.185 Bait Al Zubair

郵便局 P.O.

Al Saidiya St.

ジャベル・サアリ
Jabal Sa'ali

Bank Muscat

Muscat Light
Restaurant

市バス乗り場

2

P.184 国立博物館
National Museum

アル・サイディヤ・ストリート
Al Saidiya St.

0 250 500m

※この先行き止まり

シィッダーブ、アル・ブスタンへ

A B

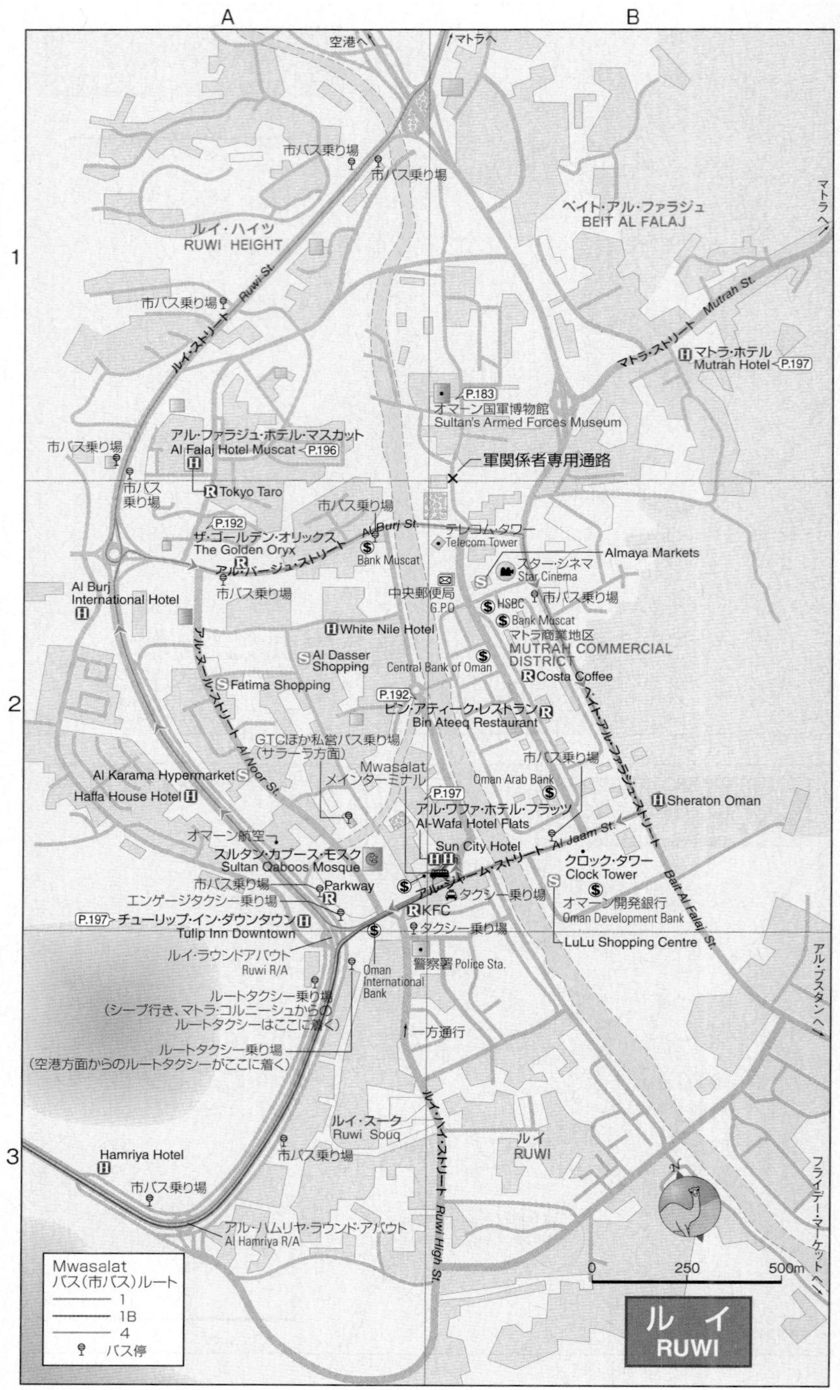

A
B
1
2
3
空港へ
マトラへ
市バス乗り場
ベイト・アル・ファラジュ
BEIT AL FALAJ
ルイ・ハイツ
RUWI HEIGHT
ルイ・ストリート Ruwi St.
マトラ・ストリート Mutrah St.
マトラ・ホテル
Mutrah Hotel P.197
P.183
オマーン国軍博物館
Sultan's Armed Forces Museum
アル・ファラジュ・ホテル・マスカット
Al Falaj Hotel Muscat P.196
軍関係者専用通路
Tokyo Taro
P.192
ザ・ゴールデン・オリックス
The Golden Oryx
アル・バージュ・ストリート Al Burj St.
Bank Muscat
テレコム・タワー
Telecom Tower
Almaya Markets
スター・シネマ
Star Cinema
Al Burj International Hotel
中央郵便局
G.P.O
HSBC
Bank Muscat
マトラ商業地区
MUTRAH COMMERCIAL DISTRICT
White Nile Hotel
Al Dasser Shopping
Central Bank of Oman
Costa Coffee
Fatima Shopping
P.192
ビン・アティーク・レストラン
Bin Ateeq Restaurant
アル・ヌール・ストリート Al Noor St.
ベイト・アル・ファラジュ・ストリート Bait Al Falaj St.
GTCほか私営バス乗り場
(サラーラ方面)
Mwasalat
メインターミナル
Oman Arab Bank
Al Karama Hypermarket
Haffa House Hotel
P.197
アル・ワファ・ホテル・フラッツ
Al-Wafa Hotel Flats
Sheraton Oman
オマーン航空
スルタン・カブース・モスク
Sultan Qaboos Mosque
Sun City Hotel
アル・ジャーム・ストリート Al Jaam St.
クロック・タワー
Clock Tower
Parkway
エンゲージタクシー乗り場
タクシー乗り場
オマーン開発銀行
Oman Development Bank
P.197
チューリップ・イン・ダウンタウン
Tulip Inn Downtown
KFC
タクシー乗り場
LuLu Shopping Centre
ルイ・ラウンドアバウト
Ruwi R/A
Oman International Bank
警察署 Police Sta.
アル・ブスタンへ
ルートタクシー乗り場
(シーブ行き、マトラ・コルニーシュからの
ルートタクシーはここに着く)
一方通行
ルートタクシー乗り場
(空港方面からのルートタクシーがここに着く)
ルイ・スーク
Ruwi Souq
ルイ・ハイ・ストリート Ruwi High St.
ルイ
RUWI
Hamriya Hotel
フライデー・マーケットへ
アル・ハムリヤ・ラウンド・アバウト
Al Hamriya R/A
0
250
500m
Mwasalat
バス(市バス)ルート
1
1B
4
バス停
ルイ
RUWI

歩き方
WALKING AROUND

ルイのバスターミナル周辺の町並み

いくつかの地区から構成されているマスカットの核になっているのは**ルイ Ruwi**、**マトラ Mutrah**、**オールド・マスカット Old Muscat**の3地区。古い港のあるこれらの地区（小マスカットとも呼ばれる）に対して、ほかの地区も合わせた全体を総称して**グレート・マスカット Greater Muscat**と呼ばれている。

3地区のうち、旅行者の拠点になるのはルイとマトラ。ルイは内陸に少し入った山あいにある商業地だ。多くの企業、銀行が集まっている。マトラは、オマーン内外の輸送船が停泊するカブース港がある。マトラの見どころは、何といってもアラビア半島随一の**マトラ・スーク**と海岸沿いの古い家並み。これら、3つの地区に加えて、各国の大使館や高級ホテルがある**コーロム地区**、**フウェール地区**がある。

●ルイ Ruwi
地図P.180

ルイの中心になるのはMwasalatバスターミナル。すぐ向かいにはタクシー乗り場もある。乗合タクシー乗り場はルイ・ラウンドアバウト周辺だ。アル・ジャーム・ストリートの周辺は、夕方になると人混みが一段と激しくなる。このすぐそばにある**ルイ・ハイ・ストリート Ruwi High St.**は、電化製品、時計、香水、金などを売る店が並ぶにぎやかな通りだ。両替商や安レストランも何軒かあり、雰囲気はまるで東京の上野のよう。日が落ちて暑さが和らぐと、通りは仕事を終えたインド人やパキスタン人、フィリピン人でいっぱいになる。

ルイ地区には**オマーン国軍博物館 Sultan's Armed Forces Museum**や**マトラ商業地区Mutrah Commercial District**などの見どころがある。ルイの中心部から歩けないこともないのだが、あまりの暑さで体力を消耗するため、冬場でないかぎりすすめられない。南の町外れに、**フライデー・マーケット Friday Market**があり、簡単な日用品、衣料品が売られている。名前のとおり、金曜にだけ市が立つ。

オマーンでの情報収集

オマーンのツーリストインフォメーションは空港にあり、パンフレットがもらえる。また、洋書店などで英語のガイドブックが手に入るが、なかでも『Oman Explorer』はおすすめ。

両替について

両替商は、コミッションも取らないし、午後も金曜も営業しているので便利だ。マトラなら、スークの入口近くやスーク内にもある。ルイなら、バスターミナル前やルイ・ハイ・ストリートなどに何軒かある。両替窓口の営業時間はほとんどの店が8:00～12:30、16:30～19:00。

持っていくのなら、現金がいちばんだ。米ドルやユーロが便利だが、マスカットであれば日本円でも両替してくれる。地方では円の両替は難しい。

ATMはいたるところにあるので、クレジットカードでのキャッシングはたいていの町で可能だ。

ホテルについて

高級リゾートホテルはマスカットの郊外、コーロムの海岸沿いやシーブの空港近くにある。中級・安宿はマトラのコルニーシュに多く集まっている。周辺には見どころがたくさんあるし、安い食堂も軒を連ねている。

ルイで一番大きなモスク、スルタン・カブース・モスク

マトラ・スークの正面入口

マトラ・フォートから見たマトラの風景

●マトラ Mutrah

地図P.178下

海岸道路沿い

海に向かってコルニーシュ（海岸道路）の左端、バス停のすぐ近くにあるフィッシュ・マーケットから南に歩き始めてみよう。海岸に面して、ベランダや格子窓の突き出た白い壁の住居が並ぶ。門の内側には、狭い道の両側に古い家がビッシリと並んでいる。**ラワティヤ Lawatiya**と呼ばれるこの地区には、インド系の商人が多く住んでいる。

マトラ・スークへ

そのまま海岸沿いに歩くと、だんだん人でにぎわってくる。ここが**マトラ・スーク Mutrah Souq**だ。入口には銀製品などを売るみやげ物屋や銀行などが並んでいる。道は細く入り組んでいるが、メインとなる通りはアーケードになっている。曲がりくねった道を進むと両側に布地や手芸材料、オマーン帽やスカーフを売る店がひしめいている。脇道には、ハンジャル（半月刀）やアクセサリーを売る店、金のアクセサリーを売る店が並び、店員が英語で声をかけてくる。マトラ・ハイ・ストリートを東に向かって進むと、目の前の高台にそびえる城砦が**マトラ・フォート Mutrah Fort**だ。

●オールド・マスカット Old Muscat

地図P.179下

マトラからオールド・マスカットまでは約2km。この地区の中心となるのが宮殿**アラム・パレス Alam Palace**で、その正面には**国立博物館National Museum**だ。パレスを挟むように、**ジャラリ・フォートJalali Fort**と**ミラニ・フォートMilani Fort**が東西にそびえ立つ。近年改装されたふたつの砦はポルトガル統治時代のもので、パレスとともに夜にはライトアップされる。城砦の内側には**オマニ・フレンチ博物館 Omani French Museum**もある。オールド・マスカット地区は、官庁街なので静かなところだ。

アラム・パレス

3つの砦について

オールド・マスカットにあるミラニ・フォート、ジャラリ・フォート、そしてマトラ・フォートの3つの砦は、現在でも警察や軍によって使用されているため中に入ることはできない。ただし、外から写真を撮るぶんには問題ない。

オールド・マスカット散策の注意点

特に夏の暑い時期にオールド・マスカットを訪れる際は飲み物の準備などを忘れないようにしよう。レストランやコーヒーショップなどはほとんどないので、アラム・パレスやフォートなどを徒歩で見学しようとするのには相当な覚悟が必要となる。流しのタクシーもほとんどない。じっくり見学したい場合は事前に値段交渉をしたうえで、タクシーを貸し切ろう。また観光バスをうまく利用するのもよいだろう。

おもな見どころ
SIGHTSEEING

［ルイ］
戦争オタクもびっくり 地図P.180-B1

オマーン国軍博物館 *Sultan's Armed Forces Museum*

軍によって管理されている、ベイト・アル・ファラジュ・フォートBait Al Falaj Fortを改装した博物館。この砦は、1845年に当時のスルタンによって建てられたもので、マスカットでは最も古い建物のひとつ。当時は夏の住居として使われ、その後オマーン国軍の本拠地となったが、1978年にカブース国王が博物館にすることを決定。改装された後、1988年末にオープンした。

この砦の塔や木製の扉、天井の装飾などはよく保存されている。1階は、オマーンの歴史をいくつかの部屋で分けた展示室。2階は、オマーン国軍の発展の歴史を陸・海・空軍に分けて、模型や資料、ユニホーム、武器（銃はイギリス製が多い）などの展示と合わせて紹介している。外にはファラジュ（灌漑用水路）や塹壕の模型があり、戦車、戦闘機、ジープ、大砲、船まで置いてある。カブース前国王が実際使っていたというアメリカ車には乗ることもできる。

［マトラ］
狭い路地の奥には何がある？ 地図P.178-下A2～B2

マトラ・スーク *Mutrah Souq*

マトラ・スークの楽しさは、実際に歩いてみないとわからない。もし、マスカットでの滞在が短いのなら、ぜひおすすめしたいのがこのスークだ。詳しくはP.182「マトラ・スークへ」で説明してあるが、とにかく大きなスークではないので迷わずに歩ける。裏道に入ると、道が左右に曲がっていて迷いやすいが、それでもフラフラしているうちにまた見たことのある場所に戻っていたりする。ひな壇のような店の奥にいる店主と、駆け引きしながら買い物するのも楽しいもの。

オマーンの博物館
オマーンの博物館や遺跡の多くは、文化遺産省によって管理されている。展示の説明は、ほとんどアラビア語、英語が併記されている。政府発行のパンフレットも配布している。

■オマーン国軍博物館
☎2431-2655
開日～木曜　8:00～14:30
　土曜　9:00～12:00
休金曜
料RO1
※軍事施設なので急遽、閉館になることもあるので要注意。

オマーン国軍博物館

■マトラ・スーク
開土～木曜　9:00～13:30、16:30～21:00
　金曜　16:30～21:00
休無休
服地もいろいろあり、オマーン人男性の衣装なら、帽子、トーブ、腰巻き、スカーフまで揃えて安いものでRO15程度。また、オマーン人女性の衣装はほかのアラブ諸国と違って、パンツ、シフトドレスの組み合わせ。非常にカラフルで買いたいなぁと思う人もいるはず。しかし、パンツ以外はオーダーメイドが基本なので、時間のない人は諦めよう。おみやげ用のセットもあるが、仕立てがよくない。

乳香（フランキン・センス）を売る店

伝統的なアラブのマーケットの雰囲気が味わえる

夜景がとても美しい

地図P.178-下B2

マトラ・フォート *Mutrah Fort*

■マトラ・フォート
開9:00〜18:00
休無休
料無料

マトラの港を見下ろす小高い丘にある砦。ポルトガルの影響が色濃いマトラ、オールド・マスカット地区の砦だが、ポルトガルが最初から築いたのはこのマトラ・フォートだけだ。

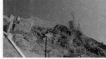

フォートの頂上まで登ることができる

アラブのモダンアートを見るなら

地図P.178-下B2

プレイス&ピープル美術館 *Place & People Museum*

■ガルヤズ現代美術館
☎2471-1640
URL www.ghalyasmuseum.com
開土〜木曜　9:30〜18:00
休金曜
料大人RO1
　子供500Bzs

絵画を販売するギャラリー

1950〜1975年ごろにマトラに建てられた、オマーンの伝統的な白壁の家々を改装。オマーンの人々の暮らしを感じることのできる、民芸博物館ともいえる建物と、モダンアートを展示している建物に分かれている。30分程度でさっと見学できる。

人々の生活がリアルに再現されている

マスカットの成り立ちを学べる

地図P.178-下A2

ベイト・アル・バランダ *Bait Al Baranda*

■ベイト・アル・バランダ
☎2471-4262
URL baitalbaranda.mm.gov.om
開土〜木曜　9:00〜13:00、16:00〜18:00
休金曜
料大人RO1
　子供500Bzs

1930年代に建てられた旧宅を改装して2006年に開館した博物館。7〜8世紀頃のイスラム開明期のこと、ポルトガルによる占領、1744年に興ったアル・サイード朝の治世ほか、有史以前から現代にいたるまでのマスカットの町と港の歴史をわかりやすく紹介している。

時間があれば訪れたい

［オールド・マスカット］

2016年にリニューアルオープン

地図P.179-下A2

国立博物館 *National Museum*

■国立博物館
☎9642-9557
開土〜木曜　10:00〜17:00
　金曜　　14:00〜18:00
休無休
料大人RO5
　子供RO3
※支払いはクレジットカードのみ
CC MV

アートの展示も見ごたえがある

長い改装期間を経て、2016年に満を持してリニューアルオープンした国立博物館。オールド・マスカットきっての見どころとして観光客に人気を博している。アラム・パレスそばの立派な2階建ての建物で、館内は極めて現代的。立体模型やミニシアターなど展示もとてもわかりやすい。内容はオマーンの歴史、民芸、お金などバラエティ豊かで、1階では定期的にモダンアートの展示も行われている。

オマーンに残る数々の城が立体模型で展示されている

高台にそびえる砦　地図P.179-下A1

ミラニ・フォート　*Mirani Fort*

オールド・マスカットの港のちょうど真ん中にそびえる砦。最初に築かれた砦はオマーン人によるものだが、1522年に再建された後、トルコ軍によって破壊されてしまった。そのあと侵攻してきたポルトガル人により、現在の砦の原形が造られ、1610年までに何度となく増改築が行われた。

■ミラニ・フォート
フォートは、住居部分のほか、3つの塔、貯水場からなっている。

かつては牢獄として使われた　地図P.179-下B1

ジャラリ・フォート　*Jalali Fort*

ミラニ・フォートと向き合うように反対側の岬にそびえる砦。ミラニ・フォートと同じく、オマーン人によって造られた砦を基盤にして1558年に建てられた。長年の間マスカットの主要な牢獄として使っていたので、人々から恐れられていたという。

■ジャラリ・フォート
最近では1981年、カブース国王の命によって改築が行われている。趣を失わないように工事は進められ、アラベスク・スタイルの門や、美しい彫刻、独特の建物様式など東アラビア建築の特徴をよく残している。

オマーンとフランス、友好の証　地図P.179-下A1

オマニ・フレンチ博物館　*Omani French Museum*

オールド・マスカットの城壁内にある博物館。フランス領事館として1896～1920年の間使われていた。カブース国王がパリに滞在中の1989年、ここをフランスとオマーンの友好記念に博物館にすることが決定された。

■オマニ・フレンチ博物館
☎2473-6613
開日～木曜　8:00～13:30
　土曜　　　9:00～13:00
休金曜
料大人RO1
　子供100Bzs

マスカットの歴史を学ぶ　地図P.179-下A1

マスカット・ゲート博物館　*Muscat Gate Museum*

マトラからオールド・マスカットに入る入口に設けられたマスカット・ゲートの上にある。館内には、オールド・マスカットの成り立ちが写真や模型を中心に展示してある。

■マスカット・ゲート博物館
☎9932-8754
開日～木曜　8:00～14:00
休金・土曜
料無料

オマーンの伝統工芸品を展示　地図P.179-下A2

ベイト・アル・ズベール　*Bait Al Zubair*

オールド・マスカットにある、伝統工芸品を展示している博物館。1998年に、シェイク・アル・ズベール・ビン・アリSheikh Al Zubair Bin Aliの家だった建物を、博物館として改築した。

館内にはアラブで昔から使われているダッラーと呼ばれるコーヒーポットやヤシの木の葉っぱで編んだ蠅よけの籠、男性が腰につける半月刀のハンジャルなどが、詳しい説明とともに展示されている。館内にはミュージアムショップが入っている。カフェもあるので、散策の休憩にも利用したい。

興味深い展示が揃っている

■ベイト・アル・ズベール
☎2208-4700
URL www.baitalzubair.com
開土～木曜 9:30～18:00
休金曜
料RO2

伝統的な暮らしを垣間見られる

[そのほかの地区]

イスラム文化の粋を集めた

地図P.178-上A2

スルタン・カブース・グランド・モスク
The Sultan Qaboos Grand Mosque

2001年に完成した、オマーン最大にして最も美しいモスク。床はすべて真っ白い大理石で造られており、中央のミナレットは91.5mの高さを誇る。メインのプレイヤールームに敷かれたペルシャ絨毯は4263㎡、天井からぶら下げられたシャンデリアは、高さ14m、幅8mという巨大なもの。また回廊に施されたイスラム世界各国のモザイクも見応えがある。信仰の場所としてだけでなく、イスラム文化を広める目的で建てられており、ムスリムでない外国人でもその豪華なモスクの内部を見学することができる。見学の際は、イスラムのルールにのっとり、男女とも長袖・長スボン着用のこと。女性はスカーフで髪を隠すことが義務づけられている。

ミナレットが美しい

現代オマーンの象徴

地図P.178-上B1

ロイヤル・オペラハウス *Royal Opera House*

カブース国王の命により建てられた湾岸諸国きっての豪華絢爛なオペラハウス。オマーンの伝統的な内装と近代建築が合わさった大変美しい建物として知られている。世界各国のオペラ歌手やオーケストラの演奏などが催され、オマーンの富裕層や駐留外国人でにぎわう。建物内をめぐるツアーが催行されているので、ぜひ参加してみよう。

隣にはショッピングセンターも併設

海洋生物に興味があるなら

地図P.179-上D2

海洋科学センター *Marine Science & Fisheries Centre*

アル・ブスタンとマスカットを結ぶ道路の途中にあり、アル・ブスタンからだと、急な上り坂を上がってすぐ右側にUターンするように下る道がある。水族館と展示のスペースは小さくて拍子抜けするが、基本的に研究機関なので仕方ないだろう。木・金曜以外は図書館も利用できるので、海の生物に興味がある人にはためになるかも。

■スルタン・カブース・グランド・モスク
URL www.sultanqaboosgrandmosque.com
開 土～木曜 8:00～11:00
休 金曜
料 無料

スルタン・カブース・グランド・モスクへのアクセス

タクシーでマトラからRO4～5。ルートタクシーやバスも利用可能。マトラまたはルイから、シーブ行きのルートタクシーやバスで300Bzs。

マスカットを効率よく観光できるビッグ・バス

マトラ・スーク前の始発で、9:00～17:00の間30分おきに運行。市内8ヵ所で乗降可能で、バスは2時間で市内を一巡する。
※市内8ヵ所で乗り降り可能なのは、マトラ港にクルーズ船が寄港する日のみ。その他の日は、乗り降り不可の巡回ツアーとなる。

■ビッグ・バス・ツアーズ
URL www.bigbustours.com
料 1日パス 大人 RO30
子供 RO19

■ロイヤル・オペラハウス
☎2440-3332
URL www.rohmuscat.org.om/en/Pages/default.aspx
開 土～木曜 8:30～17:30
休 金曜
料 ツアー料金 大人RO3
子供RO1

■海洋科学センター
☎2473-6449
開 土～木曜 16:00～20:00
休 金曜
料 無料

海の謎を探る研究施設

普段は見られない自然世界　　地図P.178-上A2

自然史博物館 *Natural History Museum*

多くの官庁が集まる外交都市、シャティ・アル・コーロムShati Al Qurumにある。博物館は文化遺産省に隣接している。ヒョウやオオヤマネコなど、オマーンの野生動物が展示されているほか、クジラ展示室もあり、珍しい鉱石や貝類のコレクションなども見られる。

自然史博物館の入口

■自然史博物館
☎2464-1374
開日〜木曜　8:00〜13:30
　土曜　9:00〜13:00
休金曜
料RO1

大人も遊びたくなる施設　　地図P.178-上B1

子供博物館 *Children's Museum*

コーロムにあり、スルタン・カブース・ストリートSultan Al Qaboos St.（ハイウエイ）からも見える。東京ドームを小さくしたような白い建物だ。展示物は子供たちが実際に手で触れたりして学べるようになっている。いろいろな実験も体験できて、子供だけでなく大人も十分楽しめる博物館だ。

■子供博物館
☎2460-5368
開日〜木曜　8:00〜13:30
　土曜　9:00〜13:00
休金曜
料RO1

マスカットでのショッピング

■ショッピングセンター

マスカットにも大型ショッピングセンターがいくつかある。市内で一番人気があるのが**シティ・センターCity Centre**（地図P.178-上A2外）。

ほかにもコーロム地区にある**サブコ・コマーシャル・センターSabco Commercial Centre**（地図P.178-上B1）、**アル・ハルシィ・コンプレックスAl Harthy Complex**（地図P.178-上B1）、Hインターコンチネンタルの隣にある**ジャハラート・アル・シャティ・コンプレックスJawharat Al Shatti Complex**（地図P.178-上B1）は、観光客はもちろん地元在住の外国人に人気のショッピングセンターだ。どこも9:30または10:00から、昼休みを挟んで17:00から20:00頃まで営業している。金曜の午前は休みのところが多い。

マスカット・グランド・モールMuscat Grand Mall（地図P.178-上A2）、オマーン・アベニュー・モールOman Avenue Mall（地図P.178-上A2）、モール・オブ・マスカットMall of Muscat（地図P.178-上A2外）などの新しくオープンしたモールも、大型スーパーを備えた便利なショッピングスポットだ。

■オマニ・ヘリテージ・ギャラリー

おみやげを探しているのなら、ぜひ足を延ばしてみたいのが、**オマニ・ヘリテージ・ギャラリーOmani Heritage Gallery**（地図P.178-上B1）だ。銀細工や陶器、織物など、オマーン中の優れた伝統工芸を生かしたアイテムが揃っている。デザインはもちろん、品質も最高だ。一度足を延ばしてみて損はない。本店は前述のジャハラート・アル・シャティ・コンプレックスの中。ニズワ・フォートの中にも支店がある。

住Jawharat Al Shatti Complex, P.O.Box1598, PC114（地図P.178-上B1）　☎2469-6974
開土〜水曜10:00〜13:00、16:00〜20:00
　木曜　16:00〜20:00　休金曜

オマニ・ヘリテージ・ギャラリー本店

乳香とアムアージュについて

古代エジプトでは宗教儀式に、ローマでは遺体の焼却や病気の治療に使用されたという乳香。現在でも、その煙を衣服に移すなどして、また部屋に漂わせたりして人々に親しまれている。

乳香の木は、おもにオマーン南部サラーラの近郊に見られる。木の皮を少し削ると、樹脂がしみ出してきて初めはガムのようだが、次第に固まってしまう（ガムのように噛む人もいる）。この樹脂は雨季前の3～5月に採取され、雨や霧からの湿気を防ぐために保存された後、9月に市場に出される。この乳香に含まれる芳香油は、医薬品として輸出もされている。

乳香の樹脂は質によって4つのランクに分けられるが、その基準となるのは色と純度だ。青白色のHujariが一番良質なのに対して、赤いものは質が落ちるという。また、樹脂が多く採れる木はアル・ムガラAl Mughara、そうでないものはアル・タイスAl Taisと呼ばれる。

この長い歴史をもつ乳香を使って作られたのがアムアージュの香水だ。アムアージュの創立は1983年だが、1991年10月にカンヌで行われた国際免税品展The Tax Free World Exhibitionでスター・プロダクト・オブ・ザ・イヤーを獲得し、名実ともに世界で最も高価な香水となった。

そのアムアージュの本社、工場がマスカット国際空港の少し郊外にある。工場は展示室を合わせても小さなものだが、香水の製作、梱包の過程が見られる。集められた乳香の樹脂は、水とともに蒸留することによって不純物を取り除いて、ほかのエッセンスと調合される。できあがった香水は瓶に詰められ、白いギフトボックスに入れられたあとリボンをかけられてと、手間暇かけて三重に梱包されるが、すべて手作業のため1日30箱しかできないという。工場が小さいままなのは、このスローなテンポのためかもしれない。

香水はオマーンで採れる7品（乳香、ロックローズ・フラワー、ジュベル・アフダルで採れるバラ、ジャスミン、レモン、ライム、アンバーグリース）のほか、国外から調達した100種以上の原料が使われている。調合を担当したのは、フランス南部グラースの調香師一族の3代目ギー・ロベール。ロベール家はシャネルやディオール、エルメス、グッチなどの香水を調合してきた伝統ある血筋だ。アムアージュという名前は、アラビア語で波あるいは情熱の波を意味し、また、フランス語のアムール（愛）を思い出させてくれる。

3段階の香調（ノート）は、トップがジャスミン、リリー・オブ・ザ・バレー、アプリコット、ライム、ピーチ。ミドルノートが乳香、ミルラ、ロックローズ・フラワー、パチュウリ、オリス、サンダルウッド。そして、ラストノートがアンバーグリース、シベット、ムスクとリッチな香りが続く。容器はロンドンのボンド・ストリートにある有名な宝石店アスプレイズAspreysのデザインで、男性用はハンジャル（半月刀）の形、女性用はモスクの建物をイメージしている。

アムアージュが初めて世に出した容器は銀と金で作られたものだった。その後は側面と台座に宝石が埋め込まれたものやクリスタル製の容器も出されている。

湾岸諸国のほか、ヨーロッパやアメリカ、東南アジアなどで販売されている。空港の免税店でも、お目にかかれるかもしれない。

女性用の香水は、ゴールドクリスタル容器の100㎖がRO120程度。男性用は若干値段が低め。安いものではRO10くらいの石鹸もある。とっておきのギフトとして、また自分用にも買ってみたい一品だ。

乳香の木

■アムアージュ　Amouage
URL www.amouage.com
マスカットのシティ・センター、サブコ・コマーシャル・センター、マスカット・グランド・モールにも直営店が出ている。

ツアー案内

TOUR

オマーン北東部に広がるワヒバ砂漠

オマーンの魅力は何といっても手つかずの大自然。オマーン政府は開発によって自然環境が侵されることがないよう配慮している。そのためか、オマーンにやってくる旅行者は大自然のスケールを存分に味わい、再びオマーンに戻ってくるというリピーターがとても多い。ダイバーにも人気のオマーンだが、内陸部の岩山や砂漠、ワディ（涸れ川）などのドライブは迫力があり、絶対におすすめだ。一度ドライブをしてみれば、1回の滞在では物足りず、再びオマーンに戻ってきてしまう心理にうなずけるはず。

ツアーに参加しよう！

オマーン内の公共の乗り物は町と町を単純につなぐものしかないので、砂漠や山へ行きたい人はツアーに参加することをおすすめする。ツアー会社によっては車と道路地図を用意するだけというユニークなパックを組んでいるところがあるので、そんなものを利用してみるのもいいだろう。ただ、車の台数が限られているので、日程が決まりしだいすぐに予約を入れたほうがいい。頻繁に催行されるツアーでなければ、直前ではツアーを組めない場合もあり得る。

おもな見どころ

ニズワやサラーラの南部の町ももちろんおもしろいのだが、それらに加えて**ハジャル山地**や**ワヒバ砂漠**（→P.200）、**ワディ・バニ・ハリッド**（→P.201）、**ムサンダム地方**（→P.220）などにも行ってみるといいだろう。ワヒバ砂漠のアラビア海沿いなどは、アラビア海と砂漠が接しているというとても不思議な光景を目の当たりにすることができる。

ワディ・シャーブ（→P.201）

マスカットの旅行会社

●オリエント・ツアーズ
Orient Tours LLC
☎2448-5066
FAX 2448-3491
URL www.orient-tours-uae.com
E-Mail japan@orienttours.ae
（日本語可）

※日本での問い合わせ先
●（株）トレンズ・インターナショナル
Trends International, Inc.
東京☎（03）3475-4453
URL www.trends-international.co.jp
E-Mail trends@viola.ocn.ne.jp

美しい海が広がる

ダイビングとオフロードの本
　書店ではダイビング用に『Snorkelling & Diving in Oman』、ロードマップに『Oman Off-road』という本が売られているので参考にしてみるといいだろう。たとえドライブしなくてもおすすめの1冊。

入り組んだ海岸線

サンゴの多い入江

スポーツ＆アクティビティ
SPORTS & ACTIVITY

　マスカットのスポーツ＆アクティビティの目玉は、何といってもスクーバダイビングだ。首都とはいえ、すぐ目の前が美しいアラビア海。Ⓗアル・ブスタン・パレス・ア・リッツカールトン・ホテル（地図P.179-上D2）や海岸沿いにあるダイビングショップを起点に、ほんの数十分のボートトリップですばらしいポイントへ行くことができる。

スクーバダイビング　Scuba Diving

　マスカットの海岸は崖が海に落ちているようになっていて、しかもリアス式海岸のように入り組んでいる。この地形が幸いしてプランクトンが大量に発生するため、入江ごとに発達した珊瑚礁が点在している。このほか、大がかりな漁が行われていなかったこと、町そのものが発展後間がなく、汚染が少ないこともあって、魚影は濃く、しかも一匹一匹がびっくりするくらい大きい。さらには豊富なプランクトンを求めてジンベエザメ、マンタなどがやってくる。都会のすぐそばで気軽に潜れ、しかも美しい。世界でもまれに見る実におもしろい海だ。
　いずれのポイントも年間をとおして楽しめる。年間水温は20～28℃くらいで、ウエットスーツは着けずにTシャツや水着だけで潜ることが多い。ウエットスーツに関してはレンタルもあまり揃っていないことがあるので、特に寒い冬場は必要な人は持参したほうがいい。ダイビングはボートダイブが基本。

おもなポイントガイド

アル・ファハル島　*Jazeera Al Fahar*

　アル・ファハル島はマスカット国際空港の沖に浮かぶ島。Ⓗアル・ブスタン・パレス・ア・リッツカールトン・ホテルからならボートで20分ほど。この周囲はマスカットでも有数のポイント。島の周りのドリフトに沿って潜るポイントが多いが、マスカット市内側は珊瑚礁の浅瀬のポイントになっている。いずれにしても流れはきつくなく、穏やかなポイントだ。ソフトコーラル、ハードコーラルが多く、大型に成長したヨコスジフエダイの群れなどが見られる。マダラトビエイの群れや、ときにはマンタなどの大物も現れる。深度は約20m。

シーホース・ベイ　*Seahorse Bay*

　マスカットの南、カンタブ村の先にある。Ⓗアル・ブスタン・パレス・ア・リッツカールトン・ホテルからはボートで15分ほど。弓なりの白い砂浜のある小さな湾の沖で潜る。美しいハードコーラルの海底には、大きなクマノミが隠れていたり、大きなハタタテダイが群れている。さまざまな種類のカラフルなウツボもたくさんいて飽きない。運がよければ、その名のとおり、シーホース（タツノオトシゴ）の群れを見ることも。

RESTAURANTS

北京ダックがおすすめ　CHINA MOOD
中情（中国料理）　MAP P.179-上D2

住 Ⓗアル・ブスタン・パレス・ア・リッツカールトン・ホテル
☎2479-9666
開 月～土曜 19:00 ～ 23:00
休 日曜
CC ADMV

Ⓗアル・ブスタン・パレス・ア・リッツカールトン・ホテルにある中華料理店。中国人シェフを起用し、本格的中華料理を提供している。おすすめは北京ダック。店内もモダンなチャイニーズインテリアといった感じでおしゃれ。

マスカット随一の高級店

午後のひとときはここで決まり　ATRIUM TEA LOUNGE
アトリウム・ティー・ラウンジ（カフェ）　MAP P.179-上D2

住 Ⓗアル・ブスタン・パレス・ア・リッツカールトン・ホテル
☎2479-9666
開 8:00 ～ 22:00
休 無休
CC ADMV

Ⓗアル・ブスタン・パレス・ア・リッツカールトン・ホテルのアトリウムにあるラウンジ。午後（14:00～17:00）は、英国式アフタヌーンティーがおすすめ。ハルワー（→P.193）など、オマーンのスナックもあるのでぜひ味わってみたい。

ゴージャスなラウンジ

女子向けのかわいい内装　D'ARCY'S KITCHEN
ダルシーズ・キッチン（インターナショナル）　MAP P.178-上B1

住 Shati Al Qurum, Jawharat Al' Shatti Complex, Ground
☎2460-0234
開 8:30 ～ 22:30
休 無休
CC MV

Ⓢジャハラート・アル・シャティ・コンプレックス内にあるカラフルで南欧風のさわやかな雰囲気のレストラン。軽食が充実している。スタッフのサービスも好感がもてる。テラス席でのんびり過ごす家族やカップルが多い。

外国人に人気のカフェ

4つのキッチンをもつダイニング　THE RESTAURANT
ザ・レストラン（インターナショナル）　MAP P.178-上A2

住 Ⓗザ・チェディ・マスカット
☎2452-4343
開 7:00 ～ 10:30、12:00 ～ 18:00、19:00 ～ 22:30（木・金曜 ～ 23:00）
休 無休
CC ADMV

Ⓗザ・チェディ・マスカットのメインダイニング。アラブ、西洋、アジア、インドの4種類のオープンキッチンがあるのが特徴。外には気持ちのいいテラス席も用意されている。予算はひとりRO20～35くらいみておきたい。

屋外のテーブルも気持ちいい

RESTAURANTS

マトラで最も高級なおすすめレストラン　BAIT AL LUBAN

ベイト・アル・ルバン（オマーン料理）

MAP P.178-下A1

住 Al Mina St., Mutrah
☎ 2471-1842
URL www.baitalluban.com
開 12:00～23:00
休 無休
CC AMV

マトラの庶民的なエリアにある、高級オマーン料理レストラン。高級感のある店内にはオマーン式のシート、テーブル席、テラス席がある。メニューはオマーンの伝統的な料理が中心で、前菜はRO3～、メインRO4.5～。

テラス席は予約がベター

人気の中華レストラン　THE GOLDEN ORYX

ザ・ゴールデン・オリックス（中国料理）

MAP P.180-A2

住 Al Burj St., PC112
☎ 2470-2266／2470-6128
URL thegoldenoryx.com
開 土～木曜 12:00～15:00、19:00～24:00
金曜 13:00～15:30、19:00～24:00
休 無休　CC ADMV

アル・バージュ・ストリートにある中華レストラン。ビルの1階にあり、いかにも中華というデコレーションが際立っている。酒も飲めるので、外国人に人気があり、夜はいつも席がいっぱい。北京ダックRO8、羊・牛メニューRO5～。

ルイ市街の真ん中にある

オマーン料理が食べたいなら　BIN ATEEQ RESTAURANT

ビン・アティーク・レストラン（オマーン料理）

MAP P.180-B2

住 Ruwi, CBD Area
☎ 2470-2727
開 11:00～25:00
休 無休
CC V

サラーラやニズワにも店を出している伝統的オマーン料理の専門店。店内もオマニ・スタイルで、すべてエアコンの付いた個室に分かれており、テーブルはなく、床に座るスタイルで食事をする。1品RO1.3～3.5と値段も手頃。

国内各地に多くの支店がある

ポリネシア料理のチェーン店　TRADER VIC'S

トレーダー・ヴィックス（ポリネシア料理）

MAP P.178-上B1

住 Ⓗインターコンチネンタル・マスカット
☎ 2468-0080
URL tradervicsmuscat.com
開 土～木曜 12:00～15:00、18:00～24:15
金曜 18:00～24:15
休 無休
CC ADMV

Ⓗインターコンチネンタル・マスカット内にあるレストラン。数十種類のカクテルが用意され、店内にはスモーク用のかまどが置いてある。ポリネシアのムードたっぷりの凝った内装の店内では、生バンドの演奏も行われている。

短パンでは入店不可なので注意

緑に包まれたすてきなカフェ

R カルジーン・レストラン（インターナショナル）

KARGEEN RESTAURANT　MAP P.178-上B2

☎2469-9055
URL kargeen.com
開 7:00 〜翌 1:00（金曜 13:00 〜）
休 無休　CC MV

「アル・マディナ・カブース・プラザ」の脇にある。ステーキ、パスタなどのほか、オマーン料理も味わえる。木陰のある中庭が心地よく、シーシャが吸えるのもいい。

マトラのおいしい安食堂

R ニュー・レストラン（パキスタン料理）

NEW RESTAURANT　MAP P.178-下A1

住 Mutrah, Cornich
☎9774-4359
開 5:00 〜翌 2:00
休 無休　CC 不可

フィッシュ・マーケットの向かいにあるパキスタン料理レストラン。この界隈でいちばん人気のある店で、キーマやチキンカレー（800Bzs〜）など何を食べてもおいしい。

オマニ・スイーツ（ハルワー／カウン）について

Omani Sweets。その看板を初めて見たのはマトラのスークだった。店に入ったがお菓子らしきものが見あたらない。オマニ・スイーツ（英語とアラビア語で書いてある）の看板がなければ、容器か何かを売っているお店と間違えそうだ。

ズラリと並ぶその容器に入った茶色いものを、店員がすすめてくれたので、口にしてみた。それはねっとりとして甘くスパイシーで、日本のういろうといった感じだった。「これは何？」との問いに対し、店員は「ハルワーだよ」と言う。「でもハルワーってアラビア語でお菓子という意味でしょ？ 本当の名前は何？」と聞き返すと、「カウンさ」との答え。

せっかくなので少し欲しいと言うと、包装されたものしかないらしく、一番小さいものでも洗面器をふたつ重ねたような大きさで、しかもズシリと重い。

しかしこのお菓子、いったいどうやって作るのだろう。その後、バルカにあるオマニ・スイーツ工場を訪ねることができたが、そこは火力に薪を使い、扇風機しかないとても暑い作業場だった。作業をしているのは外国人労働者ばかり。鍋に砂糖、小麦粉、ギー、卵、ローズウオーター、水を入れてしゃもじで 2 時間かき混ぜる。銅製の鍋や薪を使うのは、火の当たりを柔らかくするためなのだろう。サラサラしていた液体が 2 時間も火にかけるとドロドロになりコシが強くなってくる。なかなかの重労働だ。火から下ろす 5 分くらい前に、サフラン、カルダモンなどとナッツを入れたら、容器に流し込み、松の実などを飾ってできあがり。これを 1 日冷まして包装して出荷となる。

できたては温かくプリプリしていて、時間がたつと表面は少し砂糖が結晶するが、中身はようかんみたい。ギーが入っているのでかなりこってりとした味だ。店によって、スパイスの配合、白砂糖だけのものや黒砂糖とのミックス、ナッツの有無など少しずつ違うので、試食させてもらおう。小さな洗面器をふたつ重ねたようなサイズのものが RO1.5 〜 3.5。大きな洗面器ぐらいの大きさなら RO10 程度だ。町なかの商店で、小さい容器に入ったものを見かけることもある。3ヵ月はもつので日本へのおみやげにもいいかも。

オマーンの代表的な伝統菓子、ハルワー

オマーンを代表する最高級ホテル　SHANGRI-LA'S BARR AL JISSA RESORT & SPA

シャングリ・ラ バールアルジサ リゾート&スパ

MAP P.179-上D2外

住 Muscat
☎ 2477-6666
日本での予約先 Free 0120-944-162
URL www.shangri-la.com
料 デラックスルーム RO131 ～
全 460 室　CC ADMV

オマーンで最も広い敷地を有する最高級リゾート。特徴をもったふたつのホテル、アル・ワッハ、アル・バンダールからなる。アル・ワッハはファミリー向け。子供部屋があったり、部屋にはゲーム機が備え付けられていたりと、家族連れに特化している。アル・バンダールはビジネスマンにおすすめ。シンプルな客室は使いやすくまとめられているほか、巨大なミーティングルームもある。敷地内には全室スイート仕様のアル・フッスンというホテルもあり、客室は広々とした造りで、アメニティも一つひとつセレクトされたこだわりの品。このホテルの宿泊者のみが利用できるプライベートビーチもある。

眺めのよいシービュースーペリアルーム

山と海に囲まれたプライベートリゾート

マスカット郊外の高級ホテル　GRAND HYATT MUSCAT

グランド・ハイアット・マスカット

MAP P.178-上B1

住 Shatti Al Qurum
☎ 2464-1234
URL muscat.grand.hyatt.com
料 ツインベッド RO94 ～
全 280 室　CC ADJMV

コーロムにある高級ホテル。エントランスを入ると中は広い吹き抜けになっていて、アラビア調のインテリアが異国情緒を醸し出している。建物内の海に面した一部分がガラス張りになっているのだが、その高さが20mほどもあり、圧倒させられる。

町から少し離れていることもあり、市内のショッピングセンターなどにシャトルバスを出している。ビーチではダイビング、ウオーターバイク、ドルフィンウオッチなどの各種マリンスポーツをアレンジしてくれるデスクがある。24時間オープンしているビジネスセンターや、テニスコートやジムなどの運動施設も充実。

石造りの豪奢な建物

オマーンの雰囲気を味わえると好評

メモ 高級ホテルなどでは税金、サービスチャージ合わせて17%が加算されるところもある。

目の前にさわやかな海岸線　INTER-CONTINENTAL MUSCAT

H インターコンチネンタル・マスカット

MAP P.178-上B1

住 Al Kharjiya St. Al Shati Area
☎ 2468-0000
日本での予約先　Free 0120-677-651
URL www.ihg.com
料 スタンダードルーム RO76～
全 258 室　CC ADMV

インターコンチネンタル・マスカットのロビー

大使館などが集まる洗練されたコーロム地区にある5つ星ホテル。広い吹き抜けになったホールにあるカフェテリアでは、日替わりビュッフェが毎晩楽しめる。そのほかのレストランも世界各国の料理が楽しめると好評だ。客室はアメニティも揃っており、シックな造り。ツアーデスクをはじめ、旅行会社デスク、航空会社デスク、両替所などのサービスも充実。ホテルの庭の手入れもよく、たいへん広いので居心地がよい。

各博物館へ近く、観光にも便利な立地。マトラ・スークまでは少し距離があるが、タクシーで15分ほどなのでさほど気にならない。

ロイヤル・オペラハウスへ歩いて行ける

スタイリッシュなリゾートホテル　THE CHEDI MUSCAT

H ザ・チェディ・マスカット

MAP P.178-上A2

住 North Ghubra 32, Way No.3215, St. No.46,
☎ 2452-4400
URL www.ghmhotels.com
料 サライルーム RO225～
全 158 室
CC ADMV

シックな装いのスイートルーム

空港の近くの海岸に建つ、おしゃれなリゾートホテル。チェディ・プールとセライ・プールという、ふたつの美しいプールでその名を知られている。夜になると、ホテルのところどころにキャンドルがともされて、一変してロマンティックな雰囲気になるのも宿泊者には好評だ。客室は伝統的なオマーンの建築を意識しながらも、モダンで洗練されたデザインが特徴的だ。メインダイニングの「ザ・レストラン」（→P.191）や「ザ・ビーチ・レストラン」など、レストランも評判がいい。おすすめなのが「ザ・スパ」で、オマーンでいちばんと評価も高い。最新設備が整ったヘルスクラブが隣接している。

オマーン湾に面したチェディ・プール

HOTELS

ビジネスの利用におすすめ　RADISSON BLU HOTEL MUSCAT

ラディソンBluホテル・マスカット

MAP P.178-上A2

住 Al Khuleiah St.
☎ 2448-7777
URL www.radissonblu.com
料 スタンダードルーム RO49～
全153室　CC ADJMV

マスカット国際空港とマスカットの市内の中間にある高級ホテル。室内の調度品はセンスのいい色彩で統一されていて快適。部屋にはバスローブも用意されているのでくつろげる。ホテル内には設備の整った会議室があるほか、80人収容可能なホール、スイミングプール、スポーツジムが揃っている。

ラディソンBluホテルの客室内

見晴らしのいい崖の上にある　CROWNE PLAZA MUSCAT

クラウン・プラザ・マスカット

MAP P.178-上B1

住 Qurum Heights　☎ 2466-0660
日本での予約先　Free 0120-677-651
URL www.ihg.com
料 スタンダードルーム RO80～
全205室　CC ADJMV

1976年に政府の援助により建てられた、マスカットの老舗高級ホテル。オマーン湾を見下ろす高台の上に建っており、眺望のよさは抜群だ。リニューアルされているので、客室はきれいだし、高速インターネット接続も可能。ホテル内には3つのレストランのほか、レンタカーやツアーデスクもある。車でルイから10分とアクセスもいい。

マスカットの老舗として名高い

何かと使い勝手がよい　AL FALAJ HOTEL MUSCAT

アル・ファラジュ・ホテル・マスカット

MAP P.180-A1

住 Al Hamriya
☎ 2470-2311
URL www.alfalajhotel.com
料 スタンダードルーム Ⓢ RO35～　Ⓓ RO40～
全140室　CC ADMV

ルイ地区内、文化遺産博物館の近くにあるホテル。客室は広くて落ち着いており、1階にはビジネスセンターもある。アクセスがよく、料金もリーズナブル。そしてスタッフが親切に応対してくれるので、日本人もよく利用している。シーズンによっては割引料金で泊まれることが多い。

ビジネスマンの利用も多い

HOTELS

マトラの定番安宿

マリーナ・ホテル

MARINA HOTEL　MAP P.178-下A1

住 Mutrah
☎ 2471-3100
料 Ⓢ RO20　Ⓓ RO30
全20室　CC ADMV

マトラでは老舗のホテル。部屋はやや手狭だが適度に清潔。屋上にレストラン＆バーがありアルコールも置いている。地下にナイトクラブがあるので、結構騒々しい。

サービスのよさで人気

ナシーム・ホテル

NASEEM HOTEL　MAP P.178-下A2

住 Gibroo, PC114, Mutrah
☎ 2471-2418　URL naseemhotel.com
料 Ⓢ RO20　Ⓓ RO27　Ⓣ RO40
全40室　CC 不可

マトラのバス停からスークのほうへ行った所、コルニーシュの真ん中あたりにある。スタッフの感じがいいので、日本人旅行者にも人気がある。Wi-Fiはロビーのみ。

ビーチまでは歩いてすぐ

コーロム・ビーチ・ホテル

QURUM BEACH HOTEL　MAP P.178-上B1

住 Shatti Al Qurum
☎ 2456-4070
料 Ⓢ RO18～　Ⓓ RO21～
全54室　CC AMV

少し奥まったところにあり、周辺は高級住宅街。ビーチ沿いにはオシャレなカフェが並ぶ。夕日がきれいに見えるので、のんびり過ごしたい人に最高。

バスターミナルの目の前

アル・ワファ・ホテル・フラッツ

AL-WAFA HOTEL FLATS　MAP P.180-B2

住 2944Way, Ruwi
☎ 2478-6522
料 Ⓢ RO18～　Ⓓ RO20～
全20室　CC 不可

バスターミナルの前にあるので、早朝のバスに乗るときなどに便利。キッチン付きの部屋もある。1階にはインターネットカフェがある。室内でWi-Fi接続可。

散策にいい立地の老舗宿

チューリップ・イン・ダウンタウン

TULIP INN DOWNTOWN　MAP P.180-A2

住 Al Farahidi St. Ruwi　☎ 2486-4000
URL www.goldentulip.com
料 Ⓢ RO60　Ⓓ RO80
全100室　CC AMV

ルートタクシー乗り場、バスターミナル、ルイ・スークがとても近く、うるさくもない。岩山が背後に迫る屋外プールは迫力満点。部屋は広く、娯楽施設も充実。

1970年にできたオマーン最古のホテル

マトラ・ホテル

MUTRAH HOTEL　MAP P.180-B1

住 Jibroo, PC114
☎ 2479-8401
URL www.mutrahhotel.com
料 Ⓢ RO25　Ⓓ RO30　全55室　CC AMV

ルイとマトラの中間にあり、移動は不便だが部屋は広く、アラブらしい調度品で飾られていて清潔。レストラン併設。室内でWi-fi接続可。

オリエンタルムードと自然の完全なる調和

アル・ブスタン・パレス・ア・リッツカールトン・ホテル
Al Bustan Palace, A Ritz-Carlton Hotel

細部までこだわりがある室内

超豪華なリゾートライフ

内陸では岩肌がうねりを見せ、海岸には透明で真っ青な海が広がるオマーン。広大な自然をいやというほど感じさせられる。

マスカット市内から少し外れたところにある、山が迫り、目の前が海というすばらしい立地にあるホテルが、アル・ブスタン・パレス・ア・リッツカールトン・ホテルだ。オマーン国王がアラブ・サミットのために造ったということもあり、900人を収容できるホールなど設備も万全。また、イスラミック様式の建物はオリエンタルムードを醸し出しており、古きよき時代を感じさせる、少し不思議な空間になっている。それは、周りの山々や海が、昔の姿で今も何ひとつ変わることなく存在しているからかもしれない。

アラビア調のホール

中近東では唯一といわれるアラビアンスタイルのスイートルームは、オマーン湾を展望できるバルコニーが付いている。調度品のほうも古風な家具が使われているので、落ち着いた雰囲気。

ホテルの内部はあまりにも広く、迷ってしまいそうだ。そのため、エレベーターホールにはホテル内の地図が示されているほど。ロビーは巨大な吹き抜けになっており、開放感があってリラックスできる。

レストランとバーは合わせて4つあり、アル・マハ・ピアノバーAl Maha Piano Barではジャズピアノのライブ演奏が行われている。また、中華料理レストランも評判を呼んでいる。

■ **Al Bustan Palace, A Ritz-Carlton Hotel**
住Mutrah, PC114　地図P.179-上D2
☎2479-9666
日本での予約先
ザ・リッツカールトン東京予約センター
Free 0120-853-201
URL www.ritzcarlton.com

オマーン東部地方

Eastern Oman

オマーンの東部地方は、東ハジャル山地によって海岸側と広大な平野の内陸側に分けられ、南はワヒバ砂漠に接している。内陸の平野は東ハジャル山地の南端からアラビア海にいたる砂漠性の荒野で、南はやはりワヒバ砂漠に接している。

スール
Sur

オマーン東部を代表する都市スールは、アフリカ東部との貿易で6世紀頃から栄えた港町。町の入口には砦もあるが、スールのハイライトといえば**ダウ造船所 Dhow Ship Building Yard**とマリンスポーツ。この町を起点にして**ワヒバ砂漠 Wahiba Sands**や**ワディ・バニ・ハリッド Wadi Bani Khalid**、ウミガメの産卵保護区、**ラス・アル・ジンツRas Al Jinz**を訪れるのも人気のあるアクティビティだ。またスールの町にはマスカットとは少し違ったデザインの古い家々が残っている。扉の彫刻やアラベスク模様の窓など印象的だ。

スールの町並み

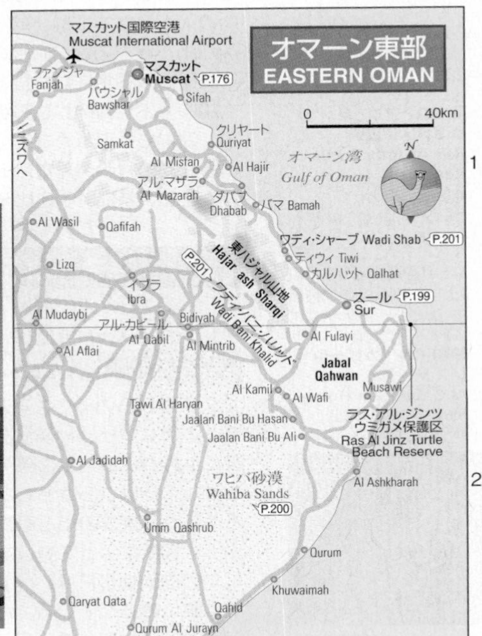

伝統的な木造帆船のダウ船

スールの市外局番
なし

ACCESS
スールへの行き方
バス
マスカット発のバスは1日2本。所要約5時間30分。運賃はRO4。

アイジャでボートを借りる
ボート周遊は船頭との交渉しだいだが、RO3～6で乗せてもらえる。

スール行きのバス

ラス・アル・ジンツのウミガメを見に行こう
スールの東、約60kmの所にウミガメの産卵保護区があり、見学も可能だ。産卵は夜から朝方にかけて行われるが、保護のため、光を発してはいけないなどの規則もあるので注意。
また、エアコン完備のルームタイプとテントタイプの宿泊施設を併設している。

■ラス・アル・ジンツ・ウミガメ保護区
Ras Al JIntz Turtle Reserve
☎9655-0606
URL www.rasaljinz-turtlereserve.com

ワヒバ砂漠近辺のホテル
ワヒバ砂漠の入口の町アル・カビールAl Qabilにゲストハウスがある。
■Hアル・カビール・レストハウス
Al Qabil Rest House
住Main Rd. Al Qabil
☎2558-1243

ワヒバ砂漠のラクダ

白い建物と青い海のコントラストが美しいアイジャ村

歩き方
WALKING AROUND

町から海までは近く、海岸線にはパブリックビーチが続く。造船所は東の外れにある。造りかけの大きな木製の輸送船から小さな漁船まで並んでいるが、ダウ船を造っているところを見たいのなら午前中に行ってみるといい。ここで船を造っている人々のほとんどはインド人か、パキスタン人だ。近くにある文化遺産省では、オマーン人の舟大工がダウ船を造っており、ダウ船の模型や構造についての説明なども展示してある。ただし、ダウ船の外側には水の浸入を防ぐためにドロッとした鮫油が塗られているので、触らないほうがいいだろう。また、造船所の前の入江にはつり橋が架かっており、対岸にある村、**アイジャAyjah**へ渡れる。つり橋の近くに見える大きな建物は、カブース国王がスールを訪れたときに使うらしい。アイジャ村は、ダウ船の大工や漁師が住む小さな村だが、海岸線の色や浸食の様子、沿岸に並ぶ家々などの様子はマスカットのそれとは違っている。この村の海岸を周遊すれば、網にかかった魚も見ることができる。特に、夕日に照らされた岩場の眺めは最高だ。

スール近郊の見どころ
SIGHTSEEING

ベドウィンの人々に出会える 地図P.199-2

ワヒバ砂漠 *Wahiba Sands*

スールから内陸に入ると、面積にして約1万6000km²という、広大なワヒバ砂漠が広がっている。砂漠といっても、周辺部には純粋に砂だけの部分は少なく、木が生えている所も多い。しかし、砂はさらさらしており、風紋が変化していくのを見るとやはり砂漠なのだと思わずにいられない。砂は赤、オレンジ、白と、場所によって少しずつ色が違っている。
この砂漠地帯には、ベドウィンがナツメヤシの葉で造った簡素な家に暮らしている。かつて、輸送手段として飼われていたラクダは車に取って代わられ、今ではほとんどペットのようなものになっているようだ。テントを訪れてみると、マスクを付けた奥さんですら写真撮影に応じてくれることがある。そんなときは、子供たちを写してもほとんど問題はない。人里から遠く離れ、第三者が見ていないからか、それともベドウィンの人々が寛容なのだろうか？町なかなどで同じことをすれば石を投げられることもあるお国柄を考えれば、これは驚きに値する。これは男性の場合でも同じで、カメラに対して無関心かムッとする人が多いイスラム圏の男性に対し、ベドウィンの場合は彼ら自身から写してくれと言ってくることも多い。

ベドウィンのテントで休憩

ワヒバ砂漠へのルート

ワヒバ砂漠でキャンプをする場合、キャンプ場所として使われているのは、ワヒバの北部Al Mintribから南のほうへ少し入った所。風紋のきれいな砂漠があるので人気がある。マスカットから来る場合は**イブラ Ibla**を通るルートを取るのだが、時間があるようだったら、もう1日費やして、アラビア海沿いの道を走るのをおすすめする。砂漠と海を一度に見られるという、なんとも不思議な光景だ。

ドライブが楽しめる

地図P.199-1～2

ワディ・バニ・ハリッド *Wadi Bani Khalid*

マスカットから**東ハジャル山地Hajar Ash Sharqi**の西を走ってくると、その広大な大地に驚かされる。ごつごつした所を走行しなくてはならないので、4WD車でなければ来ることはできない。急勾配の山道を抜けていくと、たいへん穏やかな入江が現れる。時間が許すならばぜひ旅行日程に組み入れたい場所だ。なお、マスカットにあるほとんどの旅行会社は、ワディ・バニ・ハリッドへの1日ツアーを用意している。

週末にはキャンプ場に

地図P.199-1

ワディ・シャーブ *Wadi Shab*

マスカットから東の海岸沿いを車で2～3時間ほど行くと、静かな水が流れる谷がある。大きな山に挟まれたこの一帯は緑が多く、美しい花も咲いている。ごつごつした山ばかり目にしていたドライブのあとにこの景色を見ると、別世界に来たような気分にさえなる。谷間にある川の幅は狭いのだが、簡単なボートで渡ることができ、週末ともなるとお弁当を持った家族連れでにぎわう。水辺にはアシが生え、涼を感じる眺めなのだが、実際は湿気が多く、秋口でもけっこう暑い。水遊びのできるようなちょっとした場所もあるので水着を持参したい。ただ地元の男性しかいないが。また、スールからワディ・シャーブにたどり着くまでの道のりが、すばらしい景色になっている。左側に山、右側に海を見ながら来ることになるのだが、透明度が高く、穏やかで真っ青な海を眺めながらのドライブは爽快だ。

マスカットからのツアー

ワディ・バニ・ハリッド、ワヒバ砂漠行きツアーは、マスカットからもいろいろ出ているので要チェック。

ワヒバ砂漠の中にある宿泊可能なキャンプ

4WDでしか行けないが、砂漠の入口の町、アル・ミントリブAl Mintrib（ビディヤBidiyah）から行くことができる。詳細はホームページで確認を。

■1000 Nights Camp
URL www.1000nightscamp.com

雄大なワディ・シャーブ

HOTELS

落ち着いた雰囲気の３つ星リゾート

リゾート・スール・ビーチ・ホリデイ

RESORT SUR BEACH HOLIDAY　地図外

住 411 Sur, Sherkiya Sur　☎ 2553-0300
URL surhotelsoman.com
料 Ⓢ RO40～　Ⓓ RO45～　全 119 室
CC AMV

スールの町から約4km離れた所にある。ビーチはそれほど美しくないが、のんびりしたい人にはおすすめ。スールを代表するホテルだけあって、客室も清潔で快適だ。オマーンの伝統的な建築様式を取り入れた白い壁が印象的。スタッフの対応がよくアットホームな雰囲気。

安くて便利なホテル

スール・ホテル

SUR HOTEL　地図外

住 Al Sharqyah 411 Sur
☎ 2554-0090　URL surhotel.net
料 Ⓢ RO11～　Ⓓ RO13～
全 30 室　CC MV

スールの老舗ホテル。バスの発着所から50mほど市街のほうへ行った左側にある。客室は古びてはいるが、全室シャワー付き。入口はレストランの裏側。

モダンな外観が目印

スール・プラザ・ホテル

SUR PLAZA HOTEL　地図外

住 Sur　☎ 2554-3777
URL omanhotels.com/surplaza
料 Ⓢ RO30～　Ⓓ RO35～
全 92 室　CC MV

ホテル内と客室にはWi-Fiインターネット回線を完備、ビジネスセンターやフィットネスセンター、屋外プールなど設備の整ったシティホテル。プールサイドのバーやダイニングのほか、24時間可能なルームサービスがある。3つ星ながら施設面が充実している。

ウミガメの産卵保護区まで約 20km

リゾート・ラス・アル・ハッド・ホリデイ

RESORT RAS AL HADD HOLIDAY　地図外

住 Sur　☎ 2556-9111
URL www.holidayhotelsoman.com
料 Ⓢ RO34～　Ⓓ RO42～
全 60 室　CC AMV

ラス・アル岬に建つホテル。スタンダードルームが37室、バスルーム付きが7室、そのほか16のキャビンがある。バーベキューエリアがありゲストは利用できる。

岬に建つ眺望のよいリゾートホテル

アル・アイジャ・プラザ・ホテル

AL AYJAH PLAZA HOTEL　地図外

住 Al Ayjah, Sur
☎ 2554-4433
料 Ⓢ RO30～　Ⓓ RO40
全 41 室　CC MV

ラグーンの先に位置する3つ星のシービューホテル。ホテルにはカフェやレストランが併設されていて便利。フロントでは、オプショナルツアーや各種チケットの手配も行っている。

長期滞在者向けのホテル

アル・バステン・ホテル

AL BASATEEN HOTEL　地図外

住 Al bar, Sur
☎ 2556-2121
料 Ⓢ RO12～　Ⓓ RO17～
全 18 室　CC AMV

ビーチにほど近い所にあるホテル。アパートメントタイプは、キッチン設備が整っていてリビング付き。室内は簡素だが、ゆったりとした造りだ。空港までは車で約20分。マスカット市内へは車で2時間ほど。リーズナブルなので長期滞在者が多い。

バティナ平野と内陸地方

Al Batinah & Inland

オマーン北部にあるバティナ平野は、マスカットから北西方向に延々270km続く広大な平野だ。これと並行して内陸側には、北ハジャル山地が延び、その最高峰は標高3075mのジュベル・アフダルJebel Akhdar(緑の山)。山脈のさらに内陸部は、ジュベル・アフダルから南部の砂漠地帯にかけて丘陵地区が広がっている。

沿岸部が高温多湿型、内陸部が高温乾燥型という気候に二分されるが、標高のある山岳地帯は年間を通して温和な気候となっている。バティナ平野の海岸沿いでは、ライム、マンゴー、たばこなど、オマーンの代表的な農産物のほかに、多くの野菜、果物が生産されている。また、北ハジャル山地には散発的であるがまとまった雨が降り、ジュベル・アフダル周辺で栽培されたバラは、特産のローズウオーターに使われている。これに対して乾燥した内陸部では、古くからファラジュ(灌漑用水路)による農業が行われてきた。オマーンのなかでも、マスカット行政区(グレート・マスカット)に次いで2番目に人口の集中しているこの地域には、ソハールSoharやニズワNizwaといった多くの城砦都市が残り、マスカットに次いで多くの観光客が訪れる場所としても知られている。

ニズワ
Nizwa

ニズワはオマーン内陸地方を代表する町。周辺の町や村を合わせると人口約7万2000人に達するニズワは、6〜7世紀頃にはオマーンの首都として栄え、**Egg of Islam**、**Heart of Oman**と呼ばれていた。町の周囲にはオアシスが点在し、デーツ(ナツメヤシの実)や、バナナ、レモン、野菜などが育てられている。金曜になると、デーツ、野菜、干し魚などの売買に多くの人々がこの町を目指してやってくるという。また、ニズワはローズウオーターの産地としても知られ、タヌーフTanuf(ミネラルウオーター)の工場はこの町にある。

ニズワのファラジュ

マスカットからニズワまでは175km。車なら2時間の距離だ。スークとフォートだけを見るなら、バスなどを使ってマスカットから日帰りできるが、ニズワ周辺にはオマーンで一番大きな**ファラジュ・ダリス(灌漑用水路)**や歴史のあるモスクも残されている。時間が許すなら、1、2泊してこぢんまりしたオアシスタウンの雰囲気を味わってみたい。

ACCESS
ニズワへの行き方
バス
マスカットから1日2本(8:20、14:50)出ている。片道RO1.900、所要2時間30分〜3時間。

1 2

バティナ平野と内陸地方/オマーン北部
AL BATINAH & INLAND / NORTHERN OMAN

0 20 40km

オマーン湾
Gulf of Oman
マドハ Madha(オマーン領飛び地)
フジャイラ Fujairah P.160
Khatmat Milahah
Shinas
Liwa
Majis
ソハール Sohar P.210
Saham
Al Khaburah
P.142 ハッタ Hatta
Muslaf
Huwa
バティナ平野 Al Batinah
P.176 マスカット Muscat
マスカット国際空港 Muscat International Airport
シティ・センター City Centre
P.208 バルカ Barka
サワディ岬 Ras As Sawadi
Al Masnaah
ファンジャ Fanjah
Bid Bid
As Suwayq
P.208 ナハル・フォート Nakhal Fort
ナハル Nakhal P.208
アル・ハズム Al Hazm
P.209 ルスタック Rustaq
アル・メスファ Al Mesfah
ジュベル・シャムス Jebel Shams
P.205 ベイト・アル・リデイダ Bait Al Ridaydah
Izki
P.205 ジュベル・アフダル Jebel Akhdar
Bilad Sayt
P.203 ニズワ Nizwa
ニズワ・フォート Nizwa Fort P.205
アル・ハムラ Al Hamra
北ハジャル山地 Al Hajar Al Gharbi
P.206 アル・フータ洞窟 Al Hoota Cave
ジャブリン城 Jabrin Castle P.207
バハラァ P.207 Bahla
Mahdah
ドバイへ P.46
ブライミ Buraimi
Ajran
Yanqui
Ad Dariz
アラブ首長国連邦 P.33
アル・アイン Al Ain P.150
Dank
イブリ Ibri
P.121 アブダビへ

ニズワの市外局番
なし

■ニズワ・スーク
開土〜木曜 9:00〜12:30、16:00〜19:00
金曜 16:00〜19:00

ニズワのレストラン
オマーン料理の専門店**ビン・アティーク・レストランBin Ateeq Restaurant**（→P.192）のニズワ店がある。
☎2541-0466
開土〜木曜
11:00〜24:00
金曜
13:00〜24:00
休無休

歩き方
WALKING AROUND

マスカットからバスやタクシーで来ると、城壁前の駐車場に停まるはずだ。正面にモスク、その先にニズワ・フォートの塔が見える。**ニズワ・スーク Nizwa Souq**は城壁の中だが、英語の看板も出ているので、歩き回ってみるのもいいだろう。

肉、魚、野菜のスークは、それぞれ新しい建物に分かれており、手工芸品を扱うスークでは、銃や銀製品の製作の様子を見ることができる。実は、ニズワはオマーンの銀細工と手工芸の中心地で、マスカットのマトラにあるスークで売られているハンジャル（半月刀）、コーヒーポットなどの多くは、ここで作られたものだ。また、木曜と金曜の朝にはヤギのスークが開かれる。アラブの古くからのやり方で取引される様子は一見の価値がある。古きよきスークを見たかったら、なるべく早い時間にニズワに到着するようにしよう。

ニズワ・スーク

ニズワの町並み

おもな見どころ
SIGHTSEEING

オマーンを代表するフォートのひとつ　地図P.204-2

ニズワ・フォート *Nizwa Fort*

この砦は、内陸地方の統治と防衛のため、アル・ヤルービ朝の最初のイマームであるスルタン・ビン・セイフ・ビン・マリクSultan Bin Seif Bin Malikによって17世紀に造られたもの。以後、行政の中枢として、またイマームやワリ（地方知事）の住居として使われた砦だ。砦の屋上に上がってみると、ニズワ・スークや周囲のオアシス、山々を見渡すことができる。

さまざまな仕掛けのある砦

このフォートの中に入ってみると、敵の侵入を防ぐための工夫をそこかしこに見ることができる。曲がりくねった狭い通路はもちろん、カムフラージュの通路や扉もあり、上から熱湯や煮えたぎった油をかけたり、井戸に落ちるような仕掛けもされている。地下には男女別の牢獄もあったという。

■ニズワ・フォート
☎2541-1844
開土～木曜　8:00～20:00
　金曜　　12:00～13:30
休無休
料大人R05
　子供R03

ニズワ・フォートのみやげ物屋
ニズワ・フォートの場内に**オマニ・ヘリテージ・ギャラリーOmani Heritage Gallery**（→P.187）のニズワ店が入っている。また、城下のスークにもアンティークショップやみやげ物屋がたくさんある。

ニズワ近郊の見どころ
SIGHTSEEING

敵の侵入を阻むからくりに注目　地図P.204-2

ベイト・アル・リデイダ *Bait Al Ridaydah*

ニズワから約24km離れた所にある。ベイト・アル・リデイダとは「堤防の家」という意味。17世紀に築かれたこの砦は、決して大きくはないが、難攻不落の砦として知られていた。城内にはファラジュが流れ、食料やデーツを蓄える部屋や家畜を飼う部屋まであり、数ヵ月間籠城できたという。ミーティングルームの壁の彫刻や天井の装飾もすばらしい。

ベイト・アル・リデイダ

ハジャル山地の最高峰　地図P.204-2

ジュベル・アフダル *Jebel Akhdar*

北ハジャル（岩という意味）山地にあるジュベル・アフダルは、オマーンでは一番高い山だ。**緑の山**とも呼ばれるその麓では、人々がファラジュ（灌漑用水路）によってオアシスや畑を造り生活しているが、この山を内陸側から見ると荒々しい巨大な岩山にしか見えない。

このオアシスから山頂の**ジュベル・シャムス Jebel Shams**（標高3075m）へは切り立った崖の間を行く道しかなく、

断崖絶壁が続くジュベル・アフダル

4WD車でないと行くことができない。途中の**グル村Ghul Village**までは、ワディ（涸れ川）やファラジュが続き、目の前には岩山がそびえる。まるでグランドキャニオンのような雄大な風景だ。

グル村からメインロードへ戻り、**アル・メスファ村 Al Mesfah**へ行ってみよう。電気が引かれたばかりのこの小さな村は、小高い山の上にある。岩山の上に石を積み上げた家が建ち並び、家と家の間は柱でつながっているが、通路はとても狭い。家につり下げられた瓶は、蒸発する水が熱を奪う代わりに中の水が冷やされるという生活の知恵。段々になった山の斜面には、ナツメヤシの木が広がり、その下をファラジュがくねくねと流れている。

この近くにある**アル・ハムラ村 Al Hamra**もまた古い村で、木製の窓や扉がある伝統的な泥壁造りの家々がある。また、アル・ハムラからニズワ方面に行った所にある全長4.5kmの大洞窟、**アル・フータ洞窟Al Hoota Cave**もぜひ訪れてみたい場所だ（シーズンによっては閉まっていることがあるので電話で確認してから行くとよい）。

古きよきオマーンの生活風景が垣間見られるアル・メスファ村

ホテルからニズワ市街へのアクセス

ホテルは市内にもあるが、市街から4～5km離れたホテルに泊まる場合は、ルートタクシーでニズワ市街まで100～200Bzs。

ニズワの3つ星ホテル

■Hマジャン・ゲストハウス
Majan Guest House
住Main St., Nizwa
☎2542-2197
FAX 2541-1059
料ⓈRO23～ⒹRO30～
全9室
CC MV

■アル・フータ洞窟
Al Hoota Cave
地図P.204-2
☎2439-1284
URL www.alhootacave.com
開 土～木曜 9:00～17:00、
金曜 9:00～11:00、13:00～17:00
休 無休
料 大人 RO7
子供 RO3.5

HOTELS

郊外にある静かな4つ星ホテル

H ゴールデン・チューリップ・ニズワ・ホテル

GOLDEN TULIP NIZWA HOTEL　地図外

住Hai a Thurat 611　☎2543-1616
URL www.goldentulipnizwa.com
料ⓈRO52～　ⒹRO60～
全120室　CC AMV

ニズワから約20km。中庭にプールがある中級ホテル。すべての客室はテレビやミニバーなど、必要な設備は整っている。バスルームにはアメニティグッズが用意されている。市内からは少し距離があるが、そのぶん静かでゆっくりとした時間を過ごせる。

ニズワの老舗ホテル

H ファラジュ・ダリス・ホテル

FALAJ DARIS HOTEL　地図外

住Nizwa　☎2541-0500
URL www.falajdarishotel.com
料 スタンダードルーム RO50～
全55室　CC AMV

ニズワ市街からマスカット寄りに約4.5km。真っ白いホテル。ふたつの広いプールを囲むようにして客室があり、室内も広くて快適。

バハラァ Bahla

バハラァ・フォート

マスカットから208km、ニズワから34km離れたオアシス村。この村はオマーン版万里の長城といった感じの全長12kmの城壁に囲まれており、この**バハラァ・フォート Bahla Fort**はユネスコの世界遺産に登録されている。また、陶器の産地としても知られており、製作する過程を見学できるが、午後は暑いうえに昼休みの場合が多いので、なるべく午前中に訪れたい。バハラァの郊外には**ジャブリン城 Jabrin Castle**もある。

バハラァ近郊の見どころ
SIGHTSEEING

装飾の美しさに感激 地図P.204-2

ジャブリン城 *Jabrin Castle*

バハラァの郊外、ニズワから約20km離れた砂漠の中にある城砦。バララブ・ビン・スルタンBal'arab Bin Sultanによって、1671年に宮殿として建てられたものだが、同時に、イスラム法やアラビア語、歴史、薬学、天文学の教育の場でもあった。南北にふたつの塔をもつ長方形（12×43m）の城は、高さ16～22mの3階建て。各部屋は古い家具や手工芸品などで飾られているが、特に祈祷室Pray Roomや太陽と月の部屋Sun & Moon Roomの天井の装飾が見事。台所の調理道具や食器類、さらにデーツの貯蔵庫も興味深い。天井にアラビア文字がびっしり彫られた通路は芸術的ですらある。また、屋上からはオアシスや砂漠、山々を見渡すことができる。

城内の水汲み場

ジャブリン城

バハラァの市外局番
なし

ACCESS
バハラァへの行き方

マスカットからバスが1日2本運行している。運賃はRO2.4、所要約3時間30分。ニズワからは、タクシーか乗合タクシーを利用する。乗合タクシーで500Bzs。ホテルは小さなゲストハウスが1軒あるが、マスカットかニズワから日帰りするのが一般的。また、ジャブリン城は幹線道路から外れているため、タクシーを利用することになる。

■バハラァ・フォート
開土～木曜 9:00～16:00
　金曜 8:00～11:00
休無休
料500Bzs

バハラァで陶器工場見学

陶器に向いた良質な土が取れるバハラァには多くの陶器工場があり、無料で見学できる。
●**Bahla Pottery Factory**
開10:00～17:00
休無休

■ジャブリン城
開土～木曜 9:00～16:00
　金曜 8:00～11:00
休無休
料500Bzs

バルカ
Barka

ナハル・フォート

バルカの市外局番
なし

ACCESS
バルカへの行き方
バス
バスがマスカットから1日3本出ている。片道RO1、所要約1時間30分。

ペルシャ絨毯の謎
ナハル・フォート内部には貴賓者、地方知事の部屋などVIPをもてなす場所がある。これらの部屋に敷かれている絨毯は貴賓専用の特別製。絨毯を客に合わせて替える習慣は一般家庭でも浸透しており、大切な客が訪れるとそれまでの絨毯はクルクルと丸められ、とっておきの絨毯が敷かれる。当然、土足厳禁。
さて、ここでいきなり座らないように。コーラン4章86節「お前たちがあいさつされたときはいっそうていねいにあいさつせよ」とあるように、その家の年配者が座るまで待つこと。デーツをすすめられたら必ず辞して年配者にすすめる。どこかで見た光景、と思ったら「いやいや、どうぞそちらから」の日本的風習にそっくり。

マスカットから約1時間30分。バティナ平野沿岸の町、バルカは織物と闘牛で知られている。2頭の牛同士が闘うオマーンの闘牛は、人気のスポーツだ。ここには砦のほかに、オマニ・スイーツ(→P.193)の工場もあるので興味ある人は見学してみるのも楽しい。この町からは**サワディ岬 Ras As Sawadi**も近く、砂浜が続く海岸線には野鳥が舞い、海には3つの島が浮かぶ。公共ビーチになっているが、美しくひっそりしているのがいい。また、バルカから内陸へ向かうと、**ナハル**や**ルスタック**の砦や泉へ行くことができる。

バルカ郊外の見どころ
SIGHTSEEING

美しい砦にはトゲがある
地図P.204-2

ナハル・フォート *Nakhal Fort*

マスカットから121km離れた、ハジャル山地麓のナハル村にあるナハル・フォート。家々やデーツ園が広がるなか、小高い丘の上に造られており、堂々とした姿が目立っている。オマーン各地に残るフォートのなかでも特に美しいフォートのひとつだ。

砦の歴史は、前イスラム時代に遡るが、その後も修築が行われた。城壁と6つの円筒形の塔、門の部分は1843年頃、当時のスルタンによって再建されたといわれる。約3400m²の敷地に建つ砦の高さは30m。石灰岩と木で造られた砦の木製の扉、天井、窓には、それぞれ美しい彫刻が見られる。この砦は、文化遺産省によって1990年に修復が終わり、モスク、ワリ(地方知事)の部屋(夏用と冬用あり)、彼の寝室と家族の部屋、バルザ(公聴会)の部屋は、銃やハンジャル、絨毯、コーヒーポット、家具などで飾られている。貯蔵庫なども興味深いが、注目してほしいのは扉の下のほうに設けられた小さな扉。これは、敵がこの扉から入ろうとして首を出した瞬間に切り落とすために作られたものだ。

砦の屋上からは、ナハル村とデーツ園、周囲の岩山が見渡せるが、正面の学校でははしゃぐ子供たちの姿を眺めるのも楽しい。

ナハル・フォート内

美泉の湧き出る場所

アイン・アットワラ *Ain A'Thowarah*

ナハル村の郊外、デーツ園の中にある。ピクニックテーブルのある小さな公園やファラジュがあり、ひと息つくには最適の場所だ。湧き出している水に手を触れると、意外に温かくてびっくりしてしまうが、その水はとても澄んでいてきれい。ナハルからアットワラを通りルスタックまで、岩山やワディが続き、とてもよい風景だ。

アイン・アットワラの源泉

かつてはオマーンの首都!?

地図P.204-2

ルスタック *Rustaq*

マスカットから約175km離れたルスタックは、ジュベル・アフダルの北側の麓にある町。かつての統治者イマーム・アハマド・ビン・サイードImam Ahmed Bin Saidは現王家であるサイード家の祖先に当たる。

ここにある**ルスタック・フォート Rustaq Fort**は、オマーンで最も重要な砦のひとつで、約20km離れた場所に建つ**アル・ハズム・フォート Al Hasm Fort**とともにオマーン観光のハイライト。城門前のスークでは金曜の朝はナツメヤシなどの売買でにぎわう。

郊外には**アイン・アル・カスファの源泉 Ain Al Kasfa**（アインは泉の意味）もあり、U.A.E.からわざわざやってくる人も多い。モスクのそばにある大きな円形の池からボコボコと温泉が湧いており、足場のある場所から水面まで離れているので触れることはできないが水温は沸点に近い。ここからファラジュがデーツ園のほうへ流れていて、すぐ近くには共同水汲み場と洗濯場、水浴場がある。水浴場といっても、仕切りがあるだけで扉もない（裸で浴びるわけではないので）。ここの湯もかなり温かく、体にいいそうだから、ひと浴びしてみてはいかが？　泉のそばには、塔の廃墟があり、デーツ園が周りに広がっている。

ACCESS
ルスタック、ナハルへの行き方

マスカットからバルカまで乗合タクシーが出ている。マスカットからバルカまでRO2。ナハルまでRO1。

ナハルにホテルはなく、ルスタックやバルカにはホテルがあるが、マスカットやソハールから日帰りするのが一般的。

■ナハル・フォート
開土～木曜　9:00～16:00
　金曜　8:00～11:00
休無休
料500Bzs

■ルスタック・フォート
開土～木曜　9:00～16:00
　金曜　8:00～11:00
休無休
料500Bzs

■アル・ハズム・フォート
開土～木曜　9:00～16:00
　金曜　8:00～11:00
休無休
料500Bzs

ルスタック・フォート
アイン・アル・カスファの源泉

ソハール

Sohar

ソハール・フォート

ソハールの市外局番
なし

ACCESS
ソハールへの行き方
バス
　バスがマスカットから1日3本出ている。料金はRO2.6、所要3〜3時間30分。また、ソハールからはドバイ行きのバスが経由する。料金はRO3。

フィッシュ・スーク
　ソハールの中心街から海岸線を北に約2kmほどの場所にある。スークが開かれるのは7:00〜12:00。

フィッシュ・スーク

ソハールでのデモ
　ソハールでは2011年2月に雇用問題をめぐってデモが発生した。その後いったん落ち着きを取り戻したかに見えたが、一般市民から「通行料」と称し金銭を徴収していた若者らの逮捕をきっかけとして、群衆と治安部隊の間で負傷者を出す衝突へと発展。2019年12月現在、治安情勢は安定しているが、急変する可能性もある。もし、ソハールへ向かう場合は事前に最新の情報を手に入れておこう。

　マスカットから約240km。バティナ平野で最も大きな町であるソハールの歴史は古く、何千年も前の遺跡が発掘されている。海のシルクロードの中継地として栄え、シンドバッドの船出した場所としても知られている。しかし現在では、当時の面影を伝えるものはなくなってしまっている。建物は新しいものが多く、ヤシの繊維で造られる古いタイプの家は、長持ちしないのでほとんど残っていない。そんなソハールの一番の見どころは、砦かフィッシュ・スークだが、まったく観光地化されていない美しい砂浜でのんびりとくつろぐのもいい。この町を通る人々の多くは、U.A.E.や国境の町**ブライミ**、**ムサンダム**地方に行く途中の休憩地として通り過ぎていく。しかし、近郊にある**ワディ**、**イブリ Ibri**の遺跡、あるいは**サワディ岬**、**ナハル**、**ルスタック**などの観光の起点にするのもいいのではないだろうか。

歩き方
WALKING AROUND

　マスカットからバスで来ると、町の中心部の手前、ハイウエイ沿いにあるシェルのガソリンスタンド裏に停まる。そこから町の中心部へは距離があるので、タクシーをひろおう。

　ソハールの町は小さく、スークでも宝石や香水、洋服、電化製品など、どこにでもあるようなものを売っている店が少しあるぐらいだ。町の中心となるスーク周辺は、近年再開発中で、白を基調とした伝統的なオマーンの町並みが再現されつつある。スークのすぐ前を通る海岸道路の向こうには美しい海が広がる。**ソハール・フォート Sohar Fort**へは、歩いて行けないこともないが、ホテルのある地区まではタクシーが必要で、Ⓗソハール・ビーチ・ホテルの場合RO1〜2、乗合タクシーなら200Bzsかかる。

ソハール中心部の海岸道路沿いの風景

おもな見どころ
SIGHTSEEING

見どころの多い博物館

ソハール・フォート *Sohar Fort*

海辺にそびえる白い建物で、この正面にある別の白い建物はワリ（知事）のオフィスだ。この城砦にある博物館はオマーンの博物館のなかで最も重要といわれている。ハンジャルを腰に差したいかめしい警備員のいる入口を抜けて中庭に入ると、遺跡の発掘跡が残されており、砦の博物館の部分は３階建てになっている。館内には、オマーンが外国貿易や航海術の発展史上で果たした役割についての展示物や、ソハール近郊の遺跡や銅の採掘場などについての写真やパネル、説明などがある。３階からは、青い海や白壁の町並みが美しいソハールの町を見渡すことができる。すばらしい眺めだ。

ソハール・フォート

フォート内にある遺跡

ソハールの3つ星ホテル
Ⓗアトラス・ホテル・アパートメンツ
Atlas Hotel Apartments
住 Sohar Muweilah, Sohar
☎ 2685-3009
料 Ⓢ RO15 ～ Ⓓ RO23 ～
全 79 室
CC MV

HOTELS

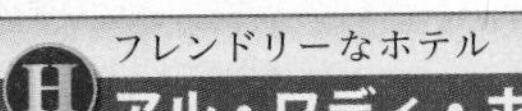

フレンドリーなホテル

アル・ワディ・ホテル

AL WADI HOTEL　地図外

住 Al Barakat St., Sohar　☎ 2684-0058
URL www.omanhotels.com/alwadi/
料 Ⓢ RO23 ～　Ⓓ RO26 ～
全 79 室　CC AMV

ソハールの中心地から約9km離れているが、マスカット・ドバイ・ハイウエイに看板が出ているのですぐにわかる。白塗りの建物でプールを丸く囲むように部屋が並んでおり、白い塔が真ん中にある。レストランやバーも併設。客室には無料のWi-Fiを完備。

静かな海岸沿いに立つ

ソハール・ビーチ・ホテル

SOHAR BEACH HOTEL　地図外

住 Al Tareef Sohar　☎ 2684-1111
URL www.soharbeach.com
料 スタンダード RO40 ～
全 45 室　CC MV

ソハール・フォートのように真っ白な砦風のホテル。サラン・ラウンドアバウトから入江沿いに海のほうへ向かうとホテルがある。バーがあるのもうれしい。

サラーラ

Salalah

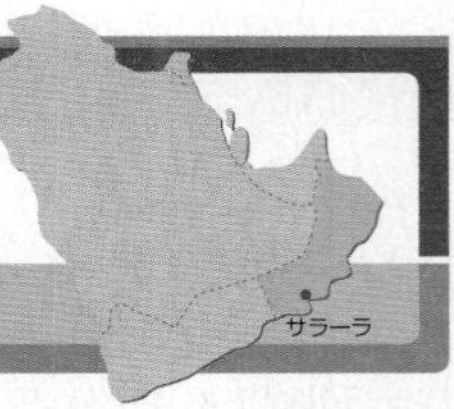

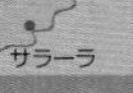

近郊ではラクダの姿もよく見かける

オマーン南部の中心都市サラーラ。首都のマスカットからは、およそ1050kmというかけ離れた所にある町だが、カブース前国王の生まれ故郷でもあり、南部独特の雰囲気をもった魅力的なところだ。

サラーラの町は決して大きいとはいえないが、ほかの都市から来ると緑が多いのに驚かされる。この地方一帯は、ハリーフKhareefと呼ばれるモンスーンの恵みを受けており、海岸沿いの道路にはヤシやバナナの木が生い茂っている。夏の間でもこの地域はオマーン東部のような高い気温になることもなく、7〜9月の雨季にはサラーラ周辺の山々に霧がかかることもある。秋になれば、湿気も少なく過ごしやすい。

また、サラーラの近郊には、オマーンの人々にもたいへん親しまれているお香、乳香の木が多く、町のマーケットではたくさん出回っている。

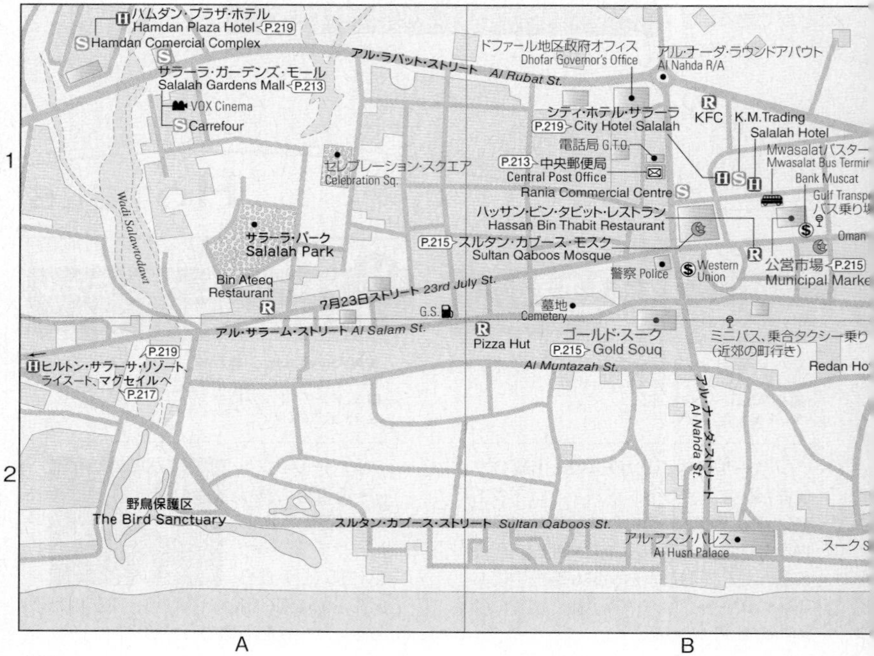

歩き方
WALKING AROUND

バージュ・アル・ナーダ・ラウンドアバウトの時計塔

サラーラ市街の中心地は、**アル・ナーダ・ストリート Al Nahda St.**と**アル・サラーム・ストリート Al Salam St.**の交わる交差点。この交差点のすぐ北には警察署があり、さらに郵便局、政府関係の建物などが、アル・ナーダ・ストリート沿いに並んでいる。警察署の正面にも両替屋はあるが、商店、銀行は**7月23日ストリート23rd July St.**にも多い。**ゴールド・スーク Gold Souq**は角のすぐ南にあり、さらに西へ少し行った所にある空き地や狭い通りに沿って古い造りの家が残っている。バスターミナルと**公営市場**

サラーラの市外局番
なし

ACCESS
サラーラへの行き方

飛行機
マスカット国際空港から、オマーン航空が毎日5〜7便飛んでいる。所要約1時間45分、片道RO35〜、往復RO64。

バス
マスカットから1日3本運行している。片道RO7.5、往復RO12。所要約13時間。夕方発のバスは夜行で、翌日の明け方サラーラに到着する。また、ニズワからもバスが出ている。

■中央郵便局
地図P.212-B1
開土〜水曜 8:00〜14:00
木曜 9:00〜11:00
休金曜

■サラーラ・ガーデンズ・モール
地図P.212-A1
開日〜水曜 10:00〜22:00
木・土曜 10:00〜23:00
金曜 14:00〜23:00
休無休

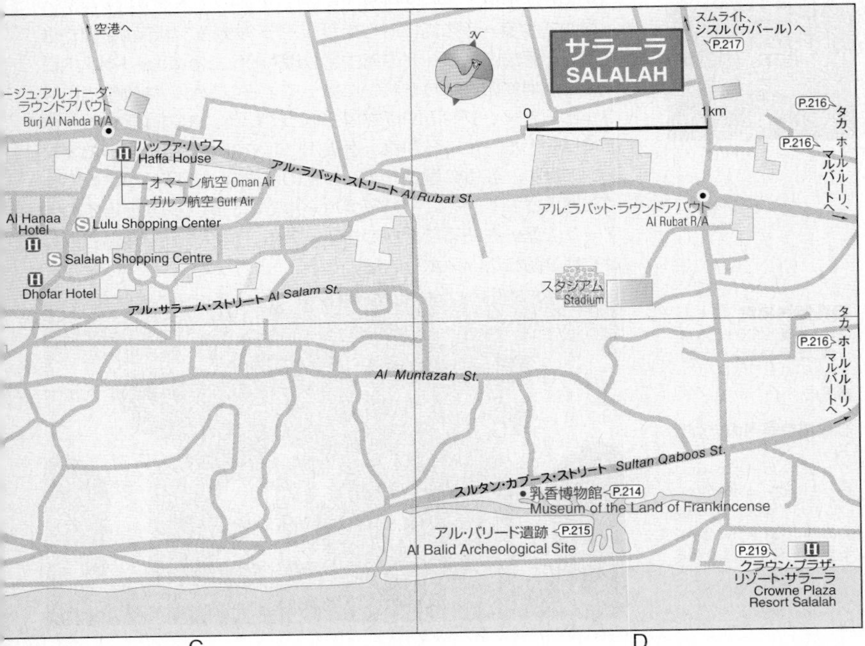

緑の多い町並み

市内の公共バス

サラーラ市内にはMwasalatの公共バスが走っている。ルートはサラーラ空港から南下し、7月23日ストリートで西へ向かいながら市内の中心地を通り、サラーラ港までをつなぐ20番の1種類のみ。30分に1本の間隔で運行している。運賃は200～300Bzs。

サラーラのゴールド・スーク

Municipal Marketは警察署から東に10分ほど歩くとある。

サラーラ市街の中心地から南へ2kmほど下ると海に出る。海岸線に沿って走っているのがスルタン・カブース・ストリートSultan Qaboos St.だ。メインストリートのアル・ナーダ・ストリートとの交差点に建っている大きな建物が、前国王の住居として使われていた**アル・フスン・パレスAl Husn Palace**。

ヤシの木が植えられたスルタン・カブース・ストリートを東に進むと、世界遺産にも「乳香の土地」として登録されている港湾遺跡**アル・バリードAl Balid**がある。遺跡のある考古学公園Archeological Park内には、オマーンの歴史に触れることができる**乳香博物館Museum of the Land of Frankincense**もあり、どちらもサラーラ観光のハイライトなのでぜひ訪れておきたい。

西に行くと、**野鳥保護区The Bird Sanctuary**がある。この入江には、フラミンゴやペリカンなどが生息しており、ヨーロッパやアジアを行き来する渡り鳥も飛来するという。

空港から港を結ぶMwasalatのバスもあるが、昼間の暑い時間でなければ町の中心部は歩いて回れないこともない。サラーラのタクシーは近距離であれば一律500Bzsと相場が決まっているが、市外に出る場合は値段を交渉することになる。

おもな見どころ
SIGHTSEEING

オマーンの歴史を伝える博物館

地図P.213-D2

乳香博物館 *Museum of the Land of Frankincense*

かつてサラーラ市街にあったサラーラ博物館の展示物を引き継ぐ形で、アル・バリードの考古学公園Archeological Park内に完成した博物館。よりきれいになってオープンし、博物館内にはコーヒーショップやみやげ物屋も揃っている。館内は歴史ホールとマリーナホールに分かれ、歴史ホールでは有史以前からのオマーンの歴史、乳香の歴史、イスラムの歴史などが区分けされて整然と展示されている。マリーナホールでは、海洋国家としてのオマーンの歴史を知ることができる。アル・バリードの遺跡と合わせてぜひ訪れたいスポットだ。

■乳香博物館
開日～木曜 9:00～21:00、金・土曜 15:00～21:00
休無休
料RO2

乳香博物館へのアクセス

タクシーでサラーラ中心部からRO2～4。周辺はタクシーが少ないので、帰路のためにタクシーに待ってもらっておいたほうがよい。

中庭には乳香の木がシンボルツリーとして植えられている

世界遺産「乳香の土地」 地図P.213-D2

アル・バリード遺跡 *Al Balid Archeological Site*

サラーラ市街の東の外れの、考古学公園Archeological Parkにある古代遺跡で、ホール・ルーリ、シスルなど(→P.216〜218)とともに世界遺産にも登録されている。ここはかつて乳香の積み出し港として栄えた港湾都市だった。現在は石柱がころがっている状態だが、その広大な規模にかつての栄華がしのばれる。遊歩道も整備されており、英語の看板も出ているので、当時の面影をたどることができる。

アル・バリード遺跡

地元の人々でにぎわうマーケット 地図P.212-B1

公営市場 *Municipal Market*

Mwasalatバスターミナルの裏側にあるマーケット。魚、野菜、肉などの各マーケットが隣接し、にぎわっている。なかでも一番活気がある魚のマーケットでは、種類豊富な魚を手際よくさばいているのが見られる。そのほか、食料品やデーツ、サラーラ近郊で採れる乳香や香炉も売っている。地元の人のための市場だが、片隅にはヤシの木の皮とラクダの皮で作られた籠などの伝統工芸品も、おみやげ用にミニサイズで作られたものが売られている。値段と質を見比べて購入してみるといいだろう。

たくさんの魚が並ぶ

掘り出し物に出合えるチャンス 地図P.212-B1〜2

ゴールド・スーク *Gold Souq*

U.A.E.のドバイにあるゴールド・スークと比べるとずっと小さなものだが、100mくらいの通りに沿って宝石屋や金銀細工を扱う店が並んでいる。サラーラで売られている装飾品のデザインは、マスカットなどとは違っていると地元の人は言うが、売る人も買う人もほとんどがインド人だ。買う場合は、いくつかの店を回ってから気に入った店で交渉しよう。

アクセサリー店が並ぶ

ジブリー Jubuli

サラーラのなかでも山に住む人々のことをジブリーという。アラビア語で山を意味するジュベルという言葉から来ているのだが、彼らの話すアラビア語は訛りの強い方言だ。しゃべり方が非常に早いので、何を話しているのかわからなくても、ジブリーだとわかるほどだ。

そのほかの見どころ

町の中心部にあるスルタン・カブース・モスク(地図P.212-B1)は、お祈りの時間以外は見学することができる。アバヤの貸し出しはないので、長袖長ズボンを着用し、髪を隠すスカーフを持参すること。また、雨のほとんど降らない東部と違い、雨季にはまとまった雨の降るこの地区には泉がいくつかある。アイン・アルザトAin Arzatやアイン・フムランAyn Fumranなどの泉があり、近くの公園には花が咲き乱れ、人々の憩いの場になっている。

ACCESS
タカへの行き方

タカ経由マルバート行きの乗合タクシーが出ている。タカまでは200Bzs。

■タカ・フォート
開日～木曜 8:30～14:30
休金・土曜

ACCESS
ホール・ルーリへの行き方

タカ経由マルバート行きの乗合タクシーを利用することになるが、幹線道路から3.5kmくらい離れており、ホール・ルーリまでは車は行かないので、途中で降りて、そこから歩くしかない。

サラーラから近郊の町へ

サラーラから近郊の町へ行くには、タクシーか乗合タクシー（ミニバスまたは乗用車）を利用する。乗合タクシー乗り場（地図P.212-B2）は、アル・サラーム・ストリートのHSBC銀行の裏にある。

サラーラ近郊の見どころ
SIGHTSEEING

小さな港町 地図P.167

タカ *Taqah*

ドファール地方で3番目に大きな町であるタカは、町なかに古い砦タカ・フォートTaqah Fortも残されている静かな港町だ。今ではイワシ漁の盛んな漁港に過ぎないが、町外れの絶壁は絵はがきになっているほど美しい。この絶壁の上からの眺めがまたすばらしい。白いタカの町並みとエメラルド色の海が広がっている。反対側を見れば絶壁の入江が続き、ホール・ルーリまで見晴らすことができる。

海に面したタカの町

見どころはサムフラムの遺跡

ホール・ルーリ *Khor Rouri*

タカから7kmほど東にあるホール・ルーリには、乳香の交易で栄えた町、**サムフラム Sumhuram**の遺跡がある。ユネスコの世界遺産にも登録され、現在修復工事が進められている。かつてはここから640km離れたカナ（現イエメン）を経由して、さらにシリアやローマへ運ばれたという。神殿、乳香の貯蔵庫、井戸のほか、シバの女王の宮殿といわれる遺跡も残っている。

この高台にある遺跡からの眺めはすばらしい。背後にそびえる山から、ワディ・ダルバートWadi Darbatを抜けて海に注ぐ光景が眼下に広がっているのだ。運がよければ、水を飲みに下りてきたラクダの群れを見ることもできるし、雨季には山々が緑一面になり、ワディは川や滝となって見る者を楽しませてくれる。

サムフラムの遺跡

町歩きが楽しい 地図P.167

マルバート *Marbat*

サラーラから東へ約74km離れた海岸にある町。マルバートとは、「馬が集められた場所」という意味で、ここがかつてドファール地方における馬の取り引きの中心であったことを今に伝えている。近年まで、イエメン経由でイラクやシリアへと輸出される乳香貿易の主要な中継地として栄えていたマルバートだが、現在では干し魚の輸出など、もっぱら漁業が主要な産業になっている。

マルバートの港

海岸に面して建つ砦がマルバート城Marbat Castleで、中は博物館として公開されており、首長の部屋や集会所、牢獄などを見ることができる。また、町なかには木製の窓枠の古い建物が何軒か残っていて、壁に船を描いた家などもあり歩き回るのが楽しい。しかし、古い家の多くは廃墟同然になっているものも多く、砦の近くにあるスークも取り壊されている。

ACCESS
マルバートへの行き方
タカ経由マルバート行きの乗合タクシーが1日7本ほど出ている。

ビーチでのんびり過ごしたい 地図P.167

マグセイル *Mughsail*

サラーラの町から西に5kmほど行くと、そこからマグセイルまでは40kmほど砂浜が続く。しかし、ところどころに切り立った崖があるなど、景色に変化がある。マグセイルの周辺は公共ビーチになっていて、休憩施設も点々としている。道路を挟んで海と反対側には、政府が地元の人に無料で提供したという家が並んでいるのが興ざめだが、その先は入江になっていて、フラミンゴなども見られる。

マグセイルの海岸線

村の外れには、**崖 Kahif Al Marnaif**がそびえているので、ぜひ足を延ばしてみたい。標識らしいものは出ていないが、ピクニックに来ている車がいるのですぐにわかる（イエメン方面から来ると標識がある）。崖の下の部分は、波の浸食によってまるで鍾乳洞のようになっている。岩場には、ところどころすり鉢状の穴が開いていて、ゴーゴーとうなるような音が響いている。ときどき海水が噴き上げてくるので顔を出さないほうがいいだろう。

ACCESS
マグセイルへの行き方
乗合タクシー乗り場からマグセイル行きの乗合タクシーが1日に数本出ている。

主要道路に戻って再び西に向かうと山の中へ入っていく。イエメン国境の**サーフェイト Sarfayt**（国境まで250km）まで続くこの道は、10年の歳月をかけて完成したもの。くねくねと山を上っていくとほどなくカマル山脈の頂上近くにさしかかる。眼下に岩山が折り重なるように広がり、夕暮れ時に見られる光と影のコントラストは、この世のものとは思えない美しさだ。

ACCESS
ウバールへの行き方
サラーラからウバールへのミニバスはない。サラーラにある旅行会社のツアーに参加するかタクシーを利用しよう。

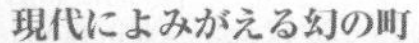
現代によみがえる幻の町 地図P.167

ウバールとシスル *Ubar & Shisr*

ウバールとは、「失われた都市」という意味。数千年以上前の古文書にもその名が記されているというウバールは、砂に埋もれた伝説上の都市として知られていたが、その真偽は定かではなかった。しかし、1992年に人工衛星の写真を手がかりにして、ついにアメリカ人の調査隊によって砂漠の中のオアシス、**シスル Shisr**で遺跡が発掘され、現在は世界遺産に登録されている。

シスルは、サラーラからだと車で約2時間かかる。サラーラの北約80kmにある**スムライト Thumrayt**までは起伏のある牧歌的な山

シスルの遺跡

乳香の木

乳香の木について

はるか昔から「神聖な木」とされてきた乳香の木Frankincense Treeは、おもに内陸部の砂漠で見ることができる。港町ライスートRaysutの近郊、カラ山地北にあるワディ・アドニーブWadi Adonib（別名乳香の谷Frankincense Valley）では、谷間に点在する乳香の木を見ることができる。また、スムライトThumraytの近郊にあるアンダハル・オアシスAndhar Oasis周辺でも、荒涼とした大地から細かい枝が突き出した印象的な姿を見ることができる。

スムライト周辺

道を行く。スムライトを過ぎると次第にほこりっぽい平地になり、白い砂漠が両側に広がる。この先は**ルブ・アル・ハリ砂漠Rub Al Khali Desert**がサウジアラビアまで延々と続く。

やがて現れるシスル村は、政府が無料で建設したベドウィン用の住居が丘の上に並んでいて、一瞬蜃気楼ではないかと思ってしまうほど、周囲の砂漠とは不釣り合いに見える。発掘場所にはほとんど何もないが、小さな博物館があり、発掘当時の写真などが展示されている。この発掘により、ウバールもまた乳香交易の拠点だったのではないかと考えられている。

オマーンから陸路でU.A.E.へ

オマーンから陸路でU.A.E.に入国するには、オマーンの国営バスMwasalatのインターシティバス、もしくはタクシー、レンタカーでの国境越えになる。オマーン本土とU.A.E.の国境は、ハッタ／ワジャジャとアル・アイン/ブライミの2ヵ所。インターシティバスはマスカット発5:00、15:00、23:00、所要7～8時間。片道RO55、往復RO90。オマーンからU.A.E.に入る場合、ビザは必要ない。反対にU.A.E.からオマーンに入る場合はビザが必要で、RO20（Dh200）。ドバイの出国税Dh35が別途必要。

●インターシティバスでU.A.E.へ

チケットはマスカットのルイにあるMwasalatのバスターミナルで購入できるが、出発はアル・アザイバAl Azaibaの場合があるのでチケット購入時に必ず確認しよう。アル・アザイバへは1番のバスで行ける。

マスカットから国際バスで国境越えをする場合は、ハッタ／ワジャジャを通る。

●レンタカーでU.A.E.へ

レンタカーでの国境越えは、ハッタ／ワジャジャとアル・アイン／ブライミの2ヵ所の利が可。車を借りる時に国境を越える旨を伝えると必要な書類を用意してくれる。レンタカー会社によっては国境越えができない会社もあるので事前に確認を。

ビザや国際バスに関しては状況が流動的なので、事前に在日大使館に問い合わせるなどして情報収集に努めたほうがいいだろう。以上の情報は2019年12月現在。

マスカットのルイにあるMwasalatバスターミナル

HOTELS

ビーチサイドのリゾートホテル　CROWNE PLAZA RESORT SALALAH

クラウン・プラザ・リゾート・サラーラ

MAP P.213-D2

住211 Al Khandaq St., Salalah
☎2323-8000
URL www.ihg.com
料スタンダードルーム RO60～
全153室
CC ADJMV

アル・バリード遺跡の東側にあり、町の中心からは少し遠いが、レストランのほか、プライベートビーチやテニス、ゴルフの施設が整っている。ライスートへの通り道にあるアル・ムヒット・レストランのホテルと同経営。

さわやかな印象の客室

ショッピングセンターの一角にある　HAMDAN PLAZA HOTEL

ハムダン・プラザ・ホテル

MAP P.212-A1

住Al Wadi St. Salalah
☎2321-1025
URL www.hamdanplazahotel.com
料スタンダードルーム RO65～
全180室
CC MV

市街地から西へ約3km、アル・ラバット・ストリートに面したホテルは、レストランやテニスコート、プールが完備。キッチン付きのアパートタイプの部屋もある。客室は清潔で、料金のわりに広々しているのが魅力。

広々とした客室

子供向けの施設が充実　HILTON SALALAH RESORT

ヒルトン・サラーラ・リゾート

MAP P.212-A2外

住Sultan Qaboos St.
☎2313-3333
URL www3.hilton.com
料デラックスルーム RO55～
全147室
CC ADJMV

ビーチフロントに建つ、ヤシの木などの南国の木々に囲まれた静かなリゾート。客室からは、インド洋とアラビア海の穏やかな眺めとファール山地の雄大な眺めが楽しめる。空港までは車でおよそ15分の距離にある。

一流のサービスが受けられる

見どころ巡りに便利　CITY HOTEL SALALAH

シティ・ホテル・サラーラ

MAP P.212-B1

住Commercial Area, City Center
☎2329-5252
URL cityhotelsalalah.com
料スタンダードルーム RO15～20
全90室
CC AMV

スルタン・カブース・モスクの近くに位置し、サラーサの中心部にあるシティホテル。近くにはショッピングモールがあるので何かと便利。サラーラの町歩きにもおすすめの場所だ。空港からは車でおよそ15～20分。

シンプルながら清潔な客室

ムサンダム地方

Musandam

アラブ首長国連邦によって、オマーンの本土から切り離されたムサンダム半島。その険しい山々は標高2000mに達し、ホルムズ海峡に突き出した海岸線がフィヨルドのように入り組んでいることから、「中東のノルウェー」とも呼ばれている。

ムサンダムの人口は約2万8000人。そのうち半数が主要都市（というより町だが）ハッサブKhasabに集中している。西海岸には第2の町ブハBukhaがあり、海岸線や山のなかに小さな村が点在している。

ムサンダム地方へは、マスカットから毎日1便の飛行機が飛んでいるほか、マスカットのマトラなどからNFC（National Ferry Company）の高速船で行くことができる。このほか、アラブ首長国連邦を経由して、陸路を3時間ほどかけて行くことも可能だ。観光地としてはまだまだマイナーな存在だが、手つかずの自然と人々の素朴な生活風景は、オマーン本土とはひと味もふた味も違った旅のおもしろさを感じさせてくれることだろう。

ハッサブの市外局番

なし

ムサンダム地方への高速船

■NFC

地図P.178下-A2（チケットオフィス）

☎2449-5453

URL www.nfc.com

行き方

ACCESS

オマーン航空がマスカットからハッサブへ毎日1便運航している。飛行機は小型機なので、早めに予約を入れておきたい。

便利なのは、マスカットのマトラとソハールの北にある町、シナスShinasから出ているNFCの高速船だ。マスカットからシナスへは週2便（日・木曜10:00発、所要約3時間30分、片道RO18〜）、シナスからハッサブへは週2便（日曜15:00発、火曜13:50発、所要約4時間、片道RO13〜）が運航している。また、リマからハッサブへは週3便が運航、別途料金を払えばレンタカーの積載も可能だ。ただし、スケジュール等は変更されやすいので、前もって必ず確認をしておくこと。

陸路で行く場合は、マスカットからもU.A.E.からも定期バスはないので、レンタカーで行くかツアーに参加して行くことになる。U.A.E.領内からの入境となるので、U.A.E.の出国税が徴収される。事前にオマーンのe-visaを取得しておこう。

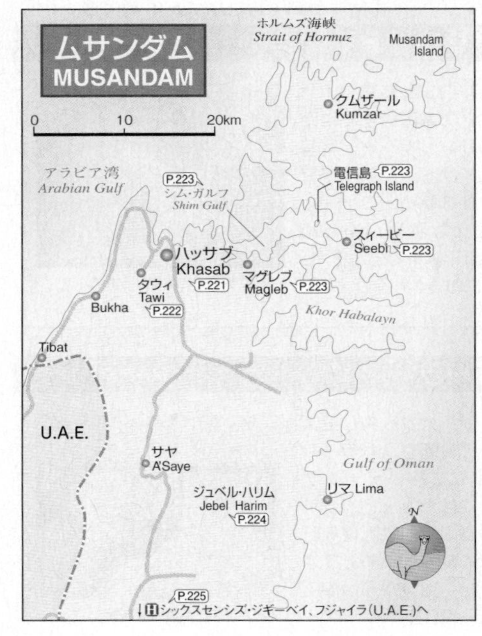

ハッサブ
Khasab

ハッサブの港

ムサンダム地方の中心地。小さな町だが、ホルムズ海峡に接する軍事拠点のため、この10年間に急速に近代化が進んだ。そのため、古い家々や砦の残された町には、真新しい建物も多く見られるようになってきた。

ハッサブからアラビア湾に面した湾岸道路を行けば、ドバイまでは車で2～3時間しかかからない。住民の多くはこのルートを使ってドバイへ買い出しに行っているようだ。そのためか、町なかにあるスークは小さく、ありふれた物しか売っていない。興味深いのは、この地方の男性の持ち物。ハンジャル（半月刀）が一般的なオマーンだが、ここの男性は代わりにジェルズJerzと呼ばれる長い杖のような斧を持ち歩いている。

歩き方
WALKING AROUND

海岸へ

海岸には**ハッサブ・フォート Khasab Fort**が建っている。この砦は16世紀にポルトガルによって建てられたものだが、17世紀にはイマーム・ナセル・ビン・ムルシッドImam Nasir Bin Murshidによって奪還された。この砦は、ほかの地区で見られる砦と同様、塔と中庭があり、各部屋にはオマーンの工芸品が展示されている。現在では改装されて博物館になっている。この砦の屋上からは海やデーツ園の眺めがよい。正面の海岸は遠浅で、干潮時にはサギやカモメがやってきてのどかな風景だ。

■ハッサブ・フォート
開土～木曜 9:00～16:00
金曜 8:00～11:00
休無休
料500Bzs

港へ

ここから海岸沿いの道路を少し西に行くと港がある。ここから対岸のイランまでは約60kmしか離れていないため、毎日イランからモーターボートがやってきて商売をしている。なかには1日に3回も往復する船があり、多いときは50隻もの

ハッサブ・フォート

ダウ船クルーズ

漁師のおじさん

ベドウィンの家

自然公園からハッサブに戻る途中、岩山にへばりつくように建つ石造りの家が見られる。彼らの家もまた、大きなパラボラアンテナが立ち、クーラーが付いていたりする。

岩山にある家々

船が港に集まっている。どの船も荷物の積み下ろしに忙しく、とても活気を感じる。取り引きされた荷物は、ここから車に乗せられてドバイやマスカットに運ばれている。

ハッサブから西側の海岸を通り、アラブ首長国連邦まで結ぶ舗装された道路があるので時間もそれほどかからない。

海から切り立つようにそびえる岩山の下を、くねくねと道路が続くのだが、海の色はとても美しく澄んでいて、ときどきサメやウミガメが泳いでいるのが見られる。

カダQadahという村から内陸の**タウィTawi**までは、ワディや渓谷が続いている。タウィは小さな村だが、電気、水道が引かれ、モダンな家もある。崖の下に転がった岩には約2000年前のものと思われる絵が描かれている。

ムサンダムの観光ツアー

個人でムサンダムへ来た場合、ハッサブにはタクシーさえないので、観光をして回るには旅行会社でツアーを組んでもらうことになる（海にいる漁師と直接交渉をしてボートを出してもらうという方法もある）。

ここでは、ドルフィン・ツーリズムが扱う手配旅行の料金などを紹介しておこう。ブッキングはハッサブ・ホテル（→P. 225）のフロントなどで受け付けている。

●ダウ船クルーズ

周辺の遺跡や漁師村などを巡る。途中ドルフィンウオッチングや電信島付近でのスノーケリングも楽しめる。

催行：毎日
料（1人当たり）
RO10～（半日）
RO15～（1日、ランチ付き）

●マウンテン・サファリ

4WDのランドクルーザーでこの地方の最高峰ジュベル・ハリムへ。海抜1100mにあるサヤ村や周辺の遺跡などを巡る。

催行：4人以上
料（1人当たり）RO25～（半日）

●クムザール・ツアー

ムサンダムの秘境、クムザールを目指す。

催行：5人以上
料（1人当たり）RO90～（ランチ付き）

■ドルフィン・ツーリズム
The Dolphin Tourism
住 Musandam Khasab
☎2673-0659
URL www.dolphintour.net

ムサンダム地方のおもな見どころ

SIGHTSEEING

荒々しい断崖の連続

地図P.220

シム・ガルフ *Shim Gulf*

マグレブ村

「中東のノルウェー」といわれるムサンダムのハイライトがここ。湾が断崖の奥まで深く入り込んだフィヨルドの海岸線が20kmも続いている。海岸線には山が迫り、600mの高さから海に向かって垂直に切り立つ断崖が透きとおった水面に映し出され、迫力を増している。また、運がよければ、ボートの周りを泳ぐサメやイルカ、ウミガメにも出合えるだろう。

網を打つ漁師

入江や湾には**スィービー Seebi**や**マグレブ Magleb**といった村々が見られる。これらの村の住民たちは、漁業のほかに山中に羊などを飼っているが、陸路はないのでボートでハッサブと行き来している。また、水もハッサブから運んでいる。マグレブの正面に浮かぶ島は**電信島 Telegraph Island**。ジャジーラ・マグレブ（マグレブ島）という名前があるが、1864～1869年の間イギリスが引いた通信ケーブルの基地があったことからこう呼ばれている。島には通信基地の廃墟が残り、珊瑚礁もある美しい海底をはうケーブルが見える。この周辺はまた、スノーケリングのメッカで、外国人のグループがしばしば訪れている。

入り組んだシム・ガルフの海岸線

ドバイやマスカットからムサンダムへのツアー

レンタカー以外ほとんど交通手段のないムサンダムへは、ツアーで行ったほうが楽だ。オマーン航空でツアーを催行しているほか、マスカット市内やU.A.E.のドバイからも、各旅行会社が1泊2日以上のツアーをアレンジしている。

●**ハッサブ・トラベル＆ツアーズ**
Khasab Travel & Tours
URL www.khasabtours.com
（ハッサブ／オマーン）
☎2673-0464
（ドバイ／U.A.E.）
☎971-4-266-9950

※日本では、下記でも現地ツアーの問い合わせ、申し込みを受け付けている。
(株)トレンズ・インターナショナル
Trends Internationl, Inc.
東京☎(03) 3475-4453
URL www.trends-international.co.jp

山の麓には自然公園もある

緑豊かな高原地帯

地図P.220

ジュベル・ハリム *Jebel Harim*

「女性の山」という意味のジュベル・ハリムは、ムサンダムで一番高い山で、標高は2087m。ハッサブからは約40km離れており、車で約1時間30分かかる。

ハッサブの町をあとにして、ダムを過ぎるとジュベル・ハリムへの道が始まる。乾季の干上がったダムからは想像もつかないが、このダムが1976年にできる前は、雨季になると町の建物などが流される被害が続出したという。内陸を行く道はくねくねと曲がりくねって険しいが、雄大な眺めがすばらしい。道沿いには水のタンク（毎日給水車が来る）やヘリコプターの発着場が見える。また、大都会のハッサブ（地元の人にとってはそうらしい）を離れて、山のなかに住んでいる人々の家も点在している。

標高1100mにある**サヤ A'Saye**に着くと、景色は一変する。ここは地下水からの水道が引かれているおかげで、牧草地やデーツ園が広がっているのだ。涼しい牧草地では、羊や牛がのんびりと草を食んでいる。まるでヨーロッパの高原のようだ。村の一角に干された山猫の毛皮は、かかしみたいなものらしい。この村からは、ジュベル・ハリムの頂上にある軍の管制ドームも見える。

サヤを過ぎると山道は頂上近くを通りU.A.E.国境の**ディバ Dibba**にいたる。時間がないなら、サヤで引き返して途中の分岐を右に進もう。真っすぐ行くと突き当たりが自然公園Al Khalidiyaになっている。岩山の麓に芝生や木立が広がった公園は、休日になると地元の人がピクニックにやってくる。

標高1100mの所にあるサヤ村

乾季、水の干上がったダム

アルコールが飲めるのはここだけ

H ハッサブ・ホテル

KHASAB HOTEL　地図外

住 Musandam, Khasab　☎2673-0267
URL www.khasabhotel.net
料 Ⓢ RO27 ～　Ⓓ RO32 ～
全 68 室　CC 不可

小さなホテルだが、プールもある。客室はシンプルで、シャワー、エアコン、冷蔵庫も付いている。レストランではアルコールが飲める。

リーズナブルで立地もいい

H レイク・ホテル

LAKE HOTEL　地図外

住 Coastal Rd. Khasab
☎2673-1664
料 ⓈⒹ RO20 ～
全 24 室　CC 不可

ハッサブ・フォートやオールド・スークに近く、フェリー桟橋も徒歩圏内で便利な立地。「レイク」と名がついているが、湖ではなく海に近い。客室は必要最小限の設備といったところ。徒歩10分ほどの所に商店がある。

荘厳な岩山とビーチに囲まれた隠れ家リゾート

オマーン湾が一望できる絶景リゾート

オマーンの飛地領土であるムサンダム半島に、エコ＆ラグジュアリーで有名なシックスセンシズリゾートがたたずんでいる。その名は「シックスセンシズ・ジギーベイ」。アラビア半島ではヨルダンに次ぐふたつ目のリゾートホテルで、オマーンの荒涼とした岩山を抜けると、シックスセンシズの独創的な建物が現れる。オマーンの伝統を残したエキゾチックな趣を感じさせ、自然環境を生かしたエココンシャスなラグジュアリーリゾートだ。

オマーン湾が一望できるロケーションには、随所にオマーンらしさを感じさせる全室プール付きのヴィラをはじめ、人気のシックスセンシズスパ、崖の上の絶景レストラン、アラビア半島唯一の海水プールを含むふたつのプールなど施設が充実。特に人気のシックスセンシズスパには、オマーンらしくアラビア式のハマムルームを完備。天然由来の成分を使用したトリートメントはホリスティックなものからウエルネスまで幅広いメニューが用意されている。

また、プライベート・ロマンティックディナーや、イン・ヴィラ・ダイニングでのバーベキューなど、さまざまなリクエストにも対応してくれる。アクティビティは海・陸・空から多彩に用意されているが、ここでのおすすめはなんといってもパラグライダー。標高 293m のリゾートの背後にそびえる岩山の頂上からオマーン湾に向かって一気に飛び立つエキサイティングな空中散歩だ。

アラビアらしい造りのハマムルーム

ドバイ国際空港より車で約 90 分。空港からの送迎（有料）も用意されている。

■シックスセンシズ・ジギーベイ
Six Senses Zighy Bay
住 Dibba-Musandam　地図 P.220 外
☎2673-5555　日本の予約・問い合わせ先 シックスセンシズ・リゾート＆スパ 0120-921-324
URL www.SixSenses.com/ZighyBay
料 プールヴィラ　US$1040～
全82室　CC AMV

外務省海外邦人安全課より地球の歩き方読者へ
アラビア半島　トラブル事例＆対策

海外でのリスクと情報収集

昨今、世界各地でテロや暴動が多発し、死傷者が発生する事態となっています。アラビア半島では2019年6月のサウジアラビアの国内空港へのミサイル攻撃や、同年９月のサウジアラビアの複数の石油施設に対する無人機によるものとみられる攻撃などが発生しています。これまで比較的安全とされていた国や地域でも日本とは異なるさまざまなリスクがありますので、海外で事件事故等の被害に遭わないために、外務省**「海外安全ホームページ」**や**「たびレジ」**を活用し、出発前から現地の安全情報の収集に努めましょう。**「たびレジ」**に登録すると、登録した国や地域の最新の安全情報が日本語で皆様の登録メールアドレスへ送信されます。楽しい旅行のために、正確な情報収集と適切な安全対策を心掛けましょう。

アクセスはこちら

セクハラ行為、わいせつ行為、性的暴行

日本人旅行者がセクハラ行為や強制わいせつなどの被害を受けた例があります。例えば、ひとりでタクシーに乗車し助手席に座ったところ、運転手から手を握られたり、足を触られることがあります。これは女性に限らず、男性でも被害に遭っています。タクシーを利用する際には、運転手がすすめても助手席ではなく、日本と同様に後部座席に乗るようにしてください。

また、ひとりで道を歩いていたら、通りがかりの一般車両の運転手から「駅まで乗せてあげる」と言われ、乗ったところ、ひと気のない砂漠地帯に連れていかれ、性的暴行被害に遭った例もありました。見知らぬ人の車に乗ることは危険ですので避けてください。

ショッピングセンターなどで外国人女性が体を触られる等の被害も発生しています。女性が外出する際には、現地の風習に従って、髪の毛や肌の露出を控えた目立たない格好をするよう心がけることが必要です。

撮影禁止区域

写真や動画の撮影は、そこが撮影禁止区域でないことが確認できるまで、撮影しないでください。撮影を禁止されているのは軍事施設、外交団施設、政府機関庁舎、空港、天然ガス液化プラントなどがありますが、橋などが撮影禁止となっている場合もあります。発覚した場合には逮捕され、場合によっては長期間拘束されることがあります。

宗教的戒律や風習への配慮

滞在中は、イスラム教の戒律や現地の風習を尊重してください。肌を露出する衣服は、男性の半ズボンであっても問題視されることがあります。また、女性の場合には肌だけでなく、髪もスカーフなどで隠すことが義務付けられている場合があります。周囲をよく注意し、現地の服装に合わせるようにしましょう。

国や場所によって飲酒が可能なレストラン等もありますが、アラビア半島の国の多くでは外国人であっても飲酒が禁止されていることが多く、国外からの酒類の持込みを禁止している国もあります。また、人前でのハグや結婚前の男女がホテルの同室で宿泊するなど、日本や諸外国では問題のないことでも、国によっては禁止行為とされていることが多々あり、禁止行為に対しては、外国人も例外なく厳罰に処せられることもあります。

麻薬や薬物に対する取り締まりも非常に厳しいので、外国から持ち込むことはもちろんのこと、滞在中にそのような誘惑があっても絶対に関わらないでください。

ラマダン（断食月）期間中は、日の出から日没まで公共の場における飲食や喫煙は禁止されています。このような現地の風習をよく理解し、尊重するようにしてください。

＜外務省領事局内お問い合わせ先＞

住東京都千代田区霞が関2-2-1

☎(代表)(03)3580-3311

■海外邦人安全課（テロ・誘拐関連以外）

(内線)2851

■邦人テロ対策室（テロ・誘拐関連）

(内線)3047

■領事サービスセンター（国別安全情報等）

(内線)2902、2903

■外務省海外安全ホームページ

URL www.anzen.mofa.go.jp

قطر

カタール

Qatar

カタラ文化村にそびえる鳩の塔

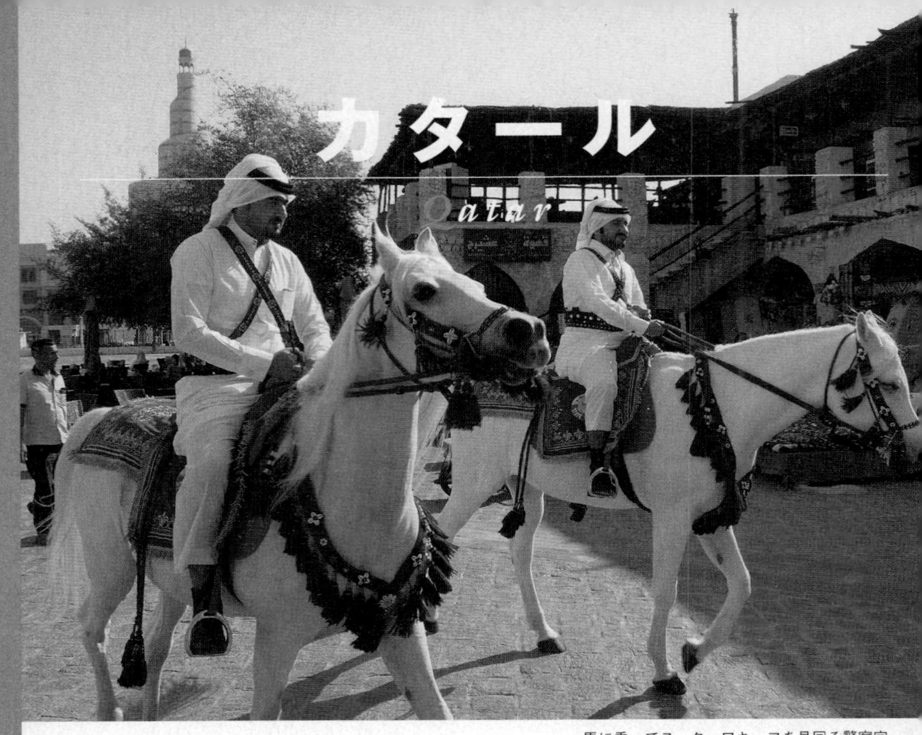

馬に乗ってスーク・ワキーフを見回る警察官

アラビア湾の中央に、ニョキニョキと突き出した半島がカタールだ。大きさは秋田県とほぼ同じだが、国土の大部分は平坦な荒野が広がり、半島の南部には白砂の砂丘地帯が広がっている。人口の約8割が集中するという首都ドーハを除けば、点在する町々は閑散とした雰囲気が強く、特に暑い夏の季節の昼間に町を歩くとゴーストタウンのように静か。

首都のドーハにしても、白い衣装を着たアラブ人らしき人を見かけることは少なく、実際に町を歩いているのは、インドやパキスタン、イラン、ネパール、フィリピンなどからやってきている出稼ぎの外国人労働者たちだ。涼しくなり始める夕方以降は別だが、地獄のような暑さになる昼間にカタール人たちがどこにいるのかといえば、たいていクーラーの効いた室内か移動中の車の中だろう。

カタールといえば、2006年12月にドーハで行われたアジア競技大会を想起する。アラブ諸国初の開催ということで注目を集め、オリンピック並みの豪華な施設で繰り広げられた大会は成功に終わった。カタール自身もサッカーで金メダルを獲得するなど目覚ましい活躍を見せ、これからの発展の可能性をおおいに実感させた。近年では観光への取り組みにも積極的で、2022年にはサッカーのワールドカップが行われるため、その開催に向けてドーハ市内は空前の建設ラッシュだ。観光施設の整備が進められ、高級ホテルやショッピングセンターなどが次々とオープンしている。数年後には、ドーハの町はすっかり様変わりしているかもしれない。

しかし、ひとたび郊外に出かけると、そこにはまだ静寂がある。アラブの素朴な暮らしを垣間見ることができるだろう。

新たな可能性と古きよき伝統、そのどちらも味わえるのがカタールの魅力なのだ。

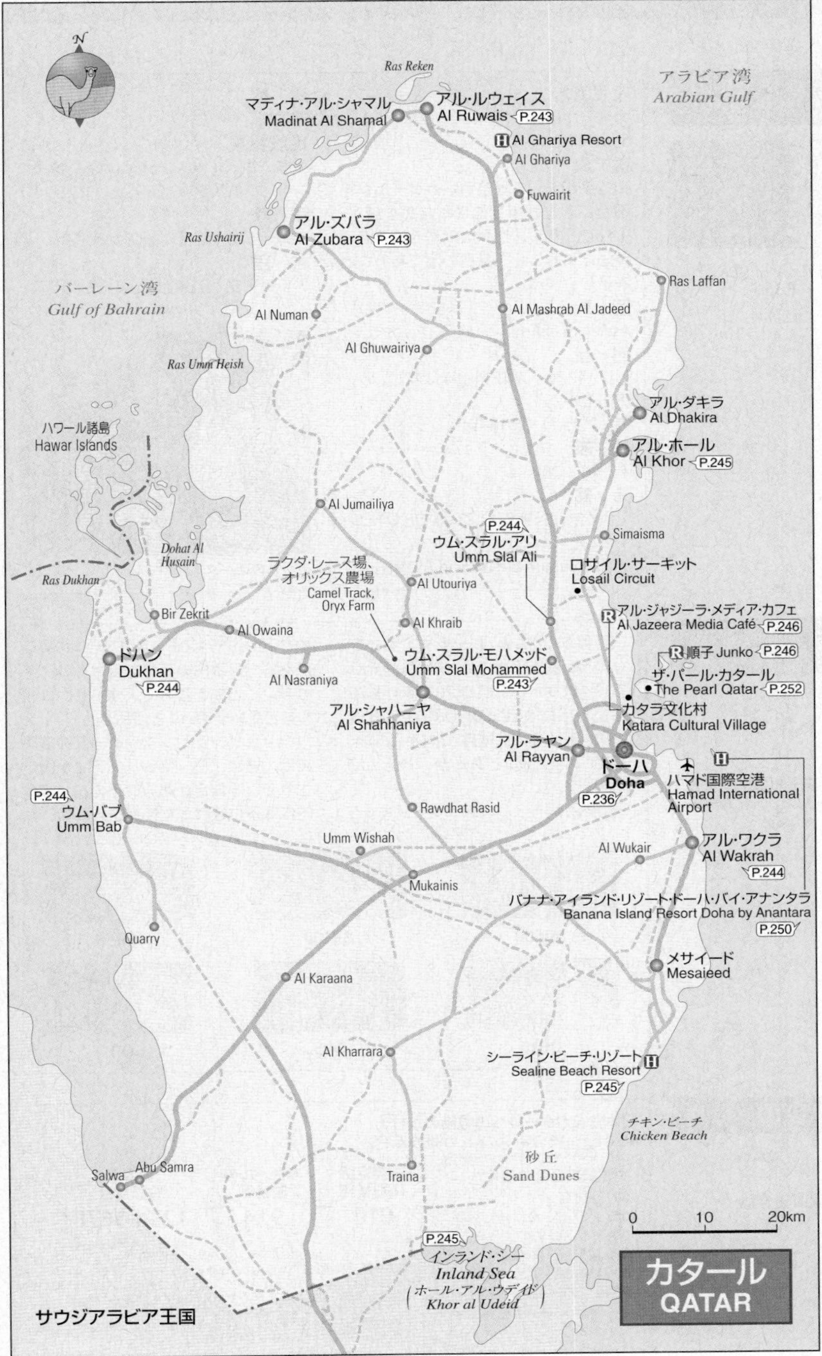

N
Ras Reken
アラビア湾
Arabian Gulf
マディナ・アル・シャマル
Madinat Al Shamal
アル・ルウェイス
Al Ruwais P.243
Al Ghariya Resort
Al Ghariya
Fuwairit
アル・ズバラ
Al Zubara P.243
Ras Ushairij
Ras Laffan
バーレーン湾
Gulf of Bahrain
Al Numan
Al Mashrab Al Jadeed
Al Ghuwairiya
Ras Umm Heish
アル・ダキラ
Al Dhakira
ハワール諸島
Hawar Islands
アル・ホール
Al Khor P.245
Al Jumailiya
P.244
ウム・スラル・アリ
Umm Slal Ali
Simaisma
Dohat Al Husain
ラクダ・レース場、オリックス農場
Camel Track, Oryx Farm
ロサイル・サーキット
Losail Circuit
Ras Dukhan
Al Utouriya
Bir Zekrit
Al Khraib
アル・ジャジーラ・メディア・カフェ
Al Jazeera Media Café P.246
Al Owaina
順子 Junko P.246
ウム・スラル・モハメッド
Umm Slal Mohammed
P.243
ドハン
Dukhan
P.244
Al Nasraniya
ザ・パール・カタール
The Pearl Qatar P.252
アル・シャハニヤ
Al Shahhaniya
カタラ文化村
Katara Cultural Village
アル・ラヤン
Al Rayyan
ドーハ
Doha
P.236
ハマド国際空港
Hamad International Airport
P.244
ウム・バブ
Umm Bab
Rawdhat Rasid
Umm Wishah
Al Wukair
アル・ワクラ
Al Wakrah P.244
Mukainis
バナナ・アイランド・リゾート・ドーハ・バイ・アナンタラ
Banana Island Resort Doha by Anantara
P.250
Quarry
メサイード
Mesaieed
Al Karaana
Al Kharrara
シーライン・ビーチ・リゾート
Sealine Beach Resort
P.245
チキン・ビーチ
Chicken Beach
砂丘
Sand Dunes
Salwa
Abu Samra
Traina
0 10 20km
P.245
インランド・シー
Inland Sea
(ホール・アル・ウデイド
Khor al Udeid)
カタール
QATAR
サウジアラビア王国

ジェネラルインフォメーション

カタールの基本情報

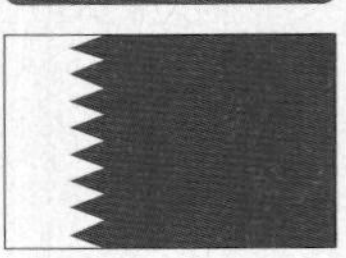

▶アラビア語入門 → P.351

正式国名
カタール国
State of Qatar

国　旗
白は平和を、エビ茶色はカタールが経験してきた戦争で流された血を表す。9つの白のジグザグは、アラビア湾で英国と和解した9番目の国であることを示している。

国　歌
As Salam al Amiri

面　積
1万1427㎢。秋田県とほぼ同じ。

人　口
約271万人（2018年）

首　都
ドーハ　Doha

元　首
シェイク・タミーム・ビン・ハマド・アール・サーニー
Shaikh Tamim Bin Hamad Al-Thani

政　体
首長制

民族構成
カタール人11.6%、そのほか88.4%（インド、パキスタン、フィリピン人など）

宗　教
イスラム教（スンニー派が大多数）

言　語
アラビア語（公用語）。英語も通じる。

ドーハのスーク・ワキーフ

通貨と為替レート

▶基礎知識：両替とクレジットカード → P.235

通貨単位はカタール・リヤルQR（Qatar Riyal）とディルハムDh（Dirhams）。QR1＝100Dh＝30.217円（2020年1月17日現在）。紙幣はQR500、QR100、QR50、QR10、QR5、QR1。硬貨は50Dh、25Dh、10Dh、5Dh、1Dhとあるが、ほとんど流通していない。

両替所はドーハのスーク・ワキーフやグランド・ハマド・ストリートの周辺にある。日本円の両替を受け付けてくれないこともあるので、米ドル、ユーロなどを持っていくと便利だ。

ショッピングセンターや一部の施設には、週に1日ファミリーデイが設定されている場合がある。その日は基本的には子供連れか女性しか入れない。

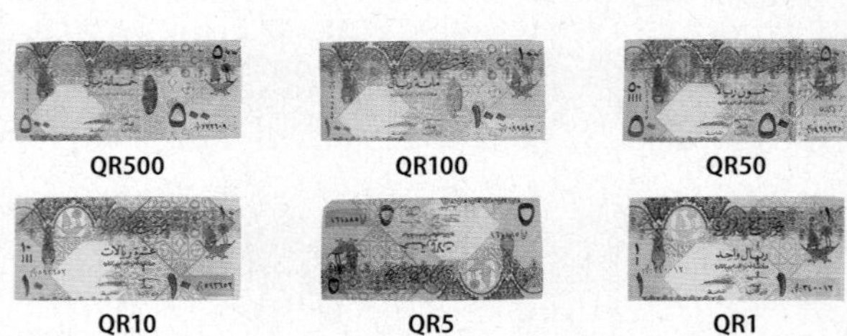
QR500　**QR100**　**QR50**
QR10　**QR5**　**QR1**

電話のかけ方

▶郵便と電話 → P.368

日本からカタールへの電話のかけ方
例：ドーハ1234-5678にかける場合

国際電話会社の番号
001 KDDI※1
0033 NTTコミュニケーションズ※1
0061 ソフトバンク※1
005345 au（携帯）※2
009130 NTTドコモ（携帯）※3
0046 ソフトバンク（携帯）※4

＋ **国際電話識別番号 010** ＋ **カタールの国番号 974** ＋ **相手の電話番号 1234-5678**

※1「マイライン・マイラインプラス」の国際区分に登録している場合は不要。詳細は、URL www.myline.org　※2 auは、005345をダイヤルしなくてもかけられる。※3 NTTドコモは事前にWORLD WINGに登録が必要。009130をダイヤルしなくてもかけられる。※4 ソフトバンクは0046をダイヤルしなくてもかけられる。
※携帯電話の3キャリアは「0」を長押しして「+」表示し、続けて国番号からダイヤルしてもかけられる。

日本からのフライト時間

カタール航空が、成田、羽田（東京）からドーハ行きの便をそれぞれ毎日運航しており、2020 年 4 月に関西国際空港にも就航予定。成田から所要約 12 時間、ハマド国際空港からドーハ市内までは車で約 30 分。

ハマド国際空港の出発フロア（2階）

▶ アラビア半島への道→ P.336

出入国

ビザ

30 日以内の滞在であれば、ビザが免除されている。出国する航空券とホテルの予約確認書の提示が必要。

パスポート

残存有効期間　6 ヵ月以上

査証欄余白　2 ページ以上

入国カード

なし

出国税

あらかじめ航空券に上乗せされている。

ハマド国際空港の到着ロビー（1 階）

▶ 各国のビザ（査証）→ P.338

▶ 国交断絶による影響について → P.345

気　候

国土の大半が砂漠と岩の荒野で雨は非常に少ないが、三方を海に囲まれているため湿度は高く、夏季には気温が45℃を上回ることも。一方、10 月から 5 月は比較的過ごしやすい。1 月の平均気温は 16℃前後。

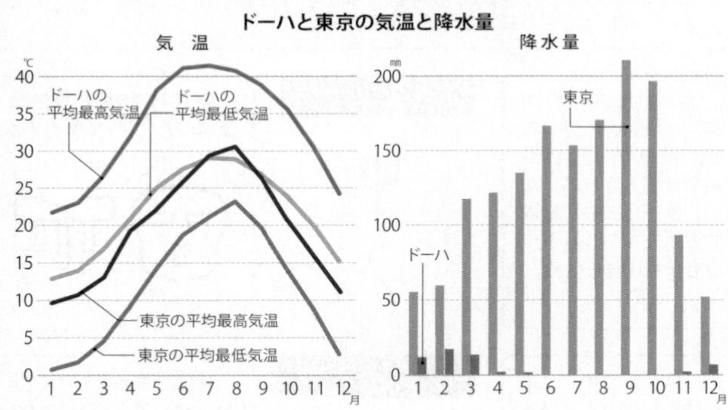

※東京の気温および降水量は、気象庁の平年値のデータ。ドーハの気温および降水量は、JMC「海外旅行データブック」より。

▶ 基礎知識：気候 → P.234

カタールから日本への電話のかけ方

例：東京 (03) 1234-5678 または 090-1234-5678 にかける場合

国際電話識別番号		日本の国番号		市外局番と携帯電話の最初の 0 を除いた番号		相手の電話番号
00	+	**81**	+	**3 または 90**	+	**1234-5678**

▶電話のかけ方

市内通話は無料。ただし公衆電話からは有料なので、ロビーや商店にある電話を借りるとよい。SIM フリーの携帯電話をもっていれば、空港や商店で SIM カードを購入し、電話を掛けることができる。SIM カードは QR30 ～。市外局番はない。

日本での国際電話の問い合わせ先

KDDI	Free 0057（無料）
NTT コミュニケーションズ	Free 0120-506506（無料）
ソフトバンク	Free 0120-03-0061（無料）
au	Free 0077-7-111（無料）
NTT ドコモ	Free 0120-800-000（無料）
ソフトバンク	Free 157（ソフトバンクの携帯から無料）

時差とサマータイム

日本との時差はマイナス6時間。日本が正午のとき、カタールは6:00。サマータイムはない。ドバイとは1時間の時差がある（－1H）。

ビジネスアワー

官庁
日～木曜　6:00～14:00

銀行
日～木曜　7:30～13:00

商店
毎日　8:00～12:30、16:00～21:00

郵便局
日～木曜　7:00～21:00
土曜　8:00～11:00、17:00～20:00

オフィス
土（または日）～木曜　7:30～12:00、15:30～19:30

※一部の商店は、金曜は1日中か午前中休業。大型商店は10:00～22:00頃まで営業し、金曜の午前中休業するのが一般的。平日でも13:00～16:00の間はほとんどすべての店が閉まってしまうので、町なかの人通りもまばらになる。

祝祭日

▶アラビアを理解するために → P.354

ヒジュラ暦によるので毎年変わるが、グレゴリオ暦も併用。2020年の祝祭日は以下のとおり。年によって異なる移動祝祭日（＊印）に注意。イスラムの休日は金曜で、週末は金・土曜を指す。

日付	祝祭日
2月11日	スポーツの日 Qatar Sports Day
5月24日頃＊	ラマダン明けの祭り Eid Al-Fitr（End of Ramadan）
7月30日頃	犠牲祭 Eid Al-Adha（Feast of Sacrifice）
12月18日	ナショナルデー Qatar National Day

※2020年のラマダンの始まりは5月15日～6月14日頃。ラマダン明けの祭り、犠牲祭は3～4日間続く。

税　金

VAT（付加価値税）の導入が検討されているが、2019年12月時点では導入されていない。サービス料を徴収するホテルやレストランもまれに見られる。

電圧とプラグ

電圧は240V。周波数は50Hz。プラグタイプはBF。

飲料水

ミネラルウオーターを飲用。水道水は海水と地下水を淡水化しており飲用可能。

市販のミネラルウオーター

チップ

特に習慣はないが、ホテルやレストランでいいサービスを受けたと思ったら払ってもかまわない。トイレのチップも不要。10%ほどが適正。

町角のATM

カタールの新聞

年齢制限

年齢にかかわらずイスラム教徒の飲酒は禁止されている。喫煙は特に法令化されていない。レンタカーの年齢制限は各社によって異なる。

車社会のドーハ

市民を守る警察官

郵　便

封書（手紙）は20gまでQR8.5。1週間程度で到着する。

市内のポスト

▶郵便と電話→P.368

安全とトラブル

治　安

人口に対しての警察官の数が日本よりもはるかに多いため、おおむね治安状態はいい。だが、女性は男性にエスコートしてもらったほうがトラブルは少ない。昼間なら町なかを歩いても問題ないが、夜になると都心でも真っ暗な場所が多く、郊外では歩道や街灯がない区間もあるので、ひとり歩きは避けよう。そのほか、ドーハ市内のバスターミナルや空港など外国人労働者が集まる場所では、スリや置き引きなどの被害が増えているとの報告もある。

外務省 危険・スポット・広域情報

●中東地域における緊張の高まりに関する注意喚起

※2020年1月5日、8日付

外務省海外安全ホームページ

URL www.anzen.mofa.go.jp

警察・消防・救急車　999

■【在カタール日本大使館】

Embassy of Japan　地図 P.238-A1 外

住 Al Shabab St., New Diplomatic Area, Onaiza, Doha（P.O. Box 2208）

☎4029-3655　FAX 4440-9000

URL www.qa.emb-japan.go.jp

スーク・ワキーフ内の警察署

▶アラビアを理解するために→P.354

▶基礎知識：習慣とタブー→P.234

滞在アドバイス

生活用品

食料品はたいていの物の入手が可能。野菜、フルーツ、魚、肉、牛乳などをはじめ、米、醤油なども手に入る。しかし、日本食は流通しておらず、もちろん豚肉およびその加工品を扱う店は少ない。

日用品では、洗面用品や化粧品などはたいてい売っている。日本料理に使う厨房具などは持参したほうがよい。

酒

普通に酒屋があるわけではないが、QDC（Qatar Distribution Company）が発行するリカーパーミット（酒購入許可証）があれば給料の10%の額までアルコールの購入が可能。パーミットの申請には、給料を証明する書類と身分証明書のコピー、申請用のデポジット（現金）が必要。旅行者は政府から認可を受けたレストランやホテルでの飲酒のみ可能。

医療、衛生

この国には風土病は存在しないが、夏季は気温も高く、日差しも強烈になるので、帽子をかぶる、日焼け止めを塗る、水を十分に飲むなどして気をつけなくてはならない。

薬に関してはひととおりのものは手に入るが、飲みつけの薬がある場合は持参すること。長期滞在者はヘルスカードがあれば、治療を国内各地にある政府のヘルスセンターで受けられる。カタールの医療レベルは高いが、日本人は出産、重病などの場合、一時帰国するケースが多い。おもな病院として近代的なハマド総合病院（☎4439-4444 ドーハ）がある。

住　居

外国人向けの住宅は増えているが、劣化が進み、トラブルが頻発している。日本人はアパートを避けて一戸建ての住宅に住む人が多い。

▶旅の健康管理→P.365

基礎知識

Basic knowledge

歴史

古代カタール

数々の遺跡の発掘から、紀元前4世紀頃からすでにこの半島に多くの人々が住んでいたとされる。紀元前5世紀のギリシアの歴史学者ヘロドトスは、カナンCanaanitesの船乗りたちがカタールの先住民だと記している。さらに地理学者プトレミイは彼の地図のなかでカタラQataraという地名を記しているが、これは現在のアル・ズバラAl Zubarahともいわれている。カタラは、その当時湾岸地域で最も重要な港として栄えていた港だった。7世紀になり、イスラム教がアラブ世界に広まると、カタール半島とその周辺はムンドヒル・アラブMundhir Arab族の支配下に入り、カタールは以来イスラム教国となった。

ヨーロッパの進出から近代まで

16世紀、インドとアラビア湾岸を結ぶ貿易航路の権利をめぐるポルトガルとイギリスの争いのなかで、カタールは重要な鍵を握り、1760年代に現首長国が成立したが1872年にオスマン帝国領となった。その後、かつては遊放民だったサーニー家が勢力を伸ばし、1867年には半島に進出していたハリーファ家（現バーレーン首長家）に対抗するためイギリスと協定を結び、1916年イギリスの支配下に入った。英国軍のスエズ以東撤退後、湾岸首長国連邦には加わらず、1971年に単独独立。アフマド・ビン・アル・サーニーが元首となった。

独立から現在まで

1972年2月、アフマド首長の不在中に、従兄弟のハリーファ・ビン・ハマド・アル・サーニー首長が無血クーデターで実権を掌握。しかし、1995年6月、首長の外遊中に国防相のハマド皇太子が無血クーデターに成功。ハマド首長は段階的に民主化を進めており、1999年3月には、女性に選挙権、立候補権を与えたカタール初の直接選挙を施行している。2013年、太子であった4男タミーム・ビン・ハマド・アール・サーニーに譲位し、現在にいたっている。

経済

天然ガスと石油に多くを依存しており、特に天然ガスの埋蔵量のシェアは世界の3割に達している。ひとり当たりのGDPはUS＄6万1000（2017年）と高い。一方、労働力は南アジアを中心とする外国人労働者に依存している。

気候

カタールは砂漠気候にあり、夏季（6〜9月）の平均気温は約35℃と暑い。ときには45℃を超え、強烈な日差しが体力を奪う日もある。それに比べ10〜5月は平均20℃前後と過ごしやすい。

服装

室内はどこも冷房が効いている。設定温度が異様に低いので注意。

習慣とタブー

アラブ諸国のなかでもイスラム教の戒律に厳しいカタール。露出の多い服装は男女とも避けたい。また、腰掛けて足を組んだときに靴の底を見せることは、カタール人にとって侮辱のサインとなる。豚肉やアルコールはもちろん禁止。

アラビアを理解するために→P.354
アラビア半島の旅行事情→P.8

アルコール

アルコールは4、5つ星のホテルのバーでしか飲めない。

たばこ

レストランはほとんど禁煙。ホテルは喫煙ルームがあるところもある。現地の人々が町なかで吸っている姿をよく見かけるが、マナーは守ろう。

女性の旅

イスラムの戒律はドバイに比べて厳しめ。女性は肩やひざを隠し、肌の露出はできるだけ控えよう。また、タクシーでは後部座席に乗ること。安食堂などは男性しかおらず利用しづらいので、ファミリールームのあるレストランを利用しよう。

両替とクレジットカード

両替商での両替がレートがよい。クレジットカードは都市では使用できる。

物価と予算

日本より安いものと高いものとあるが、だいたい日本と同じだと考えて問題ない。

食事

ホテルのレストランなら、QR100～200出せば普通に各国料理や豪華なアラブ料理を食べられる。ドーハとその近郊以外では、ビリヤニとカレー、カバブ類だけのインド、パキスタン、アラブ料理店しかない。ドーハ中心部にもこれらの食堂（マタアム）が多く、QR20くらいで食べられる。

しゃれたレストランやカフェはスーク・ワキーフに多い。サルワ・ロードに沿って郊外にも新しい店が増加中だ。マクドナルドなどの欧米系チェーン店も多いが、豚肉とその加工品、アルコール類がないことを除けばメニューも料金も日本とほぼ同じ。これらの店は、大きなショッピングセンター内や交差点付近でよく見かけられ、特に夜は派手なネオンが目立つのでタクシー利用時の目印にするといい。24時間営業のテイクアウト店、コンビニなどもある。

地元で取れる魚や肉、乳製品などを使った、マチブース（魚か肉の入った炊き込みご飯）やハリース（肉と小麦粉をお粥状に煮込んだもの）などが、代表的な料理。魚介類も豊富でハムールやサバ、ツナ、エビ、カニなどがある。デザートはデーツ以外の果物はほとんど輸入物だが、ライスプリンの一種ハンフルーシュ Hanfroucheはカタールの代表的な家庭料理のひとつだ。飲み物はフレッシュジュースがおいしい。町角のジューススタンドでは搾りたてがQR5くらい。タピオカやゼリーが入ったファルーダというのもある。チャイQR1～2、ネスカフェ QR3、トルココーヒーQR2～5、ザンジャビルQR1～2。水たばこはQR20程度。

アラブ料理を楽しむ→P.348

ホテル

どんなホテルでもエアコンとシャワー付き。一番安いホテルはシングルで1泊QR250程度から。QR300程度の部屋なら十分に快適。

アラビアでの宿泊→P.346

国内移動

バス

Mowasalat（Karwa）社が運営。料金はドーハ市内ならQR3。ただし、バスに乗車するにはスマートカード（QR30～）を購入する必要がある（→P.239欄外）。発着はゴールド・スークの南側のアル・ガニム・ステーション。

エメラルドグリーンがトレードカラー

タクシー

タクシー会社は3社あるが、一番多いのはエメラルドグリーンの車体のMowasalat社。初乗りQR10（空港からはQR25）で、その後1kmにつきQR1.2（夜はQR1.8）。リムジンタイプのタクシーはメーターが付いていないので交渉する必要がある。

レンタカー

1日QR120くらいから。空港や市内にオフィスがあるが、トラブルなどを考えると大手の会社が安心だ。運転マナーはあまりよくなく、郊外では相当スピードを出している。
※レンタカーに関しては事前に各国大使館に確認のこと。

国外運転免許証について→P.362

ショッピング

工芸品なら市街中心部のスークや大きなホテルのショッピングセンターへ。しかし輸入品ばかりで職人もほとんどが外国人だ。カタールらしいみやげは、コーヒーポットや敷物、水たばこパイプ、民族楽器のほか、ペルシャ絨毯、金や真珠の宝飾品など。中東最大級の規模を誇るショッピングモール「シティ・センター・ドーハ」（→P.247）もあるので、ブランドショッピングも楽しめる。

写真撮影について

写真は、軍事施設、石油施設、王宮、政府関係の建物のほか、許可がないかぎり空港やモスクでの撮影も禁止。偶像崇拝を嫌うイスラム社会では想像以上に写真を嫌う。男性でも嫌がる人がいる。女性の場合はいいと言われないかぎり絶対撮らないこと。

ドーハ

Doha

かつて“世界で最も退屈な町”と呼ばれたドーハ。ホテルや外国人専用のクラブ以外では酒が飲めないし､ナイトライフも乏しい。これといった見どころもなく、トランジットの旅行者も素通りしてしまうような町だった。しかし、現在のドーハにこの言葉はもう当てはまらない。2006年のアジア競技大会以降、インフラの整備、ホテルや観光施設の建設・改修が次々に進められ、2008年には中東随一の規模を誇るイスラム芸術博物館がオープン。ドーハ市街地の北には人工島プロジェクト「ザ・パール・カタールThe Pearl Qatar」の建設が進んでいる。島のなかには5つ星の高級ホテル、高級ブランドが勢揃いしたショッピングモールなどが次々に開業、または建設予定だ。2022年にはサッカーのワールドカップも控えている。今まで目ぼしい見どころをあまりもっていなかった町が、これからどのような変貌を遂げるのか。アラビア半島において、ドーハは今後の発展が最も楽しみな町といえるだろう。

ドーハ発展の象徴「ザ・パール・カタール」

オリックス・ラウンジ

ハマド国際空港出発ターミナルの2階（出国審査後の制限エリア）には「オリックス・ラウンジOryx Launge」があり、乗り継ぎの長い時間をリラックスして過ごすことができる。料金はQR200で、最大6時間まで使用可能。

ハマド国際空港での入出国

IMMIGRATION

入国　空港に着くとまず入国審査。かつては入国審査前でビザ代を支払わなければならなかったが、2019年12月現在、日本国民は30日間以内の観光であればビザが免除されている。入国したら、預託荷物を受け取って、申告するものがあれば税関へ。空港から市内までは→P.237欄外。

出国　搭乗クラスや航空会社によってターミナルやチェックインカウンターも異なるので早めに着いておこう。空港自体は2階が出国で、1階が到着と考えればいたってシンプル。荷物検査を通り、出国審査を受ける。その後、セキュリティへと向かうのだが、その際もファーストクラスは別。

トランジット　バスで入国審査場に到着したあと、乗り継ぎのセキュリティチェックを受ける。ハブ空港なので乗り継ぎ客が多く、混雑する場合もある。

ハマド国際空港　*Hamad International Airport*

ドーハ国際空港に代わって、2014年5月に開港したカタール唯一の国際空港。ドバイ国際空港と同様に、中東のハブ空港として位置づけられている。広大なので案内板をよく見よう。

ここからゲートまでが遠い場合もあるので注意

ドーハの市外局番

なし

ACCESS

空港から市内まで

タクシーは到着ロビーを出た所で待機しており、初乗りがQR25。その後1kmにつきQR1.2（夜はQR1.8）。市内まではQR50程度。所要約40分。

バスは到着フロアに出て右側に進み、外に出たところに発着している。777番はウエスト・ベイ方面行き（30分ごと）、747番はアル・ガニム・ステーション行き（20分ごと）。運行時間は4:30 ～ 23:30、料金はQR5。バスに乗るにはスマートカード（→P.239欄外）が必要だが、現金でも受け付けてくれる。

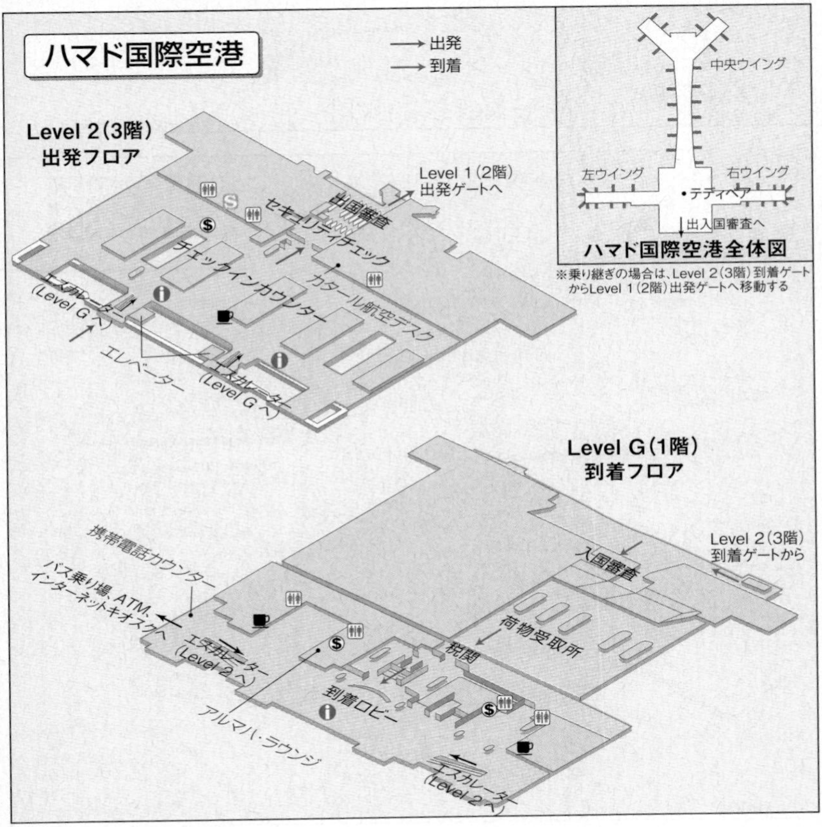

ハマド国際空港

→ 出発
→ 到着

Level 2（3階）
出発フロア

Level 1（2階）
出発ゲートへ
出国審査
セキュリティチェック
チェックインカウンター
カタール航空デスク
エスカレーター
（Level G へ）
エレベーター
エスカレーター
（Level G へ）

Level G（1階）
到着フロア

Level 2（3階）
到着ゲートから
入国審査
荷物受取所
税関
携帯電話カウンター
バス乗り場、ATM、
インターネットキオスクへ
エスカレーター
（Level 2 へ）
到着ロビー
アルマハ・ラウンジ
エスカレーター
（Level 2 へ）

中央ウイング
左ウイング
右ウイング
・テディベア
出入国審査へ

ハマド国際空港全体図

※乗り継ぎの場合は、Level 2（3階）到着ゲートからLevel 1（2階）出発ゲートへ移動する

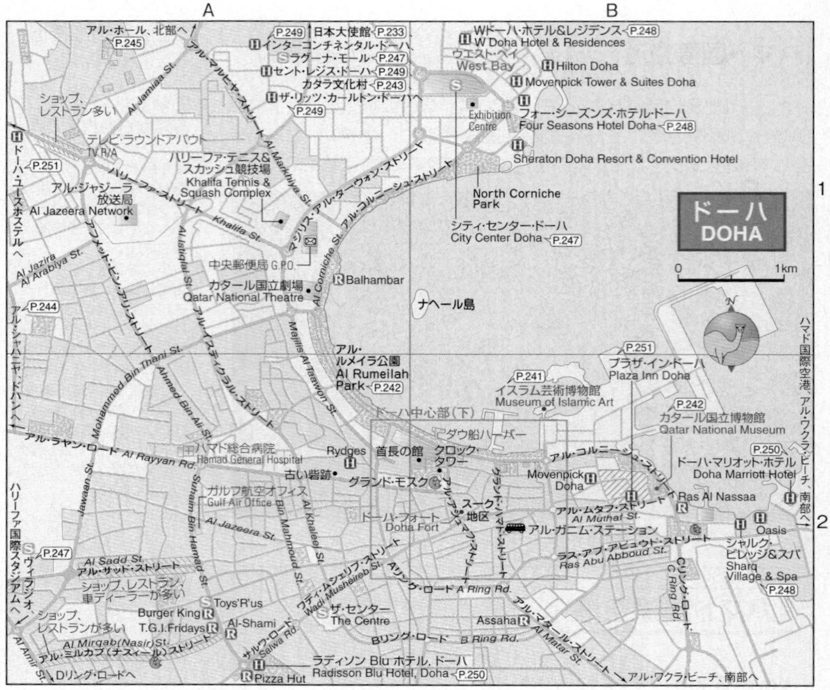

A B

ドーハ DOHA

0 1km

アル・ホール、北部へ P.245
P.249 日本大使館 P.233
インターコンチネンタル・ドーハ
ラグーナ・モール P.247
セント・レジス・ドーハ P.249
カタラ文化村 P.243
ザ・リッツ・カールトン・ドーハへ P.249
Wドーハ・ホテル&レジデンス P.248
W Doha Hotel & Residences
ウエスト・ベイ
West Bay
Hilton Doha
Movenpick Tower & Suites Doha
Exhibition Centre
フォー・シーズンズ・ホテル・ドーハ
Four Seasons Hotel Doha P.248
Sheraton Doha Resort & Convention Hotel
North Corniche Park
シティ・センター・ドーハ
City Center Doha P.247
ショップ、レストラン多い
Al Jamiaa St.
アル・マルヒヤ・ストリート
Al Markhiya St.
テレビ・ラウンドアバウト
TV R/A
ドーハ・ユースホステルへ P.251
ハリーファ・テニス&スカッシュ競技場
Khalifa Tennis & Squash Complex
アル・ジャジーラ放送局
Al Jazeera Network
ハリーファ・ストリート
Khalifa St.
マジリス・アル・ターウォン・ストリート
アル・コルニーシュ・ストリート
Al Corniche St.
Al Jazira Al Arabiya St.
アフメッド・ビン・アリ・ストリート
Al Istiqlal St.
中央郵便局 G.P.O.
Balhambar
カタール国立劇場
Qatar National Theatre
ナヘール島
P.244
アル・シャハニヤ、ドハンへ
Mohammed Bin Thani St.
Ahmed Bin Ali St.
アル・イスティクラル・ストリート
Majlis Al Taawon St.
アル・ルメイラ公園
Al Rumeilah Park P.242
P.241
イスラム芸術博物館
Museum of Islamic Art
P.251
プラザ・イン・ドーハ
Plaza Inn Doha
P.242
カタール国立博物館
Qatar National Museum
ハマド国際空港、アル・ワクラ・ビーチ、南部へ
ドーハ中心部（下）
ダウ船ハーバー
アル・ラヤン・ロード Al Rayyan Rd.
ハマド総合病院
Hamad General Hospital
Rydges
首長の館
クロック・タワー
古い砦跡
グランド・モスク
アル・コルニーシュ・ストリート
Movenpick Doha
P.250
ドーハ・マリオット・ホテル
Doha Marriott Hotel
Ras Al Nassaa
Jawaan St.
ガルフ航空オフィス
Gulf Air Office
Suhaim Bin Hamad St.
Bin Mahmoud St.
Al Khaleej St.
スーク地区
ドーハ・フォート
Doha Fort
アル・アスマフ・ストリート
グランド・ハマド・ストリート
アル・ムタフ・ストリート
Al Muthaf St.
アル・ガニム・ステーション
Oasis
ハリーファ国際スタジアムへ
Al Jazeera St.
ラス・アブ・アビュウド・ストリート
Ras Abu Abboud St.
Cリング・ロード
C Ring Rd.
シャルク・ビレッジ&スパ
Sharq Village & Spa P.248
P.247
ヴィラジオ
Al Sadd St.
アル・サッド・ストリート
ショップ、レストラン、車ディーラーが多い
ワディ・ムシェリブ・ストリート
Wadi Musheireb St.
Aリング・ロード A Ring Rd.
Burger King
Toys'R'Us
ザ・センター
The Centre
Assaha
ショップ、レストランが多い
T.G.I.Fridays
Al-Shami
アル・マタール・ストリート
Al Matar St.
Al Mirqab(Nasir)St.
アル・ミルカブ（ナスィール）ストリート
サルワ・ロード
Salwa Rd.
Bリング・ロード B Ring Rd.
Al Amir St.
Dリング・ロードへ
ラディソン Blu ホテル、ドーハ
Radisson Blu Hotel, Doha P.250
Pizza Hut
アル・ワクラ・ビーチ、南部へ

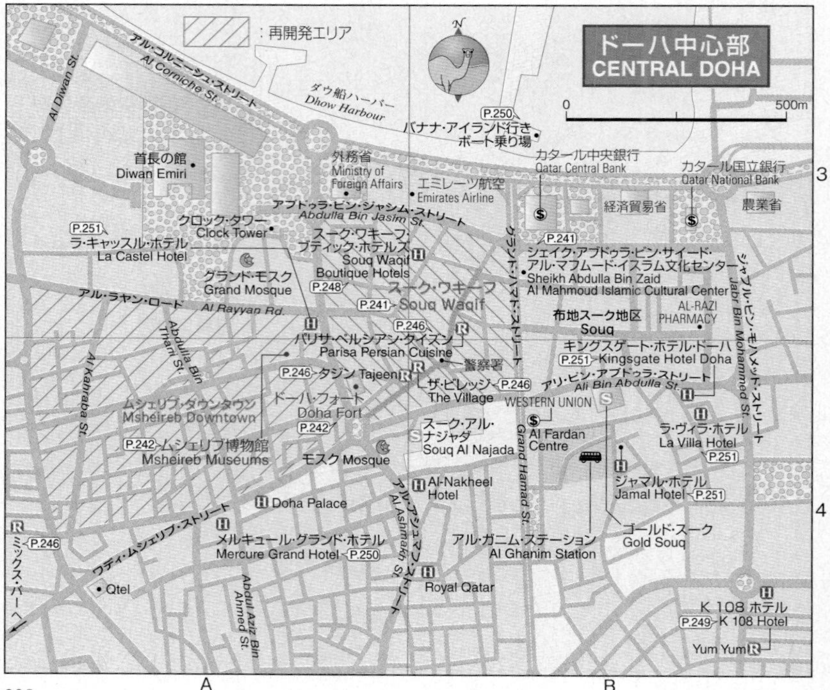

1
2

ドーハ中心部 CENTRAL DOHA

：再開発エリア

0 500m

アル・コルニーシュ・ストリート
Al Corniche St.
ダウ船ハーバー
Dhow Harbour
Al Diwan St.
P.250
バナナ・アイランド行きボート乗り場
首長の館
Diwan Emiri
外務省
Ministry of Foreign Affairs
エミレーツ航空
Emirates Airline
カタール中央銀行
Qatar Central Bank
カタール国立銀行
Qatar National Bank
経済貿易省
農業省
アブドゥラ・ビン・ジャシム・ストリート
Abdulla Bin Jasim St.
P.251
ラ・キャッスル・ホテル
La Castel Hotel
クロック・タワー
Clock Tower
スーク・ワキーフ・ブティック・ホテルズ
Souq Waqif Boutique Hotels
P.248
P.241
シェイク・アブドゥラ・ビン・サイード・アル・マフムード・イスラム文化センター
Sheikh Abdulla Bin Zaid Al Mahmoud Islamic Cultural Center
グランド・モスク
Grand Mosque
スーク・ワキーフ
P.241 Souq Waqif
アル・ラヤン・ロード
Al Rayyan Rd.
AL-RAZI PHARMACY
布地スーク地区
Souq
Abdulla Bin Thani St.
Al Kahraba St.
P.246
パリサ・ペルシアン・クイズン
Parisa Persian Cuisine
警察署
キングスゲート・ホテル・ドーハ
P.251 Kingsgate Hotel Doha
シャブル・ビン・モハメッド・ストリート
Jabr Bin Mohammed St.
P.246 タジン Tajeen
ザ・ビレッジ P.246
The Village
アリ・ビン・アブドゥラ・ストリート
Ali Bin Abdulla St.
WESTERN UNION
ムシェリブ・ダウンタウン
Msheireb Downtown
ドーハ・フォート
Doha Fort
P.242
Al Fardan Centre
ラ・ヴィラ・ホテル
La Villa Hotel
P.251
P.242 ムシェリブ博物館
Msheireb Museums
モスク Mosque
スーク・アル・ナジャダ
Souq Al Najada
Grand Hamad St.
ジャマル・ホテル
Jamal Hotel P.251
Al-Nakheel Hotel
Doha Palace
アル・アシュマフ・ストリート
Al Ashmakh St.
ワディ・ムシェリブ・ストリート
ミックス・バーへ P.246
メルキュール・グランド・ホテル
Mercure Grand Hotel P.250
アル・ガニム・ステーション
Al Ghanim Station
ゴールド・スーク
Gold Souq
Royal Qatar
Qtel
Abdul Aziz Bin Ahmed St.
K 108 ホテル
P.249 K 108 Hotel
Yum Yum

3
4

A B

交通案内
TRANSPORTATION

ドーハ市内の移動にはバスかタクシーを利用する。ドーハ市内でバスの運行が開始されたのは、2006年のことだ。市内のあちこちでエメラルドグリーンの車体を見かけるだろう。料金は、ドーハ市内最低QR3。乗車には**ハマド国際空港**や ゴールド・スークの南側の**アル・ガニム・ステーションAl Ghanim Station**でスマートカード（乗車パス）を購入しなければならない。スマートカードについては欄外を参照のこと。係員や運転手に行き先を告げれば、どのバスに乗ればいいかすぐに教えてくれる。アル・ホールAl Khorやアル・ワクラAl Wakrahなど、カタール各地へも便がある。

タクシーの車体も、バスと同じようなエメラルドグリーン。すべてメーター制で初乗りはQR10。走行距離や停車時間によって加算されていく。ドーハ市内ならQR20程度で十分だが、夜は割高。流しのタクシーの数は増えているので、つかまえやすいはずだ。ホテルなどで呼んでもらうのが確実だが、たいていリムジンタイプで、初乗りも高い。

レンタカーは空港や市内のオフィスで借りることができるが、交通ルールには気をつけたい。郊外に出るとすいているのでオーバースピードになりがち。レーダーの取り締まりもあるので注意しよう。

ハマド国際空港のタクシー乗り場

歩き方
WALKING AROUND

スーク・ワキーフ Souq Waqifを中心にして、リングと呼ばれる環状道路が放射道路とともにクモの巣状に広がったドーハ。砦や博物館、スークなどの見どころや安ホテルは、**Aリング・ロード A Ring Rd.**に囲まれた狭い範囲に集中しており、歩いて回ることもできる。

まずは2019年に再オープンした**カタール国立博物館 Qatar National Museum**へ行ってみよう。市街の中心に位置するスーク地区から約1.5km東にあるが、歩いて行けないことはない。歩くのがきつい場合は、アル・ガニム・ステーションからNo.76のバスに乗るとよい。

日中のスーク・ワキーフは閑散としている

主要バス路線
ハマド国際空港：No.747、777
シティ・センター・ドーハ：No.76
ヴィラジオ:No.31、32

女性のバス利用
前方に女性用の座席があり、混んでいても女性が乗ってきたら席を空けなければならない。男性は女性の隣に座ってはいけない。

バス利用にはスマートカードが必須
カタールでバスを利用する場合、スマートカードと呼ばれる乗車パスを購入しなければならない。料金はQR30からで、そのうちQR20がバス運賃として利用可能で、QR10はカードそのものの金額。カード内の残金がなくなっても同カードに補填ができる。また、24時間以内に2回乗車できるQR10のカード、同じく24時間以内で、フリーパスとなるQR20のカードもある。日本の交通機関で使える電子カードと同じ仕組みだ。購入はハマド国際空港のアライバルフロアやゴールドスーク南側にあるアル・ガニム・ステーションでできる。その際、パスポート番号が必要となるので忘れないように。スマートカード購入申請書は同バスステーション内のオフィスでもらえる。

Mowasalat (Karwa) 社
☎4458-8888
URL www.mowasalat.com

タクシー料金の目安
市内から
ウエスト・ベイ　QR30
ザ・パール・カタール　QR40

渋滞に注意
車社会のドーハは年々渋滞がひどくなっている。特にウエスト・ベイ地区、ザ・パール周辺は慢性的に渋滞がおきている。時間は多めに見積もっておこう。

観光に便利なダブルデッカー

観光施設が充実しつつあるドーハだが、主要な観光地を周遊するダブルデッカーバスが運行されている。運行時間は9:00 ～ 18:00で、運行間隔は40分ごと。

●ドーハ・バス
Doha Bus
☎4442-2444
URL dohabus.com
料24時間チケット
大人 QR180
子供 QR90
48時間チケット
大人 QR225
子供 QR110

おもな停車地
イスラム芸術博物館
シティ・センター・ドーハ
カタラ文化村
ザ・パール・カタール
ラグーナ・モール
ムシェリブ博物館
スーク・ワキーフ

停車しているドーハ・バス

海岸沿いからドーハ中心部へ歩く

アル・ガニム・ステーション

博物館を見たら、湾に沿って走る**アル・コルニーシュ・ストリート Al Corniche St.**に出てみよう。海岸線には公園が整備され、散歩にぴったり。きれいな半円形を描く湾の真ん中に浮かんでいるのは、**ナヘール島 Jazira Al Nakheel**だ。海の色は意外にきれいな青で、ダウ船や小型のボートが静かに波に揺られている。アル・コルニーシュ・ストリート沿いには、市庁舎やカタール国立銀行、省庁など、モダンなビルが林立している。最初のラウンドアバウトを通り過ぎたら、次の交差点を左に曲がってみよう。

この**グランド・ハマド・ストリート Grand Hamad St.**の両側はドーハのスーク地区だ。海を背にして左側が**布地スーク地区**で、きらびやかな生地やドレス、アバヤを扱う店が多い。反対側の**スーク・ワキーフ Souq Waqif**は、布地やスパイス、香水、菓子、鍋かま屋が並ぶ、迷路のようなスークだ。火事のあとに建て直され、昔の町並みが再現されている。伝統的な雰囲気が漂うスーク内は、歩いているだけで楽しい。夕方になって日が落ちると、このあたりはさらに活気づく。遊歩道沿いにはおしゃれなレストランやオープンカフェが軒を並べ、週末ともなると、お茶を飲んだり水たばこをふかしたりする人々でにぎわう。

次に南のほうへ歩いていくと、**アリ・ビン・アブドゥラ・ストリート Ali Bin Abdulla St.**の向こう側にショッピングセンターが見えるだろう。ここが**スーク・アル・ナジャダ Souq Al Najada**といい、中には携帯電話やIT機器などを扱うオフィスや店などが入っている。この中心にある建物は、ドーハでは数少ない歴史的建造物のひとつで、石油時代以前をしのばせるウインドタワー（風通しをよくするエアコンの役割をもっていた）が残る。外観だけでも一見の価値あり。アリ・ビン・アブドゥラ・ストリートを西に行き、ダウ船ラウンドアバウトを右に曲がると、**ドーハ・フォート Doha Fort**が右側に見える。そのまま海岸を目指して歩くと、**クロック・タワー Clock Tower**や**グランド・モスク Grand Mosque**、そして夜になるとライトアップが見事な**首長の館 Diwan Emiri**がある。

高層ビルが建ち並ぶ外交地区

イスラム芸術博物館の洗練されたギフトショップ

おもな見どころ
SIGHTSEEING

ドーハで最も にぎわう観光地　地図P.238下図中心部

スーク・ワキーフ　*Souq Waqif*

　ドーハ観光のハイライトとして観光客に絶大な人気を誇るスーク（市場）。ベドウィンの人々が週末に物を売っていたウイークエンドマーケットが始まりとされ、インコ、ハヤブサ、金、食料品、民芸品など、現在でもさまざまなものが販売されている。アル・ハリス通りAl Kharis St.、ムシェリブ通りMsheirib St.のふたつの遊歩道沿いにはレストランが遅くまで営業し、夜は観光客で大にぎわいとなる。

日暮れが近づくとにぎわいだすスーク・ワキーフ

イスラム芸術の粋を集めた近代的な博物館　地図P.238-B2

イスラム芸術博物館　*Museum of Islamic Art*

　2008年末に満を持してオープンしたイスラム芸術の博物館。中国系アメリカ人建築家のイオ・ミン・ペイによる幾何学的なデザインの美しい建物の中に、サーニー家が収集した、ありとあらゆるイスラム美術品が展示されている。展示品はイスラム教が誕生した7世紀から、19世紀にいたるまでの膨大なコレクション。絨毯、貴金属、コーランの写本、セラミックなど、イスラム独特の美しい文様に思わずうっとりとなってしまう。館内には、ほかにもカフェやギフトショップ、レストラン、会議室など近代的な施設がしっかりと揃っている。特にギフトショップはおすすめだ。

人工島に建つイスラム芸術博物館

■スーク・ワキーフ
開10:00〜13:00、
　16:00〜22:00
休無休
※レストランは24時間営業のところもある。

スーク・ワキーフ内にあるゴールド・スーク

スーク・ワキーフ内でときおり行われるライブ演奏

■シェイク・アブドゥラ・ビン・サイード・アル・マフムード・イスラム文化センター
Sheikh Abdulla Bin Zaid Al Mahmoud Islamic Cultural Center
地図P.238-B3
☎4444-7444
URL www.binzaid.gov.qa
　そのユニークな形状からドーハのシンボルともいえるイスラム文化センター。ここでは英語によるイスラムの説教が行われている。イスラムに興味のある人は訪れてみては？

夜空に映えるミナレット

■イスラム芸術博物館
☎4422-4444
URL www.mia.org.qa
開木〜月曜
　9:00 〜 19:00
　金曜　13:30 〜 19:00
休無休
料QR50

カタールの歴史と文化に触れる

地図P.238-B2

カタール国立博物館　*Qatar National Museum*

建物はもともと、1901年に故シェイク・アブドゥラ・ビン・カシム・アル・サーニー Shaikh Abdulla Bin Qassim Al Thaniの宮殿として建てられたもの。1972年から修築が始まり1975年に博物館として公開された。カタールの歴史や自然、産業、文化に関する展示があり、故首長時代の家具や生活道具、衣装、薬草なども見られる。2019年に建て替えを経て再オープンした。

中心部の開発地区にオープン

地図P.238-A4

ムシェリブ博物館　*Msheireb Museums*

スーク・ワキーフの隣で開発の進むムシェリブ・ダウンタウン。伝統的な古い建物を改築した4つの博物館がオープンしている。**モハメッド・ビン・ジャシム・ハウスMohammed Bin Jassim House**はシェイク・モハメッド・ビン・ジャシム・アル・サーニにより建てられた建物。**カンパニー・ハウスCompany House**はもともとカタール初の石油会社のオフィスで、カタールの石油産業に関する展示が見られる。また、**ビン・ジェルムード・ハウスBin Jelmood House**はカタールでの奴隷の歴史、**ラドワニ・ハウスRadwani House**は伝統的なカタール人の暮らしに関する展示が見られる。

カタール人の伝統的な生活を見ることができる

何でも出てくるおもちゃ箱

地図P.238-A4

ドーハ・フォート　*Doha Fort*

アル・クート・フォートAl Koot Fortとも呼ばれるこの砦は、イギリス軍の侵略を防ぐ目的で建てられたもので、ドーハで最も古い建物のひとつだ。噴水とベドウィンテントのある中庭を囲むように、部屋が並んでいる。ベドウィンの敷物、衣装、伝統的な家具や漁に使われる鉄の籠などのほか、カタールの現代絵画まで展示されている。

ドーハの中心に建つ

■カタール国立博物館
☎4444-2191
開土〜木曜　9:00〜19:00
　金曜　13:30〜19:00
休無休
料QR5

アル・ルメイラ公園
Al Rumeilah Park

カタール国立劇場 Qatar National Theatreから東のアル・コルニーシュ・ストリート沿いは、子供用の遊具や噴水、カフェ、野外劇場などが整備されたアル・ルメイラ（アル・ビダ）公園Al Rumeilah(Al Bidda) Parkになっている。夕方と週末は大勢の人でたいへんにぎわう。
地図P.238-A2

■ムシェリブ博物館
住Msheireb Downtown
☎4006-5555
URL www.msheirebmuseums.com
開月〜木・土曜
　9:00〜17:00
　金曜　15:00〜21:00
休日曜
料無料

それぞれの建物も興味深いムシェリブ博物館

スークで買い物を

着ることがないのに買いたくなるアラブの民族衣装。値段の目安は品質（インド製、韓国製などがある）によってまちまちなので一概にいえないが、男性の場合、頭の先から一式揃えるとQR75〜。ミスバ（数珠）などは値段の上限は想像もつかない。女性の場合、マスクからガウンまで揃えるとQR150〜だ。ドレスはQR30〜。

■ドーハ・フォート
開土〜木曜7:00〜12:00
　16:00〜19:00
　金曜　16:00〜18:30
休なし

ドーハの文化促進施設 地図P.238-A1外

カタラ文化村　*Katara Cultural Village*

ザ・パール・カタールの南、スーク・ワキーフからタクシーで約30分（QR30程度）ほどドーハを北上すると、カタラ文化村と呼ばれる、地元の人々にも愛されている複合文化施設がある。野外円形劇場、映画館、コンサートホールなど文化促進を図る施設が一堂に会し、さまざまなイベントやフェスティバルが開催されている。海沿いにおしゃれなレストランやカフェなども多く、注目の人気スポットとなりつつある。

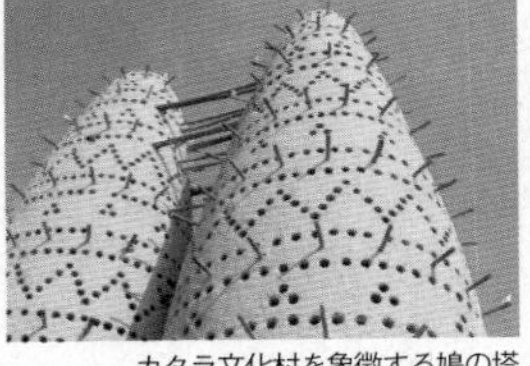
カタラ文化村を象徴する鳩の塔

■カタラ文化村
URL www.katara.net
☎4408-0000

ゴールデン・モスクなどがあり散歩にも最適

ドーハ郊外のおもな見どころ
SIGHTSEEING

地図P.229

アル・ズバラからアル・ルウェイスまで
Al Zubara, Al Ruwais

ドーハから約100km、車で約1時間30分のアル・ズバラにある**ズバラ・フォートZubara Fort**は、1938年、元首相シェイク・アブドゥラ・ビン・カシム・アル・サーニーの治世に沿岸警備のために造られたが、改装され、1987年に博物館として公開された。砦は四隅に、3本の円塔と1本の四角形の塔をもち、中には近くの遺跡で発掘されたものが展示してある。砦の近くにはズバラの町の発掘跡もある。古代都市といわれているが、今のところは18～19世紀頃のものしか見つかっておらず、発掘中だ。2013年、カタール初の世界遺産として登録された。

ここから北の**マディナ・アル・シャマル Madinat Al Shamal** へ行く途中、メインロードから海岸のほうへ少し外れた所にゴーストタウンとなった**アル・クウェール Al Kuwair**と**アル・アリシュ Al Arish**の村がある。マディナ・アル・シャマルは銀行ひとつと商店が少しあるだけの小さな村。さらに北の**アル・ルウェイス**は小さな港だが、イランへ行く船も出ているそうだ。この周辺の海岸線は、白くて妙な形をしている。

■ズバラ・フォート
☎4472-8252
開5:30～17:30
休無休

ACCESS
アル・ズバラ、アル・ルウェイスへの行き方
アル・ズバラ、アル・ルウェイスへは、アル・ガニム・ステーションから2時間ごとにバス（アル・ズバラNo.100、アル・ルウェイスNo.101）が出ている。所要約2時間、QR9。
タクシーだとどちらも所要約2時間、片道QR200程度。

●アラビアン・アドベンチャーズ
Arabian Adventures
☎4436-1461
URL www.arabianadventuresqatar.net

アル・ルウェイスの小さな港

地図P.229

ウム・スラル・モハメッド
Umm Slal Mohammed

ドーハから20kmほど北へ行った所にある町。アル・ルウェイスへ続くハイウエイの途中にある。ここには19～20世紀にかけての古い建物が小さな地区に点在していて、そのなかにカタールで最も大きな砦のひとつ、ウム・スラル・モハメッド砦がある。とはいっても、道端にちょこんとある廃墟といったほうが近く、期待し過ぎるとがっかりするかも。近くには**バルザン塔Barzan Tower**と呼ばれる階段のある四角形の塔も残っている。この塔は、湾岸諸国では珍しいT型構造をしている。

ウム・スラル・モハメッドにあるバルザン塔

地図P.229

ウム・スラル・アリ *Umm Slal Ali*

ドーハから27km北の町だが、ウム・スラル・モハメッドに近くほとんど同じ町といっていい。ここには**古墳 Grave Mound**や古く美しい建物があるとホテルの人に言われて訪れてみたが、古墳は実際に見るとただの盛り土にしか見えない。ウル・スラル・モハメッド同様、遺跡についての説明などもないので、ガイドがいないと拍子抜けしてしまう。

地図P.229

アル・ワクラ *Al Wakrah*

ドーハの南16kmのところにあるカタール第3の町。とはいっても、部分的に補修された古い家々があるぐらいの漁村だ。港には小さな漁船が少しあるだけだが、ここはカタールでも数少ない公共ビーチ。白い砂浜にぽつぽつとビーチパラソルが並んでいて、のんびりした雰囲気がいっぱいだ。

港に浮かぶ漁船

地図P.229

ドハンからウム・バブ *Dukhan, Umm Bab*

ドーハからドハンまで約90kmと地図にはあるが、途中でのんびりしていると2時間ほどかかる。ベドウィンのテントやラクダ、羊の群れに出合える道は北部へ行くより変化があって楽しめる。ほかにもオリックス（長角レイヨウ）の飼育場がある**アル・シャハニヤ Al Shahhaniya**を通る。見学は政府の許可が必要ということになっているが、ツアー会社に頼めば簡単だ。道の両側はずっと荒野が続くが、ドハンに近づくにつれ山のような砂漠がポコポコ現れてきてなかなかいい。

ドハン岬 Ras Dukhanからはバーレーンと領有権を争っている**ハワール諸島 Hawar Islands**の島々が見えるが、今はガス・プラントの私有地内にあるためにドハン岬へ行くことはできない。ドハンのビーチはインド人の小さい漁船が少しある以外は何もなく静かだ。週末は、キャンプやバーベキューに来る人々でにぎわう。ここから南の**ウム・バブ Umm Bab**までの道は丘を上り下りする起伏のある道が続く。

ウム・バブからドーハまでの道もまた荒野が続き、家はまったく見られない。標識も少なく、明かりもなくて、夜は走りたくないが、印象的なドライブルートだ。

おもなツアーと料金

どこのツアー会社も内容や料金はだいたい同じ。ある程度の人数が必要で、ひとりの場合は割高になる。

●ドーハ市内半日ツアー
ザ・パール・カタール、カタラ文化村、イスラム芸術博物館、スーク・ワキーフなど。
料QR200～

●ファルコンツアー
インランド・シーでのハヤブサとの触れ合いなど。
料QR750～

●1日デザート・サファリ
シーライン・ビーチ・リゾート、インランド・シー、ビーチ・アクティビティ、バーベキューなど。
料QR400～

●半日デザート・サファリ（午前または午後）
シーライン・ビーチ・リゾート、インランド・シーなど。
料QR300～

●北部1日ツアー
アル・ホール、ズバラ・フォート、ウム・スラル・モハメッドなど。
料QR300～

ACCESS
ドハンへの行き方

アル・ガニム・ステーションから1時間ごとにバス（No.104）が出ている。所要約2時間、QR7。

タクシーだと所要約1時間30分、片道QR200程度。

地図P.229

インランド・シー　*Inland Sea*

美しく広がる内海

ドーハから南へ車で約2時間。サウジアラビアとの国境にあるインランド・シーの正式な名前は**ホール・アル・ウデイド Khor Al Udeid**という静かな内海だ。休日や祝日は、砂丘ラリーに興じる地元の若者でにぎやか。砂丘ツアーといえばドバイのものが有名だが、こちらのほうがずっと大きく、砂の色も質感も異なる。また、潮の干満によって**サブハ Sabkha**と呼ばれる潟も現れ、変化に富んだ風景が楽しめる。

ここへ行くには4WD車でなければ不可能で、ドーハから小1時間で通過するメサイードの先は砂漠になっている。道は荒れていて、標識というものもほとんどない。必ず地理がわかっていて砂丘での運転に慣れた人と行くこと。砂丘だけなら**シーライン・ビーチ・リゾート Sealine Beach Resort**のすぐ南でも見ることができる。

■Ⓗシーライン・ビーチ・リゾート
Sealine Beach Resort
地図P.229
住Mesaieed
☎4476-5200
URL sealinebeachqatar.com
料ⓈⒹQR750〜

地図P.229

アル・ホール　*Al Khor*

ドーハから約60km北にあるカタール第2の都市で、周辺地域の人口が増加中だが、ビーチの静けさはそのままだ。見どころは、ビーチに沿って建つ小さな博物館と、新しい大きなモスクの近くにある1953年に建てられたという小さな**オールド・モスク Old Mosque**。海岸線には昔の見張り台や、マングローブの樹林が見られ、冬季にはヨーロッパなどから渡り鳥もやってくる。町へ入る手前には小規模ではあるが昔の住居跡が残っている。

ACCESS
アル・ホールへの行き方

アル・ガニム・ステーションから2時間ごとにバス（No.102）が出ている。所要約45分、QR7。

タクシーだと所要約30分、片道QR120程度。

アル・ホールの改装されたオールド・モスク

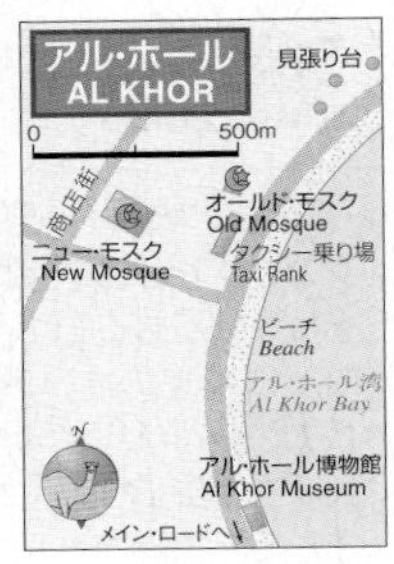

RESTAURANTS

ゴージャスな雰囲気のペルシア料理店

R パリサ・ペルシアン・クイズン（ペルシア料理）

PARISA RERSIAN CUISINE　MAP P.238-B3

住 Souq Waqif
☎ 4441-1494
開 12:00 ～ 24:00
休 無休　CC ADJMV

ドーハに2軒ある、豪華なペルシア料理の店。ゴージャスな店内へ入ると、親切なスタッフが案内してくれる。シーフードQR90～、カバーブQR75～。

アル・ジャジーラのオフィシャルカフェ

R アル・ジャジーラ・メディア・カフェ（カフェ）

AL JAZEERA MEDIA CAFÉ　MAP P.229

住 Katara Cultural Village, Building 4
☎ 4034-2220　URL www.aljazeeracafe.com
開 8:00 ～ 23:00（金曜は 11:00 ～ 13:30 はクローズ）　休 無休　CC MV

カタラ文化村の片隅にオープンした、中東を代表する報道機関アル・ジャジーラのカフェ。テレビカメラがディスプレイされるなど独特な雰囲気。コーヒーQR18～。

優雅な朝食(QR25～)を味わいたいなら

R ザ・ビレッジ（インターナショナル）

THE VILLAGE　MAP P.238-B4

住 Souq Waqif　☎ 4411-1243
開 土～水曜8:00～24:00　木・金曜8:00～翌1:00
(金曜は11:30～13:00はクローズ)
休 無休　CC MV

スーク・ワキーフ内にあるおしゃれな店。内装が凝っていて、屋上にはテラス席もある。料理の味もよく、観光客が多いエリアにあるわりには値段もリーズナブル。

本格日本料理店

R 順子（日本料理）

JUNKO　MAP P.229

住 Percel 7, The Pearl Qatar
☎ 4002-8294/6646-7594
開 12:00 ～ 23:30
休 無休　CC MV

ザ・パール・カタールにある、カタールで唯一の、日本人オーナーによる日本料理店。スシ、刺身、うどんなど、日本から仕入れた食材を使ったおいしい料理を提供している。

ドバイにもある人気のモロッコ料理店

R タジン（モロッコ料理）

TAJEEN　MAP P.238-A4

住 Souq Waqif
☎ 4435-5554
開 24 時間
休 無休　CC AMV

スーク・ワキーフのなかでもひときわ人気があるモロッコ料理の店。ハエが多いが、水たばこ（QR30 ～）を吹かしながら食事できる。2 階席は 15 時に閉まる。

お酒が飲みたくなったら

R ミックス・バー（バー）

MIX BAR　MAP P.238-A4外

住 The Westin Doha Hotel & Spa, Salwa Rd, Fereej Bin Mahmoud, Zone 23,
☎ 3359-8514　URL www.mixbardoha.com
開 17:00- 翌 2:00　休 無休　CC ADJMV

ウェスティン・ドーハ・ホテル&スパにあるバー。開放的な雰囲気で、DJやライブバンドの演奏が行われることも。お酒を飲みながら水たばこも楽しめる。

ショッピング
SHOPPING

現代カタールの象徴　地図P.238-B1

シティ・センター・ドーハ *City Center Doha*

2001年4月にオープンした、スケートリンクを擁する巨大なショッピングモール。ブランドショップなど約330以上もの店とレストランが揃う。ほかにも映画館、カルフール、プレイゾーンなど娯楽施設には事欠かない。館内は清潔感があり、全部楽しみ尽くすのに1日では足りないくらい広い。もちろん中はエアコンが効いている。市内中心部からはバスNO.76で行ける。

広々としたホール

■シティ・センター・ドーハ
住West Bay Area
☎4493-3355
URL www.citycenterdoha.com
開日～水曜 10:00～22:00
木・土曜 10:00～24:00
金曜 10:00～11:00、13:00～24:00
休無休
※タクシーに乗るときはしっかり、「ウエスト・ベイ・エリアのシティ・センター」と伝えよう。まれにシティ・センター＝市街地、と勘違いする人もいる。市内中心部からの運賃はQR30～。

モール内を運河が走る　地図P.238-A2外

ヴィラジオ *Villagio*

ハリーファ国際スタジアムのそばにできた人気のショッピングモール。中にはヴェネチアンスタイルの運河が通っていて、ゴンドラに乗ることもできる。外観もイタリアのヒル・タウンを模したデザインだ。H&Mなど人気のブランドショップや、スケートリンク、映画館、カルフールなどが入っている。駐車場のスペースは何と3300台分。施設はシティ・センター・ドーハ（上記）とあまり変わりなく、イタリアンな雰囲気を味わいたいならこちらのほうが楽しめる。

アラビアにいるとは思えない

■ヴィラジオ
住Baaya St., Doha
☎4422-7400
URL www.villaggioqatar.com
開日～水曜 9:00～22:00
木・土曜 9:00～23:00
金曜 9:00～11:00、12:30～23:00
休無休
※市内中心部からタクシーでQR35～50。バスはNO.31、32で行ける。

ドーハの高級ショッピングモール　地図P.238-A1外

ラグーナ・モール *Lagoona Mall*

ザ・パール・カタールのそばに建つ印象的な「ジグザグ・タワー」。このタワーの下に位置するのが、カタール屈指の高級ショッピングモール、ラグーナ・モールだ。12万8000㎡もの広大な敷地に160のショップ、18のカフェやレストランが並び、ヨーロッパを思わせる広々とした広場まである。モール内はどこも高級感があり、アラブ人たちが悠々と買い物を楽しんでいる。ショップは、スペインのブランド「アドルフォ・ドミンゲス」など、ヨーロッパの高級ブランドを中心に揃え、レストランはカジュアルなカフェ、モロッコ料理、インド料理、アラブ料理などバリエーション豊か。日本料理店「ワガママ」も入っている。

■ラグーナ・モール
住Zigzag Tower, West Bay, Zone 66
☎4433-5555
URL www.lagoonamall.com
開土～水曜 10:00～22:00
木曜 10:00～24:00
金曜 14:00～24:00
休無休

HOTELS

都会派センスのスタイリッシュなホテル　W DOHA HOTEL & RESIDENCES

Wドーハ・ホテル&レジデンス

MAP P.238-B1

住 West Bay, Doha
☎4453-5000
URL www.whoteldoha.com
料 Ⓢ Ⓓ QR799～
全442室
CC AMV

外交地区に近い新興開発地区に建つ5つ星シティリゾート。客室を含め、外観、内観ともにすべてがクールなデザインでまとめられている。ドーハで最もおしゃれなホテルともいわれ、世界的にも話題になっているホテルでもある。

ブリス・スパなど施設も充実

カタールらしさを満喫できるブティックホテル　SOUQ WAQIF BOUTIQUE HOTELS

スーク・ワキーフ・ブティック・ホテルズ

MAP P.238-B3

住 Souq Waqif
☎4433-6666（代表）
URL www.souqwaqifresort.com
料 Ⓢ Ⓓ QR480～
全183室
CC AMV

スーク・ワキーフ内に9軒以上のブティックホテルを展開している。いずれもアラビアンテイストあふれるデザインで、すべての客室がスイートといってもいいような、ゴージャスな造り。施設は全ホテルで共有している。

アル・ビッダの客室

ムード満点のアラビアンリゾート　SHARQ VILLAGE & SPA

シャルク・ビレッジ&スパ

MAP P.238-B2

住 Ras al Abbond St.
☎4425-6666
URL www.ritzcarlton.com
料 Ⓢ Ⓓ QR1250～
全174室
CC ADJMV

2007年3月にオープンした、アラビアンスタイルのリゾートホテル。広大な敷地に14のヴィラが建ち、6つのレストラン、3つのプール、そしてビーチを備える。23ものトリートメントルームがあるシックス・センス・スパが目玉。

幻想的なライトアップ

アラビア湾に面した都会のオアシス　FOUR SEASONS HOTEL DOHA

フォー・シーズンズ・ホテル・ドーハ

MAP P.238-B1

住 The Corniche
☎4494-8888
URL www.fourseasons.com
料 Ⓢ Ⓓ QR1350～
全232室
CC ADJMV

新しく開発が進むウエスト・ベイ・エリアに2004年にオープン。ネオクラシカルなデザインが特徴で、豪華な雰囲気を漂わす。スパやプール、プライベートビーチがある。「シティ・センター・ドーハ」（→P.247）にも近くて便利。

正面エントランス

最上の立地とゴージャスな設備 ST. REGIS DOHA

セントレジス・ドーハ

MAP P.238-A1外

住West Bay 14435
☎4446-0000
URL www.stregisdoha.com
料SD QR950～
全336室
CC ADJMV

外交地区の北に位置する、贅を極めた5つ星ホテル。客室は落ち着いたアラビアンチックな内装で、もちろん景観も抜群。レストランは、ハッカサン、スルタン・ブラヒムなど世界的に著名な店が揃う。

周りは建物が少ないので見晴らしがいい

洗練された高級ホテル THE RITZ-CARLTON DOHA

ザ・リッツ・カールトン・ドーハ

MAP P.238-A1外

住West Bay Lagoon, Doha
☎4484-8000
日本での予約先 Free 0120-853-201
URL www.ritzcarlton.com
料SD QR686～
全374室
CC ADJMV

ウエスト・ベイ・ラグーンに建つ豪華なホテル。ホテル内にはジム、スパなどのあらゆる設備が完備され、ドーハ・ゴルフ・クラブにも近い。プライベートビーチでのマリンアクティビティも充実している。

シックな室内

客室からの眺めがすばらしい INTERCONTINENTAL DOHA

インターコンチネンタル・ドーハ

MAP P.238-A1外

住Al Isteqlal Rd., West Bay Largoon
☎4484-4444
日本での予約先 Free 0120-677-651
URL www.ihg.com
料SD QR781～
全375室
CC ADMV

外交地区の北の海沿いに位置する。遊園地やゴルフクラブにも近く、ビジネスやレジャーの施設が充実しており、あらゆるニーズに対応している。約400mのプライベートビーチやショッピングアーケードもある。

重厚感のある外観

洗練されたサービスをリーズナブルに体験できるホテル K 108 HOTEL

K 108 ホテル

MAP P.238-B4

住Al Ghanim
☎4433-3000
URL www.k108hotel.com
料SD QR395～
全108室
CC MV

財務省に在籍していたオーナーがオープンさせたおしゃれな中級ホテル。リーズナブルな料金で洗練された心地よいサービスが受けられると大評判。最上階には人気のフレンチレストラン「ヤムヤム」もある。ミニバーは無料。

無駄のないシンプルな客室

HOTELS

ドーハでリゾート気分を満喫　BANANA ISLAND RESORT DOHA BY ANANTARA

バナナ・アイランド・リゾート・ドーハ・バイ・アナンタラ　MAP P.229

住 Doha
☎4040-5050
URL doha.anantara.jp
料 S D QR1475～
全141室
CC ADJMV

ドーハのダウ船ハーバー（地図 P.238-B3）からボートで25分。バナナ・アイランドと呼ばれる島にあるタイ発の豪華リゾート。日帰りで食事やアクティビティを楽しむこともできる（QR200～350。ボート代、食事代込み）。

ドーハでリゾート気分を味わえる

ビジネスパーソンに人気　DOHA MARRIOTT HOTEL

ドーハ・マリオット・ホテル　MAP P.238-B2

住 Ras Abu Aboud St., Doha
☎4429-8888
日本での予約先 Free 0120-142-890
URL www.marriott.com
料 S D QR680～
全362室
CC ADJMV

ドーハ湾の東端にあり、空港から約1km。青く輝くガラス張りの新館が目印。旧館も、改築後は以前よりもロビーが明るく感じられる。アジア、イタリア、インド、メキシコ料理などのレストランがあるほか、スパやプールも充実。

海辺にあるスタイリッシュなホテル

最上階のレストランからの眺めがいい　MERCURE GRAND HOTEL

メルキュール・グランド・ホテル　MAP P.238-A4

住 Wadi Musherib St. 7566, Doha
☎4446-2222
URL www.accorhotels.com
料 S D QR225～
全175室
CC ADMV

ワディ・ムシェリブ・ストリートとアブドゥル・アジズ・ビン・アハメッド・ストリートの角にあり、まさにドーハ中心部。ジム、サウナ、プールが備わっており、12階にはお酒が飲めるレストランもある。

清潔で快適な室内

レストラン選びに最適　RADISSON BLU HOTEL, DOHA

ラディソンBluホテル, ドーハ　MAP P.238-A2

住 Salwa Rd., C Ring Rd.
☎4428-1428
URL www.radissonhotels.com
料 S D QR300～
全583室
CC ADMV

空港から10分ほどのサルワ・ロード沿いにある。ホテル内には、モロッコ、イタリアなど各国の料理を味わえるレストランがある。近くにはレストランやショップの多いアル・ミルカブ・ストリートもあり便利。

便利な立地で出張者にも人気

清潔で居心地のよい中級ホテル

H プラザ・イン・ドーハ

PLAZA INN DOHA　MAP P.238-B2

住 Al Meena St.　☎ 4422-1111
URL plazainn.com.qa
料 S D QR250～
全168室　CC AMV

国立博物館の近くにある、ロケーションのよい中級ホテル。周辺はビジネスエリアになっており、高層ビルが建ち並ぶ。清潔で、料金も手頃なのでおすすめだ。

広々とした安宿

H ジャマル・ホテル

JAMAL HOTEL　MAP P.238-B4

住 Al Ghanim
☎ 4444-3481～2
料 S QR200～　D QR250～
全16室　CC 不可

ゴールデン・ホテルの隣に立つ安宿。部屋は広々としてひとりで泊まるには広過ぎるほど。向かい側には、遅くまでやっている商店もある。Wi-Fi接続可。

サービスが好印象

H ラ・キャッスル・ホテル

LA CASTEL HOTEL　MAP P.238-A3

住 Building No.06, Street No.825, Zone No.13
☎ 4473-3111　URL www.lacastlehotel.qa
料 S D QR330～
全110室　CC MV

4つ星ホテルのようなサービスが受けられる3つ星ホテル。レストラン、スパ、フィットネスセンター、トラベルデスクやレンタカーのサービスがあり、至れり尽くせり。

手頃な料金で質の高いサービスを

H ラ・ヴィラ・ホテル

LA VILLA HOTEL　MAP P.238-B4

住 Ibn Aqeel St.
☎ 4435-1435　URL www.lavillahospitality.com
料 S QR250　D QR280　※朝食込み
全74室　CC AMV

スーク・ワキーフまで徒歩圏内と便利な立地のホテル。朝食やハウスキーピングなど、手頃な料金でさまざまなサービスが受けられる。室内にはWi-Fiも完備。

スーク・ワキーフへ徒歩5分

H キングスゲート・ホテル・ドーハ

KINGSGATE HOTEL DOHA　MAP P.238-B4

住 Ali Bin Abdullah St.
☎ 4408-5555　URL www.millenniumhotels.com
料 S D QR170～
全140室　CC AMV

観光スポットであり、ドーハバスの停留所にもなっているスーク・ワキーフにほど近く、立地の良い安宿。各部屋に設置されている簡易キッチンが便利だ。

場所は少し不便

H ドーハ・ユースホステル

DOHA YOUTH HOSTEL　MAP P.238-A1外

住 Al Rayhan St., Lakta, Behind Al Ali Market
☎ 4421-7157　URL hi-qatar.com
料 S D QR80～
TAX SC 込み　全40室　CC AJMV

中心部からは遠いが、敷地内は広々としてゆったりとくつろげる。インターネット、衛星TVも完備し、近くにはショッピングセンターもあるので、不便を感じることはないだろう。

“アラビア湾のリビエラ”、ザ・パール・カタール

ポルト・アラビアのマリーナ

島の周囲の総延長はおよそ40km

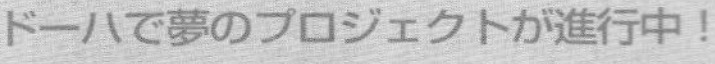

ドーハで夢のプロジェクトが進行中！

空港から北へ約20km、ドーハの町の郊外に、「ザ・パール・カタール」という人工島の建設が進んでいる。

このプロジェクトは、もとは自然の小島だった所に数十億ドルもの巨費を投じ、4万人以上が居住可能な“人工都市”を整備するというもの。カタール有数の大企業UDC社の開発によるものだが、もうこれは、カタールのプライドをかけた国家的プロジェクトといってもいいだろう。

400haもの広大な敷地をもつ夢の島、ザ・パール・カタールは、地中海リビエラ地方とアラブのイメージを掛け合わせた“リビエラ・アラビア”をメインコンセプトに、大きく分けて10のエリアで構成される。エリアごとに、「ポルト・アラビアPorto Arabia」、「コスタ・マラスCosta Malaz」などとしゃれた名前もついていて、それぞれのエリアコンセプトに沿った町づくりが行われている。

どこを見てもハイセンスな町風景

一番大きな円を描くエリア「ポルト・アラビア」は、人工島へ入ってすぐのところにある、ザ・パール・カタールの表玄関、いわば顔のような存在だ。

マリーナとして整備された護岸が2.5kmほど円形状に続き、岸に沿って堂々とした地中海風の建物が建ち並ぶ。

ガルフ・ブルーの海に浮かぶヨットにきらめく太陽、そして、洗練された町並み。コスモポリタンな雰囲気が漂うこのエリアにいると、ここがアラブの国の一角なのだということを、うっかり忘れてしまいそうになる。

建物の中には、エルメス、アレキサンダー・マックイーン、ロベルト・カバッリほか、何十社もの欧米の一流ブランド店が軒を連ねる。また、イタリアン、フレンチをはじめ、レバノン料理、日本料理、中国料理、タイ料理にいたるまで、高級レストランも数多く入っている。

ここは単に商業エリアというだけでなく、高級アパートなども整備され、「ポルト・アラビア」自体がひとつの町を形成しているといった具合だ。

それぞれに特徴的なエリアコンセプト

「ポルト・アラビア」の北側にあるエリア「コスタ・マラス」は、ポリネシアンスタイルのヴィラが並ぶ、トロピカルな雰囲気が醸し出されるという。その隣のエリア「ザ・カルティエThe Quartiers」は、さらに「ザ・アブラジ・カルティエThe Abraj Quartier」と「ザ・カナット・カルティエThe Qanat Quartier」に分かれる。

すでにほぼ全容を現している「ザ・カナット・カルティエ」は、赤や青の原色カラーに彩られた住居用の建物が入り組むように建ち、建物の間には運河が張り巡らされている。ベネチアを彷彿とさせるその風景は、まるで絵画のように美しい。

また、ザ・パール・カタールを代表する超富裕層向け住居エリアとして開発されつつあるエリアが、9つの島でなる「イソラ・ダナIsola Dana」。ザ・パール・カタール本島から沖合に延びる橋があり、それぞれの島につながっている。各島は、プライベートビーチやプライベートハーバーまであるような大邸宅を順次建設中だ。

ザ・パール・カタール
The Pearl Qatar
地図P.229
☎4409-5155
URL www.thepearlqatar.com

البحرين

バーレーン

Bahrain

近代的なビル群とモスクが調和するバーレーンの町並み

バーレーン

Bahrain

大勢の人が行き交うマナーマ中心部のスーク地区

アラビア湾に浮かぶバーレーンは、比較的穏やかな気候に恵まれた小さな島国だ。首都マナーマのあるバーレーン島を含め、バーレーンは33の島から構成され、主要な島は橋で結ばれている。バーレーンという国名の語源は、アラビア語で「海」を意味するバハルBahrと、それの複数形の語尾変化である「レーン」からきている。なぜ海の複数形かというと、島を取り巻く海と豊富に湧き出た地下水の両方を意味するからだ。国土のほとんどが石灰石の荒野であるが、北部の一帯は豊かな緑に覆われている。ここではデーツと呼ばれるナツメヤシのプランテーションをはじめ、色とりどりのフルーツが栽培され、バーレーンこそ聖書に表された「エデンの園」ではないかという論議の根拠となっている。また、エジプト文明やシュメール文明に匹敵する「ディルムン文明」と呼ばれる文化の中心地であったともいわれている。

アラブで初めて石油を採掘したバーレーンだが、その石油もあと10年もしないうちに底をついてしまうといわれている。そのため、バーレーンは早い時期から方向転換を図ってきた。石油収入をもとにしてインフラ整備を進めるとともに、金融と貿易、石油やアルミの精製の拠点として急成長を果たし、最近では観光にも力を入れている。また、F1の誘致に成功し、バーレーン・グランプリが開催されることでも知られている。

イスラム国家でありながら、アルコールが飲めたり女性のファッションが自由であったりと、戒律は緩やかだ。そのため、週末には周辺諸国から多数の観光客がやってくる。比較的治安もよく、外国文化に寛容なバーレーンは、私たちにとっても過ごしやすいところだ。

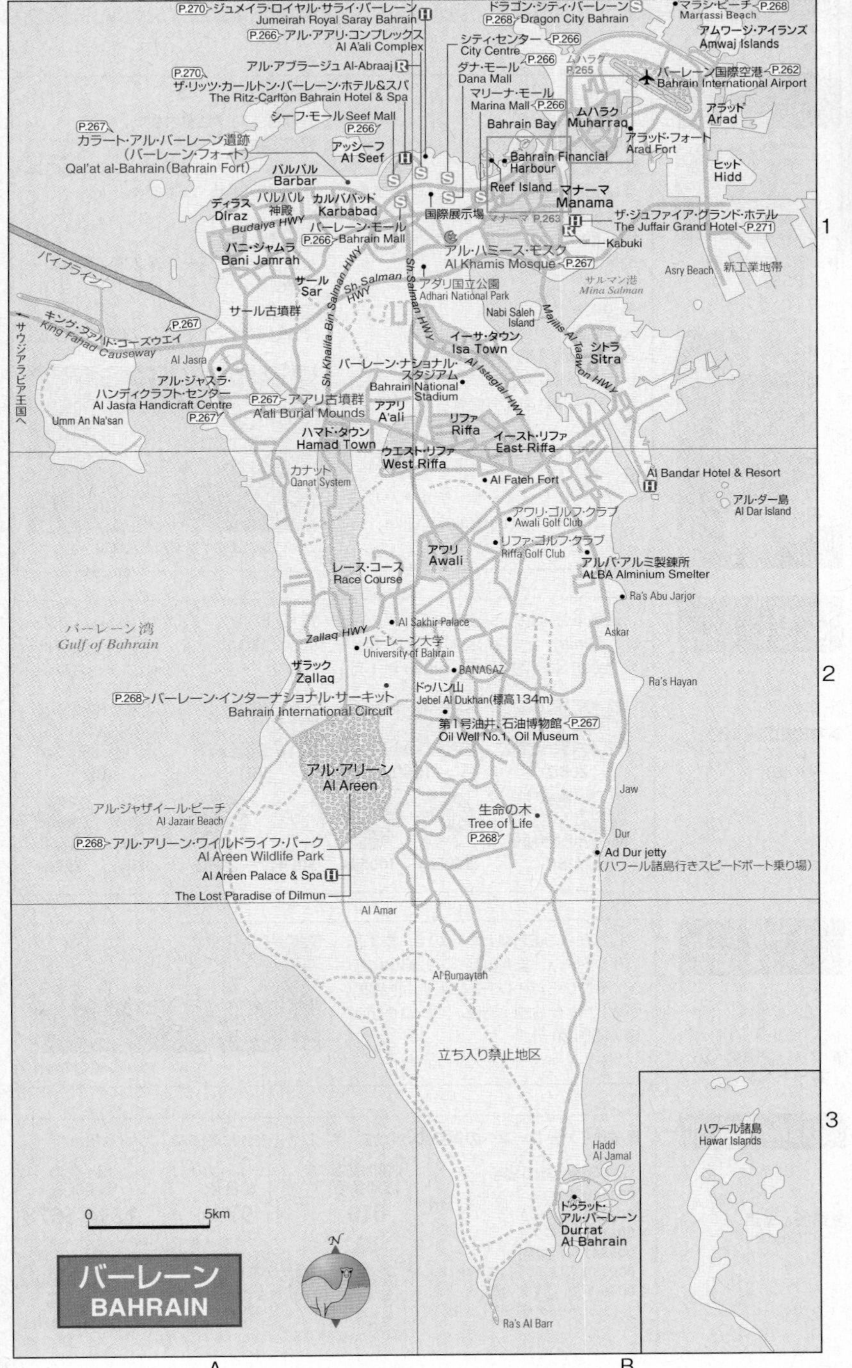

P.270 ジュメイラ・ロイヤル・サライ・バーレーン Jumeirah Royal Saray Bahrain
P.266 アル・アアリ・コンプレックス Al A'ali Complex
アル・アブラージュ Al-Abraaj
P.270 ザ・リッツ・カールトン・バーレーン・ホテル&スパ The Ritz-Carlton Bahrain Hotel & Spa
シーフ・モール Seef Mall
P.267 カラート・アル・バーレーン遺跡（バーレーン・フォート）Qal'at al-Bahrain(Bahrain Fort)
P.266 アッシーフ Al Seef
バルバル Barbar
ディラス Diraz
バルバル神殿
カルババッド Karbabad
Budaiya HWY
バーレーン・モール P.266 Bahrain Mall
バニ・ジャムラ Bani Jamrah
パイプライン
サール Sar
サール古墳群
Sh. Salman HWY
Sh. Khalifa Bin Salman HWY
Sh. Salman HWY
キング・ファハド・コーズウエイ King Fahad Causeway P.267
サウジアラビア王国へ
Al Jasra
アル・ジャスラ・ハンディクラフト・センター Al Jasra Handicraft Centre P.267
Umm An Na'san
P.267 アアリ古墳群 A'ali Burial Mounds
アアリ A'ali
ハマド・タウン Hamad Town
ドラゴン・シティ・バーレーン P.268 Dragon City Bahrain
シティ・センター City Centre P.266
ダナ・モール Dana Mall P.266
マリーナ・モール Marina Mall P.266
Bahrain Bay
国際展示場
アル・ハミース・モスク Al Khamis Mosque P.267
アダリ国立公園 Adhari National Park
Nabi Saleh Island
イーサ・タウン Isa Town
バーレーン・ナショナル・スタジアム Bahrain National Stadium
Al Istiqlal HWY
リファ Riffa
イースト・リファ East Riffa
ウエスト・リファ West Riffa
マラシ・ビーチ Marrassi Beach P.268
アムワージ・アイランズ Amwaj Islands
ムハラグ P.265
バーレーン国際空港 Bahrain International Airport P.262
ムハラク Muharraq
アラッド Arad
アラッド・フォート Arad Fort
ヒッド Hidd
Bahrain Financial Harbour
Reef Island
マナーマ Manama
マナーマ P.263
ザ・ジュファイア・グランド・ホテル The Juffair Grand Hotel P.271
Kabuki
Asry Beach
新工業地帯
サルマン港 Mina Salman
Majlis Al Taawon HWY
シトラ Sitra
1
カナット Qanat System
Al Fateh Fort
Al Bandar Hotel & Resort
アル・ダー島 Al Dar Island
アワリ・ゴルフ・クラブ Awali Golf Club
リファ・ゴルフ・クラブ Riffa Golf Club
アワリ Awali
アルバ・アルミ製錬所 ALBA Alminium Smelter
Ra's Abu Jarjor
レース・コース Race Course
バーレーン湾 Gulf of Bahrain
Al Sakhir Palace
Zallaq HWY
バーレーン大学 University of Bahrain
Askar
ザラック Zallaq
BANAGAZ
Ra's Hayan
2
ドゥハン山 Jebel Al Dukhan(標高134m)
P.268 バーレーン・インターナショナル・サーキット Bahrain International Circuit
第1号油井、石油博物館 Oil Well No.1, Oil Museum P.267
アル・アリーン Al Areen
Jaw
アル・ジャザイール・ビーチ Al Jazair Beach
生命の木 Tree of Life P.268
P.268 アル・アリーン・ワイルドライフ・パーク Al Areen Wildlife Park
Dur
Ad Dur jetty（ハワール諸島行きスピードボート乗り場）
Al Areen Palace & Spa
The Lost Paradise of Dilmun
Al Amar
Al Rumaytah
立ち入り禁止地区
ハワール諸島 Hawar Islands
3
Hadd Al Jamal
ドゥラット・アル・バーレーン Durrat Al Bahrain
0 5km
N
バーレーン BAHRAIN
Ra's Al Barr
A
B

ジェネラルインフォメーション

バーレーンの基本情報

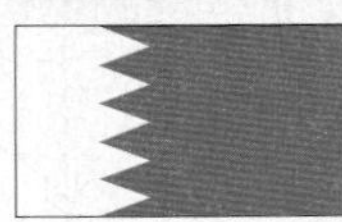

▶アラビア語入門
→ P.351

正式国名
バーレーン王国
Kingdom of Bahrain

国　旗
赤は祖国のために流された尊い血を、白は平和を象徴している。

国　歌
Bahrainona

面　積
769.8km²

人　口
150万3000人（2018年推計）。バーレーン人は全体の46%で、残りはアジアなどからの外国人労働者ら。

首　都
マナーマ　Manama

元　首
ハマド・ビン・イーサ・アル・ハリーファ国王 Hamad Bin Isa Al Khalifa

政　体
立憲君主制（世襲君主制）

民族構成
バーレーン人は全体の46%。そのほか、インド人、パキスタン人、イラン人など。

宗　教
イスラム教（シーア派70%、スンニー派30%）

言　語
アラビア語（公用語）。英語も通じる。

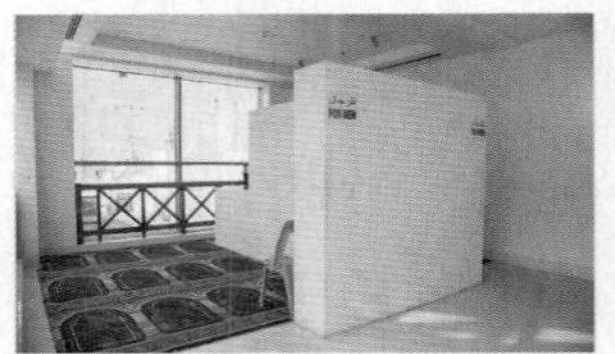

公共の場には必ず男女別の礼拝場がある

通貨と為替レート

BD

▶基礎知識・両替とクレジットカード
→ P.261

通貨単位はバーレーン・ディナールBD（Dinar）とフィルス（Fils）。BD1 ＝ 1000Fils ＝ 292.16円（2020年1月17日現在）。紙幣は20BD、10BD、5BD、1BD、1/2BD。硬貨は、500Fils、100Fils、50Fils、25Fils、10Fils、5Fils。

20BD　10BD

5BD

1BD

1/2BD

500Fils　100Fils　50Fils　25Fils　10Fils　5Fils

日本からのフライト時間

▶アラビア半島への道→ P.336

日本からの直行便はないので、まずドバイやドーハ、またはアジアの都市に行き、そこからバーレーンに入る。所要時間はドバイから約1時間、バンコクから約7時間30分。

ガルフ航空の機体

電話のかけ方

▶郵便と電話
→ P.368

日本からバーレーンへの電話のかけ方　例：マナーマ 1234-5678 にかける場合

国際電話会社の番号		国際電話識別番号		バーレーンの国番号		相手先の電話番号
001 KDDI ※1 **0033** NTTコミュニケーションズ※1 **0061** ソフトバンク※1 **005345** au（携帯）※2 **009130** NTTドコモ（携帯）※3 **0046** ソフトバンク（携帯）※4	＋	**010**	＋	**973**	＋	**1234-5678**

※1「マイライン・マイラインプラス」の国際区分に登録している場合は不要。詳細は、URL www.myline.org　※2 auは005345をダイヤルしなくてもかけられる。　※3 NTTドコモは事前にWORLD WINGに登録が必要。009130をダイヤルしなくてもかけられる。※4 ソフトバンクは0046をダイヤルしなくてもかけられる。
※携帯電話の3キャリアは「0」を長押しして「+」表示し、続けて国番号からダイヤルしてもかけられる。

出入国

▶各国のビザ（査証）→ P.338

ビザ

バーレーン国際空港到着時に入国審査の窓口で申請・取得する方法（Visa On Arrival）と、出発前にオンライン申請・取得する方法（e-Visa）のいずれかで取得。シングルビザ（2 週間）は BD5、マルチビザ（1ヵ月）は BD25。Visa On Arrival の場合、US ドル、ユーロ、クレジットカードでの支払いも可。e-Visa はクレジットカード決済のみで、BD4 の手数料が加算される。

パスポート

バーレーン出国時に 6ヵ月以上残存有効期間が必要。

入国カード

あり

出国税

なし

バーレーン国際空港と市内行き循環バス

気　候

▶基礎知識・気候 → P.260

6～9月にかけては、日中の気温が 40℃を超えることも多い。これに対し 12～2月の冬季は、日中の気温が 20℃前後と過ごしやすい。ただし、夜は急激に冷え込むことが多く、上着が必要だ。

気温とは別にやっかいなのが湿度。島国のため年平均の最高湿度は 80％と高い。また、砂嵐が多く、季節の変わり目には島全体が覆われてしまうこともある。1 日の寒暖の差が激しく、体調を崩す人も多いので注意が必要だ。

美しい花も咲く風土

マナーマと東京の気温と降水量

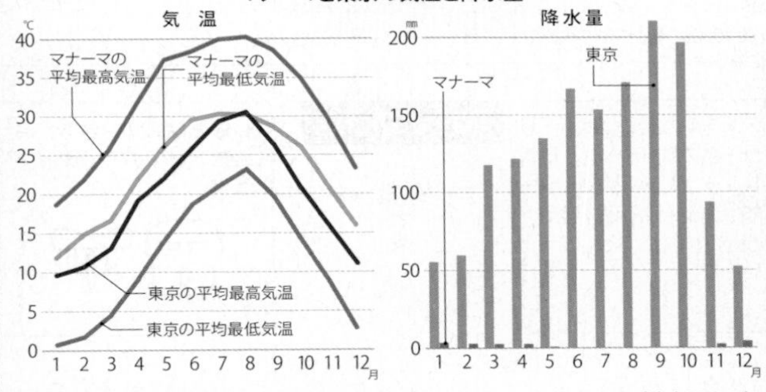

※東京の気温および降水量は、気象庁の平年値のデータ。マナーマの気温および降水量は、バーレーン航空局のデータより。

バーレーンから日本への電話のかけ方

例：東京（03）1234-5678 または 090-1234-5678 にかける場合

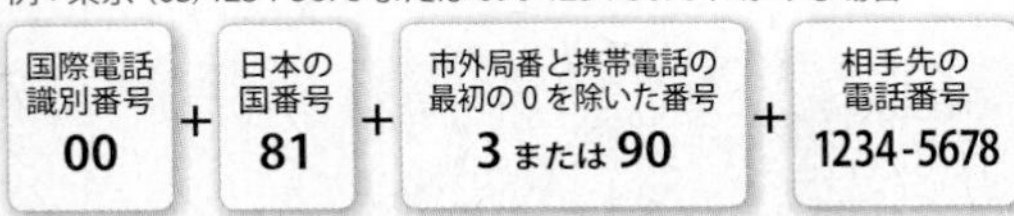

携帯電話の普及で徐々に公衆電話は撤去されている。硬貨とテレホンカードが使用できるが公衆電話自体が壊れていることも。

日本での国際電話の問い合わせ先

KDDI	Free 0057（無料）
NTT コミュニケーションズ	Free 0120-506506（無料）
ソフトバンク	Free 0120-03-0061（無料）
au	Free 0077-7-111（無料）
NTT ドコモ	Free 0120-800-000（無料）
ソフトバンク	Free 157（ソフトバンクの携帯から無料）

時差とサマータイム

日本との時差はマイナス6時間。日本が正午のとき、バーレーンは6:00となる。サマータイムはない。

ビジネスアワー

官庁
日～木曜　7:00～14:15

銀行
日～木曜　7:30～15:00

オフィス
日～木曜　8:00～13:00、15:00～18:00

商店
土～木曜　8:00～12:00、15:30～19:30

夜は夜でまた不思議な魅力をもつ国

祝祭日

▶アラビアを理解するために→P.354

ヒジュラ暦によるので毎年変わるが、グレゴリオ暦も併用。2020年の祝祭日は以下のとおり。年によって異なる移動祝祭日（＊印）に注意。イスラムの休日は金曜で、週末は金・土曜を指す。

1月1日	元旦　New Year's Day
5月24日頃＊	ラマダン明けの祭り　Eid al-Fitr (End of Ramadan)
7月31日頃＊	犠牲祭　Eid al-Adha (Feast of Sacrifice)
8月20日頃＊	イスラム暦新年　Al-Hijra (Islamic New Year)
8月28日頃＊	アシューラ　Ashura
10月29日頃＊	預言者ムハンマドの誕生祭　Milad un Nabi (Birth of the Prophet Muhammad)
12月16日	ナショナルデー　National Day

※2020年のラマダンは4月23日～5月23日の見込み。

税金

ホテルの宿泊に税金とサービス料がかかる。レストランもランクによっては税金とサービス料がかかる。

電圧とプラグ

電圧は220～240V。周波数50Hz。プラグタイプはBF。

飲料水

一般的にはミネラルウオーターを飲用。水道水は地下水と脱塩した海水を混ぜているので塩辛い。

チップ

特にその習慣はないが、ホテルやレストランでいいサービスを受けたと思ったら払ってもかまわない。

F1が開催されるバーレーン・インターナショナル・サーキット

年齢制限

外国人の飲酒についての年齢制限は特に明文化されていない。また、喫煙については各家庭のしつけによっており、年齢制限はない。レンタカーの年齢制限は各社によって異なっている。

郵　便

はがき、封書は日本までFils760。1週間で到着する。小包10kgまでBD54。

町なかにあるポスト

▶郵便と電話→P.368

安全とトラブル

治　安

アラビア半島のなかでも、治安のよい国として知られるバーレーン。しかし、2011年2月に暴徒化したデモ隊と警察の治安部隊が衝突する事件が発生するなど、近年反政府デモがたびたび発生している。強盗などの一般犯罪も増えており、注意が必要だ。また、女性の夜のひとり歩きは避けるべき。トラブルがあっても闇に葬られることがある。湾岸諸国のなかではいちばん自由な雰囲気が満喫できる国だが、南の一帯は軍事基地なので立ち入りは厳禁。

外務省 危険・スポット・広域情報

●中東地域における緊張の高まりに関する注意喚起
※2020年1月5日、8日付

■外務省海外安全ホームページ

URL www.anzen.mofa.go.jp

警察・消防・救急車 **999**

【在バーレーン日本大使館】

Embassy of Japan　地図P.263-A2
住House No.55, Salmaniya Avenue, Block No.327（P.O.Box 23720）
☎1771-6565　FAX 1771-5059

▶アラビアを理解するために→P.354
▶基礎知識・習慣とタブー→P.260

その他

生活用品

食料品はたいていの物の入手が可能。欧米系のスーパーでは、白菜、モヤシ、豚肉のほか、アジア、米国製の日本食（カリフォルニア米、豆腐やラーメン）が手に入る。日本製の日本食は、セントラル・マーケットの隣にあるアジア食品店で買える。値段はかなり高い。消費期限ぎりぎりの古い食品もあるので注意。

たいていの物は手に入る

酒

酒を売るショップがマナーマ市内に5～6軒ある。日本のビールやウイスキー、日本酒も若干ながら置いてある。比較的寛容なイスラム教国だけあって、酒が飲めるレストランも多い。

医療衛生

この国には風土病は存在しないが、夏季は気温、湿度ともに非常に高くなるので、特に子供の健康状態には気をつけよう。

また水道水は、海水を淡水化した水を未消毒で使っており、一般的には水道水を濾過した水やミネラルウオーターを飲用している。

薬は手に入るが、飲みつけの薬がある場合は持参したほうがいい。国立サルマニア病院（☎1728-8888）の設備はかなり充実し医師の水準もかなり高く、ほとんどの病気に対応可能だが、医師以外の医療スタッフの水準低下が目立つ。院内の英語表記も少なく、外国人にとっては不便。一般疾患で受診する必要があれば、最新の設備と医療水準が期待できる私立病院のほうが快適で安心。ただ、転落事故・交通事故など警察の介入がある外傷の場合は国立病院で診断を受けてから、医療機関を選択するシステムになっている。また、海外旅行傷害保険での受診は、病院や保険によってはキャッシュレスで受けることも可能。私立病院のバーレーン・スペシャリスト・ホスピタル（☎1781-2222）、アメリカン・ミッション・ホスピタル（☎1725-3447）などは英語が通じる。

▶旅の健康管理→P.365

基礎知識

Basic knowledge

歴史

古代から近代へ

かつてこの国は良質の地下水に恵まれたオアシスであった。紀元前17世紀頃のバーレーンはバビロニア、アッシリア帝国の貿易基地として、また紀元前15～3世紀にかけては、遠浅の海を利用した真珠の産地として栄えている。その後、16世紀に入ると、真珠の利権をめぐってポルトガルやペルシアが争奪を繰り返すようになる。2世紀半に及ぶ外国支配の後、現在バーレーンを治めるハリーファ家が、アラビア半島からバーレーンにやってきたのは1783年とされている。

近代バーレーン

1880年にはイギリスとの間に排他条約を結び、近代化の一歩を踏み出すことになる。1932年には、アラブで初めての石油採掘に成功している。1968年にイギリスが撤退を決定すると、イランとの間に領有権をめぐって対立が見られたが、1971年、国連の調停のもと正式に独立を宣言している。ハリーファ家ほか支配層がイスラム教スンニー派であるのに対し、国民の多数はシーア派のため、両派の対立が続いている。外交では、湾岸諸国との友好関係維持、アラブ諸国との協調が基本。しかし、カタールとはハワール諸島群の領有権をめぐって係争中。1999年3月、イーサ首長が死去、ハマド皇太子があとを継ぎ、首長に即位した。ハマド首長は民主化推進策を打ち出している。2002年には憲法を改正し、国名を「バーレーン王国」と定めるとともに、二院制の国民議会設置や男女の権利平等を定めた。

王族がスンニー派である一方、国民の多くがシーア派であることから、シーア派国民の動向は内政安定上の重要な要因になっている。2011年2月、改革を求めるシーア派住民を中心とした反政府派デモが発生、警察治安部隊との衝突が多発した。2011年7月、「国民対話」が実施された。2012年1月、ハマド国王は、「国民対話」の提言を実行するためとして、憲法改正に関するテレビ演説を行った。同年5月、ハマド国王は、憲法改正案を承認し、憲法改正が成立。2013年2月、ハマド国王の呼びかけにより、政府、議会、反体制派政治団体などの代表者による国民対話が再開されたが、2014年1月、国民対話が停止。2016年6月、反政府系政治団体ウィファークを解散命令。2017年2月、裁判で解散確定された。

経済

石油とアルミニウム、金融などが中心でひとり当たりのGDPはUS$2万5851（2018年推計）。

気候

夏季（6～9月）は40℃を超えることも多い。一方冬季（12～2月）は、日中の気温が20℃前後と過ごしやすい。湿度は年平均80％と高い。

服装

夏季、冬季ともに夜は急激に冷え込む。上着を1枚用意しておこう。

習慣とタブー

豚肉、酒は原則として禁止。特にラマダン（断食月）の間、太陽が出ている間は旅行者も人前で食べ物やたばこを口にしないほうがいい。また、礼拝の最中に前を横切る、敷物を踏む、写真を撮る、話しかけるということは絶対にタブーだ。服装については、男女ともに露出の多いものは避けたほうがよい。

アラビアを理解するために→P.354
アラビア半島の旅行事情→P.8

アルコール

アルコールは比較的簡単に飲むことができる。多くのレストランは酒を提供、酒を売るショップもある。

たばこ

レストランはほとんど禁煙。ホテルは喫煙ルームのあるところが多い。現地の人々が町なかで吸っている姿をよく見かけるが、マナーは守ろう。

女性の旅

バーレーンは比較的戒律の緩い国だが、肌の露出はできるだけ控えたほうが無難。マナーマにはアジア人売春婦が多いので、勘違いされかねない。また、タクシーでは後部座席に乗ること。安食堂などは男性しかおらず利用しづらいので、ファミリールームのあるレストランを利用しよう。

両替とクレジットカード

日本円での両替が可能だが、取り扱ってくれないところも一部ある。US＄はそのまま使用できるので持っていると便利。クレジットカードはホテルなど使用できるところが多い。

物価と予算

日本とさほど変わらないと考えて問題ない。

食事

レバノン料理などのアラブ料理、イラン、日本、中国、西洋料理などのほか、ショーを楽しめるレストランもいくつかある。ホテル以外にも、レストランやバー、ナイトクラブが町なかにある。マナーマ東側のエキシビション・アベニュー周辺には、各国料理のレストラン、KFCなどの外資系ファストフード、ナイトクラブなどが多く歓楽の中心となっており、週末はサウジアラビアからの客でにぎわう。予算は日本と同程度。外国人労働者向けの食堂（南インド料理店など）ならBD1～2、軽食BD0.6程度～。

アラブ料理を楽しむ→P.348

ホテル

マナーマ市内に集中している。ムハラク島に近いマナーマのビジネス地区には高級ホテルが集中しており、逆に市街の中心に当たるバブ・アル・バーレーンとスーク地区周辺には、比較的安めのホテルが点在している。エキシビション・アベニューの東側にも、多くの中・高級ホテルやアパート（プラザPlazaと書いてあることが多い）が建っている。ビジネス、娯楽に関する設備が充実している半面、アラブの情緒には乏しい。

アラビアでの宿泊→P.346

国内移動

ここでは車を使うのが一般的。また、バーレーンは狭い国なので、主要な場所まで公共のバスを使うこともできる。乗っているのは外国からやってきた出稼ぎの男たちばかりだ。タクシーは料金交渉制とメーター制があり、電話で呼ぶこともできる。

バス

公共バスは赤と白と青の3色カラー。おもなバスターミナルは、セントラル・マーケットの東側とムハラク、イーサ・タウンの3ヵ所。運行時間は各ルートによって違うが、5:30前後～21:30前後の間、約40～60分間隔で走っており、料金はBD0.3～。空港からマナーマ市内への直行バスはA2番。

タクシー

メーターが付いているものがほとんどだが、メーターが付いていても故障していたり、使ってくれないこともある。料金は距離によるが、マナーマ市内であればBD3～5程度、空港からマナーマ市内はBD6～7くらいが相場。夜は割増料金となる。また、バーレーンでは配車アプリのウーバー Uberが利用できる。

バーレーンの交通事情→P.271

レンタカー

空港のほか、ホテルのツアーデスクで借りられる。大手資本の会社ならトラブルの場合でも何かと安心だ。日本からの予約も簡単。

国外運転免許証について→P.362

ショッピング

バーレーンでは値引き交渉は常識だ。だめもとで交渉を楽しもう。

布製品や金細工、絨毯などはスークとマナーマのアドリヤ地区に店が多い。絨毯は、イラン産以外にトルコ、アフガニスタン、パキスタン産もお買い得。

伝統手工芸品なら、マナーマ郊外のカルババッド、ディラス、バニ・ジャムラや、内陸部のアアリへ。敷物や壁掛けなどの織物の産地で、織物の工房見学もできる。アル・ジャスラ・ハンディクラフト・センター（→P.267）も要チェックだ。

モダンな大型ショッピングモールはマナーマ市内に数軒あるほか、マナーマ郊外のアッシーフ地区にも集中している。そのうちシーフ・モールやシティ・センターが島で最大級。高級ブランドやローカルブランド、フードコートなど200軒以上の店舗と映画館が10館以上も入っており、1日中遊べる。シーフ・モールよりやや高級感のあるアル・アアリ・コンプレックスのアル・タワウィーシュ・スークは、伝統的なスークを再現している。

写真撮影について

一部のモスクを除いて撮影不可。女性には了解を得ないかぎりカメラを向けてはいけない。たとえ女性でなくとも写真を撮るときはひと言断ってからにしたほうがいいだろう。また、宮殿や警察、軍施設、石油施設なども撮影禁止。

マナーマ

Manama

バブ・アル・バーレーン

バーレーンの首都マナーマは、古い町並みを残しながら近代化された不思議な町。バブ・アル・バーレーン（バーレーン門）の南に広がるスークは活気にあふれ、細い路地を進むうちに昔のアラブにタイムスリップしたような気分になってくる。生活感いっぱいの旧市街とは対照的に、海岸線にはビルの群れが建ち並ぶ。ムハラクにある空港からコーズウエイを渡ってくると、その都会ぶりには驚かされるだろう。現在もさらに開発が進んでおり、マナーマ北部の湾岸に建設された商業・住居・娯楽などの施設が集まったバーレーン・ファイナンシャル・ハーバーBahrain Financial Harbourは、新しいバーレーンの象徴だ。

週末の夜ともなると、隣国サウジアラビアから押し寄せる人々でにぎわうマナーマ。イスラム国でありながら開放的な雰囲気の強いこの町で、しばし羽を伸ばしてくつろいでみたい。

バーレーンの市外局番

なし

ACCESS

空港から市内へ

メーターを使わないドライバーによるトラブルも発生しているので、タクシーは必ず料金を確かめてから乗車しよう。ドライバーの間で最低料金を決めているので、値引きは期待できない。

タクシーの料金

メーターは会社によって若干異なるが、だいたい以下のとおり。初乗り(3km) BD1（週末の22:00～翌6:00はBD1.25)。以後、500mごとにBD0.1。週末と22:00～翌6:00は割増。空港からは料金にBD2、ホテルからはBD1が加算される会社もある。

おもなレンタカー会社

●**バジェット**
☎1753-1268

●**ハーツ**
☎1732-1358

交通案内
TRANSPORTATION

バーレーン国際空港 Bahrain International Airportは、バーレーン本島の東に3本の埋め立て道路（**コーズウエイ Causeway**）で結ばれた**ムハラク Muharraq**にある。空港からマナーマManamaに入るには、タクシーを利用するのが一般的だ。マナーマの市内までは所要約15分、料金は約BD6～7（交渉次第ではBD5～)。バスでも行けないことはない。空港とマナーマ直通のバス（A1、A2）が便利でBD0.30。

歩き方
WALKING AROUND

マナーマのメインストリートは、銀行、オフィスなどの高層ビルや中央郵便局G.P.O.が点在する**ガバメント・アベニュー Government Ave.**。中小のホテルの多くが、この通り沿いとその裏通りに広がっている。まずは中央郵便局の前にある**バブ・アル・バーレーン Bab Al Bahrain（バーレーン門）**から歩き始めてみよう。この門は、現在では観光省のオフィスなどになっているが、もともとは1945年に建てられた政府庁舎であると同時に市街への門だったものだ。

衣類、宝飾品、香水などの専門店が軒を連ね、さまざまな人種が行き交うスーク地区

門をくぐって南へ向かうと、**スーク地区 Souq**だ。電器店や貴金属ショップなどの小さな店がひしめいている。200mほど直進すると、左の角に**ゴールド・スーク Gold Souq**がある。特に目印があるわけではないが、薄茶色の大きなビルがそうだ。左に曲がった所にある入口を入ると、すべてのフロアが金ショップだ。目移りしてしまうが、デザインの粗い物もあるので、いくつかの店を回ってみるのがコツ。ゴールド・スークの先には、布地やドレス、日用品、みやげ物などを売る店が建ち並んでいる。香水店も多い。スパイスの匂いが漂うなかを歩いて、スークらしい雰囲気を楽しもう。

また、レストランや安宿、両替所を探すなら、市内東部を南北に走る**エキシビション・アベニュー Exhibition Ave.**に出てみよう。

マナーマのコルニーシュ Corniche（海岸）

公園やカフェが整備され、夕方以降はアイスクリームを売る車も現れて地元の人々の憩いの場だ。キング・ファイサル・コルニーシュ（地図P.263-A1）やマリーナ・コルニーシュ（地図P.263-B2）など。

バーレーンの危険情報

2019年12月現在、日本の外務省はバーレーン全土に対して「十分注意してください」という危険情報を発出している。これは2011年2月に発生した民主化を要求するデモのためだ。実際、2011年3月にバーレーン政府は3ヵ月間をめどに一部地域の外出禁止令を含む「国家非常事態宣言」を発令した。すでに国家非常事態宣言は解除されたが、いつまた政治不安になるかわからないので、バーレーンを訪れる際は事前に情報を入手しておこう。

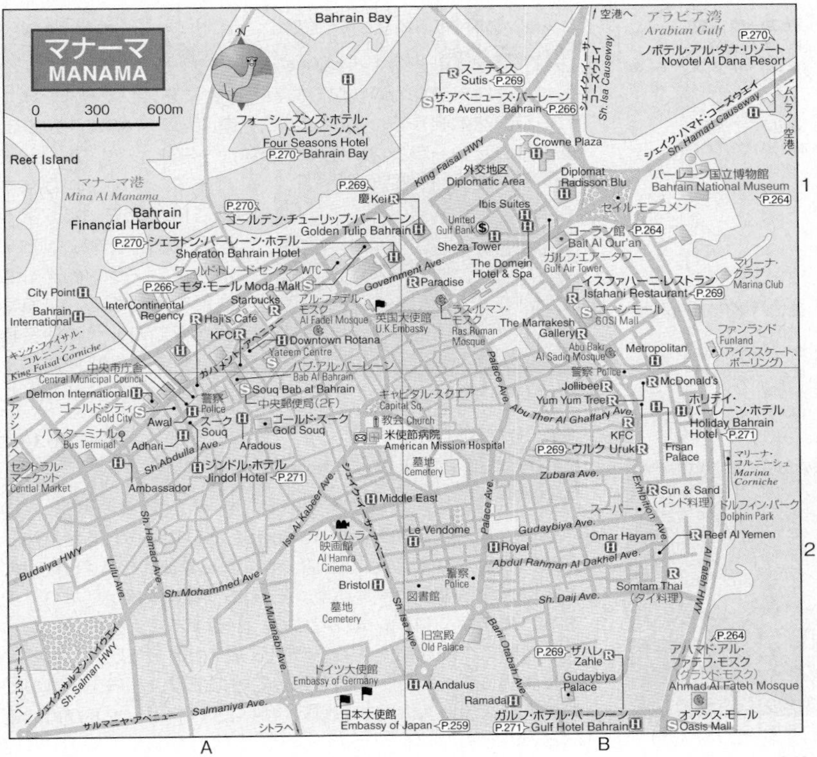

マナーマ MANAMA

0 300 600m
Bahrain Bay
アラビア湾 Arabian Gulf
フォーシーズンズ・ホテル・バーレーン・ベイ Four Seasons Hotel Bahrain Bay P.270
スーティス Sutis P.269
ザ・アベニューズ・バーレーン The Avenues Bahrain P.266
シェイク・イーサ・コーズウエイ Sh. Isa Causeway
ノボテル・アル・ダナ・リゾート Novotel Al Dana Resort P.270
シェイク・ハマド・コーズウエイ Sh. Hamad Causeway
ムハラク、空港へ
空港へ
Crowne Plaza
Reef Island
マナーマ港 Mina Al Manama
Bahrain Financial Harbour
King Faisal HWY
外交地区 Diplomatic Area
Diplomat Radisson Blu
バーレーン国立博物館 Bahrain National Museum P.264
セイル・モニュメント
慶Kei P.269
ゴールデン・チューリップ・バーレーン Golden Tulip Bahrain P.270
Ibis Suites
United Gulf Bank
Sheza Tower
コーラン館 Bait Al Qur'an P.264
ガルフ・エアータワー Gulf Air Tower
シェラトン・バーレーン・ホテル Sheraton Bahrain Hotel P.270
ワールド・トレード・センター WTC
モダ・モール Moda Mall P.266
Government Ave.
Paradise
The Domein Hotel & Spa
マリーナ・クラブ Marina Club
イスファハーニ・レストラン Isfahani Restaurant P.269
City Point
InterContinental Regency
Starbucks
アル・ファデル・モスク Al Fadel Mosque
英国大使館 U.K.Embassy
ラス・ルマン・モスク Ras Ruman Mosque
ゴーシ・モール GOSI Mall
Bahrain International
Haji's Café
KFC
Downtown Rotana
Yateem Centre
The Marrakesh Gallery
Abu Bakr Al Sadiq Mosque
Metropolitan
ファンランド Funland（アイススケート、ボーリング）
キング・ファイサル・コルニーシュ King Faisal Corniche
中央市庁舎 Central Municipal Council
ガバメント・アベニュー
バブ・アル・バーレーン Bab Al Bahrain
警察 Police
McDonald's
Delmon International
Souq Bab al Bahrain
中央郵便局（2F）
キャピタル・スクエア Capital Sq.
Jollibee
Yum Yum Tree
ホリデイ・バーレーン・ホテル Holiday Bahrain Hotel P.271
ゴールド・シティ Gold City
警察 Police
Awal
スーク Souq
ゴールド・スーク Gold Souq
教会 Church
Abu Ther Al Ghaffary Ave.
Palace Ave.
アッシーフへ
バスターミナル Bus Terminal
Adhari
Aradous
米使節病院 American Mission Hospital
KFC
ウルク Uruk P.269
Frsan Palace
マリーナ・コルニーシュ Marina Corniche
Sh.Abdulla Ave.
ジンドル・ホテル Jindol Hotel P.271
墓地 Cemetery
セントラル・マーケット Central Market
Ambassador
シェイク・イーサ・アベニュー
Isa Al Kabeer Ave.
Zubara Ave.
Exhibition Ave.
Sun & Sand（インド料理）
Middle East
スーパー
ドルフィン・パーク Dolphin Park
Sh. Hamad Ave.
アル・ハムラ映画館 Al Hamra Cinema
Le Vendome
Gudaybiya Ave.
Omar Hayam
Reef Al Yemen
Royal
Abdul Rahman Al Dakhel Ave.
Budaiya HWY
Lulu Ave.
Sh.Mohammed Ave.
Bristol
警察 Police
Somtam Thai（タイ料理）
墓地 Cemetery
図書館
Sh. Daij Ave.
Al Fateh HWY
Al Mutanabi Ave.
Sh. Isa Ave.
旧宮殿 Old Palace
Bani Otabah Ave.
ザハレ Zahle P.269
アハマド・アル・ファテフ・モスク（グランド・モスク） Ahmad Al Fateh Mosque P.264
イーサ・タウンへ
シェイク・サルマン・ハイウエイ Sh.Salman HWY
ドイツ大使館 Embassy of Germany
Al Andalus
Gudaybiya Palace
Ramada
オアシス・モール Oasis Mall
サルマニヤ・アベニュー Salmaniya Ave.
シトラへ
日本大使館 Embassy of Japan P.259
ガルフ・ホテル・バーレーン Gulf Hotel Bahrain P.271
A B 1 2

おもな見どころ
SIGHTSEEING

■バーレーン国立博物館
☎1729-8777
開10:00～18:00
休火曜
料BD1.05（12歳以下無料）
古墳展示室
　バーレーン全土に8万5000以上あるといわれる古墳を時代別に紹介しており、ほぼ発掘されたままの状態で見ることができる。

初めに訪れておくとバーレーンが楽しくなる
地図P.263-B1

バーレーン国立博物館 *Bahrain National Museum*

　シェイク・ハマド・コーズウエイのマナーマ側のたもとに見える白い建物が国立博物館だ。建物の1階中央は展示ホールになっている。ホールを挟んで陸側には自然史展示室がある。1階のホールの海側と2階はバーレーンの歴史を紹介した展示室になっていて、石器時代からディルムン文明、イスラムにいたる歴史の変遷を見学することができる。古墳の展示は、バーレーンを訪れた観光客が必ず足を運ぶといわれるほど有名。イスラムが伝播するまで3世紀以上にわたってバーレーンを支配したディルムン文明の展示や、タイロス時代に築かれたという地下灌漑システムQanatsの展示は興味深い。ほかに、現代絵画中心のギャラリーやギフトショップ、カフェもある。

当時の人々の営みが忠実に再現されている

■コーラン館
☎ 1729-0404
開土～水曜 9:00～13:00、16:00～18:00
　木曜　9:00～13:00
休金曜、7・8月
料無料（寄付金制）

コーランに関するものなら何でも揃う
地図P.263-B1

コーラン館 *Bait Al Qur'an*

　ここはコーランの博物館であるとともにモスクであり、またコーランを勉強するための図書館を備えた研究機関でもある。展示されたコーランは、豆本や米粒から写本、タペストリー、絵画まで、実にさまざまなものに描かれている。アラビア語は理解できなくても、芸術的なコーランの美しさには目を奪われる。これほどの規模のコーラン研究機関は世界でも例を見ないといっても過言ではない。

イスラム文化に触れよう

■アハマド・アル・ファテフ・モスク
☎1772-7773
開9:00～16:00
休金曜
料無料
※モスク内は撮影OK。

そびえ立つ尖塔が美しい

海岸にそびえる巨大なモスク
地図P.263-B2

アハマド・アル・ファテフ・モスク *Ahmad Al Fateh Mosque*

　グランド・モスクGrand Mosqueとして知られる、バーレーンいち大きなモスク。金曜はイスラム教徒しか入れないが、それ以外の日なら見学が可能。モスクの中では裸足になり、男性なら長ズボンにTシャツでOK。女性はアバヤを貸してもらえる。モスク内を案内するボランティアガイドがいて、いろいろと説明してくれる。入口を入って右の部屋は図書室になっており、イスラム教に関する資料や無料のパンフレットが置いてある。

ムハラク Muharraq

歩き方 WALKING AROUND

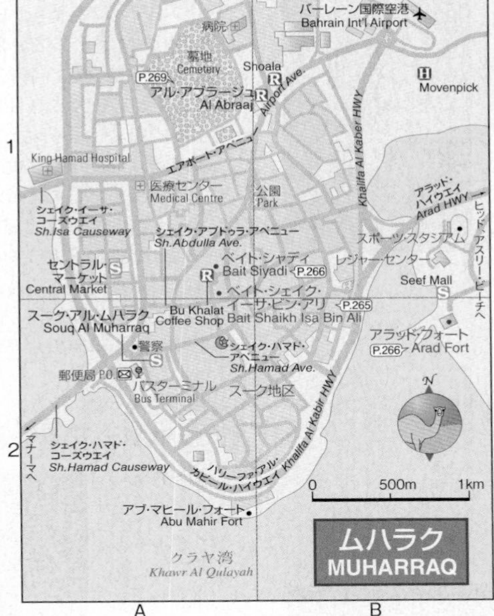

空港が島北東部のほとんどを占めるムハラクMuharraq。ここでは、石油が発見される前のバーレーンの暮らしぶりを垣間見ることができる。

マナーマからコーズウエイを渡りムハラクに入ると、海岸線から2番目の交差点を右のほうへ曲がる。この**シェイク・ハマド・アベニュー Shaikh Hamad Ave.**がムハラクのメインストリートだ。交差点を曲がってすぐ、左のほうへカーブしていく通りに沿って警察署やレストラン、商店が並んでいる。バスターミナルは左にカーブし終えた所から右に延びる通りを入った所にあり、その後ろにはムハラク中央郵便局もある。シェイク・ハマド・アベニューに沿って進むと、両側がスーク地区だ。そのまま進むと、通りは緩い上り坂になる。坂を上ってしばらく行くと、右側にモスクがあるので、ここで左の路地に入ろう。人々の生活感漂う路地を抜けると、**シェイク・アブドゥラ・アベニュー Sheikh Abdulla Ave.**に交差する。この通りを越えた右側の、塀に囲まれた建物が**ベイト・シェイク・イーサ・ビン・アリ Bait Sheikh Isa Bin Ali**。そのまま直進すると通りがふた手に分かれるので右のほうへ進もう。曲がるとすぐ左に古いモスクがある。このモスクの奥にあるのが**ベイト・シャディ Bait Siyadi**だ。

雰囲気のある町なみ

おもな見どころ SIGHTSEEING

長い歴史を今に伝えるアリ首長の住居跡 地図P.265-A1

ベイト・シェイク・イーサ・ビン・アリ *Bait Shaikh Isa Bin Ali*

ベイトとは家の意味。ムハラクのなかでも歴史の長い建物のひとつ。1800年頃に建てられ、アリ首長（1869～1932年）の住居兼政府所在地として使われた建物だ。建物は首長の間Shaikh Quarters、家族の間The Family Quarters、召使いの間Servants Quarters、来賓の間Guests Quartersの4ブロックに分かれている。高い気温を遮るために壁の厚さは1m以上あり、ウインドタワーの下に座ると涼しい風が吹き込んでくる。入口はアブドゥラ・アベニューの反対側。

当時から高度な技術を有していたことがわかる

■ベイト・シェイク・イーサ・ビン・アリ
☎17334945
開9:00～17:00
休金曜
料BD1.05

■ベイト・シャディ
☎ 1733-4945
※2019年12月現在、改装工事により建物内は閉鎖中。

昔の面影が今も残る町並み

内装とウインドタワーが見事

地図P.265-A1

ベイト・シャディ *Bait Siyadi*

真珠貿易商アハマド・ビン・カシム・シャディ Ahmed Bin Qusim Siyadiの住居として、20世紀初めに建てられたもの。裏にはモスクまであり、とても大きな住居なのだが、現在残されているのは、ほんの一角に過ぎず、当時の建物は周囲の家を含めたもっと大きなものだったという。入って左の奥にあるウインドタワーは、壁に造られた隙間から風を送り込み、見た目の美しさだけではなく、機能的にできている。透かし彫りの欄干や塀に刻まれた文様などにも当時の栄華がしのばれる。

ベイト・シャディと裏手のモスク

■アラッド・フォート
☎ 1767-2278
開9:00〜17:00
休金曜
料BD1.05

遠浅の海を見つめ続ける砦の跡

地図P.265-B2

アラッド・フォート *Arad Fort*

クラヤ湾に面するアブ・マヒール・フォートAbu Mahir Fortと同じく、ムハラクへの船の出入りを監視する目的で16世紀に建てられたフォート。19世紀の初頭、バーレーンはオマーンに占領されており、現在見られるフォートはその当時を原形にしている。

観光客はほとんど見られない

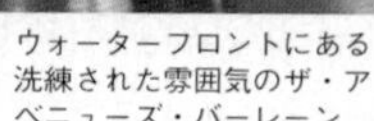
ウォーターフロントにある洗練された雰囲気のザ・アベニューズ・バーレーン

バーレーンのショッピングセンター

バーレーンには大型ショッピングモールが多い。代表的なのはアッシーフ地区にある**シーフ・モールSeef Mall**（地図P.255-A1）で、200以上の店舗と映画館が入っている。すぐそばには高級感のある**アル・アアリ・コンプレックスAl Aali Complex**（地図P.255-B1）がある。この中にある**アル・タワウィーシュ・スーク Al Tawaweesh Souq**は伝統的なスークを再現しており、観光客にもおすすめ。また、マナーマ中心部に近い最新の人気モール、**ザ・アベニューズ・バーレーンThe Avenues Bahrain**（地図P.263-B1）も見逃せない。そのほかにも、バーレーン最大のショッピングモール、**シティ・センターCity Centre**（地図P.255-B1）やワールドトレードセンターにある**モダ・モールModa Mall**（地図P.263-A1）をはじめ、市内には**バーレーン・モールBahrain Mall**（地図P.255-A1）、**ダナ・モールDana Mall**（地図P.255-B1）、**マリーナ・モールMarina Mall**（地図P.255-B1）といったショッピングモールが各地区に点在する。

マナーマ郊外のおもな見どころ
SIGHTSEEING

積み重なった歴史の遺構 地図P.255-A1

カラート・アル・バーレーン遺跡（バーレーン・フォート）
Qal'at al-Bahrain (Bahrain Fort)

シュメール人の記録によれば、ここにはディルムンと呼ばれる文明が興り、メソポタミアとインダスをつなぐ中継貿易の拠点として栄えていたという。その後も、ここにはいくつもの都市が積み重なるようにして造り上げられてきた。

マナーマ市街が見渡せる

現在残っている巨大な遺構は、1512～1622年にわたりバーレーンを支配したポルトガルが残した城砦跡。バーレーン・フォートあるいはポルトガル・フォートとも呼ばれている。2005年にユネスコ世界文化遺産に登録された。

マナーマの郊外に立つ最古のモスク 地図P.255-B1

アル・ハミース・モスク
Al Khamis Mosque

マナーマの約2.5km南にありバーレーン最古のモスクといわれている。692年に建てられたとされる。ユネスコの調査では、モスクを囲む壁の形が7～9世紀のモスクのスタイルに酷似しているというが、真偽は定かでない。もともとのモスクは木造の小さなものだったが、1340年と15世紀の半ばに修復され現在の石造りの塔（ミナレット）になったらしい。

荒野に延々と続く太古の墓標 地図P.255-A1

アアリ古墳群　*A'ali Burial Mounds*

全土で見られる古墳群は8万5000前後もあるという。これらは紀元前3000年から青銅器時代のもので、有史以前の古墳群としては世界最大級。陶器の産地でもあるアアリA'aliは、高さ10m以上、直径45mもある大型古墳があることで知られ、アアリ・ハイウエイ沿いに西に進むと道の南側に見える。発掘品はバーレーン国立博物館に収蔵されている。

大陸とバーレーンを結ぶ架け橋 地図P.255-A1

キング・ファハド・コーズウエイ
King Fahad Causeway

サウジアラビアとバーレーンを結ぶコーズウエイ。建設費用は全額サウジアラビアが出資した。サウジアラビアまで約1時間で行けるが需要が高く、週末には渋滞する。総延長は25kmあり、中央に両国の出入国事務所と税関がある。サウジアラビアのビザを持っていなくても、出国ゲートの手前にある展望台レストランまでは行くことができる。

■カラート・アル・バーレーン
☎1729-8544（博物館）
開フォート　8:00～20:00
　博物館　8:00～20:00
休月曜
料BD2.1（博物館）

第1号油井と石油博物館
地図P.255-B2
☎ 1775-3475
開日～木曜9:00～17:00
休金・土曜　料無料
1931年10月16日にアラビアで最初に発見されたこの油井は、翌年の6月2日から採掘が開始された。保存された第1号油井の横の石油博物館Oil Museumは、実際に使われた測量器具や資料を展示している。

■アル・ハミース・モスク
開9:00～17:00
　不定期に閉鎖する。
休月曜
料無料

そのほかの古墳群
サールSar（コーズウエイ・アプローチ・ロードの両側）やハマド・タウンHamad Town近郊にもある。

アル・ジャスラ・ハンディクラフト・センター Al Jasra Handicraft Centre
地図P.255-A1
☎1761-1900
開8:00～14:00
休金曜
キング・ファハド・コーズウエイ手前近く。陶芸や織物、彫刻などの伝統工芸制作の様子を見学でき、製品も購入できる。

■キング・ファハド・コーズウエイ
料BD2.5（通行料）
●キング・ファハド・コーズウエイ・レストラン
開9:00～23:00
休無休
料BD0.5
2階にレストランとカフェテリアがある。2019年12月現在改装中。

■アル・アリーン・ワイルドライフ・パーク
☎1784-5480
URL www.alareen.org
開9:00～16:00
休無休
料BD1.05（2歳以下無料）

■生命の木
車を利用しなければ行けない。マナーマから約45分。
開9:00～17:00
休無休
料無料

ムハラクの北にあるおすすめスポット

バーレーン最北端の新興埋立地にあるマラシ・ビーチMarrassi Beach（地図P.255-B1）は、ホワイトサンドの美しいビーチで、泳ぐこともでき、水着を着た欧米人客も多い（入場料BD2）。同じエリアにあるドラゴン・シティ・バーレーンは、中国風のショッピングセンターで、ほかでは見られない特徴のあるテナントが入っている。

●S Dragon City Bahrain
地図P.255-B1
住Bldg. 4441, Rd. 6347, Block 263, Dyar Al Muharraq
開10:00～22:00
（木・金曜～24:00）
休無休
※マラシ・ビーチへは12番のバスで終点のドラゴン・シティへ行き、そこでタクシーを拾うと便利。

美しいマラシ・ビーチ

■バーレーン・インターナショナル・サーキット
住Gulf of Bahrain Ave. Umm Jidar
☎1745-0000
URL www.bahraingp.com

アラブの野生動物に出合える

地図P.255-A2

アル・アリーン・ワイルドライフ・パーク *Al Areen Wildlife Park*

南西部にある野生動物の保護区。アラビア半島に生息するアラビアン・オリックス（長角レイヨウ）、ラクダ、ダチョウなどの動物が観察できる。1時間ごとに保護区を周遊するサファリバスが運行している。カフェテリア、ギフトショップがある。

アラビアン・オリックス

荒野の神秘と思わずにいられない

地図P.255-B2

生命の木 *Tree of Life*

ドウハン山の南東約2kmに、1本だけポツンとたたずむ大きな木がある。周りの荒れた大地には木が生えていないことから、しばしば「エデンの園」の伝説と結びつけられている。かつての、豊富な地下水があったバーレーンをしのぶことができる風景だ。照明がないので、明るいうちに行こう。

大きく枝を広げた立派な木

F1バーレーン・グランプリが行われる

地図P.255-A2

バーレーン・インターナショナル・サーキット *Bahrain International Circuit*

バーレーン中部、バーレーン大学の近くにあるサーキット。毎年バーレーン・グランプリの時期には大勢の人々でにぎわう。F1以外の各種モータースポーツも行われている。

F1好きにはたまらない

RESTAURANTS

ショーも楽しめる本格的レバノン料理
R ザハレ（レバノン料理）
ZAHLE
MAP P.263-B2

住 Ⓗガルフ・ホテル・バーレーン
☎1774-6417
開 19:00～翌1:00（木・金・日曜～翌2:00）
休 土曜　CC ADJMV

店員の衣装やインテリアはレバノンから取り寄せたもの。ベリーダンスやライブ演奏などのショータイムは、地元の人にも大人気。18歳未満は入店できない。

地元で人気のチェーンレストラン
R アル・アブラージュ（アラブ料理）
AL ABRAAJ
MAP P.265-B1

住 Busaiteen
☎1743-4343
開 11:00～24:00　休 無休
CC AMV

国内に14の支店がある。アラブ料理を中心にイタリアや中国料理などBD2～5と手頃な値段で楽しめる。アル・アアリ・コンプレックスにも支店がある。Wi-Fiあり。

手頃な値段のペルシア料理店
R イスファハーニ・レストラン（ペルシア料理）
ISFAHANI RESTAURANT
MAP P.263-B1

住 Exhibition Ave., Manama
☎1729-0027
開 12:00～24:00　休 無休
CC MV

カラフルなタイルの外装が目立つペルシア料理専門店。スターターBD1.2～、メインBD3～、ケバブBD4.2～、ビリヤニBD2.8～。無料デリバリーあり。

豊富なメニューが自慢
R 慶（日本料理）
KEI
MAP P.263-B1

住 Ⓗゴールデン・チューリップ・バーレーン
☎1753-3450
開 12:00～15:00、19:00～23:00
休 無休　CC ADJMV

Ⓗゴールデン・チューリップ（→P.270）内にある日本料理店。日替わりも含め、夜には100種類ものメニューが並ぶ。その他枝豆など酒のつまみも充実している。

絶品の本格派トルコ料理レストラン
R スーティス（トルコ料理）
SUTIS
MAP P.263-B1

住 Ⓢザ・アベニューズ・バーレーン
☎1667-0358
開 8:00～24:00　休 無休
CC AMV

人気のおしゃれなモール、ザ・アベニューズ・バーレーンの中にある。前菜BD2.5～、メインディッシュはBD4.95～。トルコアイスの店頭販売もしている。

バーレーン唯一のイラク料理店
R ウルク（イラク料理）
URUK
MAP P.263-B2

住 Exhibition Ave., P.O.Box 37002, Manama
☎1729-1500
開 12:00～翌1:00　休 無休
CC MV

おすすめは、イラク料理の定番クージ（羊肉の煮込み料理）BD6.8や、スパイシーなカバブ・バグダディBD3.8など。イラクの飲み物レバンBD1.2もおすすめ。

Hotels

斬新な外観が印象的
フォーシーズンズ・ホテル・バーレーン・ベイ
FOUR SEASONS HOTEL BAHRAIN BAY　MAP P.263-A1

住Bldg. 555, Rd. 4612, Block 346, Manama
☎1711-5000　URL m.fourseasons.com/bahrain　料 スーペリア BD140 ～
全 273 室　CC ADMV

48階建ての高層ホテルで、アラビア湾やマナーマの町を一望でき、眺望のよさは格別だ。客室も洗練されており、ビジネスセンターほかホテル内施設も充実。

シーフ地区にある5つ星リゾート
ジュメイラ・ロイヤル・サライ・バーレーン
JUMEIRAH ROYAL SARAY BAHRAIN　MAP P.255-B1

住Bldg. 56, Ave. 38, Block 428, Al Seef District, Manama　☎7770-7070
URL www.jumeirah.com　料 アラビアン・デラックス BD134 ～　全 84 室　CC ADMV

マナーマの中心部から約5km離れたシーフ地区にある。海辺の静かな環境もさることながら、プールやプライベートビーチもあって優雅なひとときを過ごせる。

バーレーン有数のラグジュアリーホテル
ザ・リッツ・カールトン・バーレーンホテル&スパ
THE RITZ-CARLTON BAHRAIN HOTEL & SPA　MAP P.255-A1

住Bldg. 112, Rd. 40, Block 428, Al Seef District, Manama　☎1758-0000
URL www.ritzcarlton.com　料 デラックス BD161～　全 245 室　CC ADMV

シーフ地区にある、王室も御用達の5つ星ホテル。プライベートビーチや9つのレストラン＆バーがあり、スパやサウナも充実。客室はヴィラタイプもある。

4つ星のビーチサイドホテル
ノボテル・アル・ダナ・リゾート
NOVOTEL AL DANA RESORT　MAP P.263-B1

住121 Sheikh Hamad Causeway, Manama　☎1729-8008
URL www.novotel.com
料 スーペリア BD62 ～　全 166 室　CC ADMV

空港から車で5分、シェイク・ハマド・コーズウエイをマナーマ側に渡ってすぐ左にある。インテリアにアラビアンテイストを取り入れており、客室設備も申し分ない。

バブ・アル・バーレーンへは徒歩圏内
ゴールデン・チューリップ・バーレーン
GOLDEN TULIP BAHRAIN　MAP P.263-B1

住Bldg. 5 Rd., No 339 Block 317 Diplomatic Area, Manama　☎1753-5000
URL www.goldentulipbahrain.com　料 スタンダード BD47 ～　全 250 室　CC ADJMV

ビジネス街にあるので、ビジネスマンがよく利用している。客室も木目調の落ち着いた雰囲気で、日本料理店「慶」（→P.269）も好評。居心地がよいホテルだ。

アラビア湾を望む客室が人気
シェラトン・バーレーン・ホテル
SHERATON BAHRAIN HOTEL　MAP P.263-A1

住6 Palace Ave., Manama　☎1753-3533
URL www.marriott.com
料 トラディショナルルーム BD55 ～
全 256 室　CC AJMV

ビジネスにもショッピングにも便利な立地。レストランやカフェ、バーなどの施設も充実していて、外国人旅行者に人気がある。2019年12月現在改装中。

メモ　バーレーンのホテルは、客室料金に20%の税金が加算される。

長期滞在にもオススメ

ガルフ・ホテル・バーレーン

GULF HOTEL BAHRAIN MAP P.263-B2

住 Bldg. 11 Rd. 3801, Manama
☎ 1771-3000
URL www.gulfhotelbahrain.com
料 スーペリア BD66～　全 361 室　CC ADJMV

グランド・モスクのすぐ近く。巨大なシャンデリアと大理石のロビーが豪華。ビュッフェ・レストランなど 10 のダイニングがあり、日本料理店「さと」の評判がいい。

近くにショッピングモールがあり便利

ザ・ジュファイア・グランド・ホテル

THE JUFFAIR GRAND HOTEL MAP P.255-B1

住 Bldg. 676 Rd. 4015, Manama
☎ 1782-7600
URL www.thejuffairgrand.com
料 スーペリア BD26～　全 96 室　CC ADMV

ジュファイア地区にあるシティホテル。ジムや屋外プール、レンタカーオフィス、スパ、アルコールが飲めるスポーツバーなど施設面が充実。空港送迎サービスあり（有料）。

ビーチまで徒歩約 5 分

ホリデイ・バーレーン・ホテル

HOLIDAY BAHRAIN HOTEL MAP P.263-B2

住 Bldg. 87, Rd. 2003, Block 320, Al Hoora
☎ 1731-3030　URL www.holidaybahrain.com
料 スタジオ BD70～
全 274 室　CC ADMV

マナーマ東部のホテル街にあり、どこへ行くにも便利。事務やレストランなど設備は整っており、きれいで清潔、そしてリーズナブルなのでビジネスマンに人気がある。

下町にある安宿

ジンドル・ホテル

JINDOL HOTEL MAP P.263-A2

住 Rd. 44, Block 304, Bldg. 2527, Manama
☎ 1722-7227
料 Ⓢ BD15～　Ⓓ BD30～
全 76 室　CC MV

スーク地区にある、マナーマで最も安い宿のひとつ。建物はところどころアラビック調で、客室は狭いが清潔。隣には同経営のレストランもあり、Wi-Fi もある。

バーレーンの交通事情

バーレーンを観光するならタクシーを利用するか、公共バスを利用するのが一般的。タクシーはメーター制と交渉制があり、夜などは、メーター制のタクシーであっても交渉になるケースが多い。ふっかけてくるドライバーも多くトラブルが起きることも。バスは 2015 年に路線が拡大され、広範囲に移動できるが路線によっては 30 分に 1 本というところもあるので観光には不向きだ。そこでおすすめしたいのが、現地旅行会社やレンタカー会社が催行しているプライベートツアーだ。半日と 1 日コースがあり、行きたい場所を言っておくと、ドライバーが最適なコースを考えて回ってくれる。

またバーレーンでは、配車アプリのウーバー Uber が利用できる。ウーバーなら、目的地を設定すると、料金、ドライバーの顔写真などが画面に表示される。英語が苦手な人や、料金を先に知りたい人などには便利なアプリだ。バーレーンでの利用はキャッシュレスのみなので、クレジットカードの登録も必要になる。利用するうえでの注意点は、Wi-Fi 環境がないと利用できないことや、運転するのはプロのタクシードライバーではなく一般人であることなど。もろもろ理解をしたうえで利用したい。

السعودية

サウジアラビア

Saudi Arabia

ジェッダ旧市街の町並み

サウジアラビア

Saudi Arabia

メディナにあるクバ・モスク。現在の建物ではないが、ここにイスラム世界で初のモスクが築かれたともいわれる

イスラム教の始祖ムハンマドの生まれたサウジアラビアは、メッカ、メディナというイスラム2大聖地をかかえるイスラム教の発祥地。イスラム世界はとかく制約が多いといわれるが、この国と比べればどの国もまだまだ甘いほうだ。それほど厳格なコーランの戒律をかたくなに守って生活している。もちろん、イランなどのイスラム原理主義国家とは一線を画しているものの、イスラムの中心地として、生活に深く入り込んだ、いや生活そのものともいえるコーランには圧倒される。

サウジアラビアはシャーリアといわれるイスラム法を基本原理とする、宗政一致の絶対君主制国家だ。つまり、国王であるサルマン・ビン・アブドゥルアジーズ・アール・サウードは立法、司法、行政を司り、同時に宗教上のイマーム（最高指導者）を兼任しているわけだ。国の法として位置づけられているのは、コーランおよびハディース（預言者の言行録）のふたつ。コーランとハディースによって禁止されているのは、アルコールに始まり、男女の混同、集会、賭け事など、広範囲にわたる。女性が外出する場合は頭から足の先まですっぽりとアバヤ（黒いマントのようなもの）を着用しなければならない。これが外国人にも適用されるというのがほかの国との根本的な違い。なるべく守ってほしいという国はあっても、サウジアラビアのように外国人にもイスラムのタブーが厳しく適用される国は少ない。町なかでは風紀取り締まり官のムタワが目を光らせているので、慣れないうちはビクビクさせられる。彼らに捕まると簡単には解放されない。

ところが、この国にしばらく滞在していると、不思議と何も感じなくなってしまう。厳しいのが当たり前の生活ではこれが普通なのだ、と感じ始めるのにそれほど時間はかからない。実際、イスラムの決まり事を守ってさえいれば、物質的に豊かなこの国で生活するのは意外に快適なのだ。

国土の大部分を砂漠が占める

ナバタイ人の遺跡、マダインサーレ

カプサを食べるサウジアラビアの男性

サウジアラビア王国
KINGDOM OF SAUDI ARABIA
0
500km
ヨルダン
イラク
Al Qurayat
Arar
Sakakah
Jauf
Haql
Tabuk
ネフド砂漠
An Nafud Desert
Ras Shaykh Harnayd
Duba
マダインサーレ P.298
Madain Salah
Al Ula
Al Wajh
ハイエル P.289
Ha'il
P.309 クウェート
クウェート
Hafr Al Batu
Nuraiyah
アラビア湾
Arabian Gulf
P.29
ザ・エッジ・オブ・ザ・ワールド
The Edge of the World
Abu Hadriyah
ジュベール Jubail P.306
P.305 カティフ Qatif
バーレーン P.253
マナーマ
ダンマン Damman P.303
P.289 ブライダ
Buraydah
Ar Rass
Unayzah
Dukhnah
Shagra
P.288
ディライーヤ
Dir'aiyah
Abqaiq
アル・コバール Al Khobar P.304
ドーハ P.236
カタール P.227
アブダビ P.121
P.306 ホフフ
Hofuf
ナジド地方
Najd
リヤド Riyadh
P.284
Al Kharj
ダフナ砂漠
Dahna Desert
ダーラン
Dhahran
P.305
アラブ首長国連邦 P.33
メディナ
Medina
P.297
エジプト
赤い砂漠
Red Sand Desert P.29
ツワイク山地
Jebel Tuwayq
Zalim
P.296
メッカ
Mecca
ジェッダ
Jeddah
P.291
タイフ P.297
Taif
ルブ・アル・ハリ砂漠
Rub Al Khali Desert
紅海
Red Sea
スーダン
アル・バハ
Al Baha
Al Khamasin
Asulayyil
Qala' Bisha
Al Qunfidhah
アシール地方 P.301
Asir
P.301 アブハ
Abha
ハミス・ムシャイト
Khamis Mushayt
リジャル・アルマ村
Rijal Alma Heritage Village
P.29
Dharan Al Janoub
ナジラン P.302
Najran
オマーン P.165
Sa'da
ジザン
Jizan
P.302
エチオピア
イエメン
サナア
アラビア海
Arabian Sea

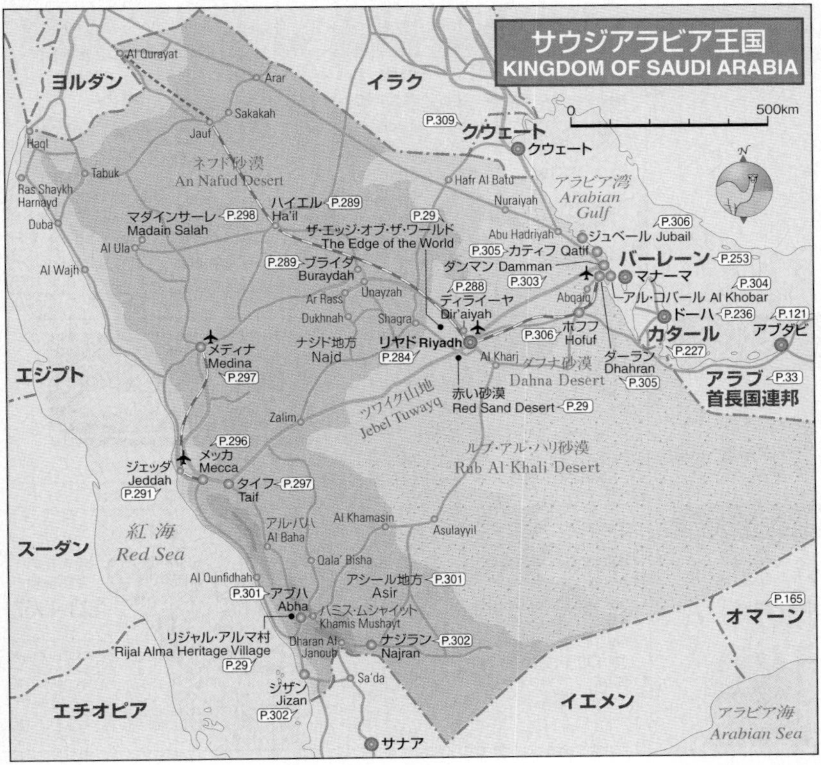

ジェネラルインフォメーション

サウジアラビアの基本情報

▶アラビア語入門 → P.351

正式国名
サウジアラビア王国
Kingdom of Saudi Arabia

国　旗
緑の地はイスラム教を表し、「シャハーダ（信仰告白）」をデザイン化した文字と、メッカの守護を表す白い剣が描かれている。

国　歌
Sarei Lil Majd Walalya

面　積
約 215 万km²。日本の約 5.7 倍

人　口
3341 万人で、そのうち外国人が約 900 万人を占める（2018 年）。

首　都
リヤド Riyadh

元　首
サルマン・ビン・アブドゥルアジーズ・アール・サウード国王 Salman bin Abdulaziz Al Saud。第 7 代国王で首相も兼任。

政　体
君主制

民族構成
自国民 73%、外国人 27%

宗　教
イスラム教

言　語
アラビア語（公用語）。英語も通じる。

通貨と為替レート

SR

▶基礎知識：両替とクレジットカード → P.281

通貨単位はサウジ・リヤル SR（Saudi Riyal）とハララ（Halalas）。SR1 = 100 Halalas = 29.36 円（2020 年 1 月 17 日現在）。紙幣は SR500、SR100、SR50、SR20（旧紙幣）、SR10、SR5、SR1（旧紙幣）。硬貨は SR2、SR1、50Halalas、25Halalas、10Halalas、5Halalas、1Halala。新旧の紙幣と硬貨が併用されている。

SR500　SR100

SR50

SR20

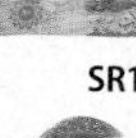

SR10

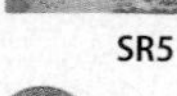

SR5

SR1

SR2

SR1

50Halalas

25Halalas

10Halalas

5Halalas

1Halala

日本からのフライト時間

▶アラビア半島への道 → P.336

日本からの直行便はなく、まずドバイやアジアの都市に行き、そこからリヤドに入ることになる。所要時間はドバイからリヤドまでは約 2 時間。クアラルンプールからリヤドまで直行便で約 8 時間 15 分。

サウディアの機体

電話のかけ方

▶郵便と電話 → P.368

日本からサウジアラビアへ　例：リヤド (011) 123-4567 にかける場合

国際電話会社の番号
001 KDDI ※1
0033 NTTコミュニケーションズ ※1
0061 ソフトバンク ※1
005345 au（携帯）※2
009130 NTTドコモ（携帯）※3
0046 ソフトバンク（携帯）※4

＋ **国際電話識別番号 010** ＋ **サウジアラビアの国番号 966** ＋ **市外局番の最初の 0 を除いた番号 11** ＋ **相手先の電話番号 123-4567**

※ 1「マイライン・マイラインプラス」の国際区分に登録している場合は不要。詳細は、URL www.myline.org　※ 2 au は 005345 をダイヤルしなくてもかけられる。※ 3 NTTドコモは事前に WORLD WING に登録が必要。009130 をダイヤルしなくてもかけられる。※ 4 ソフトバンクは 0046 をダイヤルしなくてもかけられる。
※携帯電話の 3 キャリアは「0」を長押しして「+」表示し、続けて国番号からダイヤルしてもかけられる。

出入国

▶各国のビザ（査証）→P.338

ビザ

2019年9月より観光ビザの発給が開始された。公式サイト（URL visa.visitsaudi.com）からe-Visaの取得が可能。パスポート写真（サイズ200×200）のjpeg等のデータ（画像容量100KB以内）を添付し、ビザ代＋保険代で約SR460（約1万4000円）をカードで支払う。1年間有効のマルチプルビザで、1回の入国につき最長90日の滞在が可能。通常、申請から24時間以内に発給される。また、空港で到着ビザを取得することもできる。観光ビザの申請条件は18歳以上。

パスポート

有効残存期限は6ヵ月以上。旅券の未使用査証欄は、見開き2ページ以上必要。

気　候

▶基礎知識：地域別の気候→P.280

一般に酷暑と乾燥が特徴とされているが、沿岸部と内陸部では気候も異なる。

亜熱帯性気候の紅海沿岸は、夏は高温多湿で冬は温暖な気候。季節による気温差はほとんどなく、最低気温は30℃〜、最高気温は40℃〜。夏には地表温度が50℃を超えることもある。湿度は年間を通して50〜70%程度。砂嵐が多い。

一方リヤドのある内陸部では大陸性の乾燥した気候で、夏季には日中の気温が45℃を超えるのに対し、夜は20℃前後で湿度も高くなく過ごしやすい。冬季の夜間には0℃以下に下がることもあり、コートが必要なときもある。

アラビア湾沿岸は、季節や時間帯によって気温が大きく変化する。6〜9月にかけては気温が50℃ほどになることもあるが、冬は逆に0℃以下に冷え込むこともある。11〜1月は最高気温も30℃ほどで、快適に過ごすことができる。また、5〜6月前後は特に砂嵐が多い季節で、月の3分の2は砂嵐に空が覆われてしまう。

また、非常に少ない降水量ながら、10月から3月にかけては、局地的な集中豪雨に見舞われることもある。

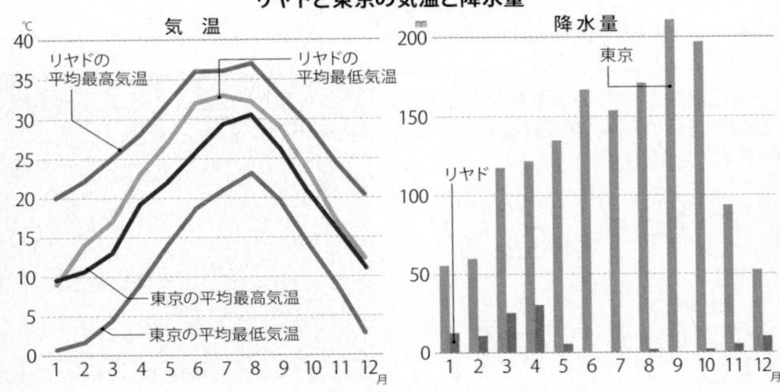

※東京の気温および降水量は、気象庁の平年値のデータ。リヤドの気温および降水量は、JMC「海外旅行データブック」より。

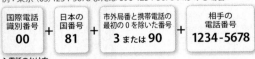

サウジアラビアから日本へかける場合

例：東京（03）1234-5678または090-1234-5678にかける場合

国際電話識別番号		日本の国番号		市外局番と携帯電話の最初の0を除いた番号		相手の電話番号
00	+	81	+	3または90	+	1234-5678

日本での国際電話の問い合わせ先

KDDI	Free 0057（無料）
NTTコミュニケーションズ	Free 0120-506506（無料）
ソフトバンク	Free 0120-03-0061（無料）
au	Free 0077-7-111（無料）
NTTドコモ	Free 0120-800-000（無料）
ソフトバンク	Free 157（ソフトバンクの携帯から無料）

▶電話のかけ方

公衆電話はテレホンカードまたはコイン式。しかし、町なかで公衆電話を見ることはほとんどない。

時差とサマータイム

日本との時差はマイナス６時間。日本が正午のとき、サウジアラビアは6:00。サマータイムはない。

ビジネスアワー

１日５回あるお祈りの時間は、町なかの商店、レストランなどは30分ほど営業を停止しなくてはならず、この間は店の外で待つことになる。たとえ買い物の途中でも、店の外へ出されるので注意したい。

官庁	日〜木曜	7:30 〜 14:30
銀行	日〜水曜	8:00 〜 12:00、17:00 〜 20:00
	木曜	8:00 〜 12:00
商店	日〜木曜	9:00 〜 14:00、16:00 〜 22:00
レストラン	日〜木曜	12:00 〜 15:00、18:00 〜 22:00
オフィス	日〜木曜	8:00 〜 12:00、15:00 〜 18:00

（9:00 〜 17:00 のところもある）

夜まで営業する個人商店

祝祭日

▶アラビアを理解するために→P.354

ヒジュラ暦を採用。2020年の祝祭日は以下のとおり（＊印は毎年変わる）。日本の日曜に当たるのは金曜。週末といえば、金・土曜を指す。

5月24日頃*	ラマダン明けの祭り　Eid al-Fitr（End of Ramadan）
7月31日頃*	犠牲祭　Eid al-Adha（Feast of Sacrifice）
9月23日	建国記念日　National Day

※ 2020年のラマダンは4月23日〜5月23日の見込み。

電圧とプラグ

電圧は127/220Vの２種類があるが、220Vのほうが多い。周波数60Hz。プラグタイプはA、B、BF、C。

Aタイプ　Bタイプ　BFタイプ　Cタイプ

古代の遺跡も多く残る

飲料水

水道水は海水を淡水化したものと地下水を混ぜたもの。一般的にはミネラルウオーターを飲用している。「SASO」マークの付いたものは比較的安心。今、急激な人口増加による深刻な水不足がサウジアラビアの新たな問題となりつつある。これは中東全体にいえることだが、水は貴重品であることを忘れずに。

ミネラルウオーター

チップ

特に習慣はないが、いいサービスを受けたと思ったら払ってもかまわない。

観光への扉が開かれつつある

郵便

はがき、手紙は日本まで50gまでSR12。1週間程度で到着する。EMS小包は10kgまでがSR400。

▶郵便と電話
→P.368

税金

TAX

2018年1月より5%のVAT（付加価値税）が導入された。

安全とトラブル

▶基礎知識：習慣とタブー→P.280

治　安

2019年12月現在、日本の外務省はジザン州、アシール州、ナジラン州のイエメンとの国境地帯に「渡航は止めてください」、イラクとの国境地帯に「不要不急の渡航は止めてください」、それ以外の地域に「十分注意してください」という海外安全情報（2019年10月3日付）を発出している。

2001年9月11日の米国でのテロ事件以降、サウジアラビア全土で外国人を標的とした自爆テロや誘拐事件などが頻発していたが、2005年以降治安は改善の傾向にある。しかし、治安当局のテロ取り締まり強化にともなって、治安当局とテロリストとの間で衝突が散発しており、予断を許さない。また、日本人および日本権益に対するテロにも十分な警戒が必要だ。なお、日常生活においても外国人の場合、常にパスポートかイカマ（滞在許可証）を携帯しなければならない。これらの不携帯によるトラブルもしばしば発生しているので注意したい。また、ムタワという宗教警察が私服で町をパトロールして風紀を取り締まっている。暑いからといって短パン姿で歩いたりしていると拘束される。くれぐれも現地の習慣に合わせること。

外務省 危険・スポット・広域情報

●中東地域における緊張の高まりに関する注意喚起

※2020年1月5日、8日付

■外務省 海外安全ホームページ

URL www.anzen.mofa.go.jp

警察　**999**

消防　**998**

救急車　**997**

【在サウジアラビア日本大使館】

Embassy of Japan　地図P.285-A2外

住 A-11 Diplomatic Quarter, Riyadh（P.O.Box 4095）

☎(011) 488-1100　FAX (011) 488-0189

【在ジェッダ日本総領事館】

Consulate-General of Japan　地図P.293-A1

住 No.32, Al-Islam St., Al Harma'a District, Jeddah（P.O. Box1260）

☎(012) 667-0676　FAX (012) 667-0373

滞在アドバイス

▶旅の健康管理
→P.365

生活用品

食料品はたいていの物は手に入る。ただし豚肉は入手不可能。日本食材は購入可能だが、豚肉のエキスなどが入っている調味料などは購入不可。

酒

入手不可能。所持しているだけで処罰の対象。みりんも不可。

医療、衛生

この国には風土病は存在しないが、山岳地域を除いて夏季の気温は非常に高くなるので注意しなければならない。

また、外務省から「MERSコロナウイルスによる感染症の発生」の広域情報が発出（2016年12月8日付）している。ラクダとの接触、ラクダの未加熱肉や未殺菌乳の摂取は避けるように。

薬に関してはたいていのものが手に入る。サウジアラビアでは、会社がすべて従業員を保険でカバーするので、働いている人には指定病院がある。短期滞在者は大きなホテルなら電話で医者を呼んでくれる。おもな病院はキングダム病院（☎(011) 275-1111 リヤド）、インターナショナル・メディカル・センター（☎(012) 650-9009 ジェッダ）がある。医療レベルが高いので安心して利用できる。

住　居

住宅はコンパウンドと呼ばれる一戸建ての集合区画に住むのが一般的。家賃は高めだが、ほとんどのコンパウンドにはプールやテニスコート、店などが併設されている。また、この中であれば、女性もアバヤを身に着けないで外に出られることが多い。

基礎知識

Basic knowledge

イスラム教の国には厳しいタブーの数々がある。長期滞在者はもちろん、旅行者も、日本との文化の違いをよく理解しておきたい。サウジアラビアへのツアーを主催する旅行会社は、どこも出発前に細かいアドバイスを必ずしてくれる。それを遵守し、さらに旅行中は添乗員の指示に従うようにしていれば、トラブルは起きないだろうし、女性も決して窮屈な思いはしないはずだ。旅行者は、特に無謀な単独行動をとるようなことは決してしないようにしてほしい。

町角のジューススタンドで、しっかりと水分補給を

歴史

イスラム時代へ

イスラムの時代が訪れる以前のサウジアラビアに住んでいた人々の多くは遊牧民だったという。その頃のアラブには宗教的な基盤もなく、それぞれの部族は水や食料を求めて各地を転々とし、部族の生活を守るためにたびたび部族間に衝突が起こっていた。

メッカの商人であったムハンマドは、山奥での瞑想のなかで大天使ガブリエルの啓示を受けたとされている。610年頃のことだ。これが唯一神アッラーを信仰し、アッラーのために善行を行い、悪業を控えるというイスラム教となり、アラブ世界をしだいにひとつにまとめる大きな力へと発展することになる。

サウジアラビア王国の黎明期

サウード家は、もともとアラブの部族のなかでも勢力のあったアナザ族に属していた。18世紀の初頭、サウジアラビアの創始者とされるサウード・ビン・ムハンマド・ビン・ムクリンは、今のリヤドの北にあるディライーヤ（→P.288）を中心に首長国を構成していた。首長の死後、王位を継承したムハンマドは、シェイク・ムハンマド・ビン・アブドゥル・ワッハーブと出会うことにより、ワッハーブ派イスラム教の守護者として、彼の宗教改革を推進することとなった。

近代サウジアラビア

王国の歴史は大きく3つの時代に分けられる。第1期はワッハーブがディライーヤに移った1744年（イスラム暦1157年）から始まる74年間。この間4人のイマームが統治し、時代の幕切れはオスマン帝国が第3次エジプト遠征軍を半島に向けて出撃させた年である。

第2期が始まるまでの数年、オスマン帝国との攻防戦によりディライーヤは廃墟と化してしまう。それでもオスマン帝国支配に対する抵抗運動は続き、1824年に第2期を迎える。この時代は75年間続き、9人の首長が支配したが、最後のイマーム、アブドゥル・ラーマン・アル・ファイサルは家族とともにクウェートに移り、第2期は終わりを告げた。

第3期は1902年（イスラム暦1319年）に始まる。この年、リヤドの町を征服したアブドゥル・アジズ・ビン・アブドゥル・ラーマン・アル・ファイサル・アル・サウード（一般にはビン・サウードとして知られる）は偉大な指導者として評価されている。彼はそのあとも戦いに勝ち続け、1925年の末にはアラビア半島のほぼ全域を支配する。そして1932年、サウジアラビア王国としてこの国家は統一され現在にいたっている。

経済

主要産業は、世界全体の約15％（2014年）を産出する石油とそれにともなうLPG、石油化学工業などで、ひとり当たりのGDPはUS$2万3190（2018年推定値、IMF）。

地域別の気候

沿岸部と内陸部で気候が異なる。沿岸部は季節に関係なく1年を通して暑いのが特徴。内陸部の気温は、日中は高いが夜になるとぐっと冷え込む。夏季で20℃、冬季で0℃以下になることもある。

服装

沿岸部と内陸部では気候が異なるが、朝夕は気温が下がる時期もあるので、カーディガンやウインドブレーカーなど、羽織るものがあるといい。また、男女を問わず肌の露出は避ける。男性は半袖可、短パンは不可。帽子やサングラスは必需品。

習慣とタブー

アラブ諸国のなかで、いちばん厳しくイスラム戒律を守っているのがサウジアラビア。したがって酒や豚肉を手に入れることは不可能で、女性が受ける制約も非常に多い。一般的なところでは、外出時にはアバヤ（黒いマント）で頭の先からつま先まで覆わなければならない、単独での外出ができないなど。プールやレストランに出かけても、男女の同席はできない。また、博物館や観光施設の見学に関しても、時間帯によって男性、女性、ファミリーと入場制限が設けられている。女性のタブーについては→P.283。

アラビアを理解するために→P.354
アラビア半島の旅行事情→P.8
サウジアラビアでの女性の滞在→P.300

アルコール

サウジアラビアは中東諸国のなかでも特に厳しくアルコールの生産、輸入、販売を禁じている。持ち込みも堅く禁じられており、X線検査で簡単に判別されてしまうので絶対に持ち込まないように。アルコールでなくとも瓶の形をしたものがあれば荷物を開けられることも。アルコールの入ったチョコレート、醤油、みりんなども持ち込み厳禁。レストランではノンアルコールビールが提供されている。

たばこ

公共の場での喫煙は禁止されている。近年世界的な影響を受け禁煙志向が高まっているが、地元では水たばこや葉たばこ、嗅ぎたばこなどが親しまれている。

女性の旅

服装は外国人でも外出時には必ずアバヤ（女性の全身を覆う黒衣）の着用が義務づけられている。非イスラム教の外国人は必ずしも髪を覆う必要はないが、染色、脱色などして派手に映る場合はスカーフなどで覆ったほうがいい。サウジアラビアの女性は機内でアバヤを着用して降りてくるが、初めてサウジアラビアに到着する乗客は、アバヤがないのでそのままの格好で降りてきてもよい。ただし、肌を露出した服装は厳禁。

レストランは、中級～高級店では、ほとんどの場合、男女ともに入ることができるが、町の大衆食堂では男性しか入れない「シングル・セクション」と男女ともに入れる「ファミリー・セクション」に分かれていて、女性は「ファミリー・セクション」を利用することになっている。女性ひとりで食事をすることはサウジアラビアではない習慣なので、男性をともなっての食事が基本。そのほか、ほとんどのスポーツ施設は女性は立ち入り禁止なので、スタジアムでサッカー観戦なんてことはあり得ない。外国人専用のジムなどは入場可。

両替とクレジットカード

現地で日本円をサウジ・リヤルに替えることは難しい。USドルやユーロは空港、市内で両替可。クレジットカードも使用できる。

物価と予算

日本の地方と同程度と考えよう。野菜などの食料は日本より安い。

食事

サウジアラビアの食文化は、古来から接触の多かったエジプト、シリア、イラク、トルコなどの影響を強く受けている。毎年、世界中から膨大な数の巡礼者を受け入れるサウジの食事は、もとをたどればこうした諸外国に行き着くことが多い。それらは、厳しい砂漠の生活のなかでサウジ流に変化して生活に根づいてきた。現在、サウジらしい食事の代表といえばカプサ。羊などの肉汁で炊き込んだご飯の上に肉をのせたシンプルな料理だ。どんな安レストランでも食べられるこの料理は、お祝いの席では豪華なご馳走にもなる一品。

また、町なかでよく見かけるのがインド料理レストランと西洋的なファストフード店。このほか、グリルにしたチキンやシャウルマも一般的なスナックだ。シャウルマはSR5ぐらいで食べられる。リヤドなどの大都市では、労働者が多いのに比例してフィリピン料理やタイ料理のレストランも非常に多い。また、料金は少し高くなるが、中国料理やレバノン料理のレストランも揃っている。

チキンやラム肉を挟んだ「シャウルマ」

ちなみに海外へ醤油を持っていき食事の際に使うという人は少なくないが、サウジアラビアでは持ち込みそのものが罰則の対象となる。日本製の醤油のうちアルコールが含まれているものは持ち込めない。アルコールが含まれていない韓国や中国の醤油であれば現地で手に入る。

アルコールの禁じられているサウジアラビアでは、ソフトドリンクやフレッシュジュースの類は充実している。また、デーツ（ナツメヤシ）を食べながら飲むのにぴったりなのがアラビックコーヒー。カルダモンのスパイスが効いたコーヒーは、小さなカップで少しずつ飲む。日本のコーヒーとは大違いだが、さっぱりとしていて、のどごしはなかなかいい。おすすめはどこのレストランでも置いてある「サウジ・シャンパン」。当然ながら本物のシャンパンではなく、アルコールも含まれていない。大きなポットでリンゴジュースを炭酸水割りしたものだ。生のリンゴを切ったものと、店によってはオレンジやミントなども入っている。さっぱりした飲み口でほのかに甘く、さまざまな食事にも合う。

サウジ・シャンパン

アラブ料理を楽しむ→P.348

ホテル

安いホテルならエアコンやバスルームが付いた部屋を1泊SR150前後から見つけることができる。一般的な3つ星～4つ星ホテルの料金はシングルでSR180～300、ダブルでSR250～500の範囲がいちばん多く、高級ホテルではSR1000前後から泊まることができる。

また、ホテルがそれほど混んでいない場合は、料金自体あってないようなもので、大幅な割引も期待できる。さらに多くの高級ホテルでは、木・金曜の夜に特別週末料金を用意していることが多いので、事前にチェックしておくといいだろう。

アラビアでの宿泊→P.346

国内移動

サウジアラビアでの移動手段は車が大前提。広い国土に高温に達する気候が加わるため、多くの人々は車に頼った生活をしている。一部では鉄道も敷かれているが、ごく限られた区間のみ。広い国土をカバーする航空路線も整備されている。

飛行機

サウジアラビアの航空会社は国営のサウディアのみ。現在では世界各地に50以上の路線をもち、国内線も25都市を結んでいる。長距離の移動には便利だが料金は当然割高になる。

バス

SAPTCO（Saudi Arabian Public Transport Company）のバスは、急ぎでないなら長距離を移動するのに便利な交通機関。バスはすべてエアコン付きで、ほとんど定刻どおりに運行している。長距離バスの場合はトイレも付いていて、約2時間ごとに休憩もある。ただ、車内はエアコンが効き過ぎていることが多いので、乗車前に必ず上着を用意しておこう。

乗車券は出発日の前日から買えるが、バスによっては当日売りの場合もある。予約は早い者勝ちで、定員になりしだい締め切られる。購入の際にはパスポートや内務省発行のイカマなどの身分証が必要。

タクシー

乗車してまずは料金を交渉すること。これはメーターは付いているのだが、メーターを使わないことが多いためだ。また、ドライバーのなかには英語を話せず、アラビア語も読めない人もいるので、「いくら？（カミル・ウジュラ）」を覚えておくといい。

乗合タクシーは各都市ともバスターミナルの近くに乗り場があり、料金はバスと同じ。車の大きさによるが、5～11人の定員がいっぱいになりしだい出発する。また、女性でも安心して使えるのがリムジンと呼ばれるメーター付きの白いタクシーで、ほとんどのドライバーは英語を話す。

鉄道

リヤド～ダンマン間の列車は、両方向とも1日6～7本ずつ運行しており、所要時間は約4時間。1、2、3等の3種類の席がある。リヤド～ジャウフ間（クライヤットまで延伸予定）にも鉄道があり、2018年にはメディナ～メッカ間を結ぶハラマイン高速鉄道が開通した。リヤドでは地下鉄も2020年に開通予定。切符の購入は早めにしておこう（身分証が必要）。

メディナ～メッカ間を結ぶハラマイン高速鉄道のメディナ駅

レンタカー

空港や市内にはレンタカーのオフィスがあり、エイビス（URL www.avis.com.sa）、バジェット（URL www.budgetsaudi.com）などの大手レンタカー会社も営業している。しかしサウジアラビアは日本と同一の「道路交通に関する条約（ジュネーブ条約）」を締結していないため、国外運転免許証の有効性は保証されていない。詳細は大使館やレンタカー会社で確認を。もし借りられたとしても、サウジアラビアの運転事情は極めて悪く、できればタクシーの利用をすすめる。

国外運転免許証について→P.362

リヤドのハイウエイ

ショッピング

サウジアラビアでのショッピングは意外におもしろいかもしれない。基本的に観光というものが存在しないこの国では、ごく自然な雰囲気のアラビアを実感できるはずだ。リヤドやジェッダなどには現代的で規模の大きなショッピングセンターがいくつもある。もちろんスーク（市場）やスーパーマーケットは都市と呼べるところなら必ずあり、決して不便は感じない。アラビアらしさを求めるなら、アンティーク・スークやゴールド・スークに出かけてみるといい。こうしたスークではある程度の値引きも可能なので、片言のアラビア語を覚えておくと、おもしろさが断然違う。人気のショッピングモールは、リヤド随一の高級ブランド店が揃ったⓈキングダム・センター・タワーやⓈリヤド・ギャラリー・モール、ジェッダならⓈレッド・シー・モールやⓈモール・オブ・アラビアなど。

週末は家族でショッピング

写真撮影について

偶像を禁止するイスラム教の教えにのっとり、写真についても注意が必要。誰もいない砂漠の真ん中や家の中では問題ないが、市内での写真撮影は宗教警察ムタワの取り締まり対象だ。女性および家族、モスク、軍事施設、各種プラント、王宮を被写体にするのは避けよう。男性でも、撮られるのを嫌がる人もいる。見つかった場合、カメラの没収、連行ということもあり得る。カメラを首から下げて歩くのも避けるべきだが、ていねいにお願いすれば写真を撮らせてくれる人もいる。また、一般的にカメラによる撮影は厳しいのだが、スマートフォンでの撮影については比較的寛容なのが興味深い。

ひと声かけて撮影をしよう

治安について

アラブ諸国のなかでは、比較的治安が安定しているといわれるサウジアラビア。イスラム法により、罪を犯した人間は厳しく処罰されるため、表だった事件は起きていない。しかし、厳しい処罰があるせいか、事件は闇に葬られる可能性が高いとも聞く。特に女性の場合、普段外出する際にはアバヤで体全体を覆わなければならないため、未婚の男性の女性に対する興味は高く、一部に「外国人なら（異教徒なので）大丈夫」という感情がないとは言いきれない。単にからかわれるケースがほとんどだが、この手のトラブルには注意しておきたい。また、男性だからといって安心は禁物。男性にアタックする男性もアラブ世界では少なくないのだ。

サウジアラビアの女性とタブー

いくら話しても話題に事欠かない女性のタブー。堅苦しくて息が詰まるかといえば、答えはその逆らしい。一部の女性服専門店では男性の入店を禁じているし、博物館や銀行、各種施設のほとんどでは女性のための時間をきっちり設けている。男性のいない場所での女性たちのきらびやかさは想像を絶するものという。アバヤの下は金や宝石で身を固め、世間話に盛り上がる女性たちに、虐げられているというような悲愴感はないそうだ。

リヤド

Riyadh

リヤド●

リャド中心部にそびえる高層ビル群

ハニーファ渓谷Hanifa Valleyの南斜面に位置するリヤドは、広大なサウジアラビアの首都だ。砂漠の真ん中に浮かび上がった巨大なオアシスは水源にも恵まれ、町を歩くと意外に緑が多いのに気がつくだろう。リヤドという言葉もアラビア語で「庭園」を意味している。

この地を中心にして権力を拡大していったサウード家だが、約90年前はリヤドといっても町は形成されておらず、ただ砂漠が広がる荒野であった。しかし、1932年のサウード家の統一、つまりサウジアラビアの誕生とともに西のジェッダから政府機能が移されたリヤドは驚くほど巨大な都市に発展した。東西の諸都市とはハイウエイで結ばれ、都心部には近代的なビルが建ち並んでいる。リヤドの空の玄関口であるキング・ハーリド国際空港は、世界有数の規模を誇る大空港として知られている。都市としての歴史が非常に浅いリヤドには、人々がアラビアに期待するような古びた風景はほとんど存在していない。しかし、近代国家サウジアラビアの象徴として外交、政府機関の集中しているこの町に、そんなものを求めるほうが無理なのかもしれない。

リヤドの市外局番
011

●**タクシー**
基本はメーター制だが、メーターを使わず交渉制のことが多い。
メーター料金の目安としては1〜2kmでSR10。

●**バス**
複雑なので旅行者には使いにくい。

交通案内
TRANSPORTATION

空港から市内へ

キング・ハーリド国際空港 King Khaled International Airportから市内へはタクシーで。白いボディのタクシーは、メーターが付いていて市内までSR80〜100。乗り込んだらメーターがオンになっているか確認しよう。ほかに、配車アプリ、UberやCareemなどを利用して行く方法もある。

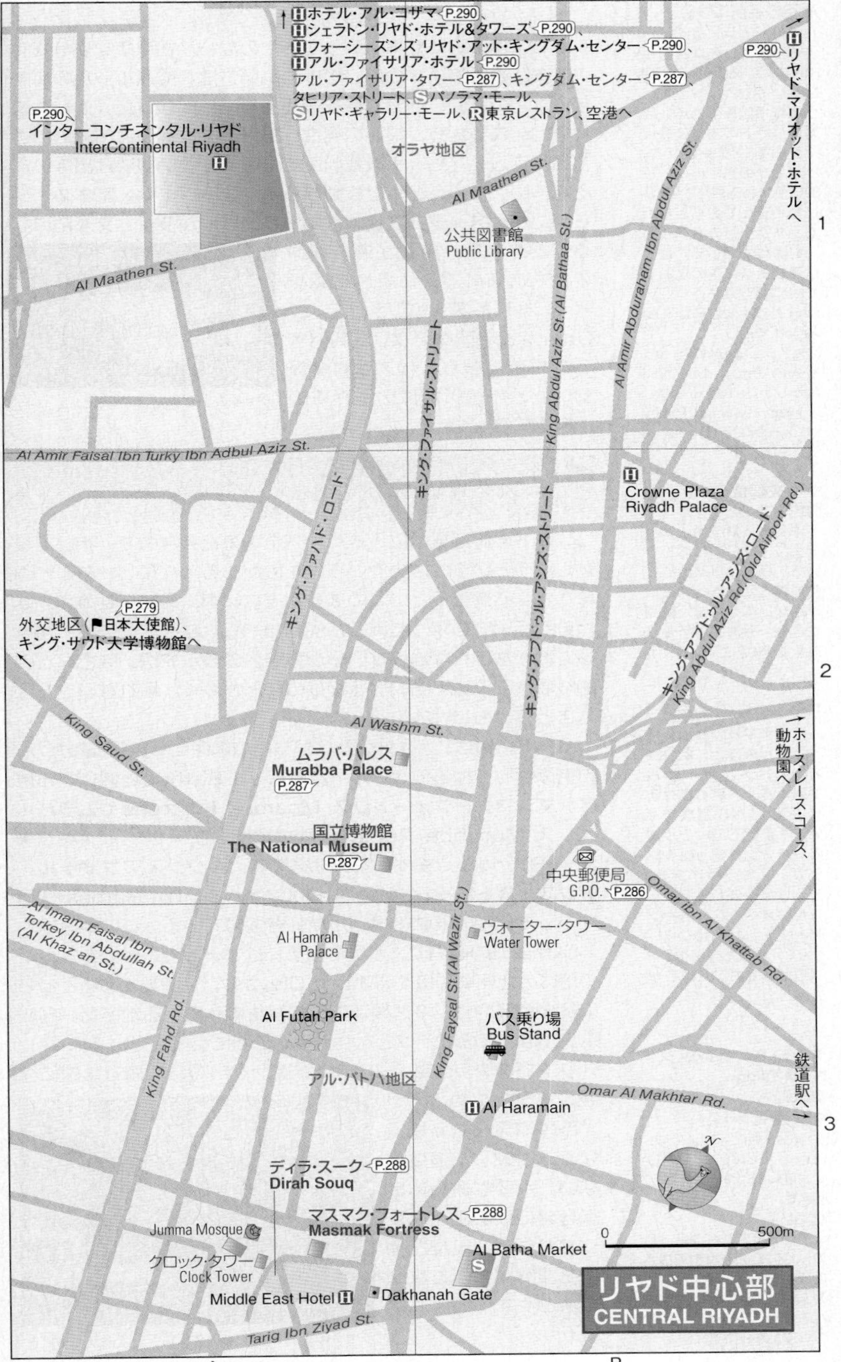
ホテル・アル・コザマ P.290、
シェラトン・リヤド・ホテル&タワーズ P.290、
フォーシーズンズ リヤド・アット・キングダム・センター P.290、
アル・ファイサリア・ホテル P.290
アル・ファイサリア・タワー P.287、キングダム・センター P.287、
タヒリア・ストリート、パノラマ・モール、
リヤド・ギャラリー・モール、東京レストラン、空港へ
P.290 リヤド・マリオット・ホテルへ
P.290
インターコンチネンタル・リヤド
InterContinental Riyadh
オラヤ地区
Al Maathen St.
公共図書館
Public Library
Al Maathen St.
キング・ファイサル・ストリート
King Abdul Aziz St.(Al Bathaa St.)
Al Amir Abduraham Ibn Abdul Aziz St.
Al Amir Faisal Ibn Turky Ibn Adbul Aziz St.
キング・ファハド・ロード
キング・アブドゥル・アジズ・ストリート
Crowne Plaza
Riyadh Palace
キング・アブドゥル・アジズ・ロード
King Abdul Aziz Rd.(Old Airport Rd.)
P.279
外交地区（日本大使館）、
キング・サウド大学博物館へ
King Saud St.
Al Washm St.
ホース・レース・コース、動物園へ
ムラバ・パレス
Murabba Palace
P.287
国立博物館
The National Museum
P.287
中央郵便局
G.P.O. P.286
Omar ibn Al Khattab Rd.
Al Imam Faisal Ibn Torkey Ibn Abdullah St. (Al Khaz an St.)
Al Hamrah Palace
ウォーター・タワー
Water Tower
King Faysal St.(Al Wazir St.)
King Fahd Rd.
Al Futah Park
バス乗り場
Bus Stand
アル・バトハ地区
Omar Al Makhtar Rd.
Al Haramain
鉄道駅へ
ディラ・スーク P.288
Dirah Souq
マスマク・フォートレス P.288
Masmak Fortress
Jumma Mosque
クロック・タワー
Clock Tower
Al Batha Market
Middle East Hotel
Dakhanah Gate
Tarig Ibn Ziyad St.
0
500m
リヤド中心部
CENTRAL RIYADH
1
2
3
A
B

道路の名前に注意

サウジアラビアを旅行するうえでいちばん利用価値の高い地図がFARSI MAP。ポケットマップから広域地図まである。問題はリヤドの通りの名前に長いものが多いこと。いくつかの通りには一般的に使われる通称があり、これを覚えておくと便利だ。タクシーのドライバーも通称で通じる。主要な通り名は以下のとおり（カッコ内が通称）。

King Abdul Aziz Rd. (Old Airport Rd.)

King Faisal St. (Al Wazir St.)

Al Amir Sattam Ibn Abdul Aziz St. (Tallateen St.)

Al Imam Faisal Ibn Torkey Ibn Abdullah St. (Al Khaz an St.)

●中央郵便局

地図P.285-B2

キング・アブドゥル・アジズ・ロードに面している。日本から局留めで郵便物を受け取ることはできないので注意。職場か自宅、宿泊のホテルなどを指定すること。

リヤドのレストラン

バス乗り場の周辺には安ホテルのほか、低料金のレストランやシャウルマ屋が多く、軽く食べるならSR10～15程度で十分。中級以上のホテルならレバノン料理や西洋料理のレストランがあり、そうしたレストランでしっかり食べるならメインディッシュはSR30くらいから。1食当たりSR80～100はみておいたほうがいい。

●ナジド・ビレッジ Najd Village

地図地図外

☎9200-33511

URL www.najdvillage.com

開 12:00～24:30

金曜 13:00～24:30

休無休

CC DMV

リヤド市内に4店舗を展開しているアラブ料理店。伝統的なサウジアラビアのスタイルで、カプサなどのサウジアラビア定番の料理が味わえる。

市内交通

もし、この町に仕事でやってきたのなら、社用車を使ってすべての移動を済ますのがいちばんいい方法。交通ルールの目茶苦茶なこの町で、自分で車を運転するのは問題外だ。もし、事故でも起こしたら、最悪の場合、国外退去になる。常識的にこちらが正しくても、宗教裁判所で外国人にいい判決は出ないことが多い。ちょっとした移動ならタクシーがいい。基本メーター制だが、メーターを使わないドライバーが多く、交渉制になることがある。英語が通じない場合もあるので、住所や電話番号をメモしておこう。また、Uberなどの配車アプリを利用するのも手だろう。バスは料金が安いが、旅行者が使いこなすのは非常に難しい。

リヤドのタクシー

歩き方
WALKING AROUND

リヤドの町は非常に大きく、完全な車社会なので、歩いて移動しようというのは少々つらいものがある。ただし、ある一画にかぎって動こうというのなら、危ない車に身を任せるよりは自分で歩いてしまったほうが便利かもしれない。その際、注意しておかなければならないのが道路名の表示方法。ほとんどの通り名はアラビア語の表示だけのことが多く、慣れないうちはとまどうかもしれない。

リヤドの町は、外へ外へと広がった広範囲にわたる都市だが、市街の中心になるのは**アル・バトハ Al Bathaa**と呼ばれる地区。**マスマク・フォートレス Masmak Fortress**や**ムラバ・パレス Murabba Palace**、中央郵便局G.P.O.、バス乗り場Bus Standが点在するこの地区には、**キング・アブドゥル・アジズ・ストリート King Abdul Aziz St. (Al Bathaa St.)**に沿って比較的安めのホテルが軒を連ねている。この地区は約1.5km四方の区画で、歩いて回るにはちょうどいい。また、この地区の北側に隣接する**オラヤ Olaya**は、住宅地であるとともに各種企業やビジネス関連の建物が集中している地区だ。高級ホテルは、このオラヤとバサア地区の間に点在している。

リヤドの町自体は、40年にも満たない短い期間で急速に発展してきたため、アラブ諸国で見られるようなごみごみした道は少ない。主要な道路はほぼ碁盤の目のように走っており、いったん地理を理解すればこれほど動きやすい町はないだろう。

リヤドの人気スポット、タヒリア・ストリート

おもな見どころ
SIGHTSEEING

リヤドに来たらまず訪れたい　地図P.285-A2

国立博物館　*The National Museum*

夜はライトアップされる

キング・アブドゥル・アジズ・歴史センターKing Abdul Aziz Historic Centerの一角を占める博物館。常設展示は8つのホールからなり、古代から現代まで順を追ってサウジアラビアの歴史を知ることができる。歴史的建造物の模型や、イスラム建築に関する展示もおもしろい。企画展もある。説明はすべて英語とアラビア語の併記。

■国立博物館
☎(011)402-9500
URL nationalmuseum.org.sa/index.aspx
開日曜　8:00〜15:00
月〜木曜　8:00〜20:00
金曜　16:00〜20:00
土曜　8:00〜20:00
休祝日
料SR10

館内にある貴重な展示物

アブドゥル・アジズ王の宮殿　地図P.285-A2

ムラバ・パレス　*Murabba Palace*

1946年にアブドゥル・アジズ王によって建てられた宮殿。1階にあるほとんどの部屋は閉め切られているので2階へ進もう。階段を上り切ると、すぐ左側の部屋にラクダ用の大きな鞍が展示されている。このほか、伝統的な衣装を展示した部屋や、王が来賓を迎えた接見の間がある。夜はライトアップされる。

■ムラバ・パレス
☎(011)401-1999
開毎日8:00〜22:00

シンプルな外観

大都市リヤドのランドマーク　地図P.285-A1外

キングダム・センター　*Kingdom Centre*

展望台からリヤドの町を一望

高さ302mもあるリヤドを象徴する高層ビル。建物内には、150店舗以上が店を構えるⓈキングダム・モールやⒽフォーシーズンズ・リヤド(→P.290)、オフィスなどが入っている。また99階には展望台のスカイブリッジ、77階にはおいしいと評判のイタリアンレストランがある。

■キングダム・センター
☎(011)211-2222
URL kingdomcentre.com.sa
開土〜木曜　9:30〜23:00
金曜　16:30〜23:00
※展望台の料金はSR63。

高級住宅街のオラヤ地区にある　地図P.285-A1外

アル・ファイサリア・タワー　*Al Faisaliyah Tower*

ビジネス地区にある超高層コンプレックス。キングダム・センターができるまではサウジアラビアで一番高い建物だった。高さ267m、44階建てのビル内には、Ⓢファイサリア・モールや、Ⓗアル・ファイサリア・ホテル（→P.290）、フレンチレストランなどが入っておりⒽホテル・アル・コザマ（→P.290）が隣接している。ゴールドの球状のすぐ下には屋外展望デッキがある。

■アル・ファイサリア・タワー
☎(011)273-2000
※展望台は12:00〜翌2:00（土〜木曜）、13:00〜翌2:00(金曜)。料金はSR66（Ⓗアル・ファイサリア・ホテル、Ⓗホテル・アル・コザマ宿泊者は無料）。

ショッピングが充実

■マスマク・フォートレス
☎(011)411-0091
開日～木曜　8:00～21:00
　金曜　　16:00～20:00
　土曜　　 9:00～20:00
料無料
※曜日により入場制限がある。

旧リヤドの要塞跡　地図P.285-A3

マスマク・フォートレス　*Masmak Fortress*

アブドゥル・アジズの軍勢がリヤドの町を支配下に取り戻したとき、アル・ラシッドの軍隊が明け渡した要塞を歴史博物館として一般に公開している。要塞の中は修復されたうえで保存されており、デザインのきらびやかさに驚かされる。

中には井戸なども残されている

おみやげ選びにおすすめのスーク

リヤドでいちばん大きなスーク　地図P.285-A3

ディラ・スーク　*Dira Souq*

クロック・タワーのそばにあるアラブの市場。サウジダイヤやゴールドジュエリーの店が集まったゴールド・スークをはじめ、民芸品などを売っているアンティーク・スーク、中東や中央アジアの絨毯を扱うカーペット・スークがある。金曜は夕方からの営業になるので注意しよう。

リヤド近郊の町

リヤド近郊の見どころ
ナジドNajdと呼ばれる、リヤドを中心とするサウジアラビア中央部。無数のオアシスが点在する一帯は豊かな土壌に恵まれ、人々の暮らしに彩りを添えている。

■ディライーヤの遺跡
☎(011)486-0274
開土～木曜　8:00～17:30
　　　　　（冬季は～16:30）
　金曜　　16:00～17:30
休無休
料無料

地図P.275

ディライーヤ　Dir'aiyah

リヤドの北約30kmに位置するディライーヤは、サウード家が初めて都と定めた町だ（→P.280）。1446年にサウード家の支配下に入ったこの町は、18世紀の後半に絶頂期を迎えるが、オスマン帝国の侵攻によって廃墟と化してしまった。その後、サウード家はリヤドに移り現王国の基盤を整備することとなったのだ。1981年からは、遺跡保存のための修復が進められている。

当時の面影を残す遺跡のおもな見どころは**サルワ宮殿跡Palace of Salwa**、**ムハンマド・イブン・アブドゥル・ワッハーブ・モスクMosque of Mohammed Ibn Abdul Wahhab**、**ファハド宮殿Palace of Fahd**など。2010年に、世界遺産に登録された。

ディライーヤの王宮跡

地図P.275

ブライダ　Buraydah

ブライダの町

リヤドの北西約330kmに位置するブライダは、緑と水に恵まれたカスイムQassim地方の主都。サウジアラビアの町のなかでも特に保守的な町として知られ、イスラムの戒律に従い外国人の女性でも絶対にアバヤを身に着けなくてはならない（頭の先からつま先まで）。ここは特に見どころのある町ではないが、砂漠のなかに現れた泥れんがの家々の間を歩いてみると、素朴な人々の暮らしぶりが伝わってくる。この町の左官たちは、その技術を買われて、リヤドにある宮殿の修復などにもたびたび招聘されている。

ACCESS
ブライダへの行き方
バスはリヤドとの間に1日20便程度あり、SR68。所要4～5時間。ここからハイエルまでは約3時間。

サウジアラビアの世界遺産
サウジアラビアには、現在のところ、5つの世界遺産が登録されている。サウジアラビア観光の目玉となっている「マダインサーレ（アル・ヒジュルの考古遺跡群）」をはじめ、リヤド近郊にある「ディライーヤのツライフ地区」、「メッカの玄関にあたる歴史都市ジェッダ」、「サウジアラビアのハイエル地方の岩絵（ジュハの岩絵）」のほか、2018年にはサウジアラビア東部に位置する「アハサー・オアシス、進化する文化的景観」が登録されている。

地図P.275

ハイエル　Ha'il

リヤドの北西約640km。北側のアシャ山地と南側のセルマ山地に挟まれた谷間に広がるハイエルは、サウジアラビア随一の穀倉地帯の中心の町。メインロードを挟んで市庁舎の反対側にある**アル・カシャラ・フォートレス Al Qashalah Fortress**はアブドゥル・アジズと権力を争ったアル・ラシッドの要塞で、アジズはこれを武器倉庫として使っていたという。また、市庁舎の南側の路地を東に進むと、かつてこの町を囲んでいた城壁の一部や約200年前に建てられた**アイリフ・フォート Airif Fort**がある。この町の約25km南東には紀元前5、6世紀頃のものと思われる石碑がある**ジュベル・ヤスリブ Jebel Yathrib**が、また約100km北西には有史以前のロックペインティングが残された**ジュハ Jubha**がある。

ハイエルのアイリフ・フォート

ACCESS
ハイエルへの行き方
リヤドからのフライト（毎日数便。所要約1時間20分）があるほか、主要都市からのフライトもある。ブライダからのバスも出ている。

HOTELS

パノラマの景色が広がる天空ホテル

フォーシーズンズ・リヤド・アット・キングダム・センター

FOUUR SEASONS HOTEL RIYADH AT KINGDOM CENTRE MAP P.285-A1外

住 Kingdom Centre
☎ (011)211-5000
URL www.fourseasons.com
料 スーペリアルーム SR1955～　全274室　CC AMV

サウジアラビアで3番目に高いキングダム・センターの30～48階に客室をもつ。すべての客室からは壮大なリヤドの市街の様子を見ることができる。

贅を極めたラグジュアリーホテル

アル・ファイサリア・ホテル

AL FAISALIAH HOTEL MAP P.285-A1外

住 King Fahad Rd., Olaya　☎ (011) 273-2000
URL www.alfaisaliahhotels.com
料 スーペリアルーム SR1875～
全330室　CC AMV

アル・ファイサリア・タワー内にある5つ星ホテル。高さ240mの最上階にはインターナショナル&アラブ料理が楽しめるⓇザ・グローブがある。そのほかスパなどもある。

9ホールのゴルフコースがある

インターコンチネンタル・リヤド

INTERCONTINENTAL RIYADH MAP P.285-A1

住 Al Maather St.
☎ (011) 465-5000
URL www.ihg.com
料 スタンダードルーム SR1020～
全274室　CC AJMV

1975年に開業したサウジ初のデラックスホテル。市街の少し北にある高台からの眺めは魅力的。テニスコートやフィットネスクラブ、レストランなどが揃っている。高級ホテルだけあって、満足度の高いサービスが受けられる。

設備の整った5つ星ホテル

シェラトン・リヤド・ホテル&タワーズ

SHERATON RIYADH HOTEL & TOWERS MAP P.285-A1外

住 King Fahad Rd.
☎ (011) 454-3300
URL www.sheratonriyadh.com
料 クラシックルーム SR1562～
全193室　CC AMV

リヤドの市街からは離れているが、キング・ファハド・ロードに面しており、移動に便利。プールやフィットネスクラブがある。

気配りの利いたサービス

リヤド・マリオット・ホテル

RIYADH MARRIOTT HOTEL MAP P.285-B1外

住 Al Ma'ather St., Al Wazarat District
☎ (011) 477-9300
URL www.marriott.com
料 ゲストルーム SR1036～
全391室　CC ADMV

リヤド市街の北にあるダウンタウンに立つデラックスホテル。屋外プールやサウナ、フィットネスクラブのほか、ジョギングトラックなどもある。部屋はもちろんエアコン、テレビ、ミニバー付きで、レストランもふたつある。ビジネスマンにおすすめ。

アクセス至便な高級ホテル

ホテル・アル・コザマ

HOTEL AL KHOZAMA MAP P.285-A1外

住 Olaya Rd.
☎ (011) 465-4650
URL www.alkhozamahotels.com
料 ビジネスルーム SR399～
全187室　CC AMV

市街の北、高級住宅地のひとつとして知られるオラヤ地区に立つデラックスホテル。ビジネス地区にもすぐに出られる便利な場所にあり、Ⓢファイサリア・モールに隣接しているのもうれしい。ここのレストランは人気がある。

メモ サウジアラビアのホテルは、客室料金に5%のVATが加算される。

ジェッダ
Jeddah

ジェッダ

ジェッダ旧市街の特徴的な建物

ジェッダはカリフ、オスマン・ビン・アファンによって、647年に建設された古都で、紅海に開かれたサウジアラビアを代表する玄関口だ。アブドゥル・アジズ・ビン・サウードに征服されるまで、アラビア半島西部に栄えたヘジャズ王国の都だった。町の大きさはリヤドに次いで2番目だが、商業的な中心となっているのはこの町にほかならない。ジェッダ・イスラム港には世界中から船が集まり、空港は毎年世界中からイスラムの聖地であるメッカやメディナを目指す巡礼者たちを迎え入れている。

清らかに澄み切った紅海の水はダイビングにも最適で、ジェッダを含む紅海沿岸の町はダイビングの基地として、また保養地としても有名だ。

交通案内
TRANSPORTATION

空港から市内へ

市街から約30km離れた**キング・アブドゥル・アジズ国際空港 King Abdul Aziz International Airport**は、北と南のターミナルとハッジの時期にのみ使用されるハッジ・ターミナルに分かれており、南ターミナルはサウディア専用。旧市街の**メイデン・アル・バヤル・スクエア Maydan Al Bayal Sq.**からバスとタクシー、リムジンがある。ほかの航空会社が使う北ターミナルへはタクシーを利用する。

ジェッダの市外局番
012

●タクシー
タクシーは基本メーター制だが、メーターを使わず交渉制のことが多い。

●バス
市内バスがある。
※2018年5月より新キング・アブドゥル・アジズ国際空港（新ターミナル）の運用が開始された。

市内交通

SAPTCO (Saudi Arabian Public Transport Company)の公共バスが運行している。各町へのネットワークが整備されているが、ルートを把握するのが難しい。そのほかタクシーがある。旧市街の中の移動ならSR20くらいが目安。

歩き方
WALKING AROUND

港町ジェッダは旧市街の壁を越えて広がり続ける巨大都市。そうはいっても、ジェッダを歩き回るとなると範囲は極端に限られてくる。この町のおもな見どころは、**旧外務省ビル Old Foreign Ministry Building**と**バナジャ・ストリート Ba'najah St.**によって南北に挟まれた**旧市街地区アル・バラッド Al Balad**に集中しているのだ。

旧外務省ビルの南に隣接する**メイデン・アル・バヤル・スクエア Maydan Al Bayal Sq.**から歩き始めてみよう。広場から通りを南に渡ると、まず目に入るのが**ノース・シティ・ゲート North City Gate**。ここから南の地区こそが、かつてのジェッダであったことを教えてくれる。この門のすぐ東側には、ジェッダの伝統的なたたずまいを残す**ショールバトリー・ハウス Shorbatly House**があるので立ち寄っておこう。この建物は建てられた当時の場所にそのまま保存されており、貴重なジェッダの遺産となっている。再び広場のほうへ戻り、旧市街の真ん中を南北に走る**アル・ダハブ・ストリート Al Dahab St.**に入ろう。通り名のダハブはザハブZahabと言われることもあるが、どちらでも通じる。単にアラビア語を英語に直しにくいだけのこと。ダハブとは金を意味している。旧市街を突き抜けるこの通りの両側には雑然とした町並みが広がる。レストランやSR100前後の安ホテルは、この通り沿いやバナジャ・ストリートとの交差点付近、海側に並行して走るキング・アブドゥル・アジズ・ストリート King Abdul Aziz St.に点在している。旧市街の海側には、近代的なショッピングセンターやバスターミナルなどがある。

歴史を感じさせる、趣のある町並みが美しい

そのほかのジェッダの見どころ

■マツブリ博物館
Matbouli House Museum
住3352 Al Balad Dist., 6974 Jeddah
開17:00～22:00
休無休
料SR10
　およそ480年前に建てられた商人の館を博物館てして公開している。

■アル・タイバト博物館
Al Tayebat Museum
住Rayhanat Al Jazirah, Al Faliyah Dist. 3170, Jeddah
開 8:00～12:00
　17:00～21:00
休金曜
料SR80
　1987年に建てられた新市街にある歴史博物館。ジェッダの伝統建築様式の建物が美しい。モスクやイスラム学校、アンティークショップも入っている。博物館は裏手の入り口から入る。

■ファキエ水族館
Fakieh Aquarium
住Al Nawras, Al Kumaysh Rd., Jeddah
URL www.fakiehaquarium.com
開日～木曜 10:00～23:00
　金曜　13:30～23:00
　土曜　13:00～23:00
ドルフィンショー
日～木曜 11:00、19:00、21:00
金・土曜　19:00、21:00
※ドルフィンショーを観るためには30分前に入場する。

■キング・ファハドの噴水
King Fahad's Fountain
　コルニーシュにある世界一の高さを誇る噴水。16:00～翌1:00の間見られる。

■アル・ラフマ・モスク
Al Rahma Mosque
　フローティング・モスクとも呼ばれ、紅海に浮かぶようにして建つ美しいモスク。

■タヒリア・ストリート
Tahlia Street
　ジェッダ随一の目抜き通り。高級ブランド店などが建ち並ぶ。

ジェッダ
JEDDAH
0 500m 1km
シェラトン・ジェッダ・ホテル P.295、
アル・ビラッド・ホテル P.295、コルニーシュ、
フローティング・モスク、シルバー・サンド・ビーチ、
レッド・シー・モール、ファキエ水族館、タヒリア・ストリートへ
空港、モール・オブ・アラビアへ
アル・タイバト博物館へ
Shaar Medical Center
紅海
Red Sea
キング・ファハドの噴水
King Fahad's Fountain
The Ritz-Carlton Jeddah
Al.Jamjoom Market
迎賓館
ショッピングセンター
Crowne Plaza Jeddah
インターコンチネンタル・ジェッダ
InterContinental Jeddah
P.295
Park Hyatt Jeddah
アラファト・ストリート
Arafat St.
アル・ハムラ・ストリート
Al Hamra St.
P.279
日本総領事館
および公邸
Maharaja
The Ocean
(インド料理)
Al Nakheel Center
(旅行代理店が集まる)
P.294
電話局
ファラスティーン・ストリート
Falasteen St.
スーパーマーケット
アル・ハムラ・ホテル・ジェッダ・マネージドbyアコーホテルズ
Al Hamra Hotel Jeddah Managed by Accorhotels P.295
Al Madinah Al Munawwarah Rd.
アル・マディナ・アル・ムナワラ・ロード
Al Amir Fahad St.
アル・アミール・ファハド・ストリート
Al Andalus St.
アル・アンダルス・ストリート
ハイル・ストリート
Hail St.
ラディソン Blu
ホテル・ジェッダ
Radisson Blu
Hotel Jeddah
P.295
Abo Bakr Al Seddeeq St.
ハーレッド・イブン・ワーリード・ストリート
Khaled Ibn Waleed St.
キング・アブドゥラ・ストリート
King Abdullah St.
King Fahad
Coastal City
旧空港
Old Airport
New Sharafia
Al Korniche St.
セントラル・
フィッシュ・マーケット
Central Fish Market
Shopping
Centre
P.295
レッド・シー・パレス・ホテル
Red Sea Palace Hotel
North City
Gate
コルニーシュ・コマーシャル・センター
Corniche Commercial Centre
ショールバトリー・ハウス
Shorbatly House
旧市街
バブ・メッカ
Bab Makkah
Bab Sharif
旧市街拡大図
Jeddah Islamic
Seaport
アル・アミール・ファハド・ストリート
Al Amir Fahd St.
Al Dahab St.
アル・ダハブ・ストリート
Al Andalus St.
Al Mina St.
郵便局
P.O
Al. Khaymay Market
キング・ハーレッド・ストリート
King Khaled St.
旧市街拡大図
旧外務省ビル
メイデン・アル・バヤル・スクエア
Maydan Al Bayal Sq.
ショッピングセンター
Al Baia
ノース・シティ・ゲート
North City Gate
Bait Al Balad
ショールバトリー・ハウス
Shorbatly House P.294
コルニーシュ・コマーシャル・センター
Corniche Commercial Center
Al Shaheen
Al Morooj Kareem
アル・ダハブ・ストリート
Hayam
アル・シャフィー・モスク
Al Shafee Mosque P.294
King Abdul Aziz St.
キング・アブドゥル・アジズ・ストリート
中央郵便局
G.P.O.
Al Nasr Royal
スーク
Souq
P.294
Al Dahab St.
マツブリ博物館
Matbuli Museum
ナシーフ・ハウス
Naseef House
P.294
Middle East
Al Almen
バブ・シャリフ
Bab Sharif
サラーフ・アッディーン・ストリート
Salah Ad Din St.
Cairo
Sahari
1
2
3
A
B

おもな見どころ
SIGHTSEEING

●中央郵便局
地図P.293-B3

●電話局
地図P.293-B1

紅海はダイビング天国

カラフルな珊瑚礁や魚たちがいて、透明度の非常に高い紅海はダイビングのためにあるようなもの。空港のすぐ北側にあるオブオルObhorには、クリークに沿ってビーチクラブが建ち並び、ダイビング以外のアクティビティも手配可能。また、海岸に立つホテルのダイビングショップのほか、ジェッダ市内外にもたくさんあるショップを通して手配することもできる。リヤドなどから週末にやってくるビジネス客も多いが、この場合はパスポートかイカマ（滞在許可証）を忘れずに。水上でも出入国、税関のチェックがあるのだ。

通りの名前に注意

通称や英語読みに転じた名前の通りがあるので注意。（ ）内が通称（→P.286欄外）。
Al Amir Fahd St.(Sitteen St./King Fahd St.)
Falasteen St.(Palestine St.)
Al Malek Abdal Aziz St.(King Abdul Aziz St.)

石造りのミナレットが印象的

世界一高いビルが建設中

ジェッダの北の海岸沿いに、完成すればドバイのバージュ・ハリファを抜き世界一の高さになるというビル、キングダム・タワー（ジェッダ・タワー）の建設が進んでいる。その高さはなんと1008mにもなるというから驚きだ。

時間があるならぜひ訪れたい
地図P.293-B3

ショールバトリー・ハウス *Shorbatly House*

第1次世界大戦の際にはイギリス公使館として使われた伝統的な建物。あのアラビアのロレンスもここに詰めていたといわれており、その装飾や調度品にかつての豊かなジェッダの暮らしぶりがうかがえる。入口のホールには1940～1980年代にかけて撮影されたジェッダの航空写真が展示されている。また、館内では特別展なども開催されている。

ノース・シティ・ゲートの近くにある

古きよきジェッダを伝える
地図P.293-B3

ナシーフ・ハウス *Naseef House*

ナシーフ家は19世紀から今世紀初頭にかけて栄えた商家で、1925年にこの地を征服したアブドゥル・アジズ王も、宮殿が完成するまでの間この家を使用している。

旧市街のほぼ中央に位置する

人々の祈りの声が聞こえてくる
地図P.293-B3

アル・シャフィー・モスク *Al Shafee Mosque*

旧市街のなかでも一番古い部類に入る建物で、イスラム教徒以外は入ることができない。入り組んだ市街の最深部にあり、なかなかたどり着くのが難しいが、歴史を感じさせる石造りのミナレットは見ものだ。

歩き回るのがおもしろい
地図P.293-B3

スーク *Souq*

サウジアラビアのスークのなかでも、最もアラブらしい雰囲気が漂う旧市街のスーク地区。キング・アブドゥル・アジズ・ストリートの東側、かつて城壁が囲んでいた地域に広がるスークは、くねくねとした道が多く迷子になりそう。だが、どの道を進んでも東へ進むとバブ・メッカに行き着くので安心して歩き回ろう。ほぼ中央を東西に走るスーク・アル・アラウィは、アラブのスークという感じ。

スーク地区の奥には生鮮市場もある

HOTELS

ジェッダ・ショッピングセンターの隣
インターコンチネンタル・ジェッダ
INTERCONTINENTAL JEDDAH MAP P.293-A1

住 Al-Hamra Corniche St.
☎ (012) 229-5555
URL www.ihg.com
料 デラックスシティビュー SR740 ～
全 333 室 CC AJMV

紅海を望むプライベートビーチがある。隣にはショッピングセンターがあり食事やショッピングにも便利なロケーション。ファミリーでの利用も多い。

紅海の絶景が広がるビーチサイドホテル
シェラトン・ジェッダ・ホテル
SHERATON JEDDAH HOTEL MAP P.293-A1外

住 North Corniche
☎ (012) 699-2212
URL www.starwoodhotels.com
料 クラシックルーム SR735 ～
全 234 室 CC AMV

紅海を望む海岸線にあり、市街やプライベートビーチへ無料の送迎がある。アパートメントは駐在員の仮の住まいとして使える。施設面も充実している。

ビジネスでもファミリーでも
アル・ハムラ・ホテル・ジェッダ
AL HAMRA HOTEL JEDDAH MANAGED BY ACCORHOTELS MAP P.293-A1

住 Palestine St.
☎ (012) 660-2000
料 スーペリア SR450 ～
全 253 室
CC AMV

253室の大型ホテル。アパートメントタイプもある。屋外プール、レストラン、スパ、フィットネスセンターなどがあり施設面が充実している。ビジネスセンターが備わっているので仕事での利用にもおすすめ。

レストランが充実
ラディソン Blu ホテル・ジェッダ
RADISSON BLU HOTEL JEDDAH MAP P.293-B2

住 Medina Rd.
☎ (012) 652-1234
URL www.radissonblu.com
料 スーペリアデラックスルーム SR525 ～
全 292 室 CC AJMV

商業地区に立つ高級ホテル。フィットネスセンターからビジネスセンターまで施設が充実。日本料理レストラン「北海道」もある。

バンガローでビーチライフを満喫
アル・ビラッド・ホテル
AL BILAD HOTEL MAP P.293-A1外

住 Al Corniche Hwy.
☎ (012) 694-4777
料 Ⓢ SR650 Ⓓ SR750
バンガロー SR950
全 153 室 CC AMV

空港から近く、海岸沿いにあるので眺めは最高。敷地は広く、プライベートビーチにはダイビングショップもあるほか、ビジネスセンターなどもあり、とにかく施設の充実が自慢。客室は落ち着いた雰囲気の茶系の色でまとめられている。

紅海と市街を見下ろす
レッド・シー・パレス・ホテル
RED SEA PALACE HOTEL MAP P.293-A3

住 King Abdul - Aziz St.
☎ (012) 642-8555
URL www.redseapalace.com
料 デラックスルーム SR600 ～
全 269 室 CC AMV

旧市街のすぐ外側の海岸沿いに立つ、スイス人が運営するホテル。ホテル名どおり紅海を望めるバルコニーがあり、眺めは抜群によい。客室も清潔で広々とした造りのため快適に過ごすことができる。レストランも洗練されている。

ヘジャズの町

Hejaz

かつてアラビア半島西部に栄えたヘジャズ王国。その都であったジェッダの周辺には、2大聖地であるメッカ、メディナ、そして涼しい夏の気候で知られるタイフなど、魅力的な町が点在している。

非イスラム教徒はメッカに入れない

聖地メッカへ入る道路には「イスラム教徒以外立ち入り禁止」という看板があり、イスラム教徒以外は入ることができない。もし、立ち入ってしまい、宗教警察ムタワに見つかってしまった場合は大変なことになる。ちなみにイギリス人探検家リチャード・バートンは、1853年、アフガニスタンの巡礼者に変装してメッカ入りに成功している。

メッカ巡礼

イスラム暦の第12月に行われる聖地メッカへの巡礼はハッジHajjと呼ばれ、この時期にはイスラム圏の諸国はいっせいにハッジ休暇に突入する。この期間中は官庁、企業はもちろん、ほとんどの商店が終日休みになってしまうので覚悟しておこう。

地図P.275

メッカ Mecca

6世紀、預言者ムハンマド（マホメット）が生を受けたメッカは、イスラム世界では最も重要な聖地だ。ジェッダの東約70kmに位置するメッカは、巡礼の時期になると世界中から集まった200万人を超えるイスラム教徒で埋め尽くされる。このため、**聖モスク Great Mosque**やその周辺は拡張され、新しい道路、橋、トンネル、そしてホテルなどの建設が、サウジ政府の主導のもと進められてきた。聖モスクの中央にはアブラハムとその息子が天国にある神の館を模して建てたという**カアバ神殿 Holly Kaabah**がある。カアバ神殿はキブラ（礼拝の方角）であり、イスラム教徒はこの方向に向かって1日5回の礼拝を行っている。イスラム諸国では、どんな場所で礼拝の時間になってもいいように、たいがいの場所にモスクがあり、また飛行機の中であっても、必ずメッカの方角が表示されている（イスラム教国の航空会社の場合）。メッカへの巡礼はイスラムの教えの中核をなす五行のひとつで、イスラム教徒なら誰しも一生に一度の巡礼を望みとしている。

カアバ神殿の近くにはサファとマルワの丘が控え、東へ約25km離れたアラファトの丘には**ジュベル・アル・ラハマン Jebel Al Rahmah（慈悲の山）**がある。また、メッカとこのジュベル・アル・ラハマンの中間にある**ミナ Mina**と**ムズダリファ Muzdalifah**は、最後の儀式を行うために巡礼者が集まる場所だ。

世界中からイスラム教徒が集まるカアバ神殿

地図P.275

メディナ Medina

預言者ムハンマドや彼の使徒である正統カリフたちのイスラム教を初めて受け入れた町。2大聖地のひとつとなっているこの町には、イスラム教にかかわりのある遺跡が多数残されている。威厳を感じさせる**預言者モスク Prophet's Mosque**にはムハンマドの墓があり、コーランにも記されたクバ・モスクやイスラム拡大のための聖戦が繰り広げられた古戦場ウフドもここにある。

メディナ中心部の町並み

この町も基本的にメッカと同じく非イスラム教徒の立ち入りは禁じられているが、非イスラム教徒も町の周辺部にかぎり入ることができる。空港も利用できるし、周辺のホテルにも宿泊できる。町の中心部から少し離れたところにある、メディナ～ジェッダ～メッカを結ぶハラマイン高速鉄道駅を利用することも可能だ。

メディナを訪れたら、見逃せないのが世界遺産**マダインサーレ Madain Salah**（→P.298）。「サーレの町」を意味するこの場所は、ヘレニズム時代からローマ時代にかけて香料貿易で栄えたナバタイ人が支配していた。伝説によると、神が人々を導くために預言者サーレを遣わされた。しかし、多神教を信じる人々はこれを信じなかったため、神は地震を起こして町を全滅させてしまったという。多くのサウジ人は、この呪われたマダインサーレに行くのを嫌がる。現在では岩に刻まれた巨大な墳墓が荒野に残るだけだ。

ACCESS
メディナへの行き方
小さな空港だが国内線のほか、国際線も乗り入れている。空港から市内へはタクシーでSR60。

メディナでの注意点
メディナはメッカ同様、非イスラム教徒の立ち入り禁止区域が設定されている。ただ、検問所や「非イスラム教徒立ち入り禁止」と書かれた看板を目にできるメッカとは違い、特に入境を制するものを目にすることがなく、場合によっては知らぬ間に立ち入り禁止区域となっているメディナ中心地（アル・ハラム地区）に入ってしまう可能性がある。特にリヤドなどの各都市からSAPTCOのバスを利用すると、到着するバスターミナルは立ち入り禁止区域内にあるため、注意が必要だ。バスターミナル内は問題ないという話もあるが、メディナ周辺を訪れる際は、現地でどこからが入境禁止かをしっかりと確認したほうがいいだろう。

地図P.275

タイフ Taif

タイフは海抜1500mの高地にあるため、夏の厳しい暑さを避けて穏やかな気候のタイフにやってくる人も多い。夏の間政府もその機能を移すタイフは、2大聖地であるメッカとメディナ、そしてジェッダから南部地方を結ぶハイウエイの交わる場所に位置している。湾岸戦争の勃発後はクウェートの亡命政府がおかれたことでも知られている。

タイフの町の中心は**キング・ファイサル・ストリート King Faisal St.**と**シュブラ・ストリート Shubra St.**の交わる交差点。この周辺には安めのホテルやレストラン、電話局などが集まっており、すぐ南側にあるテイラーズ・スーク Tailor's Souk（仕立屋のスーク）は昔の雰囲気を色濃く残している。町の北には、晩年のアブドゥル・アジズがしばしば訪れたという**シュブラ・パレス Shubra Palace**があり、博物館として公開されている。

タイフの遠景

ACCESS
タイフへの行き方
ジェッダからバスで所要3～4時間。ダンマンからはバスで所要14～18時間。

伝説の呪われた都 マダインサーレ

岩山を削って造られた都の遺跡

アル・ウラの旧市街

ヘジャズ鉄道の機関車

まだ預言者ムハンマド（マホメット）が現れるずっと以前、赤い砂漠の真ん中に栄華を極めた都があった。町を築いた人々は高度な文明をもち、北と南を結ぶ街道の中継地として、多くの旅人も訪れてにぎわっていたという。

しかし、繁栄は人の心に奢りをもたらす。やがて人々は神に背くようになり、その怒りをかって都は一夜のうちに滅ぼされてしまった。それ以降、その地は呪われた都として恐れられ続けることとなる。

そんな伝説の都の跡こそ、サウジアラビア北部の砂漠にあるマダインサーレの遺跡（アル・ヒジュルの考古遺跡）だ。現在も残るのは、巨大な岩山を削って造られた墳墓群だけ。しかし、その美しさと壮大さは見る者すべてを圧倒する。伝説が人々を近寄らせず、あまり人目に触れることのなかったマダインサーレは、あやしく秘密めいた魅力をもった遺跡だ。

移り変わる荒野の風景

マダインサーレ訪問の拠点となるのは、聖地でもあるメディナの町だ。郊外にあるシェラトン・ホテルを拠点として、片道4～5時間をかけたドライブで訪れることになる。

メディナを出発してしばらくは溶岩の大地。現在はまったく活動していないが、付近には頂上にクレーターがある小さな火山が点在する。やがてそれはごろごろとした岩が積み重なる「礫漠（れきばく）」と呼ばれる地形になり、続いてねずみ色の土の大地「土漠（どばく）」へと変わる。

変わりゆく遊牧民の暮らし

土漠のあたりでは、道の両側に放されたラクダたちの姿を見ることができる。そしてところどころには白いテントがひっそりと張られている。これはラクダたちの持ち主でもある遊牧民ベドウィンのものだ。

ベドウィンとはアラブ地域で動物を飼育しながら移動生活を行う人々を指す。アラブという言葉は、彼ら「遊牧民」を意味するヘブライ語から来ているという。土漠に生えるわずかな草がラクダの餌であり、周囲が食べ尽くされると次の場所へと移動。それを繰り返しながら生活する。決して楽な生活ではないと想像されるだろう。

ところが、サウジアラビアのベドウィンの生活はほかの国と少々事情が違うらしい。かつてラクダの背に揺られていた人々は、現在では四輪駆動のミニトラックで快適な道路を移動する。わずかな水源を求めて歩き回ることはなく、近隣の町に車で出かけ、大きなミネラルウオーターのタンクを買い求めるのが普通なのだそうだ。

彼らのテントのひとつを訪ねた。暮らしぶりはいたって質素で、テントの中にはわずかな調理器具とパイプのベッドがあるだけ。しかし、男たちの顔つきは皆誇り高く、ラクダの背に揺られる様子は雄姿と呼ぶにふさわしい。私たちには厳しくつらそうな土漠という世界も、彼らにとっては民族の系譜が流れる大切な故郷なのだろう。

アッラーの怒りに触れた古代都市

土漠を過ぎれば、やがて大地は細かい砂となる。山々も奇妙な姿に変わってくる。砂岩が風やわずかな雨によって長い時間をかけて削り取られ、まるで作為的なオブジェのような形になったものだ。そんな山々に囲まれた小さな町アル・ウラを過ぎれば、マダインサーレはすぐそばだ。

マダインサーレとは「サーレの町」という意味。ここはタムード人と呼ばれる民族の都で、そのなかにサーレという預言者がいた。イスラム教の唯一神アッラーは、タムード人にラクダを与え、サーレがそれを飼うように教えた。しかし人々は飼うどころか、すべて殺してしまったという。アッラーはそれに怒り、サーレとそれに従ったわずかな人たちを残してタムード人を滅ぼした。これが呪われた伝説の全貌だ。

ナバタイ人たちの栄華の跡

しかし、どうやらこの伝説は後々につくられたもののようだ。なぜなら多くの歴史家たちは、マダインサーレはタムード人ではなく、ナバタイ人たちによって築かれたものとしているからだ。

ナバタイ人というのは、紀元前3世紀頃に東地中海地方を中心として栄華を極めた民族。現在のヨルダンにある世界遺産、ペトラ遺跡がその首都だったとされる。確かにペトラとマダインサーレはよく似た遺跡で、南下して勢力を広げていったという歴史からも、ほぼ間違いないだろうと考えられている。

壮麗なる砂漠の古代遺跡

奇妙な形をした山々に取り囲まれた巨大な石窟墳墓。その入口は優雅な神殿のような姿をしている。紀元前に彫られたとは思えないほど、くっきりと正確な線を描いており､ナバタイ人たちの文明の高さを物語る。

それぞれに「乙女たちの墓」「接見の間」などと名づけられているが、まだまだ研究途上で、実際にはどのような意味をもつものなのかはわかっていない。ただ、内部に入れば、正面中央に棺を納めたとおぼしき縦穴があり、その左右には埋葬品を並べたような棚が彫られていて、墓であったのは確かなようだ。

神殿風の入口には、蛇や大型の鳥といったものが刻まれているが、削り取られている彫刻も少なくない。偶像を嫌う教義をもつイスラム教の普及とともに、意図的に削り取られたようだ。それでもそれ以外の部分の保存状態はかなりよい。巨大な墳墓を見上げながら歩いていると、自分たちの足音くらいしか聞こえてこない。なぜか自然と話し声さえ小さくなってしまうから不思議だ。長い時を経て、厳しい砂漠の自然にじっと耐えてきたマダインサーレ。その歴史の重みを感じる。

名画『アラビアのロレンス』の舞台

マダインサーレ遺跡の近くには、もうひとつ見逃せない見どころがある。ヘジャズ鉄道の痕跡だ。ヘジャズ鉄道は、かつてイスタンブールを起点に、シリア、ヨルダンを経て、イスラム教最大の聖地メッカへと続いていた。オスマン帝国時代に建造された古い鉄道で、多くの巡礼者を運び、物資や文化の交流も促した。

あの名画『アラビアのロレンス』は、この鉄道の破壊工作を描いたもの。鉄道を守り、アラブを守ろうとした、物語の主人公のモデルT.E.ロレンスは、現在でもアラブの英雄と呼ばれている。

そのため、遺跡の近くのマダインサーレ駅跡の訪問は、旅人たちにとても人気が高い。現在も残されているのは、かつての駅舎や機関車。鉄道の運命そのものは短く、1908年に開通し、破壊されたのは1917年のことだった。

■マダインサーレへの行き方

マダインサーレは、聖地メディナと荒野の宿場町アル・ウラAl Ulaを結ぶ道路の先に位置している。日本からのツアーであれば、マダインサーレ観光が行程に含まれていることが多い。パンフレットにしっかり目を通し、ルートを確認してツアーを選ぼう。

マダインサーレは、2019年12月現在、諸々の整備のためクローズされており、訪れることができないが、おそらく2020年中に一般に開放される予定だ。

サウジアラビアでの女性の滞在

女性はアバヤを身に着けなければならない

イスラム教の聖地、メッカを擁するサウジアラビアは、イスラム原理主義とも関連づけられる、スンニ派ワッハーブ派の総本山でもある。そのため、宗教的にも厳格で保守的な性格が強い国として知られてきた。長らく海外からの観光客をほとんど受け入れてこなかった背景には、非イスラム的な存在、文化の流入を極力避けたかったこともあったのかもしれない。

そんなサウジアラビアではあったが、2019年9月からは、日本を含む多くの国々に対してようやく観光ビザの発給を開始した。また、自国内の政策についても、ここ最近柔軟な対応が見られ、たとえばこれまで禁止されていた女性の車の運転が許されるようになったり、映画館の開設が認められるようになったりと、次々に大きな変化が起きている。

それでもなお、やはりサウジアラビアを旅するのであれば、マナー、習慣というものを理解した上で、それなりの適切な行動をとるべきなのはいうまでもない。特に女性が旅する上で、気をつけておきたいこともあるので、その点について述べておこう。

まず、現地に着いたら女性は全員アバヤ（黒衣）を身に着けることになる。基本的に、サウジアラビアに到着する飛行機の着陸前から着用しなくてはならない。アバヤを持っていない旅行者はそのままの格好で降りても大丈夫だが、肌を露出した服装は好ましくないので注意しよう。また、空港からホテルへ直接行かずに、市内観光などをする場合は、アバヤを着用しなくてはいけない。

アバヤは一見暑そうだが、風通しがよくて透けない素材が使われていることが多く、決して不快なものではない。アバヤの下には何を着てもよく、暑い場所では半袖などの涼しい格好、高原などの爽涼な場所では長袖などを着て調節すればいい。忘れがちなのが髪を隠すこと。髪も素肌同様、女性が見せてはいけないものなのだ。大きめのスカーフを用意してすっぽりかぶるようにしよう。注意したいのはホテルの中。自分の部屋から一歩出たら公共の場所。廊下であってもアバヤを着用しなくてはならない。プールなど充実した施設をもつホテルも多いが、利用はもちろん男性のみ。

食事はファミリールームという別室で男性とは別に取ることになる。高級ホテルのレストランなどではこの限りではないこともある。こういった事情は現地ガイドの指示に従うしかない。旅行中は団体行動から外れないようにすること。大都市では外国人とわかれば大丈夫なことは多いものの、本来はエレベーターに男性と乗り合わせただけで不純と考えられてしまうお国柄。トラブルを未然に防ぐためにも、常にグループのなかで行動したほうがいいだろう。

うるさい決まりのオンパレードのようだが、現地女性はもっと多くのタブーをかたくなに守って生活している。サウジアラビアを訪問できるという喜びを抱いて、またこの国のあり方に敬意をもって過ごせば苦にはならないはずだ。

アシール地方

Asir

アトワドAtwad、ビシャBishaというふたつのワディ（涸れ川）を抱えるアシール地方の山脈は、雨に恵まれ、急斜面になった紅海側には肥沃な平野が広がっている。延々と続く山脈を代表するのは、サウジアラビアの最高峰ジュベル・サウダJebel Sawdah（2910m）だ。1922年、アブドゥル・アジズに征服されるまでは独立した王国が存在していたアシール。イエメンの影響を強く受けているため、建物は独特な雰囲気を感じさせる。砂漠の景色とはひと味もふた味も違うドラマチックな風景を見ることができるだろう。

地図P.275

アブハ Abha

アシール地方の首都であるアブハは、海抜2300mという山岳地帯に位置する町。豊富な雨に恵まれたこの町は穏やかな気候で知られており、夏の避暑地として訪れる人が多い。夏に訪れるならホテルの予約は前もってしておこう。逆に冬の冷え込みは、アラブにいるとは思えないほど厳しいといわれている。サウジアラビア南部地方の要衝でもあるアブハは、周辺の町を結ぶ道路網の中心だが、この町を訪れるなら車が必要。バスでは国立公園に行きづらいし、タクシーをつかまえるのも難しい。

市内の見どころといえば**シャダ・パレス Shada Palace**。1927年に建てられた宮殿は、現在博物館となっており、1階ではこの地方の伝統工芸品を販売している。夏に訪れると市内は混んでいるし、それほどおもしろくはない。早々に町をあとにして**アシール国立公園 Asir National Park**に出かけてみよう。約45万ヘクタールという広大な土地に広がる国立公園は、紅海沿岸から東は砂漠地帯までカバーしている。

公園内にはピクニックエリアが点在していて、キャンプすることも可能。アブハの北西部は山岳地区で、ジュベル・サウダにも近く眺めのいい**アル・ソウダ Al Soudah**や**アル・サハブ Al Sahab**、さらには、近年注目が集まっているリジャル・アルマ村（→欄外）もおすすめだ。また、アブハの南東に広がる平野地区には、**アル・ダラガン Al Dalaghan**、**アル・カラア Al Qara'a**などがある。

アシール国立公園

ACCESS
アブハへの行き方
各都市とはバスのほか空路で結ばれている。

■アシール国立公園ビジターズセンター Visitor's Centre
公園内の環境、動植物についての展示や公園のスケールモデルがある。場所は市街を一周しているリングロードの最南部。

■リジャル・アルマ村 Rijal Alma Heritage Village
アブハーの西の山中にあるこの村は、石造りの家々が建ち並ぶ特異な景観が見もの。現在、世界遺産の暫定リストに入れられている。

ACCESS
ナジランへの行き方
国内の主要都市とは空路のほかバスで結ばれている。

地図P.275

ナジラン Najran

ナジランの町並み

ナジランはワディ・ナジランに開かれたオアシスの町。乳香交易の中継地として栄えたこの町は、イエメンとの紛争によってサウジ領になった歴史があり、建築様式など、イエメンの強い影響を受けている。

市街は非常に単純で、ホテルやバス乗り場、電話局、郵便局などは**メインロード Main Rd.**に集中している。**ナジラン・フォート Najran Fort**もまた市街の中心に位置しており、許可証も不要なので立ち寄ってみるといい。また、遺跡地区にある**ナジラン博物館 Najran Museum**はサウジアラビアの誇る博物館のひとつ。紀元前500年から10世紀頃まで使用されてきた建物には、1936年に撮影されたこの地区の写真や遺跡、地方の風俗に関する展示が見られる。

イエメンスタイルの建築

ACCESS
ジザンへの行き方
国内の主要都市とは空路で結ばれているほか、西部地区の町とはバスで結ばれている。

地図P.275

ジザン Jizan

サウジアラビアの南に隣接するイエメンとの国境近く、紅海の沿岸に位置するジザンは南部地方を代表する港町。ここもまたイエメンとの紛争の後1930年代にサウジ領になった町だ。大型船が接岸できるように再開発された港を中心に、大規模な農業、都市開発プロジェクトが進行している。

この町の見どころは、町を見下ろすようにして立つ**ジザン・フォート Jizan Fort**。しかし、軍が現在でも使用しているため入ることはできないし、写真撮影も禁止だ。もうひとつの見どころの**オールド・スーク Old Souk**に出かけてみよう。サウジアラビアのスークのなかでも、最も伝統的なスークらしさを残したスークのひとつといわれている。

ダンマン
Damman

アラビア湾に面し、東部地方を代表する商業港ダンマン。この現代的な大都市はダーラン、アル・コバールとともに一大商業圏を形成している。サウジアラビアでも3番目に大きく、人口は100万人を超える。リヤドまでの鉄道整備が始まる1946年まで、ダンマンが小さな漁港であったことはなかなか想像できない。その鉄道も、経済発展の続くジュベールまでさらに延長される予定だ。

ダンマンから南西に約200kmの内陸部には、世界最大の埋蔵量をもつといわれるガワール油田がある。1930年代の石油の発見に端を発するこの大成長は、ほんの約90年という短い変化に過ぎないのだ。

交通案内
TRANSPORTATION

空港から市内へ

キング・ファハド国際空港から市内までは、タクシーかバスを利用する。ダンマンやアル・コバールの市内へは所要約1時間。

市内交通

ほかの町同様、SAPTCO（Saudi Arabian Public Transport Company）の公共バスが運行している。各町へのネットワークが整備されているが、ルートを把握するのが難しい。そのほかタクシーがある。

ダンマンの市外局番
013

ACCESS
ダンマンへの行き方
空路のほかバスが国内外の都市との間を結んでいる。

リヤド～ダンマンの鉄道について
→P.282

空港から市内へのバス
ダンマン行きは8:00～翌2:00の間に3時間ごと、朝5:00の便もある。SR 21。アル・コバール行きは7:00～23:30の間2時間ごとに便がある。SR 26。

歩き方
WALKING AROUND

ダンマンの中心となるのは、鉄道ターミナルを中心とする、北を**アル・コルニーシュ・ロード Al Cornish Rd.**、南を走る**キング・ファハド・ロード King Fahd Rd.**に挟まれた10km四方のブロックだ。

中心部には銀行や両替屋が多い。ダンマンを南北に走る通りのほとんどは数字になっているので、初めてやってきた人でも非常にわかりやすい。

ダンマン沖合に浮かぶムルジャン島

おもな見どころ
SIGHTSEEING

ベドウィンの風俗などを紹介

地図P.305

ダンマン博物館　*Damman Museum*

　ダンマンには、かつて町の中心部に地域博物館Damman Regional Museumがあったが、こちらは閉鎖され、2019年12月現在、新たにコルニーシュエリアにダンマン博物館を建設中。これまで地域博物館で展示されていた、周辺地域で発見された化石や石器時代の発掘品、ベドウィンの風俗、伝統衣装などに加えて、さらに豊富な展示内容になる予定だ。

地図P.305

アル・コバール　Al Khobar

　日本企業も事務所をおくアル・コバールの人口はおよそ22万人だ。この町に点在するコンパウンド（居住区）には、ダーランのアラムコ（石油会社）で働く従業員やダンマン以外の東部地方のほとんどの人口が集中している。東部商業圏を形成する3都市のなかではいちばんあとに開発された町だが、採掘した原油をバーレーンに送り精製するための桟橋をここに建設したことから、急激に発展を遂げてきた。現在、アル・コバールの町の中心は約4km四方の小さなエリアでしかないが、東部地方を代表するショッピングエリアとして知られている。また、アル・コバールのコルニーシュには、公園や散策路が整備されており、夕方になると大勢の人々が散歩や夕涼みのためにやってくる。ここからは、沖合に蜃気楼のように浮かぶバーレーンの高層ビル群を望むことができる。

　現在、バーレーンとの間には原油を輸送するためのパイプラインが結ばれ、また、アル・コバールの南には25kmにも及ぶ海上道路**キング・ファハド・コーズウエイ King Fahad Causeway**が延びている。両国の税関はコーズウエイのちょうど中間にあるため、ビザがなくても税関の直前にある展望台までは行くことができる。

アル・コバールの町

**ダンマンの
そのほかの見どころ**

**■ザ・ヘリテージ・ビレッジ
The Heritage Village**

住P.O. Box 4666, Damman
☎(013)809-0000
開日〜水曜4:30〜翌1:00
　木・金曜4:30〜翌2:00

　以前からあったザ・ヘリテージ・ビレッジがコルニーシュに移転。規模も大きくなり、伝統的なサウジアラビアの料理やシーフードを味わえるレストランをはじめ、3つの博物館、結婚式場などが入った複合施設となった。

のんびりできるアル・コバールのコルニーシュ

バーレーン行きバスについて

　ダンマン、アル・コバールからは、キング・ファハド・コーズウエイを通ってバーレーンへ向かうSAPTCOのバスが出ている。

　ダンマンからは、SAPTCOのバスターミナルから6:00、9:00、13:00、16:00、19:00、22:00発の6本出ており、片道SR60、往復SR100、所要約3時間。アル・コバールのコルニーシュにあるバス停からも乗れる。ダンマン発の同じバスが1時間後にアル・コバールを出発する。
URL www.saptco.com.sa

**■アル・コバールのビーチ
ハーフムーン・ビーチ**

　アル・コバールの南にあるハーフムーン・ビーチは、海もきれいで施設も整っているのでおすすめ。

地図P.305

ダーラン Dhahran

油田地帯をベースに成り立つ商業圏のダーランだが、一般の人にとってそれほどなじみのある町ではない。アラムコはここにひとつの町を形成しており、また広大な敷地の**石油鉱物資源大学 University of Petroleum & Minerals**がここに開校している。これらの施設に入るには身分証の提示が必要で、関係者以外は入ることができない。**アラムコ展示館 Saudi Aramco Exhibit**は、石油の発見から精製過程までを詳しく説明しており、子供でも理解できるような遊び心にあふれている。

■ザ・キング・アブドゥルアジズ世界文化センター The King Abdulaziz Center for World Culture

住 8386 Ring Rd., Gharb Al Dhahran, Az Zahran 34461
☎(013)816-9799
URL www.ithra.com/en/
開 月～水曜・土曜 9:00～21:00
木曜 9:00～22:00
金曜 13:00～22:00
休 日曜
料 無料

2017年にサウジアラムコによって建てられた総合施設。近未来的な外観のビルの中には、博物館、図書館、映画館などがあり、さまざまなワークショップも開催される。アラムコ展示館は同じ敷地内にある。ぜひ訪れておきたい施設だ。

ダンマン近郊の町

地図P.305

カティフ Qatif

ダンマンの北西約13kmに位置するカティフは、東部地方を代表するオアシスの町だ。シーア派イスラム教徒の一大社会が形成されていることでも知られるカティフの歴史は、はるか紀元前3500年頃まで遡る。

この町の周辺はデーツ（ナツメヤシ）をはじめ、パパイヤ、シトラスなどのフルーツ、穀類を生産する農業地帯でもあるが、石油時代の到来する以前のカティフは東海岸の中心都市であったことが知られている。14～18世紀にこの地を訪れたヨーロッパ人の書き記した海図には、この海岸がカティフ海であると残されている。

カティフにホテルはないが、ここなら簡単にダンマンなどから日帰りできる。この町の見どころといえば**アル・シャマシ・ハウス Al Shamasi House**だろう。東部地方の伝統的な建築様式を今に伝えるこの建物は1910年頃に建てられ、1980年代まで実際使われていたもので、現在では修築され保存されている。また、旧市街の一角である**アル・カラー Al Qalah**はかつてのカティフの雰囲気を色濃く残している。ダンマンやアル・コバール、ダーランではなかなか接することのできなくなってしまった情緒に触れるのも楽しい。

地図P.305外

タルット島 Tarut Island

コーズウエイによってカティフに接続されたタルット島は、先史時代からすでに人が住んでいたといわれている。サウジアラビアのなかでも、最も重要な遺跡のひとつとされ、リヤドの国立博物館に展示された発掘品から考えるに、バーレーンに栄えたディルムン文明（紀元前3000年頃）より古い文明が存在していたらしい。現在、この島のランドマークともいうべき**タルット・フォート Tarut Fort**は、近代的な村のなかに静かに、しかし堂々とたたずんでいる。

タルット・フォート

地図P.275

ジュベール Jubail

ダンマンの北西約90kmに位置するジュベールは、かつては小さな漁村だった。ジュベール・ヤンブー王立委員会Royal Commission for Jubail and Yanboの推進する工業都市プロジェクトの一環として開発が進められた町。ジュベールとヤンブーは原油のパイプラインによって結ばれ、石油化学プラントや製鉄所などが建ち並ぶ。観光にはまったく縁のないような町だが、唯一の見どころとなるのが王立委員会の**ビジターセンター Visitor Centre**。ここでは王立委員会やジュベールの開発の歴史の展示を見ることができる。

地図P.275

ホフフ Hofuf

アル・コバールの南約175kmに位置する。アラビア半島で最も古い町のひとつで町の周りは世界最大ともいわれるデーツ（ナツメヤシ）の林に取り囲まれている。オスマン帝国によって1913年まで支配されていたため、トルコ風の建物が今でも見られる。16世紀の中期にモスクの周りに建てられた宮殿**カスル・イブラヒム Qasr Ibrahim**がこの町のおもな見どころだ。

タルット島周辺で見られる漁船

■ビジターセンター
※訪問の際は要予約。窓口となるのは王立委員会の広報部。

ACCESS
ホフフへの行き方
ホフフ駅は市街の西北にあるため遠い。ダンマン～リヤド間を走るバスが市街の中心に停車する。空路の場合料金は高くなるが、主要な都市からのフライトがある。

■カスル・イブラヒム
場所は、アル・フドッド・ストリートAl Khudod St.に面していて、市街の中心から南西方向に歩いて左側で、入口は建物の裏。ふたつの事務所は市街の中心からキング・アブドゥル・アジズ・ストリートを南下すると、刑務所の裏側にある。

そのほかの見どころ
ホフフの郊外では北にムバラズMubarazのカスル・サフドQasr Sahud宮殿。また、北西約12kmのカイラビヤKailabiyahにサウジアラビア第3の聖地といわれるジュワフィア・モスクJuwafia Mosqueがある。

HOTELS

ビジネスマンにおすすめ

アルゴサイビ・ホテル

ALGOSAIBI HOTEL　地図外

住 Hamad Algosaibi St., Al Khobar
☎ (013) 882-2882
URL www.algosaibihotel.com
料 スーペリアルーム SR559 ～
全 298 室　CC ADMV

車でアル・コバール市街から約5分。ジムやサウナ、ビリヤードなどのレクリエーション施設やコンピューターやスキャナーなどが利用できるビジネスセンターも充実している。アラビア湾を眺めながら食事ができるレストランもある。

コスパの良いシティホテル

カールトン・アル・モアイブド・ホテル

CARLTON AL MOAIBED HOTEL　地図外

住 Al Khobar 31952
☎ (013) 857-5455
URL www.carltonalmoaibedhotel.com
料 スーペリアルーム ⓈSR325 ～ ⒹSR399 ～
全 130 室　CC MV

ダンマンから約5km。男性と女性の施設が分かれたスパやプール、テニスコートのほか、ボウリングやビリヤード、フィットネスセンターなどの施設もある。アジアやヨーロッパ、メキシコ、地中海料理などレストランのチョイスも豊富。

のんびりリラックスできる

ル・メリディアン・アルコバール

LE MERIDIEN AL KHOBAR　地図外

住 Corniche Blvd, Al Khobar
☎ (013) 896-9000
URL www.lemeridienalkhobar.com
料 シービューデラックス SR917 ～
全 333 室　CC ADMV

市街のビジネス地区から車で約5分。アラビア湾に面した住宅地に立つ高級ホテル。テニスコートなどのレクリエーション施設が充実している。レストランはアラブ、イタリアン、インターナショナルの料理などが揃っている。

多彩な施設が揃う

シェラトン・ダンマン・ホテル&コンベンションセンター

SHERATON DAMMAN HOTEL & CONVENTION CENTER　地図外

住 First St.
☎ (013) 834-5555
URL www.sheratondammam.com
料 デラックスルーム SR650 ～
全 283 室　CC AJMV

ダンマンのビジネス地区に立つ高級ホテル。照明付きのテニスコートやジムなど、仕事以外でもリラックスして滞在できる。女性専用のプールもある。タワーフロアに泊まると高級感あふれるタワーラウンジを利用できる。

ジュベールの代表的なホテル

インターコンチネンタル・アル・ジュベール

INTERCONTINENTAL AL JUBAIL　地図外

住 Tareeq 101, Al Jubail
☎ (013) 356-4000
URL www.ihg.com
料 デラックスルーム SR1100 ～
全 255 室　CC AJMV

ダンマンの北西約85kmの閑静な住宅地に立つ。ビジネスに必要なバックアップが整った、ジュベールを代表するホテルだ。プライベートビーチもありリゾート気分も演出してくれる。ディナーはテーマナイトなども開催。

カジュアルなシティホテル

ホテル・ノボテル・ダンマン・ビジネスパーク

HOTEL NOVOTEL DAMMAM BUSNESS PARK　MAP P.305

住 Al Khobar Dammam Hwy.
☎ (013) 845-8888
URL www.novotel.com
料 スタンダードルーム RS549 ～
全 159 室　CC AMV

ビジネスパークの中心部にあるシティホテル。便利な場所なのでビジネスで利用する人も多い。22室のスイートを含め全159室の客室には、Wi-Fiやミニバー、衛星テレビなどが完備されている。フィットネスセンターを充備。

読者投稿
アラビア半島を旅するに当たっての耳より情報

アブダビのシェイク・ザイード・モスク

本書にも書いてありますが、予想以上に服装規制が厳しいです。七分袖や透ける素材の上着もダメで、入場を断られた団体客のなかにはアバヤを買わざるを得なかった人もいました。ペルシャ絨毯敷きのモスク内部は土足厳禁。男女とも靴下持参で。女性は足首を隠さないといけないので長めの丈がベター。

（大阪府　ふじきょう　'17）['19]

㊢：透ける素材でなくとも、白色の上着も避けたほうがよい。服装規制に関する情報は、P.130の欄外にも掲載している。

ドバイメトロの車両は男女別々

ドバイのメトロは女性、男性、ゴールドに分かれています。利用している男女比でいうと圧倒的に男性の利用が多いです。女性は女性専用車両に乗ることをおすすめします。いちばん前かいちばん後ろが女性専用車両になっています。カップルの場合、男性は女性専用車両に乗ることができません。その場合は、女性専用車両以外の車両を利用しましょう。バスの前方も女性専用車両になっていますので男性は注意しましょう。

（大阪府　あみ　'17）['19]

ドバイのビッグ・バス活用術

ドバイに早朝到着して、アーリーチェックインなしのプランだったのでホテルに荷物を預けて朝食を取り、8:30過ぎにビッグ・バスに乗車しました。各ルート日本語イヤフォンガイドがあり、のんびり座ってドバイの市内観光ができました。バージュ・ハリファやバージュ・アル・アラブなど、必須撮影ポイントで下車し、次のバスに乗るもよし、ずっと乗ってドバイ周遊を楽しむもよし。ホテルのチェックイン時間まで時間を無駄にすることなく有意義に過ごせます。もし、3日以上ドバイに滞在するなら2日券が絶対お得です！　（大阪府　ふじきょう　'17）['19]

アブダビからダンマンへの移動

U.A.E.のアブダビからサウジアラビアのダンマンへ陸路で国境を越えました。U.A.E.側の国境までは、市バスをAl Ruwaisで乗り継いで行けます。出国時に「徒歩で移動する」と伝えて、証明書を忘れずにもらうこと。国境間は約2kmで、サウジアラビア側のAl bathaからのバスは20時発です。これを逃すと、ドバイからのSAPTCOに24時頃に途中で乗るしか方法はありません。事前にサウジアラビアのe-Visaを取得しておくことをお忘れなく。

（REO　'19）

デイラ・オールド・スークの注意点

ドバイのスパイス・スークの店でラクダミルクチョコレートとスパイスの2品一緒に買ったところ、いずれも1g / Dh1で計算され、660gでDh660（約1万8000円）と言われました。必ず事前にきちんと値段の確認をしたほうがいいです。

（東京都　パンダとアライグマ　'17）['19]

㊢：最近、デイラ・オールド・スークでのトラブルが多く日本人観光客も被害に遭っている。勝手にグラムで計算されていたり、クレジットカードでの支払い時に1桁増えた金額で決済されていたりと手口はさまざま。スークでの支払いはできるだけ現金払いで。当日であれば、商品を返品することができるので、代金に納得できない場合は、その場で返品を。

ドバイの白タクに注意

タクシー乗り場が行列だったため、少し離れた場所で待っていたら、1台のタクシーが停まってくれ、ホテルまで乗車しました。降りるときに気がついたのですが、メーターがなくDh180と言われました。たかが10分ほどしか乗っていないので、これはやられたと思い、クレームをしたのですが、英語がうまく話せず結局Dh100払って降りました。あとで聞くとDh15でもお釣りがくる、と言われ、そのタクシーは認可されていないいわゆる白タクだと。観光客は、タクシー乗り場やホテルから乗車するのが安全だなと思いました。　（愛知県　智　'17）['19]

タクシーはタクシー乗り場から乗車しよう

الكويت

クウェートのシンボル、クウェート・タワー

クウェート

Kuwait

近代的な高層ビルや高級ホテルが立っているクウェート・シティ

アラビア半島の付け根の東部に位置するクウェート。砂漠の中に浮かび上がったかのようにも見える近代国家の歴史は驚くほど短い。アラビア語で「小さな砦」を意味するその名のとおり、ほんの300年前までは小さな港でしかなかったこの国が発展したのは、石油によるところが大きい。莫大な石油収入を背景に、医療、教育をはじめとする社会の基盤は急激に整備された。クウェートの町を歩けば、近代的なビルと高度な交通網にまず驚かされるだろう。

クウェートが危機に陥ったのは1990年8月のイラクの侵攻で始まった湾岸戦争だった。そして、2003年3月に起こったイラク戦争でも甚大な被害を受けた。この戦争は「大悪党フセイン」をアメリカが退治したといった構図で報道されがちだが、欧米の列強に翻弄され続けたアラブの歴史は「イラクが悪い」とひと言で言い切れるほど簡単ではない。かつて石油の利権の確保のためにアラブ各国の国境線を勝手に線引きしたイギリスやフランスに、湾岸戦争のそもそもの原因があることは隠しようのない事実だ。石油をコントロールしたいアメリカにとって、対テロ、イラク国民の解放という大義を掲げた介入は計算ずくだったと思えなくもない。現在のクウェートはというと、戦争が起こったのが信じられないほど大型商業施設や超高層ビルが立ち並び、近未来的な都市に変貌を遂げたといえるだろう。

超高層ビルの「アル・ハムラ・タワー」

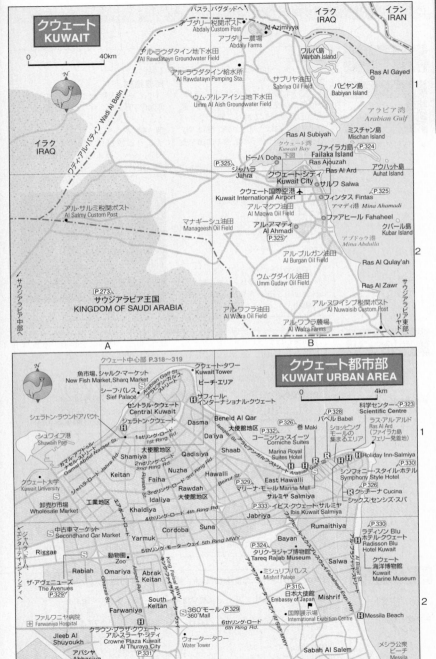

クウェート KUWAIT

0 40km

バスラ、バグダッドへ
アブダリー税関ポスト Abdaly Custom Post
Al Azjmiyya
アブダリー農場 Abdaly Farms
イラク IRAQ
イラン IRAN
アル・ラウダタイン地下水田 Al Rawdatayn Groundwater Field
アル・ラウダタイン給水所 Al Rawdatayn Pumping Sta.
ワルバ島 Warbah Island
サブリヤ油田 Sabriya Oil Field
Ras Al Gayed
バビヤン島 Babiyan Island
ウム・アル・アイシュ地下水田 Umm Al Aish Groundwater Field
ワディ・アル・バティン Wadi Al Batin
アラビア湾 Arabian Gulf
イラク IRAQ
Ras Al Subiyah
ミスチャン島 Mischan Island
クウェート湾 Kuwait Bay
ファイラカ島 Failaka Island P.324
ドーハ Doha
下図
P.325 ジャハラ Jahra
Ras Ajouzah
Ras Al Ard
アウハット島 Auhat Island
クウェート・シティ Kuwait City
サルワ Salwa
クウェート国際空港 Kuwait International Airport
P.325
フィンタス Fintas
アル・マクワ油田 Al Maqwa Oil Field
アマディ港 Mina Ahamadi
アル・サルミ税関ポスト Al Salmy Custom Post
マナギーシュ油田 Manageesh Oil Field
ファアヒール Fahaheel
アル・アマディ Al Ahmadi P.325
クバール島 Kubar Island
アブドゥラ港 Mina Abdulla
アル・ブルガン油田 Al Burgan Oil Field
Ras Al Qulay'ah
ウム・グダイル油田 Umm Gudayr Oil Field
Ras Al Zawr
P.273
サウジアラビア王国 KINGDOM OF SAUDI ARABIA
サウジアラビア中部へ
アル・ワフラ油田 Al Wafra Oil Field
アル・ヌワイシブ税関ポスト Al Nuwaisib Custom Post
サウジアラビア東部、リヤドへ
アル・ワフラ農場 Al Wafra Farms
A B 1 2

クウェート都市部 KUWAIT URBAN AREA

0 4km

クウェート中心部 P.318〜319
クウェート・タワー Kuwait Tower
魚市場、シャルク・マーケット New Fish Market, Sharq Market
アラビアン・ガルフ・ストリート Arabian Gulf St.
ビーチ・エリア
シーフ・パレス Sief Palace
サフィール・インターナショナル・クウェート
セントラル・クウェート Central Kuwait
シェラトン・ラウンドアバウト
シェラトン・クウェート
Dasma
Beneid Al Qar
大使館地区
科学センター Scientific Centre P.323
P.328 バベル Babel
ラス・アル・アルド Ras Al Ard (ファイラカ島フェリー発着地)
P.326 巻 Maki
ショッピングモールの集まるエリア
P.332 コーニッシュ・スイーツ Corniche Suites
シュワイフ港 Shuwaih Port
1stリング・ロード 1st Ring Rd.
Da'iya
Istiqlal St.
カマル・アブドゥル・ナセル・ストリート Gamal Abdul Nasser St.
大使館地区
Qadisiya
Shaab
Marina Royal Suites Hotel
Holiday Inn-Salmiya
Shamiya
2ndリング・ロード 2nd Ring Rd.
P.330 シンフォニー・スタイル・ホテル Symphony Style Hotel
ジャハラ・ロード Jahra Rd.
Keitan
Nuzha
3rdリング・ロード 3rd Ring Rd.
Hawalli
Beirut St.
クウェート大学 Kuwait University
Faiha
Riyadh St.
East Hawalli
P.329 マリーナ・モール Marina Mall
P.326 クッチーナ Cucina
Rawdah
シックス・センシズ・スパ
大使館地区
サルミヤ Salmiya
卸売り市場 Wholesale Market
工業地区
Idaliya
P.333 イビス・クウェート・サルミヤ Ibis Kuwait Salmiya
エアポート・ロード Airport Rd.
Khaldiya
4thリング・ロード 4th Ring Rd.
Jabriya
ファアヒール・エクスプレスウェイ Fahaheel Exp. Way
Rumaithiya
P.330 ラディソン Blu ホテル・クウェート Radisson Blu Hotel Kuwait
中古車マーケット Secondhand Car Market
Cordoba
Suna
ジャハラ、ドーハ、エンターテイメント・シティへ
Yarmuk
Bayan
5thリング・モーターウェイ 5th Ring MWY
P.324 タリク・ラジャブ博物館 Tareq Rajab Museum
アル・ブラジャット・ストリート Al Blajat St.
Riggae
動物園 Zoo
キング・ファイサル・モーターウェイ King Faisal MWY
Salwa
クウェート海洋博物館 Kuwait Marine Museum
Rabiah
Omariya
Abrak Keitan
ミシュリフ・パレス Mishrif Palace
アル・サファル・モーターウェイ Al Safr MWY
ザ・アヴェニューズ The Avenues P.329
Ghazali St.
P.315 日本大使館 Embassy of Japan
Mishrif
South Keitan
360°モール 360°Mall P.329
Farwaniya
国際展示場 International Exibition Centre
Messila Beach
ファルワニヤ病院 Farwaniya Hospital
6thリング・ロード 6th Ring Rd.
クラウン・プラザ・クウェート・アル・スラーヤ・シティ Crowne Plaza Kuwait Al Thuraya City
Jleeb Al Shuyoukh
ウォーター・タワー Water Tower
P.331
アバシヤ Abbasiya
Sabah Al Salem
メシラ公衆ビーチ Messila Public Beach
Sahid Al Awazim
クウェート国際空港 Kuwait International Airport P.320
アル・クレイン・ハウス、ヒルトン・クウェート、アル・アマディ、ファアヒールへ
A B 1 2

ジェネラルインフォメーション

クウェートの基本情報

▶アラビア語入門
→ P.351

正式国名
クウェート　State of Kuwait

国　旗
緑は肥沃な国土、白は純潔、黒は戦場、赤は勇気を表す。同時にクウェート歴代の王朝を示しており、緑はファーティマ朝、白はウマイヤ朝、黒はアッバース朝、赤はアラブ社会の血縁を象徴している。

国　歌
Al-Nasheed Al Watani

面　積
1万7818㎢。四国とほぼ同じ。

人　口
約475万人(2019年クウェート市民調査局)

首　都
クウェート　Kuwait

元　首
シェイク・サバーハ・アル・アハマド・アル・ジャービル・アル・サバーハ首長殿下
H.H.Sheikh Sabah Al-Ahmad Al-Jabel Al-Sabah

政　体
首長制

民族構成
クウェート人は約30%。そのほか、他国のアラブ人、インド人、南アジア人、イラン人など。

宗　教
イスラム教85%（うちスンニー派70%、シーア派30%)、そのほか15%

言　語
アラビア語（公用語)。英語も通じる。

国民の約8割はイスラム教徒

通貨と為替レート

▶基礎知識：両替とクレジットカード
→ P.316

通貨単位はクウェート・ディナール KD（Kuwait Dinar）とフィルス Fils。KD1 = 1000Fils = 362.58円（2020年1月17日現在)。紙幣はKD20、KD10、KD5、KD1、500Fils、250Fils。硬貨は100Fils、50Fils、20Fils、10Fils、5Fils。

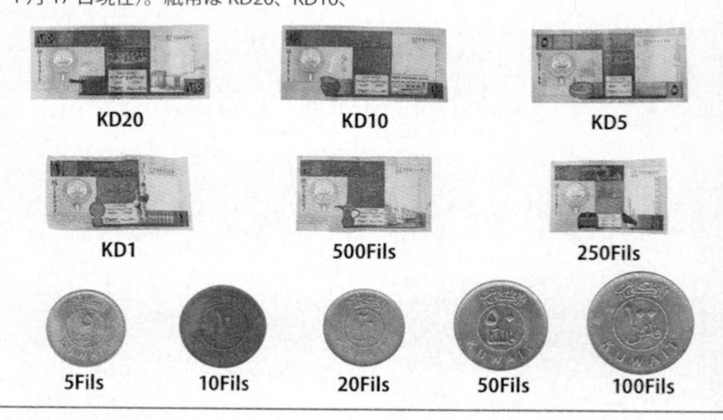
KD20　KD10　KD5
KD1　500Fils　250Fils
5Fils　10Fils　20Fils　50Fils　100Fils

電話のかけ方

▶郵便と電話
→ P.368

日本からクウェートへの電話のかけ方　例：クウェート 1234-5678 にかける場合

国際電話会社の番号		国際電話識別番号		クウェートの国番号		相手の電話番号
001 KDDI※1 **0033** NTTコミュニケーションズ※1 **0061** ソフトバンク※1 **005345** au（携帯）※2 **009130** NTTドコモ（携帯）※3 **0046** ソフトバンク（携帯）※4	+	**010**	+	**965**	+	**1234-5678**

※1「マイライン・マイラインプラス」の国際区分に登録している場合は不要。詳細は、URL www.myline.org　※2 au は 005345 をダイヤルしなくてもかけられる。※3 NTT ドコモは事前に WORLD WING に登録が必要。009130 をダイヤルしなくてもかけられる。※4 ソフトバンクは 0046 をダイヤルしなくてもかけられる。
※携帯電話の3キャリアは「0」を長押しして「+」表示し、続けて国番号からダイヤルしてもかけられる。

空港内のビザ申請カウンター（出発階）

日本からの直行便はないので、まずドバイや中東、アジアの都市に行き、そこからクウェートに入る。所要時間はドバイから約1時間50分。オマーンのマスカットから約2時間25分。

日本からのフライト時間

▶アラビア半島への道→ P.336

出入国

▶各国のビザ（査証）→ P.338

ビザ

最大3ヵ月有効のビザが、入国時に空港で取得できる。費用はKD3。到着ロビーにある申請用紙に名前などの必要事項を記入してカウンターに提出する。ビザ用の印紙は自販機で購入。また、渡航前にオンラインで短期滞在ビザの申請もできる。パスポートは見開き2ページ以上の余白が必要。

パスポート

残存有効期間はクウェート入国日より6ヵ月以上必要。

入国カード

なし。

出国税

KD3（US$9.8 相当）。あわせて、空港施設使用料 KD0.4 が徴収されるが、基本的に航空券代に上乗せされている。

気　候

▶基礎知識：気候→ P.316

ほかの湾岸諸国と比べるとかなり厳しい。5～9月にかけての夏は日中の気温が45℃を超え、特に7・8月は50℃を超えることもある。また、7月以降は南東から吹く風が湿気を運んで湿度が80％を超えてしまう。対して11～3月にかけての冬は、日中の気温が20℃前後と過ごしやすい。ただし、夜は急激に冷え込む。雨は少ない。ときどき起こる砂嵐に注意。

クウェートと東京の気温と降水量

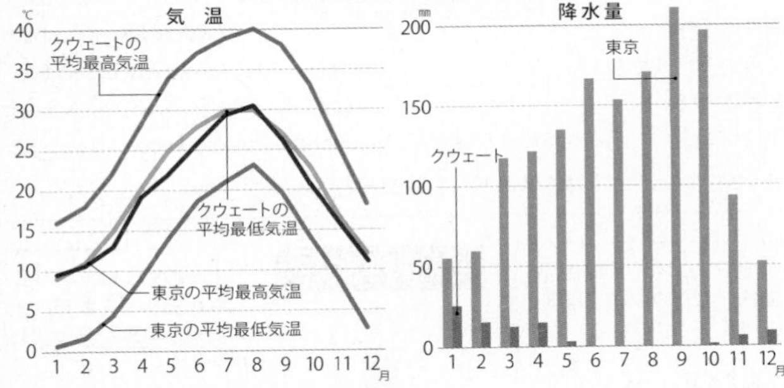

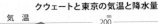

※東京の気温および降水量は、気象庁の平年値のデータ。クウェートの気温および降水量は、JMC「海外旅行データブック」より。

クウェートから日本への電話のかけ方

例：東京 (03) 1234-5678 または 090-1234-5678 にかける場合

国際電話識別番号 **00** ＋ 日本の国番号 **81** ＋ 市外局番と携帯電話の最初の0を除いた番号 **3 または 90** ＋ 相手の電話番号 **1234-5678**

日本での国際電話の問い合わせ先

KDDI	Free 0057（無料）
NTT コミュニケーションズ	Free 0120-506506（無料）
ソフトバンク	Free 0120-03-0061（無料）
au	Free 0077-7-111（無料）
NTT ドコモ	Free 0120-800-000（無料）
ソフトバンク	Free 157（ソフトバンクの携帯から無料）

▶電話のかけ方

空港や一部のショッピングモール以外では、公衆電話を見かけることがほとんどない。市内通話は無料なので、必要な時は、商店や個人の電話を借りるといい。市外局番はない。

時差とサマータイム

日本との時差はマイナス6時間。日本が正午のとき、クウェートでは6:00となる。サマータイムはない。

クウェート
6:00A.M.

ビジネスアワー

官庁
日〜木曜 7:00〜14:00
（※11〜3月は30分繰り下げられる）

銀行
日〜木曜 8:00〜13:00、17:00〜19:30

商店
日〜木曜 9:00〜13:00、16:30〜21:00

レストラン
12:00〜15:00、18:00〜23:00

独特な薬局のマーク

祝祭日

▶アラビアを理解するために → P.354

イスラム暦によるので毎年変わるが、グレゴリオ暦も併用。2020年の祝祭日は以下のとおり。年によって異なる移動祝祭日（＊印）に注意。週末といえば金・土曜を指す。

日付	祝祭日
1月1日	元日 New Year's Day
2月25日	建国記念日 National Day
2月26日	解放記念日 Liberation Day
3月22日＊	預言者昇天祭 The Prophet's Ascension
5月24〜27日＊	ラマダン明けの祭り Eid al-Fitr (End of Ramadan)
7月30日頃＊	巡礼休暇 Arafat Day
7月31日〜8月1日＊	犠牲祭 Eid al-Adha (Feast of Sacrifice)
8月20日＊	イスラム暦新年 Al-Hijra (Islamic New Year)
10月29日＊	預言者ムハンマドの誕生祭 Milad un Nabi (Birth of the Prophet Muhammad)

※2020年のラマダンは4月24日〜5月23日の見込み。

電圧とプラグ

電圧は240V。周波数50Hz。プラグタイプはB、C、BFタイプがある。

Bタイプ　Cタイプ

BFタイプ

飲料水

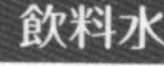

一般的にはミネラルウオーターを飲用。水道水は海水を淡水化している。

郵　便

日本へははがき、封書とも150Fils。約1週間で到着する。

▶郵便と電話 → P.368

税　金

ホテルの宿泊料金に15%のサービス税が加算される。

年齢制限

イスラム教の国であるクウェートでは外国人以外の飲酒を、年齢にかかわらず禁止している一方、喫煙については特に法令化されておらず、各家庭のしつけによる。

チップ

特にその習慣はないが、ホテルやレストランでいいサービスを受けたと思ったら払ってもかまわない。あくまで気持ち程度を渡すだけでも喜ばれサービスも向上する。

安全とトラブル

▶基礎知識：習慣とタブー→ P.316

治　安

2019 年 12 月現在、日本の外務省はクウェートに対し「十分注意してください」という海外危険情報を出している（2018 年 11 月 14 日付）。国内の治安状態はおおむね良好だが、殺人、強盗などの凶悪犯罪の発生率は日本を上回る。市内より北へ約 30km のジャハラ県と南へ約 15km のファルアニア地区は犯罪被害多発地域。単独での夜間の外出は控えたい。また北部砂漠地帯は、湾岸戦争時に敷設された地雷が完全に撤去されていないので立ち入りは控えよう。

警察・消防・救急車　112

外務省 危険・スポット・広域情報

●中東地域における緊張の高まりに関する注意喚起

※ 2020 年 1 月 5 日、8 日付

■外務省海外安全ホームページ

URL www.anzen.mofa.go.jp

【在クウェート日本大使館】

Embassy of Japan　地図 P.311- 下 B2

住 Mishrif 7A（Diplomatic Area), Plot 57（P.O.Box 2304, Safat, 13024）

☎ 2530-9400　FAX 2530-9401

滞在アドバイス

▶旅の健康管理 → P.365

生活用品

食料品はたいていの物は手に入る。野菜、フルーツ、肉、魚、卵、牛乳などをはじめ、米、醤油なども手に入る。ただし豚肉およびその加工品（ハムなど）、酒類（みりん、粉末酒を含む）は入手不可能。

これ以外で、クウェートにない物は輸入されるため品数は豊富。値段は非常に高いが、乾物、缶詰など日本食も手に入る。そのほか、味噌や冷凍食品などが出回っている。

酒

入手不可能。持ち込みも厳禁。

医療、衛生

風土病は存在しないが、しばしば町を覆い尽くす砂塵のため、のど、鼻、目などに変調が出ることがある。

また、滞在許可証を申請する外国人は健康診断が義務づけられており、結核、エイズ、肝炎などが発見された場合は国外退去となる。予防接種は地域の健康サービスセンターで受けられる。

薬に関しては、ひととおりの物は手に入るが、飲みつけの薬がある場合は持参したほうがいい。市内の場合、医療区が 6 つに分かれており、国立の病院の数も多い。しかし、外国人は言葉の問題から私立病院を使うケースが多く、この場合は初診で KD100 程度が必要。おもな病院は国立アル・アミリー病院（☎ 2245-0005）、私立ハッディ・クリニック（☎ 182-8282）など。医療レベルはどこも総じて高いので安心。

住　居

住宅は増えてきており、外国人向けのおもな住宅地は市街南東部のサルミヤに集中している。家賃や維持費は非常に高く、一軒家タイプとアパートタイプの利用が半々だ。

使用人はドライバーにインド人やパキスタン人、メイドにはスリランカ人やフィリピン人を雇うことが多い。通いと住み込みの場合があり、賃金は出身国によって若干違う。時間制で雇うこともあるようだ。

ファイラカ島（→ P.324）行きの船のオフィス

スーク内にある両替所

基礎知識

Basic Knowledge

歴史

メソポタミアからインド洋にかけて交易していた商人たちにとって、クウェート湾は絶好の中継地だった。沖に浮かぶファイラカ島には、その当時の遺跡も残されている。

現在、クウェートを治めるサバーハ家がこの地に来たのは1716年とされている。その後サバーハ家は、オスマン帝国の庇護のもと、クウェートの行政を司るようになる。

しかし1899年、他国との協定を結ぶ権利を譲渡するという排他条約を結び、イギリスの保護国になる。イギリスは1932年のイラク独立に先んじて領土問題の解決を見ないまま1913年にクウェートの独立を承認、1922～23年にはサウジアラビアとの間に境界線が引かれた。クウェートが近代国家に成長したのは、爆発的に増加したオイルマネーによるところが大きい。1938年の石油の発見を皮切りに飛躍的にクウェートの財政が好転。豊富な財源が社会基盤の整備に充てられた。1913年にイギリスとの間に交わされた排他条約の期限が切れた1961年、クウェートは正式に独立国家としての道を歩み始めた。

1990年8月、イラクの侵攻で始まった湾岸危機、1991～92年の湾岸戦争によってクウェートは莫大な損害を受けたが、戦争前以上の水準に復興している。2003年7月に国民議会選挙が実施され、新内閣が発足したが、主要ポストはこれまで同様、首長一族のサバーハ家によって占めている。2005年5月、女性に参政権が認められ、女性閣僚も誕生した。

2011年以降、生活改善を求めるデモが発生。11月には、ナーセル内閣が総辞職し、ジャービル首相のもと新内閣が発足した。内閣辞職と議会選挙を繰り返してきた内政の混乱は、以降小康状態を見せ、クウェート内政はおおむね安定を保っている。

経済

原油確認埋蔵量1015億バーレル、世界第7位を誇る石油産業中心のモノカルチャー。ひとり当たりのGDPはUS$3万1430（2017年）。

気候

夏季は50℃を超える日もあるほど、暑さが厳しい。冬季は過ごしやすいが夜冷え込む。

服装

1枚羽織るものがあるとよい。冷房が効いて寒過ぎることもある。

習慣とタブー

サウジアラビアに次いで敬虔なイスラム教国。ラマダン（断食月）の期間、太陽が出ている間は人前で食物やたばこを口にしないこと。礼拝の途中、前を横切る、敷物を踏む、写真を撮る、話しかけるということは絶対にタブーだ。アラブ友好国を含めて、クウェートの国家元首、王族を批判することも違法だ。

アラビアを理解するために→P.354
アラビア半島の旅行事情→P.8

アルコール

アルコールの消費は禁止されており、高級ホテルでも飲むことはできない。免税店で購入した酒であっても持ち込みは禁止。

たばこ

レストランはほとんど禁煙。ホテルは喫煙ルームのあるところが多い。現地の人々が町なかで吸っている姿をよく見かけるが、公共の場での喫煙は禁止されている。

女性の旅

女性は肩やひざを隠し、肌の露出をできるだけ控えよう。また、タクシーは後部座席に乗ること。安食堂などは男性しかおらず利用しづらいので、ファミリールームのあるレストランを利用しよう。また、クウェートではアジア人女性が性犯罪の被害者になる事件が報告されている。外国人から見れば、日本人はほかのアジア人との見分けがつかない可能性があることから、日本人が間違って嫌がらせを受ける可能性がある。

両替とクレジットカード

入国審査前に日本円を両替できる銀行はないので、ビザ料金支払いのためにUSドルを用意しておくといい。空港に銀行はあるが、レートはよくない。市内の銀行は日本円を受け付けないところもある。

物価と予算

食料品のほぼすべてが輸入なので、食べ物の物価は総じて高く感じる。

食事

レバノンやエジプトの料理の影響を受けている伝統的なクウェート料理の代表的なものは、サフランで炊いたご飯の上に味つけした肉や魚をのせトマトソースを添えたマクブース。町なかでよく売られているのはシャウルマ。これは大きな肉の塊を焼き上げナイフでそぎ野菜と一緒にパンで挟んだもの。クウェートではロール状のパンをこんがり焼いてプレスしたものが多い。本格アラブ料理は、町のレバノン料理レストランや、高級ホテルのレストランがおすすめ。予算はKD4〜15程度。もちろん豚肉、アルコール類はない。

外国人労働者の多いクウェートでは、カレー、ビリヤニ、肉や魚のグリルなどを出すインド、パキスタン料理の食堂も多く、昼食時はとても混む。予算は、KD2〜4程度。アジア、ヨーロッパの各国料理や、シーフード料理も食べられる。

アラブ料理を楽しむ→P.348

ホテル

数は多くないが、海外資本の高級ホテルからビジネスマン向けの中級ホテルまでニーズに合ったホテルが揃っている。5つ星ホテルは1泊KD60〜、ビジネスホテルはKD30〜。基本的にクーラー、テレビ、ミニバー、バスルームが付いている。また、冬に訪れる場合は意外に冷え込むのでエアコンの有無もチェックしたい。クーラーが付いていてもヒーターがないホテルもあるので注意が必要だ。

アラビアでの宿泊→P.346

国内移動

バス

バスを運行しているのはKPTC（Kuwait Public Transport Company）とシティバス。メインターミナルはミルカブMircabにあり、シャルクSharqにもターミナルがある。運行時間は各ルートによって違うが5:00〜22:00の間、12〜20分間隔で走っている。ほとんどのバスにはクーラーが備え付けられているため、たいへん涼しい。料金は、市内ならほとんど200〜300Fils、バス乗り場には、各ルートごとに英語で通過道路名が表示されている。バスの前方座席は基本、女性と子供専用になっている。

タクシー

決まったルートを走る乗合タクシーは、人数が集まるまで待たなくてはならない。流しのタクシーはメーターが付いていないので乗る前に料金交渉をすること。ラジオタクシーは電話で呼び料金も事前に確認できる。クウェート市内ならKD2〜3。ナンバープレートが白い無認可タクシーは避けるべき。

レンタカー

空港や市内には多くのレンタカー会社がある。しかしクウェートは日本と同一の「道路交通に関する条約（ジュネーブ条約）」を締結していないため、国外運転免許証の有効性は保証されていない。詳細は大使館やレンタカー会社で確認を。

国外運転免許証について→P.362

ショッピング

大型のショッピングセンターや24時間営業の大型スーパーマーケット、キオスクまで数多くあり不自由しない。特に海岸沿いには新しいモールが増えた。また、フォース・リング・ロードを越えたあたり（アル・ライ地区Al-Rai）で開かれるフライデー・マーケットFriday Market（8:00〜20:00）もおもしろい。家具、絨毯、中古の電気製品、洋服などの生活用品から羊、アンティークまで何でもある。値切るのを忘れないで！

ベドウィンのみやげを探すのなら、空港のすぐ西にあるアバシヤのスークがいい。特にベドウィン色の濃いことで知られており、いかにもアラブという空気にあふれている。南部のファアヒールや市街西部のジャハラのスークでもベドウィングッズが見られる。また、ジャハラにはスクラップ車のマーケットがありパーツ探しには重宝。ゴールド・スークも見ものだ。

写真撮影について

宮殿や警察、軍施設、石油施設、国境付近は撮影できない。了解を得ないかぎり女性にカメラを向けてはいけないが、風景のなかに入れる程度だったら大丈夫。情報省Ministry of Informationで撮影の可否の確認、許可申請ができる。

クウェート中心部
CENTRAL KUWAIT
0 0.2 0.4 0.6 0.8 1km
N
P.321
フィッシュ・マーケッ
Fish Mark
漁港
(ダウ船が集まる)
アラビアン・ガルフ・ストリート
クウェート中央銀行
Central Bank of Kuw
シーフ・ハーバー
Sief Harbour
シーフ・パレス
Sief Palace
Al-Babtain Central
Library for Arabic Poe
議会
Cabinet
Council
外務省
Ministry of
Foreign Affairs
グランド・モスク
P.323
Grand Mosque
税関
Custom
クウェート中央銀行
Central BK of Kuwait
証券取引場
Stock Exchange
クウェート湾
Kuwait Bay
Wasabi
ガルフ銀行
Gulf BK
アブドゥル・ラザ
スクエア
Abdul Razzaq
P.334
アフメッド・サファール
Afmed Safar
Oasis
クウェート金・貴金属中央マーケット
Kuwait Central Market For Gold & Jewelry
ゴールド・スーク
Gold Souq
Kahaled House(個人所有の古い建物)
バンキング・コンプレックス
Banking Complex
クウェート国立図書館 National Library of Kuwait
P.324
スーク(ムバラキヤ)
Souq(Mubarakiya)
聖コーラン・ハウス
Holy Quran House
P.322
P.323
クウェート国立博物館、サドゥ・ハウス
Kuwait National Museum Sadu House
アリ・アル・サレム・ストリート
Ali Al Salem St.
Layali Al-Souq
ヘリテージ・スーク
Heritage Souks
女スーク
Women's Souq
アルアリ銀行本部
Alahali BK H.Q.
ダウ・ハーバー
Dhow Harbour
Top Star Restaurant
サファット・スクエア
Safat Sq.
国民議会ビル
National Assembly Complex
アブ・バクル・ストリート
Abu Bakr St.
市営公園
Municipal Park
ガルフ・ローズ・ホ
Gulf Rose Ho
Watanya Souk
タクシーのりば
Taxi Rank
郵便局
通信塔
Telecom Tower
ファハド・アル・サレム・ストリート
Fahd Al Salem St.
Salhiya St.
通信センター
Telecom Center
Safari Hous
イスラミック・プレゼンテーション・コミッティ
クウェート航空
Kuwait Air
Carlton
Tower
ミルカブ・バス・ターミナル
Mircab Bus Termina
スイスベルホテル・プラザ
Swiss Belhotel Plaza
P.332
アブドゥラ・アル・サレム・ストリート
Abdulla Al Salem St.
市警察
City Police
Al Muthanna Complex
レストラン・カフェ・コンプレックス
Restaurant Caffe Complex
総合官庁ビル
Ministries Complex
P.327
P.326
JWマリオット・ホテル・クウェートシティ
JW Marriott Hotel Kuwait City
P.330
シャティヤ・アル・ワティヤ・レストラン
Shatiya Al Watiya Restaurant
慶 Kei
教会
Church
サルヒア・コンプレックス
Salhia Complex
パナソニック・タワー
Panasonic Tower
KFC
警察 Police
墓地
Cemetery
P.330
フォーシーズンズホテル クウェ
アット ブルジュ アルシャ
Four Seasons Hotel Kuwait at Burj Alsha
Souq Al Watya
バス乗り場 Bus Rank
P.331
シェラトン・クウェート
Sheraton Kuwait
Sahara Hotel
ダイ・フォルニ
P.327
Dai Forni
フォーポイント バイ シェラトン クウェート
Four Points by Sheraton Kuwait
アル・ジャハラ・ゲート
Al Jahra Gate
シャミヤ・ゲート
Shamiya Gate
P.331
シェラトン・ラウンドアバウト
Sheraton R/A
アイススケート場
Ice Skate Rink
Gamal Abdul Nasser St.
ドーハへ
クウェート国際空港、ジャハラへ
1
2
3
A
B

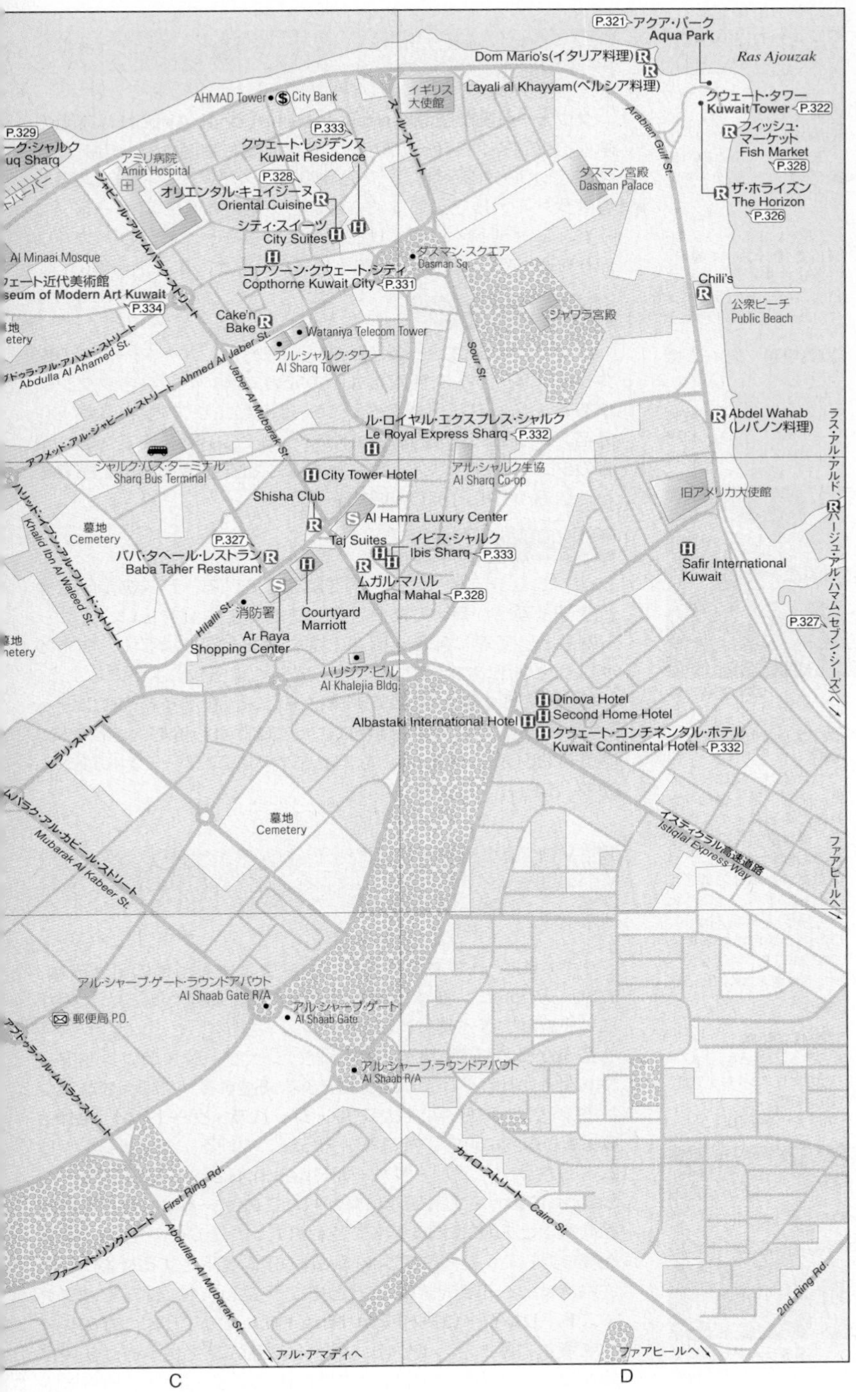
P.321 アクア・パーク Aqua Park
Dom Mario's(イタリア料理)
Ras Ajouzak
Layali al Khayyam(ペルシア料理)
イギリス大使館
AHMAD Tower
City Bank
クウェート・タワー Kuwait Tower P.322
フィッシュ・マーケット Fish Market P.328
ザ・ホライズン The Horizon P.326
Arabian Gulf St.
ダスマン宮殿 Dasman Palace
P.333 クウェート・レジデンス Kuwait Residence
P.328 オリエンタル・キュイジーヌ Oriental Cuisine
シティ・スイーツ City Suites
アミリ病院 Amiri Hospital
P.329
Al Minaai Mosque
Museum of Modern Art Kuwait P.334
コプソーン・クウェート・シティ Copthorne Kuwait City P.331
ダスマン・スクエア Dasman Sq.
Chili's
公衆ビーチ Public Beach
シャワラ宮殿
Cake'n Bake
Wataniya Telecom Tower
アル・シャルク・タワー Al Sharq Tower
Ahmed Al Jaber St.
Abdulla Al Ahamed St.
Jaber Al Mubarak St.
Sour St.
Abdel Wahab (レバノン料理)
ル・ロイヤル・エクスプレス・シャルク Le Royal Express Sharq P.332
シャルク・バス・ターミナル Sharq Bus Terminal
City Tower Hotel
アル・シャルク生協 Al Sharq Co-op
旧アメリカ大使館
Shisha Club
Al Hamra Luxury Center
墓地 Cemetery
P.327 ババ・タヘール・レストラン Baba Taher Restaurant
Taj Suites
イビス・シャルク Ibis Sharq P.333
ムガル・マハル Mughal Mahal P.328
Safir International Kuwait
Khalid Ibn Al Waleed St.
Hilalli St.
消防署
Courtyard Marriott
Ar Raya Shopping Center
ハリジア・ビル Al Khalejia Bldg.
P.327
ラス・アル・アルド、バージュ・アル・ハマム(セブン・シーズ)へ
Dinova Hotel
Second Home Hotel
Albastaki International Hotel
クウェート・コンチネンタル・ホテル Kuwait Continental Hotel P.332
墓地 Cemetery
Mubarak Al Kabeer St.
イスティクラル高速道路 Istiqlal Express Way
ファアヒールへ
アル・シャーブ・ゲート・ラウンドアバウト Al Shaab Gate R/A
アル・シャーブ・ゲート Al Shaab Gate
郵便局 P.O.
アル・シャーブ・ラウンドアバウト Al Shaab R/A
カイロ・ストリート Cairo St.
First Ring Rd.
ファースト・リング・ロード
Abdullah Al Mubarak St.
2nd Ring Rd.
アル・アマディへ
ファアヒールへ
C
D

クウェートの市外局番
なし

ACCESS
空港から市街へ

タクシーは市内中心部まで所要20～30分。料金はKD8程度。

バスはNo.13、501で250Fils。4:30～22:30頃まで10分おきに運行。空港到着ターミナルを右側出口から出た所にバス停がある。所要約1時間。

空港からのタクシー料金の目安

クウェート中心部	KD8
サルミヤ	KD8
フィンタス	KD8
ファアヒール	KD8

クウェート国際空港の2階

クウェートのタクシー事情

ドライバーにはインド系、イラン系、エジプト系などの出稼ぎの人が多く、運賃交渉にはそれぞれのお国柄が出る。いちばん交渉が楽なのはイラン人ドライバーといわれる。目安の最低料金は、市内中心部の端から端までならKD1、中心部からサルミヤまではKD2～3程度。

主要バス路線

サルミヤ：No.15、17
ファアヒール：No.101、102、602
ジャハラ：No.103

高層ビルから眺める
クウェート市街地

交通案内
TRANSPORTATION

クウェート国際空港Kuwait International Airportは市街の南に位置する。空港～市街間は高速道路も整備され、市街までは車で約30分の距離だ。交通機関はバスかタクシー。バス乗り場はターミナルを出てすぐ右にあり、空港からエアポート・ロード、ファハド・アル・サレム・ストリート、ヒラリ・ストリートを通って、ミルカブにあるバスターミナルまで走っている。

タクシー

いくつかのタクシー会社が運行しており、メーター付きのタクシー（メーターを使用しないので要交渉）や、乗合タクシーがある。メーター付きのタクシーは同じエリア内ならばKD1ほど、クウェート市内ならばKD2～3ぐらいで利用できる。乗合のタクシーならばメーター付きよりも安く済ますことができる。空港から市内まで所要20～30分。

バス

KPTCとシティバスが市内を網羅している。バスの前面には行き先と番号が書いてあり、乗り込む際に料金を払い、チケットをもらって席に座る。ほかの中東の国と同じように、前方の席は女性専用になっているので、男性は座らないようにしよう。中はエアコンが効いていて非常に涼しい。利用するのはほとんどが外国人労働者で、時間帯によってはかなり混むときがある。料金は250～450Fils。なお、市内のバスターミナルはミルカブ、シャルクにある。

歩き方
WALKING AROUND

シェラトンからアブドゥル・ラザク・スクエアへ

小さいながらもよく整備されたクウェート市街の町並みは、非常に近代的だ。多くの建物は修復され、戦争が起こったのが信じられないほど整然としている。

空港からバスで市街へ向かうと、シェラトン・ラウンドアバウトSheraton Roundaboutをまず通過する。この大きなラウンドアバウトに保存された**アル・ジャハラ・ゲート Al Jahra Gate**が市内に近づいたことを知らせてくれる。シェイク・サレム・ムバラク・アル・サバーハSheikh Salem Mubarak Al Sabahによって1922年に築かれたこのゲートは、市街を取り囲む壁とともに1956年まで使われていたという。当時、掠奪を繰り返していたイクワンIkhwanの侵入を阻止するために建設された壁も、市街地の拡大とともに不要となり、現在では**ファースト・リング・ロードFirst Ring Rd.**に沿っていくつかのゲートを残すのみとなっている。ゲート周囲の芝生や歩道は普段は静かだが、休日や夕方は、くつろいだり、立ち話をする外国人たちでごった返す。

シェラトン・ラウンドアバウトを過ぎて、そのまま直進すると**ファハド・アル・サレム・ストリート Fahd Al Salem St.**に入る。**郵便局**やホテルの集中するこの通りは、夕方ともなると活気にあふれる目抜き通りになる。そのまま進むと、左側に噴水のある**サファット・スクエア Safat Sq.**が見えてくる。この広場の北側一帯がスーク地区。**ゴールド・スーク Gold Souq**や**ベドウィン・スーク Bedouin Souq**がにぎやかさでは群を抜く。

サファット・スクエアからさらに真っすぐ進むと、アフメッド・アル・ジャビール・ストリートAhmed Al Jaber St.に入る。広場から600mほど進むと、右側に同じようなビルが3つ並んでいるのが見えてくる。**バンキング・コンプレックス Banking Complex**と呼ばれるこのビル群では、主要な銀行がそれぞれ営業している。このコンプレックスに面した交差点の地下は**アブドゥル・ラザク・スクエア Abdul Razzaq Sq.**といい、夏の季節には暑さを逃れる人々の格好の休憩場所になっている。

スークは人々の生活が見られる場所のひとつ

アラビアン・ガルフ・ストリートを行く

車やタクシーなら、海岸線に沿って**アラビアン・ガルフ・ストリート Arabian Gulf St.**を走ってみるのも気分がいい。ただ、車は猛スピードで走っているので気をつけよう。

厳重に警備されている国民議会ビルから北西に向かうと、**クウェート国立博物館 Kuwait National Museum**、**サドゥ・ハウス Sadu House**が右側に見える。さらに行くと、外務省や議会などの政府関係施設や、**シーフ・パレス Sief Palace**がある。このあたりの施設は写真撮影禁止となっているので注意しよう。**スーク・シャルク Souq Sharq**まで行くと漁船の姿が見え始め、ずいぶんと景観もよくなってくる。モールの隣にはマーケットがあり、フィッシュ・マーケットでは水揚げされたばかりの魚が大量に並ぶ。スーク・シャルクを過ぎてしばらくは海岸沿いにおしゃれなカフェやレストランなどが点在し、そのうちに特徴的な外観の**クウェート・タワー Kuwait Tower**が姿を現す。タワーの下には、**アクア・パークAqua Park**があり、週末になると家族連れや団体客で大変なにぎわいを見せる。

目印に便利なテレコム・タワー

■アクア・パーク
Aqua Park
地図P.319-D1
住Arabian Gulf St., Behind the Kuwait Tower
☎ 2243-1960
開10:00～22:00
（火曜の14:30～22:00は女性のみ、金曜はファミリーのみ）
休無休
料KD4.250

湾岸諸国のなかで最初に整備された約6万m²もの広さを誇るウオーターパーク。ウオータースライダーなどの設備も充実していて、子供から大人まで誰もが楽しめる。

クウェートの両替事情

クウェートでは、空港よりも町なかにある銀行やゴールド・スークの両替商で両替したほうがレートがいい。場合によっては20%近くレートが違う場合もある。市内では米ドルでも受け取ってくれるので、無理に空港で両替する必要はない。到着時は最低限の金額だけ両替しておいて、あとで市内に着いてから両替すればいいだろう。

新鮮な魚が揃うフィッシュ・マーケット

おもな見どころ
SIGHTSEEING

■クウェート・タワー
☎ 2244-4119
開9:00〜23:30
休無休
料展望台入場料　KD3

照明の色が変化する

クウェートのランドマーク　地図P.319-D1

クウェート・タワー　*Kuwait Tower*

クウェート・タワー

タワーは3つあり、いちばん大きなものは高さ187m。地上123mの高さにあるアッパーレベルは2階建ての回転展望台になっていて、みやげ物屋とコーヒーショップがある。地上82mのロワーレベルはレストランのザ・ホライズン（→P.326）や多目的のバンケットルーム、下半分がウオータータンクになっている。エレベーターホールには、イラクに占領されていた時にイラクによって損傷をうけた当時の写真が展示されている。2番目のタワーは完全なウオータータンク。いちばん細いタワーはほかのタワーを照らす照明塔だ。

■クウェート国立博物館
☎ 2245-1195
開月〜木・土曜
8:30〜12:30、
16:30〜20:30
金曜　16:30〜20:30
休日曜
料無料

プラネタリウムを併設　地図P.318-A2

クウェート国立博物館　*Kuwait National Museum*

アラビアン・ガルフ・ストリートから、博物館に向かって左の小道を入った所に入口がある。出入口を兼ねた事務所を抜けると、広い敷地に中庭を囲むように建物が並んでいる。ホールではときおり、短期の展示会が開催されている。1階には1万3000〜8000年前の石器時代から、ヘレニズム、イスラム時代までの青銅器や壺、硬貨、コーランなどが時代順に展示されており、ファイラカ島の出土品も並ぶ。ほかにベドウィンのテント、真珠採りの人形、現代のクウェート人の部屋などが再現されている。2階には、クウェート人アーティストによる作品など。別館ではプラネタリウムも上映されている。

クウェートの伝統文化の展示

貴重な展示物もある

ベドウィンの織物博物館 地図P.318-A2

サドゥ・ハウス *Sadu House*

国立博物館と同じ敷地にあるサドゥ・ハウスは、オイル時代に入る以前の建物として貴重なもので、建物だけでも一見の価値がある。戦争によるダメージもかなり修復された。サドゥとは、ベドウィンの言葉で「織物」を意味する。その名のとおり、織物をはじめとするベドウィンの手工芸品やはた織機、糸紡ぎの道具などが展示されており、壁掛け、かばん、書籍、絵はがきなども販売されている。中庭ではときどきベドウィンの女性の作業が行われるが、館内のビデオでもその様子を見学できる。

ベドウィンの伝統文化が学べる

■サドゥ・ハウス
☎ 2243-2395
URL www.alsadu.org.kw
開 土〜木曜 8:00〜13:00、16:00〜20:00
休 金曜
料 無料

館内は撮影禁止なので注意

ファミリーに人気のスポット 地図P.311-下B1

科学センター *Scientific Centre*

市の東側、湾に面している、科学や自然が楽しく学べる複合施設。**水族館 Aquarium**、巨大スクリーンの映像と特殊音響効果が楽しいアイマックスImax、ゲームや実験ができる子供向けのディスカバリー・プレイス、実際に使用されていたダウ船や漁船が浮かぶダウ・ハーバー、レストラン、カフェテリア、みやげ物店からなる。メインは水族館で、水中だけでなく砂漠や沼、川などアラビア半島に生息する動植物も見られる。中近東最大という水槽にはカラフルな熱帯魚やサンゴ、エイやサメなどの大型魚が泳ぐ姿を見ることができる。

近代的な施設が揃う

■科学センター
☎2184-8888
URL www.tsck.org.kw
●水族館
開 土〜木曜 9:00〜22:30
金曜 14:00〜22:00
休 無休
料 水族館
大人KD4 子供KD3

1万人が礼拝できる巨大モスク 地図P.318-B2

グランド・モスク *Grand Mosque*

贅を尽くしたきらびやかなモスク

シーフ・パレスの向かいに立つモスク。中央のドームの直径は26m、高さは43mもあり、その下にクリスタルのシャンデリアがきらめく。予約をしなくても見学が可能な場合もあるが、予約をしたほうがベター。英語の堪能なガイドが1時間30分〜2時間じっくりと説明してくれる。

■グランド・モスク
☎2246-7058
開 英語ツアーが9:00、17:00の2回催行されている。所要約1時間30分〜2時間。
料 無料

アブドゥラ・アル・アハメド・ストリートに面した入口で申し込み、敷地内の待合室で待機していると、ガイドがやってくる。女性は服の上からアバヤを着なければならない。

古い書物が展示されている

現地の生活が垣間見られる

スーク Souq

地図P.318-B2

■スーク
開土～木曜 9:00～13:00、16:00～21:00
金曜 16:00～21:00
休無休

クウェート市の中心部に、古くからあるスーク（市場）。食品、金、工芸品など、カテゴリー別のスークが、広いエリアに点在している。食品スークは**ムバラキヤ・スークMubarakiya Souq**といって、果物、野菜、デーツ（ナツメヤシの実）、肉、魚などあらゆる食料品が販売され、レストランも数軒営業している。おすすめなのが、食品スーク内で営業している、下町情緒あふれる食堂街。新鮮な魚のグリルや、カバーブ（肉のグリル）が味わえる。全体にアーケードが付いているので、日中でも散策できる。

見ているだけでも楽しい

無傷で残ったプライベートコレクション

タリク・ラジャブ博物館 Tareq Rajab Museum

地図P.311-下B2

■タリク・ラジャブ博物館
住Jabria, Area12, St. 5
☎ 2531-7358
URL www.trmkt.com
開土～木曜 9:00～12:00、16:00～19:00
金曜 9:00～12:00
休無休
料KD2（イスラミック・カリグラフィー館は別途KD2）
5thリング・モーターウエイ5th Ring MWY.とファアヒール・エクスプレスウエイFahaheel Exp.Wayの交差点の近く。イラン人学校のそばだが、住宅地なのでわかりにくい。入口は両側にふたつの小さなドアのある独特な戸口。

大きな家の地階部分を利用した博物館は、個人のコレクションとしては群を抜いた内容。これだけのコレクションが戦火のなかで、無傷のままで残されたのは奇跡ともいえる。アラビア語の写本やカリグラフィー、イスラム圏諸国から集められた陶器、衣装、宝石などが展示されている。

たどり着くまでがひと苦労

郊外の見どころ
SIGHTSEEING

古代文明の遺跡が残された島

ファイラカ島 Failaka Island

地図P.311-上B1

ACCESS
ファイラカ島へのフェリー
サルミヤのラス・アル・アルドRas Al Ard（別名ラス・サルミヤ Ras Salmiya）近くから出ている。KPTC（☎ 2232-8814）による運航で、島まで約1時間30分、料金は往復でKD3、レンタカーはKD40。1日1往復が基本で、7:00～9:00の間に出航するが、出発時刻は潮の干満で変わるため要確認。

ファイラカ島は、クウェート湾の入口に浮かぶ古代遺跡の島だ。しかし湾岸戦争当時、イラク軍に占領された島は今も無数の地雷が埋められている。フェリーで行けるが、島に上陸している間は、警備員にパスポートを預けなくてはならない。ファイラカ島は、湾岸諸国のなかで最も早くヘレニズム文化の影響を受けた場所だ。当時のギリシア人たちは、この島のことをイカロスと呼んでいたという。紀元前4世紀には、あのアレキサンダー大王の軍隊によって要塞が築かれている。

レッド・フォート

■レッド・フォート
☎ 2477-2559
開日～木曜 8:30～12:30
16:30～19:30
金・土曜 8:30～11:00
16:30～19:30
休無休
※不定期に閉める場合もある。
料無料（身分証を提示）

レッド・フォートが有名 地図P.311-上B1・2

ジャハラ *Jahra*

クウェート市街の32km西にあるジャハラは、ベドウィンの町であるとともに工業地帯でもある。町の見どころは**レッド・フォート Red Fort**。第1次世界大戦直後の1920年、サウジアラビアのアブドゥル・アジズ率いる軍の攻撃にさらされた、時の統治者シェイク・サレム・ビン・ムバラクShaikh Salem Bin Mubarakがクウェート防衛のために築いた砦だ。赤土でできた低い長方形の砦が、広い敷地の中にポツンとたたずんでいる。それぞれの角には低いながらも見張り台がある。砦の西側にはハーレムや小さなモスクがあるので、のぞいてみるといい。

湾岸戦争を伝える博物館

アル・クレイン・ハウス *Al-Qurain House*

市街の南、**フィンタス Fintas**（地図P.311-上B2）の町の北に位置するアル・クレインAl-Qurain住宅地域にあり、レジデンス・ハウスとも呼ばれている。クウェート抵抗団とイラク軍の戦闘の場となった一般住居が、博物館として破壊されたまま残され、内部には展示物もある。戦闘でボロボロになった住居は、湾岸戦争当時の様子を物語る数少ない建造物のひとつ。中には戦闘で使われた銃器や公文書などが展示されている。米軍のシュワルツコフ将軍が訪れたことでも有名。入場は無料。

■アル・クレイン・ハウス
住House No.60 Block 4, Sor St., Al-Qurain
☎ 2543-0343
開月～木・土曜
8:00～12:30、
16:30～20:30
金曜 16:30～20:30
休日曜
※アル・クレイン住宅地域へは、タクシーで行くほうが便利。バスの場合、中心部からはフィンタス、ファアヒール方面行きに乗り、運転手にアル・クレインで下車する旨を告げて途中で降ろしてもらう。そこからは結局タクシーでアル・クレイン・ハウスまで行くことになる。

湾岸戦争の歴史を今に伝える

アル・アマディ唯一の見どころ

オイル・ディスプレイ・センター *Oil Display Centre*

クウェート市街から南へ約35km。1940年代以降、石油産業の振興のために建設された**アル・アマディ Al Ahmadi**（地図P.311-上B2）は、クウェート石油会社（KOC）の町。このセンターでは、原油が地中から採掘されてから、精製されるまでの過程が見られ、興味深い。

■オイル・ディスプレイ・センター
☎ 2386-7703
開日～木曜 7:00～15:00
休金・土曜
料無料

RESTAURANTS

寿司から鉄板焼きまで豊富なメニューが揃う　KEI

慶（日本料理）　MAP P.318-A3

住 H JWマリオット・ホテル・クウェートシティ
☎2242-2650（直通）
URL www.kei-restaurant.com
開 12:00～23:00
休 無休
CC ADMV

JWマリオットの1階にある、オーナーが日本人のレストラン。レストラン内には日本の曲が流れ、日本語のメニューもある。ランチはKD5～10。日替わりランチ、寿司など、メニューも豊富。バーレーンにも支店（→P.269）がある。

人気のカウンター席

美しい眺めが楽しめる絶景レストラン　THE HORIZON

ザ・ホライズン（インターナショナル）　MAP P.319-D1

住 85F Kuwait Tower, Arabian Gulf St.
☎2496-5500
開 8:00～11:00、12:30～16:00、19:30～23:30
休 無休
CC ADMV

クウェート・タワー内にある景色がいいレストラン。料理はビュッフェスタイル。料理の種類が豊富で各国の料理が並ぶ。中央の料理の周りを囲むように席が置かれている。下の階には「ル・カフェ」もある。

ビュッフェはKD14

地元で人気の本格イタリアレストラン　CUCINA

クッチーナ（イタリア料理）　MAP P.311-下B1

住 Hシンフォニー・スタイル・ホテル
☎2577-0006
開 6:00～11:00、12:30～16:00、19:00～23:30
休 無休
CC AMV

万華鏡を連想させるセンスのいい店内に入ると、そこはもう別世界。シェフとスタッフは全員イタリア人で、料理の味、盛りつけはもちろん、BGMにいたるまで、すべてが洗練されている。おしゃれをして行こう。

モダンな店内

テイクアウトもできる　MAKI

巻（日本料理）　MAP P.311-下B1

住 Marina Waves, Salmiya
☎2224-4560
URL www.olivermaki.com
開 12:00～23:30
休 無休
CC MV

レバノン、バーレーンなどにも支店がある、クウェート人に人気の日本料理店。サルミヤのビーチに張り出した人工島にあり、テラス席からの眺めがすばらしい。寿司、刺身のほか、焼き鳥、うどんなどメニューも多彩。

両サイドはホワイトサンドのビーチ

RESTAURANTS

エキゾチックでノスタルジックな雰囲気　SHATIYA AL WATIYA RESTAURANT

R シャティヤ・アル・ワティヤ・レストラン（アラブ料理）　MAP P.318-A3

住 Al Watiya, Al Qibla, Arabian Gulf St.
☎ 2242-2077
開 11:00 ～ 24:00
休 無休
CC MV

戦禍を免れた古い建物を改装したカフェが集まった一角にある。店内には、アンティーク家具や、骨董品などが飾られ渋い雰囲気。スタッフもとても親切で、珍しいものをいろいろ見せてくれる。伝統的なクウェート料理が自慢。

中は博物館のようになっている

最上階で優雅なひとときを　DAI FORNI

R ダイ・フォルニ（イタリア料理）　MAP P.318-B3

住 Ⓗフォーシーズンズホテル クウェート アット ブルジュ アルシャヤ
URL www.fourseasons.com/kuwait/dining/restaurants/dai-forni/
☎ 2200-6000
開 12:00～16:00、19:00～23:00
休 無休　CC MV

Ⓗフォーシーズンズホテルにある、ピザ（KD6～）や自家製パスタ（KD6～）が人気の高級イタリアンレストラン。最上階の21階に位置するこのレストランにはルーフトップテラスもあり、クウェートの町を一望できる。

自慢のピザ釜で焼いたピザは絶品

レバノン料理の人気店　BURJ AL HAMAM (SEVEN SEAS)

R バージュ・アル・ハマム（セブン・シーズ）（レバノン料理）　MAP P.319-D2外

住 Arabian Gulf St., near Green Island, Safat
☎ 2252-9095
URL www.burjalhamam.com.kw
開 土～水曜 9:00 ～ 23:30
木・金曜 9:00 ～翌 0:30
休 無休
CC ADMV

レバノンに本店のある本格レバノン料理店。今では、クウェートでも1、2を争うほどの有名店で、シーフードが特におすすめ。ランチとディナータイムは駐車場が高級車でいっぱいになって、待ち時間があることも。

海辺にあって雰囲気もいい

町なかにあるペルシア料理のレストラン　BABA TAHER RESTAURANT

R ババ・タヘール・レストラン（ペルシア料理）　MAP P.319-C2

住 Sharq, Hilalli St.
☎ 2245-6241
開 12:00～15:30、19:00～23:00
休 無休
CC AMV

ヒラリ・ストリートに面している建物の2階にある。味、雰囲気ともにおすすめ。KD5～7でおなかいっぱいになる。ババ・タヘールとは、11世紀に活躍したペルシアの詩人。ミステリアスな詩人として知られている。

店内は独特の雰囲気

RESTAURANTS

味もホスピタリティも◎ ORIENTAL CUISINE

オリエンタル・キュイジーヌ（タイ料理） MAP P.319-C1

住 Hシティ・スイーツ・ホテル
☎2247-0400
開 11:00～22:45（L.O.）
休 無休
CC ADMV

※L.O.はラストオーダー

たまにはアジアのうま味のある料理が食べたい！ そんな長期滞在の外国人に人気なのがこの店。シェフはタイ人で、食材の多くもタイから仕入れるため、まさに本物の味を堪能できる。トム・ヤム・クンは人気メニューのひとつ。

スタッフもほとんどがタイ人

新鮮なシーフードに舌つづみ FISH MARKET

フィッシュ・マーケット（シーフード料理） MAP P.319-D1

住 Arabian Gulf St., Next to Kuwait Tower
☎2241-8876
開 13:00～23:00
休 無休
CC AMV

クウェート·タワーのすぐ横にある、人気シーフード料理店。ズラリと並んだ取れたての鮮魚から好きなものを選び、スチーム、グリルなど好みの調理法で料理してくれる。クロダイのスチームは中華風味が日本人の口に合う。

中華風味のクロダイのスチーム

アラビア湾を見下ろす景色も楽しめる BABEL

バベル（レバノン料理） MAP P.311-下B1

住 Marina World Salmiya, Arabian Gulf St.
☎2208-1111
URL www.babelrestaurant.com/branch/index/babel-kuwait
開 12:00～24:00
休 無休
CC AMV

高級レバノン料理レストラン。味は申し分なく、どの料理もしゃれた盛りつけで目でも楽しめる。ディナー時は特に混むのでランチがおすすめ。店内は凝った内装でゴージャスな雰囲気。少しおしゃれして行きたい店のひとつ。

夜は特にロマンティック

もっちもちのナンが自慢 MUGHAL MAHAL

ムガル・マハル（インド料理） MAP P.319-C2

住 Sharq
☎2242-5131
URL www.mughalmahal.com
開 11:00～23:30
休 無休
CC AMV

クウェート各地に11店舗を展開する人気のインド料理店。エキゾチックな店内で、インドの民族衣装を着たスタッフがおいしいインド料理を運んできてくれる。バターチキンカレーはナンと一緒に注文しよう。香ばしいチキンティッカもおすすめ。

バターチキンカレーとナン

ショッピング
SHOPPING

クウェートでいちばん大きなショッピングモール　地図P.311-下A2

ザ・アヴェニューズ　*The Avenues*

何でも揃う大型店

ミッドエンドからハイエンドの国内・海外ブランド店をはじめ、IKEA、カルフール、映画館、キッザニア、ザ・スーク、フードコートなどが揃う。女性や子供に大人気のハローキティ・ビューティスパもある。市内中心からタクシーでKD2～3。

■ザ・アヴェニューズ
住Al Rai 5th Ring Rd. Between Ghazali St.& Mohammed Bin Alqasem St.
☎ 1810-0004
URL www.the-avenues.com
開10:00～22:00
休無休

目の前にはヨットハーバー　地図P.319-C1

スーク・シャルク　*Souq Sharq*

スーク・シャルクのホール

日本でもなじみの深い欧米のチェーン店や映画館がずらりと並んでいるほか、24時間営業の巨大スーパー、スルタン・センターもある。フードコートは2階に位置している。

■スーク・シャルク
住P.O.Box 22644, Safat 13087
☎ 2241-0975
開ショップ　10:00～22:00
レストラン　10:00～24:00
映画館　10:30～24:00（金曜14:00～）
休無休

サルミヤにある人気のモール　地図P.311-下B1

マリーナ・モール　*Marina Mall*

広々としたモール内

ヴァージン・メガストアや、スターバックスなど有名店ばかりが揃う。20ものレストランやカフェを擁する。マリーナ・クレセントというレストラン街も道の向かいにある。

■マリーナ・モール
住Salem Al Mubarak St., Salmiya
☎ 2224-4666
開モール　10:00～22:00
レストラン　10:00～24:00
休無休

クウェート最新のおしゃれなモール　地図P.311-下A2

360°モール　*360°Mall*

映画館などエンターテインメントも充実

広々として清潔感にあふれ、ファッション店からインテリア店、レストランにいたるまで、どの店も最高級といっていいしゃれた店構え。客層も裕福なクウェート人がメイン。

■360°モール
住6th Ring Rd., South Surra, Al Zahra'a Area
☎ 1800-360
URL www.360mall.com
開日～水曜10:00～22:00
木～土曜10:00～23:00
休無休
※ショップ、レストラン、施設によって営業時間などが異なる。

HOTELS

最高のおもてなしが受けられる　FOUR SEASONS HOTEL KUWAIT AT BURJ ALSHAYA

フォーシーズンズホテル クウェートアット ブルジュ アルシャヤ　MAP P.318-B3

住Al Soor St., Al Mirqab, Safat
☎2200-6000
URL www.fourseasons.com/kuwait
料 デラックス KD129～
全 284 室
CC ADJMV

日本食を含む5つのレストランとデイスパ、屋内および屋外プール、フィットネスセンター、ビジネスセンターなどが備わったラグジュアリーホテル。Ⓢザ・アベニューズやムバラキヤ・スークへは車で約15分と観光にも便利。

上品でモダンな客室

ヨーロピアンに人気のリゾート　RADISSON BLU HOTEL KUWAIT

ラディソン Blu ホテル・クウェート　MAP P.311-下B2

住Al Bida Rd., Al Ta'awn St., Salwa
☎2567-3000
URL www.radissonhotels.com
料スーペリア KD106～
全 190 室
CC ADMV

ビーチフロントに立ち、空港からは車で、わずか10分。敷地内にギネスに認定されている世界一のダウ船があり、ゲストは船内に入ることができる。屋外のプールやテニス、スカッシュコートなどアクティビティが充実。

中に入れるダウ船で有名

ショッピングにも便利な５つ星ホテル　JW MARRIOTT HOTEL KUWAIT CITY

J Wマリオット・ホテル・クウェートシティ　MAP P.318-A3

住Al Shuhada St., Safat
☎2245-5550
URL www.marriott.com
料 デラックス KD101～
全 313 室
CC ADMV

クウェート・シティの中心部に位置する５つ星ホテル。客室のファシリティはもちろん、スパなどの設備も整っている。1階には高級日本料理店「慶」（→P.326）がある。Ⓢサルヒア・コンプレックスはすぐ裏側。

クウェート屈指のホテル

クウェート有数のデザイナーズホテル　SYMPHONY STYLE HOTEL

シンフォニー・スタイル・ホテル　MAP P.311-下B1

住Symphony Style Mall, Arabian Gulf Rd.
☎2577-0000
URL www.radissonhotels.com
料 コレクションスーペリア KD90～
全 175 室
CC AMV

ビーチへは車で約 10 分、近隣にはショッピングモールがある便利なロケーション。客室は６タイプあり、シービューが人気。メインレストランでは、寿司やインド料理、ピザなど各国料理が楽しめる。

「シックス・センシズ・スパ」もある

クウェートのホテルは、客室料金に15%のサービス税が加算される。

HOTELS

日本人観光客に人気　SHERATON KUWAIT

シェラトン・クウェート　MAP P.318-A3

住 Fahd Al Salem St., Safat
☎ 2242-2055
URL www.marriott.com
料 スタンダード KD94
全 300 室
CC ADJMV

　ビジネス、金融エリアの中心に位置する高級ホテル。部屋はクラシックとモダンが見事に調和していて、設備も最先端のものを揃えている。隣接するタワーにはラウンジなどの充実した設備が整えられている。

クウェートの老舗ホテル

空港シャトルサービスは無料　CROWNE PLAZA KUWAIT AL THURAYA CITY

クラウン・プラザ・クウェート・アル・スラーヤ・シティ　MAP P.311下-A2

住 Farwaniya Block3 St.103, Farwaniya
☎ 0184-8111
URL www.ihg.com
料 デラックス KD70～
全 207 室
CC ADJMV

　空港から車でわずか5分のファルワニヤ地区にある高級ホテル。ロビーは巨大なアトリウムになっている。ビジネス、レジャーを問わず快適に滞在できる。日本人にはうれしい日本食レストラン「桜」もある。

目立つので目印にもなる

カジュアルな 4 つ星ホテル　FOUR POINTS BY SHERATON KUWAIT

フォーポイント バイ シェラトン クウェート　MAP P.318-A3

住 Fahd Al Salem St., Safat
☎ 2242-2055
URL www.marriott.com
料 クラシックルーム KD89～
全 160 室
CC ADJMV

　シェラトン・クウェートのそばに、同グループでワンランク下のフォーポイントがオープン。市内中心部の便利な場所にあり、ビジネスにもレジャーにもおすすめ。極めてモダンな内装で、ジムや展望レストランもある。

高層階からの景色は最高

ビーチまで徒歩 3 分！　COPTHORNE KUWAIT CITY

コプソーン・クウェート・シティ　MAP P.319-C1

住 Dasman, Abdullah Al Ahmed St.
☎ 2232-9832
URL www.millenniumhotels.com
料 スタンダード KD34～
全 169 室
CC AMV

　空港から18km、ダスマン・スクエアの近くに位置するホテル。クウェート・シティの中心部に位置しており、スーク・シャルクまで歩いていけるので非常に便利。部屋は美しくコンテンポラリーな内装になっている。

便利な立地にある

HOTELS

リーズナブルな料金がビジネスマンに人気　LE ROYAL EXPRESS SHARQ

ル・ロイヤル・エクスプレス・シャルク

MAP P.319-C1

住Al Shuhada St. Sharq
☎2249-9911
FAX 2241-0019
料 スタンダード KD25～
全38室
CC AMV

ヒラリ・ストリートに立つおしゃれな外観の3つ星ホテル。全室スイート仕様となっている。各室にWi-Fiを完備しているので、ビジネスマンにはうれしい。ロビーにはレストランがあり、朝食を取ることができる。

ファミリーにもおすすめ

裏通りに面した穴場ホテル　SWISS BELHOTEL PLAZA

スイスベルホテル・プラザ

MAP P.318-A3

住Fahad Al-Salem St., Safat
☎2243-6686
FAX 2242-8169
料 スタンダード KD47～
全153室
CC AMV

アル・ムタナ・コンプレックスの一角に立つシティホテル。ロビーはすっきりとしていて気持ちがよい。4つ星だが5つ星に劣らぬ設備も備えている。レストランは韓国料理とインターナショナル料理。空港への送迎もしてくれる。

高層ビル群のうちのひとつ

客室のタイプが豊富　KUWAIT CONTINENTAL HOTEL

クウェート・コンチネンタル・ホテル

MAP P.319-D2

住Istiqlal St., Safat
☎2252-7300
URL www.kcontl.net
料 Ⓢ KD30　Ⓓ KD35
全86室
CC AMV

商店、オフィス、飲食店などが入ったハリジア・ビルの近く、ホテルの多い地区に立つ。眺めのいいレストランや、ジム、プールなどが入っている。ウエルカムフルーツで歓迎してくれる。空港送迎サービスあり。

交通の便のよい立地

センスのよいブティックホテル　CORNICHE SUITES

コーニッシュ・スイーツ

MAP P.311-下B1

住Arabian Gulf Rd., Salmiya,
☎2574-0006
FAX 2574-7494
料 スーペリア KD40～
全32室
CC AMV

マリーナ・モールの近くにあるおしゃれなブティックホテル。部屋はセンスよくデザインされ、上層階は眺めがすばらしい。屋上にはプールがあり、ジム、サウナも完備。レストランは眺めのよい最上階にある。

おしゃれなインテリア

クウェート湾を一望できる　IBIS KUWAIT SALMIYA

イビス・クウェート・サルミヤ

MAP P.311-下B1

住 Salem Al Mubarak St., Salmiya
☎ 2573-4247
URL www.accorhotels.com
料 スタンダードKD34～
全187室
CC AMV

モダンな建築に、すっきりとしたロビー。料金のわりにとてもきれいなホテルだ。カフェは24時間オープンなど、サービスにも定評がある。すべての部屋には薄型テレビが備え付けられている。サルミヤの中心にある。

近代的なビル

クウェート空港から車で約15分　IBIS SHARQ

イビス・シャルク

MAP P.319-C2

住 Jaber Al-Mubarak St.
☎ 2247-9330
URL www.accorhotels.com
料 スタンダードKD27～
全160室
CC AMV

近代的なショッピングモールやレストランの多い地区にあり、何かと便利。客室はシンプルながら落ち着いた雰囲気でゆっくりできる。ビジネスにも最適のホテルだ。レストランもきれいで、朝食のメニューも充実している。

モダンなデザインのロビー

長期滞在者に人気　KUWAIT RESIDENCE

クウェート・レジデンス

MAP P.319-C1

住 Sharq Block 3 Bin Misbah St.
☎ 2246-8008
FAX 2246-7562
料 ⓈⒹ KD34～
全28室
CC V

長期滞在に便利なホテル。部屋は値段のわりにかなり広く、ランドリーなどのサービスもある。ただし、設備は古い。周辺には中級ホテルが多い。Ⓢスーク・シャルクとクウェート・タワーは徒歩圏内。

長期利用に最適

眺めがいい高層階がおすすめ　GULF ROSE HOTEL

ガルフ・ローズ・ホテル

MAP P.318-B2

住 Safat Block 5
☎ 2244-4800
URL www.gulfrosekuwait.com
料 デラックスKD40～
全90室
CC MV

空港から車で約20分の所に立つ4つ星のシティホテル。カフェと各国料理が楽しめるレストランが備わっている。客室は、スイート10室を含む全90室。バスターミナルやスークにも近く、ロケーションは悪くない。

できれば高層階に泊まりたい

クウェート滞在の楽しみ方

クウェートの気になるスポット

「クウェートらしい何かをもっと見たい！」という人は、Ⓢスーク・シャルクのアラビアン・ガルフ・ストリートを挟んだ向かい側にある、クウェート近代美術館へ行ってみるのもいい。1950年代以降のクウェートのモダンアートが観られ、展示作品には目を見張るものも多い。

また、「クウェートらしいおみやげを」とスーク内を回ったが、ほとんどの物が輸入物で、これぞというものがなかなか見つからない。そんな帰国間際の、"おみやげ難民"になりそうな人におすすめなのが、アラブスタイルのガラス＆キッチン製品を扱うⓈアフメッド・サファールAfmed Safar。クウェート製品はほとんどないが、スークやほかでは見られない、しゃれたアラビアン・ティーセットKD20～300などがズラリと並ぶ。

クウェート近代美術館

ムバラキヤ・スークでデーツを売るおじさん

■クウェート近代美術館
Museum of Modern Art Kuwait
地図P.319-C1
住Arabian Gulf Rd., Sharq Block 2
☎2292-9444
開日～木曜　9:00～13:30, 15:00～24:00
休金・土曜

■Ⓢアフメッド・サファール
Afmed Safar
地図P.318-B2
住Al-Dajeej, Al Sayer Complex
☎2228-1166
開土～木曜　9:00～22:00
金曜　16:30～22:00
休無休

本当は怖い外の気温？

砂漠地帯の暑さをどう表現すればいいのだろう。日本のように湿気はないので「うだるような暑さ」ではないが、「照りつける太陽が憎らしく思えてくるような暑さ」とでも言っておこうか……。

ここクウェートでは、夏になると、日によっては50℃を超えることもしばしばだ。そんな日の昼下がりに町に出ても、外を行く人の影はなく、まるで町はゴーストタウンのよう。かろうじて車道を行く車が、町に人がいることを確認させてくれる。

実は2005年から、7～8月の正午から16:00までの間、もし、気温が50℃を超えた場合は屋外でのすべての労働を禁止する、という法令が出されている。国民の数を上回るほど多くの外国人労働者が働くクウェートでは、その多くが建設労働などの屋外作業に従事していて、日中に日射病などで倒れる事態が多発したためだ。

ところが、人々の間ではこんなうわさがまことしやかに流れているそうだ。なんでも本当は真夏に50℃どころか60℃を超えることもあるほどなのに、政府は労働生産性維持のために観測気温を実際の気温より低く発表することがあるというのだ。確かに言われてみれば、町の気温案内板は「49.2°」などと、50℃を微妙に下回る数字が表示されていることが多い気もしてくる。

本当かどうかはもちろん謎だが、念のため、知っておくといいだろう。

🅗ミナ・ア・サラームのロビーラウンジからバージュ・アル・アラブを望む

アラビアを旅する技術

Travel Tips

アラビア半島への道

アラビアへの航空会社

●エミレーツ航空
東京☎(03)6743-4567

●カタール航空
東京☎(03)5501-3771

●エティハド航空
東京☎(03)3298-4719

●大韓航空
Free 0088-21-2001

●キャセイパシフィック航空
Free 0120-46-3838

●マレーシア航空
東京☎(03)4477-4938

●タイ国際航空
日本☎0570-064-015

●シンガポール航空
東京☎(03)3213-3431

機内への液体持ち込み制限について

2007年3月より、日本発国際線への液体物の機内持ち込みが制限されている。対象は飲料、化粧品などの液体物、ジェル、エアゾール類（ヘアスプレー）など。ただし、医薬品やベビーミルク、ベビーフード、特別な制限食、手荷物検査後に免税店で購入した液体物（海外で購入した場合はその国のルールにより没収される可能性もあり）は、検査員に申告のうえ、持ち込み可能となる。機内に持ち込む液体物は、100㎖以下の容器に入れ、1ℓ以下の透明プラスチック製袋に収まるようにしなければならない。なお、個々の容器は必ずしも透明でなくとも大丈夫だ。

eチケットについて

現在、各旅行会社とも「eチケット」と呼ばれるシステムを導入している。搭乗者が携帯するのは、予約完了後にeメールや郵送で届くeチケットの控えなので、今までのように航空券を紛失する心配はなくなった。ただし、入国の際に出国証明が必要な場合は、eチケットの控えがないと入国できない場合もある。

アラビアへ飛ぶルート

2019年12月現在、アラビア半島への直行便は、エミレーツ航空、カタール航空、エティハド航空が運航している。日本を夜もしくは深夜に出発、翌早朝に現地着という便になるが、エミレーツ航空の羽田発ドバイ行き（0:30発）のみ同日の早朝着となる。

アラビア半島への直行便(2019年12月現在)

航空会社 (就航地)	略号	日本発着地 & スケジュール	経由地	リコンファーム
エミレーツ航空 (ドバイ)	EK	成田(毎日1便)	ノンストップ	不要
		羽田(毎日1便)	ノンストップ	
		関空(毎日1便)	ノンストップ	
カタール航空 (ドーハ)	QR	成田(毎日1便)	ノンストップ	不要
		羽田(毎日1便)	ノンストップ	
エティハド航空 (アブダビ)	EY	成田(毎日1便)	ノンストップ	不要
		中部(毎日1便)	北京	

アジアの都市を経由して行く

アラビア半島のどこの国に行くかでルートが分かれるが、U.A.E.以外の都市に行くならば、最も現実的なのはドバイまで行ってから、再び目的地行きの便に乗り換えるルートだ。日本からドバイまでのルートは直行便以外にも便数が多く、また、ドバイからアラビア半島諸国への便も多い。

アジアの都市経由ドバイ行きのおもな乗り換え地は、ソウル、香港、シンガポール、クアラルンプールなどだ。なかでも、大韓航空は日本各地10空港から出発でき、ソウル乗り継ぎでアラビア半島のドバイに運航している。いずれの航空会社、経由地を選んでも、ほとんどが日本を昼過ぎから夕方に出て、ドバイに夜中から朝方にかけて到着する便だ。日本からアジア各地まで3～8時間、そこからドバイまで7～11時間ほど。乗り継ぎの待ち時間があるものの、翌日の朝には到着できる。しかし、経由地によっては、乗り継ぎに1泊必要になってくるので注意しよう。

ドバイを本拠とするエミレーツ航空

日本での出入国の手続き

日本からの出国の流れ

①チェックイン

出発時刻の2時間前を目安として空港に到着し、各航空会社のチェックインカウンターへ。乗り継ぐ場合は再度チェックインが必要かも確認すること。荷物引換証はたいていeチケットの控えか航空券に貼り付けられる。

②セキュリティチェック

ここでは機内持ち込みの手荷物と身体の検査を行う。機内への液体持ち込み制限については→P.336欄外。

③税関申告

セキュリティチェックを抜けると出国審査となるが、高額の現金、輸出免税品などを外国へ持ち出す場合には税関カウンターで申告をする。

④出国審査

カウンターでパスポートと搭乗券を提出する。事前に自動化ゲートの指紋登録をしておけば、スムーズに出国できる。

⑤搭乗ゲート

ゲートの番号は搭乗券に記載されている。ゲートには出発時刻の30分前までに着いて待機していよう。

日本への入国の流れ

①検疫

感染症の流行、発生状況に応じて当該地域から帰国する人は質問票に記入する。また旅行中に下痢や発熱などが見られた場合は係官へ申し出る。

②入国審査

邦人専用のカウンターに並び、パスポートを提示して入国スタンプを押してもらう。指紋登録済の人は自動化ゲートへ。

③荷物の受け取り

搭乗した便名が示されたターンテーブルで荷物をピックアップする。荷物引換証と照合して間違えのないようにしたい。

④動植物検疫

植物や肉製品を持ち帰った人は動植物検疫カウンターで検査を受けなければならない。なかには持ち込み禁止に指定されているものもある。

⑤税関

免税の範囲（→欄外）を超えていなければ、緑色の税関カウンターへ。いずれも記入済みの「携帯品･別送品申告書」を提出する。免税の範囲を超えている場合は赤色のカウンターに行く。

日本へ帰国の際の免税範囲

●**酒** 3本（1本760mℓ程度）
●**たばこ（次のうちいずれか）**
紙巻きたばこ：400本
葉巻：100本
その他：500g
加熱式たばこ：個装等20個
※1箱あたりの数量は、紙巻たばこ20本に相当する量。
●**香水**
2オンス（1オンス＝約28mℓ）
●**その他**
海外市価の合計が20万円の範囲に収まる物品

日本への持ち込み規制

●**ワシントン条約により輸入が禁止されている動植物**
ワニ、蛇、リクガメ、象牙、サボテンなど。
●**刀剣類**
猟銃、空気銃、日本刀など。
●**検疫が必要な動植物、肉製品**
肉製品はソーセージ、ジャーキー類を含む。

日本への持ち込み禁止

●**麻薬、大麻、アヘン吸煙具、覚せい剤、向精神薬など**
●**けん銃などの鉄砲およびこれらの鉄砲弾やけん銃の部品**
●**爆発物、火薬、爆薬**
●**生物兵器の原材料となる物質**
●**通貨または証券などの偽造品や変造品、模造品など**
●**公安または風俗を害す書籍、図画や彫刻物などの物品**
●**児童ポルノ**
●**偽ブランド商品などの知的財産権を侵害する物品および不正競争防止法に違反する物品**
●**家畜伝染予防法などの法律で定める特定の動物とその動物を原料とする製品**
●**植物防疫法で定める植物とその包装物など**

各国のビザ(査証)

ビザとは、これから訪問する国が発行してくれる「入国推薦状」のようなもの。ビザの種類はさまざまで、その取得方法も国によって違う。在日大使館で取得できる国もあれば、バーレーンやクウェート、サウジアラビアのように空港で簡単に取れる国もある。また、アラブ首長国連邦やカタールのように30日以内はビザの必要ない国もある。

ビザの発給は、そのときの世界情勢によって発給の条件が変わることがあるので事前に在日大使館で発給条件を確かめたほうがいいだろう。

各国の治安とビザの関係

アラビア半島には2019年12月現在、治安の不安定な地域がある。例えば日本の外務省が退避を勧告しているイエメンがそうだ。また、カタールは以前ビザが必要であったが、現在30日以内の滞在はビザ申請は必要ない。ただし各国とも、情勢が変われば今後ビザ要項が変わることも予想される。各国のビザを申請する前には、必ず日本の外務省の安全情報を調べておこう。

●海外安全ホームページ
URL www.anzen.mofa.go.jp

観光ビザ

観光目的で個人がビザを取得する場合、在日大使館で本人がビザを申請する方法と、旅行会社を通じてビザを取得する方法の2種類に加え、到着時に空港で取得する方法がある。オマーンとバーレーン、クウェート、サウジアラビアはオンラインで事前にビザを申請することも可能。

また、サウジアラビアは長らく観光ビザの発給を停止していたが、2019年9月に日本を含む49ヵ国に対して観光ビザが解禁された。

オマーンはこれまで空港でアライバルビザを取得するのが一般的だったが、現在は原則として事前にオンラインでビザを申請しておくことが推奨されている。

アラブ首長国連邦への30日間までの旅行にはビザは不要だ。

旅行会社などを通してホテルの予約をする場合、ビザの手配も一貫してやってもらえるので、もちろん手数料はかかるものの、わずらわしい思いをしなくて済む。

商用ビザ（商用、赴任、業務、就労など）、駐在ビザ

ビジネスで出張する場合、2週間～1ヵ月など比較的短期の商用ビザであれば入国時に空港で取れる国もあるし、また、在日大使館で申請しても2日～2週間で取得できる場合もある。

それ以外の商用ビザ、特に駐在ビザは、現地のスポンサーとなる会社（取引先、現地支社など）を通じて取得する。現地スポンサーから内務省、外務省、在日大使館、本人という手続き（国によって若干流れが違う）が必要で、

オマーンのオールド・マスカットの全景

取得までの期間は1週間程度から数ヵ月までと開きがある。そのほとんどは、現地での手続きに費やされる時間だ。通常、正当な受け入れ機関があれば、ほとんど問題もなく取得できる。また、ビザ取得実績のある企業なら、領事判断で審査期間が短縮されるケースもある。いずれにせよ短期の商用ビザ以外のビザは、費用や所要日数がケース・バイ・ケースのこともある。特に在日大使館申請の場合、申請料金などの変更の可能性もある。そのつど最新情報を在日大使館に確認することをすすめる。

観光ビザか商用ビザか？

空港でビザを発給してくれる国の場合、観光・商用の区別なく短期間滞在できるビザを発給してくれることが多い。ビジネスであっても、短期間で帰国するのであれば、それでも問題ない。ただし、長期間滞在する場合には、現地のイミグレーションで延長の手続きを取る必要がある。うっかり手続きを忘れると罰金を徴収されるなどの法的処分があるので注意しよう。

宗教について

ビザ申請用の書類に宗教欄がある場合、空欄のままにしておくのはタブー。無宗教であっても、仏教徒などと欄を埋めておくことが大切だ。

会社推薦状について

在日大使館に商用ビザを申請する場合、会社推薦状が必要な国は、カタール、バーレーン、サウジアラビア、クウェートの4ヵ国。電話番号の入ったレターヘッドを使用して在日大使館宛とし、会社の代表権をもつ役職者のサイン、および社判、公印、角印が必要。推薦状には渡航の目的、現地スポンサーのデータ、出発日、到着日、滞在日数など、できるかぎり詳しい記入が求められる。

ビザの有無、取得方法

2019年12月現在

■アラブ首長国連邦（U.A.E.）

●観光ビザ、商用ビザ（報酬を得ない業務）

規定の日数以内の旅行において、観光、商用ともにビザは不要になった。また、日本国籍の外交・公用旅券所持者も2017年7月よりビザが不要になった。

滞在可能日数：30日間（入国日、出国日を含む。入国後、さらに30日の延長が可能。その場合手数料Dh800＋代書料（Dh30〜60）が必要）
旅券残存有効期間：6ヵ月以上
査証欄余白：見開き2ページ以上

■アラブ首長国連邦大使館
住〒150-0036 東京都渋谷区南平台町9-10
☎(03)5489-0804

ドバイ再入国にともなう注意点（在ドバイ日本国領事館ホームページより抜粋）

「日本からドバイと近隣諸国を往復されていた旅行者が入国後、30日以内の滞在にもかかわらず、出国の際にオーバーステイとして罰金を取られたケースがありました。例えば1月1日に入国し、30日間の数次査証を受けた旅行者が10日後に一時出国して、翌月の11日後に再入国したとしても1月1日に取得した30日間の数次査証が有効であり、再入国した日に新たに30日間の数次査証が発給されるものではありません。したがいまして1月1日に取得した数次査証の有効期限内に複数回出入国を繰り返したとしてもその方の滞在できる期間は1月30日までとなります」。

ドバイ入国後、旅券に記載された滞在許可日数を必ず確認し、許可日数を超えた滞在（いわゆるオーバーステイ）にならないように注意しよう。※2019年12月現在の情報のため、最新の情報はドバイ出入国管理局で確認を。

■ドバイ出入国管理局
URL www.dnrd.ae

■在ドバイ日本国領事館
URL www.dubai.uae.emb-japan.go.jp/

■オマーン大使館
住〒150-0012 東京都渋谷区広尾4-2-17
☎(03)5468-1088
FAX(03)5468-1086
開月～金曜
領事部 9:30～11:30
注意：大使館の開館時間は急に変わる場合がある。訪問する前に事前に大使館に確認を。
休土・日曜、日本とオマーンの祝祭日
いずれのビザについても、必ず大使館に最新情報を確認すること。

■カタール大使館
住〒106-0046 東京都港区元麻布2-3-28
☎(03)5475-0611
FAX(03)5475-0617
開月～金曜
申請時間 10:00～11:00
受領時間 11:00～16:00
休土・日曜、日本とカタールの祝祭日
※毎月最終日は申請不可。申請の2週間前までに電話連絡を行う。また、電話連絡前のFAX送信、窓口申請等は不可。

■オマーン

●訪問ビザ（原則としてインターネットで申請、取得。あるいは入国時に取得）

必要書類：パスポート、出国時の航空券（eチケットの控え）
滞在可能日数：10日間、30日間
費用：10日間 RO5、30日間 RO20
旅券残存有効期間：6ヵ月以上。ただし、マルチプルの場合は1年以上
査証欄余白：見開き2ページ以上

■カタール

●ビザ免除

必要書類：パスポート、復路航空券（eチケットの控え）、ホテル予約確認書
滞在可能日数：30日（入国日、出国日を含む。30日を超える滞在は現地で延長手続きが必要）
費用：無料
旅券残存有効期間：6ヵ月以上（入国時）
査証欄余白：見開き2ページ以上

スーク・ワキーフ

個人旅行者の味方 トレンズ・インターナショナル

最近はアラビア半島へのツアーが増え、個人旅行者も目にするようになってきた。短期間での旅や、現地でのサポートが欲しいという場合には、ツアーの利用がおすすめだ。本書に情報を掲載している旅行会社などに問い合わせてみるといいだろう。

あくまで個人的に、オリジナルのスケジュールで旅をしたいという人は、やはり自分で手配したほうがいい。しかし、なかには「時間がない」「英語が苦手」あるいは「面倒」という人もいるだろう。そんなとき強い味方になってくれる旅行会社がトレンズ・インターナショナルだ。

現地の旅行会社とも強いパイプをもっており、アラビア半島の旅行手配を得意としている。ホテルの手配や空港からの送迎、デザートサファリなどの現地ツアーからプライベートカーの手配まで、何でも相談にのってくれる（手配料と通信費は別途）。ウエディングの手配も行っていて、ドバイで式を挙げたいという人にとっても頼もしい。ドバイでのハネムーンを扱っている旅行会社は多いが、ウエディングを扱っているところはまだ少ないのだ。また、アブダビやカタール、オマーンへの旅行やオプショナルツアーの手配も可能。

行きたい場所があまりにマニアックだったり、時間がぎりぎりでどこへ連絡しても断られるなどという場合にも相談してみよう。きっと力になってくれるはずだ。

■(株)トレンズ・インターナショナル
住〒107-0062
東京都港区南青山2-2-15 ウィン青山506号
☎(03) 3475-4453
FAX(03) 3403-6838
URL www.trends-international.co.jp
E-Mail trends@viola.ocn.ne.jp

■バーレーン

●1次査証（シングルビザ）（入国時、または事前にインターネットで申請、取得）

必要書類：パスポート
滞在可能日数：2週間
費用：BD5（インターネットによる申請はBD9）
旅券残存有効期間：滞在日数プラス6ヵ月以上
査証欄余白：必要

●数次査証（マルチビザ）（入国時、または事前にインターネットで申請、取得）

必要書類：パスポート
滞在可能日数：1ヵ月
費用：BD25（インターネットによる申請はBD29）
旅券残存有効期間：6ヵ月以上
査証欄余白：必要

■バーレーン大使館
住〒107-0052 東京都港区赤坂1-11-36 レジデンス・バイカウンテス710号
☎(03)3584-8001
URL www.bahrain-embassy.or.jp
開9:45～12:00(領事申請窓口)
休土・日曜、日本とバーレーンの祝祭日

バーレーンのビザはインターネットで事前取得も可能

eビザ申請のページにアクセスし、必要事項を記入する。申請が受け付けられると返事のeメールが届くので、それをプリントアウトして持っていく。クレジットカード払いのみ。
URL www.evisa.gov.bh

バーレーンの入国カード記入例

Kingdom of Bahrain
Ministry of Interior
Nationality, Passports & Residence Affairs
DISEMBARKATION CARD
FOR NON-RESIDENTS

Full Name ① PLEASE COMPLETE CLEARLY IN ENGLISH IN BLOCK CAPITAL LETTERS: Taro Yamada
Nationality as shown in passport ②: JAPAN
Sex ③ ☐M ☐F
Passport Number ④: AB123456
Date of Issue ⑤: 25 4 2010 Place of Issue ⑥: Tokyo
Date of Birth ⑦: 30 8 1990 Place of Birth ⑧: Osaka
Occupation ⑨: Office Worker Address in Bahrain ⑩: Bahrain Grand Hotel
Arrival Date ⑪: 20 10 2017 Flight No. ⑫: EK837 Arriving From ⑬: Dubai
Expected Departure Date ⑭: 25 10 2017 Flight No. ⑮: GF213 Departuring To ⑯: Kuwait
Reason of Visit - TICK ALL BOXES THAT APPLY AND PROVIDE DETAILS ⑰
☑ Visitor/ Tourist 2 Business 3 Study 4 Medical 5 NGO/ Charity
6 Sport 7 Journalism 8 Religion 9 Transit 10 Other Please Specify
Details
Contact Number ⑱: 81 - 90-1234-5678
Declaration
The information I have given is true, correct and complete. I understand failure to answer any questions may have serious consequences.
Your Signature ⑲: 山田 太郎
Non-compliance with the laws of the Kingdom of Bahrain or non-compliance with the purpose of the visit shall result in legal liability
P.O Box: 331, Manama www.evisa.gov.bh

① 姓名
② 国籍
③ 性別
M（男）F（女）
④ パスポート番号
⑤ パスポート発行年月日
⑥ パスポート発行地
⑦ 生年月日
⑧ 本籍
⑨ 職業
⑩ バーレーンでの住所（ホテル名でもOK）
⑪ バーレーン到着日
⑫ 便名
⑬ 搭乗地
⑭ バーレーン出国日
⑮ 便名
⑯ 次の到着地
⑰ 入国の目的
⑱ 連絡のつく電話番号（携帯番号可）
⑲ 署名

■サウジアラビア王国

●観光ビザ（入国時、または事前にインターネットでの申請、取得）

2019年9月より個人旅行者にも観光ビザの発給が解禁された。空路や陸路で入国する際に到着ビザが取得できる。また、公式サイトからe-visaの申請、取得も可能。

必要書類：パスポート
滞在可能日数：1回の入国につき最長90日間（1年間有効のマルチプルビザ）
費用：SR300に加えて、保険代としてSR130
旅券残存有効期間：6ヵ月以上
査証欄余白：見開き2ページ以上

■クウェート

●短期滞在ビザ（観光・商用）（入国時、または事前にインターネットでの申請、取得）

必要書類：パスポート
滞在可能日数：3ヵ月
費用：KD3（予告なしに変更されることもある）
旅券残存有効期間：6ヵ月以上
査証欄余白：見開き2ページ以上

商用ビザ、外交/公用ビザ、駐在ビザに関しては大使館に確認を。

■サウジアラビア王国大使館
住〒106-0032 東京都港区六本木1-8-4
☎(03)3589-5241
URL www.saudiembassy.or.jp
開9:30～16:30
休土・日曜、日本とサウジアラビアの祝祭日

■サウジアラビア・ビザ・サービス・センター
住〒108-0014 東京都港区芝4-9-3 芝石井ビル6階
URL www.vfstasheel.com
開9:00～17:00(申請～13:00)
休土・日曜

■クウェート大使館
住〒108-0073 東京都港区三田4-13-12
☎(03)3455-0361
FAX(03)3456-6290
URL www.kuwait-embassy.or.jp
開月～金曜
申請時間　9:30～11:30
受領時間　15:00～16:00
(ラマダン期間中は時間変更あり)
休土・日曜、日本とクウェートの祝祭日

クウェート現地での観光ビザ申請書記入例

STATE OF KUWAIT
MINISTRY OF INTERIOR
General Airport Security Department
Airport Passports Department

دولة الكويت
وزارة الداخلية
الإدارة العامة لامن المطار
إدارة جوازات المطار

طلب سمة دخول للسياحة
REQUEST FOR TOURIST ENTRY VISA

العائلة:	الرابع:	الثالث:	الثاني:	الإسم الأول:
First Name : ① TARO	Second ②	Third ③	Fourth ④	Family ⑤ YAMADA

PASSPORT NO : ⑥ AB1234567　رقم الجواز:　NATIONALITY : ⑦ JAPAN　الجنسية:

ADDRESS IN KUWAIT :　العنوان في الكويت:
⑧ Kuwait Hotel

TELEPHONE NO : ⑨ 1234-5678　هاتف رقم:

اقر بأن جميع البيانات أعلاه صحيحة و أتعهد بالمغادرة فور إنتهاء مدة الإقامة المؤقتة الممنوحة لي وعدم طلب تمديدها، وهذا إقرار مني بذلك.
I confirm that the above mentioned information is correct. I undertake to leave the country immediately upon expiration of my temporary residency extension. This is my solemn undertaking.

ملاحظة:- لايسمح لمواطني ومقيمي دول مجلس التعاون الخليجي بمغادرة البلاد إلا بعد مغادرة الأشخاص الذين دخلوا معه بكفالته.
Note : It is not allowed for GCC citizens and residents to leave the country unless persons who entered the country on their sponsorship are leaving with them as well.

NAME : ⑩ TARO YAMADA　الإسم:
SIGNATURE : ⑪ 山田　太郎　التوقيع:

①FIRST NAME 名　②～④SECOND～FOURTH ミドルネーム　⑤FAMILY NAME 姓
⑥PASSPORT NO パスポート番号　⑦NATIONALITY 国籍
⑧ADDRESS IN KUWAIT クウェートでの滞在先（宿泊先のホテルを記入）
⑨TELEPHONE NO 現地滞在先の電話番号（ある人のみ）　⑩NAME フルネーム（英語）
⑪SIGNATURE サイン（日本語、英語どちらでも可）

サウジアラビアへの入国と滞在についての注意

2019年、国連世界観光機関（UNWTO）が定めた「世界観光の日」に当たる9月27日、サウジアラビアは49カ国に対して観光ビザを解禁した。政府は、原油依存からの脱却を目指し、今後は観光産業にも力を入れたい意向があるようだ。経済改革計画「ビジョン2030」では、サウジアラビアは今後石油依存型経済から脱却し、投資や観光、製造業、物流などによって経済の多角化を目指すとの方針が示されている。ただ実際滞在するとなるといくつかの注意点があるので、以下を参考にしてほしい。

決して持ち込めないもの

●アルコール類。みりん、リキュール入りチョコレートなども含まれる。日本製の醤油もみりんが含まれているため持ち込めない。

●マリファナやコカインなどの麻薬類。微量でも持ち込んだ場合、即刻死刑となる。

●女性の裸体や水着姿、下着姿などが掲載されている出版物および写真。

※パソコンの中のデータもチェックされるので注意しよう。

●豚肉製品。カップラーメンやふりかけなども原材料に豚肉を使っている可能性があるため、持ち込まないほうが無難。

本場でアラブ料理を堪能

滞在中にしてはいけない行為

●モスク、空港施設、軍事施設、石油精製施設、各種工場施設、王宮、女性および家族の姿は写真撮影厳禁。破ると警察による連行、留置、国外退去などに処される。一見では何の建物かわからない場合が多いので、必ず撮影前に現地ガイドなどに確認する。

●スポーツ施設内を除き、ショートパンツなど肌の露出の大きい服装はしない。男性といえども上半身裸は厳禁。

●空港内では走らない。不審者と判断される。

●町なかでは決して女性に声をかけない。

ひと言ことわってから写真撮影を

女性のタブー

●女性旅行者は全員アバヤを身に着ける。初めてサウジアラビアに到着する外国人女性は、そのままの格好で降りても大丈夫（ホテルに直行する場合のみ）。

●非イスラム教徒の外国人女性は必ずしも髪を覆う必要はないが、派手に見える場合はゴムで結ぶか、スカーフをかぶること。

外国人女性もアバヤの着用を

いろいろと面倒な条件があるようだが、これらを守っているかぎり、決して緊張感や不便を感じるということはない。イスラムの教えを敬虔に守る国を旅するという自覚を忘れないようにしていればいいのだ。

〈サウジアラビアについての問い合わせ先〉

■サウジアラビア大使館

住〒106-0032 東京都港区六本木1-8-4
☎ (03) 3589-5241

アラビアの交通

「アラビア半島を旅行する」と言ってしまうと簡単だが、アラビア半島にある複数の国々をまたぐ移動は、実際は非常に難しい。欧米やアジアを気ままに旅するのとはわけが違うのだ。

まず問題になるのがビザ。各国のビザ手続きは、在日大使館で最新の情報を得ることが望ましい。また陸路で国境を越える場合は事前に確認が必要だ。何も問題はなくとも、国境の検問係官が日本人の扱いに慣れていないために手間取ることもある。また、交通手段も限定されてくるので、しっかりと旅のルートを考えて、余裕をもって手続きを進めたほうがいいだろう。

アラビア半島の国々の航空会社のホームページ

●エミレーツ航空
URL www.emirates.com
●カタール航空
URL www.qatarairways.com
●エティハド航空
URL www.etihad.com
●オマーン航空
URL www.omanair.com
●ガルフ航空
URL www.gulfair.com
●クウェート航空
URL www.kuwaitairways.com
●サウディア
URL www.saudia.com
●エア・アラビア
URL www.airarabia.com
●ジャジーラ航空
URL www.jazeeraairways.com
●フライ・ドバイ
URL www.flydubai.com

エミレーツ航空のオフィス（現地連絡先）

●ドバイ（U.A.E.）
☎971-600-555-555
●マスカット（オマーン）
☎968-2440-4444
●バーレーン
☎973-1654-8989
●クウェート
☎965-2205-5155
●リヤド（サウジ）
☎966-800-850-0022

移動の方法

飛行機

アラビア諸国の主要都市を結ぶ路線は豊富とまではいえないが、そこそこの便数が確保されている。エミレーツ航空、カタール航空、オマーン航空、イエメニア（イエメン航空）、ガルフ航空など、多くの航空会社が湾岸諸国内を結んでいる。短い距離とはいえ、飛行機を利用して移動する人は多い。フライトのスケジュールをしっかり確認しておけば、移動するのに便利だ。ただ、注意したいのは各航空会社が発行しているタイムテーブルの信頼度。エミレーツ航空やカタール航空、エティハド航空はしっかりしているが、航空会社によってはスケジュールの変更が多いところも。飛行機を利用する前に、各航空会社か、旅行会社などでスケジュールを確認しよう。

バーレーン国際空港の様子

バス

長距離バスの車内はエアコンが効いていて快適

アラビア半島には、いくつかの都市を結ぶ国際バスが走っている。その数は少ないが、おもなものはサウジアラビア（リヤド）～バーレーン（マナーマ）とアラブ首長国連邦（ドバイ）～オマーン（マスカット）。ドバイ～オマーン間は比較的観光客でも利用しやすい（→P.218）。ただし、頻繁にビザの金額が変わったり、国境検問所がいつもと違っていたりと予期せぬことが起こることも。陸路で国境を越える場合は、事前の確認が必須になる。

自動車（レンタカー）

シェイク・ザイード・ロードはドバイの主要幹線道路

湾岸諸国の道路は非常に走りやすいハイウエイで結ばれている。都市間のハイウエイは片側1車線から4車線ぐらいまであり、特別な料金もかからない。ただし、いったん主要道路を離れると、路上に砂が吹きだまりになっていることも多くスリップしやすいので注意。また、砂地を走るときは4WD車でないと危険。路面が固まっていると思いながら進んでいくと、いつの間にか砂にタイヤが沈んでいた、ということも多いのだ。また、普段降水量の少ない地域だが、山岳地方などいったん雨が降ると町全体が川のようになってしまうので気をつけなくてはならない。なお、湾岸諸国では車は右側通行なので、道路を横断する際や車を運転する際はくれぐれも気をつけよう。

また、湾岸諸国全般に言えることだが、交通マナーが驚くほど悪い。ドバイやアブダビなどは歩行者が横断しようとすると、止まって横断させてくれることが多いが、U.A.E.以外の国では、歩行者が横断しようとしても止まってくれる車は少なく車優先の社会ということがよくわかる。ウインカーを出す車も少なく、非常に危険。U.A.E.以外は、日本と同一の「道路交通に関する条約（ジュネーブ条約）」を締結していないため、国外運転免許証の有効性は保証されていない。要は日本で取得した国外運転免許証では運転できないということ（短期旅行者等に対し国外運転免許証を有効とする場合がある。渡航する大使館やレンタカー会社で確認を）。こういった条件があることから、車で移動する場合は、ドライバーを雇うかタクシーの利用をすすめる。

中東4ヵ国による国交断絶でカタール航空への影響について

サウジアラビア、エジプト、アラブ首長国連邦、バーレーン、イエメンなどが、カタールとの国交を断絶。それにともないドーハ発着便に影響が出ている。アラブ首長国連邦、サウジアラビア、バーレーン、エジプトの4ヵ国から領空の通過を禁じられたため、2019年12月現在、カタール航空はこの4ヵ国への乗り入れができない状況。もし、ドバイからドーハに行く場合は、ドバイ～マスカット（オマーン）～ドーハといった経路になる。カタール航空を利用するときは、公式ホームページなどで事前に最新情報の確認をしよう。

バスの前座席は女性専用席

アラビア半島の国々では、バスの前方何列かが女性専用席になっていることが多い。その場合男性は座ることができない。間違って座ってしまってもドライバーに注意されて後ろに移動させられるので注意しよう。

砂で動けなくなったときの対処法

普通の2輪駆動車だと、砂地に入ったとたんに動けなくなってしまうハズ。こんなときはアクセルをむやみに吹かさないこと。車のおなかを擦ってしまうと脱出できなくなる。まずはタイヤの空気を半分以下にしてみよう。これでほとんどの場合は動けるようになる。あとはゆっくり走って、タイヤがパンクしないように注意しながらガソリンスタンドを探そう。

アラビアでの宿泊

どこまでも広がる砂漠を歩いていくラクダの群れ……。頭の中で思い描くさまざまな旅の風景は誰にもじゃまされずにじっくり楽しめる。実際、そんな想像が出発前のひとときを盛り上げてくれるに違いない。旅慣れた人なら、ホテルなんて着いてからで大丈夫なんて思うかもしれないが、アラビア半島ではそうもいかないことがある。実際アラビア半島では、ほかのヨーロッパやアメリカ、アジアとは違い、ホテル選びに苦労することもあるのだ。旅についてまったくのビギナーだったら、なおさらしっかり早めにプランを立てておきたい。

バージュ・アル・アラブのロイヤル・スイート

ドバイのホテル事情

ドバイでは、ホテルのチェックインの際にパスポートを一時預けなければならない。これは、旅行者がどこに滞在しているのかを当局が把握するため。時間はそれほどかからず、ほとんどのホテルではすぐにパスポートを返してくれる（安宿などでは、チェックアウトまで預けなければならないところもあるので注意）。

また、同じくドバイでは、多くのホテルでチェックイン時にクレジットカードを提示しなければならない（ツアーでの宿泊であっても）。クレジットカードを持っていない場合は、現金でデポジット（保証金）として、フロントに預けるよう求められることがある。

宿の種類

ビジネスやツアーであれば、中級クラス以上のいわゆる普通のホテルに泊まるのが一般的だろう。特にツアーの場合には、ホテル選びが旅の印象を大きく左右するポイントとなる。アラビア半島にはどんなタイプの宿泊施設があるか、ここでは「ホテル」「アラブ風ホテル」「ユースホステル」の3つのタイプに分けて説明したい。また、この3つはホテル内の設備や宿泊料金に大きな差がある。

●ホテル

ホテルとひとくちにいっても、守備範囲は非常に広く、海岸に面したデラックスなビーチリゾートから市街のデラックスホテル、そして中級から安ホテルまで多種多様なのだ。ほとんどの国では、ホテルのグレードは星の数で等級分けされているので、そちらをホテル選びの目安にしてもいいだろう。

各国の首都クラスの都市なら、どのクラスのホテルも揃っている。しかし、それほど大きくもない町だと、高級ホテルだけ、またはアラビア風ホテルだけということもあり得る。また、オマーンなどでは、町の名前が冠してあっても実際はその町から20〜30kmも離れた所にあるという場合もある。そこまでいかなくとも、アクセスのよい市街地にホテルは1軒もなく、町外れにその町唯一のホテルがぽつんと立っているということはよくある。地方に行くときはあらかじめ情報収集をして、自分が納得のいく宿を確保できるよう気をつけたい。

全体的にいえるのは、どんなクラスのホテルでも基本的にエアコンが付いているということ。よほどひどいホテルに泊まらなければ、基本的にバスルーム、テレビ、冷蔵庫、電話などが付いている。

アラブ首長国連邦のドバイなどでは、大きなホテルにはショッピングセンターやスーパーマーケットなども付いていてとても便利だ。また、中級から安ホテル程度のクラスなら、比較的町の繁華街などに多いので、外に出ればレストランだって何だってある。

ビーチリゾートタイプのホテルは、驚くほど数が多い。ドバイのジュメイラ・ビーチ沿いには高級ホテルが何軒も軒を連ね、シェラトンやヒルトンといった高級ホテルチェーンの系列ホテルが同じビーチ沿いに数軒あるという状態だ。これらのホテルでは、たいていのマリンアクティビティが楽しめる。そのほかスパやジム、ツアーのアレンジまで何でも揃う。

ジ・アドレス・ドバイ・マリーナの客室

●アラブ風ホテル

近代的で設備の整った高級ホテルに泊まるのもいいが、もっとアラブを肌で感じたいというのであれば、アラブ風ホテルをおすすめしたい。どちらかといえば、高級ホテルに多く中級以下のホテルではあまり見かけない。アラビアの宮殿を彷彿とさせる外観はもちろん、客室はゴージャスな金や銀、ガラス細工を使ったアラブらしい調度品が取り入れられまさにアラビアンナイトの世界。そのほか、本格的なハマムが備わったスパや、アラビア料理が楽しめるレストランなどホテル全体がアラビア調で統一されている。ウエルカムドリンクは、アラビックコーヒーとデーツという粋な計らいも。客室料金は高いが、よりアラビックな旅を体験したいなら数日こういったホテルに宿泊するのもいい。また、U.A.E.近辺の砂漠には、砂漠ホテルがあり、砂漠のオアシスで過ごすこともできる。

●ユースホステル

アラブ首長国連邦、カタール、バーレーンにはユースホステルがある。料金は一般的な高級ホテルの10分の1という安さ（日本円にして1泊約4000円くらいから）が魅力で、ほとんどのユースが市街地からはかなり離れているものの、タクシーなどを使ってもまだ安い。部屋はドミトリーになっているのが普通で、男性しか泊まれないことが多いが、ホステルによっては女性専用の日を設けているところもあり、その日は逆に男性は泊まれない。利用する場合は、国際ユースホステル協会の会員であることが前提だが、会員でなくても泊めてくれるところもある。

日本にもアラビアのホテルやビザを手配してくれる会社がある！

自分で直接、ホテルや観光ビザを手配できない人は、U.A.E.、オマーン、カタール、バーレーン、クウェート、サウジアラビアなどへの手配に長年の実績がある旅行会社に問い合わせてみるといい。

●(株)トレンズ・インターナショナル
住〒107-0062 東京都港区南青山2-2-15 ウィン青山506号
☎(03)3475-4453
URL www.trends-international.co.jp

安宿派はドバイではできるだけホテル予約を

「ホテルは現地に着いてから探せばいい」というのは、ドバイでは難しい。デイラ地区には安宿（といっても1泊US$60は覚悟しておいたほうがいい）が集まっているが、外国人労働者でどこもいっぱいだ。もちろんお客が出たり入ったりするので、タイミングがよければ宿泊できるが、タイミングが悪いと大きな荷物を持って右往左往しなければならない。それでも泊まるところが見つかればラッキーと思ったほうがいいだろう。多少予算をオーバーしたとしても、予約はできるだけ入れておこう。

未婚カップルの宿泊について

アラビア半島の国々はイスラム教ということもあり、未婚カップルの場合、ホテルによっては同室の宿泊を制限しているところもある。1部屋分追加で支払い、ひとりずつ宿泊しなければならないこともある。外資系のホテルや5つ星ホテルは基本的に問題ない。

アラブ料理を楽しむ

以前は漁師や遊牧民しかいなかったアラビア半島だが、石油が発見されて以来、多くの外国人が流入してきた。そのため、この地の伝統的な料理というものにあまりお目にかかれなくなってしまった。町の安食堂はインド、パキスタン料理や、バーベキュー、ファストフードがほとんど。大きなホテルでも一流レストランは、レバノン風かフランス風ということが多い。しかし、ほかの中近東諸国同様、家庭料理に見られるアラブの食事はバラエティに富んでいる（それでもかなりインド料理の影響が強いようだ）。もし、アラブ人のディナーに招待されるようなことがあれば、それこそラッキー。

アラブ料理にこだわらないのなら、いろいろな国の料理を日本と同じくらいの値段で（ただし、ホテルでは高い）、本場とほとんど変わらない味で食べられる。ホテルのレストランでは、曜日ごとにアラビアンナイト、イタリアンナイト、フライデーブランチなどのビュッフェをサービスしているところが多い。料金は、日本円にして5000～1万5000円だ。

豚肉とアルコール

イスラム世界では、豚は汚れた生き物と考えられているため、基本的に口にする機会は少ない。それでも、サウジアラビアやクウェートを除けば、豚肉料理は珍しいものではないし、スーパーマーケットでも、高いが買うことができる。アルコールも、サウジアラビアとクウェート以外ではOK。基本的にホテル内のレストランや一部のレストランで飲むことができる。駐在員の場合は、リカーパーミット（酒購入許可証）があれば、自宅で飲むことができる。また、ドバイではパスポートを提示すれば旅行者はMMＩなど特定の店でアルコールを購入できる。

※P.16～17
グルメカタログ

Ⓢカルフールの豚肉売り場

【前菜、そのほか】

●スープ（ショルバ）：だしをとった骨付き肉が少し入ったものや、レンティル（レンズ豆）のスープが普通。レモンを搾って入れる。食事のいちばん初めに出る。

●パン（ホブズ）：ホブズも実はエジプト風、レバノン風、イラク風と、国によって少しずつ厚さや大きさが違う。普通は直径20～30cmくらいの丸くて平たいパンで、インド人は、レバノンブレッド、アラビックブレッドなどと呼んでいる。ホテルのホブズは何度も温め直しているのか、町で食べるのと比べて固く、おいしくない。もし、ベーカリーを見つけたら、一度焼きたてを食べてみるといい。ちなみに、ベドウィン風のパンは固くて厚い。

またインドレストランでは、一般的なチャパティのほか、ギー（バター）を塗って焼いたパラータや、油で揚げたプーリーも見かける。

●サラダ：トマトやタマネギ、キュウリのスライスにライムや塩をかけて食べるのが一般的。ホテルならドレッシング、マヨネーズがある。また、イラン、レバノン料理だと、生のネギやニラ、ミント、ニンジン、トマトなどが、ほとんどそのまま盛られてくる。新鮮さを強調しているのだ。

●ムタッバル：豆のペースト。ホンモス（→P.349）同様オリーブオイルやスパイスを混ぜて食べる。

●タヒーナ：ゴマのペースト。魚につけてもおいしい。

●ファティール：ホウレンソウや白チーズの入ったパイ。

●タブーレ：トマトやパセリ、タマネギ、ミントなどをみじん切りにして、レモン汁などで味つけしたサラダ。砕いた乾燥小麦やクラッカーを上に飾ってあったりする。
●ババガヌージュ：つぶしたナスにタヒーナを混ぜたもの。
●ワラック・エナブ：ブドウの葉などにご飯と肉を詰めたもの。
●サラータレバンワヒヤール：キュウリのみじん切りをヨーグルトであえたもの。
●フール：豆をゆでたものをつぶして、オリーブオイルやライムジュースを混ぜて食べる。
●ホンモス：ヒヨコ豆とゴマ、スパイス類のペースト。
●ナシーフ：角切り肉をカリカリに炒めたもので、英語ではDry Meat。ホブズ（パン）と一緒に食べる。

【肉料理】

羊（ラハン）と鶏（デジャージュ）が一般的。店の外でローストチキンがぐるぐる回っているものや、日本の焼き鳥屋のように炭火の上で串刺しの肉やラムチョップが焼かれているものをよく見かける。ラフマン・マシュウィーヤ（グリルドミート）と覚えておけば、どこでも飢えることはない。
●ケバブ：味つけした羊肉のミンチを串に巻きつけ炭焼きにしたもの。鶏や魚の場合も、ケバブと呼ばれることがある。インド風の、辛めに味つけしたものはティッカという。
●リヤーシュ（リサーヤ）：ラムチョップの炭焼き。
●アライス：ホブズに味つけしたひき肉を薄く挟んで焼いたもの。ホブズがカリッとなって香ばしい。
●コフタ：羊肉にスパイスを混ぜて、串に刺して焼いたもの。英語ではGrilled Meatballと説明していたりする。
●クッペ：ひき肉に、小麦を乾燥させて砕いたものとタマネギ、スパイスを混ぜたもの。
●ウージィ：ナッツと一緒に炊き込んだご飯の上に、ローストしたラムをのせたもの。

【魚料理】

海に面している地域では、魚（サマク）も豊富。いちばんポピュラーなのはハムールと呼ばれるハタ科の白身魚で、このほかシャーリ、シャーファという同じく白身の魚、マグロ、カジキマグロ、タイ、ボラなどいろいろ。ホテルのレストランならロブスター（クレイフィッシュ）、エビ、カニのカクテルもある。ただし、サーモンとムール貝は輸入物がほとんど。魚料理は、醤油があるとよりおいしく食べられる。
●ケバブ・サマク：魚を串焼きにしたもの。ピーマン、トマトなどと一緒に焼くこともある。
●サマク・サヤディーヤ：味付けしたご飯を添えた魚料理。ご飯と一緒に炊き込むこともある。

オマーンのマトラにあるフィッシュ・マーケット

一般的な食事の時間帯
朝食　6:30～10:30
昼食　12:00～15:00
夕食　20:00～24:00

注文の仕方
安レストランではメニューがないことも多い。そんなときは、先客の食べているものを指さすなり、キッチンをのぞくなりして注文する。基本は①チキンかマトンか魚か、②辛口か甘口か、③ブレッドかライスかを伝えればOK。

辛いのが苦手な人へ
アラブ人は辛い料理が苦手なので、アラブ人が入るような店では、辛さを抑えたものも作ってくれる。ちなみに辛口はチリといい、ホットとはあまりいわない。逆に甘口はスイートだが、お菓子も同じなのでちょっと紛らわしい。

前菜、スープ、サラダ
家庭ではナス、トマト、オクラの煮込みがよく食べられる。レストランでは、ホンモスとスープ、サラダ、パン（ホブズ）が一緒に出てくる。また、レバノン料理レストランでは、いろいろな種類の前菜（メザ）を少しずつ出してくる。

そのほかの前菜
白いチーズ（ジブナ）やヨーグルト状の生チーズ（レブナ）、卵（ビード）料理（みじん切りトマトやピーマン入りオムレツなど）、オリーブ（ゼイトゥーン）もよく食べられる。

【そのほかの料理】

●マクブース、カブサ、カブーリ、マチブース：肉とナッツ、トマト、タマネギなどの炊き込みご飯。あるいは、炒飯やご飯の上にソースをかけたものがある。これらの区別はどうもはっきりしない。地元の人に聞いてもさまざまな答えが返ってくる。魚の炊き込みご飯はマチブースといわれるが、サマクサヤディーヤとかカブササマークともいわれて、肉と米ならカブーリ、魚と米ならマクブースといわれるが、肉なのにマクブースと書かれているレストランもある。また、インド料理ほど辛くないカレー（マラックなど）もよく食べられる。

●ハリース：肉と小麦粉をどろどろの粥状になるまで煮込み、ギー（精製したバター）をかけて食べる。調理に時間がかかるので、あまりお目にかかれない。

●ビリヤニ：本来、インド、パキスタン、イラン方面の料理だが、すっかり湾岸諸国にも浸透している。赤や黄色のご飯にカレーをかけたものや、具を一緒に炊き込んだものがある。種類は、チキンやマトン、野菜、魚など。

●ダール：豆のカレー、というよりもスープに近い。

●ピラフ、カレー：ビリヤニ以外の炒めたご飯。中華風の炒飯も一般的だ。カレーの場合、普通はチキン・マサラ（鶏と野菜のカレー）、マトン・コルマ（羊のカレー）、ベジタブル・コフタ（野菜団子のカレー）と、種類別に呼ばれる。

【スナック】

ファストフードもいいが、アラビアのスナックもなかなかいける。夜遅くまで開いている店も多い。

●シャウルマ：町なかを歩くと、串に巻きつけた大きな肉の塊（チキン、ビーフ、マトンなど）を、ぐるぐる回しながら焼いているのを見かける。これを削いで、サラダ、ソースと一緒にホブズなどで巻いて食べる。

町角のシャウルマ屋（オマーン）

●サンドイッチ：パンはドッグパンかホブズ。具はチーズ、レバー、ソーセージ、オムレツ、フールなど。

●ハンブルゲル：ハンバーガーのこと。羊肉のハンバーガーもアラブでは一般的。

●サンブーサ（サモサ）：本来はインド料理。味つけしたポテトや野菜を、餃子のような皮で包み揚げしたもの。

●ダール： これもインド料理。豆を粉にしたものを団子状にして衣を付けて揚げたもの。

●そのほかのスナック：ファティール、ミートパイ、コロッケ、揚げパン、バナナフライなどがある。

フルーツの種類

ほとんどのフルーツは輸入物だが、オレンジ（ブルトゥカール）、スイカ（バッティーフ）、バナナ（モーズ）、マンゴー、ナツメヤシの実（デーツ）が一般的。このほか、アンズ（ミシュミシュ）、ブドウ（イナブ）、グァバ（グゥワファ）、ザクロ（ロマーン）、イチゴ（フラウラ）、パイナップル（アナナース）などがあり、意外に豊富。

デザート、お菓子

こちらの人たちは、甘いものが大好き。ひげにソフトクリームをつけたアラブ男や、ブルガ（目出しマスク）の隙間から一生懸命お菓子を食べる女性など、ほほ笑ましい。

●ウムアリ：「アリのお母さん」という意味のウムアリは、温かいレーズン、ナッツ入りのパンプディング。

●ハビース：どろどろにした米粉と砂糖、ギー、スパイスを固めたもの。ラマダン（断食月）中に作られる。

●ハルワー：アラビアの言葉で「お菓子」を意味するハルワー。ようかんに似ているが、こってりしていて、スパイスが効いている砂糖菓子。

●クレムカラメル：プリン。

●アイスクリーム：ジェラートとも呼ばれる。

●ローズビラビーン：ライスプリン。牛乳と砂糖で甘く煮たお米。冷たくして出される。

●ムハラビィーヤ：米粉で作った、バラの香りのババロア。

●コナーファ：アラブ風チーズケーキ。ナッツなどがのる。

●バクラバ：シロップに浸したナッツ入りのパイ。

●そのほかのデザート：バスブーサ、カターエフなど、いずれもナッツやシロップたっぷりで甘い。ナツメあんの入ったクッキー（マルムーレ）もある。

※P.16～17
グルメカタログ

アラビア語入門

覚えておきたい定番アラビア語

『アッサラーム・アライクム』（こんにちは）
解説：少々堅苦しいが、「さようなら」の意味でも使える便利な言葉で、「あなたが平和でありますように」という慣用句。返事は「ワ・アライクムッ・サラーム」だ。

『ナアム／ラー』（はい／いいえ）
解説：アラブ世界でも優柔不断な態度は誤解のもと。「ラー」は「だめ」の意味でも使われるが、相手が舌打ちをしつつアゴを反らせるような態度を見せたら同じ意味だ。

『シュクラン』（ありがとう）
解説：感謝の心は大事にしよう。「どういたしまして」は「アフワン」。

『カイファ・ハールカ』（ご機嫌いかが？）
解説：これは男性に対する言葉で、女性に対しては語尾の「カ」が「キ」になる。返事は「タマーム」、「クワイエス」など。

『ラー・ウリードゥ』（イヤ！）
解説：店やナンパなど、しつこい相手にはこのひと言。ただし、勢いよく言わないと逆効果。本当は無視するのがいい。

『マアッ・サラーマ』（さようなら）
解説：ほとんどの場合「マッサラーマ」と聞こえる。

『マアレイシュ』（大丈夫）
解説：英語なら「ノー・プロブレム」に当たる言葉。語尾を上げて質問すると、「いいですか？」に早変わり。

『インシャー・アッラー』（アッラーがお望みなら）
解説：未来のことは神のみぞ知る。すべてはアッラーの思し召ししだいという決まり文句。例えば「仕事を片づけろ」と言われると、相手は悪気もなくまじめに「はい」のつもりでこう答えるはず。それでも、結局だめだった場合には仕方がない……となるわけだ。

『ハラース』（おしまい）
解説：語尾を上げて、両手を水平にして横に開くジェスチャーと合わせて使われることが多い。レストランなどでこう言われたら、「食べ終わった？」の意味。おしまいなら「ハラース」、まだ食べるなら「レッサ」と答える。

『ヤッラ』（さあ）
解説：相手に行動を促す言葉。「さあ、行こう」、「よし行け」という意味で使われる。

アラビア語は方言だらけ？
もともと部族社会で成り立ってきたアラビアでは、それぞれの部族によって微妙な違いがある。ここでは定番アラビア語はアンミーヤ（話し言葉）、基本会話はフスハー（公用語）に基づいてまとめている。フスハーを会話に使うと堅苦しい感じが残ってしまうが、アラブの共通語という意味で、比較的やさしい言葉でまとめるようにしてみた。

ワンポイントアラビア語
初めて見るアラビア語は、文字がつながっているため模様のようにしか見えない。このアラビア語、書き始めるのは右からで、組み合わされるアルファベットはたったの28（子音）しかない。これらの子音に母音記号が付くと、ひとつの子音が3つ（日本語のア、イ、ウに近い）に変化するのがアラビア語の基本だ。

ムラハクで見かけた少女（バーレーン）

簡単な基本会話

観光
「町の地図はありますか？」
ハル・インダカ・ハリータ・リルマディーナ

「入ってもいいですか？」
ハル・ユムキン、アン・アドゥフル

「スカーフを貸してください」
アイルニー・ヒジャーブ・ミン・ファドゥリカ

「写真を撮ってもいいですか？」
ハル・タスウィール・マスムーフ・フナー

「フラッシュを使ってもいいですか？」
ハル・ユムキン・アン・アスタフディム・フラーシュ

ショッピング
「これは何ですか？」
マー・ハーザー

「それを見せてください」
ミン・ファドゥリカ・ダアニー・アラーフ

「ほかのタイプはありますか？」
ハル・インダカ・シャクル・ムフタリフ

「いくらですか？」
ビカム・ハーズィヒ

「もっとまけてください」
ハル・ユムキン・アン・タフスィム・リー・アクサル

「高い！」
ハーザー・ガーリー・ジッダン

「これをください」
アシュタリー・ハーズィヒ

食事
「すみません」（注文時）
ラウ・サマハタ

「あれと同じ料理をください」
ウリードゥ・タアーム・ミン・ザリーカン・ナウウ

「勘定をお願いします」
ヒサーブ・ミン・ファドゥリカ

「とてもおいしかった」
カーナ・ラズィーズ・ジッダン

「これにします」
アーフズ・ハーズィヒ

カーペットを売る男性（バーレーン）

基本会話の発音について

しばらくアラブにいれば、自然とアラブらしいアクセントが身についてしまうもの。このコーナーでは、念のため強く発音する部分にアンダーラインを引いたので参考にしてほしい。

アラビア語の基礎

●代名詞

私/私たち →アナー/ナフヌ
あなた/あなたたち →アンタ/アントゥム
彼/彼女 →フワ/ヒヤ
これ/それ →ハーザー/ザーリカ
男性/女性 →ラジュル/イムラア

●時

今日　アルヤウム
昨日　アムシ
一昨日　アウワル・アムシ
明日　ブクラ
明後日　バァダ・ブクラ
朝　サバーフ
午前　カブラッ・ズフル
午後　バアダッ・ズフル
夕方　マサーウ
夜　ライル

観光のキーワード

モスク　ジャーミウ
遺跡　アーサール
島　ジャジーラ
砂漠　サハラー
峡谷　ワディ
オアシス　ワーハ
ビーチ　シャーティッ

観光トラブルのキーワード

警察　ブーリース／ショルタ
場所　マカーン
スリ　ナッシャール
強盗　リッス
血　ダム
寒気　バルドゥ
せき　サアール
めまい　ドゥーハ
だるい　ワハン
吐き気　ガサヤーン
下痢　イスハール
打撲　カドゥマ
骨折　カスルル・アズマ
頭痛　スダーウ
腹痛　アラムル・マイダ
歯痛　アラムル・アスナーン
神経痛　アラム・アサビー

「テイクアウトします」
アーフズハー・マアイー

トラブル

「英語のわかる人はいませんか？」
マン・ヤフハム・インキリーズィーヤ

「派出所はどこですか？」
アイナ・マフファル・シュルタ

「どこかですられました」
ラーブッダ・アンナハー・スリカ

「盗難証明を書いてください」
ハル・ユムキン・アン・タクトゥブ・リー・ダブトゥ

「日本大使館に連絡したい」
ウリードゥ・アン・アッタスィル・ビッスィファーラ・ヤーバーニーヤ

「気分が悪い」
アシュウル・ビマラドゥ

「めまいがします」
アシュウル・ビドゥーハ

「おなかが痛い」
アシュウル・ビワジュウ・マイダ

スーク・ワキーフ（カタール）

アラビア数字の発音

1	١	ワハドゥ
2	٢	イトゥネイン
3	٣	タラータ
4	٤	アルバア
5	٥	ハムサ
6	٦	スィッタ
7	٧	サブア
8	٨	タマーニヤ
9	٩	ティスア
10	١٠	アシャラ
11	١١	イダーシュ
12	١٢	イトゥナーシュ
13	١٣	タラッターシュ
14	١٤	アルバアターシュ
15	١٥	ハムサターシュ
16	١٦	スイッターシュ
17	١٧	サブアターシュ
18	١٨	タマンターシュ
19	١٩	ティスアターシュ
20	٢٠	イシュリーン
21	٢١	ワハドゥ・ワ・イシュリーン

※ワは「と」の意味で以下同じパターン。

30	٣٠	サラーシーン
40	٤٠	アルバイーン
50	٥٠	ハムスィーン
60	٦٠	スイッティーン
70	٧٠	サブイーン
80	٨٠	タマーニーン
90	٩٠	ティスイーン
100	١٠٠	ミア
1000	١٠٠٠	アルフ

※2の付く200（ミアテーン）、2000（アリフェーン）以外は3000（サラース・アルフ）と表現する。

アラビア語の文字

アラビア語の文字は全部で28文字（子音）。英語の筆記体のようにほかの文字と並べて書くときに形が変わるので、慣れるまでは何の文字だか認識するのが大変だ。ここでは、文字の単独形と、その単独形が単語の初め、語中、語尾に来た場合の形を表にしている。

文字	名称	アルファベット表記	語尾	語中	語頭
ا	アリフ	a,i,u	ا	ـا	ـا
ب	バー	b	بـ	ـبـ	ـب
ت	ター	t	تـ	ـتـ	ـت
ث	サー	th	ثـ	ـثـ	ـث
ج	ジーム	j	جـ	ـجـ	ـج
ح	ハー	h	حـ	ـحـ	ـح
خ	ハー	kh	خـ	ـخـ	ـخ
د	ダール	d	د	ـد	ـد
ذ	ザール	th	ذ	ـذ	ـذ
ر	ラー	r	ر	ـر	ـر
ز	ザーイ	z	ز	ـز	ـز
س	スィーン	s	سـ	ـسـ	ـس
ش	シーン	sh	شـ	ـشـ	ـش
ص	サード	th	صـ	ـصـ	ـص

文字	名称	アルファベット表記	語尾	語中	語頭
ض	ダード	d	ضـ	ـضـ	ـض
ط	ター	t	طـ	ـطـ	ـط
ظ	ザー	dh	ظـ	ـظـ	ـظ
ع	アイン	a	عـ	ـعـ	ـع
غ	ガイン	gh	غـ	ـغـ	ـغ
ف	ファー	f	فـ	ـفـ	ـف
ق	カーフ	q	قـ	ـقـ	ـق
ك	カーフ	k	كـ	ـكـ	ـك
ل	ラーム	l	لـ	ـلـ	ـل
م	ミーム	m	مـ	ـمـ	ـم
ن	ヌーン	n	نـ	ـنـ	ـن
ه	ハー	h	هـ	ـهـ	ـه
و	ワーフ	w	و	ـو	ـو
ي	ヤー	y	يـ	ـيـ	ـي

アラビアを理解するために

イスラム教の発祥の地であるアラビア半島。アラビア半島を旅行するならば、ぜひともイスラム教について大まかなことは知っておきたい。ドバイなどの大都市ではそれほど感じないものの、ラマダン(断食月)中の旅行は状況も違ってくる。

アラブ人の言葉、文化、習慣はイスラム教の教えが反映されている。イスラム教を知らずしてアラブは理解できないといっても過言ではない。

ヒジュラ暦の祝日

イスラム教の国々では、一般的にヒジュラ（イスラム暦）が採用されている。したがってその祭日は、月の満ち欠けを人間の目で確認したうえで、最終的にイスラム教の権威者が布告するため、当日になって発表されることがよくある。またイスラム教に基づくおもな祝日は、国や宗派によってもいつになるかが違ってくる。おもな祝日には以下のものがある。

●犠牲祭
●イスラム暦新年
●預言者ムハンマドの誕生祭
●ラマダン始まり
●ラマダン明け

第6の教え

五行に続く6番目には聖戦（ジハード）がある。日本では「神の道に従い戦う」こととして知られているが、「神の道に沿って努力する」という意味をも含む。

ミナレット（クウェート）

イスラム教の起こり

西暦610年頃のこと、メッカの商人ムハンマドはいつものように、メッカからほど近いヒラー山中の洞窟で瞑想にふけっていたという。その洞窟の中で彼が眠っていると、大天使ガブリエルが現れて、彼に向かって「読め」と言うではないか。驚いたムハンマドが「何を読むのでしょうか」と尋ねると、ガブリエルがこう言うのだ。「人類を創造し給うた汝の主の御名において読むのだ。汝の主はこのうえなく寛大なお方。人類に未知のことを教え給うた」。こうして語られた神の言葉をまとめたのがコーラン（クルアーン）と呼ばれる聖典。コーランとはアラビア語で「読むこと」を意味している。

イスラム信仰と実践

コーランの教えの基本になっているのが五行と呼ばれるもので、イスラム教徒が守らなければならない基本中の基本だ。第1に信仰を守ることから始まり、第2に礼拝、第3に喜捨、第4に断食、第5に巡礼と続く。

信仰

「アッラーのほかに神はなく、ムハンマドはアッラーの使徒である」という信仰告白はシャハーダとも呼ばれており、イスラム教徒の信仰の基本がここにある。唯一の神アッラーフ（アル・イラーフを発音するとこうなる）は超越した存在であり、アッラーに並ぶ者はいない。その教えを伝える役目を担うのが天使たちで、ムハンマドにコーランを語ったガブリエルは、キリスト教でいわれるところのイエスの誕生を聖母マリアに伝えたガブリエルと同じ天使だ。

天使を通じて語られた神の言葉は預言者へ伝えられ、人々への見本となる。コーランでは、その預言者が28人出てくるが、アダム、ノア、ダビデ、モーゼ、イエスなど、実に21人もの人物は聖書にも登場してくる。もちろん、イエスもまた預言者のひとりであるが、神格化はされていない。

礼拝（サラート）

モスク入口で体を清める人々

礼拝は神の存在を確認するために1日5回行われる。いちばん早いのは夜明け（ファジュル）の礼拝で、以降、昼過ぎ（ズフル）、午後（アスル）、日没（マグリブ）、夜半（イシャー）と礼拝が続く。この5回に加えて自発的な礼拝もよく行われている。礼拝は、まず水で体を清めることから始まる。モスクの内部にはメッカの方角を示すミフラーブがあり、礼拝はすべてこの方向に向かって行われる。1回の礼拝は、コーランの朗唱と7つの動作の組み合わせになっている。

1　まず両手を顔の両側に上げて「神は偉大なり」と唱える。
2　真っすぐ立ったまま、コーランの開扉の章を朗唱。
3　腰から体を折っての礼。
4　再び真っすぐ立つ。
5　両ひざを折って額が地に着くまで平伏する。
6　ひざまずいたまま、体を起こす。
7　もう一度平伏する。

声を出しながら、大きな動きを見せる礼拝に込められているのは、神に対する絶対の服従だ。

アラブ世界とは切っても切り離せないのがアザーン。アザーンとは1日5回、町中のモスクから聞こえてくる礼拝の呼びかけのことだ。イスラム世界を実感させてくれるこの言葉。実はこんなことを言っているのだ。

アッラーフ・アクバル
「アッラーは偉大なり」（4回）
アシュハドゥ・アンア・ラー・イラーハ・イッラッ・ラー
「われは宣す、アッラーのほかに神はなし」（2回）
アシュハドゥ・アンア・ムハンマダン・ラスールッ・ラー
「われは宣す、ムハンマドはアッラーの使者なり」（2回）
ハイヤ・アラッ・サラートゥ
「いざ礼拝におもむけ」（2回）
ハイヤ・アラル・ファラーフ
「いざ栄えの道へおもむけ」（2回）
アッサラートゥ・ハイルン・ミナン・ナウム
「礼拝は眠りよりよし」（2回、朝の礼拝のみ）
アッラーフ・アクバル
「アッラーは偉大なり」（2回）
ラー・イラーハ・イッラッ・ラー
「アッラーのほかに神はなし」

イスラム教徒の小道具

イスラムの男性が必ずといっていいほど手にしているのが数珠。33個、または99個の玉で作られたこの数珠は、神をたたえる99の美名（「まことの守護者」というような）にちなんだもの。彼らは数珠を手にしながら名前をそらんじたり、玉を繰っている。

断食中の夕食

断食中の夕食は普段より豪華になるのが普通で、スーパーマーケットもいつもより繁盛している。夜中までのお祭り騒ぎが楽しみで、心待ちにしている人もいる。日没時の食事のことを「イフタールIftar」と呼ぶ。

アラビア半島の旅行事情→P.8

月の形をした建物が多い

マナーマのコーラン館にあるモスク（バーレーン）

喜捨（ザカート）

イスラム教徒は、年収の40分の1を金銭か品物で差し出すと決められている。この意味はふたつあるといわれ、ひとつには他人に私財を与えることによる私財の正当化がある。もうひとつは、社会や共同体の結束の強化で、ここで得られたお金や品物は貧しい人々や困っている人など、必要としている人々を助けるために使われる。

断食（ラマダン）

太陰暦の9月に当たるラマダンは、精神を鍛錬し、より神の近くに近寄れることを最終的な目標としている。この期間中、イスラム教徒は日中の飲食や喫煙、果ては性交まで禁じられる。薬やツバさえ飲んではいけない。敬虔なイスラム教徒なら、この期間中は礼拝の回数を増やすなどして、精神的に強くなれるように努力を重ねる。それは、行為を共有することにより社会の連帯感を強めるという意味でも意義のあることとされる。

ラマダンの期間中は、仕事の時間も1時間ほど遅くなったり、午前中で切り上げるところもある。ラマダン中は異教徒といえども、人前で飲食するのは避けたほうがいい。

※ラマダンの日程については、各国のジェネラルインフォメーション内の祝祭日の欄を参照。

巡礼

イスラム教徒なら、一生に1回は行くことになっているメッカへの巡礼。巡礼者はメッカの町に入る前に巡礼用の白い衣装に着替え、聖モスクの中心にあるカアバ神殿を目指していく。まず、神殿の周りを7回歩いて回り、次にメッカとマルワの間を7回小走りに行ったり来たり。アブラハムの妻が子供を助けるため、水を求めて走ったという故事による。また、ミナにある塔に石をぶつけるのは悪魔の誘惑に勝ったアブラハム親子をしのぶ行為だ。最後に巡礼者はささげものを供えて、頭を剃って巡礼が終わる。

巡礼について

ほかの4つの義務とは違い、巡礼は健康で経済的に余裕のある人にのみ課されている。

民族衣装の女性たち（カタール）

デイラとバール・ドバイを結ぶ
アブラ（渡し船）

旅の準備

Preparation for a travel

旅の手続き

ICチップ付きパスポート

各都道府県の旅券課の連絡先
●外務省
URL www.mofa.go.jp/mofaj/toko/passport/pass_6.html

申請と受領にかかる時間
夏休みやゴールデンウイーク前などピーク時を除き、申請で1時間、受け取りで30分もあれば手続きは完了する。

旅先でパスポート（旅券）をなくしたら
万一パスポート（以下旅券）をなくしたら、まず現地の警察署へ行き、紛失・盗難届出証明書を発行してもらう。次に日本大使館・領事館で旅券の失効手続きをし、新規旅券の発給または、帰国のための渡航書の発給を申請する。
旅券の顔写真があるページと航空券や日程表のコピーがあると手続きが早い。コピーは原本とは別の場所に保管しておこう。必要書類および費用は以下のとおり。
①紛失・盗難届出証明書
②写真（縦4.5cm×横3.5cm）2枚
③戸籍謄本または抄本1通
④日程が確認できる書類（旅行会社からもらった日程表または帰国便の航空券）
⑤手数料（10年用旅券1万6000円、5年用旅券1万1000円、帰国のための渡航書2500円。支払いは現地通貨）

パスポート（旅券）について

パスポートは、海外を旅行する者が日本国民であることを証明し、渡航先国に対して、所持者の安全な通過や保護を要請した公文書だ。気軽に考えられがちだが、れっきとした日本政府発行の身分証明書。これがなければ旅は成り立たない。

■パスポートの申請

一般に取得できる旅券は2種類。赤い表紙の10年間有効なもの（20歳以上のみ）と、紺色の表紙の5年間有効旅券とがある。たとえ0歳の子供でも、ひとり1冊パスポートが必要だ。また、国によってビザの取得に必要なパスポートの残存有効期間があるので注意が必要だ（→P.338～342）。有効期間が残り1年を切ったら切り替え発給の申請ができる。

■パスポートの取得

パスポートの申請・受領の手続きは各都道府県の旅券課またはパスポートセンターで行う。旅行会社などで申請の代行手続きを行ってくれるが、手数料がかかるし、どのみち受け取りは本人しかできないので、できれば自分で手続きしたほうがよい。

■申請に必要な書類

①一般旅券発給申請書（1通）
各都道府県の旅券課あるいはパスポートセンター、または各市区町村の役所でもらえる。5年用と10年用がある。パスポートのサインは申請書のサインが転写されるので、そのつもりで記入する。
※未成年の場合は、申請書に親権者または後見人のサインが必要。同意書でも可。

②戸籍謄（抄）本（1通）
6ヵ月以内に発行されたもの。本籍地の市区町村役場で発行。有効期間内のパスポートがあり、申請時に氏名や本籍地に変更がない場合は必要ない。

③住民票の写し1通
「住民基本台帳ネットワークシステム」を運用している都道府県の申請窓口では、原則として不要。

④身元確認のための書類（コピーは不可）
有効期間中または失効後6ヵ月以内のパスポートや、運転免許証、船員手帳、写真付き住基カードなど公的機関発行の写真付きのものは1点、健康保険証、国民健康保険証、国民年金証

書（手帳）などの写真の付いていないものは、学生証や会社の身分証明書、公の機関が発行した資格証明書、失効後6ヵ月を過ぎたパスポートと合わせて2点。
※2016年1月以降に交付された「個人番号カード（マイナンバーカード）」も、パスポート申請に必要な本人確認書類として適用されることになった。

⑤写真（1枚）

縦4.5cm×横3.5cm。正面向き、無帽、背景無地で6ヵ月以内に撮影されたもの。カラー、白黒どちらでもよいが、顔の位置に指定がある。裏に名前を記入しておく。

⑥有効な旅券

有効期間内の旅券があれば必ず持っていく。
※申請の際、印鑑が必要になる場合があるので、持参したほうがよい。

■申請に要する期間と受領

休日、祝日を除いて申請から１週間〜10日で、パスポートが発給される。受領日には①申請時にもらった受理票、②発給手数料（5年用は1万1000円、10年用は1万6000円。証紙・印紙はその場で買える）を持って、本人が受領する。
※訂正旅券の取り扱いに注意！
2014年3月20日より前に名前や本籍地等の訂正を行った旅券（訂正旅券）は、訂正事項が機械読取部分およびICチップに反映されておらず、出入国時や渡航先で支障が生じる場合もあるため、新規に取得しなおすほうが無難。
URL www.mofa.go.jp/mofaj/ca/pss/page3_001066.html

ビザ（査証）について

各国のビザに関する詳細はP.338〜342の「ビザ（査証）について」を参照のこと。

ドバイ国際空港（アラブ首長国連邦）

海外旅行保険について

海外旅行に出かける人が多くなってきた近年、保険に入らずに旅行に出かける人もいるかもしれない。しかし、いつ何が起こるかわからないのが海外旅行だ。安心して旅行が楽しめるよう、自分に合った保険のかけ方をするといいだろう。

人気スポット「ラ・メール」（ドバイ）

アラビア半島での事故

日本に比べアラビア半島の国は、突出して交通事故が多く、社会問題にもなっている。運転していなくても事故に巻き込まれるケースもあるので注意しよう。タクシーに乗車中に事故に巻き込まれた場合、体に痛みや不調があるときは、救急車を呼んで病院で検査を受ける。検査費用は、保険会社によってはキャッシュレスの場合もあるので、事故に遭ったときはすみやかに保険会社に連絡して指示を仰ごう。キャッシュレスが無理でも、帰国後、申請すると費用が戻るので、提出書類の確認なども忘れずに行い、病院で用意してもらおう。

ドバイ空港での両替

✉ドバイ空港到着後、荷物を受け取り出口に向かって行くと両替商がありました。タクシーに乗るためとりあえず両替をしたのですが、出口を出たところにも両替商がありレートを見るとこちらのほうがよかったです。焦らずに出口を出てから両替すればよかったです。
(あみ　千葉県　'17)['19]

ドバイ空港での両替に注意！

✉ドバイ空港で1万円分を両替しようとしたのですが2万円は？3万円は？と言われ、言われるままに3万円分を両替しました。あとで聞いたいのですが、レートが悪いことがわかりました。損した気分です。空港での両替は少額にしておくといいです。
(みかん　東京都　'17)['19]

スークにある両替所
(バーレーン)

チップの習慣

U.A.E.やオマーンでは、チップの習慣が定着している。ベルボーイ、ベッドメイク、ポーター、ドライバーなどさまざまな場面でチップが必要になってくる。そんなときに困らないよう少額紙幣を持っていると安心。両替商などで少額紙幣での両替ができなかった場合は、ホテルのフロントで少額紙幣に両替してもらおう。また、チップをコインで渡すのはNG。ホテルやレストランでは、ランクに応じたチップの支払いを。

■保険の内容

1 傷害（死亡・後遺障害）

旅行中、事故により死亡、または後遺障害が残るような場合に支払われる。

2 傷害（治療費用）

旅行中の事故により医師にかかった場合の治療費が支払われる。

3 疾病（死亡）

旅行中に発病、もしくは帰国後48時間以内に渡航先での感染が原因で発病後、死亡した場合に支払われる。

4 疾病（治療費用）

旅行中に発病、もしくは帰国後48時間以内に渡航先での感染が原因で発病した場合の治療費が支払われる。

5 携行品

盗難、紛失、事故などが原因で所持品に損害が出た場合に支払われる。

6 救援者費用

旅行先で、事故、疾病により一定期間以上入院した場合、保険加入者の家族が現地にかけつけるための交通費、宿泊費などが支払われる。

7 賠償責任

旅行中にあやまって誰かをけがさせたり、器物を破損したり、法律上の賠償責任を負った場合に支払われる。

おもな保険会社

●損害保険ジャパン日本興亜
Free 0120-666-756
●東京海上日動
Free 0120-868-100
● AIG 損害保険
Free 0120-016-693

お金の持ち方について

■現金

持っていく通貨の種類は、日本円またはUSドル、ユーロが一般的。空港や主要都市の銀行や両替商では、日本円からの両替が可能だが、地方では日本円から両替できないこともある。また、アラビア半島の国では、両替商によってかなりレートが異なるので、何軒か回ってから両替するといいだろう。ドバイやアブダビ、マナーマ、ドーハなど主要都市にある大型ショッピングモールにも両替商がある。都市部やホテルで過ごすのであれば、基本クレジットカードが使えるので少額を何回かに分けて両替するといい。

ドバイ国際空港の両替所（U.A.E.）

■クレジットカード

日本にいるときには使いたがらない人も、海外では重宝するのがクレジットカード。何よりも現金を持ち歩かないで済む安全性がありがたい。そして、旅行中「お金が底をついてしまったら」という不安からも解放してくれる。また、アラビア半島の高級ホテルでは、クレジットカードの提示を宿泊時に求められることも多い。

町なかのATM（オマーン）

カードの使い方はとっても簡単。日本と同じようにサインをするだけで、あとで口座から引き落とされる仕組み。現金が底をつきそうなときはもちろん、高い買い物をするときなどに利用価値大。

簡単に使うことのできるクレジットカードだが、注意しなければならない点もある。それは、必ずサインをする前に伝票の金額をチェックするということ。キャッシャーで打ち出したものは入力ミスがないかぎり安全だが、手書きの伝票の数字に隙間を入れておいて、金額を直してしまうという犯罪もないとは言いきれない。また、ホテルのチェックアウトの際などにも、請求項目と金額が正しいか確認すること。

また、都市部やショッピングセンターであれば、クレジットカードのマークの出ているATMを利用してキャッシングも可能だ。ATMの普及率は年々上がってきている。

カードの発行は3週間から1ヵ月ほどかかるが、急に旅行を思い立ったというときには、海外旅行者のためにスピード発行してくれるカードもあるし、所得のない学生のための専用カードを発行している会社もあるので、おおいに利用しよう。

おもなクレジットカード発行会社
●アメリカン・エキスプレス（AMEX）
Free 0120-020-222
●ダイナースクラブ
Free 0120-041-962
●三井住友カード（VISA、MASTER）
Free 0120-816-437
●JCBカード
Free 0120-015-870

■トラベルプリペイドカード

トラベルプリペイドカードは、外貨両替の手間や不安を解消してくれる便利なカードのひとつだ。多くの通貨で国内での外貨両替よりレートがよく、カード作成時に審査がない。出発前にコンビニ ATM などで円をチャージ（入金）し、その範囲内で渡航先の ATM で現地通貨の引き出しができる。各種手数料が別途かかるが、使い過ぎや多額の現金を持ち歩く不安もない。

カードの暗証番号を覚えておこう

海外でのICカード（ICチップ付きのクレジットカード）で支払うときは、暗証番号（英語でPINまたはPIN Code ）の入力を求められる場合が多い。暗証番号を覚えていないと支払いに手間取って、ときには支払いができないこともあるので、出発前にいま一度、暗証番号の確認をしておこう。

おもに下記のようなカードが発行されている。

●クレディセゾン発行「NEO MONEY ネオ・マネー」
URL www.neomoney.jp/
●アプラス発行「GAICA ガイカ」
URL www.gaica.jp/
●トラベレックスジャパン発行「MULTI-CURRENCY CASH PASSPORT マルチカレンシーキャッシュパスポート」
URL www.jpcashpassport.jp/
●マネーパートナーズ発行「Manepa Card マネパカード」
URL card.manepa.jp/

国外運転免許証について

日本の免許証があれば、誰でも取れるので、用意しておくといい。国外運転免許証を発行してくれるところは、自分の住民登録をしている都道府県の公安委員会。申請に必要な書類は、免許証のほかに、パスポート、写真（縦5cm×横4cm）1枚で、費用は2350円。パスポートが査証取得などの関係で手元にない場合は、そのコピーでもよい。公安委員会に行き、備え付けの申請書とともに提出すると、その日のうちに発給される。

整備された道路（バーレーン）

※ジュネーブ条約により正式に国外運転免許証が通用する国は、アラビア半島の国のなかではU.A.E.のみ。ただし、短期旅行者に対しては国外運転免許証を有効とする国もあるので、各国の大使館で要確認。

国際学生証（ISIC カード）について

日本で学生と認められているのなら所持できる、国際学生証International Student Permitは、約100ヵ国で学割制度を利用できるカードだが、アラビア半島では存在自体あまり知られておらず、欧州ほど恩恵を受けることはない。

国際学生証（ISIC カード）の申請

大学、短大、大学院（以上Student）、中学、高校、高専、専修学校本科（以上Scholar）にフルタイムで所属する学生なら発給される。必要書類は、在学証明書か学生証のコピー、写真1枚（縦3.3cm×横2.8cm）と申込書（氏名〈漢字とローマ字〉、年齢、在学校名、住所を書いたもの）で、費用はバーチャルカードが1800円、追加のプラスチックカードが750円。大学生協やユースホステル協会の窓口で発行してもらえる。

国際学生証（ISICカード）に関する問い合わせ

郵送での申し込みも可能。その場合、発行までに約10日かかる。手数料、送料込みで2550円。

●ISIC Japan
URL www.isicjapan.jp
●(株)大学生協事業センター
東京☎(03)5307-1155
URL www.univcoop.or.jp/uct/

旅の道具

旅のかばん

滞在型の旅を考えているのなら、スーツケースのほうがスッキリするかもしれないし、歩きの移動が多くなりそうな旅ならバックパックのほうがもちろん楽だろう。

ドバイなど大都市だけを旅行する人は、宿泊先を頻繁に変えるわけではないので、スーツケースがおすすめ。帰りは荷物が多少増えるので、そのぶんの余裕をもっておこう。

現地で電化製品を使うなら

ケータイにデジタルカメラと海外に持っていく電化製品の種類は増えているが、多くの機材は海外での使用も可能な充電器を付属するようになっている。現地で使いたい電化製品があるときは、電圧がその国の仕様に合っているかどうか確認しよう。ただしコンセントの形状は日本とは違うことが普通なので、訪問国で使われているコンセントに合ったプラグを用意していく必要がある。事前の確認と入手を忘れないようにしたい。電圧切り替えを行う必要のある電化製品を使うときは、コンセントに差し込む前に必ず確認を。

出発前に空港で衣類を預けられる

もし空港まで来て、この衣類は必要ないという物があれば、各空港にある「手荷物一時預けカウンター」に預けてしまおう。例えば成田空港のJAL エービーシーでは、コート類なら1着4日まで1050円、7日まで1370円、10日まで1580円、以降10日ごとに530円の追加で預かってくれる。

●JAL エービーシー
Free 0120-919-120

旅の荷造りチェックリスト

◎：必需品　○：特定の人に必要なもの
△：持っていかなくてもいいもの

	品　名	必要度	ある・なし	品　名	必要度	ある・なし
貴重品	パスポート	◎		携帯電話	◎	
	現金（外貨、日本円）	◎		クレジットカード	◎	
	航空券（eチケット）	◎		顔写真（4.5×3.5cm）	○	
	海外旅行保険証	◎		YH、ISICのカード	○	
	国外運転免許証	○				
洗面用具	石鹸、シャンプー	△		化粧用具	○	
	タオル	○		ドライヤー	△	
	歯ブラシ・歯磨き	◎		ティッシュペーパー（ウエットティッシュ）	○	
	ヒゲソリ	○		洗剤	○	
衣類	衿付きシャツ	○		ワンピース	○	
	Tシャツ	◎		帽子、サングラス	◎	
	長袖の服／長ズボン	◎		下着	◎	
	短パン	△		靴下	◎	
	水着	○		サンダル	○	
薬品・雑貨	薬品類	○		カメラ（メモリーカード）	○	
	日焼け止め	◎		傘	△	
	ボールペン／メモ帳	◎		各国語会話集	○	
	日記帳	○		辞書	△	
	裁縫用具	○		ガイドブック類	◎	
	ビニール袋、エコバッグ	○		文庫本	○	
	蚊取り線香／虫よけ剤	○		各種充電器	◎	
	ライター	○		鍵（南京錠）	○	
	懐中電灯	○				

旅の予算

コインランドリー付きのホテルもある（ドバイ）

項目別予算の立て方

宿泊

ホテルは、基本的にエアコン、バス（シャワー）、トイレ、ミニバー（冷蔵庫）が付いている。安ホテルの場合で1泊7000円前後、高級ホテルになると3万円前後〜。

食事

朝から夜遅くまでやっているインドレストランなどで食べれば1食当たり500〜1200円程度で済んでしまう。昼食は、日本食レストランで食べると1500〜3000円ほど。夕食はレストランで食べると1500〜5000円。高級ホテルのレストランならひとり1万円はみておいたほうがいい。

アブラの駅の標識

交通

路線バスの料金は60〜150円（市内）と安いが旅行者は利用しづらい。中東のタクシーは、大都市を除いてメーターが付いていない場合がほとんどで交渉が必要。レンタカーは、1日当たり小型車で4500円前後、日本車のセダンで8000円前後。ほとんどの都市で借りることができる。

ドバイ博物館

ツアー

市内観光から砂漠ツアーまで、各種ツアーはホテルや旅行会社などを通して申し込める。料金は、ツアーによってひとり5000〜1万円と開きがある。ツアーは、夕方から夜までといった半日ツアーや、朝から夕方までの1日ツアーなどがある。

テキスタル・スーク（ドバイ）

トータル

とことん安く上げるなら日本円にして1日5000〜6000円だ。普通に安めに済ますなら1日8000円が目安。そして、たまにはリッチにという人は1日2万5000円前後と考えておこう。費用を計算する際は、あまり安めに計算してしまうと余裕がなくなってしまうので、ツアーなどの費用は遊び代として、いくらかは別に考えておくといい。

買い物の予算について。「買い物なんてしない」という人はここで大幅に予算が節約できるが「買い物をしたい」と思っている人にとってはそうもいかない。楽しい買い物も旅のひとつの要素。金や柄の美しい生地を見ていると、買う気がなくても欲しくなってしまうことが多い。予算が底をつくなんてことのないよう、くれぐれもお金の管理だけはきちんとしたい。

旅の健康管理

旅をしている最中に病気になってしまうほど残念なことはないだろう。しかも、慣れない土地で病気になるのはとても不安だ。湾岸諸国の都市は、食中毒や伝染病といった病気はほとんどないといえるが、病気になるのは、体が疲れていて抵抗力が弱っているときなのだ。旅行中は何かと疲れやすい。自分ではそれほどとは思っていなくても、強い日差しの下にいるだけで、体力が消耗している。

冷房に注意

冷房は現代のアラビアと切っても切れない関係にある。昼間の暑さが夜まで持続する夏は、24時間冷房をかけっぱなしということもごく普通。ところが外の気温はときには50℃ぐらいになっているので、室内との気温差は30℃近くになることもある。外から室内に入ったばかりなら涼しくて気持ちいいが、あっという間に汗が冷やされて風邪をひきやすいので注意。汗はまめに拭いて、ひどいようならすぐ着替えること。ショッピングモールやレストラン、メトロなどでも寒く感じることがあるので出かけるときは真夏でも羽織るものを忘れずに。

熱中症に注意

アラビアに生活する人は基本的に外は車で動くので問題ないが、ちょっと気まぐれに散歩なんていう場合は、日差しを避けるように工夫しないと、あっという間に頭がボーッとしてくる。帽子やサングラスはもちろん、長袖のシャツを着たほうがいいだろう。肌の弱い人なら、少し外にいるだけでやけどのようになってしまうことがある。

日本にいるときに比べたら、大量に汗をかくことになるのでこまめに水分補給をしよう。砂漠に行くときは必ずミネラルウオーターのボトルなどを持参するように。

熱中症に注意しよう

病気になったら

何か疑わしい症状が出てきたら、迷わず病院に行って診てもらおう。病院には、海外で学んできた医者も少なくなく、医療レベルはそう悪くもない。地方を旅行しているときに発病したら、できるだけ首都に移動して大きな病院に行ったほうがいいだろう。

ドバイ・アメリカン・ホスピタル

感染症について

●A型肝炎

原因：水、貝類、生魚などに付着した肝炎ウイルス。
症状：風邪をひいたときのような発熱、倦怠感、食欲不振、吐き気などの症状に始まり、数日で尿が褐色になり、白目が黄色くなり、体に黄疸が出る。
対処：1～2ヵ月の入院、肝機能が正常になるまで安静。
予防：ヒト免疫グロブリン注射。

●急性胃腸炎

原因：貝類、生魚、魚肉製品、肉製品、乳製品などに付着した細菌、ウイルス。
症状：下痢、嘔吐、腹痛、発熱、脱水症状。便に血液が混じる場合は赤痢の可能性もある。
対処：抗生物質の投与。赤痢など、効かない場合は医者に相談。脱水症状の場合は果汁や塩類溶液を絶やさないように与える。
予防：次亜塩素酸溶液による調理用具や食品などの消毒。

●アメーバ症

原因：野菜などに付着した赤痢アメーバ。
症状：初期は無症状だが、発熱、軟便、悪寒、頭痛、嘔吐、放っておくとアメーバが腸を食い破って血便が出る。
対処：フラジールを使った治療。
予防：食べる前によく洗い、泥も落とす。湯どおし、または炒めて食べる。

コロナウイルスにも注意

2019年12月現在、中東エリアにてMERS（マーズ）中東呼吸器症候群（コロナウイルス）による感染症の感染例が発生していると外務省が発表した（→P.85）。おもな症状は、発熱やせき、息切れなど。現在、ワクチンや効果的な治療法はなく、感染を予防するしかない。こまめに手を洗う、加熱が不十分な食品（未殺菌の乳や生肉など）や不衛生な状況で調理された料理を避ける、動物（ラクダを含む）との接触を避けるなど、旅行中は十分注意しよう。

■厚生労働省検疫所ホームページ
URL www.forth.go.jp

ラクダへの接触は極力避けよう

緊急時の医療会話

●ホテルで薬をもらう

具合が悪い。
アイ フィール イル
I feel ill.

下痢止めの薬はありますか。
ドゥ ユー ハ ヴ アン アンティダイリエル メディスン
Do you have an antidiarrheal medicine?

●病院へ行く

近くに病院はありますか。
イズ ゼア ア ホスピタル ニア ヒア
Is there a hospital near here?

日本人のお医者さんはいますか？
アー ゼア エニー ジャパニーズ ドクターズ
Are there any Japanese doctors?

病院へ連れて行ってください。
クッデュー テイク ミー トゥ ザ ホスピタル
Could you take me to the hospital?

●病院での会話

診察を予約したい。
アイドゥ ライク トゥ メイク アン アポイントメント
I'd like to make an appointment.

グリーンホテルからの紹介で来ました。
グリーン ホテル イントロデュースド ユー トゥ ミー
Green Hotel introduced you to me.

私の名前が呼ばれたら教えてください。
プリーズ レッ ミー ノ ウ ウェン マイ ネイム イズ コールド
Please let me know when my name is called.

●診察室にて

入院する必要がありますか。
ドゥ アイ ハ フ トゥ ビー アドミッテド
Do I have to be admitted?

次はいつ来ればいいですか。
ホェン シュッダイ カム ヒア ネクスト
When should I come here next?

通院する必要がありますか。
ドゥ アイ ハフ トゥ ゴー トゥ ホスピタルレギュラリー
Do I have to go to hospital regularly?

ここにはあと2週間滞在する予定です。
アイル ステイ ヒ ア フォー アナ ザ ー トゥ ウィークス
I'll stay here for another two weeks.

●診察を終えて

診察代はいくらですか。
ハ ウ マッチ イズ イット フォー ザ ドクターズ フィー
How much is it for the doctor's fee?

保険が使えますか。
ダズ マイ インシュアランス カバー イット
Does my insurance cover it?

クレジットカードでの支払いができますか。
ドゥ ユー アクセプト クレディット カーズ
Do you accept credit cards?

保険の書類にサインをしてください。
プリーズ サイン オン ジ インシュアランス ペーパー
Please sign on the insurance paper.

※該当する症状があれば、チェックをしてお医者さんに見せよう

□吐き気 nausea	□悪寒 chill	□食欲不振 poor appetite
□めまい dizziness	□動悸 palpitation	
□熱 fever	□脇の下で計った armpit	＿＿＿˚C ／˚F
	□口中で計った oral	＿＿＿˚C ／˚F
□下痢 diarrhea	□便秘 constipation	
□水様便 watery stool	□軟便 loose stool	1日に　回　times a day
□ときどき sometimes	□頻繁に frequently	絶え間なく continually
□風邪 common cold		
□鼻詰まり stuffy nose	□鼻水 running nose	□くしゃみ sneeze
□咳 cough	□痰 sputum	□血痰 bloody sputum
□耳鳴り tinnitus	□難聴 loss of hearing	□耳だれ ear discharge
□目やに eye discharge	□目の充血 eye injection	□見えにくい visual disturbance

※下記の単語を指さしてお医者さんに必要なことを伝えましょう

●どんな状態のものを
生の　raw
野生の　wild
油っこい oily
よく火が通っていない
uncooked
調理後時間が経った
a long time after it was cooked

●けがをした
刺された・噛まれた bitten
切った cut
転んだ　fall down
打った　hit
ひねった　twist
落ちた　fall
やけどした　burn

●痛み
ヒリヒリする　buming
刺すように　sharp
鋭く　keen
ひどく　severe

●原因
蚊　mosquito
ハチ　wasp
アブ　gadfly
毒虫　poisonous insect
サソリ　scorpion
くらげ　jellyfish
毒蛇　viper
リス　squirrel
（野）犬　（stray）dog

●何をしているときに
ジャングルに行った
went to the jungle
ダイビングをした
diving
キャンプをした
went camping
登山をした
went hiking (climbing)
川で水浴びをした
swimming in the river

郵便と電話

■日本での国際電話の問い合わせ先
●KDDI
Free 0057
●NTTコミュニケーションズ
Free 0120-506506
●ソフトバンク
Free 0120-03-0061
●au
Free 0077-7-111
●NTTドコモ
Free 0120-800-000
●ソフトバンク
Free 157(ソフトバンクの携帯から無料)

●ステーションコール
電話番号を指定してかける方法。誰が出ても回線をつないでしまう。
●パーソン・トゥ・パーソン
電話番号と相手を指定する方法。指定した相手がいない場合は料金がかからないが、通話料金はステーションコールより高い。
●コレクトコール
通話料金を相手払いにする方法。3つのなかではいちばん料金が高いが、手持ちのお金がない場合などは便利。

●日本語オペレーターに申し込むコレクトコール
アラビア半島諸国から日本に電話をかける場合、日本語オペレーターを通すと言葉の障害もなく楽だ。KDDIのジャパンダイレクト(クレジット払いは不可)などがある。

●国際クレジットカード通話
手持ちのお金がないときは、クレジットカード通話を利用するという手もある。KDDIのスーパージャパンダイレクトなどがある。

●プリペイドカード
より安くかけたいというのであれば、プリペイドカードの利用が便利だ。KDDIのスーパーワールドカードなどがある。

郵便について

アラビア半島の国々は郵便事情がいい。よっぽどの地方でもないかぎり、郵便物がどこかへ行ってしまった、なんてことはない。

日本では郵便物は自宅まで届けられるが、アラビア半島の国々では郵便局の私書箱までだ。ホテル、企業、個人など郵便物を受け取りたい人が各自で最寄りの郵便局に私書箱を設けている。日本から手紙を出しても、相手が取りに行かなければ届かないのだ。

日本に手紙を出そう

ホテルならフロントに頼めば出してくれるが、近くに郵便局があるなら、切手を買って、入口の近くにあるポストに投函すればいい。郵便局は空港にもある。

電話について

国際電話の種類

直接自分でダイヤルする**ダイレクト通話**と、電話局などから**オペレーターを介してかける方法**がある。なお、オペレーター通話は3種類ある(欄外参照)。

ダイレクト通話は安くて手軽

直接日本に回線がつながるので、受ける側もびっくりしないで済むのがダイレクト通話のいいところ。なお、かけ方は各国のジェネラルインフォメーションを参照のこと。

日本の電話会社が行っている国際電話サービス

日本の電話会社でもアラビア半島諸国から日本への国際電話サービスを行っており、種類は3種類ある(欄外参照)。ただし、国によってはサービスが行われていない場合や、電話会社の指定、かけ方などが異なる場合があるので注意。各サービスの電話番号等詳細は、各社まで問い合わせてほしい。

アブダビの公衆電話

インターネット

各国のインターネット事情

ドバイやアブダビなどのアラブ首長国連邦は、ホテルや空港、メトロ、一部の路線バス、大型ショッピングモール、カフェやレストランなどさまざまな場所にWi-Fi環境が整っており、無料で利用できる。メトロなどでの利用には現地での携帯番号が必要になってくるが、ホテルやカフェなどは指定のIDとパスワードを入力するだけで簡単に利用できる。また、中級以上のホテルにはゲスト用のパソコンを設置しているところも多い。そのほか、オマーン、カタール、バーレーン、クウェートでも、ほとんどのホテルにWi-Fi環境が整っている（無料）。

またSIMフリーの携帯電話なら、到着空港で現地キャリアのSIMを購入してインターネットを利用する方法もある。渡航先の国内料金で接続できるため通信料が安くなるというメリットがある。キャリアによっては、短期間利用できる旅行者向けのツーリストSIMカードなども用意されている。

日本の携帯電話を各国に持っていく場合

NTTドコモ、au、ソフトバンクでは、海外での定額パケット通信を提供している。アラブ首長国連邦、オマーン、カタール、バーレーン、サウジアラビア、クウェートでの利用が可能。詳細は各携帯電話会社へ。また、モバイルWi-Fiルーターを日本の出発空港でレンタルする方法もある。定額料金制で現地でのネット利用に便利。詳細は各モバイルルーター会社へ。

INFORMATION

ドバイとアラビア半島の国々でスマホ、ネットを使うには

まずは、ホテルなどのネットサービス（有料または無料）、Wi-Fiスポット（インターネットアクセスポイント。無料）を活用する方法がある。ドバイとアラビア半島の国々では、主要ホテルや町なかにWi-Fiスポットがあるので、宿泊ホテルでの利用可否やどこにWi-Fiスポットがあるかなどの情報を事前にネットなどで調べておくとよいだろう。ただしWi-Fiスポットでは、通信速度が不安定だったり、繋がらない場合があったり、利用できる場所が限定されたりするというデメリットもある。ストレスなくスマホやネットを使おうとするなら、以下のような方法も検討したい。

☆各携帯電話会社の「パケット定額」

1日当たりの料金が定額となるもので、NTTドコモなど各社がサービスを提供している。

いつも利用しているスマホを利用できる。また、海外旅行期間を通しではなく、任意の1日だけ決められたデータ通信量を利用することのできるサービスもあるので、ほかの通信手段がない場合の緊急用としても利用できる。なお、「パケット定額」の対象外となる国や地域があり、そうした場所でのデータ通信は、費用が高額となる場合があるので、注意が必要だ。

☆海外用モバイルWi-Fi ルーターをレンタル

ドバイとアラビア半島の国々で利用できる「Wi-Fiルーター」をレンタルする方法がある。定額料金で利用できるもので、「グローバルWiFi（【URL】https://townwifi.com/）」など各社が提供している。Wi-Fiルーターとは、現地でもスマホやタブレット、PCなどでネットを利用するための機器のことをいい、事前に予約しておいて、空港などで受け取る。利用料金が安く、ルーター1台で複数の機器と接続できる（同行者とシェアできる）ほか、いつでもどこでも、移動しながらでも快適にネットを利用できるとして、利用者が増えている。

ルーターは空港などで受け取る

ほかにも、いろいろな方法があるので、詳しい情報は「地球の歩き方」ホームページで確認してほしい。
【URL】http://www.arukikata.co.jp/net/

旅の情報収集

旅に出てからよく思うのは、「もっと情報を集めてから来ればよかった」ということ。新聞やテレビを通して得られるアラビアの情報といっても限りがあるし、そんな情報だけだと、かえって偏ったアラビアのイメージを植えつけられかねない。だからこそ、一歩踏み込んだ情報収集が必要というわけだ。

旅は情報収集から始まっているといっていい。よりよい旅にするための情報は本書で紹介しているが、さらに詳しく知りたい人は以下の情報機関を利用してみよう。

関係機関に問い合わせてみる

出発前に、インフォメーションを集めるのなら、観光局や在日の大使館をあたってみるといい。ただし、日本に観光局をもっているのはドバイだけ。すべての国が東京に大使館をおいているので、ビザの申請の際などそのつど確認することをおすすめする。

バーレーンの乗合タクシー

シルエットが美しいオマーンのジャラリ・フォート

[政府観光局]

■ドバイ政府観光・商務局
URL www.visitdubai.com/ja（日本語）

■アブダビ政府観光局
URL visitabudhabi.ae

■オマーン政府観光局（英語）
URL www.omantourism.gov.om/wps/portal/mot/tourism/oman/home

■カタール政府観光局
URL www.visitqatar.qa

[大使館]

■アラブ首長国連邦大使館
住〒150-0036　東京都渋谷区南平台町9-10
☎(03)5489-0804
FAX(03)5489-0813

■オマーン大使館
住〒150-0012　東京都渋谷区広尾4-2-17
☎(03)5468-1088
FAX(03)5468-1086

■カタール大使館
住〒106-0046　東京都港区元麻布2-3-28
☎(03)5475-0611
FAX(03)5475-0617

■バーレーン大使館
住〒107-0052　東京都港区赤坂1-11-36
レジデンス・バイカウンテス710号
☎(03)3584-8001

■サウジアラビア王国大使館
住〒106-0032　東京都港区六本木1-8-4
☎(03)3589-5241

■クウェート大使館
住〒108-0073　東京都港区三田4-13-12
☎(03)3455-0361
FAX(03)3456-6290

[航空会社]

■エミレーツ航空
URL www.emirates.com

■エティハド航空
URL www.etihad.com

■オマーン航空
URL www.omanair.com

■ガルフ航空
URL www.gulfair.com

■ジャジーラ航空
URL www.jazeeraairways.com

■カタール航空
URL www.qatarairways.com

■サウジアラビア航空
URL www.saudia.com

■クウェート航空
URL www.kuwaitairways.com

■エア・アラビア
URL www.airarabia.com

■フライ・ドバイ
URL www.flydubai.com

外務省による安全情報

日本の外務省では、世界各国の国別安全情報を音声のほかインターネットのホームページ上でも提供している。内容は、現地で実際に多発しているトラブルの具体例や、渡航情報、渡航先での注意などかなり詳細。なかには渡航中止勧告が出ている国もあるので要チェック。P.226も一読しておこう。

■外務省領事サービスセンター
現地大使館と連絡し、最新の渡航情報、また、現地で病気にかかった場合に役に立つ総合病院の連絡先などを口頭で提供。
☎(03) 3580-3311（内線2902、2903）

■ホームページ

●外務省　海外安全ホームページ
URL www.anzen.mofa.go.jp

●外務省
URL www.mofa.go.jp/mofaj/

インターネット

ドバイとアラビア半島諸国の情報が満載のおすすめホームページをいくつか紹介しておこう。掲示板ではリアルタイムの生の情報を得ることができる。

●ドバイ・シティ・ガイド（英語）
URL www.dubaicityguide.com

●エクスプロア・カタール
URL www.explore-qatar.com

観光データを集めた資料館
日本交通公社では世界中の観光に関する資料、書籍を収集している。アラビア半島に関する資料は限られるが、地図や、雑誌、新聞などの切り抜き、観光局発行のパンフレットまでファイルされているので、一度のぞいてみる価値はありそうだ。閲覧、レファレンスは無料。館外への貸し出しは行っていないが、コピー（有料）を取ることはできる。

■日本交通公社
旅の図書館
住〒107-0062 東京都港区南青山2-7-29
日本交通公社ビル
URL www.jtb.or.jp
開月～金曜 10:30～17:00
館内利用に当たっては、1階受付カウンターで利用手続きが必要。

●サウジアラビア観光省
URL www.visitsaudi.com
●東京大学東洋文化研究所「イスラム事典」
URL www.ioc.u-tokyo.ac.jp/~islam2/search.shtml
●アル・バブ（英語）
URL www.al-bab.com

アラビアとイスラムに関する本、専門誌

[一般書籍]

■地理、歴史

●中東世界データ地図:歴史・宗教・民族・戦争
（ダンスミス著　原書房　2017年　本体5800円）
●地図で見るアラブ世界ハンドブック
（マテューギデール著　原書房　2016年　本体2800円）
●王国のサバイバル　アラビア半島300年の歴史（小串敏郎著　日本国際問題研究所　1996年　本体4369円）
●歴史図解　中東とイスラーム世界が一気にわかる本
（宮崎正勝著　日本実業出版社　2015年　本体1500円）

■政治、経済、社会

●イスラーム思想史
（井筒俊彦著　中央公論新社　2005年　本体1183円）
●日本人だけが知らない砂漠のグローバル大国UAE
（加茂佳彦著　講談社　2017年　本体700円）
●アラブ人の心をつかむ交渉術
（郡司みさお著　河出書房新社　2008年　本体1300円）
●アラブの富が世界を変える
（村瀬健介編集、打道宗廣イラスト、宮田 律監修　ソレイユ出版　2010年　本体1600円）

■宗教、文化

●コーラン 上・中・下
（井筒俊彦著　岩波書店　1957年・中/下1958年　970円・下は1010円）
●ようこそアラブへ
（ハムダなおこ著　国書刊行会　2016年　本体1800円）
●イスラーム法の精神 改訂増補版
（真田芳憲著　中央大学出版部　2000年　本体4900円）

■語学

●CDブック　はじめてのアラビア語
（石垣聡子著、金子順子著　ナツメ社　2010年　本体1900円）

■写真集

[専門出版物とその発行団体]

●イスラム世界（年2回刊）
（社）日本イスラム協会　URL www.islamkyokai.org
●中東研究（年3回）
（財）中東調査会　URL www.meij.or.jp

読者投稿
アラビア半島を旅するに当たっての耳より情報

バージュ・ハリファへメトロで行く場合

✉レッドラインの「ドバイモール／バージュ・ハリファ」駅が最寄りですが、駅から徒歩ですと、初めて行く方は最低でも30分かかると思っておいたほうがいいでしょう。案内表示に従って空調の効いた通路を通り、続いてドバイ・モールの中を進んでいくのですが、モールの中がとにかく広く、インフォメーションの方に聞きながらようやくたどり着けました。なお、お店がオープンする10時より前でも、駅からの通路は通ることができます。（大関光浩 '18）

世界遺産のバーレーン・フォート

✉バーレーン・フォートはマナーマの郊外にあります。マナーマ市内からタクシーを使うことが多いと思いますが、フォートの周りは住宅地のため、帰りにタクシーをひろおうとしてもほとんど走っていません。遺跡観光には30分もあれば十分なので、タクシーと交渉して帰りまで待ってもらうのがよいでしょう。（東京都　長谷部隆太郎 '14）['19]

リヤドで人気のキングダム・センター

✉サウジアラビアで3番目に高い高層ビルがリヤドにある。ビル内には有名ブランド品を扱うブランドショップやホテルもある。リヤドの町が一望できる展望台もあり、夜は特に美しい。有料（SR80）だが見る価値アリ！（東京都 Kenta '14)['17]

デザートサファリはおすすめ！

✉砂漠の中を4WDで走る経験はすごくエキサイティングでした。ドバイへ行ったら参加するのをおすすめします。ただし、ジェットコースターのようなアップダウンや、横へのスライドが激しいので車に酔いやすい人はドライバーに言って後ろの席にしてもらってください。写真やビデオを撮るなら助手席が絶対おすすめ。

（群馬県　恩田恭寿 '10）['19]

ドバイからアブダビへ

✉ドバイに滞在しているなら、ぜひ足を延ばしてアブダビまで行ってほしいです。タクシーでも行けますが、バスでも簡単に行くことができ料金も安いです。アブダビに着いたらバスを利用してもいいですが、小さなエリアなのでタクシーを利用するほうが効率よく回ることができます。人気のグランド・モスク（シェイク・ザイード・ビン・スルタン・アル・ナヒヤーン・モスク）やフェラーリ・ワールド、アブダビを代表するホテル「エミレーツ・パレス」など見どころ満載です。（大阪府　かおり '14）['19]

アブダビの豪華な宮殿

✉2019年3月から公開となったU.A.E.の宮殿であり、大統領官邸の「カスル・アル・ワタンQASR AL WATAN」。あまりの美しさに言葉を失うほどです。アブダビのエミレーツ・パレス・ホテルやジュメイラ・アット・エティハド・タワーズのそばなのでぜひお立ち寄りを！ 到着すると荷物チェックがあり、その後専用バスに乗って宮殿へ向かいます。チケットはオンラインでも購入できます。（田中里沙 '19）

タクシーの乗り方

✉タクシーもバスもドアはていねいに閉めたほうがいいようです。日本人の感覚だとドアは勢いよく閉めるほうが安全ですが、彼らの感覚では勢いがいいのは乱暴であり車を傷つける行為のようです。また、安全のためと思ってドアにロックをかけると怒られることもあるので注意しましょう。

（東京都　TR '10）['19]

※スペースなどの都合により一部内容だけを抽出し、文章を編集している場合があります

アラブ首長国連邦（U.A.E.）

見どころ

地図

オマーン

見どころ

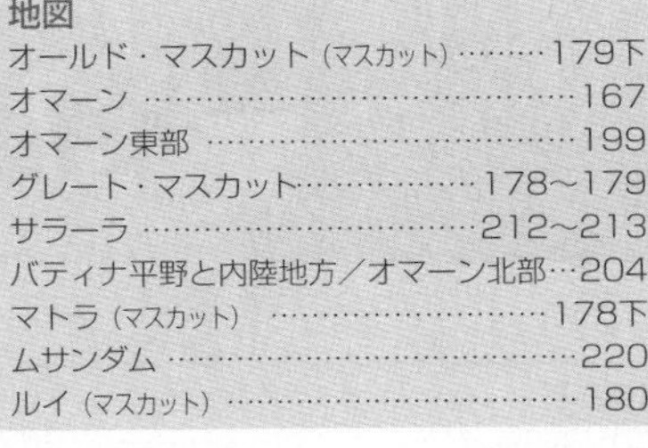

地図

カタール

見どころ

地図

バーレーン

見どころ

地図

サウジアラビア

見どころ

地図

クウェート

見どころ

地図

地球の歩き方 シリーズ一覧

2024年6月現在

＊地球の歩き方ガイドブックは、改訂時に価格が変わることがあります。＊表示価格は定価（税込）です。＊最新情報は、ホームページをご覧ください。www.arukikata.co.jp/guideboo

地球の歩き方　ガイドブック

A　ヨーロッパ

A01	ヨーロッパ	¥1870
A02	イギリス	¥2530
A03	ロンドン	¥1980
A04	湖水地方&スコットランド	¥1870
A05	アイルランド	¥2310
A06	フランス	¥2420
A07	パリ&近郊の町	¥2200
A08	南仏プロヴァンス　コート・ダジュール&モナコ	¥1760
A09	イタリア	¥2530
A10	ローマ	¥1760
A11	ミラノ　ヴェネツィアと湖水地方	¥1870
A12	フィレンツェとトスカーナ	¥1870
A13	南イタリアとシチリア	¥1870
A14	ドイツ	¥1980
A15	南ドイツ　フランクフルト　ミュンヘン　ロマンチック街道　古城街道	¥2090
A16	ベルリンと北ドイツ　ハンブルク　ドレスデン　ライプツィヒ	¥1870
A17	ウィーンとオーストリア	¥2090
A18	スイス	¥2200
A19	オランダ　ベルギー　ルクセンブルク	¥2420
A20	スペイン	¥2420
A21	マドリードとアンダルシア	¥1760
A22	バルセロナ&近郊の町　イビサ島／マヨルカ島	¥1760
A23	ポルトガル	¥2200
A24	ギリシアとエーゲ海の島々&キプロス	¥1870
A25	中欧	¥1980
A26	チェコ　ポーランド　スロヴァキア	¥1870
A27	ハンガリー	¥1870
A28	ブルガリア　ルーマニア	¥1980
A29	北欧　デンマーク　ノルウェー　スウェーデン　フィンランド	¥2640
A30	バルトの国々　エストニア　ラトヴィア　リトアニア	¥1870
A31	ロシア　ベラルーシ　ウクライナ　モルドヴァ　コーカサスの国々	¥2090
A32	極東ロシア　シベリア　サハリン	¥1980
A34	クロアチア　スロヴェニア	¥2200

B　南北アメリカ

B01	アメリカ	¥2090
B02	アメリカ西海岸	¥2200
B03	ロスアンゼルス	¥2090
B04	サンフランシスコとシリコンバレー	¥1870
B05	シアトル　ポートランド	¥2420
B06	ニューヨーク　マンハッタン&ブルックリン	¥2200
B07	ボストン	¥1980
B08	ワシントンDC	¥2420
B09	ラスベガス　セドナ&グランドキャニオンと大西部	¥2090
B10	フロリダ	¥2310
B11	シカゴ	¥1870
B12	アメリカ南部	¥1980
B13	アメリカの国立公園	¥2640
B14	ダラス　ヒューストン　デンバー　グランドサークル　フェニックス　サンタフェ	¥1980
B15	アラスカ	¥1980
B16	カナダ	¥2420
B17	カナダ西部　カナディアン・ロッキーとバンクーバー	¥2090
B18	カナダ東部　ナイアガラ・フォールズ　メープル街道　プリンス・エドワード島　トロント　オタワ　モントリオール　ケベック・シティ	¥2090
B19	メキシコ	¥1980
B20	中米	¥2090
B21	ブラジル　ベネズエラ	¥2200
B22	アルゼンチン　チリ　パラグアイ　ウルグアイ	¥2200
B23	ペルー　ボリビア　エクアドル　コロンビア	¥2200
B24	キューバ　バハマ　ジャマイカ　カリブの島々	¥2035
B25	アメリカ・ドライブ	¥1980

C　太平洋 / インド洋島々

C01	ハワイ　オアフ島&ホノルル	¥2200
C02	ハワイ島	¥2200
C03	サイパン　ロタ&テニアン	¥1540
C04	グアム	¥1980
C05	タヒチ　イースター島	¥1870
C06	フィジー	¥1650
C07	ニューカレドニア	¥1650
C08	モルディブ	¥1870
C10	ニュージーランド	¥2200
C11	オーストラリア	¥2750
C12	ゴールドコースト&ケアンズ	¥2420
C13	シドニー&メルボルン	¥1760

D　アジア

D01	中国	¥2090
D02	上海　杭州　蘇州	¥1870
D03	北京	¥1760
D04	大連　瀋陽　ハルビン　中国東北部の自然と文化	¥1980
D05	広州　アモイ　桂林　珠江デルタと華南地方	¥1980
D06	成都　重慶　九寨溝　麗江　四川　雲南	¥1980
D07	西安　敦煌　ウルムチ　シルクロードと中国北西部	¥1980
D08	チベット	¥2090
D09	香港　マカオ　深圳	¥2420
D10	台湾	¥2090
D11	台北	¥1980
D13	台南　高雄　屏東&南台湾の町	¥1980
D14	モンゴル	¥2420
D15	中央アジア　サマルカンドとシルクロードの国々	¥2090
D16	東南アジア	¥1870
D17	タイ	¥2200
D18	バンコク	¥1980
D19	マレーシア　ブルネイ	¥2090
D20	シンガポール	¥1980
D21	ベトナム	¥2090
D22	アンコール・ワットとカンボジア	¥2200
D23	ラオス	
D24	ミャンマー（ビルマ）	
D25	インドネシア	
D26	バリ島	
D27	フィリピン　マニラ　セブ　ボラカイ　ボホール　エルニド	
D28	インド	
D29	ネパールとヒマラヤトレッキング	
D30	スリランカ	
D31	ブータン	
D33	マカオ	
D34	釜山　慶州	
D35	バングラデシュ	
D37	韓国	
D38	ソウル	

E　中近東　アフリカ

E01	ドバイとアラビア半島の国々
E02	エジプト
E03	イスタンブールとトルコの大地
E04	ペトラ遺跡とヨルダン　レバノン
E05	イスラエル
E06	イラン　ペルシアの旅
E07	モロッコ
E08	チュニジア
E09	東アフリカ　ウガンダ　エチオピア　ケニア　タンザニア　ルワンダ
E10	南アフリカ
E11	リビア
E12	マダガスカル

J　国内版

J00	日本
J01	東京　23区
J02	東京　多摩地域
J03	京都
J04	沖縄
J05	北海道
J06	神奈川
J07	埼玉
J08	千葉
J09	札幌・小樽
J10	愛知
J11	世田谷区
J12	四国
J13	北九州市
J14	東京の島々

地球の歩き方　aruco

●海外

1	パリ	¥1650
2	ソウル	¥1650
3	台北	¥1650
4	トルコ	¥1430
5	インド	¥1540
6	ロンドン	¥1650
7	香港	¥1320
9	ニューヨーク	¥1650
10	ホーチミン　ダナン　ホイアン	¥1650
11	ホノルル	¥1650
12	バリ島	¥1650
13	上海	¥1320
14	モロッコ	¥1540
15	チェコ	¥1320
16	ベルギー	¥1430
17	ウィーン　ブダペスト	¥1320
18	イタリア	¥1760
19	スリランカ	¥1540
20	クロアチア　スロヴェニア	¥1430
21	スペイン	¥1320
22	シンガポール	¥1650
23	バンコク	¥1650
24	グアム	¥1320
25	オーストラリア	¥1760
26	フィンランド　エストニア	¥1430
27	アンコール・ワット	¥1430
28	ドイツ	¥1760
29	ハノイ	¥1650
30	台湾	¥1650
31	カナダ	¥1320
33	サイパン　テニアン　ロタ	¥1320
34	セブ　ボホール　エルニド	¥1320
35	ロスアンゼルス	¥1320
36	フランス	¥1430
37	ポルトガル	¥1650
38	ダナン　ホイアン　フエ	¥1430

●国内

北海道	¥1760
京都	¥1760
沖縄	¥1760
東京	¥1540
東京で楽しむフランス	¥1430
東京で楽しむ韓国	¥1430
東京で楽しむ台湾	¥1430
東京の手みやげ	¥1430
東京おやつさんぽ	¥1430
東京のパン屋さん	¥1430
東京で楽しむ北欧	¥1430
東京のカフェめぐり	¥1480
東京で楽しむハワイ	¥1480
nyaruco　東京ねこさんぽ	¥1480
東京で楽しむイタリア&スペイン	¥1480
東京で楽しむアジアの国々	¥1480
東京ひとりさんぽ	¥1480
東京パワースポットさんぽ	¥1599
東京で楽しむ英国	¥1599

地球の歩き方　Plat

1	パリ	¥1320
2	ニューヨーク	¥1320
3	台北	¥1100
4	ロンドン	¥1650
6	ドイツ	¥1320
7	ホーチミン/ハノイ/ダナン/ホイアン	¥1320
8	スペイン	¥1320
9	バンコク	¥1540
10	シンガポール	¥1540
11	アイスランド	¥1540
13	マニラ　セブ	¥1650
14	マルタ	¥1540
15	フィンランド	¥1320
16	クアラルンプール　マラッカ	¥1650
17	ウラジオストク／ハバロフスク	¥1430
18	サンクトペテルブルク／モスクワ	¥1540
19	エジプト	¥1320
20	香港	¥1100
22	ブルネイ	¥1430
23	ウズベキスタン　サマルカンド　ブハラ　ヒヴァ　タシケント	
24	ドバイ	
25	サンフランシスコ	
26	パース／西オーストラリア	
27	ジョージア	
28	台南	

地球の歩き方　リゾートス

R02	ハワイ島
R03	マウイ島
R04	カウアイ島
R05	こどもと行くハワイ
R06	ハワイ　ドライブ・マップ
R07	ハワイ　バスの旅
R08	グアム
R09	こどもと行くグアム
R10	パラオ
R12	プーケット　サムイ島　ピピ島
R13	ペナン　ランカウイ　クアラルンプール
R14	バリ島
R15	セブ&ボラカイ　ボホール　シキホール
R16	テーマパークｉｎオーランド
R17	カンクン　コスメル　イスラ・ムヘーレス
R20	ダナン　ホイアン　ホーチミン　ハノイ

地球の歩き方　御朱印

朱印でめぐる鎌倉のお寺　三十三観 完全掲載　三訂版	¥1650
朱印でめぐる京都のお寺　改訂版	¥1650
朱印でめぐる奈良のお寺	¥1760
朱印でめぐる東京のお寺	¥1650
本全国この御朱印が凄い！　第壱集 補改訂版	¥1650
本全国この御朱印が凄い！　第弐集 道府県網羅版	¥1650
朱印でめぐる全国の神社 運さんぽ	¥1430
朱印でめぐる高野山　三訂版	¥1760
朱印でめぐる関東の神社　週末開運さんぽ	¥1430
朱印でめぐる秩父の寺社　三十四観 完全掲載　改訂版	¥1650
朱印でめぐる関東の百寺 東三十三観音と古寺	¥1650
朱印でめぐる関西の神社　週末開運さんぽ	¥1430
朱印でめぐる関西の百寺 国三十三所と古寺	¥1650
朱印でめぐる東京の神社 末開運さんぽ　改訂版	¥1540
朱印でめぐる神奈川の神社 末開運さんぽ　改訂版	¥1540
朱印でめぐる埼玉の神社 末開運さんぽ　改訂版	¥1540
朱印でめぐる北海道の神社 末開運さんぽ	¥1430
朱印でめぐる九州の神社 末開運さんぽ　改訂版	¥1540
朱印でめぐる千葉の神社 末開運さんぽ　改訂版	¥1540
朱印でめぐる東海の神社 末開運さんぽ	¥1430
朱印でめぐる京都の神社 末開運さんぽ　改訂版	¥1540
朱印でめぐる神奈川のお寺	¥1650
朱印でめぐる大阪 庫の神社　週末開運さんぽ	¥1430
朱印でめぐる愛知の神社 末開運さんぽ　改訂版	¥1540
朱印でめぐる栃木 光の神社　週末開運さんぽ	¥1430
朱印でめぐる福岡の神社 末開運さんぽ　改訂版	¥1540
朱印でめぐる広島 山の神社　週末開運さんぽ	¥1430
朱印でめぐる山陰 陽の神社　週末開運さんぽ	¥1430
朱印でめぐる埼玉のお寺	¥1650
朱印でめぐる千葉のお寺	¥1650
朱印でめぐる東京の七福神	¥1540
朱印でめぐる東北の神社 末開運さんぽ　改訂版	¥1540
朱印でめぐる全国の稲荷神社 末開運さんぽ	¥1430
朱印でめぐる新潟 佐渡の神社 末開運さんぽ	¥1430
朱印でめぐる静岡 富士 伊豆の神社 末開運さんぽ　改訂版	¥1540
朱印でめぐる四国の神社 末開運さんぽ	¥1430
朱印でめぐる中央線沿線の寺社 末開運さんぽ	¥1540
朱印でめぐる東急線沿線の寺社 末開運さんぽ	¥1540
朱印でめぐる茨城の神社 末開運さんぽ	¥1430
朱印でめぐる関東の聖地 末開運さんぽ	¥1430
朱印でめぐる東海のお寺	¥1650
本全国ねこの御朱印&お守りめぐり 末開運にゃんさんぽ	¥1760
朱印でめぐる信州 甲州の神社 末開運さんぽ	¥1430
朱印でめぐる全国の聖地 末開運さんぽ	¥1430
朱印でめぐる茨城のお寺	¥1650
朱印でめぐる全国のお寺 末開運さんぽ	¥1540
本全国 日本酒でめぐる 蔵&ちょこっと御朱印〈東日本編〉	¥1760
本全国 日本酒でめぐる 蔵&ちょこっと御朱印〈西日本編〉	¥1760
東版ねこの御朱印&お守りめぐり 末開運にゃんさんぽ	¥1760
52	一生に一度は参りたい！ 御朱印でめぐる全国の絶景寺社図鑑	¥2479
53	御朱印でめぐる東北のお寺 週末開運さんぽ	¥1650
54	御朱印でめぐる関西のお寺 週末開運さんぽ	¥1760
D51	鉄印帳でめぐる全国の魅力的な鉄道40	¥1650
	御朱印はじめました 関東の神社　週末開運さんぽ	¥1210

地球の歩き方　島旅

1	五島列島　3訂版	¥1650
2	奄美大島　喜界島　加計呂麻島（奄美群島①）4訂版	¥1650
3	与論島　沖永良部島　徳之島（奄美群島②）改訂版	¥1650
4	利尻　礼文　4訂版	¥1650
5	天草　改訂版	¥1760
6	壱岐　4訂版	¥1650
7	種子島　3訂版	¥1650
8	小笠原　父島　母島　3訂版	¥1650
9	隠岐　3訂版	¥1870
10	佐渡　3訂版	¥1650
11	宮古島　伊良部島　下地島　来間島　池間島　多良間島　大神島　改訂版	¥1650
12	久米島　渡名喜島　改訂版	¥1650
13	小豆島～瀬戸内の島々1～　改訂版	¥1650
14	直島　豊島　女木島　男木島　犬島～瀬戸内の島々2～	¥1650
15	伊豆大島　利島～伊豆諸島1～　改訂版	¥1650
16	新島　式根島　神津島～伊豆諸島2～改訂版	¥1650
17	沖縄本島周辺15離島	¥1650
18	たけとみの島々　竹富島　西表島　波照間島　小浜島　黒島　鳩間島　新城島　由布島　加屋	¥1650
19	淡路島～瀬戸内の島々3～　改訂版	¥1760
20	石垣島　竹富島 西表島 小浜島 由布島 新城島 波照間島	¥1650
21	対馬	¥1650
22	島旅ねこ　にゃんこの島の歩き方	¥1344
23	屋久島	¥1760

地球の歩き方　旅の図鑑

W01	世界244の国と地域	¥1760
W02	世界の指導者図鑑	¥1650
W03	世界の魅力的な奇岩と巨石139選	¥1760
W04	世界246の首都と主要都市	¥1760
W05	世界のすごい島300	¥1760
W06	地球の歩き方的！ 世界なんでもランキング	¥1760
W07	世界のグルメ図鑑 116の国と地域の名物料理を食の雑学とともに解説	¥1760
W08	世界のすごい巨像	¥1760
W09	世界のすごい城と宮殿333	¥1760
W10	世界197ヵ国のふしぎな聖地&パワースポット	¥1870
W11	世界の祝祭	¥1760
W12	世界のカレー図鑑	¥1980
W13	世界遺産　絶景でめぐる自然遺産　完全版	¥1980
W15	地球の果ての歩き方	¥1980
W16	世界の中華料理図鑑	¥1980
W17	世界の地元メシ図鑑	¥1980
W18	世界遺産の歩き方　学んで旅する！ すごい世界遺産190選	¥1980
W19	世界の魅力的なビーチと湖	¥1980
W20	世界のすごい駅	¥1980
W21	世界のおみやげ図鑑	¥1980
W22	いつか旅してみたい世界の美しい古都	¥1980
W23	世界のすごいホテル	¥1980
W24	日本の凄い神木	¥2200
W25	世界のお菓子図鑑	¥1980
W26	世界の麺図鑑	¥1980
W27	世界のお酒図鑑	¥1980
W28	世界の魅力的な道	¥1980
W29	世界の映画の舞台&ロケ地	¥2090
W30	すごい地球！	¥2200
W31	世界のすごい墓	¥1980
W32	日本のグルメ図鑑	¥1980
W34	日本の虫旅	¥2200

地球の歩き方　旅の名言＆絶景

ALOHAを感じるハワイのことばと絶景100	¥1650
自分らしく生きるフランスのことばと絶景100	¥1650
人生観が変わるインドのことばと絶景100	¥1650
生きる知恵を授かるアラブのことばと絶景100	¥1650
心に寄り添う台湾のことばと絶景100	¥1650
道しるべとなるドイツのことばと絶景100	¥1650
共感と勇気がわく韓国のことばと絶景100	¥1650
人生を楽しみ尽くすイタリアのことばと絶景100	¥1650
今すぐ旅に出たくなる！ 地球の歩き方のことばと絶景100	¥1650
悠久の教えをひもとく 中国のことばと絶景100	¥1650

地球の歩き方　旅と健康

地球のなぞり方 旅地図 アメリカ大陸編	¥1430
地球のなぞり方 旅地図 ヨーロッパ編	¥1430
地球のなぞり方 旅地図 アジア編	¥1430
地球のなぞり方 旅地図 日本編	¥1430
脳がどんどん強くなる！ すごい地球の歩き方	¥1650

地球の歩き方　旅の読み物

今こそ学びたい日本のこと	¥1760
週末だけで70ヵ国159都市を旅したリーマントラベラーが教える自分の時間の作り方	¥1540
史跡と神話の舞台をホロホロ！ ハワイ・カルチャーさんぽ	¥1760

地球の歩き方　BOOKS

ハワイ ランキング&マル得テクニック！	¥1430
台湾 ランキング&マル得テクニック！	¥1430
御船印でめぐる船旅	¥1870
BRAND NEW HAWAII とびきりリアルな最新ハワイガイド	¥1650
FAMILY TAIWAN TRIP #子連れ台湾	¥1518
GIRL'S GETAWAY TO LOS ANGELES	¥1760
HAWAII RISA'S FAVORITES 大人女子はハワイで美味しく美しく	¥1650
LOVELY GREEN NEW ZEALAND 未来の国を旅するガイドブック	¥1760
MAKI'S DEAREST HAWAII	¥1540
MY TRAVEL, MY LIFE Maki's Family Travel Book	¥1760
いろはに北欧	¥1760
ヴィクトリア朝が教えてくれる英国の魅力	¥1320
ダナン&ホイアン PHOTO TRAVEL GUIDE	¥1650
とっておきのフィンランド	¥1760
フィンランドでかなえる100の夢	¥1760
マレーシア 地元で愛される名物食堂	¥1430
香港　地元で愛される名物食堂	¥1540
最高のハワイの過ごし方	¥1540
子連れで沖縄　旅のアドレス&テクニック117	¥1100
食事作りに手間暇かけないドイツ人、手料理神話にこだわり続ける日本人	¥1100
台北　メトロさんぽ　MRTを使って、おいしいとかわいいを巡る旅	¥1518
北欧が好き！ フィンランド・スウェーデン・デンマーク・ノルウェーの素敵な町めぐり	¥1210
北欧が好き！2 建築&デザインでめぐるフィンランド・スウェーデン・デンマーク・ノルウェー	¥1210
日本全国　開運神社 このお守りがすごい！	¥1522
地球の歩き方　ディズニーの世界 名作アニメーション映画の舞台	¥2420

地球の歩き方　スペシャルコラボ BOOK

地球の歩き方　ムー	¥2420
地球の歩き方　JOJO ジョジョの奇妙な冒険	¥2420
地球の歩き方　宇宙兄弟 We are Space Travelers!	¥2420
地球の歩き方　ムーJAPAN ～神秘の国の歩き方～	¥2420

なたの**旅の体験談**をお送りください

球の歩き方」は、たくさんの旅行者からご協力をいただいて、
改訂版や新刊を制作しています。
あなたの旅の体験や貴重な情報を、これから旅に出る人たちへ分けてあげてください。
なお、お送りいただいたご投稿がガイドブックに掲載された場合は、
初回掲載本を1冊プレゼントします！(発送は国内に限らせていただきます)

ご投稿はインターネットから!

URL www.arukikata.co.jp/guidebook/toukou.html
画像も送れるカンタン「投稿フォーム」
※左記の二次元コードをスマートフォンなどで読み取ってアクセス！

または「地球の歩き方　投稿」で検索してもすぐに見つかります

地球の歩き方　投稿  

▶投稿にあたってのお願い

★ご投稿は、次のような《テーマ》に分けてお書きください。

《新発見》――――ガイドブック未掲載のレストラン、ホテル、ショップなどの情報
《旅の提案》―――未掲載の町や見どころ、新しいルートや楽しみ方などの情報
《アドバイス》――旅先で工夫したこと、注意したこと、トラブル体験など
《訂正・反論》―――掲載されている記事・データの追加修正や更新、異論、反論など

※記入例「○○編20XX年度版△△ページ掲載の□□ホテルが移転していました……」

★データはできるだけ正確に。
ホテルやレストランなどの情報は、名称、住所、電話番号、アクセスなどを正確にお書きください。
ウェブサイトのURLや地図などは画像でご投稿いただくのもおすすめです。

★ご自身の体験をお寄せください。
雑誌やインターネット上の情報などの丸写しはせず、実際の体験に基づいた具体的な情報をお待ちしています。

▶ご確認ください

※採用されたご投稿は、必ずしも該当タイトルに掲載されるわけではありません。関連他タイトルへの掲載もありえます。
※例えば「新しい市内交通パスが発売されている」など、すでに編集部で取材・調査を終えているものと同内容のご投稿をいただいた場合は、ご投稿を採用したとはみなされず掲載本をプレゼントできないケースがあります。
※当社は個人情報を第三者へ提供いたしません。また、ご記入いただきましたご自身の情報については、ご投稿内容の確認や掲載本の送付などの用途以外には使用いたしません。
※ご投稿の採用の可否についてのお問い合わせはご遠慮ください。
※原稿は原文を尊重しますが、スペースなどの関係で編集部でリライトする場合があります。

あとがき

本書は、アラビア半島を旅する人々のために少しでもお役に立てればという気持ち
今回の改訂に当たっては、各国の在日大使館、現地に在住している方々や旅行者の皆
だきました。この場を借りて御礼申し上げます。また、今後もより充実したガイドブックを作
そして旅のご報告を心よりお待ちしております。

STAFF

制　作：日隈理絵　Producer：Rie HINOKUMA
編　集：アナパ・パシフィック　Editorial Production：Anapa Pacific Co., Ltd.
：梅原トシカヅ　Editorial Director：Toshikazu UMEHARA
編集・執筆・写真：鮫島沙織　Editor & Writer & Photographer：Saori SAMEJIMA
：伊部綾子　：Ayako IBE
：井脇直希　：Naoki IWAKI
執筆・写真：川村潤市　Writer & Photographer：Junichi KAWAMURA
写　真：大橋マサヒロ　稲垣徳文　Photographer：Masahiro OHASHI　Norifumi INAGAKI
執　筆：飯野淑子　Writer：Yoshiko IINO
：小松隆之　：Takayuki KOMATSU
グラビアデザイン：江藤亜由美（graphic works）（P.8～31、84～85）　Gravure Design：Ayumi ETO (graphic works)
地　図：高棟　博（ムネプロ）　Maps：Hiroshi TAKAMUNE（Mune Pro）
表　紙：日出嶋昭男　Cover Design：Akio HIDEJIMA
校　正：東京出版サービスセンター　Proofreading：Tokyo Publishing Service Center

Special Thanks

斉藤伸子、トレンズ・インターナショナル、高杉裕子、Riviera Hotel、La Perle、Zara Prime Jewellery、©iStock、Orient Tours
（順不同・敬称略）

本書についてのご意見・ご感想はこちらまで
読者投稿　〒141-8425　東京都品川区西五反田 2-11-8
株式会社地球の歩き方
地球の歩き方サービスデスク「ドバイとアラビア半島の国々編」投稿係
https://www.arukikata.co.jp/guidebook/toukou.html
地球の歩き方ホームページ（海外・国内旅行の総合情報）　https://www.arukikata.co.jp/
ガイドブック『地球の歩き方』公式サイト　https://www.arukikata.co.jp/guidebook/

地球の歩き方 E01

ドバイとアラビア半島の国々 2020～2021年版

アラブ首長国連邦 オマーン カタール バーレーン サウジアラビア クウェート

1994年11月10日　初版発行
2024年 6 月14日　16版2刷発行

Published by Arukikata. Co., Ltd.
2-11-8 Nishigotanda, Shinagawa-ku, Tokyo, 141-8425, Japan

著作編集　地球の歩き方編集室
発 行 人　新井邦弘
編 集 人　由良暁世
発 行 所　株式会社地球の歩き方　〒141-8425　東京都品川区西五反田 2-11-8
発 売 元　株式会社Gakken　〒141-8416　東京都品川区西五反田 2-11-8
印刷製本　開成堂印刷株式会社

※本書は基本的に 2019 年 10 月～ 12 月の取材データに基づいて作られています。発行後に料金、営業時間、定休日などが変更になる場合がありますのでご了承ください。更新・訂正情報：https://www.arukikata.co.jp/travel-support/

●この本に関する各種お問い合わせ先
・本の内容については、下記サイトのお問い合わせフォームよりお願いします。
URL ▶ https://www.arukikata.co.jp/guidebook/contact.html
・広告については、下記サイトのお問い合わせフォームよりお願いします。
URL ▶ https://www.arukikata.co.jp/ad_contact/
・在庫については　Tel 03-6431-1250（販売部）
・不良品（乱丁、落丁）については　Tel 0570-000577
学研業務センター　〒354-0045　埼玉県入間郡三芳町上富 279-1
・上記以外のお問い合わせは　Tel 0570-056-710（学研グループ総合案内）

※本書は株式会社ダイヤモンド・ビッグ社より 1994 年 11 月に初版発行したもの（2020 年 2 月改訂第 16 版）の最新・改訂版です。
学研グループの書籍・雑誌についての新刊情報・詳細情報は、下記をご覧ください。
学研出版サイト　https://hon.gakken.jp/